Mircea Eliade

**Histoire des croyances
et des idées religieuses / I**

De l'âge de la pierre
aux mystères d'Eleusis

세계종교사상사 ¹

석기시대에서부터 엘레우시스의 비의까지

미르치아 엘리아데 지음 이용주 옮김

세계종교사상사 [1]

석기시대에서부터 엘레우시스의 비의까지

지은이 미르치아 엘리아데
옮긴이 이용주

펴낸이 강동권
펴낸곳 (주)이학사
편집장 임양희
기획·마케팅 강민용
편집 김다혜
디자인 박솔

1판 1쇄 발행 2005년 6월 30일
2판 1쇄 발행 2025년 9월 25일

등록 1996년 2월 2일(신고번호 제1996-000015호)
주소 서울시 종로구 율곡로13가길 19-5(연건동 304) 우 03081
전화 02-720-4572 **팩스** 02-6919-1668
홈페이지 ehaksa.kr
이메일 ehaksa1996@gmail.com
페이스북 facebook.com/ehaksa
인스타그램 @ehaksa_ **엑스** @ehaksa

Mircea Eliade
**Histoire des croyances
et des idées religieuses / I**
De l'âge de la pierre
aux mystères d'Eleusis

미르치아 엘리아데 지음 이용주 옮김

세계종교사상사 ¹

석기시대에서부터 엘레우시스의 비의까지

이학사

일러두기

1. 이 책은 Mircea Eliade, *Histoire des croyances et des idées religieuses I. De l'âge de la pierre aux mystères d'Eleusis*(Édition Payot, 1976)을 우리말로 옮긴 것이다.

2. 번역의 정확성을 기하기 위해 영어판(*A History of Religious Ideas 1. From the Stone Age to the Eleusinian Mysteries* trans. Willard R. Trask, The University of Chicago Press, 1978)과 일본어판(世界宗教史 1, 2. 石器時代から エレウシスの密儀まで, 中村恭子·松村一男 譯, 筑摩書房, 2000)을 참조하였다.

3. 본문에 나오는 외국 인명, 신명, 지명 등은 현행 외래어 표기법 및 표준국어대사전(국립국어연구원)을 기준으로 표기하는 것을 원칙으로 하였으나, 표기 원칙이 정해지지 않은 것은 일반적으로 통용되고 있거나 굳어진 표현을 사용하였다.

   - 인명, 신명, 도서명 및 주요 용어 등은 처음 나올 때 한 번 원어를 병기(괄호 없이 해당 단어에 붙여 병기)하는 것을 원칙으로 하였으나, 일부 용어의 경우는 뜻을 분명히 하기 위하여 반복적으로 원어 병기를 하기도 하였다. 단 각주 및 문헌 해제에서는 연구자와 서지 사항 등은 원어만 사용하는 것을 원칙으로 하였다.

   - 지은이가 ( )로 해당 외국어를 원어 병기한 경우에는 이 책에서도 그대로 ( )로 병기하는 것을 원칙으로 하였다. 단 일부 용어는 우리말 발음이나 뜻을 밝히기도 하였다.

4. 원서의 이탤릭체는 고딕체로, 도서명은 『 』로, 논문, 시, 성서, 예술 작품명 등은 「 」로, 《 》는 " "로, " "는 ' '로 표기하였다.

   - ( ), 〔……〕, =는 지은이가 한 것이다.

   - 〔 〕는 인용부호(" ")가 있는 구절 또는 문장에서는 지은이의 설명(주석)이고, 그 외에에는 옮긴이의 설명(주석)이다. 단 인용부호가 있는 구절 또는 문장에서 〔 〕 안에 한자만 사용하거나 *표를 한 경우는 옮긴이의 설명(주석)이다.

5. 본문 중에 인용된 성경 구절은 『현대인의 성경』(생명의 말씀사, 2003)을 저본으로 하고 개정판 공동번역 『성서』(대한성서공회, 2001)를 일부 참조하되, 지은이의 글에 맞게 수정하였다.

종교학자에게는 성스러움sacré의 **모든** 현현이 다 중요하다. 모든 의례, 모든 신화, 모든 신앙, 혹은 모든 신의 도상이 성스러움에 대한 경험을 반영하고 있다. 그리고 바로 그런 이유에서 그것들은 존재, 의미, 진실 등의 개념과 연결되어 있다. 내가 다른 곳에서도 말했던 것처럼, "이 세상에 다른 것으로 환원할 수 없는 그 자체로서 **실재**하는 것이 있다는 확신 없이 인간의 정신이 어떻게 기능할 수 있을지를 상상하는 것은 불가능하다. 또 인간의 충동과 경험에 의미를 부여하지 않은 상태에서 의식이 어떻게 나타날 수 있는지를 상상하는 것 역시 불가능하다. 의미로 가득한 실재하는 세계에 대한 인식은 성스러움의 발견과 밀접하게 연결되어 있다. 성스러움에 대한 경험을 통해 인간의 정신은 실재하고 강력하고 풍요롭고 의미로 가득한 것과, 그러한 자질을 결여한 것, 즉 나타남과 사라짐이 우연적이고 무의미한 사물들의 혼돈스럽고 위험한 흐름 사이의 차이를 인식해왔다." (*La Nostalgie des Origines*, 1969, pp. 7 이하) 요컨대 성스러움은 의식 구조의 하나의 요소이지, 의식의 역사의 하나의 단계에 불과한 것이 아니다. 문화의 가장 원초적인 차원에 있어서, 인간 존재로서 살아간다고 하는 것은 그 자체로 종교적인 행위이다. 왜냐하면 음식 섭취, 성생활, 그리고 노동은 성사聖事로서의 가치 valeur sacramentale를 가지고 있기 때문이다. 다시 말해 인간으로 존재한다는 것, 아니 오히려 인간이 된다는 것은 '종교적'이라는 것을 의미한다.(*ibid.*, p. 9)

　나는 『종교형태론Traité d'Histoire des Religions』(1949)에서부터 『오스트레일리아 종교Religions australiennes』(1972)라는 작은 책자에 이르기까지 여러 저서에서 성스러움의 변증법과 그것의 형태학에 대해 서술해왔다. 본서는 앞의 저서들과는 다른 관점에서 고찰되고 다듬어졌다. 한편으로 나는 성스러움의 현현을 연대기적 순서로 분석했다. (그러나 종교적 관념이 발생한 "시대"와 그것을 처음으로 입증해주는 자료의 연대를 혼동하지 않는 것이 중요하다!) 다른 한편으로—자료가 허락하는 범위 내에서—나는 여러 종교 전통의 심각한 위기와 **창조적 순간**을 특히 강조하고자 했다. 다시 말해 나는 종교적 사상과 신앙의 역사에 있어서 중요한 공헌들을 해명하는 데 주의를 기울였던 것이다.

　종교학자에게는 성스러움의 **모든** 현현이 중요하다. 그러나 예를 들어 아누Anu 신의 구조나 「에누마 엘리쉬Enuma elish」가 전하는 신통기와 우주 창조론 혹은 길가메시의 영웅 서사시가 라마슈투Lamashtu에 대한 액땜 의례나 누스쿠Nusku 신에 대한 신화보다 훨씬 더 효과적으로 메소포타미아인의 종교적 창조성과 독창성을 나타내는 것은 분명한 사실이다. 어떤 종교적 창조의 중요성은 때때로 후대의 가치 평가에 의해서 밝혀진다. 엘레우시스의 비의Mystères 또는 오르페우스교의 가장 오래된 형태에 대한 정보는 대단히 빈약하다. 하지만 그럼에도 불구하고 그것이 2000년 이상에 걸쳐 유럽의 엘리트들에게 커다란 영향력을 행사해왔다는 사실 자체는 대단히 중요한 **종교적 사실**이며, 그것의 중요성은 아직까지 충분히 평가되고 있지 않다. 분명히 엘레우시스의 비의의 입문 의례 및 오르페우스교의 비밀 의례는 후세의 몇몇 저자들에 의해 선양되었으며, 그노시스gnose의 신화화 및 그리스-오리엔트의 종교적 혼합주의syncrétisme의 영향을 반영하고 있다. 서구 중세의 헤르메스주의hermétisme나 이탈리아의 르네상스 문화, 그리고 18세기의 "오컬트적occultistes" 전통과 낭만주의에 영향을 준 것은 바로 **이러한 엘레우시스의 비의와 오르페우스교의 사상**이었다. 나아가 릴케로부터 엘리엇과 피에르 엠마뉴엘에 이르는 근대 유럽의 시에 영감을 불어넣은 것 역시 알렉산드리아의 학자, 신비가 그리고 신학자들이 전수한 엘레우시스의 비의와 오르페우스교였다.

종교사상사에 대한 공헌을 가려내기 위해 사용된 기준이 과연 타당성을 가지고 있는지에 대해서는 여전히 논의의 여지가 있다. 하지만 수많은 종교의 발전이 그것을 확인시켜주고 있다. 왜냐하면 여러 종교적 전통은 심각한 위기와 그 결과 탄생한 창조 덕분에 스스로 재생에 성공할 수 있었기 때문이다. 그 사실을 이해하기 위해서는 인도의 경우를 살펴보는 것으로 충분할 것이다. 인도에서는 브라만교의 희생 제의의 종교적 가치가 실추된 다음에 초래된 긴장과 절망이 일련의 눈부신 창조(우파니샤드, 요가 기법의 정식화, 고타마 붓다의 메시지, 신비주의적 신앙 등)를 촉발했고, 그 하나하나는 동일한 위기에 대한 독자적이며 대담한 해결책이 되었다.(본서 제1권 9장, 제2권 17, 18, 19장을 보라)

나는 며칠 만에 통독할 수 있는 짧고 간명한 저서를 여러 해 동안 구상해왔다. 실제로 우리는 연속적으로 전체를 읽어 내려감으로써, 여러 종교현상들의 **근본적인 통일성**과 그러한 종교적 표현이 가진 무궁무진한 **새로움**을 알게 될 것이다. 그런 책을 읽는 독자는 구석기시대와 메소포타미아, 이집트의 사상과 신앙을 고찰한 다음, 곧바로 베다의 찬가와 『브라흐마나』 그리고 우파니샤드에 친숙해질 수 있을 것이다. 또한 그는 차라투스트라와 고타마 붓다, 도교, 헬레니즘의 비의 종교, 기독교의 발생, 그노시스주의, 연금술, 성배 전설에 대해 고찰한 바로 그 다음날, 상카라, 탄트리즘과 밀라레파, 이슬람, 지오아키노 다 피오레 혹은 파라셀수스를 발견할 수 있을 것이다. 더 나아가 그는 케찰코아틀 및 비라코차, 열두 사람의 알바르, 그레고리우스 팔라마스, 최초의 카발라주의자들, 아비센나, 또는 에이사이를 발견한 다음, 곧바로 독일 신비파와 낭만파, 헤겔, 막스 뮐러, 프로이트, 융, 본회퍼를 만날 수 있을 것이다.

애석하게도 그러한 짧고도 간명한 책은 아직 써지지 않았다. 결국 나는 우선 세 권으로 이루어진 저작을 발표하기로 결론을 내렸지만, 나중에 그것을 400페이지 정도의 한 권으로 축소하고자 하는 희망을 버리지는 않는다. 내가 이런 타협적 방법을 선택한 것은 특히 다음과 같은 두 가지 이유 때문이다. 하나는, 중요하지만 충분히 알려져 있지 않은 텍스트들을 많이 인용하는 것이 필요하다고 생각했기 때문이고, 다른 하나는, 상당히 충실한 비판적 문헌 해제를 독자들에게 제공하고 싶었기 때문이다. 따라서 나는 본문의 각 페이지 하단의 각주는 최소한으로 축소했다. 그리고 본문에서는 전혀 언급하지 않았거나 혹은 너무도 간략하게 다루었던 문제에 대한 약간의 논의와 참고 문헌의 해제를 본문과는 별도로 각 책의 뒷부분에 수록했다. 이렇게 함으로써 자료에 대한 논의 및 연구 현황에 대한 설명으로 인해 중단되는 일 없이 연속적으로 본서를 읽어 내려갈 수 있도록 했다. 어떤 주제에 대한 종합이나 대중화를 지향하는 책들은 대체로 각 장의 말미에 문헌 목록을 첨부한다. 이 『세계종교사상사Histoire des croyances et des idées religieuses』

의 구조는 그것보다 더 복잡한 비판적 장치가 필요했다. 그래서 나는 각 장을 다시 여러 절로 구분하고, 그 각 절에 일련번호와 제목을 붙였다. 따라서 독자는 본문을 읽어 내려가는 도중에 각 책의 뒷부분에 수록되어 있는 문헌 해제 및 연구 현황을 참조할 수 있을 것이다. 그리고 나는 각 절마다 중요한 근간 저술에 대한 비판적 문헌 해제를 정리해 두려고 시도했으며, 그 경우에도 나와 방법론적 입장이 다른 저작을 무시하지는 않았다. 약간의 예외는 있지만 나는 스칸디나비아어와 슬라브어 또는 발칸계 언어로 간행된 연구 업적은 인용하지 않았다. 읽기 쉽도록 만들기 위해 아시아 언어의 고유명사 및 전문용어의 로마자 표기는 단순화했다.

*

몇 장을 제외하고는 본서는 1933년부터 1938년까지 부쿠레슈티대학교에서, 1946년부터 1948년까지 파리고등연구원에서, 그리고 1956년부터는 시카고대학교에서 내가 담당했던 종교사 강의의 핵심 내용을 재현한 것이다. 나는 그 "전문 분야"가 무엇이든 인접 학문 영역에서 달성된 진보를 이해하기 위해 전력을 다하고 학생들에게 그러한 학문이 제기하는 문제를 알려주는 것을 게을리 하지 않는 종교학자의 부류에 속한다. 사실 나는 모든 역사 연구는 어느 정도는 보편적인 역사 histoire universelle에 대한 친숙함을 전제로 삼고 있다고 생각한다. 그런 이유에서 가장 엄밀한 "전문화"라 할지라도 보편적인 역사의 관점 안에 자기의 연구를 위치 짓는 의무에서 자유로울 수 없을 것이다. 또 나는 단테나 셰익스피어의 연구, 나아가 도스토예프스키나 프루스트의 연구는 칼리다사Kalidasa나 〔일본의〕 노〔能〕, 그리고 『서유기』에 대한 지식에 의해 밝혀질 수 있다고 생각하는 사람들의 확신을 공유하고 있다. 그것은 허망한 그리고 결국은 불모로 끝나고 말 유사백과전서주의 pseudo-encyclopédisme는 아니다. 그것은 다만 인간 정신사의 심오하고 분할 불가능한 통일성unité에 대한 시각을 상실하지 않기 위한 노력일 뿐이다.

인류 정신사의 통일성에 대한 자각은 최근에 이루어진 발견으로서, 아직 충분히 이해되지 않았다. 나는 제3권의 마지막 장에서 그 자각이 종교학의 미래를 위해 중요한 의미를 가진다는 사실을 평가하고자 한다. 또 환원주의의 대가들—맑스, 니체로부터 프로이트에 이르기까지—에 의해 초래된 위기와 인류학, 종교학, 현상학 그리고 새로운 해석학이 가져다준 공헌을 논의하는 그 마지막 장에서 독자들은 근대 서구 세계의 유일한, 그러나 대단히 중요한 종교적 창조성에 대해 판단할 수 있을 것이다. 그것은 탈성화désacralisation의 최후의 단계와 연관되어 있다. 그 과정은 종교학자로서는 커다란 관심사이다. 왜냐하면 그것은 "성스러움"의 완전한 위장camouflage, 보다 정확하게 말하면 "범속함"과의 동일시를 보여주고 있기 때문이다. 〔실제로 이 마지막 장은 써지지 않았다. 엘리아데는 본서를 제3권까지로 기획했다가 나중에 계획을 바꾸어 4권본으로 확대했고, 제4권에 수록될 아시아, 오세아니아, 라틴아메리카, 아프리카, 근대 서구 세계를 포함하는 여러 장은 제자들의 협력을 얻어 완성시킬 예정이었다. 엘리아데가 직접 집필하기로 예정한 "마지막 장"은 제4권의 마지막 장이 되었어야 했지만, 엘리아데는 그 완성을 보지 못하고 죽었다. 그 작업은 엘리아데의 제자들에 의한 공동 집필의 형식으로 독일어로 간행되었다.〕

*

　50년에 걸친 연구 과정에서 나는 은사, 동료, 학생들로부터 많은 것을 배웠다. 나는 그분들, 생사를 불문하고 모두에게 가장 진실한 감사의 마음을 바친다. 또 제1권을 편집하는 수고를 아끼지 않은 미셸 프로망투 부인, 장-뤽 베노질리오 씨 그리고 장-뤽 피두-파요 씨에게도 감사를 표현하고 싶다. 이 책은 1950년 이래의 나의 모든 저작과 마찬가지로 아내의 존재와 그 애정과 헌신이 없었더라면 완성되지 못했을 것이다. 나에게 너무도 소중한 학문에 대한 나의 마지막 공헌이 될 이 저서의 첫 페이지에 기쁨과 감사를 담아서 그녀의 이름을 기록해둔다.

1975년 9월
시카고대학에서
미르치아 엘리아데

크리스티넬에게

시간의 처음에…… 구석기인들의 주술-종교적 행위

1. 방향 잡기. 도구를 만드는 도구. 불 "길들이기"

영장류에서 인간으로 나아가는 "인간화hominisation"의 문제는 종교 현상의 이해에 있어서 중요한 주제이지만 우리는 여기서 그 문제를 직접 논하지는 않을 것이다. 다만 인간의 직립은 이미 영장류의 전형적인 조건을 넘어서는 기준점이 된다는 사실을 기억할 필요는 있다. 인간은 잠에서 깨어 있을 때에만 직립 자세를 유지할 수 있다. 인간은 직립 덕분에 인간 이전의 존재는 접근할 수 없는 구조, 즉 "위"-"아래"의 중심축에서부터 네 방향으로 뻗어나가는 수평적 구조를 통해 만들어지는 공간을 확보할 수 있었다. 다시 말해 인간은 몸을 둘러싸고 전후, 좌우, 상하로 확장되는 공간을 구성할 수 있게 된 것이다. **방향 잡기**의 여러 가지 방법은 이러한 최초의 경험—인간 자신이 무한한 미지의 위협적인 공간 한가운데에 "던져져 있다"는 느낌—으로부터 나왔다. 왜냐하면 방향감각을 잃어 현기증이 일어나면 오랫동안 살 수 없기 때문이다. 이처럼 하나의 "중심"을 둘러싸고 방향이 정해진 공간 경험을 통해서 비로소 영토, 집락集落, 주거 등의 분할과 배치, 더 나아가 그것과 연관된 우주적 상징의 중요성이 해명될 수 있다.(본권 12절 참조)[1]

도구의 사용 여부는 인간과 영장류의 존재 양태를 가장 선명하게 구분해주는 결정적인 차이점이다. 구석기인들은 도구를 사용할 뿐만 아니라 그것을 제작하기도 했다. 어떤 원숭이들이 물건을 마치 "도구"처럼 사용한다든지 심지어 도구를 만들기까지 한다는 사실은 잘 알려져 있다. 그러나 구석기인들은 "도구를 만들기 위한 도구"를 생산할 수 있었다. 나아가 그들의 도구 사용 기술은 다른 영장류들보다 훨씬 더 복잡하며, 그 도구들을 다시 사용하기 위해 손이 닿는 곳에 보관하기도 했다. 간단히 말해 구석기인들은 원숭이의 경우와는 달리 도구를 어떤 특정한 상황이나 순간에만 한정하여 사용하지 않았다. 또 한 가지 중요한 사실은 도구가 인간의 신체 기관을 확장하기 위해서만 사용된 것이 아니라는 점이다. 우리가 아는 가장 오래된 석기는 인체의 구조에서는 보이지 않는 기능, 특히 자르기의 기능(이로 찢거나 손톱으로 긁는 것과는 다른 행위)을 위해 세공되었다.[2] 기술상의 진보가 대단히 느린 속도로 이루어졌다고 해서 인간의 지성 역시 그렇게 느린 속도로 발전했다고는 말할 수 없다. 그 역逆도 마찬가지로 사실이다. 지난 2세기 동안 이룩된 기술상의 비정상적인 발전 속도에 상응하여 서양인의 지성이 그만큼 발전되었다고 주장할 수는 없는 것이다. 오히려 "모든 기술 혁신은 집단의 죽음을 그 안에 품고 있다"(André Varagnac)고 말할 수도 있

---

1) 현대사회의 인간은 자신의 "실존적" 가치를 더 이상 인식하지 않지만, 방향이 정해진 공간 경험은 그에게 여전히 익숙하다.

2) Karl Narr, "Approaches to the Social Life of Earliest Man", pp. 605 sq.를 보라.

다. 구석기인들은 기술적인 정체停滯로 인해 오히려 그들의 생존을 확실하게 확보할 수 있었다.

불 "길들이기", 즉 불을 일으키고 보존하고 이동시킬 수 있는 능력은 구석기인들을 그들 이전의 동물학적 존재들인 원인류와 구별시켜주는 결정적인 지표이다. 불의 사용에 대한 가장 오래된 "자료"는 [북경 근처의] 주구점周口店(BC 60만 년경)에서 발견된다. 하지만 불 "길들이기"는 아마도 훨씬 더 일찍부터 그리고 여러 장소에서 일어났을 것이다.

이처럼 널리 알려진 사실들을 반복해서 말하는 이유는, 앞으로 내가 제시할 분석을 읽게 될 독자들이 선사시대의 인간들이 이미 풍부한 지성과 상상력을 가진 존재로서 행동하고 있었다는 사실을 잊지 않았으면 하는 바람 때문이다. 무의식의 활동—꿈, 환상, 환각, 과대망상 등—이라는 측면에서 보면, 고인류는 그러한 활동의 강도와 풍성함에 있어서 현대인과 다르지 않았다고 추정된다. 그러나 그때의 **강도와 풍성함**이라는 표현은 보다 강렬하고 극적인 의미로 이해되어야 한다. 왜냐하면 인간은 "시간이 시작되는 시점"에서 내려진 결정, 즉 살아남기 위해 다른 존재를 죽여야 한다는 결정의 최종적 산물이기 때문이다. 간단히 말해서 인간은 육식을 하기 시작하면서 그들의 "선조들"을 능가하는 데 성공했다. 약 200만 년 동안 구석기인들은 수렵으로 살았다. 여자나 아이들이 채집한 과실, 초목의 뿌리, 조개류 따위로는 인간의 생존을 충분히 확보할 수 없었다. 수렵은 성별에 따라 노동을 분화시켰으며, 그에 따라 "인간화"는 더욱 촉진되었다. 육식동물은 물론이고, 동물의 세계 전체를 살펴보더라도 그러한 노동의 분화는 존재하지 않는다.

그러나 사냥감을 찾아내고 그것을 끝까지 추적하여 죽이는 일을 반복하는 가운데, 마침내 사냥꾼과 죽음을 당하는 동물 사이에 **독자적인**sui generis 관계의 체계가 만들어진다. 우리는 이 문제를 곧 다시 논의하겠지만, 우선 여기서는 살해라는 행위를 통해 사냥꾼과 그 희생 동물 사이에 "신비로운 연대감"이 형성되었고, 거기서 흘린 피는 여러 가지 면에서 인간의 피와 동일하다는 것을 기억해두자. 요컨대 인간과 사냥물 사이에 형성된 "신비로운 연대감"은 인간 사회와 동물 세계 사이의 친족 관계를 보여주고 있는 것이다. 사냥물을 죽이는 행위, 나아가 가축을 죽이는 행위는 죽음을 당하는 대상의 교체가 있을 뿐 둘 다 "희생 제의"에 해당한다는 점에서 동일하다.[3] 이러한 모든 관념들은 "인간화" 과정의 마지막 단계에 등장한다는 것을 분명히 말해두자. 그리고 이러한 관념들은 구석기시대의 문명이 사라지고 난 후 수천 년이 지난 뒤에도—변형되고, 재평가되고, 위장된 모습으로—여전히 살아남았다.

2. 선사 자료의 "불투명성"

만일 구석기인들을 "완전한 인간"이었다고 생각한다면, 그들 역시 우리들과 마찬가지로 다양한 신앙과 그 신앙을 실천하는 의례를 가지고 있었다는 사실 또한 받아들여야 할 것이다. 왜냐하면 앞에서 말한 것처럼 성스러움에 대한 경험은 의식意識 구조의 한 요소를 구성하고 있기 때문이다. 달리 말한다면 선사시대 인류가 "종교적"이었는지 아니면 "비종교적"이었는지에 대한 질문이 제기될 경우, 자신들의 가설을 뒷받침하는 증거를 제시해야 하는 쪽은 "비종교성"을 지지하는 논

---

3) 이 같은 오래된 관념은 고대 지중해 문화 속에서 살아남았다. 동물들이 인간 희생 (이 관습은 세계적으로 널리 퍼져 있었다)을 대체했을 뿐만 아니라, 인간들이 동물들 대신에 희생되기도 했다. Walter Burkert, *Homo Necans*, p. 29, n. 34를 참조하라.

자들일 것이다. 구석기인들의 "비종교성"에 대한 가설은 구석기인들과 영장류의 유사성이 막 발견되었던 진화론의 전성기에 형성되고 일반화되었다고 여겨진다. 그러나 그것은 오해에 지나지 않는다. 거기서 문제가 되는 것은 구석기인들의 해부학-골학적 구조(확실히 영장류의 그것과 유사하다)가 아니라 그들의 **행동**이기 때문이다. 이러한 행동은 "인간적"이라는 표현 이외의 다른 것으로는 정의 내릴 수 없는 정신적 활동을 보여주고 있다.

그러나 오늘날 구석기인들이 "종교"를 가지고 있었다는 사실을 인정한다고 해도 그 내용이 어떤 것이었는지를 실제로 규정하기란, 불가능하지는 않다 할지라도, 대단히 곤란하다. 그러나 연구자들은 아직 포기하지 않았다. 구석기인들의 생활을 보여주는 "증거가 될 만한 자료들"은 아직도 어느 정도는 남아 있으며, 그 자료들의 종교적 의미가 언젠가는 해독될 것으로 기대되기 때문이다. 다시 말해 이러한 "자료들"이 하나의 "언어"로서 구성되기를 기대하는 것이 불가능한 일은 아니다. 마치 프로이트의 천재적 재능 덕분에, 그때까지만 해도 부조리하거나 무의미한 것이라고 간주되었던 무의식의 창조물들—꿈, 백일몽, 환상 등—이 인간을 이해하는 데 더없이 소중한 하나의 "언어"로서 존재한다는 사실이 밝혀진 것과 마찬가지이다.

사실 이러한 "자료들"은 상당수 있지만, 그 내용이 "불투명"하고 또 그다지 다양하지도 않다. 그것들은 사람의 뼈, 특히 두개골, 석기, (적색토, 적철광이 주류인) 안료, 무덤 속에서 발견되는 다양한 물건들이다. 구석기시대 후기가 되면, 동굴 벽에 그린 선각화와 채색화, 채색된 조약돌, 뼈나 돌로 만든 작은 조각상 등이 발견된다. 몇몇 경우들—묘지들, 예술품들—에서, 그리고 나중에 우리가 살펴보게 될 범위 내에서 우리는 적어도 "종교적" 지향성을 확신할 수 있다. 그러나 오리냑기Aurignacien(BC 3만 년) 이전 "자료"의 대부분을 차지하는 도구들은 실용적 가치 이상의 것을 드러내고 있지는 않다.

그럼에도 불구하고 도구들이 아무런 신성성도 가지고 있지 않고 수많은 신화적인 에피소드들도 만들어내지 못했을 것이라고는 생각할수 없다. 인류의 최초의 기술적 발견들—돌을 공격과 방어를 위한 무기로 전환한 것, 불을 지배한 것—은 인간 종족의 생존과 발전을 보증해주었을 뿐 아니라, 신화-종교적인 가치 세계를 만들어내며 창조적상상력을 불러일으키고 성숙시켜주었다. 그 점을 이해하기 위해서는오늘날에도 여전히 수렵과 어로의 단계에 머물러 있는 미개인의 종교생활과 신화 세계 안에서 도구가 어떤 역할을 하는지를 살펴볼 필요가있다. 무기—나무로 만든 것이든 돌로 만든 것이든 금속으로 만든 것이든—의 주술-종교적 가치는 단지 민간전승 안에서만 존재하는 것이 아니라 여전히 유럽의 농경민들 사이에 살아 있다. 여기서 우리는돌, 바위, 조약돌에 담긴 역현力顯kratophanie〔신적인 힘의 드러남〕과 성현聖顯hiérophanie〔성스러움의 드러남〕에 대해서는 더 깊이 고찰하지 않을 것이다. 그러한 주제에 관한 구체적인 예에 관심을 가진 독자는 나의 『종교형태론』의 제1장을 참조하기 바란다.

여기서 우리가 특히 관심을 기울여야 할 점은, 발사 무기의 발명을 통해 구석기시대의 인간이 "거리를 정복"했고, 거기에서 무수한 신앙과신화 그리고 전설이 태어났다는 사실이다. 하늘의 궁륭穹窿을 뚫고 나가 천계로 비상하는 것을 가능케 하는 창, 구름을 뚫고 나가 악마를 찌르거나 하늘에까지 이르는 사슬이 되는 화살에 대해 이야기하는 신화들을 한번 고찰해보자. 오늘날 우리에게 더 이상 아무런 의미도 전달해주지 못하는 구석기인들의 석기를 제대로 평가하기 위해서는 도구, 특히 무기와 연관된 신앙과 신화의 일단을 언급하지 않을 수 없다. 이들 선사시대의 자료들이 갖는 "의미론적 불투명성"이 특별히 유별난 것이라고는 말할 수 없다. 모든 자료는, 그것이 심지어 현재의 것이라 할지라도, 그 의미 체계에 완전히 녹아들어 수미일관하게 성공적으로 해명된 것이 아닌 이상 여전히 "정신적으로 불투명한" 것일 수밖에 없다. 선사시대의 것이든 현대의 것이든 하나의 도구는 기술적 지향성만을 드러낼 뿐이다. 따라서 그것을 만들거나 사용하는 사람이 그 연장을 통해 생각하고, 느끼고, 꿈꾸고, 소망했던 것을 우리가 완전하게 이해할 수는 없다. 그러나 우리는 적어도 선사시대의 도구에 담긴 비물질적 가치를 "상상하기" 위해 노력해야 한다. 그렇게 하지 않으면 우리는 도구에 담긴 의미론적 불투명성으로 인해 문화사에 대한 완전히 잘못된 이해를 강요당할 수도 있다. 예를 들어 우리는 어떤 신앙이 처음 출현한 시점과 그것이 자료에 명확히 기록되어 입증될 수 있는 시점을 혼동하는 위험에 빠지게 되는 것이다.[4] 금속기시대에 형성된 여러 전승들은 광물의 습득〔採鑛〕이나 야금술, 무기 제작과 연관된 "기술의 비밀"을 전하고 있지만, 그렇다고 해서 그것이 어떠한 선례도 가지지 않는 새로운 발명품이라고 속단해서는 안 될 것이다. 왜냐하면 이러한 전승들은 적어도 부분적으로는 석기시대로부터의 유산을 계승하고 있기 때문이다.

약 200만 년 동안 구석기인들은 주로 수렵, 어로 그리고 채집으로 살았다. 그러나 구석기 수렵인의 종교적 세계에 관한 최초의 고고학적 증거는 〔프랑스 남부와 스페인 북부 지역의〕 프랑코-칸타브리아(BC 3만 년)의 동굴벽화로 거슬러 올라가는 것이 고작이다. 게다가 현존하는 수렵 민족의 종교적 신앙이나 행동을 검토해보면, 구석기인들에게서 그와 유사

---

4) 이러한 방법을 엄격히 적용한다면, 그림 형제가 독일 전래 동화를 1812~1822년 사이에 출판했다고 해서 그것이 그때에 만들어졌다고 결론 내리는 셈이 된다.

한 신앙의 **유무를 증명하는** 것이 거의 불가능하다는 사실을 깨닫게 된다. 미개 수렵인들[5]은 동물이 인간과 비슷하지만 인간과 달리 초자연적 힘을 부여받은 존재라고 생각한다. 그들은 인간이 동물로 변할 수 있으며, 반대로 동물도 인간으로 변할 수 있다고 믿는다. 또한 죽은 자의 영혼은 동물에게로 들어갈 수 있고, 특정 인간과 동물 사이에는 신비로운 관계가 존재한다(이는 최근까지 수호신 신앙으로 불렸다)고 믿는다. 수렵 민족의 종교에서 나타나는 초자연적 존재는 그 종류가 대단히 다양하다. 동물의 모습으로 나타나는 수호신들이나 "수호 정령들", 사냥감과 수렵자들 모두를 보호하는 지상신至上神-동물의 수호신 유형의 신성들, 숲의 정령들 그리고 다양한 종류의 동물의 정령들이 구별되어 나타난다.

게다가 어떤 형태의 종교적 행위는 특별히 수렵 문명에서만 나타난다. 예를 들면 동물을 죽이는 행위는 종교적 의례를 구성하는데, 그것은 수렵자가 식량으로 필요한 만큼만 사냥하고 또한 그 식량을 낭비하지 않도록 동물의 수호신이 지켜준다는 신앙을 함축한다. 뼈, 특히 두골頭骨은 중요한 의례적 가치를 지니고 있다. (아마도 뼈는 그 동물의 "영혼" 또는 "생명"을 담고 있으며, 동물의 수호신이 그 뼈로 새살을 돋게 만든다는 믿음 때문일 것이다.) 두골과 장골腸骨을 나뭇가지 위나 높은 곳에 놓는 것은 바로 그 때문이다. 또 어떤 종족은 살해당한 동물의 영혼이 자신만의 "영계靈界"로 옮겨간다고 믿기도 한다(아이누족과 길리악족의 "곰 축제"를 참조하라). 살해된 동물의 살점을 지상신에게 바치거나(피그미족, 필리핀의 네그리트족 등), 두골과 장골을 제물로 드리는 풍습을 가진 경우도 있다(사모예드족 등). 또 아프리카 수단의

---

5) 편의상 J. Haeckel, "Jäger u. Jagdritten", *Religion in Geschichte und Gegenwart*(3ᵉ édition), III(1959), col. 511~513의 종합적 설명을 이용한다.

어떤 종족은 젊은이가 처음으로 사냥을 마치고 돌아오면 동굴 벽에 그가 잡은 동물의 피를 문질러 바르기도 한다.

우리가 이용할 수 있는 고고학적 자료 안에서 이러한 신앙들과 의례들을 얼마나 확인할 수 있을까? 기껏해야 두골이나 장골을 바치는 정도인가. 우리는 수렵 민족의 종교 사상에 담긴 풍요로움과 복합성을—그리고 구석기인들에게도 그러한 것이 존재했는지를 입증하거나 혹은 부인하는 것이 거의 불가능함을 아무리 강조해도 지나치지 않을 것이다. 우리가 여러 차례 되풀이하여 말한 것처럼, 신앙과 사상은 화석화될 수 없다. 바로 그런 이유에서 일부 학자들은 구석기인들의 신앙과 사상을 수렵 문명과 비교함으로써 재구성하기보다는 차라리 침묵하는 쪽을 선택했다. 그러나 그런 극단적인 방법론적 입장은 나름대로의 위험을 안고 있다. 인류 정신사의 거대한 부분을 공백으로 남겨두는 것은 그 기간 동안에 이루어진 인간의 정신 활동이 단지 기술의 보전과 전달에 국한되어 있다는 생각을 조장하는 위험을 초래할 수 있다. 그러한 견해는 단순한 오류에 그치지 않고, 인간의 정신에 대한 치명적인 오해로 연결된다. **도구를 만드는 인간**Homo faber은 곧 **놀이하는 인간**Homo ludens, **사유하는 인간**Homo sapiens 그리고 **종교적 인간**Homo religiousus인 것이다. 비록 우리가 그들의 종교적 신앙과 실천을 재구성해낼 수는 없지만, 적어도 간접적으로나마, 그것을 해명하는 데 도움이 될 수 있는 몇 가지 유사한 사례들을 제시할 수는 있을 것이다.

3. 매장의 상징적 의미

뼈는 가장 오래되고 또 수적으로 가장 풍부한 "자료"임에 틀림없다.

우리는 무스테리안기(BC 7~5만 년)부터 매장을 해왔다고 분명히 말할 수 있다. 그러나 두골과 아래턱뼈는 그 시기보다 훨씬 더 오래된 유적지들에서, 예를 들어 주구점(BC 40~30만 년으로 추정되는 층에서)에서 발견되었으며, 그러한 것들의 존재는 많은 문제를 제기하고 있다. 두골의 보존은, 매장과는 무관하기 때문에, 종교적인 이유로 설명될 수 있다. 브뢰유Breuil 신부와 빌헬름 슈미트Wilhelm Schmidt는 죽은 친족의 두골을 보존하고 자기 부족이 이동할 때에도 그것을 가지고 다니는 오스트레일리아 및 다른 원시 부족들의 관습에 대해 언급하고 있다.[6] 그들이 제시한 가설은 그럴듯하긴 하지만 대다수의 학자들은 그것을 받아들이지 않았다. 사람들은 그러한 사실들을 의례적이든 세속적이든 식인 관습이 존재했음을 보여주는 증거로 해석하기도 했다. 그래서 블랑A. C. Blanc은 몬테 치르체오 동굴에서 발견된 네안데르탈인의 두골 손상에 대해 다음과 같이 설명했다. 즉 그 유골의 주인공은 오른쪽 안구 부위를 함몰시킨 타격에 의해 살해되었고, 사람들은 나중에 그 구멍을 확장시켜 그 구멍으로부터 뇌를 뽑아내어 먹는 의식을 행했다는 것이다. 그러나 이 설명이 이의 없이 받아들여지는 것은 아니다.[7]

사후의 삶에 관한 신앙이 인류의 최초의 시기부터 존재했다는 사실은 적색토를 생명의 "상징"인 피의 의례적 대체물로 사용하는 데에서 증명된다고 생각되어왔다. 적색토를 사용하여 시체에 무엇인가 흔적

---

6) Johannes Maringer, *The Gods of Prehistoric Man*, pp. 18 sq.

7) Leroi-Gourhan은 그 네안데르탈인이 살해되어 잡아먹혔을 것으로 보지 않는다.(*Les religions de la préhistoire*, p. 44) Maringer는 주구점 원인猿人에게 식인 관습이 있었을 것이라는 가설을 부정했으며(*op. cit*, p. 20), 또한 Blanc의 설명도 거부했다.(*ibid*, pp. 31 sq.) 그렇지만 H. Müller-Karpe, *Altsteinzeit*, pp. 230 sq., 240; M. K. Roper, "A Survery of Evidence for Intrahuman Killing in the Pleistocene"를 보라.

을 남기는 관습은 시공을 초월하여, 주구점에서부터 유럽의 서해안 지역까지, 희망봉까지 이르는 아프리카에, 오스트레일리아에, 태즈메이니아에, 티에라델푸에고까지 이르는 아메리카에 널리 퍼져 있다. 매장의 종교적 의미는 줄곧 열띤 논쟁의 주제가 되어왔다. 죽은 이를 매장하기 위해서는 어떤 정당한 의미가 부여되어야 한다는 사실에는 의심의 여지가 없다. 그렇다면 그 의미는 무엇이었을까? 무엇보다도 먼저, "죽은 이의 시체를 단순히 덤불숲 속에 내버리든, 사지를 절단시켜 해체시키든, 새들이 쪼아 먹도록 놓아두든, 시체를 집 안에 두고 즉시 밖으로 나오든, 그 어떤 시체 처리 방식도 그것에 사후의 삶에 대한 관념이 결여되었다는 것을 의미하지는 않는다"[8]는 사실을 잊어서는 안 된다. 그럼에도 불구하고 사후의 삶에 대한 신앙은 바로 매장이라는 행동을 통해 더욱 분명하게 나타난다. 그렇지 않다면 시체를 묻기 위해 기울이는 노력을 이해하기 어려워진다. 사후의 삶은 순수하게 "영적인 것", 즉 영혼의 사후 실존, 다시 말해 꿈속에 죽은 자가 등장하는 것에 의해 강화되는 그런 신앙일 것이다. 그러나 한편으로는 죽은 자가 다시 돌아올 가능성에 대비하는 행동으로 해석될 수 있는 매장의 예도 보인다. 그 경우 시체는 구부려져 묶여 있다. 다른 한편 이런 굴장屈葬은 (일부 종족들에게서 볼 수 있는) "살아 움직이는 시체"에 대한 공포를 보여주는 것이 아니라, 도리어 "재생"에 대한 희망을 나타내는 것이라고 보지 않을 아무런 이유도 없다. 왜냐하면 의도적으로 태아의 자세를 취하게 하는 매장 방식 역시 많이 알려져 있기 때문이다.

주술-종교적 의미를 지닌 가장 좋은 보기로 우즈베키스탄의 테식타슈에서 발견된 것(야생 염소의 뿔을 아이의 주변에 배열하였다), 코

---

8) Leroi-Gourhan, p. 54.

레즈의 샤펠오생에서 발견된 것(주검이 놓인 구덩이 가운데서 점화용 도구와 적색토의 단편이 여러 점 발견되었다),[9] 그리고 도르도뉴 지방의 페라시에서 발견된 것을 거론할 수 있다. 거기에다 10기의 묘로 된 카르멜 산의 동굴 묘지도 추가해야 할 것이다. 그 무덤 속에 있던 음식 공물이나 부장품의 진실성과 의미는 지금도 논란을 불러일으킨다. 그 중에서도 가장 잘 알려진 예는 마스다질에서 발견된 여성의 두골인데, 인위적으로 만든 눈을 끼워 넣은 그 두골은 순록의 턱뼈와 뿔 위에 놓여져 있었다.[10]

구석기시대 후기에는 매장이 일반화되었다고 생각된다. 사체에는 적색토가 뿌려져 있으며, 상당량의 장신구(조개껍질, 펜던트, 목걸이)가 함께 발견되었다. 무덤 근처에서 발견되는 동물의 두골과 뼈는 제물로 바쳐진 것이 아니라면 의례적인 식사 후의 잔재일 것이다. 르루아-구랑Leroi-Gourhan은 "부장품", 즉 죽은 이의 개인적인 물품들에 대해서는 "여전히 검토해보아야 할 여지가 많다"는 의견을 견지한다.(*op. cit.*, p. 62) 이것은 중요한 문제이다. 왜냐하면 이러한 유물의 존재는 인간의 사후의 삶에 대한 신앙뿐 아니라 타계에서의 죽은 자의 특정한 활동에 대한 확신을 보여주기 때문이다. 비슷한 관념을 보여주는 자료

---

9) 최근의 고고학적 발견을 통해, 스와질랜드의 한 탄광에서는 2만 9000년 전에, 로디지아에서는 4만 3000년 전에 적철광이 추출되었다는 것을 알게 되었다. 이들 아프리카 탄광에서는 그 기간 동안 계속해서 적철광이 추출되었다. 비슷한 작업이 헝가리의 바라톤 호수 근처에서 BC 2만 4000년경에 이루어졌다는 사실이 발견됨으로써 구석기인들의 기술력과 의사 전달 체계의 범위가 밝혀지고 있다. R. A. Dart, "The antiquity of mining in South Africa"; *id*, "The Birth of Symbology", pp. 21 sq.를 참조하라.
10) Leroi-Gourhan에 따르면 이것은 "음식 찌꺼기 더미"와 관계된 것인데, "그 위에는 아마도 용도가 바뀌어 어쨌든 자리가 옮겨진 인간의 유물이 놓여 있었다."(p. 57)

32

들은 얼마든지 있다. 게다가 그 자료들은 문화의 다양한 층에 걸쳐 존재한다. 어쨌든 르루아-구랑은 〔이탈리아 북서부의〕 리구리아에서 발견된 무덤이 오리냑인의 것이 틀림없다고 인정하고 있는데, 거기에서는 "지휘봉"이라고 명명된 네 개의 정체불명의 물체와 완전한 골격을 갖춘 해골이 출토되었다.(*op. cit.*, p. 63) 따라서 적어도 몇몇 무덤은 사후에도 개인으로서의 활동이 계속된다고 하는 신앙을 보여주는 분명한 증거가 될 수 있다.[11]

위의 논의를 요약하면 다음과 같다. 즉 매장은 사후의 삶에 대한 신앙(적색 안료의 사용을 통해 이미 드러났다)을 확인시켜주며, 더불어 다음과 같은 몇 가지 부수적인 사실들에 대해서도 알려준다는 것이다. 동쪽을 향해 사체를 매장하는 관습은 인간 영혼의 운명을 태양의 행로와 연결시키고자 하는 의도를 표현한 것이며, 더 나아가 "재생", 즉 타계에서의 사후의 삶에 대한 희망을 표현한 것이기도 하다. 또한 사체와 함께 묻힌 부장품과 공물, 의례적인 식사의 잔재물을 통해서 우리는 어떤 형식의 장례 의례가 존재했었다는 것을 확인할 수 있다.

그러나 대단히 단순해 보이는 의례에 함축되어 있는 종교적 상징의 깊이와 풍부한 의미를 이해하기 위해서는, 현재에도 존재하는 원시 부족의 매장 의식을 살펴보는 것도 좋은 방법이 될 것이다. 라이헬-돌마토프Reichel-Dolmatoff는 1966년에 코기 인디언들이 거행한 한 소녀의 장례식을 자세히 기록하고 있다. 이 부족은 콜롬비아의 산타마르타의 시에라네바다 지역에 살면서 칩차어를 사용한다.[12] 샤먼(*máma*)은 무

---

11) 다른 학자들은 그 당시에 무덤에서 발견된 "자료들"의 수가 훨씬 더 많다고 생각한다는 것을 분명하게 말해두자.
12) C. Reichel-Dolmatoff, "Notas sobre el simbolismo religioso de los Indios de la Sierra

덤 자리를 선택한 다음, 일련의 의례적인 동작을 연출하면서 다음과 같이 선포한다. "이곳은 죽음이 사는 마을이다. 이곳은 죽음의 의식을 치르는 집이다. 이곳은 자궁이다. 나는 이 집을 열 것이다. 집은 닫혀 있고, 나는 그것을 열 것이다." 그러고 나서 샤먼은 "집이 열렸다"고 선포하며, 사람들에게 무덤을 파도록 지시하고 물러난다. 죽은 소녀는 흰색 천으로 싸여 있고 소녀의 아버지는 수의를 꿰맨다. 이런 일련의 의식이 벌어지고 있는 동안 소녀의 어머니와 할머니는 느린 속도로 거의 가사가 없는 노래를 읊조린다. 무덤을 판 후, 사람들은 작은 녹색 돌멩이와 조개껍질, 그리고 달팽이껍질 등을 무덤 바닥에 놓는다. 그러고 나서 샤먼은 사체가 무겁다는 시늉을 하며 그것을 들어올리려고 애쓰는 동작을 반복하는데, 아홉 번째에 가서야 성공한다. 그 다음에는 머리를 동쪽을 향하게 하여 주검을 무덤 속에 안치한다. 그리고 "집을 닫는다." 즉 무덤을 다시 흙으로 덮는 것이다. 무덤 주변에서의 다른 의례가 모두 끝나면 사람들은 그곳을 떠난다. 이 의식은 두 시간 정도 계속된다.

라이헬-돌마토프가 지적한 것처럼, 미래에 무덤을 발굴하게 될 고고학자는 머리를 동쪽으로 향하게 하여 매장한 유골과 몇 개의 돌멩이와 조개껍질 등을 발견하게 될 것이다. 그들의 장례 의례, 특히 종교적 관념이 함축된 의례를 그 유물만을 근거로 해서 "복원하는" 것은 불가능하다.[13] 덧붙여 말하면 코기족과 같은 시대를 사는 관찰자라고 하더라도 그들의 종교를 이해하지 못하는 한 그 의례에 담긴 상징성을 이해하지는 못할 것이다. 라이헬-돌마토프가 기술한 것처럼, 묘지를 "죽

Nevada de Santa Marta", *Razón y Fabula, Revista de la Universidad de los Andes*, no. 1(1967), pp. 55~72.
13) 실제로 Reichel-Dolmatoff의 견해 이전에는 이에 대해 거의 알려진 바가 없었다.

음의 마을" 혹은 "죽음의 의식을 치르는 집", 또는 무덤을 "집"이나 "자궁"(오른쪽을 향하여 태아의 자세로 누워 있는 사체를 설명해준다), 제의의 제물을 "죽음에게 드리는 음식", "집-자궁"을 "열"거나 "닫는다"고 하는 언어 표현의 상징성이 문제가 되는 것이다. 장례 의례는 무덤의 주위를 의례적으로 둘러싸는 최후의 정화 의례를 끝으로 모두 마무리된다.

다른 한편 코기족은 세계—우주 모신母神의 자궁—를 마을, 예배소, 주거지, 그리고 무덤과 동일시한다. 샤먼이 주검을 아홉 번 들어올리는 것은 아홉 달 동안의 임신 기간을 거슬러 올라가 사체를 태아의 상태로 되돌리는 것을 의미한다. 그리고 무덤은 세계와 동일시되기 때문에 장례 의례 때 바치는 제물들은 우주적인 의미를 획득한다. "사자에게 바치는 음식"인 제물은 동시에 성적 의미(코기족에게 있어서는 신화, 꿈, 결혼식에서 "먹는" 행위는 성행위를 상징한다)를 가진다. 그 결과 그것은 모신의 다산을 가능하게 하는 "정액"으로 여겨진다. 조개껍질 역시 단지 성적 상징에 그치지 않고 생존해 있는 가족 구성원을 표현하는 등 상당히 복잡한 상징성을 담고 있다. 반면 달팽이껍질은 사자의 "남편"을 상징한다. 만약 그것을 무덤에 넣어두지 않으면, 저승에 도달한 소녀는 곧바로 "남편을 요구할" 것이고, 그로 인해 부족의 젊은 남자 한 명이 죽게 될 것이라고 믿었다.[14]

코기족의 매장 관습에 함축된 종교적 상징에 대한 분석은 이쯤에서 끝내기로 하자. 하지만 순전히 고고학적 차원의 연구만으로는 고인류의 매장 풍습에 내재된 상징성을 충분히 해명할 수 없다는 사실을 강조해두

14) 이 관습은 대단히 널리 퍼져 있으며, 동유럽에는 일찍 죽은 사람을 전나무와 결혼시키는 풍습이 아직도 남아 있다.

지 않으면 안 될 것이다. 고고학적 자료는 그 특유한 양식으로 인해 전달하는 "메시지"가 한정되고 빈약할 수밖에 없다. 우리는 빈약하고도 불명료한 고고학적 자료를 대할 때마다 그러한 사실을 항상 염두에 두고 있어야 한다.

4. 뼈의 퇴적물과 연관된 논쟁

알프스 산맥과 그 주변 지역의 동굴 속에서 무더기로 발견된 곰의 뼈들은 마지막 간빙기間氷期의 종교사상에 관한 가장 풍부한 "자료"이며, 또한 가장 열렬한 논쟁의 대상이다. (스위스의) 드라헨록 동굴에서 에밀레 베흘러Emile Bächler는 주로 두골과 장골로 이루어진 뼈의 퇴적물을 발견했다. 이 뼈들은 동굴 벽을 따라 바구니처럼 움푹 파인 바위 속에 뭉텅이로 놓여져 있었다. 베흘러는 1923년부터 1925년까지 빌덴만리스록 동굴을 탐사했고, 거기서 턱뼈가 없어진 곰의 두골 몇 개와 장골을 발견했다. 다른 선사시대 연구자들 역시 알프스 산맥의 동굴 안에서 비슷한 발견을 한 바 있다. 그 발견들 중에서 가장 중요한 것은, 슈티리아 지방의 드라헨회틀리 동굴과 프랑코니아 지방의 페터스 휠레 동굴이다. 회르만K. Hoermann은 동굴 바닥에서 1.2미터 높이에 있는 구멍 안에서 곰의 두골을 여러 개 발견했다. 에렌베르크K. Ehrenberg 역시 1950년에 (오스트리아령 알프스의) 잘츠오펜휠레 동굴 안에서 동굴 벽 구멍 속에 놓여 있는 곰의 두골 세 개를 발견했는데, 그것들은 장골과 함께 동쪽에서 서쪽을 향해 놓여 있었다.

이들 퇴적물은 어떤 의도를 가지고 배치된 것으로 보였기 때문에, 연구자들은 그 의미를 읽어내려고 시도했다. 알 가스Al Gahs는 지상신

至上神에게 그해 최초의 수확물을 바치는 북극 지역의 일부 부족의 의례(*Primitialopfer*)와 이들 퇴적물을 비교했다. 그 의례에서는 살해된 동물의 두골과 장골이 제단 위에 바쳐진다. 신에게 동물의 뇌와 장기, 즉 수렵자가 가장 소중하게 여기는 부분을 바치는 것이다. 이러한 해석은 빌헬름 슈미트와 코퍼스W. Koppers 그리고 다른 학자들에 의해 받아들여졌다. 이들 민족학자들은 그것을 마지막 간빙기의 동굴 곰 수렵자들에게 지상신 또는 동물의 수호신에 대한 신앙이 있었다는 증거로 삼았다. 다른 연구자들은 이 두골의 퇴적물을 북반구에서 19세기까지도 존재했던 곰 숭배 제의와 비교했다. 이 의례에서는 동물의 수호신이 살해당한 곰을 이듬해에 다시 소생시킬 수 있도록 그 곰의 두골과 장골을 보존한다. 칼 모일리Karl Meuli는 그 퇴적물을 통해 그가 가장 오래된 수렵 의례의 하나라고 생각했던 "동물 매장"의 한 형태만을 보았을 뿐이다. 이 스위스 학자는 그 의례가 수렵자와 사냥감 사이의 직접적인 관계를 보여주는 것이라며, 수렵자는 사냥된 동물의 재생을 가능하게 하기 위해 그 뼈를 매장했다고 주장했다. 거기에는 어떤 신적인 존재도 함축되어 있지 않았다.

이런 해석에 대해 바젤 출신의 학자 코비F. Koby가 의문을 제기했다. 그에 따르면 두골 "퇴적물들"의 많은 부분은 우연히 생긴 것, 특히 곰들이 뼈 사이를 돌아다니며 뒤적이고 긁어놓은 것이라고 한다. 르루아−구랑은 코비의 근본적인 비판에 전적으로 동의했다. 즉 르루아−구랑은 돌로 만든 "함" 속에 들어 있는 두골들, 동굴 벽면에 모여 있거나 벽감에 걸려 있는 두골들, 그리고 장골들에 둘러싸여 있는 두골들은 지질학적 사실과 곰의 행동 양식으로 설명할 수 있다고 보았다.(*op. cit.*, pp. 31이하) 의도적으로 뼈를 쌓아두었을 것이라는 주장에 대한 이러한 비판은 동굴 발굴이 충분하게 진행되지 않았던 초기 단계에는 특히 설득력 있게 보였다. 그럼에도 불구하고 똑같은 형태의 "퇴적물"이 상당수의 동굴에서, 특히 각 동굴 바닥에서 1미터 이상이나 높이 위치한 구멍 안에서 발견되었다는 것은 놀라운 일이다. 게다가 르루아-구랑조차도 "사람이 다시 손을 보았을 가능성이 있는 것 같다"고 인정하고 있다.(p. 31)

어쨌든 그 퇴적물이 지상신에게 바치는 제물이었을 것이라고 하는 해석은 빌헬름 슈미트와 코퍼스의 지지자들조차 받아들이지 않았다. 고인류의 희생 제의에 대한 최근의 연구에서 요하네스 마링거Johannes Maringer는 다음과 같은 결론을 내렸다. (1) 구석기시대 전기(토랄바, 주구점, 레링겐의 유적)에는 희생 제의의 흔적이 없다. (2) 구석기시대 중기(드라헨록, 페터스휠레 등)의 자료들은 여러 가지 방식으로 해석될 수 있지만, 그것의 종교적 성격(예를 들면 초자연적 존재에 대한 희생 제의)은 분명하지 않다. (3) 구석기시대 후기(빌렌도르프, 마이엔도르프, 슈텔모어, 몽테스팡 등)에 오면 "다소 확실하게" 희생 제의에 대해 말할 수 있게 된다.[15]

예상할 수 있는 일이지만, 연구자들은 반론의 여지가 없는 자료의 부재, 또는 그 진실성에 의심의 여지가 없어 보이는 자료의 의미상의 불투명성이라는 문제에 봉착하고 있다. 고인류의 "정신 활동"—오늘날의 "미개인"들의 경우와 마찬가지로—은 빈약한 흔적만을 남겨놓았다. 한 예로 코비 또는 르루아-구랑은 지질학적인 사실과 동굴 곰의 행동을 거론하며 퇴적물에 의례적 성격이 결여되어 있음을 설명하고 있지만, 사실 그것은 그들 자신의 결론을 무효화하는 데에도 충분히 적용될 수 있다. 나아가 그 의례적 의도가 분명한 뼈 퇴적물의 의미상의 불투명성에 대해서는 현대의 북극 지역의 수렵민들에게서 유사한 예를 발견할 수 있

---

15) J. Maringer, "Die Opfer der paläolithischen Menschen", p. 271.

다. 뼈의 퇴적물은 그 자체로 **주술-종교적 지향성의 표현**이다. 그러한 행위에 내재한 특유한 의미는 해당 사회의 구성원이 전달해주는 정보를 통해서 이해될 수 있다. 두골과 장골이 지상신 또는 동물의 수호신에게 바쳐진 공물인지, 아니면 그 뼈에 다시 살이 돋아나기를 바라는 기대 안에서 보전된 것인지 이제 곧 알게 될 것이다. 후자의 신앙 자체는 다음과 같은 여러 가지 해석을 가능하게 한다. 즉 동물은 동물의 수호신에 의해 "재생"하거나, 아니면 뼈 속에 깃들어 있는 "영혼"에 의해 "재생"하거나, 또는 (개가 동물의 뼈를 먹어치우지 못하도록) 수렵자가 동물을 "매장"했기 때문에 "재생"한다.

우리는 그런 주술-종교적 지향성을 가졌다고 생각되는 자료의 다양한 해석의 가능성을 늘 염두에 두어야 한다. 그러나 다른 한편 북극 지역의 수렵민들과 구석기시대의 고인류 사이에 차이점이 있다고 하더라도 양자는 수렵 문명에 특유한 동일한 경제와 함께 동일한 종교적 관념을 공유하고 있었다는 사실을 잊어서는 안 된다. 따라서 선사시대의 자료들을 민족학적 사실과 비교하는 데는 정당한 이유가 있다.

위와 같은 관점에서, 슐레지엔에서 발견된 초기 오리냐기에 속하는 어린 갈색 곰의 두골 화석을 설명해야 한다는 의견이 있다. 곰의 앞니와 송곳니는 절단되거나 줄로 쓸려 있지만 어금니의 보존 상태는 매우 뛰어나다. 코퍼스는 이것을 사할린 섬의 길리악족과 홋카이도의 아이누족 사이에서 행해졌던 "곰 축제"와 관련하여 설명했다. 그의 설명에 따르면 축제에 참석하는 사람들에게 위협이 되지 않도록 곰의 앞니와 송곳니는 축제에 앞서서 일종의 톱으로 절단된다.[16] 그 의례가 진행되

---

16) 곰의 영혼은 인간이 수호신에게 보내는 사자使者인데, 수호신은 성공적인 사냥을 보장해줄 것이므로 이것은 지극히 중요하다.

는 동안, 아이들은 묶여 있는 곰을 향해 화살을 마구 쏘아댄다. 삼형제 동굴의 한쪽 벽에 새겨진 것으로, 곰들이 화살과 돌을 맞아 많은 피를 흘리는 장면에 대해서도 똑같은 해석이 내려진다.[17] 하지만 이러한 장면들 역시 다른 방식으로 해석할 수 있다.

원초적 종교사상의 중요성은 먼 후대에까지 "살아남는" 그 생명력을 통해 확인된다. 그중에서도 생명이 뼈로부터 다시 태어난다는 신앙은 상당수의 문화 속에서 지속되고 있다.[18] 동물의 살을 다 먹고 난 후에도 남은 뼈를 부수어버리지 못하도록 금지하는 것은 바로 그런 이유에서이다. 그것은 수렵민이나 목축민의 문명에 고유한 사상이지만, 더욱 복합적인 종교와 신화 속에서도 존속되고 있다. 그중에서 가장 잘 알려진 예가 토르Thorr 신의 염소이다. 그 염소들은 저녁에는 목이 잘려 잡아먹히지만, 그 다음날 아침이 되면 토르 신은 남겨진 뼈를 가지고 죽은 염소들을 되살려낸다.[19] 에스겔의 환영(「에스겔」 37:1-8 이하) 역시 유명하다. "뼈가 가득한 골짜기"로 인도된 이 예언자는 하느님의 명령에 복종하여 말했다. "너희 마른 뼈들아, 여호와의 말씀을 들어라. 주 여호와께서 너희 뼈들에게 말씀하셨다. 내가 너희에게 생기를 불어넣겠다. 너희가 살아날 것이다…… 소리가 나더니 이 뼈 저 뼈가 서로 붙어 연결되기 시작했다. 내가 보니 그 뼈에 힘줄이 생기고 살이 오르며 가죽이 덮였다."

---

17) J. Maringer, *The Gods of Prehistoric Man*, pp. 103 sq. et fig. 14를 참조하라.

18) Mircea Eliade, *Le Chamanisme et les techniques archaïques de l'extase*(2e édition), pp. 139 sq.를 주석에 인용된 참고 문헌과 함께 참조하고, 특히 Joseph Henninger, "Neuere Forschungen zum Verbot des Knochenzerbrechens"를 참조하라.

19) *Gylfaginning*, ch. 26을 참조하라.

5. 암벽화: 이미지인가, 상징인가?

벽화로 장식된 동굴을 탐사함으로써 무척 중요하고 풍부한 표현력을 지닌 자료들을 얻을 수 있었다. 구석기시대의 이 값진 보물들은 우랄 산맥과 대서양 사이의 상대적으로 제한된 지역에 분포되어 있다. 이동이 가능한 예술품들은 서부 및 중부 유럽 대부분의 지역과 돈 강에 이르는 러시아의 상당 지역에서 발견되었다. 그러나 동굴벽화는 스페인과 프랑스, 그리고 남부 이탈리아 지역에 한정되어 있다(1961년에 발견된 우랄 산맥의 동굴벽화는 예외이다). 무엇보다 우리를 놀라게 하는 것은 "작품 내용에서 보이는 놀라운 통일성이다. 그 이미지들에서 표현된 의미는 BC 3만 년부터 BC 9000년에 이르기까지 전혀 변하지 않았으며, 아스투리아스 지방과 돈 강 유역에 이르기까지 그대로 남아 있다"[20]는 사실이다. 르루아-구랑은 동일한 관념 체계, 특히 "동굴 종교"의 특징을 이루고 있는 관념 체계의 접촉에 의한 확산을 다루고 있다.(ibid., p. 84)[21]

동굴벽화 작품들은 입구에서 상당히 떨어진 곳에서 발견되기 때문에, 많은 연구자들은 동굴이 일종의 신성한 장소였다는 의견에 동의하고 있다. 또 이 동굴들의 대부분은 거주가 불가능하고 접근이 어렵다는 사실로 인해 신성성이 더욱 강화되었을 것이다. 니오 동굴과 삼형제 동

---

20) Leroi-Gourhan, *Les religions de la préhistoire*, p. 83.

21) Leroi-Gourhan은 구석기 예술 작품들의 연대기와 양식을 확립했다. 그의 구분에 따르면 이 시기는 5기로 나뉜다. 전도상기(BC 5만 년)로 시작하여, 매우 양식화된 도상이 등장하는 원시기(BC 3만 년), 고도의 기술이 완성되는 고대기(BC 약 2만~1만 5000년), 매우 정교한 형태의 사실주의가 나타나는 고전기(마그달레니아기, BC 약 1만 5000~1만 1000년), 그리고 말기(BC 약 1만 년)에 쇠퇴하여 소멸한다.

굴의 경우에는 수백 미터를 들어가야 비로소 벽화에 도달할 수 있다. 카브르레 동굴은 하나의 미로로 되어 있어서 돌아보는 데 몇 시간이 걸릴 정도이다. 라스코 동굴—구석기시대의 걸작이 있다—의 지하 회랑에 접근하기 위해서는 6.3미터 아래로 드리워지는 사다리를 타고 내려가야 한다. 동굴에 그려진 채색화나 선각화 작품들에 담겨진 지향성은 의심의 여지가 없을 정도로 분명하다. 대부분의 연구자들은 그 벽화들을 해석하기 위해 민족학적으로 유사한 예를 찾아냈다. 하지만 그러한 비교 해석은 설득력이 없었고, 특히 민족지적 유사물과 비슷하다는 것을 강조하기 위해 구석기시대의 자료를 "완전한 것으로" 만들려는 집요한 노력이 기울여진 경우에는 더욱더 설득력이 없어 보였다. 하지만 그러한 경솔한 설명을 시도했던 저자들이 비난받는다고 하여 그들이 사용했던 방법까지 비난의 대상이 되어야 하는 것은 아니다.

화살에 온몸을 관통당한 곰과 사자 그리고 야수의 그림들, 혹은 몽테스팡 동굴에서 발견된, 둥글고 깊은 구멍이 패인 사자와 곰의 점토 조각상들은 "사냥 주술"의 증거로 해석되어왔다.[22] 이 가설은 그럴듯하게 보이지만, 그것들 가운데 어떤 것은 원초적인 사냥 장면을 재현한 것이라고 해석할 수도 있다. 마찬가지로 그러한 의례들은 사냥 원정을 떠나기 전이나 젊은이들의 "입문 의례initiation〔성인식〕"라고 부를 수 있는 기회에 "신성한 장소"인 동굴의 가장 은밀한 곳에서 행해졌을 가능성이 있다.[23] 삼형제 동굴벽화의 한 장면은, 들소 가면을 쓴 사람

---

22) Bégouen과 Casteret는 몽테스팡에서 발견된 찰흙 곰 조각을 기초로 하여 한 의례의 전모를 재건했다. 이에 대한 비판은 Paolo Graziosi, *Palaeolithic Art*, p. 152를 보라. 그리고 Peter J. Ucko et André Rosenfeld, *Palaeolithic Cave Art*, pp. 188~189를 참조하라.

이 피리처럼 보이는 악기를 연주하며 춤을 추는 것으로 해석되고 있다. 동물의 털가죽을 뒤집어쓴 사람이 등장하는 구석기시대의 그림은 약 55점이 있는데, 그들 대부분이 춤을 추는 자세를 취하고 있다는 점에서 이러한 해석은 설득력을 갖는다.[24] 그리고 그것은 현존하는 수렵 민족에게 특유하게 보이는 의례적 행위와 관계가 있다.

삼형제 동굴의 벽면에 새겨진 75센티미터 높이의 "대주술사"는 브뢰유 신부 덕분에 유명해졌다. 브뢰유 신부의 스케치에 의하면 그 그림 속의 주술사는 커다란 뿔을 가진 수사슴의 머리에 올빼미의 얼굴, 늑대의 귀, 영양의 수염이 달린 모습을 하고 있다. 그의 손끝에는 곰의 발톱이 붙어 있으며, 엉덩이에는 긴 말꼬리도 달려 있다. 그러나 우리는 그의 다리와 성기, 그리고 춤을 추는 자세 등을 통해 그가 인간이라는 것을 알 수 있다. 그러나 최근에 찍은 사진을 보면, 브뢰유 신부가 묘사했던 요소들은 전혀 보이지 않는다.[25] 그 선각화가 발견된 이후 특정 부분(예를 들어 두 번째 뿔)이 훼손되었기 때문이라고 볼 수도 있지만, 브뢰유의 스케치 자체가 부정확한 것이라는 가능성을 배제할 수 없다. 최근의 사진에 나타난 대로라면 "대주술사"의 모습은 그다지 인상적이지 않다. 그러나 그것은 "동물의 수호신" 혹은 그를 인격화한 주술사라고 해석할 수도 있다. 또한 루르드의 한 선각 석판 위에는 사슴 가죽을 뒤집어쓰고 머리에는 사슴뿔을 달고 말꼬리를 붙인 사람의

---

23) Charet는 튁 도베르 동굴에 남아 있는 사람의 발자국을 소년들의 성인식 의례의 증거로 해석한다. 몇몇 학자들은 이 가설을 받아들였으나 Ucko et Rosenfeld, *op. cit.*, pp. 177~178은 이 가설을 부정한다.

24) Maringer, *op. cit.*, p. 145를 참조하라.

25) Ucko et Rosenfeld, fig. 89, et pp. 204, 206을 참조하라.

모습이 나타난다.

　라스코 동굴에서 발견된 그림은 대단히 접근하기 힘든 동굴 지하 회랑에 위치하고 있으며, 위의 그림들 못지않게 유명하고 또 많은 논쟁의 대상이 되어왔다. 그림에서는 상처를 입은 수사슴이 땅에 쓰러져 있는 남자를 향해 뿔을 들이밀고 있는 장면이 보인다. 그 남자는 죽은 것처럼 보이며, 그가 사용했던 무기로 보이는 갈고리가 붙은 창은 사슴의 배에 박혀 있다. 그리고 그 남자(그의 머리는 부리에 닿아 있다) 가까이에는 새 한 마리가 횃대 위에 앉아 있다. 이 장면은 일반적으로 "사냥에서의 사고"를 나타내는 것으로 해석되어왔다. 1950년에 호르스트 키르히너Horst Kirchner는 이것이 샤머니즘의 의례를 표현하는 것이라는 해석을 제시했다. 남자는 죽은 것이 아니라 희생 제물로 바쳐진 수사슴 앞에서 트랜스trance[탈혼 상태]에 빠져 있는 것이며, 그의 영혼은 저승을 여행하는 중일 것이다. 횃대 위에 앉은 새는 시베리아 샤머니즘에 특유한 모티프로서 남자의 수호 정령일 것이다. 키르히너는 이 샤먼이 엑스터시[황홀경의 무아 상태]에서 여러 신들과 "접신하고", 그들에게 축복, 즉 사냥의 성공을 구하고 있는 것이라고 해석했다. 또 그는 수수께끼로 남아 있는 "지휘봉"은 북채라고 해석한다. 그 해석이 받아들여진다면, 구석기시대의 주술사들은 시베리아 샤먼들의 큰북과 유사한 도구를 사용했다고 볼 수 있다.[26]

　키르히너의 해석은 지금까지 많은 논란을 불러일으켰지만, 우리가 그 문제에 대해 판단을 내릴 수 있는 자격을 가지고 있지는 않다. 하지

---

26) Horst Kirchner, "Ein archäologischer Beitrag zur Urgeschichte des Schamanismus", pp. 244 sq., 279 sq. 뼈로 만든 북채가 BC 약 500년에 바렌트 해의 올레니 섬에서 발견되었다는 사실을 염두에 두자. Eliade, *Le Chamanisme*, p. 391을 참조하라.

만 구석기시대에 일종의 "샤머니즘"이 존재했었다는 것은 확실한 것 같다. 지금까지도 샤머니즘은 수렵민과 목축민들의 종교적 관념을 지배하고 있다. 샤머니즘에서 보이는 엑스터시 체험은 인간의 원초적 현상으로서, 인간됨의 조건을 구성하는 요소이다. 왜냐하면 인간이 꿈도 백일몽도 꾸지 않는, 그리고 영혼이 의식을 벗어나 저승을 여행하는 것이라고 해석되는 "트랜스"를 경험하지 않는 시대를 상상할 수 없기 때문이다. 문화와 종교의 상이한 형식에 따라 수정되고 변화되는 것은 엑스터시 체험에 대한 해석과 평가이다. 구석기인들의 정신세계는 인간과 동물 사이에 존재하는 "신비로운" 관계에 의해 지배되었기 때문에 엑스터시 전문가의 기능을 추측하는 것은 어렵지 않다.

동물의 골격과 내장을 보여주는 "엑스레이" 선각화들은 샤머니즘과 관련되어 있다고 이야기되어왔다. 마그달레니아기(BC 1만 3000~6000년)의 프랑스와 BC 6000년~2000년 사이의 노르웨이에서 확인된 이런 그림들은 동시베리아, 알래스카, 아메리카(오지브웨이족, 푸에블로족) 등에서도, 또한 인도, 말레이시아, 뉴기니, 오스트레일리아의 서북부 지역에서도 발견된다.[27] 그것은 수렵 문화의 특징을 가진 예술이지만, 거기에 스며들어 있는 종교적 관념은 샤머니즘적인 것이다. 샤먼은 자신이 갖고 있는 초자연적 통찰력으로 인해 "자신의 골격을 볼" 수 있다.[28] 즉 그는 동물의 생명적 원천인 뼈의 구조까지도 꿰뚫어 볼 수 있다. 이러한 능력은 일부 "신비가"에게는 근본적인 체험으로서, 오늘날에도 티베트 불교에서는 그 능력을 기르는 수행이 거듭되고 있다.

27) Andreas Lommel, *Shamanism: The Beginnings of Art*, pp. 129 sq.
28) Eliade, *Le Chamanisme*, pp. 65 sq.

6. 여성의 존재

마지막 빙하기에 만들어진 여성상이 발견되면서 제기되기 시작한 의문들은 아직도 논쟁거리로 남아 있다. 그 여성상은 프랑스 남서 지방에서부터 시베리아의 바이칼 호, 그리고 북이탈리아에서 라인 강에 이르기까지 상당히 광범위하게 분포되어 있다. 높이가 5센티미터에서 25센티미터 사이인 그 여성상들은 돌이나 뼈, 상아에 새겨져 있다. 그다지 적절한 명칭은 아니지만 이들은 "비너스"라고 불리고 있으며, 그중에서도 가장 유명한 것들은 레스퓌그, 빌렌도르프(오스트리아), 로셀(도르도뉴)의 "비너스들"이다.[29] 그러나 우크라이나 지방의 가가리노와 메친에서 발견된 것은 신중한 발굴 작업 덕분에 완전한 형태를 유지하면서 가장 많은 것을 알려준다. 이 유물들은 주거지의 층에서 발견되었기 때문에 일상적인 생활 종교와 관계가 있는 것으로 보인다. 가가리노에서는 주거지의 벽 가까이에서 맘모스의 뼈로 된 여섯 개의 작은 조각상이 발견되기도 했다. 이 조각상들은 그 형태가 단순하며, 복부의 크기가 지나치게 과장되어 있고, 얼굴에는 눈과 코가 없다. 메친에서 발견된 조각상은 대단히 양식화되어 있는데, 그것들 가운데 일부는 여성의 체형을 기하학적 요소로 변형시켰다고 해석되기도 한다(이런 형식은 중부 유럽의 다른 지역에서도 발견된다). 조각상 중에는 새를 표현하고 있는 것도 있다. 또 조각상들은 다양한 기하학적 무늬로 장식되어 있는데, 그중에는 만[卍] 자 모양처럼 보이는 것도 있다. 한차Hančar는 그 장식들이 종교적 기능을 가지고 있을 가능성이 있다는 것을 설명하

---

29) Franz Hančar, "Zum Problem der Venusstatuetten im eurasiatischen Jungpaläolithikum", pp. 90 sq., 150 sq.

기 위해, 북아시아의 수렵 부족이 줄리dzuli라고 불리는 인체 조각을 만든다는 사실을 환기시킨다. 특히 여성 줄리를 받드는 부족 구성원에게 그 "우상"은 부족 구성원들의 신화적 조상 모신母神이 된다. 이 조상 모신은 부족의 구성원과 그들의 주거지를 보호하며, 큰 사냥에서 돌아온 부족 구성원들은 그 여신에게 밀가루와 기름을 바친다.

게라시모프Gerasimov가 시베리아의 말리타에서 발견한 유적은 훨씬 더 큰 의미를 가지고 있다. 직사각형의 집들이 들어서 있는 "마을"은 두 구역으로 나누어져 있다. 마을의 오른쪽 반은 남성에게(남성이 사용하는 도구들만 발견되었다), 왼쪽 반은 여성에게 속한다. 여성 조각상은 왼쪽 마을에서만 나온다. 남성 거주 구역에서만 나타나는 새는 여성 조각상에 대응하는 것인데, 어떤 유물은 남근이라고 해석되기도 한다.[30]

이들 조각품들의 종교적 기능을 명확하게 규정하는 것은 불가능하다. 그것은 어떤 면에서 여성의 신성성을 나타내는 동시에 여신의 주술-종교적 힘을 나타낸다고 추측할 수 있다. 여성의 특별한 존재 양태에 의해 구현되는 "신비"는 원시 종교나 역사 종교를 막론하고 수많은 종교들에서 중요한 역할을 해왔다. 구석기시대의 예술 전체, 특히 동굴벽화, 동굴 부조浮彫, 점토상, 점토판 등에 나타나는 남성-여성이라는 대극성의 중심적 기능을 분명하게 해명한 사람은 르루아-구랑이다. 그는 더 나아가 프랑코-칸타브리아 지방에서 시베리아에 이르는 지역에서 나타나는 상징적 언어의 통일성을 보여주었다. 르루아-구랑은 지형학적, 통계학적 분석을 통해 **형상**(체형, 얼굴 등)과 **기호**는 서로 교환 가능하다는 결론을 얻었다. 예를 들면 들소의 이미지는 "상처"나

---

30) Karl Jettmar, *Les religions arctiques et finnoises*, p. 292에 요약된 M. M. Gerasimov, "Paleolithischeskaja stojanka Mal'ta", p. 40.

다른 기하학적 기호와 동일한—"여성적인"—가치를 가진다. 또한 그는 들소(여성)와 말(남성)이 남성-여성이라는 가치의 조합을 이룬다는 사실에 주목했다. 이러한 상징적 관점에서 "해독한다면", 동굴은 나름의 질서와 의미 체계를 가진 하나의 세계라는 점이 분명해진다.

르루아-구랑에게 있어 동굴은 신성한 영역이며 점토판과 소상小像은 장식된 동굴과 동일한 상징적 구조를 지니면서도 "이동이 가능한 성소"를 구성하고 있다는 데에 의심의 여지가 없었다. 그러나 그도 자기가 재구성한 종합 구조물이 구석기시대의 종교 언어를 가르쳐주지는 못한다는 사실을 인정했다. 그가 사용한 방법으로 인해 그는 특정 동굴벽화에서 발견되는 과거의 "사건들"을 알지 못하게 되었다. 다른 연구자들이 사냥에서의 사고 또는 샤먼의 신내림으로 해석한 저 유명한 라스코 동굴벽화의 "장면"을 르루아-구랑은 "지형학적 도상군"에 속하며 "벽화에 인접하게 그려진 인물이나 코뿔소와 상징적으로 동일한 가치"를 지니는 새로 볼 뿐이다.(*op. cit.*, p. 148) 남녀의 다름에서 비롯된 성적性的 가치를 나타내는 상징들을 짝(이것은 아마도 이러한 상보성에 부여된 종교적인 중요성을 표현하는 것 같다)으로 파악한 것을 제외하고는, 르루아-구랑이 제안할 수 있는 말은 기껏해야 "겉으로 드러난 표현은 대단히 복잡하고 풍부한 의미를 담고 있다. 그 이전의 단계에서는 상상할 수도 없었던 복잡함과 풍부함을 내재한 체계이다"(p. 151)라는 주장 정도에 불과하다.

르루아-구랑의 학설은 여러 관점으로부터 비판을 받았다. 특히 그가 제시한 형상과 기호의 "해석"이 일관성이 없고, 그가 새롭게 확립한 상징체계를 동굴에서 거행된 의례들과 연결시키지 않았다는 점에서 비난을 받았다.[31] 그럼에도 불구하고 르루아-구랑은 중요한 공헌을 했다. 그는 구석기시대의 예술 양식과 관념의 통일성을 밝혔으며,

"남성"과 "여성"이라는 기호 아래에 가려져 있던 종교적 가치의 상보성을 해명했다. 이와 유사한 상징은 성별의 차이에 따라 분리된 두 구역을 가진 말리타 "마을"의 구조에도 적용된다. 남녀의 성적, 우주적 원리의 상보성을 전제로 한 체계는 현대의 원시사회들에서도 발견되며, 마찬가지로 원초적 종교들 속에서도 인정될 수 있을 것이다. 이와 같은 상보성의 원리는 세계를 조직하기 위해, 그리고 세계의 주기적 창조와 재생의 신비를 설명하기 위해 원용援用되었을 것이다.

7. 구석기 수렵인들의 의례, 사상 그리고 상상력

최근 고생물학에서 이루어진 여러 발견들은 인류와 문화의 "기원"을 점차 시간적으로 거슬러 올라가게 만들었다는 공통점을 가지고 있다. 2, 30년 전에 생각했던 것보다 훨씬 더 오래전부터 인간이 지구상에 존재했으며, 또 훨씬 더 복잡한 심리-정신 활동을 영위했다는 사실이 증명되고 있다. 최근에 알렉산더 마샥Alexander Marshak은 달의 모양을 관찰함으로서 시간을 표시하는 상징체계가 구석기시대 초기부터 존재했음을 밝혀냈다. 오랜 기간 동안 중단 없이 축적된 "시간적 요소"를 가진 그 표시법은 오늘날 시베리아의 주민들이나 북아메리카 인디언들이 거행하는 계절적, 주기적 의례가 아주 이른 시기부터 정립되어 있었던 것이 아닌가 하는 추측을 가능하게 한다. 그 표시 "체계"는 초기 오리냑 문화에서부터 마그달레니아기에 이르기까지 2만 5000년 이상

---

31) Ucko et Rosenfeld, p. 220 ; 195 sq.를 참조하라. Henri Lhote 역시 비슷한 비판을 하고 있다.

보존되어왔다. 마샥은 최초의 여러 문명권에 등장했던 문자, 산술, 그리고 소위 역법 체계가 구석기시대에 사용되었던 표시 "체계"에 침투해 있던 상징체계와 관련되어 있을 것이라고 추측한다.[32]

인간 문명의 발전에 관한 마샥의 일반 이론이 어떻게 평가되든, 농경이 발견되기 약 1만 5000년 전에 실용적인 목적을 위해 달의 운행이 분석되고 기억되고 또 사용되었다는 사실은 인정되어야 한다. 이는 고대 신화들에서 달이 중요한 역할을 했다는 사실, 특히 달의 상징이 여성이나 강, 식물, 뱀, 다산, 죽음, "재생" 등과 같은 다양한 실재들을 포함하는 단일한 "체계" 안에 통합되었다는 사실을 더 잘 이해할 수 있게 해준다.[33]

마샥은 동굴벽화나 물건들에 새겨진 번개 문양[雷紋]들이 연속성과 단일한 지향성을 보이므로 그것들은 하나의 "체계"를 구성하고 있다는 결론을 내렸다. 그 구조는 페슈 드 라제 유적(도르도뉴)에서 발굴된 뼈에 새겨진 문양에서 보이는데, 그것은 구석기시대의 번개 문양보다는 적어도 10만 년이 앞서는 아슐기(BC 13만 5000년경)에 속한다. 더 나아가 그 문양은 동물 도안의 주변 혹은 상부에 나타나며, (마샥이 "개별적인 참여 행위"라고 부르는) 어떤 특정한 의례를 표시한다. 이런 번개 문양의 의미를 규명하는 것은 쉽지 않다. 하지만 어떤 시기(예를 들어 바덴 주의 페터스펠트에서 발견된 도안) 이후부터는 번개 문양이

---

32) Alexander Marshak, *The Roots of Civilization*, pp. 81 sq.를 참조하라. 구석기인들이 식물의 일생을 성장 단계에 따라 정확히 관찰하고 그려내는 능력을 갖고 있었다는 점은 또한 특기할 만하다. Marshak, *op. cit.*, pp. 172 sq.; *id.*, "Le bâton de commande-ment de Montgaudier(Charente)", pp. 329 sq.를 참조하라.

33) M. Eliade, *Traité d'Histoire des Religions*, ch. 4를 참조하라.

"물결 문양[流紋]" 안에서 물고기와 함께 등장한다. 이것이 물의 상징이라는 것은 분명하다. 그러나 마샥은 그것이 단순한 물의 "이미지"는 아니라고 말한다. 손가락이나 다양한 도구를 사용하여 만든 무수한 흔적은 물의 상징 또는 신화가 중요한 역할을 담당했던 "개별적인 참여 행위"를 표현하고 있는 것이다.[34]

이러한 분석을 통해 구석기시대의 도상과 기호가 **의례적 기능**을 수행했다는 사실을 확인할 수 있다. 이러한 이미지와 상징들이 어떤 "이야기", 계절과 연관된 행사, 사냥의 관습, 성행위, 죽음, 초자연적 존재나 특정 인물("종교 의례 전문가들")의 신비로운 능력 등에 관계된 사건을 표현하고 있다는 것이 이제는 분명한 것 같다. 우리는 그러한 구석기시대의 표상들을 이미지의 **상징적**(곧 "주술-종교적") **가치**를 나타내는 코드, 동시에 다양한 "이야기들"과 연관된 의례에서의 **기능**을 나타내는 코드라고 볼 수 있다. 우리는 결코 그 "이야기들"의 정확한 내용을 알 수 없다. 하지만 다양한 상징을 스스로의 보다 큰 체계 속에 담고 있는 여러 "체계"를 통해 적어도 그것들이 구석기인들의 주술-종교적 실천에서 차지하는 중요성을 알아낼 수는 있다. 게다가 이들 "체계" 중의 다수는 수렵 사회에서 공유되고 있다.

우리가 앞에서(본권 4절) 살펴본 것처럼, 우리는 원시 수렵민에게서 볼 수 있는 전형적인 의례와 신앙을 고찰함으로써 선사시대 종교의 몇 가지 측면을 "재구성"할 수 있다. 이것은 지금까지 르루아-구랑이나 라맹

---

34) A. Marshak, "The Meander as a System". 저자는 번개 문양의 전통이 수렵의 주술이나 성적 상징으로는 설명될 수 없다는 입장을 견지한다. 뱀-물-비-폭풍-구름 문양의 복합적 형태는 신석기시대의 유라시아와 오스트레일리아, 그리고 아프리카와 남북 아메리카에서 발견된다.

앙프레르Laming-Emperair를 제외한 모든 연구자들이 어느 정도 성공적으로 활용했던 "민족지적 대비"로 모두 해소될 수 있는 그런 단순한 문제는 아니다.[35] 그러나 선사 문화와 원시 문화를 구분하는 모든 차이점들을 고려한다고 해도, 공통된 어떤 기본적 모습을 묘사할 수는 있다. 수렵, 어로, 채집에 근거하는 많은 원초적 문명들이 최근까지 세계의 주변 지역(티에라델푸에고, 아프리카의 호텐토트족과 부시맨족, 북극 지역, 오스트레일리아 등)에서, 또는 거대한 열대 삼림 지역(밤부티 피그미족 등)에 존속하고 있다. (적어도 몇몇 경우에는) 인접한 농경 문명의 영향에도 불구하고 원초적 문명의 고유한 구조가 19세기 말까지 파괴되지 않고 남아 있었다. 구석기시대 후기의 단계와 비슷한 수준에 "머물러 있던" 이들 문명은 일종의 "살아 있는 화석"이 되어 있었다.[36]

물론 "원시인들"의 종교적 관습과 신화를 구석기인들에게 그대로 옮겨놓으려는 의도는 전혀 없다. 그러나 우리가 이미 살펴본 것처럼, 샤먼적 유형의 엑스터시는 구석기시대에도 나타난다. 이것은 한편으로는 육체를 떠나 세상을 자유롭게 여행할 수 있는 "영혼"의 존재에 대한 믿음이 존재했다는 사실, 다른 한편으로는 영혼은 여행을 하는 동

---

35) 이것은 Ucko, *Palaeolithic Cave Art*, pp. 140 sq.에서 비판을 받았다. Ucko는 민족지적 비교를 통해 선사시대 사회의 어떤 양상들을 해명하는 몇 가지 예를 인용한 후(pp. 151 sq.), 구석기시대의 동굴벽화 예술을 오스트레일리아와 아프리카의 여러 사실들과 비교한 분석을 제시하였다.(pp. 191 sq.)

36) "살아 있는 화석"이라는 개념은 생물학의 몇몇 분파, 특히 동굴학에서 채택되어 성공적으로 적용되어왔다. 오늘날 동굴에서 거주하는 동물들은 오랜 시간을 뛰어넘어 지금까지 생존하고 있는 동물군faune에 속한다. "그들은 진정 살아 있는 화석이며, 많은 경우 생물사의 최고의 단계, 즉 제3기 혹은 제2기의 단계를 보여준다."(Dr. Rascovitza) 따라서 동굴은 원초적 동물군상을 간직하고 있으며, 화석화될 수 없는 원시 동물 형태군zoomorphiques을 이해하는 데 더없이 중요하다.

안 어떤 초인간적인 존재를 만나 도움이나 축복을 요청할 수 있다는 믿음이 존재했다는 것을 알려준다. 또한 샤먼의 엑스터시는 "빙의憑依하는 것posséder", 즉 인간 육체 안으로 들어가는 것, 그리고 마찬가지로 사자나 동물의 영혼, 혹은 정령이나 신에 의해 〔인간이〕 "빙의되는 것 être possédé"이 가능하다는 것을 함축한다.

다른 예로 남자만 참여할 수 있고 사냥을 떠나기에 앞서 거행되었을 가능성이 높은 양성의 분리 의례를 추측해볼 수 있다.(본권 6절 참조) 그런 유형의 의례들은 "남성 결사(Männerbünde)"와 유사한 성인 남자 집단의 특권이었으며, 그 "비의秘儀"는 사춘기의 소년들에게 통과의례 〔성인식〕의 수단으로 알려져 있다. 어떤 학자들은 몽테스팡 동굴에서 그와 같은 통과의례의 증거가 발견되었다고 생각하지만 이러한 해석은 여전히 논쟁의 대상이 되고 있다. 그러나 통과의례가 원초적 전통임에는 의심의 여지가 없어 보인다. 세계의 변방(오스트레일리아, 남북 아메리카)[37]에서 확인된 수많은 의례들로부터 유추해보자면, 구석기시대에 이미 공통의 전통이 전개되고 있었다.

몽테스팡의 "원무圓舞"(동굴의 점토질 바닥에 남겨진 젊은 남자들의 발자국들을 어떤 의미로 해석하든 그렇다)에 대해 커트 삭스Curt Sachs는 이 의례적 춤이 구석기인들에게 널리 알려져 있었다고 확신한다.[38] 그러나 원무는 (유라시아 전역, 동유럽, 멜라네시아, 캘리포니아 인디언들 등의 사이에) 대단히 널리 퍼져 있었다. 이 춤은 사냥한 동물의 영혼을 진정시키기 위한 것이든, 아니면 사냥감의 번식을 보장하기 위한 것이든 수렵민이 있는 곳이면 어디서나 발견된다.[39] 이 두 경우에

---

37) M. Eliade, *Naissances mystiques*, pp. 69 sq.를 보라.
38) Curt Sachs, *World History of the Dance*(1937), pp. 124, 208.

서 구석기시대의 수렵민들의 종교적 관념이 지속되고 있었다는 사실은 분명하다. 게다가 사냥꾼 집단과 사냥감 사이에 존재하는 "신비한 연대감"은 성인 남자들에게만 알려져 있던 여러 "직업상의 비밀"이 존재했음을 추측할 수 있게 한다. 그리고 그러한 "비밀"은 통과의례라는 수단을 통해서 청소년들에게 전해졌던 것이다.

원무는 현재 남아 있는 원시 문화 속에 선사시대의 의례와 신앙이 존속되고 있음을 훌륭하게 보여준다. 우리는 앞으로 다른 예들도 보게 될 것이다. 우선 호가르와 타실리의 동굴벽화가 목축민인 풀족의 통과의례에 관한 신화 덕분에 "해독될" 수 있었다는 것을 기억해두자. 그 신화는 어느 교양 있는 말리 사람이 아프리카 지역 전문가인 제르멘 디테를 랑Germaine Dieterlen에게 그 내용을 전해 마침내 책으로 출판됨으로써 알려졌다.[40] 폰 지카르트H. von Sicard는 르웨Luwe와 그것과 유사한 고유명사에 관한 연구 논문에서, 이 아프리카의 신은 BC 8000년까지 거슬러 올라가는 시대의 유럽-아프리카 수렵민의 최초의 종교 신앙을 보여준다는 결론에 도달했다.[41]

간단히 말하자면 몇 가지 신화, 특히 우주 창조 신화와 기원 신화(인간, 사냥감, 죽음 등의 기원에 관한 신화)는 구석기시대의 사람들에게 잘 알려져 있었다고 단언할 수 있다. 한 가지만 예로 들자면 어느 우주 창조 신화에서는 원초적인 물에 대한 이야기와, 인간의 모습 또는 수중 동물의 모습을 한 창조자가 세계 창조에 필요한 물질을 가져오기

---

39) Evel Gasparini, *Il Matriarcato Slavo*, pp. 667 sq.의 풍부한 자료들을 보라.

40) Germaine Dieterlen, *Koumen*. 그리고 Henri Lhote, "Les gravures et les peintures rupestres du Sahara", pp. 282 sq.를 참조하라.

41) H. von Sicard, "*Luwe* und verwante mythische Gestalten", pp. 720 sq.

위해 바다 밑바닥까지 내려간다는 이야기를 전하고 있다. 이 우주 창조 신화가 광범위하게 분포되어 있다는 것과 그 원초적 구조는, 그것이 선사시대 초기부터 전승되어왔다는 것을 보여준다.[42] 마찬가지로 천계로의 상승 그리고 "주술적 비상(맹금류—독수리, 매—의 날개와 깃털)"과 연관된 신화, 전설, 그리고 의례들은 오세아니아와 남아메리카에서부터 북극에 이르는 모든 대륙에 걸쳐 범세계적으로 퍼져 있다.[43] 이들 신화는 샤머니즘 특유의 꿈이나 엑스터시 체험과 긴밀하게 연결되어 있으며, 그것의 원초성은 의심할 여지가 없다.

그런 신화들과 마찬가지로 널리 퍼진 것으로는, 저승과의 교류의 수단으로서 더할 나위 없이 탁월한 무지개와 그것의 지상적 대응물인 다리에 관한 신화와 상징이 있다. 또 주위의 공간에 질서를 부여하는 "세계의 중심"에 대한 근본적 경험을 기초로 하여 구축되는 우주론적 "체계"의 존재를 추정하는 것 역시 가능하다. 게르테W. Gaerte는 이미 1914년에 우주적인 산, 대지의 배꼽, "세계"를 사방으로 분할하는 전형적인 강을 나타내는 것이라고 해석될 수 있는 선사시대의 기호와 이미지를 다수 수집했다.[44]

동물의 기원, 그리고 수렵자와 사냥감 및 동물의 수호신 사이의 종교적 관계에 관한 신화들은 구석기시대의 도상 목록 속에 암호화된 코드

---

42) M. Eliade, *De Zalmoxis à Gengis-Khan*, pp. 81~130에 실린 이와 관련된 모든 신화적 형태들에 대한 비교 분석을 보라.

43) M. Eliade, *Mythes, rêves et mystères*, pp. 163~164 ; *id.*, *Le Chamanisme*, pp. 319 sq., 350 sq., 372 sq. ; *id.*, *Religions australiennes*, pp. 139 sq.를 참조하라.

44) W. Gaerte, "Kosmische Vorstellungen im Bilde prähistorischer Zeit : Erdberg, Himmelsberg, Erdnabel und Weltströme." Gaerte가 인용한 예들의 대부분은 선사 문화 후기에 속한다는 사실을 분명하게 말해두자.

로 수없이 표현되어 있다. 또한 수렵민 사회에서 불의 기원에 관한 신화들이 존재하지 않았으리라고 상상하기도 어렵다. 이들 신화들이 대부분 성행위를 강조하고 있다는 사실 때문에 더욱 그렇다. 끝으로 하늘 및 창공, 그리고 대기적 현상에 대한 근본적인 성스러움의 경험을 항상 고려해야 한다. 그것은 "초월성"과 장엄함을 자발적으로 드러내는 몇 안되는 경험의 하나이다. 덧붙이자면 엑스터시에 빠진 샤먼의 [영혼의] 상승, 비상의 상징, 중력으로부터의 해방을 뜻하는 높이에 대한 상상적 체험 등은 천체의 공간을 신이나 정령 혹은 문화영웅과 같은 초인간적 존재들의 힘의 원천이며 거주의 장소로 신성화시키는 데 크게 공헌한다. 그러나 그것과 마찬가지로 중요하고 의미 있는 것은 밤과 어둠, 사냥감의 살해, 가족의 죽음, 자연재해, 그리고 열광이나 광기, 또는 살인을 초래하는 부족민의 잔혹함과 같은 위기들의 "계시"이다.

언어에 대한 주술-종교적 가치 부여는 결정적인 역할을 수행한다. 인간의 어떤 몸짓은 신성한 힘이나 우주적 "신비"의 현현을 보여줄 수 있을 것이다. 선사시대의 예술에 나타나는 사람의 형태를 한 조각상의 몸짓에는 의미뿐만 아니라 힘이 부여되어 있다. "몸짓의 성현"의 종교적 의미는 19세기 말경에 몇몇 원시사회들에도 알려져 있었다.[45] 하물며 창의적인 발음이나 목소리는 주술-종교적 힘의 마르지 않는 원천

---

45) 북부 오스트레일리아의 어떤 부족들 사이에서는 소녀들의 통과의례에서 전체 공동체 앞에 소녀를 장엄하게 선보이는 것이 의식의 주요 부분을 이룬다. 소녀가 성인이 되었음을, 달리 말해 여성 특유의 행동을 할 준비가 되었음을 보이는 것이다. 하나의 기호와 관계되든 물체나 동물과 관계되든, 그 무엇인가를 의례를 통해 드러내 보임으로써 그것이 하나의 신성한 현존임을 공표하고, 신성의 현현이라는 기적을 환호하며 맞는 것이다. Eliade, *Religions australiennes*, p. 120을 참조하라. 다른 예들은 Eliade, *Naissances mystiques*, pp. 96 sq.를 보라.

을 이루고 있었음이 틀림없다. 분절된 언어가 출현하기도 전에 인간의 목소리는 정보나 명령 혹은 욕구를 전달할 수 있었을 뿐만 아니라 음의 파열이나 음성의 변화를 통해 상상적인 우주 전체를 존재하게 했다. 이것을 이해하기 위해서는 엑스터시의 여행을 준비하는 샤먼의 수행이나 요가 명상에서 주문mantras의 반복으로 만들어지는 초신화적, 초시적超詩的 또는 도상학적인 놀라운 창조물들을 생각해보는 것으로 충분하다. 주문의 반복은 요가 수행에서의 호흡법(prânâyâma)의 리듬과 동시에 "신비한 음절"의 시각화를 함축한다.

언어가 완성되어감에 따라 주술-종교적 능력은 증가한다. 일단 발화된 말은 무효화시키기 어려운 힘을 발휘한다. 이와 유사한 신앙이 여러 원시 문화 및 민중 문화 속에 아직도 존속하고 있다. 또한 대단히 복잡한 사회에서도 찬미나 풍자 그리고 저주 등이 주문의 의례적 기능 속에서 발견된다. 주술-종교적 힘으로서의 언어에 관한 고양된 체험은 때로는 의례적 행동에 의해 얻어지는 결과를 언어가 보증한다는 확신에 이르게 만들기도 한다.

결론적으로 여러 인격의 유형 사이에 존재하는 차이를 고려할 필요가 있다. 어떤 사냥꾼은 뛰어난 용맹성으로 인해, 또 어떤 사람은 그의 예리함으로 인해, 또 다른 사람은 강렬한 엑스터시의 경험으로 인해 유명해졌다. 이러한 성격상의 차이는 종교적 경험의 평가와 해석에 있어서 다양성을 의미한다. 요컨대 구석기시대의 종교적 유산은 몇 가지 기본적인 공통 사상을 가지고 있긴 했지만, 이미 복잡한 양상을 보여주고 있었던 것이다.

가장 길었던 혁명: 농경의 발견—중석기와 신석기시대

8. 잃어버린 낙원

BC 8000년경 마지막 빙하기[뷔름würm 빙기]가 끝나면서 알프스 산맥 북부에 위치한 유럽의 기후와 풍경, 그리고 동식물의 양상이 급격하게 변화했다. 빙하가 물러나면서 동물들은 북쪽 지역으로 이동했다. 북극의 초원 지대는 서서히 삼림으로 변했다. 수렵민들은 사냥감, 특히 순록의 무리를 쫓아다녔으나, 사냥감이 줄어들자 호수 주변이나 바닷가에 정착하여 어로 생활을 해나가지 않을 수 없었다. 그후의 수천 년 동안에 발전한 새로운 문화를 중석기 문화라고 부른다. 서유럽의 중석기 문화는 구석기시대 후기의 여러 창조물에 비하면 확실히 빈약하다. 서남아시아와 특히 팔레스타인 지역에서 중석기시대는 하나의 축의 시대를 형성하고 있다. 최초로 야생 동물을 길들이고, 농경이 시작된 시대였던 것이다.

순록의 무리를 따라 북유럽으로 이주한 수렵민의 종교적 행위에 대해서는 잘 알려져 있지 않다. 루스트A. Rust는 함부르크 부근에 있는 슈텔모어 연못에서 순록 열두 마리가 가슴과 배 안에 돌멩이가 가득 채워진 채 통째로 진흙 속에 묻혀 있는 것을 발견했다. 루스트를 비롯한 여러 연구자들은 이것을 신, 아마도 동물의 수호신에게 바쳐진 첫 수확의 제물일 것이라고 해석했다. 그러나 폴하우젠H. Pohlhausen은 에스키모인이 강이나 호수의 얼음물 속에 고기를 저장하는 사실을 환기시켰다.[1] 그렇지만 폴하우젠 자신도 인정하는 것처럼, 이러한 경험주의적 설명이 퇴적물이 가진 종교적 지향성을 배제하는 것은 아니다. 제물을 물 속에 담그는 희생 제의는 북유럽에서 인도에 이르기까지 여러 시기에 걸쳐 널리 기록되어 있다.[2]

아마도 슈텔모어 호수는 중석기시대의 수렵민들에게 "신성한 장소"였을 것이다. 루스트는 그 퇴적층에서 나무 화살이나 뼈로 만든 도구, 순록의 뿔로 만든 도끼 등 다양한 물건들을 수집했다. 그것들은 서유럽의 호수나 못에서 발견된 청동기나 철기시대의 유물들과 마찬가지로 제물이었음이 틀림없다. 이들 두 부류의 출토품 사이에는 5000년이 넘는 시간적 간극이 있지만, 이러한 유형의 종교적 관행이 계속되었다는 데에는 의심의 여지가 없다. 생소뵈르 샘(콩피에뉴 숲)에서는 신석기시대의 부싯돌(신에게 바치는 제물ex-voto이라는 것을 알리기 위해 의도적으로 부수어져 있다)과 갈리아 시대, 갈로로만 시대, 그리고 중세부터 오늘날까지의 물건들이 출토되었다.[3] 이 경우에는 로마제국의

---

1) A. Rust, *Die alt- und mittelsteinzeitlichen Funde von Stellmoor*; H. Müller-Karpe, *Handbuch der Vorgeschichte*, vol. I, pp. 224 sq.; H. Pohlhausen, "Zum Motiv der Rentierversenkung", pp. 988~989; J. Maringer, "Die Opfer der paläolitischen Menschen", pp. 266 sq.
2) Alois Closs, "Das Versenkungsopfer"를 참조하라.

문화적 영향과 특히 기독교 교회의 거듭되는 금지 조치에도 불구하고 그러한 종교적 관행이 존속되고 있었다는 사실도 고려해야 한다. 이러한 사례는 그 자체에 담긴 본질적인 흥미 외에도 전형으로서의 가치를 가지고 있다. 다시 말해 그것은 "신성한 장소" 및 특정한 종교적 관행의 연속성을 더할 나위 없이 잘 보여주고 있는 것이다.

또 루스트는 슈텔모어의 중석기시대의 지층에서 끝 부분에 순록의 두개골이 얹혀 있는 소나무 기둥을 발견했다. 마링거는 이 의례용 기둥이 의례적인 식사와 관련 있을 것이라고 보았다. 즉 순록의 고기를 먹고 난 후, 순록의 머리를 신적인 존재에게 바쳤다는 것이다. 아렌스부르크-호펜바흐에서 멀지 않은 지역에 위치한 BC 1만 년 무렵의 중석기시대의 층으로 추정되는 곳에서 루스트는 무엇인가가 거칠게 조각된 길이 3.5미터의 버드나무 기둥을 연못 바닥에서 건져냈다. 발굴자들은 그 기둥에서 머리와 긴 목, 그리고 팔이라고 생각되는 깊게 파인 굵은 선을 읽어낼 수 있었다. 이 "우상"은 연못 속에 세워져 있었는데, 주변에서 뼈나 다른 물건이 발견되지는 않았다. 그 구조를 단정적으로 밝히기는 불가능하지만, 그것은 초자연적 존재의 이미지라고 말할 수 있을 것이다.[4]

순록 수렵민들이 남긴 자료가 빈약한 것과는 대조적으로, 스페인 동부의 동굴벽화 예술은 종교사가들에게 풍부한 자료를 제공하고 있다.

3) M. Eliade, *Traité d'Histoire des Religions*(nouvelle édition, 1968), p. 174.

4) A. Rust, *Die jungpaläolitischen Zeltanlangen von Ahrensburg*, pp. 141 sq.; J. Maringer, "Die Opfer der paläolitischen Menschen", pp. 267 sq.; H. Müller-Karpe, *Handbuch der Vorgeschichte*, vol. II, pp. 496~497(no. 347)에서는 이 물건 안에서 "우상"을 찾아보기 어렵다는 입장이다.

구석기시대 후기의 자연주의적 동굴벽화는 "스페인의 레반트 지방"에서 견고하고 정형화된 기하학적 예술로 변모했다. 시에라 모레나의 암벽은 몇 줄의 선과 다양한 기호(굽이치는 리본 모양, 원, 점, 태양)로 간략화된 인간의 형태를 가진 형상들과 동물의 형태를 가진 형상들(특히 수사슴과 염소가 주종을 이룬다)로 뒤덮여 있다. 휴고 오버마이어Hugo Obermeier는 인간의 모습을 한 이러한 형상들이 아질기[구석기시대에서 신석기시대로 넘어오는 과도기] 문명[5]의 채색된 조각돌에 특유한 그림과 흡사하다는 것을 보여주었다. 이 문명은 스페인에서 비롯되었기 때문에, 암벽과 조각돌에 그려진 사람 형태의 이미지는 틀림없이 비슷한 의미를 갖는다고 할 수 있다. 그것은 남근의 상징, 또는 문자의 요소나 주술적 기호라고 설명되어왔지만, 오스트레일리아의 **추룬가**tjurunga와의 비교가 더욱 설득력이 있다. 의례에 사용된 이 물건들은 대부분 돌로 만들어져 있고, 여러 가지 기하학적 문양으로 장식되어 있으며, 조상의 신비한 육체를 나타낸다고 알려져 있다. 사람들은 **추룬가**를 동굴에 숨겨두거나 특정한 성역에 묻어두었다가 통과의례의 마지막 단계에 가서야 젊은이들에게 드러내 보인다. 아란다족 사이에서는 아버지가 아들에게 다음과 같이 말한다. "여기에 너의 신체가 있다. 너는 이 신체로부터 새로운 생명을 얻었다." 또는 "이것은 너의 신체이다. 이것은 전생에 바로 너였던 조상이다. 그후 너는 성스러운 동굴 안으로 쉬러 내려왔다.[6]

---

5) 프랑스령 피레네 산맥에 있는 마스다질 지역에서 이름을 딴 수렵 어로 문명이다.
6) M. Eliade, *Religions australiennes*, pp. 100 sq. 오스트레일리아 원주민들의 믿음에 따르면 조상은 그의 "신비한 신체"인 **추룬가** 안에 그리고 그가 환생한 현재의 사람 안에 존재한다. 그는 또한 지하에서 그리고 "정령 아들"의 형태로 존재한다는 사실을 덧붙이자.(*ibid*, p. 60)

마스다질에서 발견된 채색 조각돌이 **추룬가**와 비슷한 기능을 가졌다고 추측할 수 있지만, 그것을 만든 사람들이 과연 오스트레일리아인들과 비슷한 관념을 가지고 있었는지는 알 수 없다. 그럼에도 불구하고 마스다질의 조각돌이 종교적 의미를 지니고 있다는 사실을 의심할 수는 없다. 스위스의 비르섹 동굴에서는 채색 조각돌 133개가 깨진 채로 발견되었다. 침입자들 혹은 나중에 동굴을 점거한 사람들이 그 조각돌을 깨버렸다고 생각된다. 이 두 경우, 그 목적은 조각돌에 담긴 주술-종교적 힘을 파괴하려는 것이 틀림없다. 스페인의 레반트 지방에 있는, 동굴벽화로 장식된 동굴과 그 외의 장소들은 아마도 신성한 장소로 사용되었을 것이다. 인간 형태의 이미지와 함께 표현되어 있는 태양을 비롯한 여러 가지 기하학적 기호의 의미는 여전히 신비의 베일에 가려져 있다.[7]

선사시대의 조상숭배의 기원과 발전 양상을 밝힐 수 있는 방법이 우리에게는 없다. 민족지적으로 유사한 사례들을 근거로 판단한다면, 이러한 종교적 복합체는 초자연적 존재 혹은 동물의 수호신에 대한 신앙과 공존하는 경향이 있다. 왜 신화적 조상이라는 관념이 구석기시대의 종교 체계의 일부를 구성하지 않는지에 대해서는 알 수 없다. 그 신앙은 수렵민 문명에 고유한 기원―세계, 사냥감, 인간, 죽음의 기원―신화와 밀접한 관계를 맺고 있다. 덧붙이자면 그것은 신화적인 풍요에 관한 종교사상으로 전 세계적으로 널리 퍼져 있는데, 그것은 모든 종교, (남방불교를 제외한) 가장 복잡한 내용을 가진 종교 안에서조차 존

---

7) 남미에 사는 상당수의 원주민 부족들, 그리고 오스트레일리아인들은 자기들의 신화적 조상이 하늘로 올라가 별이나 태양으로 변했거나, 또는 별나라에서 살기 위해 하늘로 올라갔다고 믿는다는 것을 상기하자.

속되고 있기 때문이다. 원초적인 종교사상은 어떤 시기에 특수한 상황 아래서 예상하지 못한 방향으로 발전해나갈 수 있다. 만일 신화적 조상이라는 사상과 조상숭배가 중석기시대의 유럽을 지배한 것이 사실이라면, 마링거가 생각했던 것처럼(*op. cit.*, p. 183), 이러한 종교 복합체의 중요성은 과거에 조상들이 일종의 "수렵민의 낙원"에 살았다는 빙하기 시대의 기억에 의해 설명될 수 있다. 그리고 실제로 오스트레일리아인들은 그들의 신화적 조상들이 사냥감이 풍성하며 선악의 분별을 알지 못했던 황금시대를 거쳐왔다고 믿고 있다.[8] 오스트레일리아인들이 법과 모든 금기들이 일시 정지하는 여러 종류의 축제를 통해 재현하려고 하는 것은 바로 이러한 "낙원과 같은" 세계이다.

9. 노동, 기술 그리고 상상의 세계

이미 말한 것처럼, 근동 지역, 특히 팔레스타인 지역에서 중석기시대는 창조적 시기였던 동시에, 수렵과 채집에 기반을 둔 문명과 곡물 재배에 근거한 문명 사이의 과도적 특징을 보유한 시대였다. 팔레스타인에서 구석기시대 후기의 수렵민은 오랫동안 동굴에서 생활했던 것 같다. 그러나 그중에서도 분명하게 정착 생활을 선택한 사람들은 나투프[9] 문화를 보유한 사람들이었다. 그들은 노천에서뿐만 아니라 동굴에서도 거주했다(에이난에서는 화로가 갖추어진 원형 움집으로 만들어진 작은

---

8) Eliade, *Religions australiennes*, p. 57.
9) 나투프라는 말은 이들 중석기인들의 존재가 처음으로 알려진 장소인 Wady en Natuf에서 유래하였다.

마을이 발굴되었다). 나투프인은 야생 곡물이 음식물로 중요하다는 사실을 발견했고, 낫 모양의 석기를 사용하여 곡물을 추수했으며, 절구와 절구공이로 곡물을 갈기도 했다.[10] 그것은 농경으로 향해 가는 위대한 걸음이었다. 마찬가지로 동물 사육도 중석기시대에 시작되었다(물론 신석기시대가 시작되기 전까지는 일반적이지 않았다). 양은 BC 8000년경에 자위 체미-샤니다르에서, 염소는 BC 7000년경 요르단의 예리코에서, 돼지는 BC 6500년경에, 그리고 개는 BC 7500년경에 영국의 스탄 카아에서 사육이 시작되었다.[11] 곡물 재배의 직접적인 결과는 인구 증가와 일찍이 나투프인을 특징지은 상업의 발전으로 나타났다.

유럽의 중석기시대 그림에 고유한 기학학적 무늬의 도식적 배열과는 달리, 나투프인의 예술은 자연주의적이다. 작은 동물 조각상과 에로틱한 자세를 취하고 있는 사람 조각상들이 발굴되었다.[12] 남근 모양으로 조각된 절구공이의 성적 상징에 담긴 주술-종교적 의미는 의심할 여지없이 "명백"하다.

나투프인의 두 가지 매장 형태—(a) 몸 전체를 구부려 매장하는 굴장, (b) 두개골 매장—는 구석기시대에 알려져 있었으며, 신석기시대

---

10) Emmanuel Anati, *Palestine before the Hebrews*, pp. 49 sq.; Müller-Karpe, *Handbuch*, II, pp. 245 sq.; R. de Vaux, *Histoire ancienne d'Israël*, I, pp. 41 sq.

11) 이 모든 연대는 방사선 탄소 연대 측정법을 통해 얻어진 것이다. 동물 사육에 대해서는 Müller-Karpe, *op. cit*, II, pp. 250 sq.를 보라. 최근에 나일 강 상류 계곡에서 발견된 곡물에 근거한 식량 복합체는 신석기시대 이전의 것으로 BC 1만 3000년경으로 거슬러 올라간다고 밝혀졌다. Fred Wendorf, S. Rushdi, et R. Schild, "Egyptian Prehistory: Some new concepts"(*Science*, vol 169, 1970, pp. 1161~1171)를 참조하라.

12) 예를 들어 아인 사크리에서 발견된 입상을 보라.(Anati, *op. cit*, p. 160) 그리고 Jacques Cauvin, *Religions néolithiques de Syro-Palestine*, pp. 21 sq.를 보라.

에도 계속되었다. 에이난에서 발굴된 두골들과 관련하여,[13] 매장을 하면서 살아 있는 사람을 희생 제물로 바치기도 했다고 추정되었지만, 그 의례의 의미는 무시되고 있다. 두개골의 퇴적물에 관해서 나투프인의 자료를 바이에른의 오프넷 지역과 뷔르텐베르크의 휠렌슈타인 동굴에서 발견된 퇴적물과 비교한 바에 따르면, 이 두개골들은 사람을 사냥하는 종족이나 식인 집단에 의해 학살된 사람들의 것으로 보인다.[14]

머리(즉 뇌)는 "영혼"이 머무르는 장소라고 생각되었기 때문에 이 두 경우는 모두 주술-종교적 행위라고 추정된다. 꿈과, 엑스터시 및 유사 엑스터시의 체험을 통해 인간은 육체로부터 독립된 존재, 즉 근대인의 언어로 "영혼", "정신", "생령", "생명", "분신" 등의 용어로 표현되는 존재를 아주 오래전부터 알고 있었다. 이러한 "영적" 존재(이미지, 환영, "강령" 등으로 이해되어왔기 때문에 달리 말할 수 없다)는 신체 곳곳에 편재하며, 일종의 "분신"으로서 존재한다. 그러나 뇌를 "영혼" 또는 "정신"이 머무는 곳으로 간주하는 사유는 중대한 결과를 가져왔다.[15] 한편으로는 희생 제물의 뇌를 먹음으로써 그 제물의 "영적" 요소와 하나가 될 수 있다고 믿었으며, 다른 한편으로는 힘의 원천인 두개골이 숭배의 대상이 되었다.

중석기시대에는 농경과 더불어 여러 가지 발명품들이 꼬리를 물고

---

13) 이들 무덤 중의 하나는 세계에서 가장 오래된 거석 건조물로 간주될 수 있다. (Anati, *op. cit.*, p. 172) 에이난에 대해서는 Müller-Karpe, II, p. 349를 참조하라.

14) Anati, *op. cit.*, p. 175 ; Maringer, *The Gods of Prehistoric Man*, pp. 184 sq. 또한 Müller-Karpe, I, pp. 239 sq.를 보라.

15) 선사시대에만 이러한 믿음이 받아들여졌던 것은 아니다. 그리스인들도 영혼(나중에 크로톤의 알크메온과 관련해서는 정액도 보라)이 머리에 위치하고 있다고 보았다. Onians, *Origins of European Thought*, pp. 107~108, 115, 134~136 등을 참조하라.

나타났다. 그중 가장 중요한 것은 활, 밧줄, 그물, 갈고리의 생산 및 상당 기간 동안의 항해를 가능하게 해주는 작은 배의 제작이었다. 그 이전의 여러 발명품(석기, 사슴의 뿔이나 뼈로 만든 다양한 도구들, 모피로 만든 의복과 텐트 등), 그리고 신석기시대에 제작된 도구(특히 토기)들이 그랬던 것처럼, 이 시대의 모든 발명품들은 신화 혹은 신화에 버금가는 이야기들을 만들어냈으며, 때로는 다양한 의례들의 기반이 되기도 했다. 이들 발명품들의 경험적 가치는 분명하다. 하지만 그런 **다양한 소재에 익숙해짐으로써 자극받은 상상력의 중요성**은 그러한 가치들만큼 분명하게 드러나지는 않는다. 부싯돌이나 원시적인 바늘을 사용하면서, 동물의 가죽이나 나무 널빤지를 연결시키면서, 또는 낚싯바늘이나 화살촉을 준비하면서, 점토 조각상을 매만지면서, 상상력은 다양한 차원의 실재들 사이에 숨어 있는 생각지도 않았던 유사성을 발견한다. 도구나 물체는 수없이 많은 상징들로 가득 차 있다. 노동의 세계—장인들이 오랫동안 주의를 기울여 완성한 소우주—는 신비롭고, 신성하고 풍부한 의미의 중심이 된다.

〔고대인들이〕 일의 소재와 친숙해짐으로써 창조되고 또 끊임없이 풍부해진 상상력의 세계는 다양한 선사시대 문화의 도형 혹은 기하학적 창작물을 통해서는 불완전하게 이해될 뿐이다. 그러나 우리는 우리 자신의 상상력의 경험을 통해 그것에 접근할 수 있다. 우리가 그렇게도 먼 오랜 과거의 시간 속에서 살았던 사람들을 "이해"할 수 있는 것은 바로 상상력의 연속성이라는 차원에서이다. 하지만 근대사회의 인간들과 달리 선사시대 인간들의 상상력에는 신화적 차원이 간직되어 있다. 나중에 우리가 위대한 종교적 전통들 안에서 발견하게 되는 상당수의 초자연적 존재의 형상과 신화적 에피소드들은 석기시대에 이미 "발견된 것들"을 보여주고 있는 것이다.

10. 구석기 수렵민들의 유산

중석기시대 동안에 실현된 진보를 통해 구석기시대인의 문화적 통일성은 종지부를 찍게 되었고, 그 이후의 문명의 주요한 특징이라고 할 수 있는 다양성과 분화로의 길이 열렸다. 구석기시대의 수렵민 사회를 거쳐 살아남은 사람들은 사막, 삼림, 산악 등 주변 지역이나 접근하기 어려운 지역으로 침투해 들어갔다. 그러나 구석기 사회들이 서로 분리되고 고립되었다는 것이 수렵민 특유의 행동이나 정신성이 소멸했음을 의미하는 것은 아니다. 생존 수단으로서의 수렵은 농경 사회에서도 계속된다. 아마도 농경 경제에 적극적으로 참여하는 것을 거부한 상당수의 수렵민들은 마을을 지키는 파수꾼으로 고용되어, 처음에는 정주민을 괴롭히고 경작지를 황폐하게 만드는 야수로부터, 나중에는 약탈자들의 무리로부터 마을을 지키는 역할을 했을 것이다. 최초의 군사 조직 역시 아마도 마을의 이러한 수렵민-파수꾼 집단에서 나왔을 것이다. 곧 살펴보겠지만 전사, 정복자, 그리고 군인 귀족들은 전형적인 수렵민의 상징과 이념을 계승하고 있다.

한편 농경민이나 유목민 모두가 행했던 유혈 희생 제의는 결국 수렵민이 사냥감을 죽이던 행위를 반복하는 것이다. 100만 년 혹은 200만 년 이상이나 인간(적어도 남성)의 존재 양식과 얽혀 있었던 그 행동을 폐지하는 일이 쉽지는 않았을 것이다.

농경 경제가 승리한 이후 수천 년 동안, 원시 수렵민의 세계관Welt-anschauung은 역사 속에서 여전히 그 영향력을 발휘하게 된다. 사실 인도-유럽 민족과 터키-몽골 민족의 침략과 정복은 최고의 수렵자인 육식동물의 표지를 앞세우며 진행되었다. 또 인도-유럽 민족의 군사 조직(Männerbünde)의 구성원들이나 중앙아시아의 유목 기마병들은 마치 초원의 초식동물이나 농장의 가축을 덮쳐 목을 조르고 게걸스럽게 잡아 먹는 육식동물처럼 정주민을 향해 달려들었다. 수많은 인도-유럽 민족과 터키-몽골 민족이 육식동물(특히 늑대)에 기원을 둔 조상의 이름을 가지고 있었으며, 그들은 자신들이 동물의 모습을 한 신화적 조상의 후예라는 사실을 자랑스럽게 여겼다. 인도-유럽 민족이 거행했던 군사적 통과의례에는 늑대로의 의례적 변신이 포함되어 있었다. 이상적인 전사는 육식동물의 행동을 몸으로 체득해야 한다고 여겼던 것이다.

한편 야생동물을 추적하고 죽이는 일은 영토 정복(*Landnáma*)과 국가 건설의 신화적 모델로 작용했다.[16) 아시리아인, 이란인, 그리고 터키-몽골인들의 수렵과 전쟁 기술은 서로 구분할 수 없을 정도로 유사하다. 아시리아인들이 등장한 고대부터 근대가 시작되기 직전까지, 유라시아 세계에서 사냥은 영주와 군인 귀족들을 위한 최상의 교육 방법이자 가장 인기 높은 스포츠였다. 게다가 수렵민의 생활 방식에 부여된 전설적인 권위는 정주민 경작자들이 누리는 권위와는 비교가 되지 않을 정도이며, 오늘날까지도 여전히 수많은 원시민족 사이에 보존되고 있다.[17) 수십만 년에 걸쳐 계속된 동물계와의 신비한 공생 관계는 지울 수 없는 흔적을 남기고 있다. 더구나 오르지[통음난무]적 엑스터시는 사냥한 고기를 날것으로 먹어 치우던 때의 최초의 인간의 종교적 행동을 재현하는 것을 가능하게 한다. 그것은 그리스의 디오니소스 숭배자들

16) 아프리카와 다른 지역에서는 성인식과 새로운 추장의 추대식에서 "사냥 의례"를 거행한다.

17) 특징적인 예가 있다. 콜롬비아의 데사나족은 자신들이 먹는 음식의 75%를 원예와 어업 활동을 통해 얻는데도 불구하고 여전히 자기들을 사냥꾼이라고 부른다. 그들의 관점에서는 사냥꾼의 삶만이 진정으로 의미 있는 인생이다.

사이에서(본권 124절), 또는 20세기 초엽의 모로코의 아이사우아에게서
도 일어났던 일이다.

11. 식용식물의 재배: 기원 신화

1960년 이후, 집단 거주지가 농경의 발견에 선행한다는 사실이 밝혀
졌다. 고든 차일드Gordon Childe가 "신석기시대 혁명"이라고 명명한 과
정은 BC 9000년에서 7000년 사이에 점진적으로 진행되었다. 최근까
지 일반적으로 알려진 것과는 달리 곡물의 재배와 동물의 사육은 토기
의 제작보다 시기적으로 앞선다는 사실이 밝혀졌다. 소위 농경, 즉 곡
물의 재배는 서남아시아와 중앙아메리카에서 발달했다. 알뿌리, 뿌리
또는 뿌리줄기의 재생산에 의존하는 "식물 재배"는 아메리카 및 동남
아시아와 같은 고온 다습한 열대 평원에서 시작된 것으로 보인다.

식물 재배가 시작된 연대, 그것과 곡물 재배와의 연관성에 대해서는
충분히 알려져 있지 않다. 일부 민족학자들은 식물 재배가 곡물 경작보
다 오래되었다고 생각하는 경향이 있지만, 그와 반대로 식물 재배는 곡
물 경작의 수준 낮은 모방에 불과하다고 주장하는 학자들도 있다. 수적
으로 드물지만 명확한 지표 중의 하나를 남아메리카에서 행해진 발굴
을 통해 얻었다. 베네수엘라의 란초 펠루도 평원과 콜롬비아의 모밀 평
원에서 마니요크라고 불리는 열대 관목의 재배 흔적이 옥수수 재배층
아래에서 발견되었는데, 이는 식물 재배가 곡물 재배보다 앞선다는 것
을 보여준다.[18] 식물 재배가 오래되었음을 밝히는 새로운 증거가 최근

18) David R. Harris, "Agricultural systems, ecosystems, and the origins of agriculture", in

태국에서 발견되었다. 한 동굴("유령의 동굴")에서 재배된 완두콩, 잠두콩 그리고 열대식물의 뿌리가 출토되었는데, 방사성 탄소 연대 측정법에 의하면 그 식물들의 연대는 BC 9000년경으로 추정된다.[19]

문명사에 있어서 농경의 발견이 얼마나 중요한 의미를 가지고 있는지를 다시 강조할 필요는 없다. 인간은 자기가 먹을 음식을 **생산함**으로써, 조상 대대로 전해져오던 생활 방식을 바꾸어야만 했다. 인간은 무엇보다 구석기시대에 이미 발견되어 있던 시간 계산 기술을 완성시켜야만 했다. 미래의 어떤 특정 시점의 시간을 정확하게 측정하는 데 있어 초보적인 태음력에 의존하는 것만으로는 불충분했다. 농경이 시작된 이후, 경작자는 파종하기 몇 달 전부터 계획을 세우고, 수확이라는 먼 미래의 불확실한 결과를 생각하면서 일련의 복잡한 행동을 정확한 순서에 따라 수행해야 했다. 더욱이 식물의 재배는 이전의 생산 활동과는 전혀 다른 성격을 가진 노동의 분업을 요구했다. 왜냐하면 그 시점까지는 생계의 수단을 확보하는 주요한 책임이 주로 여성에게 맡겨져 있었기 때문이다.

농경의 발견은 인간의 종교사에서 대단히 중요한 의의를 지닌다. 식물의 재배로 인해 그때까지 접근하는 것이 불가능했던 새로운 실존적 상황이 도래했다. 결과적으로 그것은 신석기시대 이전 인간의 정신세계를 근본적으로 바꾸어놓는 가치의 창조와 전환을 가져왔다. 앞으로 우리는 이러한 곡물 재배의 성공에 의해 시작된 "종교 혁명"에 대해 살펴볼 것이다. 다만 여기서는 두 가지 유형으로 나누어지는 농경의 기원을 설명해주는 신화들을 환기해보자. 경작자들이 식용작물의 출

The Domestication and Exploitation of Plants and Animals, p. 12.

19) William Solhein, "Relics from Two Diggings indicate Thais were the First Agrarians", *New York Times*, January 12, 1970.

현을 어떻게 설명하는지 알게 됨으로써 우리는 그들의 행동에 담긴 종교적 정당화에 대해서도 알 수 있게 될 것이다.

기원 신화의 대부분은 식물 재배나 곡물 재배를 행하는 원시 민족들로부터 수집된 것이다. (그러한 신화는 발전된 문화 안에서는 보기 힘든데, 때로는 완전히 재해석되어 있기도 하다.) 그들 신화 중에서 상당히 널리 분포되어 있는 주제는 죽음을 당한 신적 존재로부터 식용 알뿌리식물과 과일나무(코코넛, 바나나 등)가 태어났다는 것이다. 그중에서도 가장 유명한 예는, 뉴기니 섬들 가운데 하나인 세람에서 전해지는 신화이다. 하이누벨레Hainuwele라고 불리는 반신적半神的 여성이 팔다리가 절단된 채 매장되었는데, 그의 몸에서 그때까지는 알려지지 않았던 식물, 특히 알뿌리식물들이 솟아 나왔다. 이러한 원초적 살해는 인간의 조건을 근본적으로 변화시켜놓았는데, 왜냐하면 그것에 의해 삶과 죽음이 알려졌으며, 지금까지도 존속되고 있는 종교적, 사회적 제도가 확립되었기 때문이다. 하이누벨레의 잔혹한 죽음은 "창조적" 죽음이었기 때문에, 인간의 삶과 죽음에서 이 여신은 항상 재현되었다. 여신의 유해에서 솟아난 식물을 통해 영양분을 얻는 것은 여신의 실체에서 영양분을 얻는 것이다.

우리는 이 농경 신화가 초기 농경민들의 종교적 삶과 문화에서 중요한 위상을 가지고 있었다는 사실을 논하지는 않을 것이다. 모든 중요한 활동들(성년식, 동물이나 사람을 바치는 제의, 식인 풍습, 장례 의례 등)은 원초적인 살해를 떠올리게 한다는 것을 지적하는 것으로 충분하다.[20] 농경민이 살해를 자신들의 생존을 보증하는 것, 특히 평화와 연관시키는 것과 달리, 수렵민 사회에서는 살해의 책임을 타인, 즉

20) Mircea Eliade, *Aspects du mythe*, pp. 132 sq.를 참조하라.

"이방인"에게 돌린다는 사실은 중요하다. 수렵민들은 자신들이 살해한 동물(정확히 말하자면 그것의 "영혼")의 복수를 두려워했지만, 동물의 수호신 앞에서 자신들의 행동을 정당화시켰다. 초기 경작자들의 경우 원초적 살해의 신화가 인간 희생이나 식인 풍습과 같은 유혈 의례를 정당화하고 있는 것이 분명하지만 그러한 의례들의 종교적 맥락을 단정 짓기는 어렵다.

이와 비슷한 신화적 주제들은 모든 식용식물—알뿌리든 곡물이든—의 기원을 신 혹은 신화적 조상의 땀이나 배설물에서 비롯된 것으로 설명한다. 음식물을 먹는 사람들은 자기들이 먹는 식물이 혐오스러운 물질에 근원을 두고 있음을 발견하면 그 식물을 재배한 사람을 죽이지만, 그의 충고에 따라 사지를 자르고 해체시켜서 땅에 묻는다. 식용식물 및 그 외의 여러 문화적 요소들(농기구, 누에고치 등)이 그 시체로부터 솟아난다.[21]

이들 신화의 의미는 분명하다. 즉 식용식물은 신의 몸에서 나온 것이기 때문에 신성하다(왜냐하면 땀이나 배설물 역시 신의 실체의 일부를 구성하기 때문이다). 음식의 섭취를 통해 인간은 궁극적으로는 신을 먹는 것이다. 동물과 달리 식용식물은 세계 안에 "주어져 있는 것"이 아니다. 그것은 최초의 극적인 사건의 결과이며, 이 경우에는 살해의 산물이다. 우리는 이러한 식물 신학의 영향에 대해서는 나중에 다시 논의할 것이다.

독일의 민족학자 옌센A. E. Jensen은 하이누벨레 신화가 알뿌리를 경작했던 초기 농경민 특유의 것이라고 추측한다. 곡물 재배의 기원과 관련된 신화들의 경우, 원초적인 도둑이 등장한다. 곡물은 하늘나라에

---

21) 최근의 것으로는 Atsuhiko Yoshida, "Les excrétions de la Déesse et l'origine de l'agriculture"를 보라.

존재하고 있으며, 신들이 조심스럽게 그것을 지키고 있는데, 문화영웅이 하늘나라에 올라가 씨앗 몇 개를 훔쳐서 인류에게 가져다준다. 옌센은 이 두 유형의 신화를 "하이누벨레" 유형과 "프로메테우스" 유형이라고 명명했으며, 각각을 초기 농경민의 문명(식물 재배)과 본래의 의미에서의 농경민의 문명(곡물 재배)에 연결시켰다.[22] 확실히 그러한 구별은 존재한다. 하지만 이 두 종류의 기원 신화에 대해 말하자면 그 구별은 옌센이 생각했던 것만큼 분명하지는 않다. 왜냐하면 상당수의 신화는 살해당한 원초적 희생자들로부터 **곡물**이 나온다고 설명하고 있기 때문이다. 농경민의 종교에서도 곡물의 기원은 마찬가지로 신성하다는 사실을 덧붙이자. 인간에게 주어지는 곡물은 하늘(또는 대기)의 신과 대지모신大地母神 사이의 신성 결혼神聖結婚hiérogamie, 성적 결합, 죽음, 부활을 내포하는 신화적 드라마와 연결되어 있기 때문이다.

12. 여성과 식물. 성스러운 공간과 세계의 주기적 갱신

농경의 발견에 따르는 최초의, 그리고 아마도 가장 중요한 결과는 구석기 수렵민들이 가지고 있던 가치 체계에 위기가 초래되었다는 것이다. 동물계와 종교적 질서 사이에 존재하던 관계는 **인간과 식물** 사이의 **신비적 연대감**이라고 불리는 것에 의해 대체되었다. 그때까지만 해도 뼈와 피가 생명의 본질이며 신성함의 표현이라고 여겨졌다면, 그 이후로는 정액과 피가 그것을 체현하는 것으로 인식되었다. 그 외에 여성과

---

22) A. E. Jensen, *Das religiöse Weltbild einer frühen Kultur*, pp. 35 sq.; *id.*, *Mythe et cultes chez les peuples primitifs*, pp. 188 sq.를 참조하라.

여성의 성스러움이 최고의 위치로 격상되었다. 여성이 식물의 재배에서 결정적인 역할을 담당했기 때문에 여성이 경작지의 소유자가 되었다. 그 결과 여성의 사회적 지위가 높아져 남편이 아내의 집에서 거주하는 특색 있는 제도가 만들어졌다.

대지의 풍요는 여성의 다산과 밀접하게 결합되어 있었다. 따라서 창조의 "신비"를 이해하고 있는 여성이 풍작에 대해 책임을 지게 된다. 창조의 신비는 생명의 기원과 식물의 공급, 그리고 죽음을 지배하는 것이기 때문에 종교적 신비의 문제이기도 하다. 대지는 여성과 동일시된다. 나중에 쟁기가 발견된 이후에는 농경이 성행위와 동일시되었다.[23] 그러나 수천 년 동안 대지모신은 처녀 생식을 통해 혼자 힘으로 생명을 탄생시켰다. 이 "신비"에 대한 기억은 올림포스의 신화(헤라Héra는 홀로 수태하여 헤파이스토스Héphaistos와 아레스Arès를 출산한다)에서도 살아남았다. 그 외에도 인간이 대지로부터 탄생한다거나, 땅 위에 분만을 한다거나, 갓난아기를 대지 위에 누인다거나 하는 행동을 무수한 신화와 민간신앙 속에서 읽을 수 있다.[24] 대지에서 태어난 인간은 죽어서 자신의 어머니인 대지에게로 돌아간다. 베다의 시인은 "너의 어머니인 대지를 향해 기어 들어가라"고 외친다.(*Rig Veda*, X, 18, 10)

여성과 모성의 신성성이 구석기시대에 알려지지 않았던 것은 아니지만(본권 6절 참조), 농경의 발견으로 인해 그 힘이 놀랍게 증대된다. 성생활의 성스러움, 특히 여성의 성性은 창조의 불가해한 신비와 일체가 된다. 처녀 생식, **신성 결혼**, 그리고 의례적 오르지는 성의 종교적 특질을 전혀 다른 차원에서 표현하고 있다. 신인 동형神人同形의 복합적

---

23) Eliade, *Traité d'Histoire des Religions*, § 91 sq.의 예들을 보라.
24) *Traité*, § 86 sq.; *Mythes, rêves et mystères*, pp. 218 sq.를 참조하라.

인 상징은 여성과 여성의 성을 달의 주기, (자궁과 동일시되는) 대지 및 식물의 "신비"라고 불리는 것과 연결시킨다. 그 신비는 새로운 탄생을 보장하기 위해서 씨앗의 "죽음"을 요구한다. 이렇게 해서 보장된 새로운 생명은 무엇보다도 놀라운 증식을 수반하기 때문에 더욱 굉장한 것이 된다. 인간 존재를 식물의 생명과 동일시하는 것은 식물의 드라마에서 따온 이미지와 비유(인생은 들판에 피는 꽃과 같다 등)로 표현된다. 이러한 비유는 오랫동안 시와 철학적 사색에 영양분을 제공했으며, 현대인들에게도 여전히 "진실"로 남아 있다.

농경의 발명이 초래한 이런 모든 종교적 가치는 시간이 지나면서 점차 유기적으로 연결되었다. 그러나 여기서 우리는 중석기 및 신석기시대에 등장한 창조물의 고유한 특성을 강조할 것이다. 우리는 식물의 "신비"에 얽힌 종교적 관념, 신화 그리고 의례적 시나리오를 끊임없이 만나게 될 것이다. 왜냐하면 종교적 창조성은 **농경이라는 경험적 현상에 의해서**가 아니라 식물의 주기적 변화와 동일시되는 **탄생, 죽음 그리고 재생의 신비**에 의해 자극받기 때문이다. 사람들은 수확을 위협하는 위기들(홍수, 가뭄 등)을 이해하고 받아들이고 정복하기 위해 그것들을 결국 신화적 드라마로 각색한다. 이 신화들과 의례적 시나리오들은 이후 오랫동안 근동의 문명을 지배하게 된다. 죽었다가 다시 살아나는 신에 대한 신화적 주제는 특히 중요하다. 어떤 경우에는 이런 원초적인 시나리오가 새로운 종교적 창조물(예를 들면 그리스-오리엔트의 비밀 의례의 하나인 엘레우시스의 비의. 본권 96절 참조)을 탄생시키는 경우도 있다.

농경문화의 종교적 활동은 세계의 **주기적 갱신**이라는 중심적 신비에 집중되어 있기 때문에, 소위 **우주적 종교**라고 명명할 수 있는 체계를 발전시켰다. 인간 존재와 마찬가지로 우주의 리듬은 식물의 일대기에서 빌려 온 말로 표현된다. 우주의 신성성이라는 신비는 우주목宇宙木이라는 상징으로 표현된다. 우주는 주기적으로, 다시 말해 매년 새롭게 태어나야 하는 하나의 유기체로 인식된다. "절대적 실재", 다시 젊어짐, 불사성不死性은 특정한 종류의 과일 혹은 특별한 나무가 위치한 곳의 샘물의 힘을 특권적으로 부여받은 사람들에게만 가능하다.[25] 우주목은 세계의 중심에 있으며, 우주목의 뿌리는 지하 세계로 뻗어 있고 꼭대기는 하늘에 닿아 있기 때문에 그것에 의해 우주의 세 영역이 하나로 통합된다고 여겨졌다.[26]

세계는 정기적으로 새롭게 갱신되어야 하기 때문에, 우주 창조는 새해가 시작될 때 의례적으로 되풀이된다. 이러한 신화-의례적 시나리오는 근동 지역과 인도-이란 지역에서 발견된다. 그러나 신석기시대의 종교적 관념을 여전히 간직하고 있다고 할 수 있는 원시 경작민 사회에서도 발견된다. 근본적인 종교사상—우주 창조의 반복에 의한 세계의 갱신—은 분명히 농경이 개시되기 이전부터 존재해온 것이다. 그것은 필연적인 변형을 거쳐 오스트레일리아의 원주민과 북아메리카의 여러 인디언 부족들에게서도 발견된다.[27] 초기의 경작민들이나 농경민들 사이에서 새해의 신화-의례적 시나리오는 죽은 자의 귀환을 포함하며, 그것과 유사한 의례가 고전 시대의 그리스, 고대 게르만인들,

---

25) *Traité*, § 99 sq.를 참조하라.

26) 우주목은 세계축axis mundi을 표현하는 가장 널리 알려진 방식이다. 그러나 우주목이 북극의 문화에서도 발견되는 것으로 보아 우주의 중심에 대한 상징은 아마도 시기적으로 농경 문명보다 앞서거나 아니면 농경 문명과는 관계가 없을지도 모른다.

27) Eliade, *Aspects du mythe*, pp. 58 sq.의 몇몇 예들을 보라. 정확히 말하면 오스트레일리아인들에게는 우주 창조 신화가 알려져 있지 않지만, 초인간적 존재에 의한 "세계의 형성"이 곧 우주의 "창조"에 해당한다고 볼 수 있다. *Religions australiennes*, pp. 55 sq.를 참조하라.

일본 등에 살아남아 있었다.

우주적 시간의 경험은 특히 농사의 범위 안에서 **순환적 시간**과 **우주의 순환**의 관념을 낳는다. 세계 및 인간 존재는 식물의 삶을 드러내는 언어로 표현되기 때문에 우주의 순환은 탄생·죽음·재생이라는 리듬의 무한한 반복이라고 인식된다. 베다 시대 이후의 인도에서는 이 관념이 서로 연관된 두 개의 이론, 즉 무한히 반복되는 순환적 주기(*yuga*)와 영혼의 윤회라는 이론으로 다듬어졌다. 다른 한편 세계의 주기적 갱신을 축으로 삼는 태곳적 관념들은 근동의 수많은 종교 체계 안에서 다시 등장하고, 재해석되고, 통합된다. 오리엔트와 지중해 세계를 2000년 동안이나 지배하게 될 우주론, 종말론, 그리고 메시아 사상은 신석기시대의 여러 관념들에 그 뿌리를 두고 있다.

공간, 무엇보다도 거주지와 촌락의 **종교적 가치** 역시 중요하다. 정주 생활은 유목 생활과 다른 방식으로 "세계"를 조직한다. 농경민에게 "참된 세계"는 그들이 거주하는 공간, 즉 집과 마을, 농경지이다. "세계의 중심"은 의례와 기도에 의해 성화聖化된 장소이다. 거기서 초인간적 존재와의 소통이 실현되기 때문이다. 우리는 근동 지역의 신석기인들이 자신들의 집과 마을에 부여한 종교적 의미를 모른다. 우리는 다만 언제부터 그들이 제단과 성소를 만들었는지를 알고 있을 뿐이다. 그러나 중국에서는 북아시아와 티베트 지역에서 발견되는 특정 형태의 거주지와 연속성이나 유사성이 있으므로, 우리는 신석기시대 집의 상징을 재구성할 수 있다. 양사오仰韶의 신석기 문화에서는 작은 원형 건조물(직경 약 5미터)이 발견되었다. 그 건조물 가운데에는 화로 역할을 했던 구멍과 그 구멍을 둘러싸고 지붕을 떠받치는 기둥들이 있었다. 지붕에는 아마도 연기 구멍이 뚫려 있었던 것 같다. 만일 이 건조물이 견고한 재료로 지어진 것이라면, 오늘날 몽골의 유르트와 비슷한 구조를 가지고 있었을 것이다.[28] 오늘날 몽골인과 북아시아인의 유르트에서 표현되는 우주적 상징은 잘 알려져 있다. 하늘은 가운데에 있는 커다란 기둥이 떠받치고 있는 거대한 천막으로 비유되며, 천막 기둥이나 연기를 배출하는 구멍은 세계의 기둥이나 "하늘의 구멍", 즉 북극성과 동일시되었다.[29] 이 구멍은 또한 "하늘의 창문"이라고 불리기도 한다. 티베트 사람들은 집 지붕 위의 구멍을 "하늘의 운" 또는 "하늘의 문"이라고 부른다.

주거지의 우주적 상징은 수많은 원시사회에서 찾아볼 수 있다. 많은 경우 그들의 주거지는 세계의 형상imago mundi이라고 생각된다. 그러한 예는 모든 문화층에서 발견되기 때문에, 왜 근동 지역의 신석기인들만 예외라고 보는지 알 수 없다. 더군다나 건축물의 우주적 상징은 이 지역에서 가장 풍부하게 전개된다. 남녀의 주거지를 구별하는 것(그런 관습은 이미 구석기시대부터 존재했다. 본권 6절)은 아마 우주론적 의미를 가지고 있을 것이다. 경작민의 촌락에서 보이는 그러한 구분은 의례적인 이분법, 즉 하늘과 땅, 남성과 여성 등의 구분에 대응하는 것일 뿐 아니라, 의례적으로 적대적인 관계에 있는 두 집단에도 대응된다. 그리고 대립하는 두 집단 간의 의례적 전투는 특별히 신년 의례의 시나리오에서 중요한 역할을 한다. 그것이 메소포타미아에서 행해졌던 신화적 전투의 반복(본권 22절)이든, 또는 우주 창조의 두 원리의 대립(여름과 겨울, 밤과 낮, 생과 사)이든, 거기에 담긴 깊은 의미는 늘 같다. 대립, 경쟁, 전투는 생명의 창조성을 환기시키고, 자극하고, 증가시킨다.[30] 아마도 신

---

28) R. Stein, "Architecture et pensée religieuse en Extrême-Orient", p. 168. 또한 중국의 신석기 주거지의 다른 형태로서, 반지하로 내려가는 몇 개의 계단이 있는 정방형 또는 직사각형의 건축 구조에 대한 R. Stein의 설명을 보라.

29) Eliade, *Le Chamanisme*, p. 213을 참조하라.

석기시대의 농경민들에 의해 다듬어졌을 것으로 보이는 이 같은 생명-우주론적 사유는 시간이 흐르면서 여러 차례에 걸쳐 재해석되고 변형을 겪게 된다. 그 결과, 종교적 이원론의 특정한 유형 속에서는 그러한 흔적을 발견하기 어렵게 되었다.

우리는 농경의 발견이 가져다준 종교적 창조물 전부를 열거했다고 주장하는 것은 아니다. 우리로서는 수천 년이 지난 후에야 개화하게 될 몇 가지 관념의 공통된 원천이 신석기시대에서 흘러나온다는 사실을 지적하는 것으로 충분하다. 농경적 구조를 가진 종교성의 확산은 무수한 변화와 개혁에도 불구하고 근본적으로 통일된 구조를 가진 종교적 관념을 낳았다는 것을 덧붙이고자 한다. 그러한 통일된 구조는 지중해 세계, 인도, 중국처럼 거리상으로 멀리 떨어진 지역에 존재하는 농민 사회들을 연결시켜주고 있다.

13. 근동 지역의 신석기시대의 종교

신석기시대부터 철기시대에 이르는 기간은 종교사상의 역사와 문명사가 일체를 이루고 있는 시기라고 말할 수 있을 것이다. 이 시기의 모든 기술적 발견이나 경제적, 사회적 변혁은 종교적 의미와 가치에 의해 "뒷받침되어" 있는 것 같다. 우리는 나중에 신석기시대에 일어난 혁신들을 논할 경우에 반드시 그 종교적 "반향"을 고려해야 한다. 하지만 전체적인 서술의 통일성을 손상하지 않도록 하기 위해, 그런 종

---

30) M. Eliade, "Remarques sur le dualisme religieux: dyades et polarités", *Nostalgie des Origines*, pp. 249~336, 특히 pp. 315 sq.를 참조하라.

교적 반향을 특별히 강조하지는 않을 것이다.

그렇다면 예를 들어 예리코에서 발생한 문화의 모든 측면에 대해서 종교적 해설을 덧붙일 가치가 있을 것이다. 예리코는 지구상에서 가장 오래된(BC 약 6850년, 6770년) 도시였다고 추정되지만,[31] 토기의 제작법은 모르고 있었다. 그러나 성채와 거대한 탑 또는 공공의 대건축물—아마도 종교적 의식과 깊은 관련이 있을 것이다—을 가진 이 도시는 장래의 메소포타미아 도시국가를 예고하는 사회적 통합과 경제적 조직을 보여준다. 가스탕Garstang과 케이틀린 케넌Kathleen Kenyon은 특이한 구조를 가진 건물 몇 채를 발굴했고, 거기에 "신전"과 "가정 예배소"라는 이름을 붙였다. 그리고 종교적 성격이 분명히 드러나는 자료들 속에 포함되어 있는 두 개의 작은 여인상과 몇 개의 동물상은 그곳에서 풍요 의례가 시행되었음을 보여준다. 어떤 학자들은 1930년대에 가스탕이 발견한 세 개의 석고상, 즉 턱수염을 기른 남성상, 여성과 어린이 조각상에 특별한 의미를 부여하기도 했다. 그들의 눈은 조개껍질로 표현되어 있다. 가스탕은 나중에 근동 지역을 지배하게 되는 신화와 유사성을 가진, 삼위신三位神의 최초의 형태를 이들 유물에서 확인할 수 있다고 생각했다. 그러나 이러한 생각은 여전히 논쟁의 대상이 되고 있다.[32]

죽은 자는 집의 바닥 밑에 매장되었다. 케이틀린 케넌이 발굴한 두

---

31) Kathleen Kenyon, *Archaeology in the Holy Land*, pp. 39 sq. "세계 최초의 도시"라는 공식은 Gordon Childe와 R. J. Braidwood의 비판을 받았다. Kathleen Kenyon에 따르면, 최초의 나투프인들은 거대한 샘 근처에 성소를 세웠다고 한다. 그 성소는 BC 7800년 이전에 전소되었다.

32) Anati, *Palestine before the Hebrews*, p. 256을 참조하라. 여기서 Anati는 Garstang의 해석을 받아들이고 있다. 이러한 해석에 반대하는 것으로는 Cauvin, *Religions néolithiques de Syro-Palestine*, p. 51이 있다.

개골[33] 몇 개는 특이하게 처리되어 있었다. 두개골의 아랫부분은 석회로 모양이 본떠져 있고 눈은 조개껍질로 표시되어 있어 실제 초상에 견줄 정도였다. 그것은 분명히 두개골 숭배와 어떤 관련이 있을 것이다.[34] 그러나 살아 있는 자의 [죽은 자에 대한] 추억을 생생하게 간직하기 위한 시도로 보이기도 한다.

텔 라마드(시리아의 다마스쿠스 부근)에서도 두개골 숭배가 발견된다. 그곳에서는 이마에 붉은 칠이 되어 있고 점토로 얼굴의 모양을 본뜬 두개골이 처음으로 발견되었다.[35] 시리아(텔 라마드와 비블로스)에서도 정확하게 5000년 전의 것으로 추정되는 퇴적층에서 점토로 만든 인간상이 출토되었다. 비블로스에서 출토된 것은 양성구유兩性具有의 모습이다.[36] 팔레스타인에서 발견된, BC 4500년경에 만들어진 것으로 추정되는 작은 여인상들은 무서운 악마적 형상을 한 지모신의 모습을 보여준다.[37]

풍요 의례와 사자死者 숭배는 관련되어 있었던 것 같다. 실제로 예리코에서 발생한 선토기先土器 문화보다 앞서는—또 그것에 영향을 주었음이 틀림없는—아나톨리아의 하칠라르 문화와 차탈 후육 문화(BC 7000)는 그와 비슷한 믿음을 보여준다. 두개골 숭배는 하칠라르 문화에서도 충분히 입증되었다. 차탈 후육에서는 사해死骸를 보석이나 준보

33) K. Kenyon, *Archaeology in the Holy Land*, p. 50.

34) K. Kenyon, *Digging up Jericho*, pp. 53 sq, 84 sq. 또한 Müller-Karpe, *Handbuch*, II, pp. 380~381 ; Cauvin, *op. cit.*, pp. 44 sq.를 보라.

35) Contenson이 발굴하였으며, Cauvin, *op. cit.*, pp. 59 sq. et fig. 18에 요약되어 있다.

36) Contenson(텔 라마드)과 Dunand(비블로스)이 발굴하였으며, Cauvin, pp. 79 sq. et fig. 26, 28에 요약되어 있다

37) 문하타, 텔아비브, 샤르하골란에서 출토된 신상들을 보라. Cauvin, fig. 29~30 에 수록되어 있다.

석, 무기, 직물, 나무 용기 등의 부장품과 함께 집의 바닥 밑에 묻었다.[38] 1965년까지 발굴된 40여 개의 성소에서 수많은 석상과 점토상이 발견되었다. 주신主神은 젊은 여성, 아이(또는 황소)를 낳는 여성, 그리고 노파(때로는 맹금을 동반하고 있다)의 세 가지 모습으로 등장하는 여신이다. 남신은 소년이나 젊은이—여신의 아들 또는 연인—의 모습으로 나타나며, 때로는 신성한 동물로 여겨졌던 황소 위에 올라탄 수염을 기른 성인 남자의 모습을 하기도 한다. 암벽화의 다채로움은 놀라울 정도이다. 어떤 성소도 서로 비슷하지 않다. 여신을 표현한 부조는 때로 그 높이가 2미터에 이르기도 하는데, 석고나 나무 또는 점토로 만들어져 있고, 황소 머리—신의 현현—는 벽에 단단히 고정되어 있었다. 성적인 이미지는 보이지 않지만, 여성의 가슴과 황소의 뿔—생명의 상징—이 조합되어 있기도 하였다. 한 성소(BC 6200년경)에는 벽에 고정된 황소 머리 밑에 남자의 두개골 네 개가 놓여 있었다. 또 한 벽면에는 사람의 다리를 가진 독수리가 목이 잘린 남자를 공격하는 그림이 그려져 있었다. 이것은 분명히 어떤 중요한 신화-의례 복합체를 표현하고 있지만, 우리는 아직도 그 의미를 정확하게 파악하지 못하고 있다.

하칠라르의 BC 5700년대로 추정되는 층에서 발굴된 여신상은 표범 위에 걸터앉거나 새끼 표범을 안고 있는 모습으로 나타난다. 또는 표범을 동반하지 않고 혼자 서 있거나 앉거나 무릎을 꿇거나 옆으로 누워 있는 자세로 나타나기도 하고, 아이를 데리고 있는 경우도 있다. 여신은 때로는 나체로, 때로는 겨우 음부만을 가리고 있다. 여기서도 여신은 젊은 여성 혹은 노파로 표현된다. 보다 새로운 화석층(BC 5435~5200)에서

---

38) James Mellaart, *Çatal Hüyük: A Neolithic Town of Anatolia*, pp. 60 sq.; *id.*, *Earlist Civilizations of the Near East*, pp. 87 sq.

는 어린이나 동물을 동반한 여신상들이 남신상들과 마찬가지로 모습을 감춘다. 하지만 하칠라르 문화의 마지막 단계에서는 풍부한 기하학적 문양으로 장식된 아름다운 도자기가 등장하는 것이 특징이다.[39]

소위 텔 할라프[40] 문화는 아나톨리아 문화가 소멸하는 시점에서 출현한다. 이 문화는 청동에 대해 알고 있었으며, 북쪽에서 남하해온 하칠라르와 차탈 후윅의 유민들이 만든 것이라고 생각된다. 텔 할라프의 종교적 복합체는 지금까지 고찰해온 문화들과 크게 다르지 않다. 죽은 자는 점토상을 포함하는 부장품과 함께 매장되었다. 야생 황소는 남성의 생식력의 현현으로 숭배되었다. 황소상, 소의 두골, 숫양의 머리, 그리고 쌍도끼는 폭풍신과 연결되어 있으며, 고대 근동 지방의 여러 종교에서 대단히 중요한 제의적 기능을 담당하고 있다. 하지만 여성신의 형상이 풍부하게 남아 있는 반면, 남신상은 발견되지 않았다. 여신은 비둘기를 동반하거나 유방이 크게 과장되어 있으며, 웅크리고 있는 자세를 취하고 있는 경우가 많은데, 이러한 것을 통해 지모신의 전형적 이미지를 볼 수 있다.[41]

텔 할라프 문화는 BC 4400년에서 4300년 사이에 파괴되거나 소멸되었지만, 이라크 남부에서 비롯한 우바이드 문화가 메소포타미아 전역에서 확산되고 있었다. 우바이드 문화는 BC 4325년경에 현재의 와르카(수메르어로는 우르크, 셈어로는 에레크)에서 확인된다. 이것에

---

39) James Mellaart, "Hacilar: A Neolithic village Site", pp. 94 sq.; *id.*, *Earliest Civilizations of the Near East*, pp. 102 sq.

40) 텔 할라프는 지명으로 볼 때, 모술 근처의 아르파키야 마을 안에 있다.

41) 일반적인 소개와 참고 문헌은 Müller-Karpe, II, pp. 59 sq.에 있다. 할라프의 도상의 모티프와 조각상들의 종교적 상징에 대해서는 B. L. Goff, *Symbols of Prehistoric Mesopotamia*, pp. 11 sq.를 참조하라.

비견될 수 있는 영향력을 끼친 선사시대 문화는 없다. 특히 금속 세공(청동 도끼, 다양한 금세공) 방면에서의 진보는 괄목할 만하다. 농경의 발달과 통상에 의해 부가 축적되었다. 대리석으로 만들어진 거의 실물 크기의 사람과 동물의 머리는 분명히 종교적 의미를 가지고 있다. 가우라[이라크 북부에 위치한 북메소포타미아 지방의 대표적 유적] 유형의 몇몇 인장들은 다양한 제의 장면을 보여준다(소머리로 장식된 제단을 둘러싸고 있는 사람들, 의례적인 춤, 상징화된 동물 등). 인간의 모습은 대단히 도식적으로 표현되어 있다. 비구상적 경향은 우바이드 문화 전체의 특징이기도 하다. 부적에 묘사된 성소는 구체적인 건물을 그린 것이 아니라 신전을 표현하는 일종의 범례적 이미지라고 할 수 있다.

석회암으로 만들어진 인간상은 아마도 신관의 모습인 듯하다. 실제로 우바이드기의 가장 중요한 새로운 모습은 거대한 사원의 출현이었다.[42] 그중에서도 가장 뛰어난 것은 백색 신전(BC 3100)으로, 길이 70미터, 폭 66미터, 높이 13미터의 단 위에 길이 22.3미터, 폭 17.5미터 크기로 세워졌다. 이 단은 고대 성소의 유적과 일체를 이루며, 지구라트Ziqquarat, 즉 성스러운 "산"을 구성한다. 그것의 상징성에 대해서는 나중에 다시 살펴볼 것이다.(본권 54절)

14. 신석기시대의 정신적 구조물

농경, 그리고 야금술이 에게 해와 동부 지중해 연안을 거쳐 그리스,

---

42) Müller-Karpe, II, pp. 61 sq., 339, 351, 423 ; M. E. L. Mallowan, *Early Mesopotamia and Iran*, pp. 40 sq.(백색 신전)를 보라.

발칸, 다뉴브 강 유역과 나머지 유럽으로 확산되어나간 경로를 추적할 필요는 없을 것이다. 마찬가지로 인도, 중국 그리고 동남아시아로의 확산도 추적할 필요가 없을 것이다. 단지 초기에 농업이 유럽의 여러 지역에서 매우 느린 속도로 확대되어갔다는 사실을 염두에 두도록 하자. 한편 빙하기 이후에는 기후 덕분에 중석기시대의 중부 유럽과 서유럽의 여러 사회는 수렵과 어로로 살아남을 수 있었다. 다른 한편 곡물 재배는 숲으로 덮인 온난한 지역에 적응해야만 했다. 초기의 농경 공동체는 하천을 따라 거대한 숲의 가장자리에서 발달한다. 그렇기는 하지만 근동에서 BC 8000년 무렵에 시작된 신석기 농업의 보급은 필연적인 과정이었음이 사실로 드러난다. 농경의 확산에 저항했던 사람들도 있었지만, 특히 목축문화가 정체된 이후 유럽의 식민지 정책과 산업 혁명의 영향력이 느껴지기 시작할 무렵, 식용식물의 재배는 오스트레일리아와 파타고니아 지역에까지 보급되었다.

곡물 재배의 전파는 독특한 의례, 신화 그리고 종교적 관념들을 확산시켰다. 그러나 그것은 결코 기계적인 과정이 아니었다. 우리는 고고학적 자료밖에 가지고 있지 않지만—다시 말해 그것의 종교적 의미, 특히 신화와 의례들에 대해 알지 못하지만—우리는 유럽의 신석기 문화와 그것의 원천인 동방의 문화 사이에 때때로 매우 중요한 차이가 있다는 사실을 확인할 수 있다. 예를 들어 다뉴브 강 유역에서 수없이 출토된 이미지를 통해 확인할 수 있는 황소 숭배는 근동 지역에서 유래한 것이다. 그러나 크레타 섬이나 인더스 강의 신석기 문화에서 거행되던 것 같은 황소 희생 제의의 증거는 찾을 수 없다. 마찬가지로 오리엔트 지역에서 대단히 일반적으로 볼 수 있는 신상, 즉 어머니 신-아들 신의 도상학적 조화가 다뉴브 강 유역에서는 매우 드물게 나타난다. 더구나 그런 소상들이 무덤에서 발견된 적은 한 번도 없었다.

최근에 발견된 몇몇 유적을 통해, 마리아 짐부타스Marija Gimbutas가 "고대 유럽 문명"이라고 지칭한, 동남부 유럽에 존재했던 고대 문화의 독자성이 명쾌하게 확증되었다. 밀과 보리를 경작하고 양, 소, 돼지를 사육했던 문명이 BC 7000년경 또는 그 이전부터 그리스와 이탈리아의 연해 지역, 크레타 섬, 아나톨리아 남부, 시리아와 팔레스타인, 그리고 비옥한 초승달 지대에 동시에 출현했다. 방사성 탄소 연대 측정법에 근거하면 이 문화적 복합체가 비옥한 초승달 지대, 시리아, 실리시아, 팔레스타인에서보다 늦게 그리스에 출현했다고 주장할 수는 없다. 우리는 이 문화의 "최초의 동력"이 무엇이었는지 알지 못한다.[43] 그러나 식물 재배와 가축 사육의 문화를 가진 이주민이 소아시아로부터 그리스로 유입되었다는 고고학적 증거는 전혀 없다.[44]

그 기원이 무엇이었든지 간에 "원초적인 유럽 문명"은 근동의 문화는 물론 중부 유럽 또는 북부 유럽의 문화와도 구별되는 독자적인 방향으로 발전했다. BC 6500년부터 5300년 사이에 발칸반도와 아나톨리아 중부에서는 강력한 문화의 비약적 발전이 있었다. 수많은 물건들(상형 문자가 새겨진 인장, 인간상과 동물상, 동물 형태의 그릇, 신의 얼굴을 새긴 상들)을 통해 의례적 활동이 있었음을 알 수 있다. BC 6000년기 중반에는, 구덩이나 벽으로 만든 방어선을 갖추었고 1000명을 수용할 수 있는 마을들이 늘어난다.[45] 수많은 제단과 성소, 그리고 다양한 제의 물품을 통해 잘 조직된 종교가 있었음을 알 수 있다. 부쿠레슈티에

---

43) Marija Gimbutas, "Old Europe, c. 7000~3500 BC", p. 5.
44) 덧붙이자면 소, 돼지, 일종의 밀(einkorn 밀)은 유럽이 원산지이다.(*ibid.*)
45) 스위스의 호수 안에 있었던 촌락들과 같은 촌락 집단들이 비교적 작은 마을들을 이루고 있었던 것 같다.(Gimbutas, p. 6)

서 남쪽으로 60킬로미터 떨어진 카스키오아렐의 금석병용기金石倂用期 시대의 유적에서는 연한 노란색 바탕의 벽면 위에 빨간색과 초록색의 웅장한 나선 형태가 도안된 신전이 발굴되었다. 신상은 발견되지 않았지만, 2미터 높이의 둥근 기둥과 약간 작은 또 다른 기둥은 세계축axis mundi을 상징하는 성스러운 기둥에 대한 숭배가 행해지고 있었음을 시사한다.[46] 이 신전의 상층에서는 그 이후에 만들어진 다른 신전이 발견되었는데, 거기서 테라코타로 만든 성소의 모형이 발견되었다. 그 모형은 높은 받침 위에 네 개의 신전이 놓여 있는 매우 인상적인 건축 복합체를 보여준다.[47]

발칸반도에서도 지금까지 다수의 신전 모형이 발견되었다. 무수한 자료들(조각상, 가면, 다양한 비구상적 상징 등)과 함께 이들 모형은 종교의 풍부함과 복합성을 보여주지만, 지금까지 그 내용은 해명되고 있지 않다.[48]

종교적 해석을 가능하게 하는 신석기시대의 자료들을 여기서 모두

---

46) Vladimir Dumitrescu, "Édifice destiné au culte découvert à Căscioarele", p. 21. 두 개의 기둥은 속이 비어 있는데, 이는 나무의 기둥을 놓고 그 둘레에서 본을 뜬 것임을 뜻한다.(ibid., pp. 14, 21) 세계축의 상징에 의하면 우주목과 우주 기둥(columna universalis)은 동일한 것으로 여겨진다. Dumitrescu가 제시한 방사성 탄소 연대는 BC 4035년과 3620년(p. 24, n. 25를 참조하라)이다. Marija Gimbutas는 "BC 5000년경"(p. 11)이라고 한다.

47) Hortensia Dumitrescu, "Un modèle de sanctuaire découvert à Căscioarele", fig. 1, 4(fig. 4는 Gimbutas, fig. 1, p. 12에 재수록되었다).

48) Gimbutas에 따르면 "고대 유럽 문명"은 BC 5300~5200년 무렵 이미 문자(fig. 2, 3을 참조하라)를 가지고 있었으며, 그것은 수메르보다 2000년이나 앞서는 것이다.(p. 12) 이 문명은 BC 3500년 이후 소아시아의 폰투스 스텝 지역에 살던 민족의 침입에 의해 붕괴되기 시작하였다.(p. 13)

열거할 필요는 없을 것이다. 앞으로 우리는 핵심 지역(지중해, 인도, 중국, 동남아시아, 중앙아메리카)의 선사시대 종교를 언급할 때에 그 자료들의 존재를 시사할 것이다. 지금은 단지 고고학적 자료로만 제한되고 20세기 초까지만 해도 생생하게 살아 있던 몇몇 농경사회의 텍스트나 전승이 전해주는 지식이 없다면 신석기시대의 종교는 너무나 단순하고 단조롭게 보일 위험이 있다는 것을 지적해두자. 하지만 고고학적 자료들은 우리에게 그 시기의 종교 생활과 종교사상의 단편적인, 요컨대 불완전한 시각을 제공한다. 우리는 지금까지 초기 신석기 문화의 종교적 자료들이 보여주는 것만을 살펴보았다. 즉 작은 여신상 또는 폭풍신상(황소 및 우두牛頭의 형상으로 나타난다)이 보여주는 사자 숭배나 풍요 제의, 식물의 "신비"와 관련된 신앙과 의례, 탄생-재생(통과의례)의 동일성을 함축하는 여성-흙-식물의 동일시, 사후의 영속에 대한 희망, "세계의 중심"에 관한 상징을 포함하는 우주론, 또는 거주 공간을 세계의 형상으로 보는 것 등이 이에 해당한다. 지하 세계의 풍요성과 생명-죽음-사후의 순환 관념을 둘러싼 종교 표현이 얼마나 복잡하고 풍부한지를 이해하기 위해서는, 현재에도 존재하는 원시 경작민의 사회를 고찰하는 것으로 충분하다.[49]

더 나아가 앞으로 근동의 고고학적 자료들을 보충하는 초기의 문헌들이 나타난다면, 복잡하고 심오할 뿐만 아니라 오랫동안 사색의 대상이 되고 재해석되면서 어떤 경우에는 모호해지고 거의 이해할 수 없었던 의미로 가득한 세계의 모습을 그 자료들이 어느 정도 드러내고 있

---

49) 토기와 청동기 표면에 장식된 주제들의 상징성과 도상학에 대한 비교 분석을 통해 선사시대 종교에 대한 우리의 지식을 현저하게 증가시킬 수 있는 경우가 종종 있다. 그러나 이것은 철기시대 이후의 채색 토기 시대에나 적용된다.

는지를 확인하게 될 것이다. 어떤 경우, 우리가 입수할 수 있는 초기의 문헌들은 거의 버려졌거나 절반은 망각되어버린 태곳적의 종교적 창조물의 기억에 근접하는 무엇인가를 보여준다. 신석기시대의 위대한 정신성은 우리가 자유롭게 이용할 수 있는 자료들만으로는 "투명하게" 밝힐 수 없다는 사실을 잊지 않는 것이 중요하다. 고고학적 자료들의 의미론적 가능성은 한정되어 있으며, 초기의 문헌들조차도 야금술, 도시 문명, 왕권 제도, 그리고 성직자 조직과 결부된 여러 종교사상들의 강한 영향력 아래에 놓여 있는 세계관을 표현하고 있다.

그러나 비록 우리가 신석기시대의 위대한 정신적 구조물[50] 전체에 접근할 수 없다고 해도, 그것의 단편들은 분산되어 농민사회의 전승 속에 보존되어왔다. "신성한 장소"(본권 8절 참조)와 농경의례 및 장례의례의 연속성에 대해서는 더 이상 언급하지 않겠다. 20세기 이집트에서도 제물로 사용되는 보릿단을 묶을 때 고대 건축물의 벽면에 그려진 것과 동일한 방식으로 묶는데, 그 벽면에는 선사시대부터 계승되어온 관습이 재현되어 있다. 아라비아 페트라이아[암석으로 뒤덮인 아라비아. 중앙 아라비아의 통칭]에서는 마지막 보릿단의 묶음에 파라오 시대의 이집트에서 사용된 것과 동일한 명칭인 "노인"이라는 이름을 붙여서 땅에 묻는다. 루마니아나 발칸반도의 여러 국가에서는 장례식이나 사자들을 위한 제의에 공물로 바치는 보리죽을 **콜리바**coliva라고 부른다. 그 명칭(*kollyva*)과 공물은 고대 그리스에서도 발견되지만, 그러한 관습이 훨씬 더 오래된 것은 분명하다(디필론의 무덤에서 보인다). 레오폴트 슈미트Leopold Schmidt는 20세기 초의 중부 유럽과 동남부 유럽의 농부들 사이에서 거행되던 몇몇 신화-의례적 시나리오들이 호메로스 이전

---

50) 유럽과 근동의 신석기시대의 고고학적 유적을 가리킨다.

의 고대 그리스에서 이미 사라진 의례와 신화적 단편을 간직하고 있다
는 것을 밝혀냈다. 더 말할 필요는 없을 것이다. 다만 그러한 의례들이
4000년 혹은 5000년 동안 보존되었으며, 최근 1000년 내지 1500년 동
안 기독교와 이슬람이라는 활력에 넘친 두 일신교의 감시 아래에서 존
속되어왔다는 사실만은 강조할 필요가 있다.

15. 야금술의 종교적 맥락: 철기시대의 신화

"마제석기의 신화"는 "금속기의 신화"에 의해 계승되었다. 그 가운데
서도 가장 풍부하고 개성 있는 것은 철과 연관되어 다듬어진 신화였다.
선사시대의 사람들과 마찬가지로 "원시민족"은 땅의 표면에 드러나 있
던 철광석을 이용하기 이전에 오랫동안 운철을 가공하여 사용했던 사실
이 알려져 있다. 그들은 광석을 돌처럼 취급했다. 다시 말해 석기를 만들
기 위한 재료로 광석을 사용했던 것이다.[51] 코르테즈가 아스텍의 추장들
에게 그들이 사용하는 칼을 어디에서 얻었느냐고 물었을 때, 그들은 하
늘을 가리켰다. 실제로 신세계의 선사시대 광상鑛床을 발굴해보아도, 지
상에 드러난 철광의 흔적은 발견되지는 않는다.[52] 고대의 근동 사람들
역시 비슷한 생각을 갖고 있었던 것 같다. 수메르어의 안 바르AN.BAR는
철을 가리키는 가장 오래된 단어이지만, "하늘"이나 "불"을 나타내는 기
호로 기록되어 있다. 그것은 일반적으로 "하늘의 금속" 혹은 "별의 금
속"이라고 번역된다. 이집트인들은 오랫동안 운철隕鐵의 존재밖에 알지

51) M. Eliade, *Forgerons et alchimistes*, p. 20을 참조하라.
52) R. C. Forbes, *Metallurgy in Antiquity*, p. 401.

못했다. 히타이트인들도 마찬가지였는데, BC 14세기의 문헌은 히타이트의 왕들이 "하늘의 검은 철"을 사용했다고 분명하게 쓰고 있다.[53]

철은 희소가치가 있었고(황금만큼이나 귀중했다), 주로 의례적인 용도로 사용되었다. 인류 역사의 새로운 장을 열기 위해서는 광물을 용해하는 방법을 발견해야만 했다. 구리나 청동과 달리 철의 야금법冶金法은 일찌감치 산업화되었다. 광상 자체가 대단히 풍부하고 채광이 간단했기 때문에, 일단 자철광磁鐵鑛과 적철광赤鐵鑛을 용해시키는 비결이 발견되자 철을 대량으로 얻는 것은 어려운 일이 아니었다. 그러나 지상의 광석에서 철을 얻는 처리법은 운철의 처리법과는 달랐으며, 구리나 청동의 용해법과도 달랐다. 철이 압도적인 지위를 얻을 수 있었던 것은 용광로가 발견되고, 특히 백열점에 도달한 금속을 "단단하게 만드는" 기술이 완성된 이후의 일이다. 철이 일상생활 속에서 사용되게 된 것은 지상에 드러난 철광을 제련하는 야금술의 발전 덕분이었다.

이 사실은 중대한 종교적 결과를 가져왔다. 이제부터 사람들은 운석에 내재하는 천공天空의 신성성과 더불어 광산이나 광물이 지니고 있는 대지의 신성성에 직면하게 되었다. 금속은 대지의 품안에서 "성장한다."[54] 광산과 동굴은 어머니인 대지의 자궁과 동일시되었다. 광산에서 채굴된 광석은 말하자면 "태아"였다. 금속은 동식물 유기체의 생명과는 다른 시간적 리듬에 따르는 것처럼 매우 느리게 성장한다. 그것은 성장하고 있지만, 땅 아래의 암흑 속에서 "성숙해가는" 것이다. 따라서 어머니인 대지의 모태로부터 광석을 채굴하는 것은 출산 전에 이루어지는 일종의 수술이다. 성장을 위한 충분한 시간(즉 시간의 **지질학적 리듬**)이

---

53) T. A. Rickard, *Man and Metals*, I, p. 149.
54) *Forgerons et alchimistes*, pp. 46 sq.를 보라.

주어졌다면 광석은 숙성한 "완전한" 금속이 되었을 것이다.

세계 어디에서나 광부는 정결, 단식, 명상, 기도, 그리고 제의를 포함하는 의례들을 행한다. 그 의례들은 하려는 작업의 성질에 따라 달라지는데, 그들은 범해서는 안 되는 것으로 알려진 성스러운 영역으로 들어가기 때문이다. 그들은 일상적인 종교 세계와 동떨어진 보다 심오하고 위험한 신성성과 접촉한다. 광부는 인간의 권리에 속하지 않는 영역으로의 모험을 감행한다고 느낀다. 어머니인 대지의 태내에서 진행되고 있는 완만한 광물학적 잉태의 신비를 안고서 지하 세계로 들어가는 것이다. 광산과 산의 신화, 무수한 요정, 요괴, 엘프, 유령, 정령들은 모두 인간이 여러 층으로 이루어진 생명의 지질학적 단계 속으로 침투해 들어가는 과정에서 직면하는 **성스러운 존재**의 다양한 현현인 것이다.

이러한 어둠의 신성성을 안고 있는 광석은 가마로 보내진다. 그리고 가장 곤란하고 가장 위험한 작업이 시작된다. 장인들은 광석의 "성장"을 촉진하고 완성시키는 어머니 대지의 역할을 한다. 가마는 인공적으로 만든 새로운 자궁이며, 그 안에서 광석은 성장을 완성한다. 그러한 용해 과정에는 수없이 많은 예방 조치와 금기, 그리고 의례가 수반된다.[55]

야금술사는 대장장이, 그 이전의 도공과 마찬가지로 "불의 지배자"였다. 그는 불을 이용하여 물질을 하나의 상태에서 다른 상태로 변화시킨다. 야금술사는 광석의 "성장"을 촉진시키며, 놀라울 정도로 짧은 시간에 그것을 "숙성"시킨다. 불은 "속성速成으로 만드는" 수단일 뿐 아니

---

55) *Forgerons et alchimistes*, pp. 61 sq.를 참조하라. 아프리카의 어떤 종족들은 광석들을 "남성"과 "여성"으로 나눈다. 고대 중국에서는 원초 시대의 야금술사인 우禹 임금이 남성 금속과 여성 금속을 구분하였다.(*ibid*, p. 37) 아프리카에서는 [금속의] 용해 작업이 성행위와 동일시된다.(*ibid*, p. 62)

라, 자연 속에 이미 존재하는 어떤 것을 전혀 다른 것으로 만드는 수단이다. 이런 이유로 해서 시원적 사회에서는 야금술사나 대장장이는 샤먼, 주의呪醫, 주술사와 더불어 "불의 지배자"로서 명성을 누릴 수 있었다. 그러나 금속의 이중성―신성하기도 하며 "악마적"이기도 한 힘을 가지고 있다―은 야금술사와 대장장이에게 전이된다. 그 결과 그들은 높은 숭배의 대상이 되는 동시에 두려움 혹은 경멸의 대상이 되기도 한다.[56]

수많은 신화 속에서 대장장이신은 신들의 무기를 만들고, 그로 인해 신들은 용이나 괴물을 물리칠 수 있다. 가나안의 신화 중에는, 코샤르와 하시스Kôshar-wa-Hasis(문자적 의미는 "손재주가 있고 명석한")가 바알Baal 신에게 바다와 지하수의 왕인 얌Yam을 죽이는 데 사용할 곤봉 두 개를 만들어주는 이야기가 있다.(본권 49절 참조) 이 신화의 이집트 판본은 프타Ptah(토기의 신)가 호루스Horus에게 무기를 주조해주어 세트 Seth를 무찌르게 하는 것으로 나타난다. 유사한 내용의 신화로서, 대장장이신인 트바슈트리Tvaṣṭṛ는 브리트라Vṛtra와 싸우는 인드라Indra에게 무기를 만들어주고, 헤파이스토스가 제우스Zeus에게 티폰Typhon을 타도할 수 있는 번개창을 만들어준다는 것 등이 있다.(본권 84절 참조) 그러나 대장장이신들과 여러 신들 사이의 협력은 세상의 지배권을 둘러싼 결정적인 전투에서 도움을 주는 것에 한정되지는 않는다. 대장장이신은 신들의 궁전을 만드는 건축가이자 장인으로, 바알 신의 궁전을 짓는 일을 감독하기도 하고 다른 신들의 성소를 정비하기도 한다. 게다가 이 대장장이신들은 음악이나 노래와 관련되어 있는데, 그것은 마치 여러 사회에서 대장장이와 주물장이가 음악가이자 시인, 치유자이자 주술사

---

56) 아프리카의 대장장이의 이중적 상황에 대해서는 *Forgerons et alchimistes*, pp. 89 sq. 를 보라.

인 것과 마찬가지이다.[57] 그것은 서로 다른 문화층에서 대장장이의 기술, 비의적 기술(샤머니즘, 주술, 치유), 그리고 노래와 춤과 시의 예술 사이에 밀접한 관련이 있었던 것과 무관하지 않을 것이다.

광부와 야금술사, 대장장이의 직업을 둘러싸고 형성된 이러한 관념과 신앙은 석기시대로부터 전수된 **도구를 만드는** 인간에 관한 신화들을 한층 더 풍부하게 만들었다. 그러나 물질의 완성에 협력하고자 하는 소망은 중요한 결과를 낳았다. 자연을 변화시키는 책임을 떠맡으면서 인간이 시간을 대신하게 된 것이다. 지하의 깊은 곳에서 "성숙하기" 위해서 몇 에온Éons〔영겁, 지질시대의 가장 긴 시간 구분〕이 필요한 일을 장인匠人은 수주일 만에 해낼 수 있다고 여겨졌다. 왜냐하면 가마가 대지의 자궁 역할을 하기 때문이다.

수천 년이 지난 후에 등장한 연금술사들의 생각 역시 그와 다르지 않았다. 벤 존슨Ben Jonson의 희곡『연금술사The Alchemist』의 한 등장인물은 "만약 납과 다른 금속들은 필요한 시간을 들이기만 한다면, 금이 될 것이다" 라고 단언한다. 다른 연금술사는 "그것이야말로 우리의 기술을 실현하는 것"이라고 덧붙인다.[58] "시간의 지배"를 둘러싼 투쟁—"생명의 합성"(연금술사의 오랜 꿈이라고 할 수 있는 소인小人homunculus의 창조)을 향한 준비에서 결정적인 단계이며 유기화학을 통해 얻어진 "합성물"에서 마침내 큰 성공을 거둔다—, 현대의 기술 사회의 인간을 특징짓는 시간을 대신하고자 하는 인간의 투쟁은 이미 철기시대에 시작된 것이다. 그것의 종교적 의미에 대해서는 나중에 다시 고찰할 것이다.

---

57) *Forgerons et alchimistes*, pp. 101 sq.를 보라.

58) *Forgerons et alchimistes*, pp. 54 sq., 175 sq.를 참조하라. 또한 본서 제3권의 "과학적 진보"의 종교적 관련성에 관한 장과 서양 연금술에 관한 장을 보라.

3

메소포타미아의 종교

16. "역사는 수메르에서 시작된다······"

"역사는 수메르에서 시작된다." 이 말은 크레이머S. N. Kramer가 쓴 책의 제목이기도 하다. 미국의 뛰어난 동양학자인 그는 이 책에서 인간의 종교제도, 종교적 기법, 종교적 개념과 관련된 수많은 **최초**의 지식들이 수메르 텍스트들에 보존되어 있다는 사실을 보여주었다. 그 문헌들은 최초의 **기록 문서**로서, 그 원문은 BC 3000년대〔BC 30~21세기의 1000년〕까지 거슬러 올라간다. 그러나 이들 기록들은 시기적으로 훨씬 더 오래된 종교적 신앙을 반영하고 있음이 분명하다.

수메르 문명의 기원과 초기 역사에 대해서는 아직 충분히 알려져 있지 않다. 수메르 문명을 만든 사람들은 셈 어족에 속하지 않을 뿐만 아니라 지금까지 알려진 다른 어떠한 어족에도 속하지 않는 수메르어를 사용했으며, 북쪽에서 메소포타미아 남부의 저지대로 내려와 마침내 그곳에 정착했다고 추정된다. 수메르인들은 아직까지 그 인종적 구성이 밝혀지지 않은 토착민(문화적으로는 우바이드 문화에 속한다. 본권 13절 참조)들을 정복한 것 같다. 그리고 얼마 지나지 않아서, 시리아 사막에서 왔으며 셈 어족에 속하는 아카드어를 사용하는 유목 민족이 점차 수메르 도시들을 침입했고 수메르의 북쪽 지방으로 들어오기 시작했다. BC 3000년대의 중엽, 아카드인은 전설적인 지도자 사르곤 왕의 영도 아래 수메르 도시들을 제압했다. 그러나 아카드인이 수메르를 정복하기 이전에도 그 두 종족은 공존 관계에 있었고, 두 왕국의 통합을 계기로 그 공존 관계는 급격하게 진전되었다. 3, 40년 전의 학자들은 단일한 바빌론 문화의 존재를 강조해왔지만, 사실 바빌론 문화는 두 민족의 융합 결과 형성된 것이었다. 그러나 오늘날에는 수메르인의 소산물과 아카드인의 소산물을 구분하여 연구해야 한다는 데에 견해가 일치한다. 왜냐하면 침략자 집단이 패배자 집단의 문화를 흡수했던 것은 사실이지만, 두 종족의 창조적 재능이 서로 달랐기 때문이다.

두 종족의 차이는 특히 종교의 영역에서 두드러진다. 멀고 먼 고대 이래, 뿔 달린 모자는 신적인 존재의 특징을 드러내는 표지였다. 따라서 수메르에서는, 당시 근동의 다른 곳과 마찬가지로, 신석기시대부터 그 존재가 확인되는 황소의 종교적 상징이 훼손되지 않고 전승되고 있었다. 다시 말해 신의 양태는 힘과 공간적 "초월성", 즉 우레(우레는 황소의 울음소리와 같다)가 치는 거친 하늘로 표현된다. 신들의 "초월적", 즉 천상적天上的인 구조는 표의문자의 전신으로 원래 별을 나타내는 한정어에 의해 확인된다. 사전에 의하면 이 한정어의 원래 의미는 "하늘"이다. 따라서 모든 신적 존재는 하늘의 신으로 생각되었다. 그리고 그것은 남신은 물론 여신들이 강한 빛을 발산하는 이유가 되기도 한다.

수메르어로 된 가장 오래된 문헌들은 신관들에 의해 만들어진 분류와 체계화 작업을 반영한다. 먼저 가장 위대한 세 주신主神이 있고, 그 다음으로 세 천체신天體神이 뒤를 잇는다. 그 외에도 겨우 이름만 알려진 무수한 신들의 이름이 기록된 목록이 남아 있다. 수메르의 종교는 그 역사가 시작될 당시에 이미 상당히 "오래된" 것이었다. 확실히 지금까지 발견된 텍스트들은 단편적인 것으로, 그것을 해석하기는 어렵다. 그러나 그 단편적인 지식에 근거해서 보더라도, 일부 종교적 전승은 그것의 최초의 의미를 상실해가고 있는 과정에 있었음을 알 수 있다. 안An, 엔릴En-lil, 엔키En-ki로 구성되는 세 주신의 경우에도 그러한 상실화의 과정이 보인다. 첫째 신은 그 이름(*an*=하늘)을 통해 알 수 있는 것처럼 하늘의 신이다. 안은 지상신으로서 모든 신들 중에서 가장 중요한 신이었음에 틀림없지만, **데우스 오티오수스**deus otiosus〔한가한 신〕의 징후를 보여준다. 대기大氣의 신("태산"의 신이라고 불리기도 한다) 엔릴과 "초석"의 신이며 "대지의 신"인 엔키는 안보다 더 활동적이고 "현실적"이다. 수메르인의 세계관에서는 대지가 원초적 바다 위에 놓여 있다고 생각되었기 때문에 엔키는 원초적 바다의 신이라고 오해되기도 했다.

　지금까지 수메르의 문헌 중에서는 제대로 된 우주 창조 신화라고 부를 수 있는 것이 발견되지 않았다. 하지만 수메르인이 생각했던 창조의 결정적 순간들을 재구성하는 것을 가능하게 하는 간접적인 언급들은 존재한다. 남무Nammu 여신(그 이름은 "원초적 바다"를 의미하는 그림문자로 쓰여 있다)은 "하늘과 땅의 어머니", 그리고 "모든 신의 할머니"라고 소개된다. 우주적인 동시에 신적인 전체성을 상징하는 원초적 물은 고대의 우주 창조 신화에 자주 등장한다. 이 경우, 물 덩어리는 남녀의 원리를 나타내는 최초의 부부신夫婦神인 하늘(An)과 땅(Ki)을 처녀 생식으로 낳는 원초적 어머니로 알려져 있다. 이 최초의 부부는 **신성결혼**hieros gamos으로 결합한다. 대기의 신 엔릴은 그 두 신의 결합에서 태어났다. 어떤 문헌은 엔릴이 그 부모를 갈라놓았다고 한다. 안은 하늘을 높은 곳으로 옮겨놓았고, 엔릴은 자신의 어머니인 대지를 빼앗아 달 아났다.[1] 하늘과 땅의 분리를 통한 우주 창조라는 주제는 상당히 널리 퍼져 있다. 그리고 그것은 다양한 문화층에서 발견된다. 하지만 기원적 으로 보자면 중동과 지중해 지역에서 수집되는 여러 판본들은 결국 수 메르의 전승에서 나온 것으로 보인다.

일부 문헌들은 "시원"의 완전함과 지복至福, "모든 것이 완전한 모습 으로 창조된 옛날"에 대해 묘사한다.[2] 그러나 참된 낙원은 질병도 죽 음도 존재하지 않는 나라인 딜문Dilmun이라고 생각된다. 그곳에서는 "사자가 살생을 하지 않고, 늑대가 어린양을 물고 가지도 않는다……. 눈병에 걸려 '눈이 아프다' 며 되뇌는 사람도 없고…… 밤에도 파수꾼 이 성안을 돌아다닐 필요가 없다……."[3] 하지만 이 완전함은 결국 정 체停滯라고 할 수 있다. 왜냐하면 딜문의 지배자인 엔키 신은 그 자신 이 동정이며, 또 언제나 처녀로 머물러 있는 자기 아내 곁에 잠들어 있 기 때문이다. 마침내 잠에서 깨어난 엔키는 닌후르삭Nin-gur-sag 여신 과 결합하고, 그 다음에는 닌후르삭이 낳은 자신의 딸과 결합하며, 마 지막에는 그 딸의 딸과 결합한다. 이것은 이 낙원의 땅에서 완성되어 야 하는 신의 계보와 관계되어 있다. 그러나 언뜻 보기에 그다지 중요 하지 않은 사건 하나로부터 최초의 신의 드라마가 발생한다. 엔키 신 은 막 창조된 어떤 식물들을 먹어버렸다. 그는 그 식물들의 "운명을 결

---

1) S. N. Kramer, *From the Tablets of Sumer*, pp. 77 sq.; *id.*, *The Sumerians*, p. 145를 보라.
2) Giorgio R. Castellino, *Mitologia sumero-accadica*, pp. 176~181의 「길가메시, 엔키 두, 그리고 지하 세계」라는 시의 새 번역을 보라. 태초의 완전함에 대한 이집트 의 관념에 대해서는 본권 25절을 참조하라.
3) Trad. Maurice Lambert, in *La Naissance du Monde*, p. 106.

정해주어야" 했다. 즉 그들의 존재 양식과 기능을 결정해주어야 했다. 이 무분별한 행동에 화가 난 닌후르삭은 엔키가 살아 있는 동안에는 결코 그를 "생명의 시선regard de vie"으로 쳐다보지 않을 것이라고 선언한다. 그후 엔키는 정체불명의 병에 걸리고 점차 쇠약해지다가 곧 죽음을 맞이하게 되었다. 하지만 결국 그 병을 치료한 것은 그의 아내였다.[4]

신화는 이처럼 재구성되어 있지만, 거기에는 의도를 파악할 수 없는 손질이 가해져 있다. 신의 계보가 성립됨으로써 완성되는 낙원의 주제는 창조신의 실수와 그로 인해 주어진 벌, 그리고 죽음에 이를 정도로 극도로 쇠약해진 신에 관한 드라마로 끝난다. 분명히 엔키는 자기 자신이 구현하고 있는 원리에 따라 행동하지 않았다고 하는 치명적인 "실수"를 범했다. 이 "실수"는 자신이 창조해낸 것의 구조를 위험에 처하게 한다. 운명의 희생양이 되어 비탄에 빠진 신들의 모습을 전해주는 텍스트들도 존재한다. 자신에게 주어진 지배권의 범위를 넘어서서 행동함으로써 위험을 초래하는 이난나Inanna 여신에 대해서는 앞으로 살펴보게 될 것이다. 엔키의 이야기에서 놀라운 것은 신들도 죽을 수 있다는 유한성이 아니라 그들의 유한성이 선언되는 신화론적 맥락이다.

17. 신 앞에 선 인간

인간의 기원을 설명하는 이야기는 적어도 네 가지가 있다. 그 이야기들의 내용은 서로 너무나 다르기 때문에 여러 전승이 있었다고 추측할 수 있다. 한 신화는, 최초의 인간이 식물처럼 땅에서 돋아났다고 한

---

4) Raymond Jestin, "La religion sumérienne", p. 170의 해석을 따른다.

다. 다른 전승에 따르면 어떤 직공신職工神이 진흙으로 사람의 모습을 빚고, 남무 여신이 심장을 만들고 엔키 신이 생명을 부여했다고 한다. 다른 텍스트는 인간의 창조자로 아루루Aruru 여신을 언급한다. 그리고 마지막 네 번째 전승에 따르면 인간은 인간의 창조를 위해 희생된 두 라그마Lağma 신의 피로 만들어졌다고 한다. 이 마지막 주제는 바빌로니아의 유명한 우주 창조 시가 「에누마 엘리쉬Enuma elish」에서 다시 채록되고 재해석된다.(본권 21절)

이 모티프들은 수많은 이본으로 거의 전 세계에서 발견된다. 두 개의 수메르 전승에 따르면 최초의 인간은 신적 원질substance divine을 부여받고 있다. 즉 생명의 입김은 엔키 신으로부터, 피는 라그마 신으로부터 받은 것이다. 이것은 신의 존재 양식과 인간의 조건 사이에 뛰어넘을 수 없는 거리는 없다는 것을 의미한다. 인간은 먹고 입는 신들에게 봉사하기 위해 창조되었다.[5] 제의는 신들에 대한 봉사라고 여겨졌다. 그러나 인간은 신들의 심부름꾼이긴 하지만 그들의 노예는 아니었다. 희생 제의는 주로 공물과 존경의 표현으로 이루어져 있다. 도시 주민 전체가 참가하는 큰 축제—신년 축제나 신전 축성제 등—는 우주적 구조를 가지고 있었다.

레이몽 제스탱Raymond Jestin은 죄에 대한 관념, 속죄의 요소, 그리고 "희생양"의 관념을 수메르의 텍스트에서 발견할 수 없다는 사실을 강조한 바 있다.[6] 이것은 인간이 신의 심부름꾼일 뿐만 아니라 신을 모방하

---

5) 제의에 관해서는 Kramer, *The Sumerians*, pp. 140 sq.; A. Leo Oppenheim, *Ancient Mesopotamia*, pp. 183 sq.를 참조하라.

6) Jestin, *op. cit.*, p. 184. "'참회의 시편'이 후기 문학에 등장하지만, 이 안에서는 셈어의 영향력을 읽을 수 있기 때문에, 그 시들이 수메르인의 의식을 담은 독자적인 표현이라고 보기는 힘들다."(*ibid.*)

는 자이며, 따라서 신의 조력자라는 것을 의미한다. 신은 우주의 질서를 책임지고 있기 때문에 인간은 그들의 명령에 따라야 한다. 왜냐하면 신의 명령은 세계와 인간 사회 모두의 기능을 보장하는 "천명décrets", 즉 메me와 규범에 근거한 것이기 때문이다.[7] 이 "천명"은 모든 존재, 생명의 모든 형태, 신이나 인간의 기획의 운명을 확정한다. 이 "천명"에 의한 운명의 확정은, 내려진 결정을 제정하고 선언하는 남타르nam-tar라는 행위에 의해 이루어진다. 매년 첫날, 신들은 다가올 열두 달의 운명을 정한다. 이것은 근동 지역 어디에서나 발견되는 오래된 관념이다. 그러나 그것을 처음으로 정확한 언어로 표현한 것은 수메르인들이며, 그것은 신학자들이 깊이 연구하여 체계화한 결과였다.

우주의 질서는 계속해서 혼란에 빠진다. 먼저 그 혼란은 세계를 "혼돈"으로 몰아넣은 "큰 뱀"에 의해 초래되고, 다음으로는 여러 가지 의례의 도움을 받아 용서받고 "정화되어야" 하는 인간의 범죄, 과오, 실수에 의해 초래된다. 그러나 세계는 신년 축제에 의해 주기적으로 재생된다. 즉 "재창조"되는 것이다. "이 축제의 수메르어 명칭인 아키틸à-ki-til은 '세계를 되살리는 힘'을 뜻하는 것으로서(til은 '살다' 그리고 '재생하다'라는 의미이다. 아픈 사람이 '(다시) 살아난다'는 것은 치료되었다는 뜻이다), 영원회귀 법칙의 전체적인 순환을 떠올리게 한다."[8] 이와 유사한 신년 축제의 신화-의례적 시나리오는 수많은 문화 속에서

---

7) 여러 가지 다른 상거래, 직업, 제도의 메me에 대해서는 Kramer, *From the Tablets of Sumer*, pp. 89 sq.; *id.*, *The Sumerians*, pp. 117 sq.를 참조하라. 메는 "존재"(Jacobsen)나 "신성한 힘"(Landsberger et Falkenstein)으로 번역되었으며, "죽었거나 살아 있는 물질 안에 존재하는, 불가변적이고 실재적이지만 오직 신만이 처분할 수 있는 비인격적인 신적 속성"(J. van Dijk)이라고 해석되었다.

8) Jestin, *op. cit.*, p. 181.

발견된다. 나중에 우리는 바빌로니아의 아키투akitu 축제를 분석하면서 그 중요성을 평가할 수 있는 기회를 갖게 될 것이다.(본권 22절) 이 이야 기는 도시의 두 수호신의 **신성 결혼**과 관련되어 있으며, 그 신들은 조각 상으로 표현되거나, 군주—이난나 여신의 남편이자 두무지Dumuzi의 화신으로 여겨진다—및 그와 결합하는 신성한 창녀hiérodule로 표현된 다.[9] 이 **신성 결혼**은 신과 인간의 결합을 실현하는 것이다. 그 결합은 일 시적인 것에 불과하지만 중요한 결과를 낳는다. 왜냐하면 신의 에너지 는 도시—즉 "대지"—위에 직접적으로 쏟아 부어져 마침내 도시를 신 성하게 만들며, 새롭게 시작하는 한 해의 행복과 번영을 보장하는 것이 기 때문이다.

신년 축제보다 훨씬 더 중요한 것은 신전의 건축이었다. 신전—신의 "궁전"—은 특히 **세계의 형상**이기 때문에, 신전의 건축은 곧 우주 창조 의 반복이었다. 이러한 사상은 대단히 오래된 것이며, 또 널리 퍼져 있 는 것이기도 하다.(나중에 바알 신의 신화에서 다시 보게 될 것이다. 본권 50절) 수메르의 전승에 따르면, 인간을 창조한 후에 어느 한 신이 다섯 개의 도시를 세웠다. 그 신은 그 도시들을 "깨끗한 장소에 세우고, 이름을 부 여하고, 제의의 중심지로 정했다."[10] 나중에 신들은 왕에게 도시와 신 전의 설계를 직접 전달하는 것으로 만족하게 되었다. 구데아 왕은 행운 을 가져오는 별 이름을 기록한 판을 보여주는 니다바Nidaba 여신과 신 전의 설계도를 보여주는 신을 꿈속에서 만났다.[11] 그 신이 보여준 신전

---

9) S. N. Kramer, "Le Rite de mariage sacré Dumuzi-Inanna", p. 129 ; *id.*, *The Sacred Marriage Rite*, pp. 49 sq.를 참조하라.

10) Kramer, *From the Tablets of Sumer*, p. 177에 번역된 텍스트를 참조하라.

11) E. Burrows, "Some Cosmological Patterns in Babylonian Religion", pp. 65 sq.

과 도시의 모델은 이미 하늘 위에 존재하고 있다는 의미에서 "초월적"이라고 부를 수 있을 것이다. 바빌로니아의 도시들은 다음과 같이 성좌 속에 그 원형들을 가지고 있었다. 즉 시파르는 전갈자리, 니느베는 큰곰자리, 아수르는 대각성자리라는 식이다.[12] 이러한 관념은 고대 오리엔트에서는 일반적이었다.

왕권 제도 역시 왕의 인장, 왕관, 왕좌와 마찬가지로 "하늘로부터 주어진" 것이었다.[13] 대홍수가 끝난 다음 그것은 다시 지상으로 내려왔다. [지상에서 발생하는] "사건들"과 제도가 이미 하늘 위에 존재하는 것이라는 신앙은 고대의 존재론에서 상당한 중요성을 가지며, 그러한 신앙은 플라톤의 이데아론을 통해 가장 잘 표현된다. 이것은 수메르의 문헌에 처음 나타나지만, 그 기원은 아마도 선사시대로까지 거슬러 올라갈 것이다. 사실 천상에 존재하는 모델이라는 이론은, 인간의 행위는 단지 신적 존재들에 의해 계시된 행위의 반복(모방)에 불과하다는, 보편적으로 퍼져 있는 원초적 신앙의 연장선상에서 발전되고 전개된 것이다.

18. 최초의 홍수신화

대홍수는 "세계의 종말"에 해당하기 때문에, 왕권은 대홍수가 끝난 다음 다시 하늘로부터 부여되어야 한다. 실제로 수메르 전승에서는 지수드라Zisudra, 아카드 전승에서는 우트나피슈팀Utnapishtim이라고 불리는 한 사람만이 살아남는다. 그러나 노아와는 달리, 그는 물에서 솟

---

12) Burrows, *op. cit.*, pp. 60 sq.를 참조하라.
13) Kramer, *The Sumerians*, pp. 328 sq.에 번역된 "Liste des Rois sumériens"을 보라.

아오른 "새로운 땅"에서 살도록 허락받지 못했다. 어느 정도 "신격화 되고", 따라서 불사의 생명을 부여받은 그 생존자는 딜문의 나라(지수 드라) 또는 "강의 입구"(우트나피슈팀)로 옮겨 간다. 수메르 전승 가운데 현재까지 남아 있는 것은 몇 가지 단편에 불과하지만, 그 단편에 의하면 일부 신들의 반대 또는 유보에도 불구하고 대신大神들은 인류를 홍수로 쓸어버리기를 결정한다. 일부 신들은 지수드라 왕의 장점인 "겸손, 순종, 신앙심"을 인정했다. 수호신을 통해 지수드라는 안과 엔릴이 내린 결정에 대해 알게 된다. 기록은 여기서부터 공백이 있다. 아마도 지수드라는 방주의 건설에 관해 상세한 지시를 받았을 것이다. 일곱 밤낮이 지나고 나서 태양이 다시 떠올랐고, 지수드라는 태양신 우투Utu 앞에 꿇어 엎드린다. 남아 있는 단편 중에서 가장 후대의 것에 의하면 안과 엔릴은 그에게 "신의 생명"과 신들의 "영원한 숨결"을 부여하고 딜문의 낙원으로 그를 보낸다.[14]

대홍수의 테마는 『길가메시 서사시Épopée de Gilgamesh』에서도 보인다. 상당히 잘 보존된 이 작품은 성서의 이야기와 매우 유사하다. 우리는 이들 이야기의 공통점, 그리고 그 이야기들의 매우 원초적인 원천에 대해서 살펴보고자 한다. 앙드레R. Andree, 우제너H. Usener, 그리고 프레이저J. G. Fraser의 편찬을 통해 잘 알려진 것처럼 홍수신화는 거의 전 세계적으로 분포되어 있으며, (아프리카의 경우는 그다지 흔치 않지만) 모든 대륙과 다양한 문화층에 기록되어 있다. 일부 전승은 우선 메소포타미아를 거쳐 인도로 파급된 것으로 보인다. 그리고 한 차례 또는 여러 차례 발생한 대홍수로 인해 신화 전승이 발생했을 가능성도 생각해볼

---

14) Kramer, *From the Tablets of Sumer*, pp. 177 sq.; *id.*, *Sumerian Mythology*, pp. 97 sq.; G. R. Castellino, *Mitologia sumero-accadica*, pp. 140~143을 참조하라.

수 있다. 그러나 지질학적 흔적조차 보이지 않는 그러한 현상에 의해 그처럼 널리 퍼진 신화의 발생을 설명하는 것은 무모한 일일 것이다. 홍수 신화는 대부분 우주의 리듬의 일부를 형성하고 있는 것 같다. 즉 타락한 인간이 살던 "낡은 세계vieux monde"는 원초적인 바다 아래로 가라앉고, 얼마의 시간이 지난 후 "새로운 세계monde nouveau"가 "혼돈chaos"의 바다로부터 출현한다는 것이다.[15)]

다수의 다른 전승들에 의하면 홍수는 인간이 범한 "죄"(혹은 의례적인 과오)의 결과이다. 또 어떤 경우에는 단순히 인류를 파괴시키고자 하는 신적 존재의 욕망의 결과이기도 하다. 메소포타미아의 전승 안에서 홍수의 원인을 찾아내기는 어렵다. 신들이 "죄를 범한 인간들" 때문에 홍수를 일으키기로 결정했다는 것을 암시하는 표현이 여러 군데 보인다. 어떤 전승에서는, 인간의 소란을 참지 못한 엔릴이 홍수를 일으켰다고 전하기도 한다.[16)] 그러나 가까운 장래에 발생할 홍수를 예언하는 다른 문화권의 신화들을 자세히 살펴보면, 홍수의 주된 원인이 인간의 죄와 동시에 세계의 노쇠에 있음을 확인할 수 있다. 우주는 존재한다는, 즉 생존하고 생산한다는 단순한 사실로 인해 점차 퇴화하고 마침내 파멸한다. 따라서 세계는 재창조되어야 한다. 다시 말해 홍수는 새로운 창조를 가능하게 하기 위해 신년 축제 동안에 상징적으로 행해지는 것, "세계의 종말"과 죄로 더러워진 인간의 종말을 우주적인 규모로 실현하는 것이다.[17)]

---

15) 특정 홍수신화의 함축적인 상징에 대해서는 M. Eliade, *Traité d'Histoire des Religions*, pp. 182 sq.를 참조하라.

16) 압수Apsû가 젊은 신들을 몰살시키겠다고 결정하는 것은 언제나 "소음" 때문에, 특히 젊은 신들이 소란을 떨어 압수가 잠자는 것을 방해했기 때문이라는 것을 (본권 21절에서) 살펴볼 것이다.(*Enuma elish*, tab. I, 21 sq.를 참조하라)

17) Eliade, *Aspects du Mythe*, pp. 71 sq.를 참조하라. 『아트라하시스의 서사시Epopée

19. 지하 세계로 내려감: 이난나와 두무지

수메르의 세 천체신은 난나-수엔Nanna-Suen(달), 우투(태양), 그리고 금성의 여신이자 사랑의 여신인 이난나이다. 달의 신과 태양신은 바빌론 시대에 절정에 도달한다. 아카드의 이슈타르Ishtar, 나중에는 아슈타르테Ashtarté와 동일시되는 이난나 여신은 제의와 신화 양면에 걸쳐 중동의 어느 여신도 가질 수 없었던 "현실성"을 누렸다. 전성기의 이난나-이슈타르 여신은 사랑과 전쟁, 생명과 죽음을 동시에 관장했다. 이 여신의 충만한 힘을 표현하기 위해 사람들은 여신이 양성구유(*Ishtar barbata*)라고 주장했다. 그의 신격은 수메르 시대에 이미 충분하게 형성되었으며, 그 핵심을 이루는 신화는 고대 세계에서 가장 중요한 창조물의 하나가 되었다. 그 신화는 사랑 이야기로 시작된다. 원래 에레크의 수호 여신이었던 이난나는 양치기인 두무지[18]와 결혼하고 그로 인해 두무지는 그 도시의 지배자가 된다. 이난나는 열정과 행복에 넘쳐 이렇게 선언한다. "나는 내 기쁨 안에서 거닌다!…… 내 주인님은 성스러운 영혼을 가질 자격이 있다!" 그러나 이난나는 남편 두무지를 기다리는 비극적 운명을 예감하고 있다. "내 사랑, 내 마음 안

---

d'Atrahasīs』에 보존된 전승에 따르면 에아는 홍수 후에 일곱 남자와 일곱 여자를 창조하기로 결정했다. Alexander Heidel, *The Gilgamesh Epic and the Old Testament Parallels*, pp. 259~260을 참조하라.

18) 다른 전승에 의하면 이난나는 처음에 농부인 엔킴두를 더 좋아하였으나, 태양신이자 그녀의 오빠였던 우투가 그녀의 마음을 바꾸어놓는다. S. N. Kramer, *The Sacred Marriage Rite*, pp. 69 sq.; *id.*, "Le Rite de Mariage Sacré Dumuzi-Inanna", pp. 124 sq.를 참조하라. 특기하는 경우를 제외하고는 본서에서는 Kramer의 이 논문에 나오는 번역을 인용한다.

에 들어온 사람……, 그대, 내가 당신을 불길한 운명으로 이끌었어요……. 당신은 나에게 입 맞추고 내 입술을 당신의 이마로 이끌었지요. 그것이 당신에게 불행한 운명이 내려지는 이유랍니다."(Kramer, "Le Rite du Mariage", p. 141)

이 "불길한 운명"은 야심만만한 이난나가 자기 "언니" 에레슈키갈Ereshkigal의 지위를 빼앗기 위해 지하 세계로 내려가기로 결심한 그날 결정된 것이다. "위대한 하늘 왕국"의 지배자인 이난나는 지하 세계까지도 통치하고 싶어했다. 이난나는 에레슈키갈의 궁전에 들어가는 데 성공했지만, 일곱 개의 대문을 통과하는 동안 문지기들에게 옷과 장신구들을 하나씩 빼앗겼다. 이난나는 실오라기 하나 걸치지 않고―즉 모든 "힘"을 빼앗긴 채―언니 앞에 나타났다. 에레슈키갈은 "죽음의 시선regard de la mort"으로 이난나를 응시했고, 이난나의 몸은 "굳어 움직이지 않게 되었다." 사흘이 지난 후, 이난나의 헌신적인 친구 닌슈부르Ninshubur는 이난나가 출발 전에 지시한 대로 엔릴과 난나-신Nanna-Sin 두 신에게 그 사실을 알린다. 그러나 그 두 신은 관여하려고 하지 않았다. 왜냐하면 이난나가 천명에 의해 통치되는 영역―죽은 자의 땅―에 침범하여 "금지된 것을 얻고자 했기" 때문이다. 엔릴은 해결책을 제시한다. 그는 심부름꾼 둘을 만들어내고, 지하 세계에 "생명의 음식"과 "생명의 물"을 가져가도록 한다. 그 두 사람은 책략을 써서 "못에 박혀 매달려 있는" 이난나를 다시 살려낸다. 이난나가 다시 지상 세계로 돌아가려고 할 때, 명계冥界의 일곱 재판관(아누나키들Anunaki)이 그녀를 붙잡으며 이렇게 말한다. "명계로 내려온 자 중에 살아서 돌아간 자가 있었는가? 이난나가 명계에서 올라가려고 한다면, 그를 대신할 자를 남겨놓아야 한다."[19]

이난나는 갈라galla라는 악마들의 안내를 받아 지상으로 돌아온다. 그들은 이난나가 다른 신적 존재를 대신 보내지 않으면 이난나를 다시 지하로 데려가기 위해 파견된 것이다. 그 악마들은 처음에는 닌슈부르를 붙잡아 가려고 했지만, 이난나가 그들을 제지했다. 그러자 그들은 움마와 바드티비라라는 도시로 향한다. 겁에 질린 도시의 수호신들은 이난나의 발아래에 엎드려 간청한다. 그들을 불쌍하게 생각한 여신은 다른 신을 찾기로 결정한다. 마침내 그들은 에레크에 도착한다. 그곳에서 이난나는 그 도시를 다스리는 유일한 군주가 된 것에 만족하여 괴로움을 느끼기는커녕 멋진 옷을 차려입고 왕좌에 앉아 있는 두무지를 발견하고, 놀람과 분노로 몸을 떤다. "그녀는 그를 뚫어지게 쳐다보았다. 죽음의 눈길로! 그녀는 그에게 한마디 말을 던진다. 절망의 말을! 그녀는 그에게 절규한다. 저주의 절규를! (그녀가 악마들에게 말한다) '이 자를 데려가라.'"[20]

두무지는 처남인 태양신 우투에게 부탁하여 뱀으로 변신한 다음 자신의 누이동생 게슈티난나Geschtinanna의 집으로 도망쳤다가, 그 다음에는 자기가 기르던 양 우리 속으로 도망친다. 악마들은 양 우리에서 두무지를 붙잡아 지하 세계로 데려간다. 텍스트에는 누락된 부분이 있어 결론을 알 수 없다. "모든 가능성을 고려해볼 때, 두무지가 1년의 반을 지하 세계에서 보내고 그리고 나머지 반은 그의 누이 게슈티난나가 그를 대신하도록 결정하여 두무지의 비운이 감경되도록 해준 것은, 눈

19) Trad. Jean Bottéro, *Annuaire de l'Ecole des Hautes Etudes*, sec. IV, 1971~1972, p. 85.
20) Trad. Bottéro, *ibid*., p. 91. 다른 전승에서는 두려움이 이난나의 행동을 설명해준다고 말한다. 악마들이 그녀를 붙잡아 데려가겠다고 협박했을 때, "겁에 질린 그녀는 두무지를 포기한다! (그녀가 그들에게 말한다) 이 젊은이의 발에 사슬을 묶어라."(*ibid.*)

물을 흘리며 슬퍼하는 두무지를 불쌍히 여긴 에레슈키갈이었을 것이다."(Kramer, p. 144)

약간의 차이가 있긴 하지만 『이슈타르의 명계 하강Descente d'Ishtar aux Enfers』이라는 아카드어 판본에도 같은 신화가 실려 있다. 수메르어 텍스트가 교정되어 번역되기 전에는, 여신이 탐무즈Tammuz(수메르의 두무지)가 "죽은" 後에, 그리고 정확하게는 그를 다시 데려오기 위해 "돌아올 수 없는 나라"로 떠난다고 여겨졌다. 수메르어 전승에는 없는 어떤 요소들은 이러한 해석을 뒷받침하는 듯이 보였다. 첫째, 아카드어 전승에서는 이슈타르가 붙잡히면서 초래되는 파멸적인 결과를 강조한다. 즉 인간과 동물의 재생산은 이슈타르 여신이 사라진 뒤 완전히 멈춰버린다. 이러한 파국은 사랑과 풍요의 여신과 그 여신이 사랑하는 남편 탐무즈 사이의 **신성 결혼**이 중단된 결과라고 볼 수 있었다. 그 이변은 우주 전체에 영향을 미쳤고, 아카드어판에서는 생명 전체가 곧 절멸될 것을 두려워한 대신들이 이슈타르를 해방시키기 위해 개입하지 않을 수 없었다고 말한다.

수메르어 전승에서 놀라운 점은 두무지에 대한 비난이 "심리학적"으로, 즉 인간적인 관점에서 합리화되고 있다는 사실이다. 의기양양하게 왕좌에 앉아 있는 남편의 모습을 본 이난나의 분노로 모든 것이 설명되는 것처럼 보인다. 이런 소설적 구성은 보다 원초적인 관념을 그 뒤에 감추고 있다. 즉 모든 창조와 생식 행위에는 "죽음"—의례적인, 따라서 되돌릴 수 있는—이 뒤따른다는 관념이 깔려 있는 것이다. 수메르의 왕들은 나중에 아카드의 왕들이 그랬던 것처럼 이난나와 **신성 결혼**을 통해 결합한 두무지의 화신이다.[21] 약간의 차이는 있지만 이것은

---

21) Kramer, *The Sacred Marriage Rite*, pp. 63 sq.; *id.*, "Le Rite de Mariage Sacré Dumuzi-

왕의 의례적 "죽음"을 승인한다는 것을 의미한다. 이 경우 수메르어 텍스트 속에 전해진 이야기의 배경에는 우주의 풍요의 순환을 보증하기 위해 이난나가 확립한 "비의mystère"가 존재하고 있다는 것을 상정할 수 있다. 이슈타르가 길가메시에게 자기의 남편이 되어달라고 했을 때, 길가메시가 돌려준 경멸적인 대답 속에 그 "비의"가 암시되어 있다고 생각된다. 길가메시는 매년 탐무즈를 애도하게 만든 장본인이 바로 이슈타르라는 사실을 상기시킨다.[22] 그러나 이러한 "애도"는 의례적인 것이었다. 탐무즈가 6개월 후에는 "다시 올라온다"는 사실을 알고 있었음에도 불구하고, 탐무즈 달(6, 7월) 18일이 되면 사람들은 그 젊은 신이 명계로 내려간 것을 애도하는 행사를 가졌다.

탐무즈 숭배는 오리엔트 전역에 퍼져 있었다. BC 6세기에 에스겔은 예루살렘 신전의 문 앞에서 탐무즈를 위해 "애도"의 눈물을 흘리는 여인들을 비난한다.(「에스겔」 8:14) 마침내 탐무즈는 매년 죽었다가 다시 살아나는 젊은 신들의 슬프고 극적인 상징이 되기에 이르렀다. 그러나 수메르의 전승에서 보이는 탐무즈의 원형은 조금 더 복잡한 구조를 가지고 있다. 탐무즈의 화신이며, 따라서 그와 운명을 같이하는 왕들은 매년 세계의 재창조를 기념한다. 그러나 새롭게 창조되기 위해서 세상은 파괴되지 않으면 안 된다. 우주 창조 이전의 "혼돈" 역시 왕의 의례적인 "죽음", 왕의 명계로의 하강을 함축하고 있었다. 간단히 말해 우주의 두 양태―삶/죽음, 혼돈/질서, 불모/풍요―는 동일한 과정의 두 측면을 구성한다. 농경의 발견 이후에야 이해하게 되는 이 "신비"는

Inanna", pp. 131 sq.를 참조하라.

22) Tablette VI, 46~47. Bottéro는 "당신의 첫 번째 남편 탐무즈로 인해 세상을 비탄에 잠기게 만든 것은 바로 당신이요"라고 번역한다.(*op. cit.*, p. 83)

세계와 생명, 그리고 인간 존재를 설명하는 통일적인 원리가 된다. 그것은 우주의 리듬, 인간의 운명, 신들과의 관계까지도 지배하는 것이기 때문에 식물의 드라마를 초월한다. 결국 이 신화는 에레슈키갈이 지배하는 지하 왕국을 정복하고자 했던, 즉 **죽음을 파괴**[극복]하려고 했던 **사랑과 풍요의 여신의 실패**에 대해 말한다. 그 결과, 신들뿐만 아니라 인간들도 생명과 죽음이 교차하는 현실을 받아들이지 않을 수 없게 되었다. 두무지-탐무즈는 여섯 달 후에 다시 "나타나기" 위해 "사라진다." 이러한 순환—신의 주기적인 현존과 부재—은 인간들의 "구원", 그들의 사후의 운명과 관련된 흥미로운 "신비"가 될 가능성이 있다. 수메르-아카드의 왕들의 의례적인 화신이었던 두무지-탐무즈의 역할은 신과 인간을 이어주는 것이기 때문에 중요한 의미를 가졌다. 궁극적으로 모든 인간은 과거에는 왕들에게만 허락되었던 이 특권을 누리기를 희망할 수 있게 되었다.

20. 수메르와 아카드의 종합

수메르의 신전 도시들 대부분은 BC 약 2375년에 움마의 군주였던 루갈자기시에 의해 통합되었다. 이것은 우리가 아는 제국이라는 개념이 최초로 나타난 것이다. 약 1세기 후, 아카드의 왕 사르곤은 재통일의 노력을 기울였고, 커다란 성과를 거둘 수 있었다. 그러나 수메르 문명은 본래의 구조를 그대로 보존할 수 있었다. 변화라고 해봤자 단지 신전 도시의 왕들이 교체된 정도였다. 그들은 아카드인 정복자에게 종속되는 것을 받아들였다. 사르곤 왕의 제국은 1세기 후에, 티그리스 강 상류 지역에서 유목 생활을 하던 "야만족" 구티족의 공격을 받고 붕괴되었다. 그 이후 메소포타미아의 역사는 같은 과정을 되풀이했다. 수메르와 아카드의 정치적 통일은 외부의 "야만족"에 의해 파괴되고, 이어서 그 야만족 정권은 내란으로 전복되었던 것이다.

이처럼 구티족의 지배는 1세기 이상 지속되지 못했으며, 다음 1세기 동안(BC 약 2050~1950년) 그 자리는 우르의 제3왕조 왕들이 차지했다. 이 시기는 수메르 문명이 전성기를 맞이한 기간이다. 그러나 또한 수메르의 정치권력이 마지막으로 나타난 시기이기도 하다. 왕국은 동쪽으로는 엘람족에게, 서쪽으로는 시리아-아라비아 사막에서 침입해온 아모리족에게 시달리다가 무너졌다. 메소포타미아는 2세기 이상을 몇 개의 나라로 분열되어 있었다. 바빌로니아를 지배했던 아모리족의 군주 함무라비가 BC 1700년이 되어서야 그 지역을 통일하는 데 성공했다. 그는 왕국의 중심을 자기가 지배하던 북쪽의 도시로 옮겼다. 함무라비가 세운 왕조는 절대적인 권력을 가졌던 것으로 보이는데도 불구하고 1세기도 지속되지 못했다. 다른 "야만족"인 카시트족이 북쪽에서 남하하여 아모리족을 괴롭혔고, 마침내 BC 1525년경에 그들을 무너뜨린다. 그리고 그들이 4세기 동안 메소포타미아의 주인으로 남게 된다.

신전 도시가 도시국가로, 그런 다음 왕국으로 이행하는 것은 근동의 역사에서 대단히 중요한 현상이었다.[23] 여기서 우리는 수메르의 언어가 BC 2000년경부터 이미 일상어로는 사용되지 않게 되었으나 그 이후 1500년에 걸쳐 전례 언어 및 지식 언어로서 기능했다는 사실에 주의를 기울일 필요가 있다. 산스크리트어, 히브리어, 라틴어, 고대 슬라브어 등과 같은 다른 전례 언어들도 비슷한 운명을 맞이하게 될 것이

---

23) (직업 군대나 관료제 같은) 새로운 제도들이 처음으로 도입된다. 시간이 경과하면서 이들 제도는 다른 국가들에서도 채택된다.

다. 수메르의 종교적 보수주의는 아카드의 종교적 구조 속에 계승되었다. 수메르의 세 지상신, 아누Anu〔안〕와 엔릴 그리고 에아Ea(=엔키)는 그대로 남았다. 세 천체신, 즉 달의 신 신Sîn(수메르어의 수엔Suen에서 파생), 태양신 샤마슈Shamash〔우투〕, 금성의 여신 이슈타르(=이난나) 등은 셈어의 신 명칭을 부분적으로 수용한다. 지하 세계는 계속해서 에레슈키갈과 그의 남편 네르갈Nergal이 통치하는 것으로 여겨졌다. 왕국의 필요에 따라 이루어진 약간의 변화—예를 들어 종교적 우위가 바빌로니아로 이동한다거나 엔릴이 마르둑Marduk으로 대치되는 것—가 "실현되기 위해서는 여러 세기가 필요했다."[24] 그리고 신전 건축에 있어서는, "건물의 숫자와 규모를 제외하고는, 수메르기 이후에는 그 전체적인 배치에 아무런 본질적인 변화도 나타나지 않았다."[25]

그럼에도 불구하고 셈족의 종교적 천재성은 이전의 종교 구조에 커다란 공헌을 한다. 우선 주목되는 것은 두 "국가"신—바빌로니아의 마르둑이나 나중에 등장하는 아시리아의 아수르Assur—이 보편신의 위치로 승격되는 현상이다. 개인의 기도 및 참회의 시가詩歌가 제의에서 중요성을 가지게 된다는 사실도 마찬가지로 의미심장하다. 바빌로니아어로 된 가장 아름다운 기도문 중의 하나는 모든 신들, 심지어 기도자 스스로도 알지 못한다고 인정하는 신들까지 포함하는 모든 신에게 바쳐지고 있다. "오! 주여, 저의 죄가 얼마나 큰지요! 오 제가 모르는 신이시여, 저의 죄가 큽니다!…… 오! 제가 알지 못하는 여신이시여, 저의 죄가 큽니다!…… 인간은 아무것도 모릅니다. 자신이 죄를 짓고 있는지 착한 일을 하고 있는지조차 알지 못합니다……. 오! 나의 주

---

24) Jean Nougayrol, "La religion babylonienne", p. 217.
25) *Ibid.*, p. 236.

여, 당신의 종을 버리지 마소서! 저의 죄는 일곱에 일곱을 곱한 만큼이나 됩니다……. 저의 죄를 쫓아버리소서!"[26] 참회의 기도를 올리는 사람은 자신의 죄를 인정하고 소리 높여 그것을 고백한다. 고백을 할 때는 무릎을 꿇거나 엎드리거나 "코를 땅에 붙이는", 정확하게 정해진 전례상의 동작이 뒤따른다.

대신들—아누, 엔릴, 에아—은 제의에서 지배적 지위를 점차 상실해간다. 예배자들은 오히려 마르둑에게, 또는 이슈타르와 특히 샤마슈와 같은 천체신들에게 기도한다. 시간이 흐르면서 샤마슈는 대표적인 보편신이 된다. 한 찬가는 태양신(샤마슈)이 모든 곳에서, 심지어 외국인들 사이에서도 숭배의 대상이 된다라든지, 샤마슈는 정의를 지키고 불의한 자를 벌주고 의로운 자에게 상을 내린다고 노래한다.[27] 신들의 "신성한numineux" 성격이 강조된다. 신들은 그들의 무서운 빛으로 성스러운 두려움을 자아낸다. 빛은 신의 위대함을 드러내는 전형적인 속성으로 간주되고, 왕 역시 그가 신적인 조건에 참여하는 한 빛을 발하는 존재로 여겨진다.[28]

아카드 종교사상의 또 다른 창조물은 점술이다. 주술과 비의학秘儀學(특히 점성술)의 발전이 현저해지고, 나중에는 그것들이 아시아 세계와 지중해 세계 전체로 퍼져 나간다는 점에 주목하자.

요약하자면 셈족은 종교적 체험 안에서 개인적 요소를 중시했다는

---

26) Trad. F. J. Stevens, in *ANET*, pp. 391~392. 인용된 시구는 21~26, 51~53, 59~60행이다.

27) *ANET*, pp. 387~389의 번역을 보라.

28) A. Leo Oppenheim, *Ancient Mesopotamia*, p. 176; Elena Cassin, *La splendeur divine*, pp. 26 sq., 65 sq.

점과 특정한 신들을 최고신의 지위에까지 올려놓았다는 점에서 기여했다고 할 수 있다. 하지만 메소포타미아에서 나타난 이러한 새롭고도 장대한 종교적 종합은 비극적인 인간관에 기초한 것이었다.

21. 세계의 창조

「에누마 엘리쉬」("저 높은 곳에서 …… 할 때"라는 첫 구절 때문에 그런 이름이 붙여졌다)로 알려진 우주 창조의 시는 『길가메시 서사시』와 함께 아카드 종교의 가장 중요한 창조물이다. 그 장대함이나 극적 긴장감, 나아가 신들의 계보와 우주 창조 및 인간 창조를 연결시키고자 하는 노력에 있어서 그것과 비견될 수 있는 것은 수메르 문학 안에 없다. 「에누마 엘리쉬」는 마르둑을 찬미하기 위해 세계의 기원에 대해 이야기한다. 비록 재해석되어 있기는 하지만 그 주제는 오래된 것이다. 먼저 미분화된 물 전체를 의미하는 원초적 이미지가 등장하고, 그 안에서 최초의 쌍인 압수Apsu와 티아마트Tiamat가 등장한다(다른 자료에는 티아마트가 바닷물이며, 압수는 땅을 받치고 있는 거대한 민물이라고 분명하게 나와 있다). 다른 많은 원초적인 신들과 마찬가지로 티아마트는 여성으로 알려져 있기도 하고, 양성적 존재라고 알려져 있기도 하다. 민물〔압수〕과 바닷물〔티아마트〕의 결합으로부터 또 다른 쌍의 신들이 탄생한다. 그 두 번째 쌍인 라크무Lakhmu와 라크하무Lakhamu에 대해서는 거의 알려진 것이 없다(한 전승에 따르면 그들은 인간을 창조하기 위해 희생되었다고 한다). 그리고 세 번째 쌍인 안샤르Anshar와 키샤르Kishar는 수메르어로 "고귀한 요소 전체"와 "저급한 요소 전체"를 의미한다.
그리고 시간이 흐른다("새로운 날이 뻗어나가고, 새로운 해가 불어난다").[29] 이들 두 상보적 "전체"의 **신성한 결혼**으로부터 하늘의 신인 아누가 태어나고, 아누는 누딤무드Nudimmud(=에아)를 낳는다.[30] 이 젊은 신들의 소란과 고함소리 때문에 압수는 휴식을 취할 수가 없었다. 압수는 티아마트에게 "그들의 행동을 참을 수 없소. 낮에는 쉴 수 없고, 밤에는 잠을 잘 수 없어요. 그들이 소란을 멈추도록, 그들을 없애버리고 싶소. (마침내) 우리가 잠들 수 있도록, 정적이 지배하게 해주시오!"(Tablette, I, 37~39)라고 불평한다. 우리는 이 시구에서 우주 창조의 선행 조건이 되는 원초적인 부동성不動性 및 모든 움직임에 저항하는 "원질Matièrs"(즉 존재의 무력감 혹은 물질의 무의식에 해당하는 존재 양식)에 대한 향수를 읽어낼 수 있다. 티아마트는 "남편에게 소리를 질러댔다. 그녀는 고통에 가득 차서 고함을 질러댔다 〔……〕. '뭐라고요! 우리가 애써 창조한 것을 모두 파괴한다구요? 그들의 행동은 분명 벌받아 마땅하지만 우리가 좀 더 참아야 하는 것 아닌가요.'"(I, 41~46) 그러나 압수를 설득할 수는 없었다.

젊은 신들은 자신들을 만든 창조신이 내린 결정을 알게 되었고, "그들은 침묵을 지키며 기다렸다."(I, 58) 그러나 "전지신全知神 에아"가 선수를 쳤다. 그는 주문으로 압수를 깊은 잠에 빠지게 만들었으며, "그를 감싸고 있던 광채와 옷"을 빼앗고 사슬로 그를 묶은 다음 죽여버렸다. 압수를 죽인 다음 에아는 물의 신이 되었고, 그 물을 압수라고 명명했

---

29) Tablette I, 13. 별도의 지적이 없는 경우에는 Paul Garelli et Marcel Leibovici, "La naissance du monde selon Akkad", pp. 133~145의 번역을 인용한다. 또한 Labat, Heidel, Speiser, Castellino의 번역을 이용하기도 하였다.

30) 수메르의 3대 신 중에서 엔릴이 사라지고, 그 자리를 에아의 아들 마르둑이 차지하였다.

다. 그리고 에아의 아내 담키나Damkina가 마르둑을 출산한 것은 그 압수의 깊은 곳, "운명의 방, 원형原型의 성소"(I, 79)에서였다. 신화의 원전들에서는 이렇게 마지막에 태어난 마르둑 신의 위엄과 지혜, 그리고 전능함을 칭송한다. 그러자 아누는 그의 선조 신들에 대한 공격을 다시 계획하게 된다. 아누는 네 개의 바람을 일으키고 "파도를 만들어 티아마트를 괴롭혔다."(I, 108) 평화를 빼앗긴 신들은 그들의 어머니 신을 찾아가 말한다. "그들이 어머니의 남편 압수를 죽였을 때, 어머니는 그의 가까이에서 걷기는커녕 한마디 말도 없이 멀리 떨어져 있었습니다."(I, 113~114)

이번에는 티아마트가 대응하기로 결심했다. 그녀는 괴물들, 큰 뱀들, "거대한 사자", "분노한 악마들", 게다가 "겁이 없고 냉혹한 전사들"을 모았다.(I, 114) 그리고 "최초로 태어난 신들 가운데서 〔……〕 킹구Kingu를 가장 앞에 세웠다."(147 이하) 티아마트는 킹구의 가슴에 운명의 판을 붙이고 최고의 권력을 부여했다.(155 이하) 이러한 준비 과정을 지켜본 젊은 신들은 용기를 잃었다. 아누도 에아도 감히 킹구에게 대적하지 못했다. 이 전투에 맞선 자는 오직 마르둑뿐이었고, 그는 자신을 최고신으로 인정해야 한다는 조건을 내세워 다른 신들의 승인을 받아냈다.(I, 155 이하) 그 두 진영의 전투는 마침내 티아마트와 마르둑의 결투로 승부가 결정되었다. "티아마트가 마르둑을 삼키려고 한껏 입을 벌렸을 때"(IV, 97), 마르둑은 몰아치는 바람을 티아마트에게 내던졌다. "티아마트 여신은 배가 부풀어 오르고 입을 벌린 채 나동그라졌다. 그러자 마르둑은 화살을 날렸다. 화살은 여신의 배에 구멍을 내고 내장을 찢고 심장을 관통했다. 여신을 무찌른 마르둑은 그녀의 생명을 거두고 시체를 땅 위에 던진 다음 그 위에 우뚝 섰다."(IV, 100~104) 티아마트 여신의 일당은 달아나려고 했지만, 마르둑은 "그들의 몸을 묶고 무기를 파괴해버렸다."(111) 그후 마르둑은 킹구를 붙잡아 사슬로 묶고, 그가 지니고 있던 운명의 판을 빼앗아 그것을 자기 가슴에 붙였다.(120 이하) 마지막으로 그는 티아마트에게 돌아가 두개골을 쪼개고 시체는 "말린 물고기처럼"(137) 두 토막으로 잘랐다. 그러자 시체의 반쪽은 하늘에 걸린 창궁이 되었고, 다른 반쪽은 땅이 되었다. 마르둑은 하늘에 압수의 궁전을 본떠 궁전을 만들고 별의 운행을 결정했다. 제5점토판은 천체의 조직과 시간의 분할 체계, 그리고 티아마트의 몸의 일부가 변형되어 생긴 땅의 형태(그녀의 두 눈으로부터 유프라테스 강과 티그리스 강이 흘러나왔고, "그녀의 꼬리는 하늘과 땅을 연결하는 끈으로 사용되었다")에 대해 말해준다.(V, 59 등)

마침내 마르둑은 "신들을 섬기고 신들에게 휴식을 제공할"(VI, 8) 인간을 만들기로 결정했다. 그때 전투에서 패배하여 사슬에 묶여 있던 신들은 자기들에게 내려질 처벌을 기다리고 있었다. 에아는 그들 중 단 한 명의 신만을 희생시킬 것을 제안한다. 누가 "전쟁을 선동하고 티아마트가 반역하도록 자극했으며 전투를 시작했는지"(VI, 23~24) 묻자, 모두 한목소리로 킹구를 지목했다. 그러자 에아는 킹구의 혈관을 잘라내고 거기서 흘러나온 피로 인간을 창조한다.(VI, 30)[31] 뒤이어 이 서사시는 마르둑을 칭송하면서 성소(즉 그의 궁전)가 건축되었음을 기록한다.

「에누마 엘리쉬」는 전통적인 신화적 주제를 이용하면서 다소 우울한 우주 창조론과 비관적인 인간론을 보여준다. 젊은 승자인 마르둑을 찬미하기 위해 원초적 시대의 신들, 그중에서도 티아마트에게 여러 가지 "악마적" 평가가 내려진다. 티아마트는 본래 모든 우주 창조에 선행하는 단순한 원초적 혼돈이 아니라, 무수한 괴물들을 만들어내는 존재로 그려진

---

31) 천지창조와 인간 창조에 관련된 또 다른 전승이 존재한다는 사실도 덧붙여두자.

다. 그녀의 "창조성"은 전적으로 부정적인 모습을 띤다. 「에누마 엘리쉬」에 서술된 것처럼 창조의 과정은 젊은 신들을 제거하고자 하는 압수의 욕망, 다시 말해 우주의 창조를 그 상태로 정지시키고자 하는 그의 욕망에 의해 일찌감치 위협받고 있다. (신들의 수가 증가하고 그들이 "주거지"를 가지고 있다는 사실로부터 이미 어떤 종류의 "세계"가 존재하고 있었다는 것을 알 수 있다. 그러나 순수하게 형식적 존재 양태와 관계되어 있을 뿐이다.) 압수를 살해한 것은 일련의 "창조적 살해"의 시작에 불과했다. 에아는 압수를 대체하는 신일 뿐 아니라, 처음으로 거대한 물 덩어리를 조직화하는 일에 착수한 신이기도 하다("그는 그곳에 자기의 거처를 짓고 〔……〕 성소를 마련했다"). 우주 창조는 두 갈래로 나누어진 신들 사이에서 발생한 갈등의 결과이지만, 티아마트의 진영에는 그녀가 만든 악마와 괴물들이 포함되어 있었다. 다시 말해 "원초적인 것" 그 자체가 "부정적인 창조물"의 근원으로 표현되고 있었던 것이다. 마르둑은 티아마트의 유해로 하늘과 땅을 만들어낸다. 다른 전승에서도 입증되고 있는 이 주제는 다양하게 해석될 수 있다. 원초적 여신의 몸에서 창조된 우주가 그 여신의 실체를 공유하고 있지만, 티아마트가 "악마화"된 이후에도 우리는 그 실체가 여전히 신적인 것이라고 말할 수 있을까?

따라서 우주는 이중성을 갖는다. 즉 우주는 전적으로 악마적인 것은 아니더라도 적어도 양면적인 성질을 가진 "질료"와, 마르둑이 창조했기 때문에 신적인 "형상"으로 구성된다. 하늘은 티아마트의 잘라진 몸 반쪽으로 만들어지지만, 별과 성좌는 신들의 "주거지" 또는 신들의 모습을 띤다. 대지는 티아마트의 나머지 반쪽과 다른 여러 기관들로 만들어졌지만, 그것은 도시와 신전들에 의해 성화聖化된다. 세계는 한편으로는 혼돈하고 악마적인 "원초성"을 가진 요소와, 다른 한편으로는 신의 창조성과 현재성 그리고 지혜를 가진 요소의 "혼합물"이다. 이것은 메소포타미아인들이 사색 끝에 도달한 가장 복잡한 우주 창조론의 한 정형일 것이다. 왜냐하면 거기에는 우리가 이해할 수 없거나 우리에게 불필요해진 요소가 간직되어 있기는 하지만 여전히 당시의 신성한 사회를 구성하는 모든 구조가 대담하게 종합되어 있기 때문이다.

이 신화에서 인간의 창조는 (인간은 신들에게 봉사하도록 창조되었다고 하는) 수메르의 전통, 특히 희생된 두 라그마 신으로부터 인간이 만들어졌다고 하는 전승을 계승하고 있다. 그러나 「에누마 엘리쉬」에는 킹구가 원초적인 신들의 무리에 속했음에도 불구하고 티아마트가 창조한 괴물과 악마들을 이끄는 대악마로 그려지는 부정적 요소가 추가되어 있다. 그 결과 인간은 악마적 물질, 즉 킹구의 피로 만들어진다. 이 이야기와 수메르 전승의 차이점은 중요하다. 인간은 그 기원부터 이미 저주의 대상이 된 것으로 보이는데, 그것을 통해 우리는 비극적 비관주의를 읽어낼 수 있기 때문이다. 이제 인간의 유일한 희망은 인간에게 형상을 부여한 자가 에아라는 것이다. 인간은 위대한 신에 의해 창조된 "형상"을 가지고 있는 것이다. 이런 관점에서 본다면 인간의 창조와 세계의 기원은 균형을 이루고 있다. 이 두 경우 모두, 승리한 젊은 신들에 의해 악마화되고 죽게 된 원초적 신의 실체가 [인간과 세계를 구성하는] 최초의 질료가 된다.

22. 메소포타미아 왕의 신성성

바빌로니아에서는 신년 축제의 네 번째 날에 신전에서 「에누마 엘리쉬」를 암송했다. 수메르어로는 자그무크zagmuk("한 해의 시작"), 아카드어로는 아키투라고 불리던 이 축제는 니산 달[3~4월]의 처음 12일 동안 열렸다. 신년 축제는 몇 단계의 절차로 이루어져 있는데, 그중 가장 중요한 것들을 열거하면 다음과 같다. (1) 마르둑이 "포로"로 잡히는 것에 대응하는 왕의 속죄일. (2) 마르둑의 해방. (3) 의례적 전투와 승리의 행진. 왕이 행렬의 선두에 서서 향연이 열리는 비트 아키투(신년 축제의 집)를 향해 걸어간다. (4) 여신의 화신으로 여겨지는 신성한 창녀와 왕의 **신성 결혼**. (5) 신들이 내리는 운명의 결정.

신화-의례적 시나리오의 첫 번째 단계—왕이 굴욕을 당하고 마르둑이 포로로 잡힌다—는 세계가 창조 이전의 혼돈 상태로 퇴행한 것을 의미한다. 마르둑의 신전에서 대사제는 왕의 상징들(왕홀, 반지, 검, 왕관)을 떼어내고, 왕의 얼굴을 때린다. 그러면 왕은 무릎을 꿇고 자신의 무죄를 주장한다. "모든 나라의 주님이시여, 저는 죄를 짓지 않았습니다. 저는 당신의 신성함을 소홀히 한 적이 없습니다." 대사제는 마르둑의 이름으로 다음과 같이 대답한다. "두려워하지 말라……. 마르둑이 그대의 기도를 들어줄 것이다. 마르둑은 그대의 왕국을 크게 늘려줄 것이다……."[32]

그런 장면이 진행되는 동안, 사람들은 신의 "죽음"을 나타내는 정형구로 "산중에 유폐되어" 있다고 묘사되는 마르둑의 행방을 찾아다닌다. 이난나-이슈타르의 경우에서 보았던 것처럼, 이러한 "죽음"은 최종적인 것은 아니지만, 그럼에도 불구하고 여신은 저세상으로부터 구출되어야만 했다. 마찬가지로 마르둑 역시 "태양과 빛으로부터 멀리" 떨어져야만 했다.[33] 그러나 마침내 마르둑은 해방되고, 신들은 운명을

---

32) H. Frankfort, *Kingship and the Gods*, p. 320(= *La Royauté et les Dieux*, p. 409)에 인용된 텍스트들.

33) 고전기의 작가들은 바빌로니아에 있는 "벨(마르둑)의 무덤"에 대해 언급했다.

결정하기 위해 집결한다(즉 여러 신상이 집결된다). (이 장면은 「에누마 엘리쉬」에서 마르둑이 최고신의 지위로 승격되는 것에 해당된다.) 왕은 도시 외곽에 위치한 비트 아키투까지 행렬을 선도한다. 이 행렬은 티아마트에 대항한 신들의 군대를 의미한다. 센나케립의 비문에 따르면 왕은 아수르(마르둑을 대체한 신)의 화신이 되어 최초의 전투를 재연했을 것으로 추정된다.[34] 신성 결혼은 비트 아키투의 향연에서 돌아온 후에 거행되었다. 최후의 행위는 1년의 각 달의 운명을 결정하는 것이었다.[35] 운명의 "결정"을 통해 새로운 한 해가 의례적으로 창조되었는데, 다시 말해 갓 창조된 새로운 세계의 행운, 풍요, 그리고 부가 보증되었다.

아키투 축제는 상당히 널리 보급되어 있던 신화-의례적 시나리오의 메소포타미아적 표현으로, 우주 창조의 신화를 반복하는 행사였다.[36] 신년 축제를 통해 재현되는 우주의 주기적 재생은 전통 사회의 커다란 희망과 결부되어 있었기 때문에, 앞으로도 신년 축제에 대해서는 자주 언급하게 될 것이다. 여기서는 아키투 축제의 다양한 장면들이—중근동 지역에만 한정해서 말하자면—이집트에서, 히타이트인들 사이에서, 우가리트나 이란에서, 그리고 만다교도들 사이에서 발견된다는 사실을 지

그곳은 아마도 신을 임시로 매장하는 장소였던 에테메난키Etemenanki 신전의 지구라트일 것이다.

34) 몇몇 암시를 통해 두 그룹의 배우들이 그 전투를 연기했으리라는 것을 추측할 수 있다.

35) 「에누마 엘리쉬」에 의하면 마르둑이 갓 창조된 우주를 지배하는 법칙들을 결정했던 것 같다.

36) M. Eliade, *Le Mythe de l'éternel retour*(nouvelle édition, 1969), pp. 65 sq.; *Aspects du mythe*, pp. 56 sq.를 참조하라.

적해두자. 따라서 예를 들면 연말에 의례적으로 행했던 "혼돈"은 사투르날리아Saturnalia 축제[고대 로마의 수확제] 유형의 "오르지적" 광란, 모든 사회질서의 전복, 모든 불을 끄고서 죽은 자들(가면을 쓰고 등장하는 배우)의 귀환을 나타내는 연극적 행위에 의해 표현되었다. 두 그룹으로 나누어진 연기자들이 전투 장면을 연기하는 예는 이집트, 우가리트, 히타이트인들 사이에서도 발견된다. 12일간의 윤일閏日 동안에 12개월의 "운세를 결정하는" 관습은 지금까지 근동과 동유럽에 남아 있다.[37]

아키투 축제에서의 왕의 역할에 대해서는 충분히 알려져 있지 않다. 왕이 당하는 "굴욕"은 세계가 혼돈으로 퇴행하는 것과 마르둑이 산중에서 "포로"로 잡히는 것에 대응한다. 왕은 티아마트에 대항하여 전투를 벌이고, 신성한 창녀와 신성 결혼을 거행함으로써 신의 화신임을 드러낸다. 그러나 왕이 신과 완전히 동일한 존재로 여겨지지 않았다는 사실은, 앞에서 본 것처럼, "굴욕"당하고 있는 왕이 마르둑에게 탄원하는 장면을 통해서 알 수 있다. 그럼에도 불구하고 메소포타미아 왕의 신성성을 보여주는 증거는 풍부하게 존재한다. 우리는 수메르의 왕이 두무지의 화신으로서 이난나 여신과 맺어지는 신성 결혼을 살펴본 바 있다. 신성 결혼은 신년 축제 중에 거행되었다.(본권 19절) 수메르인들은 왕권이 하늘에서 수여되었다고 생각했다. 왕권이 신으로부터 유래한다는 사상은 아시리아-바빌로니아 문명이 소멸할 때까지 존속했다.

국왕의 신성성은 여러 가지 방식으로 표현되었다. 왕은 "대지(세계)의 왕" 또는 "우주의 네 지역의 왕"이라고 불렸는데, 이런 호칭은 본래 신들에게만 부여되었던 것이다.[38] 신들과 마찬가지로 왕의 머리 주변

---

37) Eliade, *Le Mythe de l'éternel retour*, pp. 81 sq.를 참조하라.
38) Frankfort, *Kingship*, pp. 227 sq. (=*La Royauté*, pp. 303 sq.)를 참조하라.

에서는 초자연적인 후광이 빛을 발했다.[39] 심지어 왕이 태어나기도 전에 신들은 그를 왕으로 미리 정해놓았다. 왕은 지상에서 태어나는 존재였음에도 불구하고 "신의 아들"로 여겨졌다(함무라비는 자신이 신Sîn의 아들이라고 선포했으며, 리피트이슈타르 왕은 자기가 엔릴의 아들이라고 공언했다). 왕의 이러한 이중적 성격[지상의 존재이면서 신의 아들]으로 인해 왕은 신과 인간의 중개자 역할을 인정받았다. 왕은 신 앞에서 백성을 대표하는 자였으며, 신민의 죄를 사할 수 있는 존재이기도 했다. 왕은 때때로 자기 백성이 지은 죄로 인해 죽음을 당해야 했다. 아시리아인들이 "왕의 대리자"를 두는 이유는 바로 그 때문이었다.[40] 여러 문헌에서는 왕이 신들과 함께 생명의 나무와 생명의 물이 있는 전설상의 정원에서 살았다고 전한다.[41] (실제로 매일매일 신상 앞에 바치는 음식을 먹는 사람은 바로 왕과 그의 조신들이었다.) 왕은 신들이 지상에 정의와 평화를 수립하기 위해 지명한 신의 "사자"요 "백성들의 목자"였다.[42] "땅 위에 정의를 수립하기 위해 아누와 엔릴이 리피트이슈타르를 불렀을 때 [……], 니푸르의 가난한 양치기, 나 리피트이슈타르는 [……], 엔릴의 말에 따라 수메르와 아카드에 정의를 세웠다."[43]

39) 아카드어로 멜람무melammû라고 불리는 이 빛은 이란어로는 화르나프xvarenah에 해당한다. Oppenheim, *Ancient Mesopotamia*, p. 206 ; Cassin, *La splendeur divine*, pp. 65 sq.를 참조하라.

40) Labat, *Le caractère religieux de la royauté assyro-babylonienne*, pp. 352 sq. ; Frankfort, *op. cit.*, pp. 262 sq.(=*La Royauté*, pp. 342 sq.)

41) 왕은 생명의 나무를 돌보는 정원사의 역할을 하였다. Widengren, *The King and the Tree of Life in Ancient Near Eastern Religion*, 특히 pp. 22 sq., 59 sq.를 참조하라.

42) *ANET*, p. 164의 함무라비 법전의 서문(I, 50)을 참조하라.

43) *ANET*, p. 159의 리피트이슈타르 법전의 서문. J. Zandee, "Le Messie", pp. 13, 14, 16에 인용, 번역된 텍스트들을 보라.

우리는 왕이 신의 양태를 부여받았지만 신이 되지 않은 존재라고 말할 수 있을 것이다. 왕은 신을 대표했다. 이것은 문화의 원초적 단계에서 왕은 그가 대표하는 존재가 존재하는 방식대로 **존재했다**는 것을 의미한다. 메소포타미아의 왕은 인간 세계와 신의 세계 사이의 중개자로서, 신과 인간이라는 두 존재 양태 사이의 의례적 합일을 실현했던 것이다. 왕이 적어도 비유적으로는 생명과 풍요의 창조자로 여겨졌던 것은 바로 이러한 이중성 때문이었다. 하지만 왕은 신이 아니었으며, 신의 일원으로 새로이 신의 계보panthéon 안에 들어가는 존재도 아니었다.(이집트의 파라오처럼. 본권 27절 참조) 예배자들은 왕에게 기도를 올리지 않았으며, 오히려 왕에게 가호를 내려달라고 신들에게 기원했다. 다시 말해 왕들은 비록 신들과 친밀하고 심지어 일부 여신들과 **신성 결혼**을 올렸음에도 불구하고 여전히 인간의 조건을 변화시키는 단계에는 이르지 못했다. 결국 왕들은 죽음을 피할 수 없는 존재였다. 우룩의 전설적인 왕 길가메시조차도 불사성을 얻으려 했지만 결국에는 실패하고 만다는 사실을 잊어서는 안 된다.

23. 불사를 추구했던 길가메시

의심할 여지없이 『길가메시 서사시』는 바빌로니아의 창작물 중에서 가장 유명하고 가장 인기 있는 작품 중의 하나이다. 우룩의 왕이었던 영웅 길가메시는 아주 오래전부터 대단히 유명한 인물로, 그의 전설적인 생애에 관한 많은 일화를 담은 수메르어 문헌들이 발견되었다. 그러나 이러한 선행 문헌들에도 불구하고 『길가메시 서사시』는 셈족의 천재성의 산물이다. 이것은 아카드어 전승에서 분산적으로 존재하던 다양한 일화들을 바탕 삼아 편집된 이야기로, 영생을 찾아가는, 또는 좀 더 정확히 말해 모든 면에서 성공할 것처럼 보였던 시도가 마침내 실패하고 만다는 이야기이다. 폭군인 동시에 영웅이었던 한 인간의 성적인 방종에서 시작되는 이야기saga는 단순히 "영웅적" 덕목을 가지고 있다고 해서 인간의 조건(죽음)을 완전히 극복할 수는 없다는 사실을 보여준다.

닌순Ninsun 여신과 인간[44] 사이에서 태어난 길가메시는 3분의 2는 신이었다. 텍스트는 첫 부분에서 길가메시의 전지적 능력과 그가 착수한 장대한 건축 사업을 찬양한다. 그러나 바로 뒤이어, 그는 기혼녀와 처녀를 불문하고 마구잡이로 여성을 겁탈하고, 일꾼들을 괴롭히는 폭군으로 그려진다. 주민들의 탄원을 받아들인 신들은 길가메시에게 대적할 수 있는 거인을 만들어내기로 결정한다. 엔키두Enkidu라는 이름을 얻게 되는 이 반야수인半野獸人은 야수들과 함께 같은 샘의 물을 마시면서 평화롭게 살고 있었다. 길가메시는 처음에는 꿈을 통해, 나중에는 엔키두를 발견한 사냥꾼을 통해 그의 존재에 대해 알게 된다. 길가메시는 궁전의 창부를 엔키두에게 보낸다. 그녀는 미모로 엔키두를 홀려 우룩으로 그를 데려간다. 신들이 예측했던 대로, 그 두 사람은 만나자마자 힘을 겨룬다. 길가메시가 승리하지만 그는 엔키두에 대해 우정을 갖게 되고, 두 사람은 마침내 친구가 된다. 그렇다고 신들의 계획이 실패로 돌아간 것은 아니었다. 그후 길가메시는 영웅적인 모험에 자기의 온 힘을 쏟게 되기 때문이다.

엔키두와 함께 길가메시는 강력한 힘을 가진 괴물 후와와Huwawa가 파수를 서고 있는 멀고먼 전설의 삼나무 숲을 향해 출발한다. 두 영웅

---

44) 수메르의 전승에 의하면 우룩의 "고위 사제"였다. A. Heidel, *The Gilgamesh Epic and the Old Testament Parallels*, p. 4를 참조하라.

은 성스러운 삼나무를 베어버리고 후와와를 쓰러뜨린다. 우룩으로 돌아오는 길에 길가메시는 이슈타르의 눈에 들었다. 여신은 길가메시에게 자기와 결혼해줄 것을 요청하지만 그는 오만한 태도로 그 청을 거절한다. 모욕을 느낀 이슈타르는 그녀의 아버지 아누에게 길가메시와 그의 도시를 파괴할 "하늘의 황소"를 만들어달라고 간청한다. 아누는 처음에는 거절했지만, 죽은 자들을 지하 세계에서 돌아오게 하겠다는 이슈타르의 협박에 굴복한다. "하늘의 황소"는 우룩으로 돌진하고, 왕의 군대 수백 명이 황소의 울음소리에 나가떨어진다. 그러나 엔키두가 황소의 꼬리를 붙잡는 데 성공하고, 길가메시는 칼로 황소의 목을 찔러 쓰러뜨린다. 화가 난 이슈타르는 우룩의 성벽을 타고 올라가 왕에게 저주의 말을 던진다. 승리에 취해 있던 엔키두는 "하늘의 황소"의 뒷다리를 찢어서 여신의 발 앞에 내던지며 모욕적인 말로 비난한다. 그것은 이들 두 영웅의 생애에서 최고의 순간이며, 또한 비극의 시작이었다. 그날 밤 엔키두는 신들에게 꾸중을 듣는 꿈을 꾼다. 그리고 그 다음 날부터 아프기 시작하여 12일 만에 죽는다.

예기치 못했던 그 사건으로 인해 길가메시는 전혀 다른 사람이 된다. 길가메시는 7일 밤낮으로 친구의 죽음을 애도하며 그를 땅에 묻지 못하게 한다. 길가메시는 자신의 애도가 친구의 생명을 되돌려놓을 것이라고 기대한다. 엔키두의 시체가 부패하기 시작하자 길가메시는 죽음을 인정하고, 그를 위해 성대한 장례를 치러준다. 매장이 끝나자 길가메시는 자기의 도시를 떠나 "나 또한 엔키두처럼 죽을 것이 아닌가?"(Tablette IX, I, v. 4)[45] 하고 소리치며 사막을 방황한다. 그는 죽음의 공포에 사로잡혀 있었다. 그가 이룬 영웅적인 위업들도 마음의 위안이

---

45) 특별한 경우를 제외하고는 Contenau, *L'Épopée de Gilgamesh*의 번역을 인용한다.

되지 않았다. 그후 그의 삶의 유일한 목적은 인간의 운명으로부터 탈출하여 불사성을 획득하는 것이었다. 그는 대홍수에도 죽지 않고 살아남았던 유명한 우트나피슈팀이 아직 생존해 있음을 알게 되고, 그를 찾아 나서기로 결심한다.

길가메시의 여행은 통과의례적 형태의 시련으로 가득 차 있다. 마슈산맥에 도달한 그는 태양이 날마다 통과하는 문을 발견한다. 그 문은 전갈-인간 부부가 지키고 있었는데, "그들의 시선은 죽음을 가져오기에 충분했다."(IX, II, 7) 이 무적의 영웅도 두려움으로 몸이 굳어버리고, 그들 앞에 힘없이 무릎을 꿇는다. 그러나 전갈-인간 부부는 길가메시의 신적인 부분을 알아보고 그가 터널[태양이 통과하는 길]을 통과하도록 허락한다. 12시간 동안 암흑 속을 걸은 다음, 길가메시는 산맥의 다른 편에 있는 신기한 정원에 도착한다. 거기서 조금 떨어진 바닷가에서 그는 시두리Siduri라는 요정을 만나고, 그녀에게 우트나피슈팀을 어디서 만날 수 있는지 물어본다. 시두리는 길가메시의 마음을 바꾸려고 애쓴다. "신들이 인간을 창조했을 때, 생명은 자기들을 위해 남겨두고 인간에게는 죽음을 주었습니다. 길가메시여, 당신의 배를 충분히 채우고 밤낮으로 즐기세요. 매일 향연을 열어 춤추고 놀면 그만입니다……"[46]

그러나 길가메시가 마음을 바꾸려고 하지 않자, 시두리는 마침 가까이에 와 있던 우트나피슈팀의 뱃사공 우르샤나비Urshanabi에게로 그를 데려간다. 그들은 죽음의 물을 건너 우트나피슈팀이 살고 있는 해안에 도달한다. 길가메시는 그에게 영생 불사를 얻는 방법에 대해 질문한다. 이렇게 하여 길가메시는 대홍수 사건, 그리고 신들이 우트나피슈팀과 그의 아내를 자기들의 "친척"으로 삼고 "하구"에 살도록 한 결정

---

46) Tablette X, col. III, 6~9 ; trad. Jean Nougayrol, *Histoire des religions*, I, p. 222.

에 대해 알게 된다. 그러나 우트나피슈팀은 길가메시에게 "어느 신이 그대로 하여금 그대가 구하고 있는 생명을 얻을 수 있도록 자기들의 무리에 끼워주겠는가?"(XI, 198)라고 물었다. 하지만 그의 다음 말은 뜻밖의 것이었다. "자, 그렇다면 여섯 날과 일곱 밤 동안 잠들지 않도록 해보라!"(XI, 199) 그것은 가장 혹독한 통과의례적 시련이었음이 틀림없다. 잠의 정복, 즉 "깨어 있는" 것은 인간의 조건을 변화시키는 일이다.[47] 우리는 이것을 신들이 길가메시에게 영생 불사를 부여하지 않을 것임을 알고 있던 우트나피슈팀이 길가메시에게 통과의례를 통해 죽음을 정복해보라고 제안한 것이라고 해석해야 할 것인가? 길가메시는 이미 터널의 통과, 시두리의 "유혹", 죽음의 바다를 건너는 등 몇몇 "시련"을 극복했다. 그것 자체가 이미 영웅적인 시련이었다. 그러나 이번 시련은 "정신적인" 차원에 속하는 것이었다. 인간이 여섯 날과 일곱 밤을 "깨어 있기" 위해서는 비상한 집중력이 필요하기 때문이다. 그러나 길가메시는 금세 잠들어버렸고, 우트나피슈팀은 빈정대며 소리쳤다. "영생 불사를 열망하는 저 강인한 인간을 보라. 잠이 마치 강한 바람처럼 그를 덮쳤구나!"(203~204) 그는 여섯 날 일곱 밤 동안 한 번도 깨지 않고 깊이 잠들었다. 그러고는 우트나피슈팀이 깨우자, 이제 막 잠이 들었는데 깨웠다며 그를 비난한다. 그러나 그는 자기가 잠들었다는 증거를 받아들일 수밖에 없었고, 다시 탄식한다. "우트나피슈팀이시여, 나는 어떻게 해야 하나요? 어디로 가야 합니까? 악마가 나의 육체를 차지했습니다. 나의 침실에는 죽음이 살고 있고, 내가 가는 곳 어디에나 죽음이 있습니다!"(230~234)

길가메시는 다시 길을 떠날 준비를 한다. 그러나 마지막 순간에 우

---

47) Eliade, *Naissances mystiques*, pp. 44 sq.를 참조하라.

트나피슈팀은 아내의 제안에 따라 그에게 "신들의 비밀", 즉 젊음을 되돌려주는 식물이 자라는 장소를 알려준다. 길가메시는 바다 밑바닥으로 내려가 그 식물을 모아,[48] 즐거워하며 귀로에 오른다. 며칠 동안 길을 걷다가 맑은 샘물을 발견한 길가메시는 서둘러 목욕을 하러 간다. 그러자 그 식물의 향기를 맡은 뱀이 샘에서 기어 나와 그 식물을 훔쳐 먹고 껍질을 벗는다.[49] 길가메시는 흐느끼며 우르샤나비에게 자신의 불운에 대해 불평한다. 이 에피소드에서 우리는 또 하나의 입문의례의 실패를 읽어낼 수 있다. 영웅은 자기에게 주어진 뜻밖의 선물로부터 아무런 이익도 얻어내지 못했다. 말하자면 그는 "지혜"가 부족했던 것이다. 텍스트는 돌연, 우룩에 돌아온 길가메시가 우르샤나비와 함께 도시의 성벽에 올라 거기서 함께 그 성벽의 축성에 대해 찬사를 보내는 것으로 끝을 맺는다.[50]

『길가메시 서사시』는 피할 수 없는 죽음에 의해 규정되는 인간의 조건을 극적으로 설명하는 이야기라고 생각된다. 그러나 세계문학의 최초의 걸작품인 이 이야기는 일련의 통과의례적 시련을 성공적으로 이겨낸 인간이라면 신의 도움 없이도 불사성을 획득할 수 있다는 생각을 어렴풋하게나마 담고 있다고 이해할 수도 있다. 이런 관점에서 본다면 길가메시 이야기는 오히려 실패한 통과의례에 대한 극적인 설명을 제

---

48) 길가메시가 왜 그것을 모은 순간 먹지 않았는지 궁금해할 수 있는데, 길가메시는 나중에 먹으려고 그것을 아껴둔 것이었다. Heidel, *op. cit.*, p. 92, n. 211을 참조하라.

49) 뱀이 묵은 껍질을 벗고 새 생명을 얻는다는 것은 민간전승에서 널리 알려진 주제이다.

50) 수메르어로 된 제12서판은 나중에 첨가된 것이다. 여기에 실린 이야기는 지금까지 요약한 이야기와 직접적인 연관이 없다.

공하는 것이라고 볼 수 있다.

24. 운명과 신들

우리는 메소포타미아에 통과의례가 존재했었다는 것만 알 수 있을 뿐, 그것의 의례적 맥락에 대해서는 알지 못한다. 불사성을 추구하는 통과의례의 의미는 길가메시가 경험했던 시련들의 독특한 구조 안에서 해석될 수 있다. 아더 왕 이야기도 비슷한 상황을 보여준다. 그 이야기 역시 통과의례적 상징과 모티프로 가득 차 있지만, 과연 그 이야기들이 어떤 의례적 시나리오를 배경으로 하는지, 켈트족의 신화나 비의적 그노시스의 재구성물인지, 아니면 단순히 상상력의 산물인지를 판정하기는 어렵다. 아더 왕 이야기들의 경우 우리는 적어도 그 이야기들이 편찬되기 이전부터 존재했던 의례적 전통에 대해 알고 있으나, 길가메시 모험담에 함축되어 있는 의례적 시나리오의 원형에 대해서는 아무것도 알지 못한다.

사람들은 아카드의 종교사상이 인간에 강조점을 두고 있다고 강조해왔다. 앞에서 살펴본 길가메시 이야기는 그러한 사상의 전형을 보여준다. 그 이야기는 인간 조건의 불확실성, 불가능―영웅들도 마찬가지이다―을 선언한다. 인간은 죽을 수밖에 없는 존재로 만들어졌으며, 오직 신을 섬기기 위하여 창조되었다. 이러한 비관적 인간관은 「에누마 엘리쉬」안에 이미 표명되어 있다. 그런 관점은 중요한 다른 종교적 문헌 안에서도 발견된다. "주인과 종의 대화"는 일종의 신경증에 의해 악화된 허무주의의 산물처럼 보인다. 주인은 자기가 원하는 것이 무엇인지조차 알지 못한다. 그는 모든 인간적 노력이 헛되다는 생각에 사로잡혀 있다. "옛날의 흔적이 남아 있는 무덤에 올라 그 주변을 거닐어보라. 그곳에 남아 있는 과거와 현재의 두개골들을 바라보라. 누가 악한 자이며, 누가 남을 위해 베푼 자인가?"[51]

"바빌로니아의 전도서"라고도 불리는 또 다른 유명한 문헌 "인간의 비극에 관한 대화"는 훨씬 더 절망적이다. "가장 좋은 고기를 먹은 사나운 사자가 여신의 기분을 달래기 위해 향을 헌납하는가?…… [반면에] 내가 한 번이라도 공물을 바치지 않은 적이 있었는가? [아니다] 나는 신들에게 기도하고, 나에게 정해진 모든 제물을 여신들에게 바쳤다."(51행 이하) 정직한 이 사람은 어린 시절부터 신의 뜻을 알기 위해 노력했고, 겸손하고 경건하게 여신을 찾았다. 하지만 "신은 나에게 부유함 대신에 빈곤함을 가져다주었다."(71행 이하) 오히려 악하고 신앙심이라고는 전혀 없는 자들이 부를 축적했다.(236행) "사람들은 사람 죽이는 데 능한 명사들의 말을 칭찬하면서, 폭력이라고는 모르는 신중한 사람들은 무시한다." "악한 자가 의인이 되고, 참된 의인은 밀려난다. 도적 떼는 황금을 얻지만, 약한 자는 굶주린다. 사악한 자는 더욱 강해지고, 연약한 자는 쓰러진다."(267행 이하)[52]

이러한 절망감은 인간 존재의 무상함에 대한 성찰에서 나온 것이 아니라 너무나 일상적으로 퍼져 있던 불의에 대한 경험에서 나온 것이다. 악한 자가 승리하고 기도하는 자는 응답을 받지 못한다. 신들은 인간사에 무관심한 것처럼 보인다. BC 2000년 무렵이 되면서 이와 유사한 정신적 위기가 다른 지역(이집트, 이스라엘, 이란, 인도, 그리스 등)

---

51) "A Pessimistic Dialogue between Master and Servant", ligne 84 ; trad. R. H. Pfeiffer, *ANET*, p. 438.

52) "A Dialogue about human misery", trad. Pfeiffer, *ANET*, pp. 439~440.

에서도 발생했지만, 결과는 달랐다. 왜냐하면 각 문화에 특유한 종교적 특성의 차이로 인해 이런 유형의 허무주의적 경험에 대한 반응이 달리 표출되었기 때문이다. 그러나 메소포타미아의 지혜 문학에서 신들이 인간사에 항상 무관심했던 것은 아니다. 어떤 텍스트는 욥에 비유되는 정직한 한 인간이 겪는 육체적, 정신적 고통에 대해 말한다. 어느 신도 그를 도와주려고 하지 않는다는 점에서 그는 고통받는 의인juste의 전형이다. 수많은 질병이 그에게 닥치고, 그는 "자기의 배설물을 먹는" 존재로까지 전락한다. 가족들조차 그가 거의 죽은 것이나 다름없다고 생각하기에 이르렀을 즈음, 그는 마르둑 신이 자기를 구해줄 것이라고 알려주는 일련의 꿈을 꾼다. 그는 거의 엑스터시 상태에서, 마르둑 신이 질병의 악마를 퇴치하고 식물의 뿌리를 땅에서 뽑아내듯 그의 몸에서 고통을 제거해주는 것을 지켜본다. 마침내 건강을 회복한 그는 마르둑 신에게 감사를 표하고, 바빌로니아의 마르둑 신전에 있는 열두 개의 대문을 통과하는 의례를 치른다.[53]

요컨대 아카드의 종교사상은 인간에 강조점을 둠으로써 인간의 가능성의 한계를 부각시켰다. 인간과 신 사이의 거리는 뛰어넘을 수 없는 것이다. 그렇지만 인간이 홀로 고립되어 있는 것은 아니다. 첫째, 인간은 신적이라고 여겨지는 영적 요소, 즉 **정신**ilu(문자적 의미는 "신")[54]을 신들과 공유한다. 둘째, 기도와 의례를 통해 인간은 여러 신들의 축복을 기대한다. 무엇보다 인간은 상동성相同性homology에 의해 통일된 우주

---

53) "I will praise the Lord of Wisdom", trad. Pfeiffer, *ANET*, pp. 434~437.
54) 이것은 인격을 구성하는 가장 중요한 요소이다. 다른 요소들로는 *ištaru*(운명), *lamassu*(개별성), *šēdu*(천재성)가 있다. Oppenheim, *Ancient Mesopotamia*, pp. 198~206을 참조하라.

의 한 부분을 구성한다는 것을 알고 있다. 즉 인간이 사는 도시는 세계의 형상을 구현하며, 그곳의 신전과 **지구라트**는 "세계의 중심"을 나타낸다. 그리고 그 사실로 인해 하늘 및 신들과의 교류가 보장된다. 바빌론은 신들이 땅으로 내려오기 위해 통과하는 곳인 바빌라니Bâb-ilâni, 즉 "신들의 문"이라는 뜻이다. 많은 도시와 성소들이 "하늘과 땅을 잇는 곳"이라는 이름을 갖고 있다.[55] 따라서 인간은 신들과 동떨어져, 우주의 리듬과 완전히 분리된 닫힌 세계에 살고 있는 것이 아니다. 더구나 하늘과 땅 사이에는 복잡한 상응 체계가 있기 때문에, 지상의 존재들에 대한 이해와 그 존재들 각각에 상응하는 천상의 원형들로부터의 "영향"이 동시에 가능해진다. 한 예로, 모든 행성은 그에 대응하는 금속과 색깔을 가지고 있기 때문에, 색깔을 가진 모든 것은 상응하는 행성의 "영향"을 받는다. 또한 모든 행성은 특정한 신에 속하며, 바로 그 때문에 신들은 그에 대응하는 금속으로 표현된다.[56] 따라서 어떤 금속제 물건이나 특정한 색깔의 보석을 취급하는 사람은 그에 상응하는 특정 신의 보호를 받는 것으로 생각되었다.

끝으로 아카드 시대에 상당히 발달했던 수많은 점술들은 미래를 예견할 수 있게 해주었다. 사람들은 점술 덕분에 재난을 피할 수 있다고 믿었다. 우리에게 전해지고 있는 방대한 양의 점술서들과 다양한 점술 기법들을 통해 우리는 그것이 사회의 여러 층에서 높은 권위를 가지고 있었음을 알 수 있다. 그중에서도 가장 널리 행해진 점술은 희생 제물

---

55) Eliade, *Le Mythe de l'éternel retour*, pp. 26 sq.를 참조하라.
56) 금은 엔릴, 은은 아누, 동은 에아에 대응한다. 샤마슈가 엔릴의 자리를 차지했을 때, 그는 금의 "주인"이 되었다. B. Meissner, *Babylonien und Assyrien*, II, pp. 130 sq., 254를 참조하라.

로 바쳐진 동물의 내장을 보고 점을 치는 내장점이었다. 또 비용이 가장 적게 드는 것은 기름점으로, 물 위에 소량의 기름을 붓거나 반대로 기름 위에 소량의 물을 부어 그 두 종류의 액체가 만들어내는 형상에서 읽을 수 있는 "기호"를 해석하는 방법이었다. 다른 점술들보다 늦게 발달한 점성술은 주로 궁정에서 행해졌다. 꿈의 해석은 BC 2000년대의 초기부터, 불길한 전조를 예방하는 여러 수단에 의해 보완적으로 이용되기 시작했다.[57]

점술의 다양한 기법은 모두 "기호"를 발견하는 것을 목적으로 삼았으며, 그 기호 안에 숨어 있는 의미는 전통적인 규칙에 따라 해석되었다. 세계는 일정한 구조를 가지고 있으며, 법에 의해 지배되는 것으로 이해되었다. "기호"를 해독하면 미래를 알 수 있게 된다. 다시 말해 인간은 시간을 "정복하게" 된 것이다. 일정한 시간적 간격을 두고 일어나게 될 사건을 미리 볼 수 있기 때문이다. "기호"에 대한 관심은 참된 과학적 가치의 발견으로 이어졌다. 이들 발견 중 일부는 나중에 그리스인들에 의해 재평가되고 완성되었다. 그러나 바빌로니아의 과학은 "전체론적totalitaire" 구조를 갖는다는 의미에서 "전통적 과학"에 머물러 있었다. 다시 말해 그것은 우주론적, 윤리적, 그리고 "실존적" 전제들을 포함하고 있었던 것이다.[58]

BC 1500년 무렵이 되면, 메소포타미아 사상의 창조적 시대는 완전히 끝난 것처럼 보인다. 그후의 1000년 동안 모든 지적 활동은 박학의 과시와 편찬 작업에 기운 것 같다. 그러나 초창기부터 그 존재가 증명되고 있는 메소포타미아 문화의 영향력은 계속되고 점차 강해져갔다.

---

57) J. Nougayrol, "La divination babylonienne", 특히 pp. 39 sq.를 참조하라.
58) 예를 들면 중국의 의학과 연금술의 경우에도 그러하다.

메소포타미아에서 기원한 관념, 신앙, 기술은 지중해 서쪽에서부터 힌두쿠시 산맥에 이르기까지 확대되었다. 이처럼 널리 퍼지게 되는 바빌로니아의 여러 발견들은 하늘-땅 또는 대우주-소우주의 상응 관계를 다소간이나마 직접적으로 함축하고 있다는 점에서 의미심장하다.

고대 이집트의 종교적 관념과 정치적 위기

25. 잊혀지지 않을 기적: "최초의 시간"

이집트문명의 탄생에 경탄하지 않은 역사가는 없었다. "통일 왕조"가 성립되기 전, 2000년에 걸쳐 신석기 문명은 계속적으로 발전했지만 근본적인 변화는 발생하지 않았다. 그러나 BC 4000년 무렵에 시작된 수메르와의 접촉으로 커다란 변화가 초래되었다. 이집트는 원통형 인장, 벽돌을 사용한 건축술, 조선 기술, 수많은 예술적 모티프, 그리고 무엇보다 문자를 수메르 문화로부터 빌려왔다. 이 문자는 이집트에는 없었던 것으로, 제1왕조의 성립기(BC 3000년경)에 갑자기 등장했다.[1]

그러나 이집트문명은 대단히 빠른 속도로 그들의 모든 창조물에서 표현되고 있는 독자적 양식을 만들어냈다. 이집트문명은 지리적 조건

---

1) H. Frankfort, *The Birth of Civilization in the Near East*, pp. 100~111 ; E. J. Baumgartel, *The Culture of Prehistoric Egypt*, pp. 48 sq.

으로 인해 수메르-아카드 문명과는 전혀 다른 방향으로 전개되었다. 사방으로부터 공격을 받을 수 있었던 메소포타미아와는 달리 이집트—정확히 말하면 나일 강 유역—는 고립되어 있었고, 사막과 홍해 그리고 지중해로 둘러싸여 보호를 받았다. 힉소스의 침입(BC 1674)이 있기 전에는 이집트는 외부로부터 위협을 당한 경험이 없었다. 한편 나일 강의 항해 가능성은 이집트의 왕이 강화된 중앙집권적 행정을 통해 국토를 통치할 수 있게 했다. 더구나 이집트에는 메소포타미아 유형의 대도시가 존재하지 않았다. 왕국은 다수의 농민으로 구성되어 있었으며, 신의 화신격인 파라오가 그들을 지배했다.

하지만 초창기부터 이집트문명의 구조를 형성하는 데 기여한 것은 종교, 특히 파라오의 신성에 관한 교의였다. 전승에 따르면 메네스라는 이름으로 알려진 최초의 통치자의 위업으로 인해 이집트의 통일과 왕국의 건립이 가능했다고 한다. 남부 출신이었던 메네스 왕은 오늘날의 카이로에 가까운 멤피스에 통일 왕국의 새로운 수도를 정했다. 그는 최초의 즉위식을 멤피스에서 거행했다. 그 이후 3000년 이상에 걸쳐 파라오들은 멤피스에서 즉위식을 가졌으며, 이 지고한 의식은 메네스 왕이 시작한 의식을 따른 것이었다고 생각된다. 그것은 메네스 왕의 위업을 기념하는 축전이 아니라, **최초의 사건에 담겨 있는 창조적 원천을 갱신한다는 의미**를 담고 있었다.[2]

통일국가의 창건은 우주 창조에 필적하는 것이었다. 신의 화신인 파라오는 새로운 세계를, 즉 신석기시대의 촌락과는 비교가 되지 않을 정도로 복잡하고 고차원적인 문명을 수립했다. 성스러운 모델을 모방하여 완성한 이 과업의 영속성을 확보하는 일, 즉 그 신세계의 기초를

---

2) H. Frankfort, *La Royauté et les Dieux*, p. 50.

흔들어놓을 수도 있는 위기를 피하는 일은 지극히 중요한 과제였다. 파라오의 신성神性은 그것을 가장 강력하게 보증해주었다. 파라오는 불사의 존재이기 때문에 그의 죽음은 그의 몸이 하늘로 옮겨가는 것을 의미할 뿐이었다. 한 신의 화신에서 다른 신의 화신으로 이어지는 신성의 연속성은 우주적-사회적 질서의 연속성을 보증하는 증거로서 인정되었다.

여기서 주목해야 할 것은, 가장 중요한 사회-정치적, 문화적 창조가 고왕국 시대[BC 약 2686~2181년]에 완성되었다는 사실이다. 그후 15세기 동안에 걸쳐 이집트 왕국이 따르게 될 모델이 이 시기에 확립되었다. 제5왕조(BC 2500~2300) 이후에는 문화적 유산에 첨가될 만한 중요한 창조물이 거의 등장하지 않는다. 이집트문명의 특징이며, 다른 전통 사회의 신화나 노스탤지어[집합적 기억]에서 보이는 이와 같은 "부동주의 immobilisme"는 종교에 기원을 두고 있다. 그것은 계층적 질서의 고정성 및 최초의 시기에 형성된 행위와 위업의 반복을 신들이 창조한 우주 질서라고 보는 신학의 논리적 귀결이며, 그 관점에서는 모든 변화를 혼돈으로의 퇴행 내지 악마적 세력의 승리라고 해석할 수 있다.

유럽의 학자들이 "부동주의"라고 명명한 이러한 경향은 원초적인 창조가 우주론적, 종교적, 사회적, 윤리적인 측면 등 모든 관점에서 완전했기 때문에 그것을 그대로 유지하고자 하는 노력으로 표출되었다. 우주 창조의 여러 단계들은 다양한 신화적 전승 속에서 이미 언급되고 있다. 사실 이 신화들은 태초의 신화적 시간 속에서 발생한 사건만을 이야기한다. 테프 제피Tep zepi, 즉 "최초의 시간"이라고 불리는 그 시대는 원초적 물 위에 창조신이 출현한 때부터 호루스가 즉위할 때까지 계속된다. 자연현상에서 종교적, 문화적 실재(신전 설계도, 역법, 문자, 의례, 왕을 표시하는 문장紋章 등)에 이르기까지 존재하는 모든 것들은 원초기에 창조되었다는 사실로 인해 그 유효성과 정당성을 획득한다. "최초의 시간"은 "분노, 소음, 갈등, 무질서가 등장하기 이전"의 절대적으로 완전한 황금시대였다. "라Ra〔레〕의 시대" 또는 오시리스 Osiris 혹은 호루스의 시대라고 불렸던 그 위대한 시대에는 죽음도 질병도 존재하지 않았다.[3] 그리고 어느 순간 악이 침입하고 이어서 무질서가 나타났으며, 황금시대는 종말을 고한다. 그러나 "최초의 시간"에 해당하는 신화시대는 완전히 지나가버린 시대의 유물로 용도 폐기되어버린 것은 아니다. 이 시대는 모방의 대상이 되는 범례의 총체를 구성하고 있기 때문에 계속해서 되살려진다. 간단히 말해 종교적 의례는 악마적 세력을 패배시키면서 원초적 완전성을 회복하는 것을 목표로 삼는다고 말할 수 있을 것이다.

26. 신들의 계보와 우주의 창조

모든 전통 종교에서 그랬던 것처럼 우주 창조 신화와 기원 신화들 (인간, 왕권, 사회제도, 의례의 기원 등)은 종교적 지식의 중요한 부분이었다. 고대 이집트에서는 몇 가지 종류의 우주 창조 신화가 있었다. 그 결과 주인공이 되는 신과 창조가 개시되는 종교적 중심지가 달라지는 여러 창조 신화가 존재하게 되었다. 원초적인 물 위로 언덕, 연꽃, 또는 알이 출현한다고 하는 신화적 주제는 가장 원초적인 유형의 것으로 분류할 수 있다. 각 주요 도시들은 각기 자기들의 창조신에게 가장

---

3) Rundle Clark, *Myth and Symbol in Ancient Egypt*, pp. 263~264를 참조하라. "태초의 완전함"은 널리 알려진 신화적 모티프이다.

중요한 지위를 부여했다. 왕조가 교체되면 수도가 변하는 경우가 많았다. 새로운 수도의 신학자들은 그 지역의 중요한 지역신을 우주의 창조자로 삼으면서, 과거부터 전해지던 몇 가지 우주 창조의 전승들을 통합하곤 했다. 창조신이 관련되는 경우, 그 신화들은 구조적 유사성을 가지고 있었기 때문에 손쉽게 동화될 수 있었다. 그러나 신학자들은 서로 이질적인 종교 체계를 통합하기 위해 명백하게 적대적인 관계에 있던 신들을 서로 연결시키는 등 종합을 위한 대담하고도 진지한 노력을 기울이기도 했다.[4]

다른 많은 전승들에서와 마찬가지로 이집트의 창조 신화는 원초적 물 위로 육지가 솟아오르는 것으로 시작된다. 광대한 바다 한가운데에서 "최초의 장소"가 출현하는 것은 대지의 출현을 상징할 뿐만 아니라 빛, 생명, 그리고 의식의 시작을 의미하기도 한다.[5] 헬리오폴리스에서는 태양 신전의 일부를 이루고 있던 "모래 언덕"이라는 장소가 "최초의 언덕"이라고 알려져 있다. 또 헤르모폴리스는 우주를 낳은 연꽃이 솟아난 곳으로 알려져 있었다. 그 이외의 다른 지역들도 동일한 특권을 행사했다.[6] 실제로 각 도시, 각 성역은 "세계의 중심", 즉 창조가 시작된 장소로 생각되었다. 그리고 최초의 언덕은 파라오가 태양신을 만나기 위해 올라가는 우주산이라고 여겨지는 경우도 있었다.

---

4) 말하자면 그 신화들은 "경전"을 구성할 수 있도록 연속적이며 일관성을 갖춘 형태로 재구성되지는 않았다. 결과적으로 우리는 『피라미드 텍스트Textes des Pyramides』(BC 2500~2300년경), 『석관 텍스트Textes des Sarcophages』(BC 2300~2000년경), 『사자의 서Livres des Morts』(BC 1500년 이후)와 같은 초기 문헌에 나타나는 일화나 언급들을 통해 그 신화들을 재구성해볼 수밖에 없다.

5) Clark, *op. cit.*, p. 36을 참조하라.

6) Frankfort, *La Royauté*, pp. 206 sq.에 인용, 해설된 텍스트들을 보라.

다른 전승에서는 "빛의 새"(*Sarcophages*, IV, 181c 이하)를 품었던 원초적인 알, 또는 태양의 아들을 품었던 원초적인 연꽃,[7] 또는 아툼Atum 신을 표현하는 최초이자 최후의 형상인 원초적인 뱀에 대해 이야기한다. (실제로 『사자의 서Livre des Morts』 175장에서는 세계가 혼돈의 상태로 돌아갈 때 아툼은 새로운 뱀이 될 것이라고 예언하고 있다. 아툼 신은 최고신인 동시에 숨은 신인 반면, 태양신 라는 현재顯在하는 신이다. 본권 32절 참조) 창조의 단계들—우주의 창조, 신들의 계보, 생명체의 창조 등—은 다양하게 표현되고 있다. 델타 지대의 끝에 위치한 도시, 헬리오폴리스의 태양 신학에 따르면 라-아툼-케프리Khépri 신[8]은 슈Shou(대기)와 테프누트 Tefnut, 즉 남신 게브Geb(대지)와 여신 누트Nut(하늘)의 부모가 될 최초의 부부신을 만들었다. 조물주는 자위행위 혹은 가래침을 뱉는 행위를 통해 창조 행위를 완성했다. 그 표현 방식은 대단히 거칠지만, 그 의미는 분명하다. 즉 여러 신적 존재들은 최고신의 일부를 구성하는 물질 자체로부터 태어난 것이다. 수메르의 전승에서처럼(본권 16절), 대기신 슈에 의해 분리되기 전까지는 하늘과 땅은 분리되지 않고 **신성 결혼**에 의해 하나로 결합되어 있었다.[9] 앞으로 우리의 관심을 끌게 될 비장한 드라마의 주인공 오시리스와 이시스Isis, 세트와 네프티스 Nephtys가 그들의 결합으로부터 태어난다.

---

7) S. Sauneron et J. Yoyotte, in *La Naissance du Monde*, p. 37. 그리고 Morenz, *La religion égyptienne*, pp. 234 sq.에 인용된 참고 문헌들.

8) 그 세 신은 태양의 세 가지 형태를 나타낸다. 케프리는 떠오르는 태양, 라는 절정에 도달한 태양, 그리고 아툼은 지는 태양을 뜻한다.

9) Sauneron et Yoyotte, pp. 46~47에 인용된 텍스트들을 보라. 분리자의 역할이 단지 슈에게만 주어졌던 것은 아니라는 것을 덧붙이자. Morenz, p. 228에 인용된 텍스트들을 보라. 거기에서는 프타 신이 분리자의 역할을 맡고 있다.

중부 이집트의 헤르모폴리스에서 신학자들은 여덟 신Ogdoade의 존재에 관한 대단히 복잡한 교의를 만들어내는데, 나중에 프타 신이 여기에 포함된다. 헤르모폴리스의 원초적 호수에서 연꽃이 하나 떠올랐는데, 거기에서 "지극히 신성한 아들, 최초의 여덟 신이 낳은 완벽한 후계자, 모든 조상신의 신성한 자손", "신과 인간을 결합시키는 자"가 탄생했다.[10)]

그러나 프타 신과 관련하여 가장 체계적인 신학이 완성된 곳은 제1왕조의 파라오들의 수도였던 멤피스였다. 소위 "멤피스 신학"이라고 불리는 것을 기록한 주된 텍스트는 파라오 샤바카(BC 약 700년) 시대에 와서야 비로소 돌에 새겨졌지만, 그 문헌의 원전 텍스트는 그보다 약 2000년이나 앞서 쓰였다. 지금까지 알려진 가장 오래된 이집트의 우주 창조 신화가 동시에 가장 철학적인 신화라는 사실에 놀라움을 금할 수 없다. 프타 신은 그의 영靈("심장")과 그의 말("혀")로 세상을 창조했다고 한다. "자신을 심장(=영)으로 드러내는 존재, 그 혀(=말)로 자신을 드러내는 존재, 아툼의 모습을 빌려 나타나는 그는 가장 오래된 프타 신이다……." 여기서 프타는 가장 위대한 신이라고 선언되고, 아툼은 단지 최초의 부부신을 창조한 존재일 뿐이다. "신들을 존재하도록 만든 자"는 프타였던 것이다. 그후 신들은 "모든 종류의 식물, 모든 종류의 돌, 모든 종류의 흙, 표면(대지)에 자라고 또 그들의 현현을 가능케 하는 모든 것" 안으로 들어갔다. 이렇게 해서 신들은 가시적인 신체를 가진 존재가 되었다.[11)]

10) Sauneron et Yoyotte, p. 59에 인용된 텍스트들을 참조하라. Morenz et Schubert, *Der Gott auf der Blume*, pp. 32 sq.에 번역, 해설된 텍스트들을 참조하라. 또한 Morenz, *La religion égyptienne*, pp. 229 sq.를 참조하라.

결국 한 신의 생각과 말이 지닌 창조력에 의해 다른 모든 신들이 탄생하고 우주의 창조가 가능해진다. 분명히 여기서 우리는 최고 수준에 도달한 이집트인들의 형이상학적 사색을 만나게 된다. 존 윌슨John Wilson이 말했던 것처럼(*ANET*, p. 4), 이집트 역사의 **출발점**에서 기독교의 로고스 신학과 비교될 수 있는 교의를 발견할 수 있는 것이다.

신들의 계보나 우주 창조의 신화와 비교할 때, 인간의 기원과 관련된 신화들은 다소 빈약하다. 인간(*erme*)은 태양신 라의 눈물(*erme*)로부터 만들어졌다. 위기의 시대에 쓰인 후기(BC 2000년경)의 한 텍스트는 다음과 같이 기록한다. "신의 가축인 인간에게는 모든 것이 충분히 잘 갖추어져 있다. 그[즉 태양신]는 인간을 위해 하늘과 땅을 만들었다……. 그는 인간의 코에 생기를 불어넣기 위해 공기를 만들었다. 인간은 신의 형상을 가지고 있으며, 동시에 그의 살로 만들어졌기 때문이다. 태양신은 하늘에서 빛나며, 인간을 위해 식물과 동물, 물고기와 새를 만들었다……."12)

그러나 인간이 자신에 대한 반역을 꾀하고 있다는 것을 알게 된 태양신 라는 그들을 파멸시키기로 결심한다. 이 살육의 임무를 맡은 신은 하토르Hathor 여신이었다. 그러나 마음을 바꾸어 먹은 라 신은 책략을 사용하여 여신을 취하게 만들었다.13) 인간의 반역과 그 결과는 신화시대에 발생한 사건이었다. 분명히 이 "인간"은 이집트의 최초의 주

---

11) Trad. Sauneron et Yoyotte, pp. 63~64. Morenz, *La religion égyptienne*, pp. 216 sq. 의 해설과 특히 Frankfort, *La Royauté*, pp. 51~64를 보라.

12) Sauneron et Yoyotte, pp. 75~76에 번역된 *Les Instructions pour Mérikaré*의 한 구절. 전체 번역은 Wilson, *ANET*, pp. 414~418을 보라.

13) Wilson, *ANET*, pp. 10~11에 번역된 텍스트를 참조하라. 가나안 전승에 비슷한 신화가 있다. 본권 50절을 참조하라.

민이었다. 이집트는 최초로 만들어진 국가였고, 따라서 세계의 중심이었다.[14] 이집트인만이 유일하게 합법적인 주민이었다. 이 사실은 이집트의 소우주인 성스러운 영역에 외국인은 들어가는 것이 금지되어 있었던 이유를 설명해준다.[15] 후대의 일부 문헌들은 보편주의적 경향을 반영하고 있다. 여러 신들(호루스, 세크메트Sekhmet)은 이집트인들뿐만 아니라 팔레스타인인들, 누비아인들, 그리고 리비아인들까지도 보호한다.[16] 그러나 최초의 인간에 대한 신화적 이야기는 그다지 중요한 역할을 하지 못했다. "최초의 시간"이라고 하는 그 경이적인 시대에서 결정적인 것은 **우주의 창조**와 **파라오의 출현**이라는 두 개의 사건이었다.

27. 육화한 신의 책임

프랑크포트가 지적한 대로[17] 우주 창조는 유일한 실제적 변화를 의미하는 세계의 출현을 표현한 것이기 때문에 가장 중요한 사건이라고 할 수 있다. 그때부터는 오직 우주적 생명의 리듬과 관련된 변화만이 의미를 가지게 된다. 그러나 이 경우 문제가 되는 것은 여러 다양한 주기로 분절되고 그 주기성을 보증하는 연속되는 순간, 즉 천체의 운행, 사계의 순환, 달의 모양, 식물의 리듬, 나일 강의 간조와 만조 등이다.

---

14) Morenz, *La religion égyptienne*, pp. 70 sq.에 인용된 예들을 보라. 전통 문명의 전형적인 개념이 담겨 있다. Eliade, *Le Mythe de l'éternel retour*, pp. 17 sq.를 참조하라.

15) Morenz, pp. 78 sq.의 예들을 보라.

16) Sauneron et Yoyotte, pp. 76~77에 일부 번역된 『문의 서Le Livre des Portes』. Morenz, p. 80의 다른 참고 문헌들을 보라.

17) H. Frankfort, *Ancient Egyptian Religion*, pp. 49 sq.

"최초의 시간"이라는 시대에 확립된 완전성을 구성하는 것은 바로 우주적 리듬의 주기성이었다. 완전한 질서에 따른 여러 변화의 범례적인 순환 안에서 무질서는 무익한, 나아가 유해한 변화를 의미한다.

사회질서는 우주 질서의 한 면을 나타내기 때문에 왕권은 세계가 시작될 때부터 존재했다고 생각되었다. 조물주는 최초의 왕이었으며,[18] 그는 이 역할을 그의 아들이자 계승자인 최초의 파라오에게 물려준다. 이러한 권력의 위임에 의해 왕권 제도는 신성한 제도로 인정되었다. 실제로 파라오의 행위는 라 신의 행위나 태양의 출현을 묘사할 때에 사용했던 것과 같은 용어로 표현되어 있다. 그중에서 두 가지 예만 들어보자. 라 신의 창조는 "그는 혼돈 대신에 질서(*ma'at*)를 세웠다"라는 간결한 정형구로 요약되는 경우가 있다. 이와 똑같은 정형구가 아켄아톤의 "이단" 이후에 다시 질서를 회복한 투탕카멘(본권 32절 참조)이나, 페피 2세에 대해서 "그는 허위(무질서) 대신에 마아트*ma'at*를 세웠다"라는 식으로 사용되고 있다. 마찬가지로, "빛나다"라는 뜻의 동사 *khay*는 창조의 순간에 있어서 태양의 출현이나 매일 아침의 일출을 표현하기 위해, 또는 대관식과 제의, 추밀원 회의에 나타나는 파라오를 표현할 때 등에 상관없이 사용되고 있다.[19]

파라오는 마아트의 화신이다. 이 단어는 일반적으로 "진리"라고 번역

---

18) 『사자의 서』(17장)에서 신은 선언한다. "눔Num(원초적인 바다)에 홀로 있었을 때, 나는 아툼이다. 처음으로 나타나서 창조한 것을 지배하기 시작했을 때, 나는 라이다." 여기에는 다음과 같은 주석이 붙어 있다. "이것은 라가 왕으로 나타나기 시작했다는 뜻이며, 이는 슈가 땅으로부터 하늘을 들어올리기 전이었다는 것을 의미한다."(Frankfort, *Ancient Egyptian Religion*, pp. 54~55)

19) Frankfort, *ibid.*, pp. 54 sq. 그리고 Frankfort, *La Royauté et les Dieux*, pp. 202 sq.의 다른 예들을 보라.

되지만, 일반적으로는 "좋은 질서", 나아가 "도리"나 "정의"를 의미한다. 마아트는 원초적 창조에 속한 것으로, 황금시대의 완전성을 반영하기도 한다. 마아트는 우주와 생명의 기초 그 자체를 구성하므로, 각 개인은 마음 안에서 그것을 인식할 수 있다. 시대와 기원을 달리하는 여러 텍스트들에서 우리는 "너의 마음이 마아트를 알게 하라"라든지, "저로 하여금 그대 마음 안의 마아트를 알게 하여, 그대에게 합당한 것을 하게 하소서!", 또는 "나는 마아트를 사랑하고 죄를 미워하는 사람이다. (죄가) 신을 모독하는 것임을 잘 알기 때문이다"라는 발언을 도처에서 찾을 수 있다. 그리고 실제로 필요한 지식을 주는 자는 신이다. 왕의 아들은 "진리(ma'at)를 알며 신이 가르치는 자"라고 불렸다. 어떤 사람은 "신이시여, 제 마음에 마아트를 주소서!"[20]라고 라 신에게 바치는 기도문을 쓰기도 했다.

마아트의 화신으로서 파라오는 자신의 모든 백성들에게 범례가 된다. 고관인 레크미레가 표현하고 있는 것처럼, "그는 그의 행위를 통해 우리의 생명을 이끌어주는 신이시다."[21] 파라오의 행위는 우주와 국가의 안정, 나아가 생명의 지속을 보증한다. 실제로 우주 창조는 매일 아침 태양신이 아포피스라는 큰 뱀을 죽이지는 못하지만 그래도 "내쫓는" 것으로 인해 반복된다. 혼돈(=암흑)은 그 자체로 잠재적이기 때문에 아포피스를 죽이는 것은 불가능하다. 파라오의 정치적 행위는 라 신의 위업을 반복한다. 따라서 파라오 역시 아포피스를 "내쫓는다", 즉 파라

---

20) Morenz, *op. cit.*, pp. 167~170에 번역된 텍스트들.
21) Frankfort에 따르면 그 같은 개념은 민중의 봉기가 전혀 없었다는 것을 설명한다. 중간기(BC 2250~2040년경, 1730~1562년)의 정치적 혼란기에도 군주제는 논란의 대상이 되지 않았다.(*Ancient Egyptian Religion*, p. 43)

오는 세계가 혼돈으로 돌아가지 않도록 주의를 기울인다. 국경에 외적이 나타나면 그 적들은 아포피스와 동일시되며, 파라오의 승리는 라 신의 승리를 재현하는 것이 된다. (이처럼 인생이나 역사를 범례와 유형의 반복이라고 해석하려는 경향은 전통문화의 특성이다.)[22] 분명 파라오는 반복될 수 없는 개별적이고 유일한 역사적 사건들, 즉 여러 지역에서의 군사행동, 이민족들과의 싸움에서의 승리 등과 같은 것에서 유일한 주인공이었다. 그럼에도 불구하고 람세스 3세[BC 1183~1152년경]는 자신의 무덤을 세울 때, 람세스 2세[BC 1290~1224년경]의 장례 신전에 새겨진 피정복 도시들의 이름을 반복하여 새기고 있다. 고왕국 시대에조차, "페피 2세에게 정복된 자로 기록된" 리비아인에게 "그보다 2세기 전 사후라 왕[BC 2400년경]의 신전 부조에 새겨진 자들과 똑같은 이름이 부여되어 있다."[23]

기념비나 문헌에 묘사된 파라오들의 개별적 특성을 구분하는 것은 불가능하다. 예를 들어 드 뷔크A. de Buck는 메기도 전쟁에서 투트메스 3세[신왕국 시대의 파라오, BC 1490~1436년경]가 보여준 용맹함과 지도력을 특징적으로 묘사한 기록에서 이상적인 군주상의 정형에 부합하는 묘사 형식을 발견했다. 이와 동일한 몰개성화의 경향은 신들에 대한 표현에서도 읽어낼 수 있다. 오시리스와 이시스를 제외한 모든 신들은, 그들의 형체나 기능이 서로 분명히 달랐음에도 불구하고 찬송과 기도 안에서는 거의 똑같은 말로 불렸다.[24]

---

22) Eliade, *Le Mythe de l'éternel retour*, ch. I을 보라.

23) Frankfort, *La Royauté et les Dieux*, p. 30, n. 1.

24) Frankfort, *Ancient Egyptian Religion*, pp. 25~26의 민Min과 소벡Sobek에 대한 대비를 참조하라. 정적인 우주관의 중요성을 인식한 Frankfort는 신이 동물의 형상

원칙적으로 제의는 파라오가 직접 집행해야 하는 것이었지만, 그는 그 역할을 여러 신전의 신관들에게 위임했다. 의례는 직접 혹은 간접적으로 "원초적 창조"의 유지, 나아가 보호를 목적으로 삼고 있었다. 매년 신년 축제를 통해 우주의 창조가 반복된다.[25] 이 반복은 태양신 라가 매일매일 거두는 승리에 비해서 훨씬 커다란 시간적 주기와 관계가 있기 때문에 한층 더 중요한 범례적인 역할을 한다. 파라오의 즉위식은 상하 이집트를 통일한 메네스 왕의 **위업**gesta을 전하는 일화를 재현한다. 즉 국가의 창건이 의례적으로 재연되었던 것이다.(본권 25절 참조) 왕이 즉위한 지 30년이 지난 후, 그의 신적 에너지를 갱신하고자 하는 의도로 행해지는 세드Sed 축제 때에 대관식 의례가 거행된다.[26] 특정 신들(호루스, 민Min, 아누비스Anubis 등)의 주기적 축제에 관한 한 우리는 대단히 빈약한 정보밖에 가지고 있지 않다. 신관들은 예배자 무리의 박수갈채를 받으면서 노래, 춤, 음악, 무용 등에 발맞추어 신상이나 성스러운 배를 어깨에 메고 행진했다.

이집트에서 가장 인기가 있었던 축제의 하나인 민 신을 위한 대축제는 나중에 궁정 제의와 결합되었기 때문에 비교적 잘 알려져 있다. 원

으로 현현하는 것에 대해, 우주의 전체성 안에 존재하는 리드미컬한 운동이라는 독창적인 해석을 제시하였다. 즉 인간 사이에서는 개별적인 특성이 형태학적인 구조보다 더 우위를 차지하지만 동물은 변함없이 항상 그들 종족을 재생산한다. 따라서 이집트인들의 눈에는 우주와 정적인 속성을 나누어 가지고 있는 동물의 생명이 오히려 초인간적으로 보였던 것이다.(*ibid*, pp. 13~14)

25) Eliade, *Le Mythe de l'éternel retour*, pp. 65 sq.; Frankfort, *La Royauté*, p. 205를 참조하라.

26) Frankfort, *La Royauté*, pp. 122~136; Vandier, *La Religion égyptienne*, pp. 200~201을 참조하라.

래 이것은 수확제였으며, 왕과 왕비 그리고 흰 황소가 행렬에 참가했다. 왕은 곡물 단을 베어 황소에게 바쳤다. 하지만 그 이후의 자세한 절차에 대해서는 잘 알려져 있지 않다.[27] 신전의 공사 시작과 완성을 기념하는 의례는 파라오가 직접 주재했다. 애석하게도 그 의례에 대해 우리가 알고 있는 것은 몇 가지 상징적인 동작들뿐이다. 예를 들면 신전 예정지에 판 도랑에 왕은 "기초 매장물"(왕이 만든 벽돌, 황금판 등)을 넣었으며, 완공식에서 왕은 오른팔을 들어올려 건물을 축성했다는 것 정도이다.

일상적인 종교 제의는 나오스naos라고 불리던 중앙 제단에 안치된 신상 앞에서 거행되었다. 정화 의례가 끝나면 사제는 중앙 제단 앞으로 다가가 점토로 만든 봉인을 깨고 문을 연다. 사제는 신상 앞에 엎드려 자신이 신을 관조하기 위해 하늘(나오스)에 들어왔다고 선언한다. 그 다음 사제는 신의 "입을 열기" 위해 천연 탄산수로 신상을 씻는다. 마지막으로 사제는 다시 문을 닫고 빗장을 봉하고 물러난다.[28]

장례 의례에 관한 정보는 이보다 훨씬 더 풍부하게 남아 있다. 다른 근동 민족들에 비해 이집트인들은 죽음과 저승의 문제에 더 큰 관심을 가지고 있었다. 파라오에게 죽음은 천계로의 여행과 "불사화"를 향한 출발점이었다. 한편 죽음은 이집트인들에게 가장 인기 있었던 신의 하나인 오시리스와 직접 연관되어 있었다.

---

27) Gardiner에 따르면 이 제의에도 역시 왕과 왕비의 의례적인 결합이 포함된다고 한다. Frankfort, p. 260을 참조하라.
28) A. Moret, *Le rituel du culte divin journalier en Égypte*; Vandier, pp. 164 sq.

28. 승천하는 파라오

사후의 삶과 관련된 이집트인들의 신앙은, 재구성할 수 있는 범위에 한정시킬 경우, 세계 전역에서 가장 풍부하게 발견되는 두 가지 전승과 비슷하다. 죽은 자가 거주하는 장소는 지하 또는 하늘 어딘가에, 보다 정확하게 말하자면 별들 사이의 어딘가에 있다. 사후에 영혼은 별까지 날아 올라가 그 별의 영원성을 공유한다. 하늘은 어머니 신으로 여겨졌으며, 죽음은 새로운 탄생, 다시 말해 별의 세계에서의 재생과 동일한 것으로 믿어졌다. 하늘의 모성성이라는 생각은 죽은 자는 다시 태어나지 않으면 안 된다는 관념을 보여준다. 죽은 자가 천계에서 재생한 후에는 (암소의 형상으로 표현되는) 어머니 신의 젖을 먹고 자란다.[29]

저세상이 지하에 있다고 보는 신앙은 신석기 문화에 지배적인 관념이다. 왕조 시대 이전(BC 4000년대 초)부터 존재했던 농경과 관련된 종교 전통들이 오시리스 신화-의례 복합체 속에서 정교해진다. 그리고 이집트의 여러 신들 중에서 유일하게 폭력적인 죽음을 당했던 오시리스가 궁정 제의에 모습을 나타낸다. 죽지 않는 신과 파라오의 불사성을 명시적으로 정당화하는 태양 신학의 만남의 결과에 대해서는 나중에 검토할 것이다.

『피라미드 텍스트Textes de Pyramides』는 대체로 왕의 사후 운명에 관한 사상만을 표현하고 있다. 신학자들의 노력에도 불구하고 그 교의는 완전하게 체계화되지 못했다. 우리는 유사하지만 때로는 정반대로 보

---

29) 이러한 관념은 "자신의 어머니의 생산성을 만들어주는 황소"라고 불리는 죽은 파라오의 근친상간적 결합을 정당화시킨다. Frankfort, *La Royauté*, pp. 244 sq.를 참조하라.

이는 개념적 대립상을 그 교의들을 통해 읽어낼 수 있다. 대다수의 정형구들은 아툼(라)의 아들인 파라오가 세계 창조 이전에 위대한 신의 아들로서 태어났으며, 결코 죽을 수 없는 존재라는 사실을 반복하고 있다. 하지만 다른 텍스트는 왕에게 그의 몸이 부패하지 않을 것이라고 확언한다. 여기에는 분명히 아직까지 충분히 통합되지 않은 두 개의 서로 다른 종교적 이데올로기가 담겨 있다.[30] 그러나 대다수 정형구들은 하늘로 여행을 떠나는 파라오에 대해 언급하고 있다. 파라오는 매, 왜가리, 들거위(*Textes des Pyramides*, 461~463, 890~891, 913, 1048) 같은 새, 또는 풍뎅이(366)나 여치(890~891) 등의 모습으로 날아간다. 바람, 구름, 그리고 신들이 파라오를 돕기도 한다. 파라오가 사다리를 타고 하늘로 올라가는 경우도 있다.(365, 390, 971 이하, 2083) 하늘로 올라가는 동안 왕은 이미 신이며, 인간과는 본질적으로 완전히 다른 존재가 되어 있다.(650, 809)[31]

그러나 파라오는 천계의 거처에 도달하기 전에, 동방orient의 "공물의 들판"이라고 불리는 곳에서 몇 가지 시련을 겪지 않으면 안 된다. 그 입구는 "굽이쳐 도는 연안이 있는" 호수에 의해 지켜지고 있으며(2061), 뱃사공은 심판관의 권한을 가지고 있다. 그 배에 타기 위해 파라오는 모든 정화 의례를 거쳐야 한다.(519, 1116) 그리고 무엇보다 통

---

30) 어떤 텍스트들(*Textes des Pyramides*, 2007~2009)에서는 왕의 뼈를 다시 모으고 팔과 다리를 권포捲布로부터 자유롭게 만들어 승천을 확실하게 해주라고 지시하고 있다. Vandier는 이것이 오시리스 신화-의례 복합체와 관련되어 있음을 보여주는 것이라고 해석하였다.(*op. cit.*, p. 81)

31) Vandier, p. 78에 인용된 텍스트들. 또한 J. H. Breasted, *Development of Religion and Thought in Ancient Egypt*, pp. 109~115, 118~120, 122, 136에 번역된 구절들과 Eliade, éd. *From Primitives to Zen*, pp. 353~355에 수록된 구절들을 보라.

과의례적 유형의 질문들에 대해서 암호에 해당하는 정형구로 대답해야 한다. 파라오는 때로는 간절하게 호소하기도 하고(1188~1189), 때로는 주술을 사용하며(492 이하), 심지어 협박을 하기도 한다. 파라오는 신들(특히 라, 토트Thot, 호루스)에게 간청하거나, 매일 아침 태양이 떠오르는 두 그루의 무화과나무에게 자신이 "갈대밭"을 통과할 수 있게 해달라고 간곡히 청원한다.[32]

하늘에 도착한 파라오는 당당한 승리자로서 태양신의 환영을 받으며, 파라오가 죽음을 물리치고 승리했다는 소식을 알리기 위해 사자使者들을 사방으로 보낸다. 왕은 지상에서의 생활을 천계에서도 계속한다. 즉 그는 왕좌에 앉아 신하들의 경배를 받으며, 재판도 하고 계속해서 명령을 내린다.[33] 태양의 불사성을 향유하는 존재는 파라오 한 사람뿐이지만, 그럼에도 불구하고 그는 수많은 신하들, 무엇보다도 자신의 가족들과 고관들[34]에 둘러싸여 있기 때문에 지상의 생활을 계속 유지하는 것

---

32) Vandier, p. 72. 보다 상세한 논의는 Breasted, *op. cit.*, pp. 103 sq.와 R. Weill, *Le champ des roseaux et le champ des offrandes*, pp. 16 sq.에서 볼 수 있다. 그러한 시련은 고대의 여러 전승들을 통해 알려져 있다. 이들 시련은 특정 의례와 비의(장례 의례적인 신화와 지리, 비밀스러운 주문 등)를 포함한 예비적 통과의례를 전제로 한다. 『피라미드 텍스트』 안에서 발견되는 몇 안 되는 비유적 표현의 경우, 그것은 특정한 비밀 지식에 의해 특권을 부여받는 운명을 획득하는 것과 관련이 있는 가장 오래된 문서들을 구성한다. 우리는 분명 여기에 선왕조 시대의 신석기 문화에 공유되었던 태곳적 전승이 간직되어 있다고 믿는다. 이집트의 왕권 이데올로기에서 본다면 이러한 통과의례적 은유들은 쓸데없는 유물을 나타내고 있다. 파라오는 신의 아들 혹은 신이 인간의 몸으로 나타난 것이기 때문에, 그는 천계의 낙원에 들어가기 위해 통과의례적 시련을 필요로 하지 않았을 것이다.

33) Vandier, p. 79에 인용된 *Textes de Pyramides*, 1301, 1721; 134~135, 712~713, 1774 ~1776, 그리고 Breasted, *op. cit.*, pp. 118 sq.에 번역, 해설된 다른 텍스트들을 보라.

이 가능해진다. 그의 가족들과 고관들은 하늘의 별과 동일시되고 "영광을 입은 사람들"이라고 불린다. 방디에르Vandier에 따르면(p. 80) "『피라미드 텍스트』의 별에 대한 기술은 특별한 수준의 시적 정취를 듬뿍 담고 있다. 우리는 그 표현들을 통해, 신비의 영역을 자유자재로 넘나드는 고대인들의 소박하면서도 자연에 근접하는 상상력을 발견할 수 있다."

앞에서 이미 지적한 것처럼『피라미드 텍스트』의 인간 영혼의 구원에 관한 교의가 항상 일관성을 유지하고 있는 것은 아니다. 파라오를 라 신과 동일시하는 태양 신학은 파라오의 특권적 권능, 즉 파라오는 저승의 지배자인 오시리스의 지배에 복종하지 않는다는 사실을 강조한다. "별이신 그대는 천상에, 별들 사이에 자리를 만드셨네……. 그대는 오시리스를 내려다보며, 죽은 자들에게 명령하고, 그들을 멀리하시며, 결코 그들 사이에 머물지 않으시도다."(Pyr., 251) "라-아툼 신은 그대를 오시리스에게 데려가지 않으시며, 오시리스는 그대의 마음을 심판하지 않으며 지배하지도 않는다……. 오시리스여, 그대는 왕께 손을 뻗지 마소서. 당신의 아들(호루스)도 왕께 손을 뻗지 말게 하소서……."(145~146. Weill 번역, p. 116) 다른 문헌들에서는 오시리스가 살해당해 물에 던져졌기 때문에 죽는 신이라고 단정하는 공격적인 표현이 보이기도 한다. 그러나 파라오가 곧 오시리스라는 사실을 암시하는 구절도 있다. 예를 들어 "오시리스가 살아 있는 것처럼, 이 우나스 왕[제5왕조 최후의 왕, BC 2350년경]도 살아 있다. 오시리스가 죽지 않는 것과 마찬가지로, 이 우나스 왕도 죽지 않는다"(Pyr., 167 이하)와 같은 정형구가 이에 해당한다.

---

34) 그들은 왕의 무덤 가까이에 묻힌 사람들이다.

29. 오시리스, 살해된 신

이러한 정형구들의 의미를 포착하기 위해서는 오시리스의 신화와 종교적 역할을 간단히 소개해둘 필요가 있다. 우선 오시리스 신화의 가장 완전한 전승은 플루타르코스(AD 2세기)가 저술한 『이시스와 오시리스에 대하여De Iside et Osiride』라는 제목의 작은 논설이라는 사실에 주의해야 한다. 앞에서 이미 지적했던 것처럼 이집트의 문헌들은 우주 창조에 관해서 체계적이고 종합적인 언급을 하고 있지 않고 단편적인 일화들만을 소개하고 있을 따름이다.(본권 26절) 오시리스가 최종적인 승리를 얻기까지의 긴장 상태 및 혼합주의라고 설명되는 몇 가지의 불일치와 모순에도 불구하고 오시리스의 중심적 신화는 쉽게 재구성할 수 있다. 어떤 전승에 따르더라도 오시리스는 전설적인 왕으로서 이집트를 공정함과 활력으로 통치했던 것으로 유명하다. 그러나 오시리스는 자신의 동생인 세트의 모략에 빠져 살해당한다. "대주술사"였던 그의 아내 이시스는 죽은 오시리스로부터 그의 아이를 임신하는 데 성공한다. 이시스는 오시리스를 매장한 후 델타로 달아났고, 파피루스 덤불 안에 숨어서 아들 호루스를 낳는다. 장성한 호루스는 먼저 에네아드Ennéad〔아홉 신〕 앞에서 자신의 권리를 인정받고, 아버지를 살해한 숙부〔세트〕를 공격한다.

처음에 세트는 호루스의 한쪽 눈을 빼앗는 데 성공한다.(Pyr., 1463) 하지만 전투는 계속되고 마침내 호루스가 승리한다. 호루스는 자신의 눈을 되찾아 오시리스에게 바친다. (그렇게 하여 오시리스는 다시 살아나게 되었다. Pyr., 609 이하) 신들은 세트에게 그가 죽인 자를 실어 나르도록 명령했다(예를 들면 세트는 배로 변하여 나일 강에서 오시리스를 나른다).[35] 그러나 아포피스 뱀처럼 세트 역시 고갈되지 않는 힘의 화신이기 때문에 그를 완전히 죽일 수는 없다. 승리를 거둔 호루스는 죽은 자의 나라로 내려가 반가운 소식을 전한다. 그는 아버지의 합법적인 계승자로 인정받고 왕위에 오른다. 이렇게 하여 그는 오시리스를 죽음에서 "깨운다." 텍스트에 따르면 "호루스는 오시리스의 영혼을 움직인다."

오시리스 특유의 존재 양식을 조명하는 부분은 드라마의 마지막 부분이다. 호루스는 의식이 없는 마비 상태에 빠져 있는 오시리스를 발견하고 그를 되살려낸다. "오시리스여, 보세요! 오시리스여, 들어보세요! 일어나세요! 다시 깨어나세요!"(258 이하) 오시리스는 움직이는 존재로 표현된 적이 없다. 그는 항상 무력하고 수동적인 모습으로 등장한다.[36] 즉위한 후, 즉 위기("혼돈")의 시대를 끝낸 다음 호루스는 오시리스를 되살려낸다. "오시리스여! 당신은 떠났었지만, 이제 돌아왔습니다. 당신은 잠들어 있었지만, 이제 깨어났습니다. 당신은 죽었었지만, 이제 다시 살아났습니다!"(1004 이하) 그러나 오시리스는 "정신적 존재(=영혼)"이며 생명력으로 소생한 것이었다. 그후 재생의 모든 힘과 식물의 풍요로운 생산력을 보증하는 것은 오시리스였다. 그는 대지 전체로 묘사되기도 하고 세계를 감싸는 대양에 비유되기도 한다. BC 2750년경

---

35) *Textes de Pyramides*, 626~627, 651~652 등. 플루타르코스가 중시하는 다른 판본에 따르면 세트는 오시리스의 시체를 열네 조각으로 절단하여 뿌렸다고 한다.(*Textes de Pyramides*, 1867을 참조하라) 그러나 이시스가 (물고기가 먹어버린 성기를 제외한) 오시리스의 모든 조각을 찾아내어 그 조각들이 뿌려졌던 장소에 묻었다고 하는데, 이는 수많은 성소에 오시리스의 무덤이 있었다는 사실을 설명해준다. A. Brunner, "Zum Raumbegriff der Aegypter", p. 615를 보라.

36) 제9왕조와 제10왕조의 텍스트들에서야 비로소 오시리스가 자신의 이름으로 말하기 시작한다. Clark, *Myth and Symbol in Ancient Egypt*, p. 110을 참조하라.

에 이르면 오시리스는 이미 비옥함과 성장의 원천을 상징하게 된다.[37] 다시 말해 살해되었던 왕(=죽었던 파라오)이 그의 아들 호루스(새로이 즉위한 파라오)가 통치하는 왕국의 번영을 보장하는 것이다.

우리는 라 신과 파라오, 그리고 오시리스-호루스라는 쌍 사이의 관계들을 대략 알 수 있다. 태양과 왕의 무덤은 신성성의 두 가지 주된 원천을 구성한다. 태양 신학에 따르면 파라오는 라 신의 아들이다. 그러나 죽은 왕(=오시리스)의 뒤를 계승했기 때문에 통치자 파라오는 호루스이기도 했다. "태양신화太陽神化solarisation"와 "오시리스화osirianisation"라는, 이집트의 종교 정신에서 보이는 이 두 흐름 사이의 긴장은 왕권의 기능에서 나타난다.[38] 지금까지 본 것처럼 이집트문명은 상이집트와 하이집트가 하나의 왕국으로 통합된 결과이다. 처음에는 라 신이 황금시대의 왕으로 간주되었으나, 중왕국 시대(BC 약 2040~1730년) 이후 그 기능은 오시리스에게로 넘어간다. 마침내 오시리스 신앙은 궁정 이데올로기에서 중요성을 확보한다. 왜냐하면 오시리스-호루스 부자가 왕조의 영속과 국가의 번영을 보증하기 때문이다. 세계의 풍요로움을 보증하는 원천으로서 오시리스는 아들이자 후계자인 호루스가 다스리는 세계에 번영을 가져다주었던 것이다.

중왕국 시대의 한 문헌은 모든 창조의 기반이자 원천이 되는 오시리스를 다음과 같이 찬미한다. "죽든지 살든지, 나는 오시리스다. 나는 그대 안으로 들어가며 그대를 통해 다시 나타난다. 나는 그대 안에서

---

37) Frankfort, *La Royauté*, pp. 256 sq.(곡물과 나일 강에 내재하는 오시리스)를 참조하라.

38) 어떤 관점에서는 죽은 신 오시리스와 죽어가는 신 라 사이의 경쟁 관계를 이야기할 수 있다. 왜냐하면 태양 역시 매일 저녁 "죽었다"가 다음 날 새벽에 다시 살아나기 때문이다.

썩고 그대 안에서 성장한다……. 신들은 내 안에 살아 있다. 왜냐하면 나는 신들의 식물인 보리 안에서 살고 자라기 때문이다. 나는 대지를 덮는다. 죽든지 살든지 나는 보리이다. 나는 죽지 않는다. 나는 질서 속으로 파고 들어간다……. 나는 질서의 주인이며, 질서 안에서 나타난다."[39]

여기서 우리는 육화한 존재의 흥미로운 변환으로 받아들여진 죽음에 대한 대담한 가치평가를 보게 된다. 죽음은 무의미한 것의 영역으로부터 유의미한 것의 영역으로의 이행이다. 무덤은 인간의 변용(sakh)이 성취되는 장소이다. 왜냐하면 죽은 인간은 아크Akh, 즉 "모습이 바뀐 영혼"으로 변하는 것이기 때문이다.[40] 여기서 주목해야 할 중요한 사실은, 점차 오시리스는 왕뿐 아니라 모든 백성들에게도 중요한 범례로 자리를 잡아간다는 점이다. 분명히 오시리스 신앙은 고왕국 시대부터 널리 퍼져 있었다. 그 사실은 헬리오폴리스 신학자들의 저항에도 불구하고 『피라미드 텍스트』에 오시리스가 등장하는 이유를 설명해준다. 그러나 곧 살펴보게 될 최초의 중대한 위기에 의해 이집트문명의 고전시대는 돌연 종말을 고하게 된다. 질서가 재확립되는 시기에 오시리스

---

39) *Texte des Sarcophages*, 330; trad. Clark, p. 142.

40) Frankfort, *Ancient Egyptian Religion*, pp. 96, 101. 죽은 자를 관에 넣는 것은, "그대는 관이라는 이름 아래 그대 어머니 누트에게 보내진다"(*Textes de Pyramides*, 616)에서 보이는 것처럼, 그를 그의 어머니인 하늘의 여신 누트의 품에 두는 것을 뜻하였음을 기억하자. 또 다른 텍스트에서는 누트를 죽은 자가 새로운 삶을 위해 깨어날 때까지 기다리며 잠자는 침대로 비유한다.(*Textes de Pyramides*, 741) 관의 네 개의 면은 이시스, 네프티스, 호루스, 그리고 토트로 의인화되어 있으며, 바닥은 대지신인 게브, 뚜껑은 하늘의 여신으로 보았다. 이처럼 관 속에 넣어진 죽은 자는 인격화된 전 우주로 둘러싸여 있었다. A. Piankoff, *The Shrines of Tut-Ankh-Amon*, pp. 21~22를 참조하라.

는 윤리적 관심과 종교적 희망의 중심이 되었다. 그것은 "오시리스의 민주화"라고 설명되어왔던 과정의 출발이었다.

　사실 파라오 외에도 오시리스의 드라마와 숭배에 의례적으로 참가하기를 원하는 사람들이 많아졌다. 이전에는 파라오를 위해 건조된 피라미드 묘실 벽에 새기던 글귀들이 이제는 귀족이나 전혀 특권을 갖지 못한 일반 민중의 무덤 내벽이나 관에까지 새겨지게 되었다. 오시리스는 죽음의 정복을 기원하는 모든 사람들의 모델이 되었다. 한 『석관 텍스트Textes des Sarcophages』(IV, 276 이하)에서는 "그대의 심장(영혼)이 그대와 함께 있는 한, 그대는 이제 왕의 아들이요 왕자이다"라고 선포한다. 오시리스의 예를 따라, 그리고 그의 도움을 받아, 죽은 자는 "영혼", 즉 완전히 통합되고 파괴할 수 없는 영적 존재로 변형되는 것이 가능하다. 살해되어 사지가 찢겼던 오시리스는 이시스에 의해 "복원되고" 호루스에 의해 다시 살아났다. 그렇게 하여 그는 새로운 존재 양식을 얻었다. 무력한 망령에서 "지식"을 갖춘 "존재", 입문을 통해 비의를 전수받은 영적 존재가 되었다.[41] 헬레니즘 문화에서의 이시스와 오시리스 비의는 바로 그러한 사상을 발전시킨 것이라고 생각된다. 오시리스는 태양신 라에게서 죽은 자를 심판하는 기능을 계승했고, 궁전 또는 원초적 언덕, 즉 "세계의 중심"에 자리 잡은 정의의 지배자가 되었다. 한편 라와 오시리스 사이의 긴장은 중왕국과 신왕국의 시대에 해결되지만, 이에 대해서는 나중에 살펴볼 것이다.(본권 33절)

---

41) 호루스가 명계로 내려가 오시리스를 소생시킬 때, 호루스는 그에게 "지식"의 힘을 부여하였다. 오시리스는 "알지 못했기" 때문에, 즉 세트의 진짜 본성에 대한 지식이 전혀 없었기 때문에 쉽게 희생되었던 것이다. Clark, pp. 114 sq.에 번역, 해설된 텍스트들을 참조하라.

30. 신성 왕권의 중단: 무질서, 절망 그리고 사후의 삶의 "민주화"

페피 2세는 제6왕조의 마지막 파라오였다. 그가 죽은 후, 이집트는 내란으로 심각하게 흔들리고 통일국가는 붕괴했다. 중앙 권력이 약해지자 야심을 가진 소국의 왕들이 들고 일어났다. 한동안 무정부 상태로 국토는 황폐해졌다. 한때 이집트는 헤라클레오폴리스에 수도를 둔 북왕국과 테베에 수도를 둔 남왕국으로 분열했다. 내전은 테베 군의 승리로 끝나고, 제11왕조의 마지막 왕들은 왕국을 통일하는 데 성공했다. 역사가들이 제1중간기(혹은 제1공백기)라고 명명했던 그 혼란기는 BC 2050년경 제12왕조의 수립과 함께 막을 내린다. 중앙 권력의 부흥은 진정한 르네상스의 시작이라고 할 수 있었다.

사후 존재의 "민주화"가 발생한 것은 이 중간기 동안이었다. 귀족들은 파라오들만을 위해 새겼던 『피라미드 텍스트』를 자기들의 관에 새겼다. 이 시대는 이집트 역사에서 파라오의 나약함이나 부도덕성이 비난받았던 유일한 시기이기도 하다. 대단히 흥미로운 몇몇 문학작품들을 통해 우리는 이 위기의 시대에 발생했던 근본적인 변화의 궤적을 따라가볼 수 있다. 그중 가장 중요한 텍스트는 『메리카라 왕을 위한 교훈Instructions pour le roi Meri-Ka-ré』, 『예언자 이푸웨르의 훈계Les Remontrances du Prophète Ipu-wer』, 『하프 연주자의 노래Le Chant du harpiste』, 『생활에 찌든 자의 영혼과의 대화La Dispute d'un homme fatigué avec son âme』 같은 제목으로 알려져 있다. 이 작품들의 저자들은 전통적 권위의 붕괴가 가져다준 불행, 그리고 특히 회의와 실망, 심지어 자살을 강요하는 부정과 범죄에 대해 언급하고 있다. 그러나 동시에 이들 문헌은 내면적 변화를 보여주기도 한다. 적어도 일부 고관들은 이 시기에 발생한 파국에 대해 자신들 스스로의 책임을 자각하며, 주저하지 않고 자신들의 죄를 인정하고 있다.

이푸웨르라고 하는 인물은 파라오〔혹은 라〕 앞에 나아가 재앙의 규모를 보고한다. "보십시오. 소수의 무책임한 자들에 의해 왕권이 찬탈될 지경에 이르렀습니다!…… 보십시오. 사람들은 두 왕국을 평화롭게 해주던 왕홀Uraeus〔*왕권을 상징하는 지팡이로, 뱀이 둘러져 있다〕에 대항하여 반역을 꾀하고 있습니다……. 곧 왕궁이 파괴될 것입니다!" 속주들과 신전들도 내란을 핑계로 세금을 내지 않았다. 피라미드의 분묘는 무참히 약탈당했다. "빈민들이 왕을 다른 곳으로 옮겨놓습니다. 보십시오. 과거에 무덤에 묻혔던 (신성한) 매가 이제는 (거친) 관 위에 놓이는 처지가 되고, 피라미드의 비밀 창고는 텅 비어버렸습니다." 그러나 "예언자" 이푸웨르는 계속 말을 해나가던 중에 더욱 대담해지고, 마침내 전반적인 무질서에 대한 책임을 파라오에게 묻기에 이른다. 왜냐하면 왕은 백성의 지도자가 되어야 함에도 불구하고, 〔그 책임을 방기한〕 그의 치세로 인해 죽음이 만연하게 되었기 때문이다. "권위와 공정은 폐하와 함께 있습니다. 그러나 폐하는 온 나라에 혼란과 불화의 목소리를 함께 불러왔습니다. 보십시오. 사람들은 이웃 사람들을 공격합니다. 사람들은 폐하의 명령을 실행하고 있는 것입니다. 이는 폐하의 행동이 이러한 사태를 불러일으켰으며, 폐하가 거짓말을 했다는 것을 보여주는 것입니다."[42)]

동시대의 왕들 중의 한 사람은 자신의 아들 메리카라를 위해 글 한 편을 지었다. 그 왕은 자기가 지은 죄를 겸허하게 인정하며 말한다. "이집트인은 묘지 안에서도 서로 싸운다……. 나도 같은 짓을 해왔다!" 나라의 불운은 "나의 행위들로 인해 발생했으며, 나는 그 일을 행

---

42) *Les Remontrances d'Ipu-wer*; trad. Wilson, *ANET*, pp. 441~444; Erman-Blackman, *The Ancient Egyptians*, pp. 92 sq.

한 후에야 내가 나쁜 짓을 했다는 것을 알게 되었다." 왕은 아들에게 "이 세상에 살아 있는 한 정의(*ma'at*)를 실행하라"고 권한다. "아직 살아갈 시간이 길다고 안심해서는 안 된다. 왜냐하면 (사후에 너를 심판할) 심판관들은 인생을 한순간으로밖에 여기지 않을 것이기 때문이다……." 인간과 함께 남는 것은 그의 행실 외에는 없다. 따라서 "악을 행하지 말라!" 돌로 기념비를 세우는 대신, "그대의 사랑에 의해 그대의 기념비가 영원하도록 행동하라.""모든 이를 사랑하라!" 신들은 공물보다 정의를 더욱 높게 평가하기 때문이다. "슬피 우는 자들을 위로하고, 과부를 학대하지 말라. 아버지로부터 받은 유산을 빼앗지 말라……. 부당한 처벌을 내리지 말라. 살인하지 말라!"[43]

특히 어떤 만행은 이집트인들을 공포 속으로 몰아넣었다. 도둑들이 선조의 무덤을 파헤쳐 시체를 꺼내고, 자신들의 무덤을 만들기 위해 그 석재를 가져가기도 했다. 이푸웨르가 말하고 있는 것처럼, "죽은 자들 중 많은 이가 강에 버려진다. 강은 무덤이 되었다……." 나아가 왕은 아들 메리카라에게 충고한다. "다른 사람의 묘비를 파괴하지 말라……. 폐허 위에 너의 무덤을 만들지 말라!" 『하프 연주자의 노래』는 무덤의 약탈과 파괴에 대해 이야기하지만 그 이유는 완전히 다르다. "옛날, 생명을 받았던 신들(즉 왕들)은 피라미드 안에서 쉬고 있고, 축복받은 죽은 자들(즉 귀족들) 역시 그들의 피라미드에 묻혀 있다. 하지만 지금 그들의 거처는 없어졌다. 그것들이 어떻게 되었는지 보라!…… 벽은 깨져 갈라지고, 그 집은 존재한 적이 없었던 것처럼 더 이상 존재하지 않는다!" 그러나 이 시의 작자에게 이러한 불법 행위는 불가해한 죽음의 신비를 한 번 더 확인시켜주는 것에 불과하다. "그 누

---

43) Trad. Wilson, *ANET*, pp. 414~418 ; Erman-Blackman, pp. 72 sq.

구도 우리에게 자신들의 처지를 설명하고 자신들의 욕구를 말하기 위해, 그들이 죽어서 간 곳[*죽음의 나라]으로 우리 자신이 나아가게 될 때 우리의 마음을 진정시키기 위해 그곳[*죽음의 나라]에서 돌아오지 못한다." 그리고 하프 연주자는 결론을 내린다. "살아 있는 동안 그대의 욕망을 따르라……. 그리고 번뇌하지 말라……."[44]

모든 전통적 제도의 붕괴는 불가지론과 회의주의, 그리고 깊은 절망을 숨길 수 없어 비롯된 향락의 찬미로 표현된다. 신성 왕권의 중단 syncope으로 인해 불가피하게 죽음에 대한 종교적 가치가 하락했다. 파라오가 더 이상 육화한 신으로 행동하지 않는 이상, 모든 것, 무엇보다 삶의 의미와 나아가 사후 세계의 실재성이 의심스러워진다. 『하프 연주자의 노래』는 이스라엘, 그리스, 고대 인도 등에서의 다른 절망적 위기, 즉 전통적 가치의 붕괴로 인해 초래된 위기를 생각나게 한다.

가장 감동적인 텍스트는 분명히 『자살에 관한 토론La dispute sur le suicide』일 것이다. 그 문헌은 절망에 빠진 한 남자가 자기의 영혼(bâ)과 나누는 대화를 담고 있다. 남자는 자살을 한다면 지금이 적기라고 자신의 영혼을 설득한다. "이제 내가 누구에게 말을 건네겠는가? 형제들은 고집쟁이들이고, 옛날의 친구는 더 이상 사랑이 없다……. 마음은 탐욕스럽고, 사람들은 친구의 재물을 빼앗으려 든다……. 더 이상 정의는 없다. 나라는 악한 이들에게 넘어갔다……. 대지를 뒤덮는 죄악은 끝이 없다." 이러한 재난 한가운데서 죽음이 머리를 들고 나온다. 그는 죽음을 가장 바람직한 것으로 여긴다. 죽음은 잊고 있었던, 혹은 거의 경험한 적이 없는 축복으로 그를 가득 채운다. "지금 나에게 죽음

---

44) Trad. Wilson, *ANET*, p. 467. 또한 Breasted, *Development of Religion and Thought in Ancient Egypt*, p. 183 ; Erman-Blackman, pp. 132 sq.를 참조하라.

은 마치 환자가 병에서 회복되는 것…… 혹은 몰약의 향기…… 연꽃의 향기…… 비 내린 뒤의 (대지의) 향기…… 오랜 세월 동안 포로로 잡혀 있던 자가 고향을 그리는 그 그리움과 같다." 그의 영혼(*bâ*)은 먼저 자살한 자에게는 장례식이나 매장이 금지되어 있다는 것을 상기시키고, 다음으로 감각적인 쾌락을 추구함으로써 고통을 잊으라고 그를 설득한다. 마지막으로 영혼은 그가 자살하기로 결심한다 할지라도 계속해서 그의 곁에 남을 것이라고 약속한다.[45]

중간기의 문학작품들은 중왕국의 파라오들이 정치적 통일을 회복한 다음에도 계속 읽히고 전파되었다. 이 텍스트들은 커다란 위기에 대한 가장 확실한 증거일 뿐 아니라, 그 이후에도 계속해서 확대되었던 이집트적인 종교 정신의 한 경향을 보여준다. 여기서 그 사상을 간단히 기술하는 것은 곤란하다. 여기서는 모델로서의 파라오의 위격〔신격〕과 그것을 복제한 **인간의 위격**〔인격〕이 서로 겹쳐 있다는 사실을 지적하는 데 그치고자 한다.

31. "태양신화"의 신학과 정치

중왕국에서는 일련의 탁월한 왕들이 등장하여 이집트제국을 통치했는데, 그들 대부분은 제12왕조에 속하던 왕이었다. 그들이 다스리던 시기의 이집트는 경제적으로 팽창하고 국제적으로 지대한 영향력을 행사했다.[46] 파라오가 자신의 즉위식에서 선택한 이름들을 살펴보면, 신과

---

45) Trad. Wilson, *ANET*, pp. 405~407. Breasted, *op. cit.*, pp. 189 sq.; Erman-Blackman, pp. 86 sq.를 참조하라.

인간 앞에서 정의(*ma'at*)의 원칙에 따라 행동하고자 하는 그들의 의지가 잘 드러나 있는 것을 알 수 있다.[47] 헤르모폴리스에서 숭배의 대상이 되었던 여덟 신 중의 하나인 아멘[아몬] 신이 아멘-라[아몬-레]로서 최고신의 위치에 오른 것은 제12왕조 때였다. (12왕조의 시조 이름은 "아멘이 선두에 있다"라는 의미의 아멘엠하트Amenemhat이다.) "숨은" 신(본권 26절 참조)은 특히 "드러난" 신인 태양신과 동일시되었다. 아멘이 신왕국의 보편신이 된 것은 "태양신화太陽神化"에 기인한다.

역설적이지만 이 왕국[신왕국]—왕국이란 칭호를 받을 만한 유일한 왕국이다—은 제12왕조의 멸망 후에 시작된 두 번째 위기의, 늦추어지기는 했지만 피할 수 없었던 귀결이었다. BC 1674년 힉소스의 침입이 있기 전까지 수많은 왕이 속속 그 다음 왕에게 자리를 물려주었다. 힉소스의 침략이 있기 두 세대 전에 이미 시작되고 있었던 국가 붕괴의 원인에 대해서는 알려져 있지 않다. 하지만 어떤 경우이든 이집트인들은 말과 전차, 갑옷, 그리고 복합궁複合弓을 사용하는 힉소스의 무시무시한 전사들의 공격에 오래 저항할 수는 없었을 것이다. 힉소스의 역사에 대해서는 잘 알려져 있지 않다.[48] 그러나 그들의 이집트 침략은 BC 17세

---

46) 여러 지역의 지배자들이 자기 지역의 통치권을 완전히 장악하고 있었다는 사실을 고려한다면, 이것은 더욱 칭찬할 만한 성과라고 말할 수 있을 것이다.

47) Wilson, *The Culture of Ancient Egypt*, p. 133에 인용된 예들을 보라. 이집트인들은 그때까지도 자기들만이 유일한 **진짜** 인간이고, 외국인들은 동물과 흡사하며 경우에 따라서는 그들을 희생 제물로 사용할 수 있다고 생각했던 것이 사실이다.(*ibid.*, p. 140을 참조하라)

48) 힉소스라는 단어의 어원은 "이국땅을 다스리는 자hikau khasut"라는 이집트 말이다. 현재 알려진 대부분의 이름은 셈어에 기원을 두고 있지만, 후리아어에 속하는 단어로 알려진 것들도 있다. 힉소스는 그 당시 이집트 문헌에서는 언급되고 있

기에 근동을 뒤흔들었던 민족 이동의 결과였음이 분명하다.

침략자들은 승리를 거둔 후 델타 지방에 자리를 잡았다. 그들은 수도를 아바리스에 두고, 가신들을 통해 하이집트 지역의 대부분을 지배했다. 하지만 그들은 공물을 받는 대가로 파라오가 상이집트의 지배권을 계승하도록 허락하는 실수를 저질렀다. 힉소스는 시리아의 신들, 그중에서도 바알과 테슈프Teshup를 이집트에 들여왔으며, 테슈프는 세트와 동일시되었다. 오시리스를 죽인 세트를 최고신의 지위에 올려놓는 것은 분명한 모욕이었다. 그러나 이미 제4왕조 시대에 델타 지방에서 세트 숭배가 행해지고 있었다는 사실을 분명하게 밝혀야 한다.

이집트인들에게 있어서 힉소스의 침입은 이해하기 어려운 대재앙이었다. 신들로부터 특권을 부여받았다고 믿고 있었던 그들의 자신감은 큰 타격을 받았다. 게다가 델타 지역이 아시아인들에 의해 식민지화되었고, 침략자들은 요새를 짓고 그 안에 틀어박혀 이집트문명을 경시했다. 그러나 여기서 이집트인들은 교훈을 얻었다. 그들은 점차 정복자의 무기를 다룰 수 있게 되었던 것이다. 이집트가 붕괴(BC 약 1600년)된 지 1세기 후, 제17왕조의 파라오가 지배하고 있던 테베는 해방전을 시작했다. 마침내 테베 군이 승리했고, 그 결과 제18왕조(BC 1562~1308)의 왕이 즉위하면서 신왕국이 설립되었다.[49]

지 않다. 제19왕조의 문헌과 그것과 거의 동시대에 만들어진 민화 안에서 타니스라는 요새 도시에 대한 언급이 보일 뿐이다. 침략자들(이집트인들의 눈에는 "야만인들")은 혼돈의 상징인 아포피스 뱀과 동일시되고 있다.

49) 힉소스를 몰아낸 것에 대한 공식적인 기록은 전혀 없다. 해방전에 참여했던 무명 병사가 기록한 짧은 자전적 필기에서 그 유일한 증거를 찾을 수 있을 뿐이다. 이 문헌은 Breasted, *Ancient Records of Egypt*, II, pp. 1 sq.에 번역되어 있다. 또한 Wilson, *op. cit.*, pp. 164~165를 보라.

힉소스의 지배로부터 해방되면서 민족주의와 배타주의가 표출되었다. 힉소스에 대한 복수심이 누그러지는 데에는 족히 1세기가 걸렸다. 처음에 새로운 왕들은 징벌하기 위해 급습을 감행하기도 했다. 그러나 BC 1470년에 투트메스 3세가 힉소스 요새를 공격하는 원정을 시작하면서 아시아 지방에서 일련의 군사행동이 개시되었다. 이국인의 점령으로 인해 생겨난 불안감은 오랫동안 사라지지 않았다. 투트메스 3세가 정복 전쟁을 계속하여 결국 제국을 구축한 것은 이집트를 외부의 공격에 굴하지 않게 만들기 위한 것이었다. 아마도 그의 통치 기간 중 처음 22년 동안 겪었던 좌절이 그의 군사적 야심을 키웠을 것이다. 그 기간 동안 실제적인 군주는 왕의 백모이자 양모인 하트셉수트였다. 대단히 뛰어난 재능을 가졌던 이 여성 통치자는 정복 전쟁보다는 문화적, 상업적 확장을 꾀했다. 그러나 하트셉수트가 권좌에서 물러난 2주일 뒤 투트메스는 "반란의 무리"를 진압하기 위해 팔레스타인과 시리아로 향했다. 얼마 후 왕은 메기도 전투에서 승리를 거두었다. 제국의 미래를 위해서는 다행스럽게도 투트메스는 피정복자에게 관대했다.

이로써 이집트의 고립주의는 끝이 났지만, 전통적인 이집트 문화 또한 쇠락했다. 신왕국은 그다지 오래 지속되지 않았지만, 그 영향력은 쉽게 없애기 어려운 것이었다. 신왕국이 선택한 대외 정책의 결과, 이집트 문화는 점차 국제적인 문화로 발전했다. 메기도 전투에서 승리를 거둔 후 1세기가 지날 무렵, 수많은 "아시아인"이 도처에, 심지어 행정부와 왕궁에까지 들어와 사는 것을 볼 수 있었다.[50] 다양한 이국의 신들이 허용되었을 뿐만 아니라 이집트의 신들에게 동화되기도 했다. 나아가 이집트의 신들은 이국땅에서도 예배의 대상이 되었고, 아멘-라

---

50) Wilson, *op. cit.*, pp. 189 sq.를 보라.

는 국제적인 신이 되었다.

아멘의 태양신화는 여러 종교의 융합과 태양신이 지상신으로 회복되는 것을 용이하게 해주었다. 태양은 어느 민족에게나 받아들여질 수 있는 유일신이었기 때문이었다.[51] 아멘−라를 우주의 창조신이자 우주를 지배하는 신으로 숭배하는 가장 아름다운 찬가는 "제국" 시대의 초기에 만들어졌다. 또 태양신을 지상신으로 숭배하는 신앙은 종교적 통일을 위한 준비이기도 했다. 다시 말해 하나의 신적 원리가 나일 강 유역에서부터 시리아와 아나톨리아에 이르기까지를 점차 지배하게 된 것이다. 이집트에서는 보편주의적 경향을 띠었던 이 태양 신학은 운명적으로 정치 질서의 긴장에 관여했다. 제18왕조 동안에 아멘−라의 신전은 눈에 띄게 확대되었고, 그 수입은 열 배 이상 증가했다. 힉소스에 의한 점령, 그리고 테베의 파라오에 의한 이집트 해방의 결과, 신들은 한층 더 직접적으로 국사에 관여하게 되었다. 그것은 여러 신들─무엇보다 아멘−라─이 사제 집단을 통해 자신들의 정치적 입장을 전한다는 것을 의미했다. 아멘 신을 모시는 대사제는 파라오에 버금가는 권위를 얻게 되었다. 이렇게 하여 이집트는 신권 국가로 변질되었으며, 그 결과 대사제와 파라오 사이의 권력투쟁은 수그러들 줄 몰랐다. 사제 계급의 과도한 정치 개입으로 말미암아, 서로 다른 신학적 입장을 가진 세력 사이의 긴장이 해소될 수 없는 적대 관계로 경화되기도 했다.

---

51) 천계의 신들이 디이 오티오시dii otiosi[deus otiosus의 복수형]이 되어가는 이유에 대해서는 다른 곳(본권 20절. 또한 *Traité*, § 14, 30을 보라)에서 이미 살펴보았다.

32. 아켄아톤 혹은 좌절된 개혁

소위 "아마르나 개혁"(BC 1375~1350), 즉 태양신 아톤[아텐]이 유일한 지상신의 위치로 격상된 사건은 대사제의 지배로부터 벗어나고자 했던 아멘호테프 4세의 의지에 따른 결과물이었다. 젊은 파라오는 즉위하자마자 대사제로부터 신의 재산을 관리하는 권한을 박탈하고 그의 권력의 원천을 제거해버렸다. 다음으로 파라오는 자신의 이름("아멘은 만족한다")을 아크-엔-아톤Akh-en-Aton("아톤을 섬기는 자")으로 바꾸고, 옛 수도 테베("아멘의 도시")를 버리고 500킬로미터 북쪽에 새로운 수도 아케타톤[아톤의 지평선](현재의 텔 엘 아마르나)을 세운 다음, 새로운 궁전과 아톤의 신전을 세웠다. 아멘의 신전과 달리 아톤의 신전에는 지붕이 없었기 때문에 태양을 마음껏 예배할 수 있었다. 아켄아톤의 개혁은 이것으로 끝나지 않았다. 아마르나의 "자연주의"라고 불리는 새로운 조형예술 양식이 권장되었으며, 민중의 속어가 왕실 문서와 법령에 사용되기도 했다. 나아가 파라오는 예법으로 강요되고 있던 엄격한 인습주의를 폐지하고, 왕족 구성원과 측근들 사이의 관계도 자발적으로 이루어지도록 하였다.

이러한 개혁들은 아켄아톤이 "진리(*ma'at*)"라고 부른, 생명의 리듬에 따른 모든 "자연적인 것"에 부여한 종교적 가치에 의해 정당화되었다. 그것이 가능했던 것은, 병약하며 신체적 장애를 가지고 있던 파라오가 "생명의 기쁨"의 종교적 의미, 즉 아톤의 무한한 창조력, 특히 신성한 빛을 향수하는 데서 오는 행복을 발견했기 때문이었다. "개혁"을 강제하기 위해 아켄아톤은 아멘 및 다른 모든 신들[52]을 몰아내고, 생

---

52) 원칙적으로는 그랬지만 라, 마아트 그리고 하라크티Harakhti는 남겨두었다.

명의 우주적 원천이며, 태양신과 동일시되었던 지상신 아톤을 숭배했다. 아톤은 그의 숭배자들에게 생명(*ankh*)의 상징을 전해주는 손 모양의 광선으로 표현되고 있었다. 두 편밖에 남아 있지 않은 아톤의 찬가를 통해 우리는 아켄아톤의 종교사상의 본질을 이해할 수 있다. 의심의 여지없이 그 찬가는 이집트의 가장 숭고한 종교적 표현을 보여준다. 태양은 "생명의 시작이며", 그 빛은 "대지 전체를 감싸 안는다." "당신은 비록 멀리 떨어져 있으나, 당신의 빛은 이 땅 위를 비춥니다. 당신의 몸은 인간의 얼굴에 비치지만, 당신의 흔적은 보이지 않습니다."[53] 아톤은 "여성의 몸속에 배아를 만든 분"이며, 태아에게 생명을 부여하고 아이의 탄생과 성장을 지켜주신다. 아톤은 달걀 안의 병아리에게도 생명의 숨을 불어넣고 보호하는 분이다. "당신께서 이루시는 일들은 어쩌면 이리도 다양한지요! 그 모든 것은 인간에게 감추어져 있습니다. 오! 유일한 신이시여, 당신 이외에 다른 신은 없습니다."[54] 이 땅을 만든 것도, 남자와 여자를 만든 것도, 창조물 하나하나를 필요에 따라 적절한 위치에 놓은 것도 아톤 신이었다. "이 세상은 당신으로 인해 존재합니다!" "모든 것은 각기 먹을 것을 갖고 있습니다."

당연한 일이지만 이 찬가는 「시편」 104편과 비교되어왔다. 아켄아톤 개혁의 "일신교적" 성격에 대한 논의도 이루어진 바 있다. 브레스티드

---

53) "그대가 잠들면…… 대지는 마치 죽음과 같은 암흑 속에 있게 됩니다." 그 밤 동안 야수와 뱀이 활동하며, 그때에는 "세상이 침묵 속에 잠깁니다." 아켄아톤은 새벽의 기적, 나무, 꽃, 새, 물고기가 누렸던 행복감에 대해 놀라울 정도로 새롭게 세부적으로 묘사하고 있다.

54) "당신께서는 오직 당신만이 홀로 존재하였던 때에 이 땅을 창조하셨습니다……." "당신은 당신이 만든 모든 것을 저 높이서 굽어보기 위해 하늘을 저 먼 곳에 만드셨습니다."

Breasted는 아켄아톤을 "최초의 역사적 개인"이라고 명명했다. 이 파라오의 독창성과 중요성은 오늘날에도 계속해서 논쟁의 대상이 되고 있다. 그러나 그의 종교적 열정에 대해서는 의심할 여지가 없다. 그의 석관에서 발견된 기도문에는 다음과 같은 구절이 담겨 있다. "당신의 달콤한 입김을 맡기 위해 나는 갑니다. 매일 나는 당신의 아름다움에 사로잡힐 것입니다……. 당신의 영혼이 깃든 손길을 나에게 주소서. 당신을 받아들이고 당신의 영혼에 의해 생명을 얻을 수 있도록. 나의 이름을 영원히 불러주소서, 그 부름에 대답하지 않는 때는 없을 것입니다!" 이 기도문은 3300년이 지난 지금에도 사람의 마음을 감동시키는 힘을 가지고 있다.

아켄아톤의 재위 기간 동안, 이집트는 그의 정치적·군사적 소극성 때문에 아시아의 영토 대부분을 상실했다. 그의 후계자인 투탕카멘(BC 1357~1349)은 아멘의 대사제와의 관계를 회복하고 다시 테베로 수도를 옮겼다. "아톤주의적 개혁"의 흔적은 거의 말살되었다. 그후 얼마 지나지 않아, 오랜 영광을 누렸던 제18왕조의 마지막 파라오는 죽음을 맞았다.

연구자들의 일반적인 견해에 따르면 제18왕조의 멸망은 동시에 이집트적 창조성의 종말이기도 하다. 이집트의 종교적 창조성이 이시스와 오시리스의 비의가 확립될 때까지 그다지 눈에 두드러지지 않았다는 사실은 신왕국 시대에 이루어진 종교적 종합의 위대성과 효력에 의해 설명이 된다.[55] 왜냐하면 어떤 관점에서 보자면 이러한 종교적 종합은 이집트의 종교적 사유의 절정을 보여주며, 이 종합은 양식상의

---

55) 물론 우리는 이러한 종교적 창조의 심오한 의미를 이해할 수 있는 종교 엘리트들을 생각하고 있다.

혁신을 촉진했던 완벽하게 선명한 체계를 구성했기 때문이다.

이러한 신학적 종합의 중요성을 이해하기 위해 잠시 "아톤적 유일신론"으로 돌아가보자. 우선 아켄아톤이 그의 찬가에서 사용했던 표현—"유일한 신이시여, 당신 이외에 다른 신은 없습니다"—은 이미 아마르나 개혁이 있기 1000년 전에 아멘, 라, 아톰, 그리고 다른 신들에게 사용되었다는 것을 밝혀두자. 다시 말해 존 윌슨이 지적하고 있는 것처럼[56] 적어도 두 신격이 존재했는데, 아켄아톤은 이미 신격화되고 숭배되고 있었기 때문이다. 소수의 신자들(궁정의 관리들과 고관들로 이루어졌다)은 아톤이 아니라 바로 아켄아톤에게 기도를 올렸다. 파라오는 그의 뛰어난 찬가에서, 아톤이 자기 개인의 신이라는 점을 밝히고 있다. "당신은 내 마음 안에 있으며, 당신의 계획과 힘을 알고 있는 당신의 아들(즉 아켄아톤)을 제외하고는 다른 누구도 당신을 알지 못합니다!" 바로 이런 이유로 인해 "아톤주의"는 거의 아켄아톤의 죽음과 동시에 소멸했다. 요컨대 그것은 왕실과 일부 궁정 가신들 사이에 한정된 신앙이었던 것이다.

아톤은 아마르나 개혁이 있기 훨씬 전부터 알려져 있었으며, 숭배되고 있었다는 사실을 덧붙이고자 한다.[57] 『저승에 존재하는 것에 관한 책 Le Livre de ce qui est dans l'au-delà』에서 라는 "원반(아톤)의 주인"이라고 불렸다. 제18왕조의 다른 텍스트에서 아멘("숨은 신")은 언급되고 있지 않지만, 라는 "얼굴을 가린 신", "다른 세계에 숨어 있는 신"으로 그려진다. 즉 라 신의 신비적인 특성과 불가시성은 태양의 원반 속에서 완전

---

56) Wilson, *op. cit.*, pp. 223 sq.

57) Wilson, *op. cit.*, pp. 210 sq.; Piankoff, *Les Shrines de Tut-Ankh-Amon*, pp. 5 sq.를 참조하라.

하게 드러나게 된 신인 아톤의 상보적 측면을 언명하고 있는 것이다.

33. 최후의 종합: 라와 오시리스의 결합

신왕국의 신학자들은 서로 대립하는, 심지어 서로 반목하는 신들의 상보성을 강조한다. 『라 신에게 드리는 기도Litanie de Rê』에서 태양신은 "하나로 연결된 존재"라고 불린다. 또한 그는 상이집트의 왕관을 쓴 오시리스의 미이라 형태로 나타나기도 한다.[58] 다시 말하면 오시리스에게는 라의 영혼이 스며들어 있다는 것이다.[59] 두 신의 일체화는 죽은 파라오의 위격 안에서 완성된다. 파라오는 오시리스가 되는 과정을 밟은 후 젊은 라 신으로 환생한다. 태양의 운행은 인간의 운명을 완벽하게 보여주는 범례이기 때문이다. 즉 하나의 존재 양태로부터 다른 양태로, 생명에서 죽음으로, 그리고 그 이후의 새로운 탄생으로의 변화 과정이 나타나 있다. 라가 지하 세계로 내려가는 것은 그의 죽음과 부활을 상징한다. 어떤 텍스트는 "오시리스 안으로 쉬러 들어가는 라, 라 안으로 쉬러 가는 오시리스"라는 표현을 사용한다.[60] 무수한 신화적 은유들을 통해 라 신의 양면성, 즉 태양적인 동시에 오시리스적인 양면성이 강조되어 있다. 저세상으로 내려감으로써 왕은 오시리스-라라는 두 신의 이름을 가진 자가 된다.

앞에서 언급한 텍스트에 따르면, 라는 "저세상에 몸을 숨긴다." 『라

---

58) Piankkoff, *op. cit.*, p. 12

59) A. Piankoff, *The Litany of Re*, p. 11을 참조하라.

60) A. Piankoff, *Ramesses VI*, p. 35를 참조하라.

신에게 드리는 기도』중의 몇몇 구절(20~23행)은 라 신이 물의 속성을 가진 사실을 강조하고, 태양신과 원초적 바다를 동일시한다. 그러나 대립항의 통일은 라와 오시리스, 또는 호루스와 세트 사이의 신비적 연대를 통해 표현되어 있다.[61] 런들 클라크Rundle Clark의 뛰어난 공식을 적용시킨다면(*Myth and Symbol*, p. 158), 현세를 초월하는 신 라와 현세에 나타나는 신 오시리스는 신성의 상보성을 나타내는 두 형태이다. 결국 문제가 되는 것은 동일한 것의 "신비", 특히 유일신으로부터 발생하는 여러 형태의 다양성이다.[62] 아툼에 의해 완성된 신의 계보와 우주 창조 신화에 의하면(본권 26절) 신은 하나인 동시에 여럿이다. 그리고 창조는 신의 이름과 형태가 증식된 것에 지나지 않는다.

신들의 연합, 그리고 합체화는 태곳적부터 이집트의 종교사상에 자주 보이는 것이다. 신왕국 신학의 독창성을 만들어낸 것은, 한편으로는 라의 오시리스화와 오시리스의 태양신화라는 이중적 과정의 요청이며, 다른 한편으로는 이러한 이중적 과정이 인간 존재의 비밀, 즉 **생명과 죽음의 상보성**을 분명히 보여준다는 확신이다.[63] 어떤 관점에서 보면 이러한 신학적 종합은 오시리스의 승리를 확정하는 동시에 오시리스에게 새로운 의미를 부여한다. 살해된 신이 승리한다는 신학은 이미 중왕국 초기에 완성되었다. 제18왕조 이래 오시리스는 죽은 자를 심판하는 신

---

61) Piankoff, *Litany*, p. 49, n. 3에 인용된 예들을 참조하라

62) 이미 『피라미드 텍스트』에서 아툼은 자신의 몸에서 신들을 만들어냈다. 원초적인 뱀이라는 형태로(본권 26절을 참조하라) 아툼은 오시리스와 동일시되며(이는 그 역시 "죽을" 수 있다는 사실을 내포한다), 따라서 호루스와도 동일시된다. Piankoff, *Litany*, p. 11, n. 2에 인용, 해설된 텍스트들을 참조하라.

63) 비록 목적은 다르지만 비슷한 목표를 가진 방법이 『브라흐마나Brahmānas』 시대 이후의 인도에서 실천되었다. 본권 9장을 참조하라.

이 된다. 죽은 자가 겪는 두 장면—"재판"과 "영혼의 측정"—은 오시리스의 앞에서 전개된다. 『석관 텍스트』에서는 구분되어 있는 "재판"과 "영혼의 측정"이 『사자의 서』에서는 자주 혼동되고 있다.[64] 신왕국 시대에 편찬되었지만 그 이전의 자료를 포함하고 있는 이러한 장례 문서들은 이집트문명이 끝날 때까지 비할 데 없는 인기를 누린다. 『사자의 서』는 저세상의 영혼을 위한 최고의 안내자였다. 이 책에 실린 기도와 주문은 영혼의 여행을 도와주는 것이며, 무엇보다 "재판"과 "영혼의 측정"이라는 시련을 잘 이겨내도록 도와주려는 의도를 가지고 있다.

　『사자의 서』의 원초적인 요소들 가운데에서 "제2의 죽음"의 위험(44, 130, 135~136, 175~176장)과 자신의 기억을 보전하는 것의 중요성(90장), 자신의 이름을 기억하는 것의 중요성(25장)에 대해 언급하지 않을 수 없다. 이런 신앙은 "미개" 민족만이 아니라 그리스와 고대 인도에서도 상당히 널리 인정되고 있었던 것이다. 그렇지만 이 작품은 신왕국의 신학적 종합을 반영하고 있다. 라 신에게 바쳐진 한 찬가(15장)는 매일 반복되는 태양의 여행을 묘사한다. 라는 지하 세계로 들어가면서 기쁨을 발산한다. 죽은 자들은 "당신이 위대한 신이시며 영원의 정복자인 오시리스를 위해 그곳에서 빛날 때 기뻐한다." 죽은 자가 자신을 라, 호루스, 오시리스, 아누비스, 프타 등의 신들과 동일시하고 싶어한다는 사실도 의미심장하다. 그런 사실은 주문을 사용하는 일과 모순되지 않는다. 실제로 신의 이름을 안다는 것은 그 신에게 일정한 힘을 행사할 수 있다는 것과 마찬가지이다. 이름, 그리고 일반적으로는 언어의

---

64) J. Yoyotte, "Le Jugement des morts dans l'Égypte ancienne", p. 45를 참조하라. "왕이나 일반인 모두가 거쳐야 했던" 사자에 대한 재판과 하늘의 정의라는 개념은 제9왕조부터 분명하게 기록되기 시작한다는 사실을 확실하게 말해두자.(*ibid*, p. 64)

주술적 가치는 선사시대부터 알려져 있었다. 이집트인들은 주술이 인간을 보호하기 위해 신들이 만든 무기라고 생각했다. 신왕국 시대에 주술은 태양신의 속성으로, 배를 타고 여행하는 라를 따르는 신의 모습으로 표현되었다.[65] 결국 지하 세계를 다니는 라의 밤의 여행은 수많은 장애물의 방해를 받는 위험한 하강이며, 동시에 죽은 자가 거쳐야 할 재판의 장소로 향해 가는 여행의 범례를 구성하는 것이기도 하다.[66]

『사자의 서』에서 가장 중요한 부분인 125장에는 "두 개의 마아트"[67]라고 불리는 넓은 방에서 영혼이 재판을 받는 장면이 서술되어 있다. 죽은 자의 심장은 천칭의 한쪽 저울에 놓이고, 다른 한쪽에는 마아트의 상징인 깃털 또는 안구가 놓여 있다. 재판이 진행되는 동안, 죽은 자는 자기에게 불리한 증거가 나오지 않기를 간청하며 기도문을 읊는다. 그는 "부정적 고백"이라고 알려져 있는 자신의 결백 선언을 해야 한다.

> 나는 사람들에게 부정한 일을 행하지 않았습니다…….
>
> 나는 신을 모독하지 않았습니다.
>
> 나는 가난한 사람들의 물건을 빼앗지 않았습니다…….
>
> 나는 살인을 하지 않았습니다…….
>
> 나는 누구에게도 고통을 주지 않았습니다.
>
> 나는 신전에 들어온 음식을 축내지 않았습니다 등.

---

65) 그러나 점차 주문의 역할이, 특히 일반인들 사이에서는, 지고한 것으로 여겨지게 된다.

66) 다른 장례 관련 문서들—『저승에 존재하는 것에 관한 책』, 『문의 서』 등—은 해가 진 후 12시간 동안 라가 자기의 배를 타고 여행하는 죽음의 왕국에 대해 체계적으로 묘사한다.

67) 이 표현의 의미에 대해서는 Yoyotte, pp. 61 sq.를 보라.

나는 결백합니다. 나는 결백합니다. 나는 결백합니다.

나는 결백합니다.

  여기서 죽은 자는 재판관이 된 42신의 이름을 부르며 말한다. "이곳
에 계신 신들께 인사드립니다. 저는 여러분을 알고 있으며, 이름도 알
고 있습니다. 제가 당신들의 일격에 쓰러지는 일은 없겠지요. 당신들
은 당신들이 따르는 그 신께 제가 나쁜 인간이라고 보고하지 않을 것
입니다⋯⋯. 당신들은 우주의 지배자 앞에서 **마아트**가 마땅히 저에게
주어져야 한다고 말씀하시겠지요. 저는 이집트에서 **마아트**를 실천해왔
기 때문입니다." 그는 자신을 칭찬하며 말한다. "나는 신께서 (보기)
좋아하시는 일을 함으로써 신을 만족시켜드렸습니다. 나는 배고픈 자
에게 빵을 주었고, 목마른 자에게 물을 주었으며, 헐벗은 자에게 옷을
주었고, 배를 가지지 못한 자에게 배를 주었습니다⋯⋯. 그러니 저를
지켜주시고 저를 보호해주십시오! 위대하신 신 앞에서 저에게 불리한
보고를 하지 말아주십시오!" 마지막으로 그는 오시리스를 향해서 말한
다. "지극히 높으신 자리에 앉으신 분이시여 ⋯⋯ 불행의 씨앗을 뿌리
며 말썽을 피우는 이 전령들로부터 저를 보호하소서⋯⋯. 저는 지금까
지 **마아트**의 지배자를 위하여 **마아트**를 실천해왔습니다. 저는 결백합니
다."[68] 그리고 또한 죽은 자는 통과의례 유형의 심문을 통과해야 한다.
그는 문과 문지방의 여러 부분, 또는 그 방을 지키는 문지기, 그리고
신들의 비밀스런 이름들을 알고 있다는 사실을 증명해야 한다.[69]

68) Trad. Yoyote, pp. 52~56.
69) *Ibid.*, pp. 56~57. 고왕국 시대에는 파라오도 통과의례적 심문을 통과해야 했
   다. 본권 28절을 참조하라.

죽음의 신비를 사색함으로써, 이집트인들은 그들의 천재성을 발휘하여 최후의 종교적 종합을 실현할 수 있었다. 그것은 이집트문명이 종말을 고할 때까지 우위를 유지했던 유일한 종합이었다. 그것이 다양한 방식으로 해석되고 적용되었던 하나의 창조였음은 말할 필요도 없다. 라-오시리스라는 두 이름을 가진 신, 또는 생과 사, 그리고 변용의 연속성이 갖는 깊은 의미가 주문의 효력을 확신하는 신자들에게 반드시 이해되고 있었던 것은 아니지만, 그 주문은 동일한 종말론적 그노시스[영적 인식]를 반영하고 있다. 죽음에 대한 오랜 관념을 영혼의 변화라고 하는 개념으로 발전시킴으로써, 신왕국의 신학자들은 이러한 "신비"의 모델을 라의 하루하루의 위업과 오시리스의 원초적 드라마 안에서 찾아냈다. 이렇게 하여 그들은 영원하고 불멸하는 것—태양의 운행—과 비극적이지만 결국에는 우발적인 에피소드에 지나지 않는 것—오시리스의 살해—, 그리고 당연한 것이면서도 한없이 무의미하게 보이는 것인 인간 존재를 하나의 단일 체계 안에서 표현했다. 이러한 구원론의 체계화에 있어서 오시리스의 역할은 대단히 중요했다. 오시리스 덕분에 모든 죽은 자는 저세상에서 "왕의 운명"을 희구하는 것이 가능해졌다. 파라오는 결국 모든 사람들이 본받아야 할 모델이 된 것이다.

"특권", "통과의례의 지혜", 그리고 "선행" 사이에 존재하는 긴장 관계는 때때로 기만적인 방법으로 해소되었다. 만일 항상 "공정함"이 보장된다면 "통과의례의 지혜"는 결국 주문을 알고 있는지의 문제로 환원될 것이기 때문이다. 모든 것은 『사자의 서』 및 다른 비슷한 문헌 안에 기묘하게 표현되고 있는 종말론의 전체에 대해 어떤 관점을 취할 것인가에 달려 있다. 이들 문헌들은 서로 다른 층위에서 수행될 수 있는 다양한 "읽기"를 촉구한다. 물론 "주술적 독해"가 가장 쉬운 방법이다. 이것은 말의 전능성에 대한 믿음만으로도 충분하다. 새로운 종말론에 의해 누구든지 "왕의 운명"을 가질 수 있게 되면서 주술의 권위가 상승했다. 이집트문명의 황혼기에는 주술적 신앙과 실천이 지배적인 방식이 될 것이다.[70]

그러나 멤피스 신학(본권 26절 참조)에서는 프타가 말[語]의 힘으로 여러 신과 세계를 창조했다는 사실을 우리는 기억해야 할 것이다.

70) 본서 제2권을 보라.

거석, 신전, 제의의 중심:
유럽, 지중해 지역, 인더스 강 유역

34. 돌과 바나나

서유럽과 북유럽의 거석巨石 건조물은 약 100년 전부터 연구자들을 매혹시켰다. 실제로 카르낙의 열석列石이나 스톤헨지의 거대한 삼석탑 [두개의 선돌 위에 횡석을 올려놓은 형태]을 촬영한 멋진 사진을 보고 있으면, 그것의 목적과 의미가 무엇이었을까 하고 궁금해하지 않을 수 없다. 마제석기시대의 이들 농경민들의 기술은 경탄을 불러일으킨다. 그들은 어떻게 300톤 무게의 돌덩이를 곧추세울 수 있었으며, 또 100톤 짜리 석판을 들어올릴 수 있었을까? 게다가 이러한 유적들은 외따로 떨어져 있지 않다. 이들은 스페인의 지중해 연안에서부터 포르투갈 전역, 프랑스의 절반, 잉글랜드의 서해안 및 아일랜드와 덴마크, 스웨덴의 남부 해안까지 이르는 거석기념물의 일부를 형성한다. 확실히 중요한 형태적 변화는 있다. 그러나 두 세대에 걸쳐 선사시대 연구자들은 유럽 거석문화의 연속성을 밝히기 위해 최선의 노력을 기울였지만, 그 연속성은 알메리아 지방의 로스 밀라레스를 중심으로 한 거석기념물이 확산된 것이라고밖에는 설명할 수 없었다.

거석기념물은 구조에 따라 세 가지로 분류된다. (1) 선돌menhir(저지 브르타뉴어로 *men*=돌, *hir*=길다)은 지면에 수직으로 세워진 커다란 돌로서, 때로는 상당히 높은 것[1]도 있다. (2) 환상열석環狀列石cromlech(*crom*=원형, 곡선, *lech*=장소)은 원형 혹은 반원형으로 놓여진 선돌의 무리이다(가장 거대한 것으로 솔즈베리 근처의 스톤헨지가 있다). 브르타뉴 지방의 카르낙에서 볼 수 있는 것처럼 여러 개의 선돌이 평행으로 줄지어 있는 것도 있다.[2] (3) 고인돌dolmen(*dol*=탁자, *men*=돌)은 일종의 울타리나 방을 만들기 위해 몇 개의 판석을 세우고 그것이 거대한 상석을 지탱하는 형태를 취한다. 원래 고인돌은 무덤을 덮고 있었다.

고인돌은 엄밀히 말하자면 무덤이다. (나중에 서유럽이나 스웨덴 같은 특정 지역에서 고인돌은 관석을 위에 놓아 생긴 긴 회랑을 일종의 현관처럼 덧붙여 "연도분羨道墳[*널길로 만들어진 무덤]"으로 변형되었다.) 소토 지방(세비야 부근)에 있는 고인돌처럼 높이가 3.4미터, 폭이 3.1미터, 두께가 0.72미터, 무게가 21톤인 화강암 덩어리로 된 박공과 같은 것을 가진 길이가 21미터에 달하는 거대한 것도 있다. 로스 밀라레스에서는 약 100개의 "연도분"으로 형성된 대묘지가 발굴되었다. 무덤은 대부분 거대한 흙더미 아래에 있다. 어떤 무덤에는 100구가 넘는 유해가 들어 있는데, 동일 씨족氏族에 속하는 여러 세대의 사람들이 묻

---

1) 록마리아케 근처에 위치한 선돌은 높이가 20미터를 넘는다. 브르타뉴 지방에 흩어져 있는 몇몇 선돌들은 매장과 관련이 있다.
2) 카르낙의 열석은 3900미터 길이의 땅 위에 정렬되어 있는 총 2935개의 선돌들로 이루어져 있다.

혀 있다. 이따금 중앙 기둥이 세워진 묘실들도 있고, 내벽의 그림의 흔적을 아직도 알아볼 수 있는 것들도 있다. 고인돌은 대서양 연안, 특히 브르타뉴 지방과 네덜란드에서 발견된다. 아일랜드에는 비교적 천장이 높은 분실墳室 벽이 조각으로 장식되어 있는 고인돌도 있다.

이러한 거석 건조물은 사자 숭배가 대단히 중요했다는 것을 의미한다. 이러한 구조물을 세운 신석기시대의 농민들의 가옥은 허술하고 임시적인 것이었던 반면(실제로 거의 흔적이 남아 있지 않다), 죽은 자의 거처는 돌로 만들어졌다. 분명히 거기에는 시간을 이겨낼 수 있는 견고하고 웅대한 작품을 만들고자 하는 의도가 담겨져 있다. 돌의 상징의 복잡성 및 돌이나 바위의 종교적 가치는 잘 알려져 있다.[3] 바위, 상석, 화강암 덩어리는 무한한 지속과 영원, 불멸, 즉 시간적 생성을 초월한 존재 양태를 표현한다.

서유럽 최초의 농민들이 만든 거대한 거석 구조물에 대해 생각하면서, 우리는 인도네시아의 한 신화를 떠올리지 않을 수 없다. 태초에, 하늘이 땅과 대단히 가까웠던 때에, 신은 최초의 부부에게 줄 선물을 끈에 매달아 하늘에서 내려 보냈다. 어느 날 신은 그들에게 돌멩이 하나를 내려 보냈는데, 그 부부는 놀라고 화가 나서 그것을 받지 않았다. 며칠 후 신은 그 끈을 다시 내려 보냈는데, 이번에는 바나나가 달려 있었고 그들은 그것을 즉시 받아들였다. 그때 그 최초의 부부에게 창조주의 목소리가 들려왔다. 너희가 바나나를 택했으니, 너희의 생명은 그 과일의 생명과 같게 될 것이다. 너희가 만일 돌멩이를 택했다면, 돌멩이처럼 변하지 않고 영원한 것이 되었을 것이다.[4]

3) Eliade, *Traité d'Histoire des Religions*, §§ 74 sq.를 참조하라.
4) J. G. Frazer, *The Belief in Immortality*(1913), I, pp. 74~75에 인용된 A. C. Kruijt. 나

이미 살펴본 것처럼(본권 12절), 농경의 발견은 인간 존재의 개념을 근본적으로 변화시켰다. 인간의 생명은 식물의 생명처럼 위태롭고 덧없는 것임이 드러났다. 그러나 다른 한편 인간은 탄생, 생명, 죽음, 재생이라는 식물의 순환적 운명을 공유하게 되었다. 거석 구조물은 앞의 인도네시아 신화에 대한 하나의 답으로 해석될 수 있다. 인간의 생명은 곡물의 생명과 같아서 그 힘과 영속성은 **죽음을 통해서만** 얻어질 수 있는 것이다. 죽은 자는 파종된 씨앗의 운명을 공유하고자 하는 희망을 가지고 대지모신의 태내로 돌아간다. 그러나 그들은 또한 무덤의 석괴石塊와 신비하게 결합되어 있고, 그 결과 그들은 바위처럼 강하고 파괴되지 않는 존재가 된다.

실제 거석문화의 사자 숭배는 영혼의 불멸성에 대한 확신뿐만 아니라, 무엇보다 조상의 힘에 대한 신뢰와 그들이 산 자를 보호하고 도와줄 것이라는 희망까지도 포함하고 있는 것처럼 보인다. 이러한 신념은 죽은 자를 불행하고 무력하고 가련한 영혼으로 보는 여타의 고대 민족(메소포타미아인, 히타이트인, 히브리인, 그리스인 등)에게서 보이는 사유와는 근본적으로 다르다. 게다가 아일랜드에서 몰타 섬, 그리고 에게 해의 여러 섬들에 이르는 거석문화의 건설자들은 **조상과의 의례적 소통**을 그들의 종교적 활동의 중심으로 삼고 있었던 반면, 고대 근동이나 중앙 유럽의 원역사적 문화에서는 **죽은 자와 산 자의 분리**가 엄격하게 규정되어 있었다.

거석문화의 사자 숭배에는 다양한 의식(행렬, 춤 등)과 함께 공물(음식, 음료 등), 거석 구조물 근처에서 거행된 희생 제의, 그리고 무덤 위

는 "Mythologies of Death"(*Occultism, Witchcraft, and Cultural Fashions*, ch. III)에서 이 신화를 논평했다.

에서 행해진 의례적 식사가 포함되어 있었다. 상당수의 선돌은 매장과는 관계없이 세워지기도 했다. 아마도 이 돌들은 일종의 "신체의 대용물"로서, 거기에 죽은 자의 영혼이 깃든다고 믿어졌을 것이다.[5] 결국 **돌로 만들어진 이 "대용물"은 죽은 자가 언제까지나 영원히 존재할 것을 기원하고 세운 몸이었던 것이다.** 선돌 중에는 인물상으로 장식된 것이 있다. 다시 말해 그것은 죽은 자의 "거주지"나 "신체"이다. 마찬가지로 고인돌의 내벽에 그려진 양식화된 인물상은 스페인의 거석 분묘에서 발굴된 소상小像과 함께 아마도 조상을 나타내는 것으로 보인다. 거기에서 조상의 영혼이 수시로 무덤을 떠날 수 있다고 생각했던 신앙을 읽어낼 수 있다.[6] 몇몇 거석 분묘를 막고 있는, "영혼의 구멍"이라고 불리기도 한 구멍 뚫린 돌은 살아 있는 자들과의 의사소통을 가능하게 해주었다.

또한 선돌의 성적 의미도 고려해야만 하는데, 그것은 전 세계적으로 다양한 문화층에 걸쳐 공통적으로 등장하고 있기 때문이다. 「예레미야」(2:27)에서 예레미야는 "나무를 보고 '너는 나의 아버지다' 하고, 돌을 보고는 '너는 나를 낳았다'"라고 말한다.[7] 선돌에 담긴 풍요로운

---

5) Horst Kirchner, "Die Menhire in Mitteleuropa und der Menhirgedanke", pp. 698(=90) sq.

6) 브르타뉴 지방의 고인돌의 회랑 앞에 놓여 있는 한 선돌의 경우, 새의 모습으로 변화된 사자의 영혼이 햇볕 가득한 곳의 기둥 위에 앉기 위해 자신의 무덤을 떠난다고 하는 이집트의 종교사상을 나타내는 것으로 해석되어왔다. "이러한 관념은 지중해 지역과 서유럽 전역에 널리 퍼져 있었던 것으로 보인다."(Maringer, *L'homme préhistorique et ses dieux*, p. 245). Carl Schuchhardt는 하기아 트리아다에서 출토된 석관(본권 41절) 위에 그려진, 새가 올라앉아 있는 오벨리스크를 똑같은 의미로 해석했다. 그러나 이에 대한 Kirchner, *op. cit.*, p. 706(=98)의 비판을 보라. 동남아시아의 거석문화에서는 선돌이 영혼의 "좌대" 역할을 하였다.(본권 37절을 참조하라)

7) 그렇지만 「신명기」와 같은 야훼 전승의 결정적 문서에서조차 창조의 유일한 원천으로서의 하느님의 절대적인 실재를 선언할 때에 돌의 존재론적 은유를 사용

힘에 대한 신앙은 금세기 초의 유럽 농민들 사이에서도 발견할 수 있었다. 프랑스에서는, 자식을 원하는 젊은 여성이 "활강(돌을 타고 미끄러짐)"이나 "마찰(선돌 위에 앉거나 바위에 배를 문지르는 행동)"을 하곤 했다.[8]

선돌의 남근 숭배 상징이 몇몇 문화에서 확인됨에도 불구하고, 이러한 생식 기능을 그러한 상징으로 설명해서는 안 된다. 그것의 본래적이고 근본적인 관념은 조상이 돌로 "변화"한다는 것이었다. 그 변화는 "신체의 대용물"인 선돌을 매개로 삼든지, 아니면 죽은 자의 본질적 요소인 해골, 유해, "영혼"을 거석 구조물의 구조 그 자체 속에 집어넣음으로써 이루어졌다. 어느 경우에서든 죽은 자는 돌에 "생기를 부여했던" 것이다. 죽은 자는 광물질로 변모하면서 불멸하는 새로운 신체에 거주하게 된다. 따라서 선돌이나 거석 분묘는 소멸되지 않는 생명과 힘의 저장고가 된다. 그러한 것이 묘석의 여러 구조 속에 투영되기 때문에, 죽은 자는 풍요와 번영의 주인이 될 수 있었던 것이다. 인도네시아 신화의 표현을 빌려 말하자면 그들은 돌과 바나나 두 가지 모두를 손에 넣는 데 성공했던 것이다.

35. 의식의 중심지와 거석 구조물

카르낙이나 버크셔의 애쉬다운의 거석기념물(한 변이 250미터, 다른

하고 있다. "자기들을 낳은 반석 되신 하느님을 잊어버렸다."(「신명기」 32:18)
8) Eliade, *Traité d'Histoire des Religions*, §77의 예들과 참고 문헌을 보고, Kirchner, *op. cit.*, pp. 650(=42) sq.도 보라.

한 변이 500미터인 평행사변형의 토지 위에 800기가 넘는 거석 구조물이 있다)이 중요한 의식의 중심지였다는 것에 대해서는 의심의 여지가 없다. 축제 때에는 희생 제물이 바쳐졌으며, 춤이나 행렬이 뒤따랐을 것으로 추정된다. 사실 카르낙의 [열석과 연결되는] 넓은 통로에서는 수천 명의 사람들이 행렬을 지어 걸을 수 있다. 아마도 대부분의 축제는 사자 숭배와 관계가 있었을 것이다. 영국에 있는 다른 비슷한 구조물들과 마찬가지로[9) 스톤헨지의 환상열석은 무덤이 펼쳐진 들판의 한가운데에 위치하고 있다. 이 유명한 의식의 중심지는 적어도 그 원래 형태[10)로 본다면, 죽은 조상과의 관계를 보증하기 위해 만들어진 성역을 구성하고 있었을 것이다. 구조적인 측면에서 본다면 스톤헨지는 신전이나 도시와 같은 성소에서 발달해 나온 다른 문화권의 거석기념물과 비교할 수 있다. 어떤 경우이든 성역은 하늘 세계나 지하 세계, 즉 신들이나 지하의 여신들, 그리고 죽은 자의 영혼과의 교류가 실현되는 특권적인 장소를 가리키는 "세계의 중심"이라는 의미가 부여되어 있다.

프랑스의 일부 지역, 이베리아 반도, 혹은 그 밖의 다른 곳에서, 죽은 자의 수호신인 위대한 여신에 대한 신앙의 흔적이 발견되었다. 그러나 거석 구조물, 사자 숭배, 여신 숭배가 몰타 섬에서만큼이나 멋지게 표현되고 있는 곳은 없다. 그곳에서는 거주지가 거의 발굴되지 않았지만 신전은 17개가 발굴되었으며, 앞으로 그 수는 더욱 늘어날 것으로 생각된다. 이것은 신석기시대에는 몰타 섬이 **신성한 섬**이었다고 하는 몇

---

9) 예를 들면 우드헨지Woodhenge, 에이브버리Avebury, 아밍홀Arminghall과 아버 로 Arbor Low 등. Maringer, p. 256을 보라.

10) 스톤헨지는 한 번에 전부가 조성된 것이 아니다. 최초의 구축물은 수차례 사람의 손을 거쳤다고 알려져 있다. Colin Renfrew, *Before Civilization*, pp. 214 sq.를 보라.

몇 학자들의 학설을 입증하는 것이다.[11] 성전의 앞이나 사이에 뻗어 있는 광대한 타원형 테라스는 틀림없이 행렬이나 의례적인 춤에 사용되었을 것이다. 신전의 벽에는 아름다운 소용돌이무늬가 저부조로 장식되어 있으며, 옆으로 누워 있는 여성을 표현하고 있는 석상이 여럿 발굴되었다. 그러나 가장 놀라운 것은 거대한 여성 좌상─여신을 표현하고 있음이 분명하다─이다.

발굴을 통해 그들의 의례는 동물을 제물로 바치는 희생, 음식 공물과 헌주, 〔꿈을 통해 신탁을 내리는〕 인큐베이션 의식과 점술 의식을 수반하고, 상당히 발달된 형태를 갖추고 있었다는 것을 알 수 있으며, 이는 잘 조직된 중요한 성직자 집단이 존재했음을 보여준다. 그 의례에서 사자 숭배가 중심적인 역할을 했을 것이다. 할 살피에니의 유명한 묘지는 오늘날 히포게움Hipogée〔지하 분묘〕이라고 불리는데, 바위 안을 파내고 만든 여러 개의 묘실 안에는 7000구 이상의 유골이 안치되어 있었다. 인큐베이션 의식이 존재했음을 시사하는 여인의 와상이 출토된 곳도 바로 히포게움이다. 다른 거석 구조물들과 마찬가지로 묘실의 내벽은 조각이나 채색화로 장식되어 있다. 이 넓은 공간은 점토로 만든 칸막이에 의해 격리되어 있는데, 아마도 사제나 입문자들을 위한 특정한 종교 의례의 장소였다고 생각된다.[12]

히포게움은 묘실인 동시에 예배실이었다. 하지만 신전 안에서는 묘실이 발견되지 않았다. 몰타 섬의 신전에서 보이는 곡선 구조는 독특해 보인다. 고고학자들은 그것을 "신장腎臟 형태"라고 묘사하고 있지만, 준츠Zuntz는 그 형태가 자궁을 연상시킨다고 말한다. 신전에는 지

---

11) Günther Zuntz, *Persephone*, p. 4, n. 1.
12) J. D. Evans, *Malta*, p. 139 ; Glyn Daniel et J. D. Evans, *The Western Mediterranean*, p. 20.

붕이 있고 각 방들에는 창문이 없어서 약간 어두운 느낌을 주기 때문에 신전으로 들어가는 것은 "대지의 모태", 즉 대지모신의 자궁에 들어가는 것과 같은 느낌이었을 것이다. 그러나 바위를 파고 만든 무덤 역시 자궁 형태를 하고 있다. 죽은 자는 새로운 생명을 얻기 위해 대지의 태내로 되돌아가는 것이라고 말할 수 있을 것이다. "신전은 자궁을 거대한 규모로 표현하는 것이다. 그곳에 들어가는 것은 여신의 몸 안으로 들어가는 것이다." 따라서 준츠는 이러한 구조물들은 "문자 그대로 하나의 비의적 제의"를 위한 무대라고 결론짓는다.[13]

이베리아 반도 및 서유럽의 고인돌과 선돌의 표면에서 우리는 빛나는 태양의 형상, (폭풍신 특유의) 도끼의 형상, 그리고 생명의 상징이며 조상신을 표현하는 형상과 연결된 뱀의 형상, 사슴의 형상 등 다양한 주술-종교적 기호들과 상징들을 발견할 수 있다는 사실을 덧붙이고 싶다. 확실히 그러한 도상들은 여러 지방에서 발견되며, 다양한 시대의 문화층에 속하지만, 같은 거석기념물과 결부되어 있다는 점에서는 공통점이 있다. 그것은 아마도 서로 다른 "거석문화"를 가진 여러 민족이 공유했던 종교사상의 다양성에 의해, 또는 조상숭배가 그 중요성에도 불구하고 다양한 여러 종교 복합체와 합체되어 있었다는 사실에 의해 설명될 수 있을 것이다.

36. "거석의 수수께끼"

10여 년 전에 고고학자들은 거석문화가 지중해 동쪽에서 들어온 식민

13) Zuntz, *Persephone*, pp. 8, 25.

정복자들의 영향으로 만들어진 것이라고 설명했는데, 실제로 BC 3000년대에 이미 집단 매장이 이루어진 흔적이 있다.[14] 서쪽으로 전파되는 과정에서, 고인돌(*chamber-tombs*)의 건축은 거대한 원형原形 건조물로 변형되었다. 글린 다니엘Glyn Daniel의 연구에 따르면 이러한 변형은 몰타 섬과 이베리아 반도 그리고 프랑스 남부에서 발생했다. 그는 거석 건조물의 전파를 그리스인과 페니키아인이 지중해 지역을 식민지화한 것이나 이슬람이 스페인으로 확장된 것에 비교한다. "그들이 그렇게 수고해서 거대한 무덤(또는 사묘祠墓?)을 만들고 수호신이나 장례의 여신의 이미지를 간직해온 것은 에게 해 지방에서 유입된 강력한 종교 때문이었다. 여신상, 도끼, 뿔, 그리고 그 외의 다른 상징들은 우리를 파리 분지, 가브리니스, 크레타 섬의 안겔루 루유에서 에게 해, 나아가 트로이까지 연결시켜준다. 거석 분묘를 만들었던 사람들이 서유럽으로 이동할 때, 지중해 동부 지역에서 발달한 강력한 종교가 그들에게 전파되고 또 영향을 주었다는 데에는 이론의 여지가 없다."[15] 그러나 종교가 그들의 이주를 야기한 첫 번째 요인은 아니었다. 종교는 단지 "서유럽의 끝이나 북부로 유배되었던 그들에게 위안을 주는 것"에 지나지 않았다. 이주자들은 살아남기 위해 신천지를 찾고 있었고, 교역을 위해 광석을 찾고 있었던 것이다.[16]

고든 차일드는 최근에 출간된 저서에서 지중해 지역의 광산 탐험가들과 식민지 건설자들에 의해 확산된 "거석 종교religion mégalithique"에

---

14) 미노아의 공동묘지는 자연 동굴이든 원형 울타리이든 간에 일반적으로 **톨로이**tholoi라고 불렸다. Glyn Daniel, *The Megalithic Builders of Western Europe*(2ᵉ éd., 1962), p. 129를 참조하라.

15) Daniel, *op. cit.*, p. 136.

16) *Ibid.*, pp. 136~137.

대해 논하고 있다. 거석 분묘를 만들고자 하는 생각은 일단 받아들여지면 다양한 사회에서 수용되지만, 그렇다고 해서 그것이 그 사회의 독특한 구조에 영향을 미치는 일은 없었다. 분묘는 대체로 귀족이나 족장의 것이었고, 노동력은 그가 거느린 자들이 제공했을 것이다. "거석 분묘는 성곽보다는 교회와 비유할 만하고, 그곳에 묻히는 자는 노르만족 귀족보다는 켈트족 성자일 가능성이 더 높았다."[17] 다분히 대지모신적 종교인 거석 신앙의 "전도자들"은 다수의 농경민들을 그들의 공동체 안으로 끌어들였다. 그리고 실제로 고인돌과 환상열석은 신석기 농경에 가장 적합한 지역에 위치해 있다.[18]

다른 저명한 선사시대 연구자들도 거석기념물들에 대해 비슷한 설명을 하고 있다.[19] 그러나 이런 식의 설명들은 방사성 탄소 연대 측정법과 연륜 연대학이 발전하면서 오류라는 것이 밝혀졌다.[20] 브르타뉴 지방의 거석 분묘(*chamber-tombs*)는 BC 4000년 이전에 만들어졌으며, 영국과 덴마크의 석묘는 BC 3000년 이전에 만들어졌다는 사실이 판

---

17) Gordon Childe, *The Prehistory of European Society*, pp. 126 sq. 저자는 거석 분묘를 브리튼 제도의 같은 지역에 있는 웨일스와 아일랜드 성인들이 세운 소형 예배당과 비교한다.(*ibid.*, p. 128)

18) *Ibid.*, p. 129.

19) Stuart Piggott는 거석 구조물이 지중해 동부 지역에서 유래했다고 보고 있으며, 그것을 기독교 교회와 이슬람 사원들에 견주어 비교하고 있다. *Ancient Europe*, p. 60을 참조하라. Grahame Clark의 경우 에게 해의 집단 매장 의식은 지모신 의식과 연관되어 있으며 광산업자나 광산 개발자들에 의해 서유럽으로 전파되었다고 본다. *World Prehistory*, pp. 138~139를 참조하라.

20) "방사성 탄소 연대 연륜 측정tree-ring calibration of radiocarbon"에 대한 명쾌한 설명은 Renfrew, *Before Civilization*, pp. 48~83을 보라. 잘 알려져 있는 두 가지 "혁명"—"탄소 14"와 연륜 연대학—은 유럽의 선사시대 연대기를 대폭 수정하였다.

명되었다.[21] 스톤헨지의 거석기념물들은 미케네 문명에 의존하고 있던 웨섹스 문화와 동시대의 것이라고 생각된다. 하지만 최근의 방법론에 근거한 분석에 의하면 스톤헨지는 미케네 문명 이전에 완성되었으며, 그것의 마지막 건조물(스톤헨지 제3기)은 BC 2100~1900년 무렵으로 거슬러 올라간다는 사실이 증명되었다.[22] 몰타 섬의 경우도 마찬가지로, 타르크시엔 신전 및 할 살피에니 분묘로 대표되는 시대는 BC 2000년 이전에 끝났기 때문에 그것이 미노아의 청동기 문화로부터 영향을 받았을 것이라고 설명할 수는 없다.[23] 따라서 유럽의 거석기념물들은 에게 해 문명으로부터 영향을 받기 이전에 성립했다고 결론 내리지 않을 수 없다. 그것은 토착적인 일련의 창조물이었던 것이다.

그럼에도 불구하고 연대기적 전복 및 유럽인의 독창성을 증명하는 것만으로는 거석 구조물의 의미에 대한 진전된 해석을 얻어낼 수 없다. 스톤헨지와 관련하여 지금까지 많은 논의가 이루어졌고, 주목할 만한 몇몇 성과를 거두었음에도 불구하고[24] 이 구조물의 종교적 기능

---

21) 이집트에서 가장 먼저 만들어진 석조 피라미드가 BC 2700년경에 건립되었다는 사실을 상기하자. 이 피라미드들 이전에 벽돌로 만들어진 피라미드가 있었던 것은 사실이지만, 우리는, BC 3000년 이전의, 서유럽의 거석 건조물에 비견할 만한 이집트의 석조 구조물에 대해서는 전혀 알지 못한다. Renfrew, *op. cit.*, p. 123을 참조하라.

22) Renfrew, pp. 214 sq.의 자료를 보라.

23) Renfrew, p. 152. 또한 Daniel et Evans, *The Western Mediterranean*, p. 21을 보라. 그러나 Zuntz는 이집트나 수메르의 영향을 염두에 두고 있다. *Persephone*, pp. 10 sq.를 참조하라.

24) 스톤헨지는 건축물의 구조로 볼 때 천문대의 역할 또한 담당하고 있었을 것으로 생각된다. 호피족이나 체로키족의 경우처럼 주요한 축제는 계절의 변화와 연관되어 있었을 것이라고 생각된다. Renfrew, pp. 239 sq.를 참조하라.

과 상징에 대해서는 여전히 결론이 내려지지 않은 상태이다. 게다가 모험을 무릅쓴 가설들(예를 들어 그래프턴 엘리엇 스미스 경Sir Grafton Elliott Smith이 주장했던 것처럼 모든 거석 건조물이 파라오 시대의 이 집트라는 하나의 근원으로부터 유래한다는 가설)에 대한 반동으로, 연구자들은 더 이상 그 문제에 총체적으로 접근하기를 꺼린다. 그러나 "거석 종교"는 그 자체가 하나의 범례이며 아마도 다른 곳에서는 그 예를 찾기 어려운 독특한 연구 대상이기 때문에, 그들이 이러한 소극적 태도를 보여주는 것은 안타까운 일이 아닐 수 없다. 실제로 우리는 폭넓은 비교 연구를 통해, 19세기에 이르기까지 여전히 번성했던 수많은 거석문화를 분석함으로써 선사시대의 건축물을 만든 사람들이 공유하던 종교적 관념을 이해하는 데 공헌할 수 있다는 것을 보여줄 수 있을 것이다.

37. 민족지와 선사

선사 및 원역사 시대에 기원을 두는 거석 구조물은 지중해 지역과 북유럽, 서유럽 이외에도, 마그레브, 팔레스타인, 아비시니아, 데칸 고원, 아삼, 실론, 티베트, 그리고 한국과 같은 광범위한 지역에 걸쳐 분포되어 있다. 20세기 초까지도 존속하고 있었던 거석문화 중에서 가장 유명한 것은 인도네시아와 말레이시아에서 확인되고 있다. 이 문제를 연구하는 데 평생을 바쳤던 학자 로베르트 하이네겔데른Robert Heine-Geldern은 거석문화의 두 그룹—선사시대의 거석문화와 민족지 수준의 거석문화—이 역사적으로 연속되고 있다고 주장한다. 그의 견해에 따르면 거석기념물은 지중해 동부 지역이라는 하나의 중심에서부터 전파되었기 때문이다.

우리는 나중에 다시 하이네겔데른의 가설을 검토해볼 것이다. 여기서는 현존하는 거석문화 사회에 특유한 신앙에 관해서 그가 내린 결론으로 되돌아가는 것이 좋겠다. 거석은 사후의 존재에 관한 몇 가지 관념과 관계가 있다. 거석은 대부분 저승을 향해 여행하는 영혼을 보호하기 위해 거행되는 의례의 과정에서 세워진다. 거석은 살아 있는 동안에 거석을 세운 사람들은 물론, 기리기 위하여 사후에 거석이 세워지는 사람들에게도 마찬가지로 사후 존속을 보장한다. 또한 거석은 산자와 죽은 자 사이에 돈독한 결속을 만들어준다. 거석은 그것을 세운 사람이나 받은 사람의 주술적 힘을 영속시켜주고, 인간과 가축의 번성과 풍성한 수확을 보증한다고 여겨졌다. 현존하는 모든 거석문화에서 조상숭배는 중요한 역할을 했다.[25]

거석 구조물은 사자의 영혼이 되돌아와 마을을 찾을 때 그 영혼이 머물 자리 역할을 하기도 하지만 산 사람이 그 자리를 쓰기도 한다. 거석이 세워진 장소는 제의(의례적 춤이나 희생 제의 등)를 행하기에 적합한 장소이며, 동시에 사회적 활동의 중심이었다. 거석문화형의 사자 숭배에서는 혈통의 계보가 중요한 역할을 한다. 하이네겔데른에 따르면 조상들, 즉 촌락이나 가문의 창시자들의 계보가 의례 중에 암송되었던 것 같다. 다음의 사실을 강조하는 것이 중요하다. 인간은 그의 이름이 돌을 통해 기억되기를 희망한다. 다시 말해 조상들과의 관계는 그들의 이름과 위업에 대한 기억, 거석 안에 "각인된" 기억에 의해 보장되는 것이다.

방금 살펴본 것처럼 하이네겔데른은 거석 문명이 BC 5000년대부터

---

25) R. Heine-Geldern, "Prehistoric Research in the Netherlands Indies", p. 149 ; *id.,* "Das Megalithproblem", pp. 167 sq.

현대의 "미개"사회에까지 이어지는 연속성을 가지고 있다고 주장한다. 그러나 그는 엘리엇 스미스나 페리 J. W. Perry의 범이집트 가설에는 반대한다. 또한 그는 어떤 "거석문화의" 신앙이나 개념이 원초적일 뿐 아니라 고도로 발달된 다수의 종교 형태와도 결합하여 존재할 수 있다는 단순한 이유에서 "거석 종교"의 존재를 부정한다. 이 오스트레일리아 출신의 학자는 거석기념물을 어떤 "비의적" 종교 운동, 예를 들면 탄트리즘과 비교한다. 그 탄트리즘의 형태는 힌두교적이든 불교적이든 상관없다. 그는 또한 일부 연구자들이 독특한 신화와 사회경제 제도와 연결되어 있다고 주장하는 "거석문화권"의 존재도 부정한다. 실제로 거석문화의 사상이나 실천은 사회형태나 경제구조, 그리고 문화 제도가 상당히 다른 여러 민족에게서 발견된다.[26]

하이네겔데른이 제기한 거석기념물에 대한 분석은 오늘날에도 여전히 가치가 있다. 그러나 그가 주장했던 고고학적 거석문화와 현대의 거석문화 사이에 존재하는 통일성에 관한 가설은 현재로서는 많은 연구자들에 의해 부정되거나 쉽게 무시되고 있다. 거석기념물의 "연속성" 문제는 중요하지만 아직 해결되지 않은 채로 남아 있다. 최근의 한 연구자가 말했던 것처럼 그것은 "선사시대 최대의 수수께끼"이기 때문이다. 어찌 되었든, 그리고 어느 쪽의 가설—연속성 혹은 병행성—이 채택된다고 해도, **단일한 하나의** 거석문화를 이야기하는 것은 불가능하다. 우리의 목적에 비추어 본다면 거석 종교에 있어서 돌의 성스러움은 사후의 생명의 존속이라는 신앙과 관련하여 가치가 정해진다는 사실을 지적하는 것이 중요하다. 사람들은 돌에 내재한 존재 현현ontophanie이라는 관념을 통해 사후의 특수한 존재 양식을 "확립하려고" 노력했다. 서유럽

---

26) "Das Megalithproblem", pp. 164 sq.를 참조하라.

의 거석문화에서 커다란 돌덩이들의 군집이 사람들을 매혹시켰던 것은 분명하다. 그러나 그것은 집단 분묘를 웅장한 불멸의 기념물로 변형시키고자 하는 욕망에서 비롯된 매혹이었다. 거석 건조물 덕분에 죽은 자는 예외적인 힘을 얻을 수 있었다. 그러나 조상과의 교류는 의례에 의해 보장되었기 때문에 살아 있는 자도 그 힘을 함께 나누어 가질 수 있었다. 여러 가지 형태의 조상숭배가 존재하는 것은 분명하다. 하지만 거석문화적 종교의 특징은 돌과 하나가 되거나 또는 돌과 결합된 조상을 숭배하는 현상을 통해서 영원성 및 생명과 죽음 사이의 연속성이 이해되고 있다는 데 있다. 그러나 지극히 한정된 종류의 창조물을 제외하고는, 이러한 종교사상은 충분히 실현되거나 완전히 표현되지 않았다는 점을 덧붙이고자 한다.

38. 인도의 초기 도시들

인도 문명의 선사시대에 관한 최근의 연구들에 의해 2, 30년 전만 해도 예상도 할 수 없었던 새로운 전망이 열렸다. 동시에 그 연구들은 아직 충분히 해결되지 않은 다른 문제들을 제기했다. 하랍파와 모헨조다로, 두 성채 도시의 발굴을 통해 상업적이며 "신정적인théocratique" 제도를 가지고 있던 상당히 발달된 도시 문명의 존재가 드러나게 되었다. 그 연대기에 대해서는 아직까지 논쟁의 여지가 있지만, 인더스 문명이 BC 2500년경에 이미 완벽하게 발달해 있었다는 사실만큼은 분명하다. 초기 발굴 단계에서 고고학자들을 놀라게 했던 것은 하랍파 문명의 획일성과 정체성停滯性이었다. 어떤 변화도, 어떤 혁신도 하랍파 문명의 1000년의 역사 동안 눈에 띄지 않았다. 그 두 성채 도시는 "제국"의 수도였을 것이다. 그런 문화적인 획일성과 연속성은 일종의

종교적 권위에 근거한 정치체제를 상정했을 때에만 비로소 설명이 가능하다.[27]

오늘날에는 고대 인도 문화가 인더스 강 하류 지역을 훨씬 넘어서 확대되어 있었으며, 어디에서나 동일한 획일성을 보여주었다는 것이 알려져 있다. 고든 차일드는 하랍파의 기술 문명이 이집트나 메소포타미아의 문명에 뒤지지 않는다고 생각했다. 그러나 그들의 제작물들은 대부분 상상력이 결핍되어 있으며, "그 사실은 하랍파의 주민들이 현세의 사물에 관심을 기울이지 않았다는 것을 보여준다."[28]

인도에서 발달한 가장 오래된 이 도시 문명의 기원을 발루치스탄에서 찾을 수 있다는 데 연구자들은 동의하고 있다. 페어서비스Fairservis는 하랍파의 선조가 이란의 선아리아계 농경민의 자손이라고 한다. 발루치스탄 남부 지역의 발굴 결과를 통해 우리는 선하랍파 문화의 몇몇 시기에 대해 비교적 자세한 지식을 가지게 되었다. 그중에서 초기의 많은 마을들이 제의용 건축물 바로 옆에 만들어져 있었다는 사실은 주목할 만하다. 포랄리 강 유역에서 발굴된 "에디트 샤흐르 복합군"이라고 명명된 고고학적 복합군에서는 벽으로 둘러쳐진 다수의 건축물과 함께 높이 7 내지 12미터나 되는 흙더미가 출토되었다. 그 흙더미의 상부에는 지구라트 형태의 구조물이 만들어져 있으며, 여러 개의 계단이 단상으로 연결되고 있다. 그 석조 구조물에는 사람이 산 흔적이 거의 없고, 살았다고 하더라도 부정기적으로 살았을 것으로 보이는데, 그 사실은 그 건물 전체가 전적으로 제의용이었음을 시사한다. 그 복합군의 제2기 지층(B 지층)에서는 거대한 환상열석, 폭이 3에서 8미터에 이르는 100개

---

27) M. Eliade, *Le Yoga*, pp. 348 sq.를 참조하라.
28) B. et R. Allchin, *The Birth of Indian Civilization*, p. 136.

이상의 건물, 그리고 흰 돌로 만들어진 "통로"가 발견되었다. 그 구조물들 역시 오직 종교적인 목적을 위해 만들어졌던 것으로 생각된다.[29]

　페어서비스는 이 성소들과 퀘타 협곡(인더스 강 하류의 신드와 발루치스탄의 선하랍파기를 대표한다)에서 발굴된 구조물 전부를, 그가 처음부터 의례적 목적으로 지어졌다고 생각한 두 도시, 모헨조다로 및 하랍파와 결합시켜 생각했다. 위의 두 도시에 똑같이 존재하는 "성채"가 종교적 기능을 가졌다는 점에 대해서는 의심의 여지가 없지만, 여전히 그의 가설은 논쟁의 대상이 되고 있다. 우리의 목적에 비추어 볼 때 그 가설을 둘러싼 논쟁은 우리의 관심을 끌지 못한다. 왜냐하면 한편으로는 선하랍파의 마을(따라서 가장 오래된 "도시")이 "원래" 제의를 위해 만들어졌다는 것이 확실하기 때문이며, 다른 한편으로는 오늘날 학자들이 이 제의용 건축 복합체가 가장 오래된 도시의 중심이었다고 보는 데에 의견이 일치하기 때문이다. 폴 휘틀리Paul Wheatley는 중국, 메소포타미아, 이집트, 중앙아메리카 등의 고대 도시들이 종교적 목적과 기능을 가지고 있었다는 사실을 명쾌하게 증명했다.[30] 고대 도시들은 신성한 장소의 주변, 즉 하늘, 대지, 지하라는 세 영역 사이의 교류가 가능하다고 여겨졌던 신성한 공간인 "세계의 중심" 가까이에 위치했다.[31] 인더스 강 유역의 두 도시가 선하랍파적 원형(및 다른 고대 도시들)과 다르다는 사실이 분명히 밝혀진다면, 하랍파와 모헨조다로는 지극히 현대적인 현상이라 할 수 있는 도시의 구조, 즉 세속화의

---

29) W. A. Fairservis, *The Roots of Ancient India*, pp. 195 sq., 362 sq. 이 지층의 선하랍파 문화와 인도 남부의 거석 사이의 관계에 대해서는 *ibid.*, pp. 375 sq.를 보라.

30) Paul Wheatley, *The Pivot of the Four Quarters*, 특히 pp. 20 sq., 107 sq., 225 sq.

31) Eliade, *Le Mythe de l'éternel retour*, ch. I; *id.*, "Centre du Monde, Temple, Maison".

최초의 예라고 판단될 수 있을 것이다.

우선 강조되어야 할 것은 성스러운 공간과 의례 중심지의 형태적 다양성이다. 지중해 지역과 서유럽의 거석문화에서, 사자 숭배와 밀접하게 결합된 제의의 중심지는 선돌과 고인돌, 드물게는 신전에 의해 신성화되어 있었다. 도시에 관해서 말하자면 도시는 마을의 범위를 넘어서지 않았다.[32] 지금까지 살펴본 것처럼, 거석문화를 배경으로 삼는 진짜 "도시"는 죽은 자를 위해 만들어졌다. 그것은 공동묘지였다.

39. 원역사적 종교 개념과 힌두교의 대응물

하랍파의 종교, 즉 인도 최초의 도시 문명의 종교는 다른 이유, 특히 힌두교와의 관계 때문에 중요하다. 일부 연구자들은 회의적이지만, 우리는 모헨조다로와 하랍파의 종교적 삶의 대체적인 윤곽에 대해 알 수 있다. 예를 들어 거기에서 발견되는 다수의 소상小像이나 인장에 새겨진 문양들을 통해 우리는 그곳에 대지모신 신앙이 존재했던 것을 알 수 있다. 게다가 존 마샬 경Sir John Marshall이 이미 지적한 것처럼, "요가" 자세로 앉아 발기한 남근을 드러낸 채 야수들에 둘러싸여 있는 조각상은 시바Shiva 신의 원형에 해당하는 대신을 표현한 것이라고 생각된다.[33] 페어서비스는 인장에 예배나 희생 제의의 장면이 새겨진 경우가

---

32) 이 지역의 고대 도시들은 "성스러운 도시", 즉 "세계의 중심"이었다. Werner Müller, *Die heilige Stadt*를 참조하라.

33) Sir John Marshall, *Mohenjo-daro*, I, p. 52. 그리고 Eliade, *Le Yoga*, pp. 349~350을 참조하라. 이들 도시에서는 남근상lingam 형태의 돌이 여러 개 발견되었다. 이에

많다는 사실에 주의를 환기시킨다. 그중에서 가장 유명한 것은 코브라의 보호를 받으며 무릎을 꿇고 탄원하는 두 사람 사이에 앉아 있는(또는 춤을 추는) 사람이 새겨진 인장이다. 또는 길가메시처럼 호랑이 두 마리를 붙잡고 있는 인물이나, 뿔이 나고 황소의 다리와 꼬리를 가진 엔키두를 연상시키는 신을 새긴 인장들도 발견된다. 또는 희생 제물이나 "깃발"을 받쳐 든 사람들의 행렬과 함께 걷는 나무의 정령이 표현되기도 한다.[34] 한편 바츠Vats는 하랍파에서 출토된 항아리에 그려진 어떤 장면에서, 작은 강을 건너려고 하는 사자의 영혼을 읽어낼 수 있다고 믿었다.[35]

존 마샬 경 이후로 연구자들은 하랍파 종교의 "힌두교적" 성격을 강조해왔다. 앞에서 인용한 예들—대여신, "요가" 자세로 앉아 있는 시바 신의 원형, 나무 정령, 뱀들, 그리고 남근상lingam의 의례적 가치—이외에도, 근대 힌두교 사원의 "욕조"와 비슷한 모헨조다로의 "대형 목욕탕", 피팔 나무, 터번 장식(베다 문헌에는 나오지 않고 『브라흐마나 Brahmâna』 시대 이후에 확인된다), 코 장식, 상아 빗 등을 열거할 수 있다.[36] 하랍파 문화유산의 일부가 힌두교에 전승되고 흡수되었던 역사적 과정에 대해서는 충분히 알려져 있지 않다. 지금도 연구자들은 그 두 도시의 쇠퇴와 최종적인 붕괴의 원인에 대해 논의를 계속하고 있다. 인더스 강에 밀어닥친 대홍수, 또는 건조화에 의한 다양한 영향, 지진,[37] 아리아인 침입자들의 습격 등이 원인으로 제기되고 있다. 아

대해서는 Allchin, *op. cit.*, p. 312를 참조하라.

34) Fairservis, *op. cit.*, pp. 274 sq.

35) Allchin, p. 314 et fig. 75.

36) Eliade, *Le Yoga*, pp. 350~351 ; Piggott, *Prehistoric India*, pp. 268 sq. ; Allchin, *op. cit.*, pp. 310 sq. ; Sir Mortimer Wheeler, *The Indus Civilization*, p. 135를 참조하라.

마도 쇠퇴의 원인은 복합적이었을 것이다. 어쨌든 인더스 문명은 BC 1750년경에 종말을 맞이했고, 인도-아리아인들은 최후의 일격을 가한 것에 불과했을 것이다.(본권 64절 참조) 그렇지만 한편으로는 아리아인들의 침략이 몇 세기에 걸쳐 점진적으로 진행되었다는 사실을, 다른 한편으로는 과거에 사우라슈트라로 불렸던 남부 지역에서 하랍파 문화 복합체의 핵심으로부터 파생된 문화가 아리아인들의 침입 후에도 계속 발전해나갔다는 사실을 명확히 해둘 필요가 있다.[38]

나는 20여 년 전에 인더스문화의 멸망과 관련하여 다음과 같이 쓴 적이 있다. "도시 문명의 붕괴가 곧 그 문명의 단순한, 그리고 완전한 소멸을 의미하는 것은 아니다. 그것은 오히려 촌스럽고 유치한 '민중적' 형태로 퇴화한 것이라고 말할 수 있을 뿐이다. (이것은 이민족이 대거 침입한 시기 및 그 이후에 유럽에서 널리 찾아볼 수 있었던 현상이다.) 그러나 얼마 지나지 않아 펀자브 지방의 아리아화가 시작되었고, 나중에 힌두교로 발전하는 거대한 종합화의 물결이 일어난다. 힌두교에서 발견되는 다양한 하랍파적 요소들은 인도-유럽인 정복자와 인더스문화의 대표자 사이에서 상당히 일찍부터 접촉이 시작되었다는 것을 보여준다. 이들 대표자들이 반드시 인더스 문명의 창시자 또는 그들의 직접적인 후손이었다고 볼 수는 없으나, 하랍파적 문화 형태의 방계에 속했을 가능성은 있다. 그들은 아리아화의 최초의 물결에서 벗어나 있던 주변 지역에서 하랍파 문화를 보전할 수 있었을 것이다. 그것은 다음과 같은 일견 기묘한 사실을 설명해준다. 즉 대여신과 시바

---

37) 이러한 여러 종류의 가설에 대해서는 Wheeler, *op. cit.*, pp. 127 sq.; Allchin, *op. cit.*, pp. 143 sq.; Fairservis, pp. 302 sq.를 보라.

38) Wheeler, *op. cit.*, pp. 133 sq.; Allchin, pp. 179 sq.; Fairservis, pp. 293, 295.

신에 대한 신앙, 남근 숭배와 수목 숭배, 고행과 요가 등은 인더스 문명이라는 고도의 도시 문명에서 비롯된 종교적 표현으로서 처음에 인도에서 출현했지만—그러한 종교적 요소들은 나중에 중세와 근세의 인도에서는 '민간' 신앙의 특징으로 자리를 잡는 것이다. 분명히 하랍파 시대 이후, 토착민의 신앙생활과 도시 문명 창조자인 '지배자들'의 신앙생활 사이에 종합이 발생했다. 그러나 그러한 종합이 보존되었을 뿐만 아니라 '지배자들'의 특별하며 거의 배타적인 공헌이 있었음을 상정해야 한다. 그렇지 않고서는 베다 시대 이후 브라만 계층이 상당한 세력을 갖게 되는 사실을 설명할 수 없게 된다. 아마도 이런 모든 하랍파적 종교 개념들—인도-유럽인들의 개념과는 매우 대조된다—은 필연적으로 쇠퇴할 수밖에 없었으며, 아리아계 언어를 말하는 새로운 지배자의 사회와 문명의 주변으로 밀려나 '민중' 계층 안에서 보전되었을 가능성이 높다. 그리고 바로 하랍파의 이 종교 개념들이 힌두교의 형성으로 귀착되는 후대의 종합기 동안에 밀려오는 물결처럼 솟아올라 새로운 종교사상의 형성에 영향을 주었을 것이다."[39]

1954년 이후로 그 두 종교사상 사이의 연속성을 보여주는 여러 증거들이 계속해서 나타났다.[40] 게다가 그와 유사한 과정이 다른 지역, 특히 크레타 섬과 에게 해, 그리스 본토에서 입증되었다. 실제로 이 지역의 헬레니즘 문화와 종교는 지중해적 기층과 북부에서 남하해 온 인

---

39) *Le Yoga*, pp. 352~353.
40) Wheeler, Allchin, Fairservis의 연구에서 새로운 자료들을 찾을 수 있다. 또한 Mario Cappieri, "Ist die Indus-Kultur und ihre Bevölkerung wirklich verschwunden?"; W. Koppers, "Zentralindische Fruchtbarkeitsriten und ihre Beziehungen zur Induskultur"; J. Haekel, "'Adonisgärtchen' im Zeremonialwesen der Rathwa in Gujerat(Zentralindien). Vergleich und Problematik"를 보라.

도-유럽인 정복자 문화가 공생한 결과 만들어진 것이다. 인도에서와 마찬가지로 이 지역에서도 토착민의 종교사상이나 신앙의 대체적인 모습은 고고학적 자료를 통해 알 수 있다. 하지만 호메로스와 헤시오도스로 대표되는 가장 오래된 문헌들은 아리아계 언어를 말하는 침입자의 전통을 부분적으로 반영하고 있다. 그렇지만 호메로스와 헤시오도스 두 사람이 이미 헬레니즘적 종합의 최초의 단계를 대표하고 있다는 사실을 밝혀두어야 할 것이다.

40. 크레타 섬: 신성한 동굴, 미궁, 여신

BC 5000년대까지 거슬러 올라가는 크레타 섬의 신석기 문화는 BC 3000년대 중반 남쪽과 동쪽에서 밀어닥친 이주자들이 섬을 식민화하는 시기에 끝난다. 새로 온 사람들은 구리와 청동을 제련하는 야금술에 뛰어난 사람들이었다. 아더 에반스 경은 그들의 문명을 전설 속의 미노스 왕의 이름을 본떠 "미노스" 문명이라고 부르고, 그것을 초기 미노스(BC 3000년대 말기), 중기 미노스(크노소스와 말리아 궁전 건축 이후, BC 2000~1580), 후기 미노스(BC 1580~1150)의 3기로 구분했다.[41] 중기 미노스 시대의 크레타인들은 그림 문자를 사용했으나, 그것은 BC 1700년경에 선형 문자(선문자 A)로 변했다. 하지만 이 두 문자 체계는 아직도 해독되지 않았다. 그리스 본토에 최초의 그리스인인 미니아인이 침입해 들어온 것은 바로 이 시기(BC 2000~1900) 동안이었다. 그들은 인도-유럽인

41) 이 시기 구분에 대해서는 R. W. Hutchinson, *Prehistoric Crete*, pp. 137~198, 267~316; R. F. Willetts, *Cretan Cults and Festivals*, pp. 8~37을 보라.

들의 선발대 격으로, 여러 차례에 걸쳐 그리스 본토와 소아시아의 여러 섬들과 해안 지역에 정착했다. 후기 미노스 시기의 전반기(BC 1580~1450)는 미노스 문명이 가장 왕성하게 발달한 시기였다. 바로 이 시기에 펠로폰네소스 반도에서는 아리아계 언어를 말하는 침입자들이 미케네를 건설하고, 크레타 섬과 관계를 유지하고 있었다. 얼마 지나지 않아 (BC 1450~1400), 미케네인(또는 아카이아인)이 크노소스에 정착하여 선문자 B로 알려진 문자를 도입했다. 미케네 시대라고 불리는 후기 미노스의 마지막 시기(BC 1400~1150)는 도리아인의 침입(BC 1150년경)으로 끝나고, 그와 더불어 크레타 문명은 결정적으로 붕괴된다.

1952년에 벤트리스Ventris가 선문자 B를 해독하기 전까지는 미노아 문화와 종교에 대한 자료는 고고학적 발굴에서 얻어진 것이 전부였다. 그 자료들은 지금도 여전히 가장 중요하다. 종교적 의도를 갖는 행위를 보여주는 최초의 증거가 동굴에서 발견되었다. 지중해 지역의 다른 곳에서와 마찬가지로 크레타 섬에서도 동굴은 오랫동안 주거지의 역할을 했는데, 특히 신석기시대 이후에 동굴은 묘지로 사용되기도 했다(이러한 풍습은 근대기까지 잔존했다). 그러나 상당수의 동굴은 다양한 종류의 토착신들에게 바쳐졌다. 신성한 동굴과 연관된 몇몇 의례, 신화, 전설은 나중에 그리스인들의 종교적 전승 안으로 편입되었다. 크노소스 근처에 있는 암니소스 동굴은 이런 동굴들 가운데 가장 유명한 것으로, 그리스 시대 이전의 출산의 여신인 에일레이티이아Eileithyia에게 바쳐졌다. 또 딕테 산의 동굴[42]은 막 태어난 아기 제우스를 보호해준 곳으로

---

42) 신성한 동굴에 대해서는 M. P. Nilsson, *The Minoan-Mycenaean Religion*, pp. 53 sq.; Charles Picard, *Les religions préhelléniques*, pp. 58 sq., 130~131; Willetts, *op. cit.*, pp. 141 sq.를 보라.

유명하다. 즉 그 동굴은 미래의 올림포스의 지배자가 태어난 곳이며, 쿠레테스Courètes가 방패를 두들겨 낸 소음으로 갓난아기[아기 제우스]의 울음소리가 들리지 않도록 했던 곳이다. 쿠레테스의 군무軍舞는 청년 단체가 거행했던 입문 의례의 일부였을 것이다.(본권 84절 참조) 왜냐하면 그 동굴들 중 어떤 것은 청년 단체가 비의를 행하는 장소였기 때문이다. 예를 들어 이다 산의 동굴은 야금술사 집단의 신화적 화신이라고 알려진 닥틸로스들이 모였던 장소였다.

잘 알려진 것처럼 동굴은 구석기시대부터 종교적인 역할을 담당해왔다. 미궁labyrinthe이 동굴의 역할을 계승하고 확대한다. 동굴이나 미궁에 들어서는 것은 명계로의 하강, 즉 입문 의례 형식의 의례적 죽음과 동일하다. 그 유명한 미노스의 미궁에 대한 신화는 모호하고 단편적이지만, 그 신화의 가장 극적인 에피소드는 입문 의례와 연결되어 있다. 그 신화-의례적 시나리오의 원래 의미는 아마도 그것을 문헌으로 기록하기 오래전에 잊혀졌을 것이다. 테세우스의 모험 이야기, 그중에서도 특히 그가 미궁 안에 들어가 미노타우로스와 싸워 이기는 이야기는 나중에 다시 살펴볼 것이다.(본권 95절 참조) 지금은 미궁이 입문 의례적 시련으로서의 역할을 수행한다는 사실을 지적하는 데 그치도록 하자.

다이달로스의 작품[미노스의 미궁]은 크노소스의 발굴에서는 발견되지 않았다. 하지만 미궁은 고전 시대의 크레타 동전에서 보이며, 다른 도시들에서도 미궁의 존재가 지적되고 있다. 미궁의 어원에 대해서는 "양날 도끼의 집(*labrys*)", 즉 크노소스 왕궁을 가리키는 말이라고 설명되어왔다. 그러나 도끼를 뜻하는 아카이아 방언은 *pelekys*(메소포타미아어에서는 *pilakku*)이다. 아마도 미궁은 "돌", "동굴"을 의미하는 아시아 계통의 *labra/laura*에서 파생한 것이라고 보는 편이 더욱 타당할 것이다. 따라서 미궁은 인간의 손으로 작업하는 지하의 채석장을 가리키는 말이었다고 볼 수도 있다. 고르티나에서 가까운 암펠루시아의 동굴은 오늘날에도 "라비린토스〔迷宮〕"라고 불리고 있다.[43] 여기서는 동굴의 의례적 역할의 원초성에 대해서만 지적할 것이다. 왜냐하면 그역할의 지속성, 즉 선사시대부터 근대에 이르기까지 연속하여 존재하는 종교적 관념과 입문 의례의 시나리오에 대해서는 나중에 다시 언급하게 될 것이기 때문이다.(본권 42절)

신석기시대가 되면서 작은 여성상이 더 많이 만들어졌다. 그 조각상들은 종 모양의 치마, 아무것도 걸치지 않은 가슴, 예배하는 동작으로 치켜든 팔 모양 등으로 특징지어진다. 이러한 여성상은 봉헌물이든 아니면 "우상"이든, 여성의 종교적 우월성, 특히 여신의 지고성을 나타낸다. 후대의 자료들도 그러한 우월성을 확인시켜주고, 정확히 보여준다. 행렬, 궁정 제의, 희생 제의 장면을 묘사한 도상을 통해 판단컨대, 여성이 상당히 중요한 역할을 담당했다는 것을 알 수 있다.[44] 여신들은 베일로 가려져 있거나, 부분적으로 벌거벗고 있거나, 또는 가슴을 누르고 있거나, 두 팔을 들고 축복을 내리는 듯한 자세로 표현되기도 한다.[45] 또는 여신이 "동물의 여왕(potnia theron)"으로 표현되기도 한다. 크노소스에서 출토된 한 인장에는 여신이 눈을 가린 남성 예배자에게 지팡이로 축복을 내리는 모습이 새겨져 있다.[46] 일부 음각에서는 사자를 이

43) P. Faure, "Spéléologie crétoise et humanisme", p. 47.

44) Picard, *op. cit.*, pp. 71, 159 sq.

45) Evans, *Palace of Minos*, II, pp. 277 sq.; Picard, *op. cit.*, pp. 74 sq.; Nilsson, *op. cit.*, pp. 296 sq. 여신들은 때로 원기둥 혹은 각진 기둥으로 대체되기도 한다. Picard, p. 77; Nilsson, pp. 250 sq.를 참조하라.

46) Picard, p. 63. 그러나 Nilsson은 인장을 상대적으로 후대의 것으로 간주하며, Hutchinson은 이것을 미케네 시대의 것으로 본다.(*Prehisotric Crete*, p. 206을 참조하라)

끌고 가는 여신, 숫양이나 암사슴을 안고 있는 여신, 두 마리 동물 사이에 서 있는 여신의 모습이 표현되어 있다. "동물의 여왕"이 그리스의 신화와 종교 안에서 긴 생명력을 가지고 살아남는 것을 나중에도 보게 될 것이다.(본권 93절 참조)

제의는 왕궁 내의 제단, 개인의 집 등에서뿐만이 아니라 산꼭대기에서도 행해졌다. 종교적 활동의 중심이 되는 곳이라면 어디에서든 여신이 존재했다. 중기 미노스 시대 초기(BC 2100~1900년경)에 처음으로 고산지대에 성소가 만들어졌다는 것이 입증되었다. 처음에는 간소한 울타리가 쳐진 장소에 지나지 않았지만, 나중에는 작은 건물로 발전했다. 유크타스 산상에서와 마찬가지로, 페트소파의 성소의 회색 재층에서는 테라코타로 만들어진 다수의 인간과 동물 소상이 발견되었다. 닐슨 Nilsson은 사람들이 불 속에 봉헌용 소상들을 던져 넣는 방식으로 여신들에게 제의를 올렸을 것이라고 주장한다.[47] 소위 농경의례 혹은 식물 재배와 관련된 의례는 더 복잡하고 풀기 어려운 수수께끼를 간직하고 있다. 그 의례들은 농민들 사이에서 시작되었지만 점차 궁정 제의 속에 흡수되었다. 그러나 그 의례들은 주로 신성한 공간에서 거행되었다. 도자기에 새겨진 부조나 회화, 또는 조각된 도상들을 가지고 판단해볼 때, 그 제의에는 특히 춤, 신성한 물건의 봉헌, 정화 의식이 포함되어 있었다.

여기서도 나무는 중심적인 역할을 했다. 사람들이 나무 잎사귀를 만지거나, 식물의 여신에게 제의를 드리거나, 의례적 무용을 연출하는 모습이 다양한 도상 자료에 묘사되어 있다. 어떤 장면들은 의례의 일상적 범위를 벗어난 엑스터시적 성격을 강조하고 있다. 즉 나체의 여

---

47) Nilsson, *The Minoan-Mycenaean Religion*, p. 75.

성이 열정적으로 나무 기둥을 휘감고 있다든가, 사제가 머리를 돌리며 나무를 잡아당긴다든가 하는 모습이 표현되고 있다.[48] 사람들은 이러한 장면들에서 매년 발생하는 식물의 순환이라는 드라마뿐만 아니라, 인간과 식물 사이의 신비한 연대를 발견함으로써 일깨워지는 종교적 경험을 보기도 한다.(본권 12, 14절 참조)[49]

41. 미노아 종교의 특징

피카르Picard에 의하면 "성인 남성신의 존재를 보여주는 증거는 아직 발견되지 않았다."[50] 여신은 때때로 무장한 시종의 수행을 받지만, 그 시종의 역할은 모호하다. 그럼에도 불구하고 몇몇 남성 식물신이 알려져 있었던 것은 분명하다. 왜냐하면 그리스 신화는 농경 종교의 특징이라 할 수 있는 신성 결혼이 크레타에서 거행되었음을 시사하고 있기 때문이다. 페르손Persson은 도상의 표현을 근거로 하여 식물의 주기적인 죽음과 부활의 의례 시나리오를 재구성해보려고 했다. 이 스웨덴 학자는 봄(자연의 여신의 등장과 사제들의 예배), 여름(식물신의 출현 등), 겨울(의례적 애도, 신들의 이별을 나타내는 장면 등)[51]이라는 농사 절기에 따라 여러 의례 장면들을 배치할 수 있다고 생각했다. 그의 해석은 부분적으로 상당히 설득력이 있지만 그것에 의해 전체 시나리

---

48) Evans, *Palace of Minos*, II, pp. 838 sq.; Nilsson, *op. cit.*, pp. 268 sq.; Axel W. Persson, *The Religion of Greece in Prehistoric Times*, pp. 38~39를 참조하라.
49) Picard, *op. cit.*, p. 152.
50) *Ibid.*, p. 80. 남성상은 예배자를 나타낸다.(*ibid*, p. 154)
51) Persson, *op. cit.*, pp. 25~104.

오를 재구성하는 것은 여전히 논란의 소지가 있다.

확실해 보이는 것은 도상 자료의 대부분이 종교적 의미를 갖고 있다는 것, 그리고 의례의 중심이 삶과 죽음과 재생의 "신비"에 놓여 있다는 것, 따라서 입문 의례, 장례 의례, 오르지적이고 엑스터시적인 의례들이 포함되어 있다는 것이다. 프란시스 비안Francis Vian의 다음과 같은 주장은 타당성이 있다. "종교적 활동에 사용된 장소의 크기가 작았다고 해서 궁전 내에서 종교가 거의 역할을 하지 못했을 것이라고 결론짓는 것은 잘못이다. 사실은 궁전 전체가 신성한 장소였다. 왜냐하면 궁전이야말로 수호 여신 및 여신과 인간의 중개자인 신관-왕roi-prêtre의 거주지였기 때문이다. 계단식 좌석으로 둘러싸인 무도장, 제단이 세워진 안뜰, 저장 창고는 그 자체가 종교 시설이다. 왕좌는 숭배의 대상이었다. 그 사실은 크노소스와 필로스에서 상징적인 그리핀[독수리의 머리와 날개, 사자의 몸통을 가진 상상의 동물]이 왕좌를 양쪽에서 수호하고 있는 것을 보면 명백해진다. 그 왕좌는 군주 자신을 위한 것이라기보다는 의례가 거행될 때 출현하는 여신을 위한 것이었을 것이다."[52]

의례의 중심지로서의 왕궁의 역할을 강조하는 것은 중요하다. 계단식 좌석으로 둘러싸인 부지, 소위 왕궁의 "극장"에서 신성한 투우가 벌어졌으나 황소가 살해되는 경우는 없었다. 남녀 곡예사가 황소 위를 뛰어넘는 모습이 크노소스의 그림에 묘사되어 있다. 닐슨은 회의적이지만 그 "곡예사"의 종교적 의미는 의심할 여지가 없다. 달리는 황소 위를

---

52) F. Vian, "La religion de la Crête minoenne et de la Grèce achéenee", Henri-Charles Puech, éd., *Histoire des religions*, I, p. 475. Evans는 일찍이 크노소스의 왕을 신관-왕이라 불렀으며, 이 용어는 Nilsson(*op. cit.*, pp. 486 sq.)과 Picard(*op. cit.*, pp. 70 sq.)에 의해 수용되었다. 또한 Willetts, *Cretan Cults and Festivals*, pp. 84 sq.를 보라.

뛰어넘는 것은 무엇보다 분명한 "입문 의례적 시련"을 의미한다.[53] 테세우스가 동행했던 일곱 소년과 일곱 소녀가 미노타우로스에게 "헌상되었다는" 전승은 이와 같은 입문 의례적 시련에 대한 기억을 반영하고 있는 것이라고 생각된다. 불행하게도 우리는 신성한 황소의 신화와 제의에서의 그 역할을 모르고 있다. 크레타 문명에 고유한 제의 도구의 하나인 "봉헌용 뿔"은 황소의 앞머리뼈를 양식화한 것일 것이다. 그 뿔이 도처에서 보이는 것으로 보아 그것은 종교적으로 중요한 기능을 담당했음을 알 수 있다. 두 개의 뿔은 그 가운데에 놓이는 물건을 성화하는 역할을 했던 것이다.

몇몇 제의 도구의 종교적 의미와 상징에 대해서는 지금까지 논의가 계속되고 있다. 양날 도끼는 희생 제의에 사용되었다. 그것은 크레타 섬뿐만 아니라 그 주변의 상당히 넓은 지역에서 발견된다. 소아시아에서는 그것이 벼락의 상징이며, 폭풍신이 가지고 다니는 것이라고 한다. 그러나 그것은 이미 구석기시대부터 존재했으며, 이라크의 텔 알 파치야에서는 벌거벗은 여신 옆에 놓여 있는 것이 발견되었다. 크레타에서도 여성(여사제 또는 여신)의 손에 그것이 쥐어져 있다. 때로는 머리 위에 놓여 있기도 하다. 에반스는 도끼가 양날이라는 사실에 착안하여 그것이 남성 원리와 여성 원리의 통일을 상징하는 표지라고 설명한다.

원기둥 혹은 각진 기둥들은 선사시대 이래 존재한 것으로, **세계축**의 우주론적 상징이라는 것이 입증되었다.(본권 12절 참조) 새는 여신의 현현 또는 여신의 영혼을 의미하기 때문에 꼭대기에 새가 앉아 있는 기둥에 대해서는 다양한 해석이 가능하다. 어쨌든 원기둥이나 각진 기둥

---

53) Evans, *op. cit.*, III, p. 220, fig. 154 ; Picard, pp. 144, 199 ; Persson, pp. 93 sq. ; J. W. Graham, *The Palaces of Crete*, pp. 73 sq.

은 여신을 대신한다. "왜냐하면 사람들은 그 기둥에 새겨진 사자나 그 리핀에서 여신 그 자체를 보았기 때문이다."[54]

장례 의례는 중요한 역할을 했다. 우선 시체를 납골당의 깊은 묘실 안으로 보낸다. 소아시아와 지중해의 다른 지역에서와 마찬가지로 죽은 자의 몸에 술을 붓는다. 살아 있는 사람은 의식을 집행하기 위해 긴 의자가 놓인 묘실 안으로 내려갈 수 있었다. 장례식은 아마도 여신의 가호를 기원하며 치러졌을 것이다.(본권 35절 참조) 바위를 파내어 만든 크노소스의 신관-왕의 무덤에는 기둥이 있는 지하 묘실이 마련되어 있다. 그 묘실의 천정은 창궁을 의미하는 파란색 물감으로 칠해져 있다. 그리고 바로 그 위에 지모신을 위한 궁전 성소로 보이는 예배소가 만들어져 있다.[55]

크레타 종교와 관련된 가장 귀중하면서도 많은 수수께끼를 담고 있는 자료는 하기아 트리아다에서 발굴된 석관에 붙어 있는 두 개의 장식 패널이다. 이 자료는 분명히 그 시대(BC 13~12세기), 즉 미케네인이 크레타 섬에 정착한 시대의 종교사상을 반영하고 있다. 그러나 패널에 묘사된 장면들에 대해 일관된 해석을 내릴 수 있다는 점에서, 그것은 미노스 및 오리엔트 신앙이나 관습의 흔적을 지니고 있다. 패널 중 하나는 황소를 희생 제물로 바치는 장면을 묘사하고 있는데, 여사제 세 사람이 한 줄로 희생 제물에게로 다가간다. 목이 잘린 희생 제물의 다른 쪽에는 신성한 나무 앞에서 피를 흘리는 동물이 제물로 바쳐지고

---

54) Picard, p. 77.
55) Evans, *Palace of Minos*, IV, 2, pp. 962 sq. Picard는 디오도로스(4, 76~80; 16, 9)가 전하는 전승을 인용하고 있다. 그 전승에 따르면 미노스는 에게 해의 여신을 계승한 아프로디테 여신에게 바치는 지하 묘실 속에 묻혔다고 한다.(*op. cit.*, p. 173)

210

있다. 두 번째 패널에는 장례식의 헌주 의례가 끝난 장면이 있는데, 한 여사제가 커다란 납골 단지 안에 붉은 액체를 붓고 있다. 마지막 장면은 가장 신비롭다. 죽은 자가 긴 옷을 입고 자기 무덤 앞에 꿇어앉아 장례 의식의 진행을 돕고 있다. 그리고 세 사람의 남자 제관이 그에게 작은 배 한 척과 송아지 두 마리를 가져다준다.[56]

많은 학자들은 죽은 자의 자세를 근거로 하여 죽은 자가 신격화되었다déifié고 판단한다. (피카르는 그가 "미라가 되었다고 할 수 있다"고 주장한다.) 이 가설은 그럴듯하다. 이 경우, 죽은 자는 크노소스의 신관-왕이나 그리스의 영웅들(헤라클레스, 아킬레우스, 메넬라오스)과 같은 특권을 가진 자가 된다. 그러나 그 장면들은 죽은 자가 신격화divinisation된 모습을 보여주는 것이라기보다는, 죽은 자에게 행복한 사후 세계를 보장하는 "비의 종교"에서 전형적으로 보이는 입문의례의 완성을 보여준다고 보는 편이 더욱 사실에 가까울 것이다. 실제로 디오도로스(BC 1세기)는 크레타 종교와 "비의 종교"의 유사성에 주목한 바가 있다. 하지만 그러한 유형에 속하는 종교는 나중에 "도리스"라고 불렸던 지역에서 박해를 받고 결국 티아소이thiases(아마도 그리스어 이전의 단어일 것이다)라고 불리는 폐쇄된 사회 안에서만 살아남을 수 있었다.[57]

디오도로스가 전해주는 전승은 오리엔트와 지중해 연안 지역의 종교사상이 인도-아리아인 침략자들에게 동화되는 과정의 한계점을 지

---

56) R. Paribeni, "Il sarcofago dipinto di Haghia Triada", pl. I~III 및 J. Harrison, *Themis*, fig. 31~38에 수록된 것을 보라. Nilsson, *op. cit.*, pp. 426 sq. ; Picard, pp. 168 sq.를 참조하라. 사후의 수중 여행은 "축복의 섬"이라는 그리스의 개념에 흔적을 남겼다. Hésiode, *Travaux et jours*, 167 sq. ; Pindare, *Olympiques*, II, 67 sq.를 참조하라.
57) Picard, *op. cit.*, p. 142. 또한 본권 99절을 보라.

시한다는 점에서 대단히 흥미롭다.

42. 그리스 이전의 종교 구조의 연속성

선문자 B를 해독함으로써 BC 1400년경 크노소스에서 그리스어가 사용되고 있었다는 것이 밝혀졌다. 따라서 미케네인 침략자들은 미노스 문명의 파괴에뿐만 아니라 그 문명의 마지막 시기에도 결정적 역할을 하였던 것이다. 달리 말하면 크레타 문명은 마지막 단계에서는 그리스 본토까지를 포함하고 있었던 것이다. 미케네인들의 침략이 있기 전에는 이집트와 소아시아로부터의 영향[58]이 아시아와 지중해의 문화적 종합으로 결실되었다는 사실을 고려한다면, 그리스의 문화 현상이 얼마나 오래되고 복잡한 것인지 가늠할 수 있다. 헬레니즘은 이집트와 아시아에도 뿌리를 내리긴 했지만, "그리스의 기적"을 만들어낸 것은 〔미케네인〕 정복자들의 공헌이었다.

크노소스, 필로스, 미케네에서 출토된 서판書板에는 호메로스의 신들을 제우스, 헤라, 아테나Athéna, 포세이돈Poséidon, 디오니소스Dionysos 등과 같이 고전적인 명칭으로 부르고 있다. 불행하게도 신화와 의례에 관해 그 서판들이 제공하는 정보는 빈약하다. 즉 거기에는 겨우 제우스 딕타오스Zeus Dyktaos〔딕테 산의 제우스〕와 다이달로스, "신의 노예들", "아테나의 노예", 그리고 여러 여사제의 이름이 언급되어 있을 따름이다. 고전 시대의 그리스 신화와 종교에 있어서 크레타는 두드러진 명성을 지니고 있었던 것이 분명하다. 제우스가 태어나고 죽었다고 알려진 곳은 크레

---

58) 물론 영향이 반대 방향으로도 미쳤다는 것을 분명하게 말해두자.

타였다. 디오니소스, 아폴론Apollon, 헤라클레스Héraclès가 "어린 시절"을 보낸 곳 역시 크레타였으며, 데메테르Déméter 여신이 이아시온을 사랑하고, 미노스 왕이 법을 받고 라다만티스와 함께 명계의 심판자가 된 곳도 크레타에서였다. 고전 시대의 전성기에도, 정화 의례를 주재하는 자격을 갖춘 자는 항상 크레타 출신이었다.[59] 이처럼 크레타 섬은 **원초적 시대**primordium의 불가사의한 힘을 가지고 있었다. 고전 시대의 그리스에 있어서 미노스 문명의 크레타 섬은 "기원"과 "토착"의 경이로운 창조성을 지니고 있는 장소였다.

그리스의 종교적 전통이 크레타 섬에서뿐 아니라 에게 해 전 지역에서 토착민과의 공생에 의해 변화되었다는 것은 의심의 여지가 없다. 닐슨은 고전 시대 그리스의 4대 종교 중심지―델포이, 델로스, 엘레우시스, 올림피아―중에서 처음 세 곳이 미케네 문화를 계승했다는 사실을 지적했다. 다행스럽게도 미노스의 종교 구조의 몇몇 요소가 존속되고 있음이 밝혀졌다. 또 학자들은 미노스-미케네 시기의 예배당이 그리스의 신전으로 발전했으며, 크레타의 화로 의례와 미케네의 궁전 의례 사이에 연속성이 있음을 밝혀냈다. 나비의 이미지로 표현되는 **영혼**psyche은 미노스인들에게는 친숙한 것이었다. 데메테르 신앙의 기원은 크레타 섬에서 발견되며, 엘레우시스의 가장 오래된 성소는 미케네 시대에까지 거슬러 올라간다. "고전 시대의 비의와 연관된 신전의 건축물 또는 다른 시설들은 어느 정도 그리스 시대 이전의 크레타에서 확인되는 구조물에서 유래한다고 생각된다."[60]

아리아 시대 이전의 인도에서도 그랬던 것처럼, 여신 숭배, 풍요, 죽

---

59) Picard, *op. cit.*, p. 73.
60) *Ibid.*, p. 142.

음, 영혼의 사후 존속과 관련된 의례와 신앙은 나중에까지 살아남고 지속되었다. 경우에 따라서는 선사시대에서부터 근대에 이르기까지 그 연속성이 지속되기도 한다. 그중 한 가지만 예로 들어보자. 스코티노 동굴은 "크레타 섬에서 가장 웅장하고 아름다운 동굴 중의 하나"인데, 깊이는 60미터, 내부는 4층으로 되어 있다. 둘째 층의 끝 부분에서 "돌 제단 위와 앞에 놓인 우상" 두 개가 발견되었다. 하나는 여성상이고 다른 하나는 "냉소적인 미소를 띠고 있는 젊은이의 흉상"이다. 이 두 개의 조각상 앞에는 "항아리 파편이 수 미터 높이로 쌓여 있고, 셋째 층 밑바닥에는 파편이 흩어져 있기도 하다…… 연대적으로 볼 때, 그것은 BC 2000년대의 초기에서부터 로마 시대 말기까지 단절 없이 연속되고 있다."[61] 동굴의 신성성은 오늘날까지도 이어지고 있다. 바로 근처에 성 파라세브Saint Parascève에게 봉헌된 하얀 작은 예배당이 세워져 있다. 7월 26일이 되면, "아포셀레미 강 유역과 케르소네소스 지방의 주민들은 이 동굴의 입구에 모인다. 그들은 지붕 아래의 두 장소에서 춤을 추고, 진탕 마신다. 그리고 바로 옆의 예배당에서 들러서 미사를 드리는 한편 한 무리가 되어 사랑의 노래를 합창한다."[62]

이러한 연속성은 고대 크레타의 또 다른 종교성을 나타내는 독특한 표현들 가운데서도 인정되고 있다. 아더 에반스 경은 수목 숭배와 성석聖石 숭배 사이의 연관성을 강조했다. 비슷한 연관성이 아테네의 아테나 파르테노스Athéna Parthenos〔처녀신 아테나〕 숭배에서도 발견된다. 즉 기둥이 성목(올리브)과 아테나 여신의 상징인 부엉이와 연결되어

---

61) Faure, "Spéléologie crétoise et humanisme", p. 40.
62) *Ibid*., p. 40. 무수한 동굴들이 성인聖人들에게 예배드리는 장소로 이용되고 있으며, 동굴 안에는 100개가 넘는 예배당이 만들어져 있다. (*ibid*., p. 45)

있다. 에반스 경은 기둥 숭배culte du pilier가 근대까지 존속하고 있었다는 사실을 밝혀냈다. 예를 들어 스코피예 근처에 있는 테케키오이의 성스러운 기둥은 미노스의 원기둥을 모방한 것인데, 그 기둥은 기독교 신자와 이슬람 신자 모두가 숭배하는 대상이다. 신성한 샘sources sacrées 이 여신과 관계가 있다는 믿음 역시 고전 시대의 그리스에서 보인다. 샘물은 네레이데스Néréides[바다의 신 네레우스의 딸들로 아름다운 바다의 요정들]로 숭배되었다. 이러한 신앙은 오늘날까지도 살아 있으며, 샘물의 요정은 지금도 네레이드라는 이름을 가지고 있다.

더 많은 예를 열거할 필요는 없을 것이다. 여기서는 원초적인 종교적 구조의 연속성이라는 유사한 과정이 서유럽, 지중해 지역에서 갠지스 강 평원, 중국에 이르기까지 모든 "민중" 문화의 특징을 이루고 있다는 것을 기억하자.(본권 14절 참조) 우리의 목적상 이러한 종교 복합체—풍요와 죽음의 여신, 입문 의례와 영혼의 사후 존속에 관한 의례와 신앙—는 호메로스의 종교 속에는 포함되어 있지 않다는 사실을 강조하는 것이 중요하다. 그리스 시대 이전의 무수한 전통들과의 공생관계에도 불구하고 아리아인 정복자들은 자신들이 숭배하는 신들을 가지고 들어와 자신들의 독자적인 "종교적 양식"을 유지하는 데 성공했다.(본권 10~11장 참조)

히타이트와 가나안의 종교

43. 아나톨리아의 공존과 히타이트의 혼합주의

우리는 BC 7000년대 이후부터 기독교가 전래될 때까지, 아나톨리아에서 놀랄 만한 종교적 연속성이 유지되고 있었다는 것을 발견할 수 있다. "실제로 차탈 후육의 제4기 층(BC 6000년경)에서 발견되는 황소위에 올라탄 남성상과 히타이트 시대의 폭풍신 도상, 그리고 로마 군단의 병사들이 숭배했던 돌리케누스의 유피테르 조각, 그 셋 사이에는 결정적인 단절이 존재하지 않는다. 마찬가지로 차탈 후육에서 출토된 표범을 동반한 여신, 히타이트의 여신 헤파트Hepat 그리고 그리스 고전기의 키벨레Cybèle 여신 사이에서도 결정적인 단절은 보이지 않는다."[1] 이러한 연속성은, 적어도 부분적으로는, 종교적 융합에 대한 이 지역 사람들의 놀라운 자질에 기인한다. 근대의 역사가들이 히타이트

---

1) Maurice Vieyra, "La religion de l'Anatolie antique", p. 258.

라고 명명한 민족은 BC 2000년대(고왕국 시대: BC 1740~1460년경, 제국 시대: BC 1460~1200년경) 동안 아나톨리아를 지배했다. 하티아족—언어를 알 수 있는 최초의 아나톨리아 주민—을 정복함으로써 아리아인 침략자들[히타이트 민족]은 문화적 공존의 작업을 개시했으며, 이러한 작업은 그들이 만든 정치 체제가 붕괴한 후에도 오랫동안 지속되었다. 히타이트인들은 아나톨리아에 들어오고 나서 곧 바빌로니아 문화의 영향을 받았다. 그후 제국 시대 동안에 히타이트인들은 메소포타미아와 시리아의 북부 지역에 거주하던 비인도-유럽어 계통의 후리아 문화의 본질적인 부분을 흡수했다. 따라서 히타이트의 판테온 안에는 수메르-아카드 계통의 신들이 아나톨리아와 후리아 계통의 신들과 나란히 들어가 있다. 지금까지 알려진 히타이트의 신화와 의례의 대부분은 하티아 혹은 후리아의 종교적 전승과 유사하며, 더 나아가서는 그것을 모델로 삼고 있기도 하다. 오히려 인도-유럽 문화의 유산이 차지하는 비율이 가장 낮다. 그렇지만 그 문화적 원천의 다양성에도 불구하고 히타이트들인이 그들의 재능으로 만들어낸 창조물—특히 종교 예술—에 독창성이 결여되어 있지는 않다.

히타이트의 신들은 스스로 발산하는 공포의 힘과 찬란한 빛으로 특징지어진다.("la splendeur divine", *melammu*, 본권 20절 참조) 그들의 판테온은 대규모였지만, 단지 이름만 알려진 신들도 있다. 모든 주요 도시는 바로 신들의 주요한 거주지였으며, 그 신들은 또 다른 신들로 둘러싸여 있었다. 고대 근동의 다른 지역에서와 마찬가지로 신들은 신전 안에서 "살았다." 신관과 하급 시종들은 신들을 목욕시키고 옷을 입히고 음식물을 바치며 춤과 음악으로 그들을 즐겁게 해주어야 할 의무를 지니고 있었다. 때로 신들은 신전을 떠나 여행을 했다. 따라서 응답을 받지 못한 기도는 신의 이러한 부재 때문이라고 설명되기도 했다.

판테온은 하나의 대가족으로 이해되었고, 그 정점에는 히타이트 왕국의 수호신이며, 최초의 쌍으로 알려진 폭풍신과 대여신이 자리 잡고 있었다. 폭풍신은 주로 후리아어 이름인 테슈프라고 알려져 있었기 때문에 우리도 그 이름을 사용하기로 한다. 테슈프의 아내인 대여신은 후리아어로 헤파트라고 불렸다. 그들을 상징하는 신성한 동물―테슈프는 황소, 헤파트는 사자(혹은 표범)―은 선사시대로부터의 전통의 연속성을 보여준다.(본권 13절 참조) 가장 유명한 대여신은 아린나 Arinna(하티아어로는 우루세마Wurusema)의 "태양"신이라는 이름으로 알려져 있었다. 사실 이 여신이 "왕국의 여왕, 천지의 여왕, 하티아 왕국의 왕과 왕비의 수호신" 등으로 찬양된 것으로 볼 때, 이 여신은 하나의 동일한 지모신[2]이 여러 가지 모습으로 현현한 것이다. 아마도 이러한 "태양신화太陽神化"는 아린나 여신이 히타이트 왕국의 수호신이 되었을 때 행해진 숭배 행위를 표현하고 있는 것 같다.

바빌로니아의 "이슈타르"라는 표의문자는 다수의 지역적 여신의 이름을 가리키는 데 사용되었는데, 아나톨리아식 이름은 알려져 있지 않다. 그것의 후리아식 이름은 샤우슈카Shaushka였다. 그러나 바빌로니아의 사랑과 전쟁의 여신인 이슈타르가 아나톨리아에 알려져 있었다는 사실을 기억해야 한다. 따라서 경우에 따라서는 아나톨리아-바빌론의 중층적 혼합주의가 문제가 되는 경우도 있다. 테슈프의 아들이기도 한 태양신은 샤마슈와 마찬가지로 공정함과 정의의 수호자로 여겨졌다.

---

2) 푸두헤파스 여왕은 아름다운 기도 속에서 아린나 여신과 헤파트를 동일시하고 있다.(A. Goetze, *ANET*, p. 393의 번역을 참조하라) 그러나 이것은 이러한 관점과 연관된 유일한 자료이다. 의례나 공물의 목록에서는 이 두 여신의 이름이 앞뒤로 나타난다. 이러한 사실은 지모신으로 현현한 유명한 두 여신이 히타이트의 지배하에서 얼마나 중요한 지위를 획득했는지를 설명하고 있다.

테슈프의 또 다른 아들인 텔리피누Telipinu도 유명하지만 그에 관한 신화는 다음 절에서 살펴볼 것이다.

종교 생활에 관한 한 자료들은 단지 공적 제의에 대해서만 알려준다. 현존하는 텍스트에 기록되어 있는 기도문은 왕족의 것이다. 달리 말하면 서민의 신앙이나 의례에 대해서는 전혀 알려진 것이 없다. 그러나 풍요의 여신과 폭풍신에게 부여되었던 역할에는 의심의 여지가 없다. 계절제, 특히 신년 축제(purulli)는 아리아인 정복자를 대표하여 왕이 집행했다. 하지만 그 의식들은 신석기시대 이후 그 지역에서 계속해서 행해지고 있었던 것 같다.

"흑마술magie noire"은 법령에 의해 금지되었으며, 규칙을 어긴 자는 처형되었다. 이것은 고대의 관습이 대중들의 삶 속에서 특별한 인기를 얻고 있었음을 간접적으로 확인시켜준다. 반면 지금까지 발견된 상당수의 텍스트는 "백마술magie blanche"이 공개적으로, 그리고 빈번히 행해졌다는 것을 보여준다. 백마술은 주로 정화 의례와 "악령 추방" 의례에 관한 것이었다.

국왕의 권위와 종교적 역할은 중요하다. 왕권은 신이 내린 선물이다. "태양신과 폭풍신은 왕인 나에게 영토와 궁전을 맡겼다…… 신들은 왕인 나에게 많은 시간을 허락했다. 그 시간은 끝이 없다."[3] 왕은 위대한 신의 "사랑을 받는다". (그러나 메소포타미아식의 "신의 강림"이라는 구상은 인정되지 않았다.) 왕의 번영은 곧 모든 백성의 번영이었다. 군주는 지상에서 신의 대리자로서 활동하고, 판테온 앞에서는 백성을 대표했다.

왕의 성별식聖別式 과정을 서술하는 텍스트는 발견되지 않았지만, 군

---

3) 새 궁전의 건립을 위한 의식, trad. Goetze, *ANET*, p. 357.

주는 성스러운 기름으로 축복을 받았고, 특별한 옷을 입고 관을 썼으며, 마지막으로는 왕의 자격에 걸맞은 칭호를 부여받은 사실이 알려져 있다. 또한 군주는 대제사장을 겸했고, 단독으로 또는 왕비와 함께 한 해의 가장 중요한 축제들을 주재했다. 왕은 사후에 신격화되었다. 왕의 죽음에 대해 말할 때에는 왕은 "신이 되었다"라는 표현이 사용되었다. 죽은 왕의 조상彫像은 신전에 놓였고, 현재의 왕들이 선왕들에게 공물을 바쳤다. 어떤 텍스트에 따르면, 왕은 살아 있는 동안, 신격화된 선조의 화신이라고 생각되었다고 한다.[4]

44. "사라지는 신"

몇 가지 중요한 신화의 재해석을 통해서 "히타이트"[5] 종교사상의 독창성을 발견할 수 있다. 그중 가장 주목할 만한 주제 중의 하나가 "사라지는 신"이다. 가장 널리 알려진 이야기의 주인공은 텔리피누이다. 어떤 텍스트는 그의 아버지인 폭풍신이나 태양신 또는 특정 여신에게 그 역할을 부여하고 있다. 배경―텔리피누라는 이름에서 알 수 있다―은 하티아이다. 히타이트의 판본은 다양한 의례와 관련된 채 편집되어 있다. 다시 말해 그 신화의 낭송이 의례에서 근본적인 역할을 담당했던 것이다.

이야기[6]의 첫 부분이 남아 있지 않은 관계로 우리는 왜 텔리피누가

---

4) O. R. Gurney, "Hittite Kingship", p. 115.
5) 인용 부호를 추가한 이유는, 많은 경우, 하티아나 후리아의 신화가 히타이트어로 번역되거나 채택되어 있기 때문이다.

"모습을 감추기로" 결심했는지 알 수 없다. 아마도 인간이 그를 화나게 했기 때문일 것이라고 추측된다. 그러나 그가 사라지자 그 영향이 즉각적으로 나타난다. 화로의 불이 꺼지고, 신들과 인간들은 무언가 "숨이 막히는" 느낌을 갖게 된다. 암양은 새끼 양을 돌보지 않고, 암소는 송아지를 돌보지 않는다. "보리와 밀은 더 이상 영글지 않는다." 동물도 인간도 더 이상 생식 활동을 하지 않고, 초지는 마르고, 샘물은 고갈된다. (이것은 아마도 성배의 전설에 의해 널리 알려지게 된 "황무지"의 신화적 모티프를 보여주는 가장 오래된 문헌 자료일 것이다.) 그러자 태양신은 전령─처음에는 독수리, 나중에는 폭풍신을 직접─을 보내 텔리피누를 찾아보지만 성공하지 못한다. 마지막으로 어머니 신이 꿀벌을 파견한다. 꿀벌은 덤불 속에서 잠들어 있는 텔리피누를 찾아내고 침을 쏘아 깨운다. 성이 난 텔리피누는 온 나라에 재앙을 내렸고, 놀란 신들은 그를 진정시키기 위해 주술을 사용한다. 의례와 주문에 따라 텔리피누는 그 노여움과 "악"을 씻어낼 수 있게 된다.[7] 평정을 찾은 텔리피누는 신들에게로 다시 돌아오고, 생명은 다시 제 리듬을 찾게 된다.

텔리피누는 "화가 나서" "숨는 신", 다시 말해 자기를 둘러싼 세상으로부터 사라지는 신이다. 그는 주기적으로 죽음과 부활을 반복하는 식물신의 범주에 속하지 않는다. 그러나 그의 "사라짐"은 우주의 모든 생명을 파괴하는 영향력을 가지고 있다. 그리고 "사라짐"과 "나타남"은

---

6) Goetze, *ANET*, pp. 126∼128 ; Güterbock, *Mythologies of the Ancient World*, pp. 144 sq. ; Vieyra, *Les Religions du Proche-Orient antique*, pp. 532 sq.의 번역을 사용하였다. 또한 Theodore Gaster, *Thespis*, pp. 302∼309도 보라.

7) 신의 분노를 진정시키는 비슷한 의례들이 사제들에 의해 수행된다. Gaster, *Thespis*, pp. 311∼312에 번역된 텍스트를 보라.

모두 지하 세계로의 하강과 지상으로의 복귀를 의미한다.(본권 122절 디오니소스 참조) 그러나 텔리피누를 식물신들과 구분 짓는 것은 꿀벌이 그를 "발견"하고 "되살리는 것"이 상황을 더욱 악화시킨다는 사실이다. 그를 진정시키고 평화를 회복시켜준 것은 정화 의례였다.

텔리피누의 특징적인 모습은 나라 전체를 파멸로 몰아넣을 만큼 강력한 악마적인 "분노"에서 찾을 수 있다. 그것은 풍요신이 자신이 만든 창조물, 모든 형태의 **생명**에게 보이는 무분별하고 변덕스런 분노와 관련이 있다. 신의 양면성에 대한 이와 비슷한 관념을 우리는 다른 문화에서도 발견할 수 있다. 특히 그것은 힌두교 안에서 발전되었다.(시바 신, 칼리Kali 신 참조) 텔리피누의 역할이 폭풍신과 태양신, 그리고 다른 여신들—즉 일반적으로 **우주적 생명**의 다양한 분야를 관장하는 모든 신들—에게도 주어졌다는 사실은 이 신화가 식물 신화보다 훨씬 더 복잡한 드라마와 관계있다는 것을 증명해준다. 다시 말해 그것은 **창조주 스스로** 자기가 창조한 창조물을 파괴한다고 하는 이해할 수 없는 신비를 드러내고 있는 것이다.

45. 용을 무찌름

신년 축제인 **푸룰리**purulli가 열릴 때, 폭풍신과 **일루얀카**illuyanka(-용-)[8]의 싸움에 대한 신화가 의례적으로 암송되었다. 첫 번째 대결에서 폭풍신은 패배하고 다른 신들의 도움을 간청한다. 이나라Inara 여신은 연회를 열고 용을 초대한다. 이나라 여신은 미리 후파시야Hupashiya라는

---

8) 일루얀카의 문자적 의미는 "용", "뱀"이며, 고유명사이기도 하다.

인간에게 도움을 청해두었다. 후파시야는 여신이 자기와 동침한다는 조건하에 이를 수락했고, 여신도 이를 받아들였다. 게걸스럽게 먹고 마셔댄 용은 자기 소굴로 내려갈 수 없을 정도로 취해버렸고, 후파시야는 용을 묶었다. 그리고 폭풍신은 싸움도 치르지 않고 용을 죽이고 만다. 이 신화는 전래 동화 속에서 잘 알려진 다음과 같은 한 일화로 끝을 맺는다. 후파시야는 이나라 여신의 집에 들어와 살게 되지만, 그녀가 집을 비운 동안에는 창문 바깥을 내다보지 말라는 여신의 경고를 따르지 않았다. 창문을 통해 바깥을 내다 본 후파시야는 자기의 본래 부인과 아이들을 보게 되었고, 자기를 집으로 돌아가게 해달라고 이나라 여신에게 애원한다. 이야기의 뒷부분은 소실되어 알 수 없지만, 아마도 후파시야는 죽음을 당했을 것이다.

그 신화의 다른 판본에서 이야기는 다음과 같이 전개된다. 폭풍신을 무찌른 용은 폭풍신의 심장과 눈을 빼앗았다. 그후 폭풍신은 가난한 인간의 딸과 결혼하고 아들을 얻는다. 그 아들은 자라서 용의 딸과 결혼하기로 결심한다. 아버지의 지시에 따라 이 젊은이는 부인의 집에 들어서자마자 폭풍신의 심장과 눈을 요구하고, 그것을 받아 아버지에게 돌려준다. 자기의 "힘"을 회복하게 된 폭풍신은 "해변에서" 용을 다시 만나고, 결국 그를 물리친다. 그러나 용의 딸과 결혼한 아들은 용에게 충성할 의무를 가지고 있었고, 그는 아버지에게 자기를 죽여달라고 부탁한다. 결국 "폭풍신은 용과 함께 자기의 아들까지도 죽이고 만다."[9]

신과 용의 싸움은 너무도 유명한 신화—의례적 주제의 하나이다. 신이 패배하여 몸이 찢긴다는〔절단되는〕 주제는 제우스와 거인족 티폰의

9) Trad. Goetze, *ANET*, pp. 125~126 ; Vieyra, *Les Religions du Proche-Orient antique*, pp. 526 sq.

전투와 맥을 같이한다. 제우스의 손과 발에서 힘줄을 잘라내는 데 성공한 티폰은 제우스를 어깨에 메고 시칠리아의 동굴로 가져간다. 티폰은 힘줄을 곰의 털가죽 안에 숨기지만, 헤르메스Hermès와 아이기판Egipan이 그것을 훔쳐낸다. 다시 힘을 회복한 제우스는 거인족을 쓰러뜨린다.[10] 중요한 신체 기관을 훔친다는 모티프는 잘 알려져 있다. 그러나 이 세상의 지배권을 놓고 싸우는 수많은 전투 신화 또는 우주 신화에 등장하는 용은 히타이트 판본에서는 더 이상 무시무시한 괴물이 아니다(티아마트, 리바이어던, 티폰 등 참조). 그는 이미 전래 설화 속에서 보이는 용의 특징 중 일부를 대표한다. 즉 일루얀카는 지성이 부족한 동시에 대식가였다.[11]

처음에 패배하는 폭풍신(다른 신화들에서도 나타나는 주제이다)은 결국 자신의 영웅적 행동 덕분이 아니라 인간(후파시야 혹은 인간 여성에게서 태어난 자기 아들)의 도움을 받아 승리를 거둔다. 신화의 두 판본 모두에서 등장하는 인간이 신에게서 유래하는 힘을 가지고 있는 것은 사실이다. 그는 이나라 여신의 연인이거나 폭풍신의 아들이다. 서로 다른 이유에서이긴 하지만 그 두 신화에서 조력자는 결국 자기에게 신성한 힘을 부여한 주인공에 의해 죽음을 당한다. 이나라 여신과 동침한 후파시야는 자기의 가족, 다시 말해 인간 사회에 다시 합류할 권리를 잃게 된다. 왜냐하면 신적인 조건을 공유한 그는 다른 인간에게 그것을 전달할 수도 있기 때문이다.

이와 같은 부분적인 "설화화folklorisation"에도 불구하고 일루얀카 신화는 신년 축제의 무대에서 의례적으로 암송되는 등 중요한 역할을 했

10) Apollodorus, *Bibliotheke*, I, 6, 3.
11) Gaster, *Thespis*, pp. 259~260을 보라.

다. 어떤 텍스트는 대립하는 두 집단 사이의 의례적 전투를 재현하기도 하는데,[12] 그것은 바빌로니아의 **아키투** 축제에 견주어볼 수 있다. 마르둑과 티아마트의 싸움에서 보이는 신화의 "우주 창조적" 의미는 세계의 지배권을 둘러싼 투쟁에 의해 대체된다(제우스와 티폰의 전투 참조). 신의 승리는 왕국의 안정과 번영을 보장한다. 이것을 통해 우리는 "설화화"되기 이전의 신화가 "용의 지배"를 생명 그 자체의 근원을 위협하는 "혼돈의" 시대라고 표현했다는 것을 추측할 수 있다(용은 가뭄, 규범의 정지, 죽음뿐 아니라 "실재"와 어둠을 상징하기도 한다).

46. 쿠마르비와 주권

"모든 신들의 아버지" 쿠마르비Kumarbi를 주인공으로 삼는 후리아-히타이트의 "신통기"[13]라고 불리는 일련의 신화는 대단히 흥미로운 내용을 담고 있다. 첫 번째 이야기—"하늘의 왕위"—는 최초의 신들의 계보를 설명하고 있다. 태초의 왕은 알랄루Alalu였고, 가장 중요한 신인 아누는 알랄루를 섬기며 봉사하는 신이었다. 그러나 9년이 지난 후, 아누는 알랄루를 공격하여 그 자리를 차지했다. 알랄루는 지하 세계로

---

12) Gaster, *op. cit.*, pp. 267 sq.에 번역된 텍스트(KUB XVII 95, III 9~17)를 보라. 또한 O. R. Gurney, *The Hittites*, p. 155를 참조하라. 신들이 연합하여 "운명을 결정하는 것"에 대해서는 또 다른 문헌에 언급되어 있다. Gurney, *op. cit.*, p. 152 ; *id.*, "Hittite Kingship", pp. 107 sq.를 참조하라.

13) 여기서 문제가 되는 것은 BC 1300년경에 만들어진 후리아의 텍스트를 히타이트어로 번역한 것이다. 후리아어 "신통기"는 초기 수메르와 북시리아 종교 전통의 혼합주의적 성격을 반영하고 있다.

망명했고, 쿠마르비가 새로운 왕의 시종이 되었다. 다시 9년이 흘렀고, 이번에는 쿠마르비가 아누에게 반역했다. 아누는 하늘로 도망쳤으나, 쿠마르비는 그를 추격해 와 "허리"[14]를 물어뜯고 다리를 붙잡아 땅바닥에 내동댕이쳤다. 쿠마르비가 자기의 성공에 만족하여 즐거워하고 있을 때, 아누는 자기의 씨앗이 쿠마르비에게 수태되었다는 사실을 말해주었다. 쿠마르비는 자기 입 속에 들어 있던 것을 토해냈지만, 이미 아누의 생식 능력[정자] 일부가 그의 몸속으로 들어갔고, 쿠마르비는 세 신을 임신한 상태가 되었다. 텍스트의 나머지 부분이 심하게 훼손되어 정확한 것을 알 수는 없지만, 아누의 "자식들"은 폭풍신 테슈프를 선두에 내세워 쿠마르비에게 도전했고, 결국 왕위를 빼앗았을 것이라고 추측할 수 있다.

두 번째 이야기 "울리쿰미의 노래"는 테슈프에게 빼앗긴 왕위를 다시 찾기 위해 분투하는 쿠마르비의 모습을 보여준다. 테슈프를 상대할 수 있는 전사를 만들어내기 위해 쿠마르비는 정액을 바위에 뿌려 수태시킨다. 이러한 결합의 결과, 돌을 인격화한 신인 동형의 존재 울리쿰미 Ullikummi가 태어난다. 울리쿰미는 상반신을 바다 위에 내놓고 하늘과 땅을 떠받치고 있는 거인 우펠루리Upelluri(이 신은 후리아의 아틀라스 Atlas 신과 유사하다)의 어깨 위에 올라앉아서 순식간에 하늘에 닿을 만큼 성장했다. 테슈프는 바닷가로 가서 바위 거인[울리쿰미]과 전투를 벌였으나 참패하고 만다. 이 텍스트는 상당 부분 훼손되어 있지만 사건의 대체적인 전말을 재구성하는 것은 가능하다. 울리쿰미는 인류 전체를 멸망시키겠다고 위협하고, 두려움을 느낀 신들이 모여 논의를 거듭한

---

14) 최초의 번역자는 "무릎"으로 번역하였다. 그 두 단어 모두 남성 성기를 완곡하게 표현한 것이다.

결과, 에아 신에게 도움을 요청하기로 결정한다. 에아는 먼저 엔릴을, 그 다음에 우펠루리를 찾아가 울리쿰미가 테슈프를 타도하기로 결심한 사실을 알고 있는지 묻는다. 엔릴의 대답은 나타나 있지 않지만, 우펠루리는 대단히 중요한 내용을 자세하게 설명한다. "내 어깨 위에 하늘과 땅이 만들어질 때 나는 아무것도 모르고 있었다. 신들이 칼로 하늘과 땅을 잘라낼 때에도 나는 그것을 몰랐다. 나는 지금 내 오른쪽 어깨에 아픔을 느끼지만, 나는 그 신이 누구인지 알지 못한다." 그 말을 듣고 에아는 "옛날의 신"에게 "아버지와 아버지의 아버지들의 오래된 창고를 열고" 하늘과 땅을 분리할 때 사용했던 칼을 갖다달라고 부탁한다. 그들은 그 칼로 울리쿰미의 두 다리를 잘라버리고 그를 불구로 만들지만, 바위 거인은 여전히 자기가 아버지 쿠마르비로부터 왕권을 물려받았다고 떠벌린다. 마침내 테슈프가 그를 죽여버린다.

이 신화는 몇 가지 점에서 주목할 만하다. 먼저 이 신화가 내포하고 있는 몇몇 원초적 요소들로 쿠마르비는 자기가 물리친 신의 생식기[허리]를 삼킴으로써 자가수정한다는 사실, 신과 거대한 바위의 성적인 결합을 통해 광물을 인격화한 괴물이 탄생한다는 사실, 바위 거인과 후리아의 아틀라스에 해당하는 우펠루리 사이의 관계 등이 있다. 처음 이야기는 쿠마르비의 양성성을 나타낸다고 해석할 수 있다. 양성성은 원초적 신의 특징 중의 하나이다(예를 들면 티아마트, 주르반의 경우 참조). 이 경우 최종적으로 왕권을 차지한 테슈프는 하늘의 신(아누)과 양성구유의 신[쿠마르비]의 아들에 해당한다.[15] 초인적 존재가 바위를 수태시킨다고 하

---

15) 어떤 신화적 단편에 따르면 쿠마르비의 "몸속"에 있던 신들은 과연 어느 구멍을 통해 나갈 것인지를 의논하였던 것으로 보인다. (Güterbock, *op. cit.*, pp. 157~158을 참조하라)

는 주제에 관해서는 프리기아에서 비슷한 신화가 발견된다. 파파스 Papas(=제우스)가 아그도스Agdos라고 불리는 바위를 수태시켜 양성구유의 괴물 아그디스티스Agdistis를 낳지만, 다른 신들이 그 괴물을 거세시켜 여신 키벨레로 변화시킨다는 내용이다.(Pausanias, VII, 17, 10~12)

바위에서 인간이 탄생하는 이야기를 담고 있는 신화는 소아시아에서부터 극동 아시아, 폴리네시아에 이르기까지 대단히 넓은 지역에 분포되어 있다. 그것은 최초의 인간이 "대지에서 탄생한다"는 신화적 주제에 관한 것이다. 최초의 인간은 지모신으로부터 태어난다. 어떤 신들(예를 들어 미트라Mithra)은 매일 아침 산 위로 빛을 발하며 떠오르는 태양처럼 바위에서 태어났다고 여겨졌다. 그러나 이 신화의 주제를 태양신의 출현으로 환원시켜서는 곤란하다.[16] 돌이 간직하고 있다고 믿어지는 경이로운 힘에 의해 어머니인 대지의 신성성이 강화된다고 하는 신앙이 생식석生殖石petra genitrix의 신앙과 결부되어 있다고 말할 수 있다. 앞에서 살펴본 것처럼(본권 34절) "거석" 종교에서는 바위의 신성성이 대단히 강조되어 있었다. 울리쿰미가 하늘을 떠받치고 있는 거인의 어깨 위에 앉게 된 것은 우연이 아니다. 바위 거인은 스스로 우주 기둥columna universalis이 될 준비를 하고 있었던 것이다. 그러나 거석 종교에 특유한 이러한 모티프는 신의 통치권을 계승하기 위한 투쟁이라는 보다 넓은 신화적 문맥 안에 통합되어 있다.

---

16) 실제로 미트라가 바위에서 막 태어난 시점에서 치른 첫 전투는 태양을 상대로 한 것이었다. 승리한 미트라는 태양의 빛나는 왕관을 들어올린다. 그러나 곧 두 신은 손을 맞잡고 우정을 맹세한다.

47. 신들의 세대 간 갈등

후리아/히타이트어 텍스트가 처음으로 번역된 이후, 한편으로는 이 텍스트와 비블리오스의 필론이 전해준 페니키아 신통기와의 유사성이, 다른 한편으로는 헤시오도스가 전하는 전승과의 유사성이 주목을 받았다. 필론에 따르면[17] 최초로 통치권을 장악한 신은 엘리운Eliun(그리스어로는 힙시스토스Hypsistos, 즉 "가장 높은 자")으로, 후리아/히타이트 신화의 알랄루에 해당한다. 그 신은 브루트Bruth와 결합하여 우라노스Ouranos(아누에 해당)와 게Ge(가이아Gaia)를 낳았다. 그 다음에 이 두 신은 네 아들을 낳았는데, 장남 엘El(또는 크로노스Kronos)은 쿠마르비에 해당한다. 우라노스는 자기 아내 게와 다툰 후, 자기가 낳은 자식들을 절멸시키려고 했지만, 엘은 톱(또는 창?)을 만들어 자기 아버지를 추방하고 스스로 왕좌에 오른다.[18] 그리고 마지막에 가서 바알Baal(제4세대 신을 대표하며 테슈프와 제우스에 해당한다)이 통치권을 획득한다. 예외적으로 그는 아무런 싸움 없이 권력을 차지한다.

우가리트어 텍스트가 발견되기 전에는 필론이 전하는 이 전승의 신빙성을 의심하는 사람들이 있었다. 그러나 신들의 세대교체는 가나안의 신화에도 기록되어 있다.(본권 49절 참조) 헤시오도스(본권 83절 참조)

---

17) 그의 『페니키아 역사Histoire phénicienne』의 몇 가지 내용은 에우세비우스와 포르피리우스에 의해 보존되었다. 필론은 자기 작품이 "트로이 전쟁 이전에" 살았던 페니키아의 학자 산코니아톤의 저작을 요약한 것이라고 주장한다. Carl Clemen, *Die phönikische Religion nach Philo von Byblos*, p. 28을 참조하라.
18) 엘이 우라노스를 거세시키는 데 성공하는 것은 32년이 지나서였다. 아버지를 거세시키는 것과 통치권의 장악이라는 두 행위는 후리아/히타이트의 신화와 그리스 신화에서는 동시에 발생하지만, 페니키아 신화에서는 분리되어 있다.

가 3대―우라노스, 크로노스, 그리고 제우스로 대표된다―만을 언급
한다는 사실은 오히려 필론 또는 "산코니아톤"의 전승이 신빙성이 있다
는 것을 재확인시켜준다. 왜냐하면 필론은 우라노스(=아누) 이전에 존
재했던 엘리운(=알랄루)의 치세를 언급하고 있기 때문이다. 아마도 페
니키아에서 전해지는 신들의 통치권에 관한 신화는 후리아 신화에서
파생되었거나, 또는 그것의 강력한 영향을 받으며 성립되었을 것이다.
헤시오도스는 아마도 히타이트인들로부터 직접, 또는 페니키아인들을
통해 그리스에 전해진 그러한 전승을 활용했을 것이라고 추측된다.

　　이 신화의 "전문화"된 동시에 융합적인 성격을 강조하는 것은 중요하
다. 그러한 성격은 단지 후리아/히타이트 전승의 신화에만 한정되는 것
은 아니다(그 안에는 그 외에도 수메르-아카드적 요소가 포함되어 있
다).[19] 마찬가지로 「에누마 엘리쉬」도 (1) 신들의 여러 세대, (2) "젊
은" 신들이 "늙은" 신들에 대항해 일으키는 전투, (3) 전투에서 승리하
여 통치권자가 되는 마르둑을 보여준다. 그러나 메소포타미아의 신화
에서는 전투의 승리가 우주의 창조, 보다 엄밀하게 말하면 인간이 현재
알고 있는 것과 같은 우주의 창조에 의해 완결된다. 이 신화는 신과 용
사이의 전투, 그리고 그것에 이어 정복된 패자의 해체를 이야기하는 일
련의 우주 창조 신화 안에서 편집되어 있다. 헤시오도스의 『신통기
Théogonie』에서는 우주 창조의 행위―우라노스를 거세함으로써 하늘
(우라누스)과 땅(가이아)을 분리하는 행위―는 드라마의 처음 부분에
서 발생하며, 사실 그것은 통치권을 둘러싼 투쟁의 시작이기도 하다. 같

---

19) 아누, 이슈타르, 그리고 알룰루와 같은 신들의 이름을 참조하라. 알랄라Alala 신은
　　아누의 조상신 중의 하나로서 바빌로니아의 신통기 속에도 등장한다. Güterbock,
　　op. cit., p. 160.

은 상황이 후리아/히타이트 신화에서도 나타난다. 우주 창조, 즉 하늘과 땅의 분리는 먼 과거의 "옛 신들"의 시대에 발생한 것이었다.

결국 우주의 지배권을 노리는 여러 신들의 세대 간 투쟁을 이야기하는 모든 신화는 한편으로는 최후에 통치권을 장악한 신의 지배를 정당화하면서 다른 한편으로는 세계의 현재 구조와 인간의 현존적 상황을 설명하는 데 목적을 두고 있다.

48. 가나안의 신들: 우가리트

BC 3000년보다 조금 더 이전에, 팔레스타인에는 초기 청동기문화에 속하는 새로운 문명이 출현한다. 그것은 셈족의 최초의 정착을 알려준다. 성서의 말을 빌리자면 그들을 "가나안 사람들"이라고 부를 수 있겠지만, 그 명칭은 지극히 관용적인 것일 뿐이다.[20] 침입자들은 그 땅에 정착하여 농사를 짓고 도시 문명을 발달시킨다. 그후 수 세기 동안 다른 이주자들이 이 지역에 조금씩 유입되었으며, 인접 국가들, 특히 이집트와의 교류가 증대한다. BC 2200년경에 초기 청동기문화는 새로운 셈족인 아모리족의 침입으로 인해 멸망한다. 이 아모리족은 때로 농사를 짓기도 하지만 주로 유목 생활을 하는 호전적인 반유목민이었다. 그러나 문명의 종말은 새로운 시대의 시작이기도 했다. 아모리인(수메르어로는 MAR.TU, 아카드어로는 Amurru)들의 시리아와 팔레스타인 침략은 같은 시기에 메소포타미아와 이집트에서 일어났던 대규모 이

---

20) BC 2000년대의 중기 이전의 문헌들에는 가나안이 언급되지 않는다. R. de Vaux, *Histoire ancienne d'Israël*, I, p. 58을 참조하라.

동의 한 사건에 불과하다. 도시와 농경지의 풍요로움에 매혹되는 한편 그것에 반발하기도 했던 이 혈기왕성한 "야만적"[21] 유목민들이 시리아 사막으로부터 차례차례 물밀 듯이 밀고 들어온다. 그러나 정복 과정에서 그들은 원주민들의 생활 방식을 받아들이고 문명화의 길을 걷는다. 어느 정도 시간이 지나면서 그들의 자손들은 농경지의 변방에서 유목 생활을 하는 또 다른 "야만족들"의 침입으로부터 자신들을 방어해야 하는 처지가 된다. 그 과정은 BC 2000년대의 마지막 수 세기 동안 반복되었으며, 바로 그 시점에 이스라엘 민족이 가나안으로 침입해 들어오기 시작했다.

시리아-팔레스타인 해안에서 번창했던 농경 풍요 의례와 천신에 의해 지배되는 유목민의 종교적 이데올로기 사이의 긴장과 공존 관계는 가나안 지역에 정착하려는 히브리 민족의 출현에 의해 새로운 국면으로 접어들게 된다. 대개의 경우 공존으로 귀결되는 이 긴장은 하나의 범례로 발전했다고 말할 수 있는데, 왜냐하면 팔레스타인 땅에서 처음으로 새로운 유형의 종교 경험과 옛날부터 숭배되어왔던 우주적 종교성의 전통이 충돌하게 되었기 때문이다.

1929년까지 시리아-가나안의 종교에 관한 자료는 『구약성서』, 페니키아어 비문, 그리고 그리스의 문인들(특히 AD 1~2세기의 비블로스의 필론, AD 2세기의 사모사타의 루키아노스, AD 5세기의 파노폴리스의 논노스 등)이 남긴 작품들이 전부였다. 그러나 『구약성서』는 이교도에 대한 당시의 논쟁을 반영하고 있으며, 다른 자료들은 시대가

---

21) BC 3000년대 말기의 메소포타미아의 문학작품들 안에서 MAR.TU는 "산의 부랑자", "밀을 알지 못하는 자", "집도 마을도 알지 못하는 자"를 의미한다. R. de Vaux, *op. cit.*, p. 64에 인용된 텍스트들을 참조하라.

너무 뒤지거나 단편적이다. 1929년부터 시리아의 북쪽 해안의 항구도시이자 고대의 우가리트 지역이었던 라스 샴라가 발굴되면서 수많은 신화적 텍스트들이 빛을 보게 되었다. 이 텍스트들은 BC 14세기에서 12세기 사이에 쓰인 것이지만, 그 이전의 신화-종교적 사상을 담고 있다. 지금까지 해독되고 번역된 자료들만으로는 여전히 우가리트의 종교와 신화를 종합적으로 이해하기에 충분하지 못하다. 불행히도 누락된 부분이 많은 탓에 이야기들이 제대로 이어지지 않는다. 단락의 처음과 끝이 파손되어 있기 때문에 신화적 에피소드들의 순서에 대해서조차 견해가 일치되지 않는다. 이러한 단편적 상태에도 불구하고 우가리트 문서는 헤아리기 어려운 가치를 지닌다. 그러나 **우가리트의 종교가 결코 가나안 전체의 종교가 아니었다는** 사실을 반드시 기억할 필요가 있다.

우가리트 문서에서 무엇보다 흥미로운 점은 어떤 한 종교 이데올로기로부터 다른 종교 이데올로기로 이행되는 국면들이 보인다는 것이다. 엘El은 판테온의 우두머리이다. 그의 이름은 셈어로는 "신"을 뜻하지만, 서쪽의 셈족에게 그는 인격신으로 숭배된다. 그는 "힘센 자", "황소", "신과 인간의 아버지",[22] "왕", "시간의 아버지"라고 불린다. 그는 "거룩하며", "자비로우며", "대단히 지혜롭다." BC 14세기의 한 비석에서, 엘은 뿔로 장식된 삼층 왕관을 쓰고 긴 옷을 걸치고 턱수염을 기르고 위엄 있게 왕좌에 앉은 모습으로 표현되어 있다.[23] 지금까지 우주 창조 신화의 텍스트는 발견되지 않았다.[24] 그러나 신성 결혼

---

22) *ab*, 즉 "아버지"라는 호칭은 가장 빈번하게 사용되던 수식어 중의 하나였다. 또한 *ab adm*, 즉 "인류의 아버지"를 참조하라. M. H. Pope, *El in the Ugaritic Texts*, pp. 47 sq.를 보라.

23) F. A. Schaeffer, *The Cuneiform Texts of Ras Shamra-Ugarit*, pl. XXXI, pp. 60, 62.

을 통해 별을 창조하는 것은 가나안의 우주의 창조에 관한 관념을 반영하고 있는 것으로 해석할 수 있다. 실제로 52번 텍스트(「우아하고 아름다운 신들의 탄생」)는 엘 신이 두 명의 아내 아세라Ashérat와 아나트'Anat와 결합하여, 새벽의 샛별과 저녁의 샛별을 수태시키는 장면을 그리고 있다.[25] 아세라 자신은 "엘로부터 태어났으며", "신들의 어머니"(텍스트 51)라고 불리고, 70명의 신을 낳았다. 바알을 제외한 모든 신은 최초의 부부인 엘과 아세라의 자손이다.

엘은 그를 형용하는 말 그대로 힘 있는 신, 참된 "지상의 주인"이라고 불렸음에도 불구하고, 또 희생 제물을 받아야 할 신으로 가장 먼저 거론되었음에도 불구하고 신화 속에서는 육체적으로 연약하고 결단력이 부족하고 노쇠했으며 은퇴한 신으로 표현된다. 엘을 경멸하는 신들도 있었다. 그리고 그는 그의 두 아내 아세라와 아나트를 바알에게 빼앗기기까지 했다. 따라서 우리는 엘에 대한 모든 찬사는 보다 이전의 상황, 즉 엘이 실제로 신들의 우두머리였던 때를 반영하고 있다고 결론짓지 않을 수 없다. 우주를 창조하고 주재하는 노쇠한 창조신이 활동적이며 우주의 풍요를 "전문적으로" 책임지는 젊은 신에게 자리를 물려주는 것은 흔히 보이는 현상이다. 많은 경우 창조신은 데우스 오티오수스가 되어 자신이 창조한 세계로부터 점차 물러난다. 때때로 이러한 교체는 신들 사

---

24) 서부 셈족의 비문 안에서 엘은 "대지의 창조자"라고 불린다. Pope, dans *W.d.M.*, I, p. 280을 보라.

25) 이 신화는 7년을 주기로 하여 각 주기가 시작되는 때에 거행되는 의례의 모델이다. 그 의례에서 엘 신은 대지의 풍요를 가져다주는 신으로 간주되고 있다. 그러한 특권적 역할은 나중에 바알에게로 옮겨 간다. Cyrus H. Gordon, "Canaanite Mythology", pp. 185 sq.; Ulf Oldenburg, *The Conflict between El and Baal in Canaanite Religion*, pp. 19 sq.; Cross, *Canaanite Myth and Hebrew Epic*, pp. 21 sq.

이의 세대 간 내지는 그 대표자 사이의 투쟁의 결과로 발생하기도 한다. 우리가 재구성할 수 있는 우가리트 신화의 핵심적인 주제 안에서 말한다면 그 텍스트들은 바알이 최고신으로 격상되는 것을 보여주는 것이라고 할 수 있을 것이다. 그것은 그의 힘과 지혜의 결과로 얻은 것이지만, 그럼에도 불구하고 모호한 부분이 없지는 않다.

바알은 엘의 모든 아들(엘은 모든 신의 아버지이기 때문이다) 가운데에서 유일하게 "다간Dagan의 아들"이라고 불리는 신이다. "곡식"을 의미하는 그 신은 BC 3000년경의 유프라테스 강 중상류 지역에서 숭배되었다.[26] 그러나 바알이 주역인 우가리트의 신화적 텍스트 속에서 다간은 아무런 역할도 하지 않는다. 그리고 보통명사 바알("주인")은 그의 개인 이름이 되었다. 또 바알에게는 하두Haddu 또는 하다드Hadad라는 고유한 이름이 있다. 그는 "구름을 탄 자", "대지의 주인, 왕자"라고 불린다. 그를 형용하는 말 중의 하나는 "유력자"나 "군주"를 의미하는 알리얀'Aliyan이다. 그는 풍요의 원천이며 원리이지만, 그의 누이이자 아내인 아나트가 사랑의 여신인 동시에 전쟁의 여신인 것과 마찬가지로 전사이기도 하다. 그 이외의 중요한 신화적 주역으로는 최고 권력을 놓고 젊은 신과 투쟁하는 "바다의 왕자, 강의 섭정"인 얌Yam과 "죽음"의 신 모트Môt가 있다. 실제 우가리트 신화의 대부분은 엘과 바알의 갈등, 그리고 자신의 통치권을 주장하고 유지하기 위해 바알이

---

26) 아나트라는 이름이 같은 지역에서 발견되기도 한다. 다간의 아들 바알은 아모리족에 의해 도입된 것 같다. 최근의 연구로는 Oldenburg, *op. cit.*, pp. 151 sq.를 참조하라. 이 경우 그는 지방신 바알-하다트와 결합된다. 고대 가나안의 종교는 이 유명한 폭풍신과 풍요신을 빼놓고는 생각할 수 없기 때문이다. 또한 Cross, *Canaanite Myth and Hebrew Epic*, pp. 112 sq.를 참조하라.

얌과 모트와 벌이는 전투로 채워져 있다.

49. 바알의 통치권 장악과 용 퇴치

심하게 훼손된 한 텍스트[27])에 따르면, 바알과 그의 동맹자들이 사판 산 위에 있는 엘의 궁전을 기습적으로 공격하여 엘을 결박하고 부상을 입히는 데 성공했다고 한다. 그때 "무엇인가"가 땅에 떨어지는데, 그 것은 "신들의 아버지" 엘이 거세된 것이라고 해석될 수 있다. 이 가설 이 타당성을 가지는 이유는 그와 비슷한 권력투쟁에서 우라노스와 후 리아/히타이트 신 아누가 거세를 당했기 때문만은 아니다. 엘은 바알 에게 적의를 품고 있었음에도 불구하고 바알이 모트에게 살해당했다 는 사실을 알게 되었을 때조차 권좌를 회복하고자 하는 기색을 보이지 않는다.[28]) 고대 오리엔트에서 거세된 자는 왕위에 오를 수 없었기 때 문이다. 더욱이 엘이 천체의 신을 낳았다고 말하며 생식 능력을 입증 하는 텍스트 56이라는 예외를 제외하면 우가리트 문헌에서 엘은 생식 능력이 없는 자로 묘사되고 있다. 유순하고 우유부단한 엘의 태도, 바 알이 엘의 아내를 빼앗는다는 이야기 등은 그러한 사실에서 유래한다.

사판 산에서 엘의 왕위를 찬탈한 바알은 엘을 "강들의 원천이요, 명

---

27) 그 텍스트는 Tablette VI AB로서, C. Virolleaud에 의해 처음으로 간행되었다. Oldenburg, pp. 185~186의 번역을 참조하라. Cassuto, Pope, Oldenburg(p. 123) 는 그 텍스트가 바알의 공격과 엘의 왕위 상실을 이야기하는 내용을 담고 있다 고 해석하였다.

28) 그는 아셰라에게 말한다. "당신의 아들 중 하나를 나에게 주시오. 내가 그 아이를 왕으로 만들겠소."(Cyrus Gordon, *Ugaritic Manual*, § 49; I: 16~18; Oldenburg, *op. cit.*, p. 112)

계의 구멍"이라 불리는 이 세상의 끝으로 귀양 보내고, 그후 엘은 거기서 머무르게 된다.[29] 엘은 탄식하며 동료들에게 도움을 요청한다. 가장 먼저 엘의 목소리를 들은 얌은 엘에게 독한 술을 권한다. 엘은 얌에게 축복을 내리고, 그에게 새로운 이름을 부여하고 그를 자신의 후계자로 선포한다. 엘은 얌에게 새 궁전을 지어주겠노라 약속한다. 그러나 그 대가로 바알을 왕좌에서 몰아내라고 부추긴다.

얌과 바알 사이의 전투를 묘사한 텍스트는 누락된 부분 때문에 해석이 어렵다. 얌이 왕권을 차지한 것으로 보이지만, 여전히 엘은 많은 신들을 거느리고 산정에 머무른다. 물론 그 산은 사판 산이 아니다. 바알은 얌이 주제넘게 왕위에 올라서 죽음을 당할 것이라고 얌을 모욕했기 때문에 얌은 사자使者들을 보내어 바알에게 항복을 요구한다. 신들은 두려움에 떨고, 바알은 그들을 질책한다. "신들이여, 무릎에서 머리를 드시오. 내가 얌의 사자들을 놀라게 할 것이요!"[30] 그러나 엘은 사자들을 환영하면서, 바알이 그들의 노예이며 얌에게 공물을 바치게 될 것이라고 단언한다. 바알이 사자들을 위협할 듯이 보이자, 엘은 사자들에게 바알을 손쉽게 정복할 수 있다고 덧붙인다. 그러나 아나트의 도움을 받은 바알은 얌과 대적할 준비를 한다. (다른 점토판에 따르면 얌은 바알을 왕좌에서 몰아내지만 아나트가 그를 패배시킨다고 한다.)[31] 대장장이신 코샤르 와 하시스("손재주와 기술을 가진 자")는

---

29) 산은 천계의 상징이기 때문에 최고신이 그 장소를 상실한다는 것은 곧 그의 몰락을 의미한다.

30) G. R. Driver, *Canaanite Myths and Legends*, p. 79(texte III B:25). 또한 Vieyra, *Les Religions du Proché-Orient antique*, p. 386; Cross, *op. cit.*, pp. 114 sq.를 보라.

31) "내가 엘이 아끼는 얌을 압도하지 않았는가? 내가 위대한 신 나하르를 파멸시키지 않았는가? 내가 탄닌(=용?)을 제압하지 않았는가? 나는 그를 침묵시켰

바알에게 두 개의 마법 곤봉을 건네주는데, 그 곤봉을 사용하는 사람은 그것을 마치 화살처럼 사용할 수 있다. 처음 던진 곤봉이 얌의 어깨에 명중하지만 얌은 쓰러지지 않는다. 두 번째 곤봉이 그의 이마를 때리자 이 "바다의 왕자"는 땅 위에 쓰러지고 만다. 바알은 그를 죽이고, 아트타르트‘Athtart〔아나트의 다른 이름〕 여신은 그에게 시체를 잘라서 흩어버리라고 말한다.[32]

여기서 얌은 "신"인 동시에 "악마"로 묘사된다. 그는 "엘이 사랑한" 아들이며, 다른 신들과 마찬가지로 신으로서 희생 제물을 흠향한다. 한편 그는 물에서 나온 괴물이며, 머리가 일곱 개 달린 용이며, "바다의 왕자"이며, 지하수의 원리이자 그것의 성스러운 현현이다. 전투의 신화적 의미는 다층적이다. 첫째, 농경적, 계절적인 비유의 차원에서는 바알의 승리가 "바다"나 지하수에 대해 "비"가 승리하는 것을 상징한다. 우주의 질서를 나타내는 강우의 리듬은 혼돈스럽고 불모인 "바다"의 광막함 및 재앙을 가져다주는 홍수를 극복한다. 바알의 승리에 의해 사계절의 안정성과 질서에 대한 신뢰가 확보된다. 둘째, 바다의 용과 벌이는 전투는 젊은 신이 승자로서 판테온의 새로운 통치자로 대두하는 것을 묘사한다. 마지막으로, 이 이야기로부터 우리는 아버지(엘)를 거세하고 왕위를 찬탈한 자에 대한 장자(얌)의 복수를 읽어낼 수 있다.[33]

다! 나는 몸을 웅크린 뱀, 일곱 개의 머리를 가진 강력한 괴물을 파괴시켰다!"
(trad. Oldenburg, p. 198. 그리고 *ANET*, p. 137을 참조하라) 이 텍스트는 처음에 얌이 바알에게 승리하고, 이어서 (아나트의 도움을 받은) 바알에게 패배한다는 사실을 말한다. 이러한 이야기는 신이 뱀류의 괴물에게 패배하고 다시 복수하여 승리한다는 잘 알려진 신화적 주제이다.

32) Gordon, *Ugaritic Manual*, § 68:28∼31, trad. Caquot et Sznycer, *Les Religions du Proche-Orient antique*, p. 389.

이러한 전투는 범례적이다. 즉 한없이 반복될 수 있다. 이것이 바로 바알에 의해 "죽음을 당한" 얌이 텍스트 속에서 계속 다시 등장하는 이유이다. "존재의 순환"을 누리는 자는 얌만이 아니다. 나중에 보는 것처럼 바알이나 모트 역시 그와 비슷한 존재 양태를 가진다.

50. 바알의 궁전

바알이 용을 무찌른 것을 축하하기 위해 아나트는 연회를 연다. 얼마 후 살인의 광기에 휩싸인 여신은 궁전의 문을 잠그고 호위병과 군인, 노인들을 죽이기 시작한다. 무릎까지 차오르는 피의 바다에서 여신은 죽은 자들의 머리와 손을 모아 자신의 허리에 동여맨다. 이 에피소드는 대단히 의미심장하다.[34] 이와 비슷한 이야기가 이집트에서도 발견되고, 특히 인도의 여신 두르가Durgā의 신화와 도상에서도 발견된다.[35] 살육과 식육은 원초적인 풍요 여신의 특성이다. 이러한 관점에서 본다면 아나트 신화는 지중해 동부에서 갠지스 강 하류 유역에 펼쳐지는 고대 농

33) 이러한 모티프에 대해서는 Oldenburg, *op. cit.*, pp. 130 sq.를 보라.
34) 피는 생명의 본질이라고 생각되었기 때문에 이 살해 장면은 매년 늦은 여름 시리아에 닥치는 불모성을 견디고 새로운 계절의 풍요로 옮겨 가기 위한 의례를 나타낸다고 해석되기도 한다. Gray, *The Legacy of Canaan*, p. 36을 참조하라. 이 텍스트는 Caquot et Sznycer, pp. 393~394에 번역되어 있다.
35) 우리에게 전해지고 있는 이집트의 신화는 원시적 단계의 모습을 보이지 않는다. 앞의 26절을 보라. Marvin Pope는 두르가 여신과의 유사성을 주장했는데(가장 최근에 나온 *W.d.M.*, I, p. 239를 참조하라), Walter Dostal, "Ein Beitrag zur Frage des religiösen Weltbildes des frühesten Bodenbauer Vorderasiens", pp. 74 sq.에서 이미 지적된 바 있다.

경 문명에 공통적으로 나타나는 하나의 요소로 분류될 수 있다. 다른 에 피소드에서 아나트는 자신의 아버지인 엘의 머리카락과 수염을 피로 물들이겠다고 위협한다.(text 'nt: V: Oldenburg, p. 26) 그리고 생명을 잃은 바알의 몸을 발견한 아나트는 탄식하고 통곡하면서 "칼을 사용하지 않고 그의 살을 먹고, 잔도 없이 그의 피를 마신다."[36] 이 같은 야만적이고 무자비한 행동 때문에 아나트—다른 신화에 나오는 사랑과 전쟁의 여신과 마찬가지로—는 남성적 속성을 갖추고 있다고 할 수 있으며, 따라서 양성구유적 신이라고 여겨졌다.

다시 누락된 부분이 나오고. 바알이 사자들을 시켜 아나트에게 선물을 보낸다는 이야기가 나온다. 여기서 바알은 이제 전쟁이 싫어졌다며 아나트에게 무기를 버리고 풍요와 평화를 위해 제물을 바치라고 한다. 바알은 곧 비가 내릴 것을 알리는 신호로서 번개와 천둥을 만들 것이라고 신들과 인간들에게 알린다. 아나트는 그의 충고를 따를 것을 약속한다.

하지만 바알은 최고신이었음에도 불구하고 다른 신들이 소유한 것과 같은 궁전이나 예배당을 가지고 있지 않았다. 다시 말해 바알은 자신의 권위를 선언하는 데 어울리는 장대한 신전을 갖고 있지 않았다. 몇몇 에피소드는 궁전의 건축에 관한 것이다. 모순이 없다고 할 수는 없다. 비록 바알이 엘을 퇴위시켰지만 궁전을 짓기 위해서는 그의 허가가 필요했던 것이다. 여기서 바알은 아세라를 보내 자기를 변호하고, "신들의 어머니"는 바알이 이제부터 "비를 충분히 내려줄 것이며" "그의 목소리를 구름 속에서 울리게 할 것이다"고 하면서 그를 찬미한

36) Charles Virolleaud, "Un nouvel épisode du mythe ugaritique de Baal", pp. 182 sq. W. F. Albright, *Yahweh and the Gods of Canaan*, pp. 131 sq.를 참조하라.

다. 그러자 엘은 궁전 건축에 동의하고 바알은 코샤르 와 하시스에게 궁전 건축을 맡긴다. 바알은 처음에는 얌의 침입을 두려워하여 궁궐에 창문을 내는 것에 반대하다가 나중에는 찬성한다.[37]

신이 용을 퇴치한 후에 신전-왕궁을 만드는 것은 그 신이 최고신으로 격상되었다는 것을 선언하는 것이다. 신들은 마르둑이 티아마트를 죽이고 새로운 세계를 창조한 것을 기념하여 신전-왕궁을 건립한다.(본권 21절 참조) 그러나 우주 창조의 상징은 바알 신화 안에도 깃들어 있다. 신전-왕궁은 세계의 **형상**이며, 그것의 건립은 어떤 의미에서는 곧 우주 창조에 해당한다. 실제로 바알은 바다의 "혼돈"을 극복한 후, 강우의 리듬을 규제함으로써 오늘날 존재하는 것과 같은 세계를 "형성한" 것이었다.[38]

51. 바알과 모트의 대결: 죽음과 재생

왕궁이 완성되자 바알은 "죽음의 신" 모트와 맞설 준비를 한다. 모트는 대단히 흥미로운 신이다. 모트는 엘의 아들이자 명계를 다스리는 신으로서, 근동 지역에서는 유일하게 보이는, 죽음이 인격화(동시에 신격

---

37) 창문은 바알이 비를 내리기 위해 구름에 뚫어놓은 틈을 상징한다고 할 수 있다. 우가리트에 있는 바알 신전은 지붕에 창이 있고, 그래서 돌비석에 새겨진 바알 신의 얼굴에 비가 내린다. Schaeffer, *op. cit*, p. 6, pl. XXXII, fig. 2를 참조하라. 그러나 지붕에 뚫린 창의 상징과 기능은 대단히 복잡하다. 특히 A. K. Coomaraswamy, "The symbolism of the Dome"을 참조하라.

38) Fisher는 "바알 유형의 창조"를 "엘 유형의 창조"와 구분한다. Loren R. Fisher, "Creation at Ugarit", pp. 320 sq.를 참조하라.

화)된 예이다. 바알은 모트에게 사자들을 파견하여, 자기가 신과 인간의 유일한 왕이며 "자기로 인해 신들은 살찌고 지상에 넘쳐나는 인간들은 배부르게 될 것이다"라고 선언한다.(Gordon, *Ugaritic Manual*, VII: 50: 2; Driver, *op. cit.*, p. 101) 바알은 사자들로 하여금 이 세상의 끝에 위치한 두 개의 산으로 가서 그 산을 들어올리고 그 아래의 땅으로 내려가게 한다. 그들은 오물로 뒤덮인 땅 위의 진흙 가운데 놓인 왕좌에 모트가 앉아 있는 것을 보게 될 것이다. 그러나 그들은 모트에게 너무 가까이 접근하면 안 되는데, 모트의 거대한 목구멍 안으로 빨려 들어갈 수도 있기 때문이다. 또 모트는 고열에 의한 죽음의 원인이기도 하다는 사실을 잊어서는 안 된다고 바알은 주의를 환기시켰다.

모트는 바알의 사자들을 돌려보내며 바알이 직접 올 것을 요구했다. 바알이 얌을 죽였고 이제는 바알 자신이 지하 세계로 내려올 순서라는 것이었다.[39] 모트의 요구는 바알을 당황하게 만들기에 충분했다. 바알은 사자들을 보내 "엘의 아들, 모트 만세! 나는 그대의 종이며 앞으로도 그러할 것입니다"라는 말을 모트에게 전하게 한다. 그 말을 듣고 크게 기뻐한 모트는 바알이 일단 지하 세계에 들어오기만 하면 힘을 잃고 죽음을 당하게 될 것이라고 단언한다. 모트는 바알에게 자식과 바람과 구름, 그리고 비의 신을 동반하고 지하 세계로 내려오라고 요구했고, 바알은 그 요구에 따르기로 한다. 그러나 지하 세계에 내려가기 전에 바알은 젊은 암소와 교미하여 자식을 낳았다. 바알은 그 아이에게 자기 옷을 입혀주고 엘에게 아이를 맡겼다. 이는 커다란 위험에 처한 바알이 자기의 원래 모습인 우주적 황소의 모습을 회복한 것이라고 말할 수 있다. 동시에 그는 지하 세계에서 귀환하지 못할지도 모르는

---

39) Gordon, *Ugaritic Manual*, § 67: I: 1~8; trad. Oldenburg, p. 133.

사태에 대비하여 후계자를 확보해둔 것이라고 할 수 있다.

바알이 모트와의 싸움에서 패배해서 죽었는지, 아니면 단순히 모트의 놀라운 현전에 압도되어 죽었는지, 우리는 알지 못한다. 우가리트 신화에서 흥미로운 점은 폭풍과 풍요의 젊은 신으로서 판테온의 우두머리가 되었던 바알이 지하 세계로 내려가 탐무즈나 다른 식물신처럼 죽음을 당했다는 사실이다. 그러나 다른 "바알-하다드" 신은 그러한 운명을 겪지 않았으며, 메소포타미아에서 숭배되었던 아다드Adad나 후리아의 신 테슈프 역시 그런 운명을 겪지 않았다. (그러나 후대의 신화에서 마르둑은 매년 "사라지거나" "산속에 갇혔다"고 한다.) 이러한 지하 세계로의 하강 이야기에서 우리는 바알에게 다양한 위광을 부여하고자 했던 의도를 읽어낼 수 있다. 바알은 물의 "혼돈"을 이겨낸 승리자이며 "우주를 창조한" 신인 동시에 우주를 지배하는 신이다. 그는 폭풍신이자 농경의 풍요를 가져다주는 신(바알은 다간, 즉 "곡물"의 신의 아들이다)인 동시에 (지하 세계까지 포함하여) 온 세계에 자신의 통치권을 확장하고자 하는 최고신이기도 하다.

어쨌든 이 마지막 사건 이후 엘과 바알의 관계는 변화한다. 게다가 우주의 구조와 리듬은 오늘날과 같은 모습을 띠게 된다. 이어서 텍스트의 일부가 빠져 있으며, 그 뒤에 이어지는 부분에서는 두 명의 사자가 바알의 시체를 보았노라고 엘에게 보고한다. 엘은 땅에 주저앉아 옷을 찢고 가슴을 치면서 얼굴에 상처를 낸다. 엘은 우가리트에서 행해지던 장례 의례를 온몸으로 보여주었던 것이다. "바알이 죽었다! 앞으로 백성들은 어떻게 될 것인가?"라면서 그는 울부짖는다.[40]

갑자기 엘은 그의 분노와 복수욕에서 해방된 것처럼 보인다. 엘은

---

40) Driver, *op. cit.*, p. 109 ; Caquot et Sznycer, pp. 424~425.

바알의 죽음으로 인해 우주의 생명이 위험에 처하게 되었음을 인식하고, 참된 우주의 지배신으로 행동하기 시작한다. 엘은 자기 아내에게 죽은 바알 대신 다른 아들을 새로운 왕으로 삼자고 제안한다. 아세라는 "공포", 즉 아타르Athar를 선택한다. 아타르는 왕좌에 앉아보았지만, 자기가 왕위에 나아갈 만큼 충분히 건장하지 않다는 사실을 발견하고 스스로 왕위를 포기한다.

그 사이 아나트는 바알의 시체를 찾으러 떠난다. 시체를 발견한 아나트는 그 시체를 어깨에 둘러메고 북쪽으로 향한다. 시체를 매장한 아나트는 연회를 치르기 위해 많은 가축을 죽인다. 얼마가 지난 후 아나트는 모트를 만난다. 아나트는 모트를 사로잡아 "그를 칼로 자르고, 키질을 하고, 불로 태우고, 맷돌로 갈아 밭에 뿌렸다. 그리고 새들이 그 조각을 쪼아 먹었다."[41] 아나트는 모트를 마치 곡식의 씨앗처럼 취급하여 일종의 의례적 살해를 집행한다. 대체로 이런 식의 죽음은 식물신이나 식물의 정령에게 특유한 죽음의 방식이다.[42] 그리고 모트가 나중에 다시 살아나는 것은 이러한 농경형 살해 때문이라고 생각할 수 있다.

그럼에도 불구하고 모트의 죽음은 바알의 운명과 무관하지 않다. 엘은 꿈에서 바알이 살아 있으며 "하늘로부터 기름이 내리고 계곡에 꿀이 흐르는"(이는 성서의 이미지를 연상시킨다. 「에스겔」 32:14, 「욥기」 20:17) 것을 본다. 그는 호탕하게 웃으며 "승자 바알은 살아 있다. 대지의 왕자는 생존하기" 때문에 자기는 계속해서 휴식할 것이라고 선언한

---

41) Driver, p. 111; Caquot et Sznycer, p. 430을 참조하라.

42) 모트에게서 "곡물의 정령"의 모습을 볼 수 있다고 주장하는 학자가 있다. 그러나 "장례(*죽음)"와 관련된 그의 특징은 너무도 명백하다. 그는 지하 세계 혹은 사막에 살며, 그의 손이 닿는 것은 무엇이든 황폐해진다.

다.(Driver, p. 113) 그러나 얌이 다시 살아난 것처럼 모트 역시 7년 후에 다시 모습을 나타냈으며, 아나트한테 당했던 일에 대해 불평을 늘어놓는다. 또 모트는 바알이 자기의 권력을 빼앗았다고 불평하고, 두 신은 다시 전투에 돌입한다. 그들은 서로 마주서서 마치 들소처럼 머리로 받고 다리로 걷어차고, 뱀처럼 물어뜯으며 싸운다. 마침내 바알은 모트를 땅 위에 쓰러뜨리고 그를 짓밟고 선다. 그러나 태양의 여신 샤파슈 Shapash는 엘을 대신하여 더 이상 싸움을 계속하는 것이 소용없다는 경고를 모트에게 전했고, 결국 모트는 항복하고 바알의 통치권을 인정한다. 부분적으로만 내용을 이해할 수 있는 에피소드가 몇 개 나온 다음, 아나트는 "황소가 가젤의 목소리를 내고, 매가 참새의 소리를 내는" 평화의 시대가 열리고 바알이 영원한 왕이 될 것이라는 소식을 듣는다.[43]

52. 가나안의 종교적 전망

어떤 학자들은 이 신화가 1년 주기로 발생하는 식물의 죽음과 재생을 반영하고 있다고 주장하기도 한다. 그러나 시리아와 팔레스타인의 여름은 식물에게 "죽음"을 가져다주는 계절이 아니라 결실의 계절이다. 농민들을 위협하는 것은 뜨거운 태양열이 아니라 계속되는 가뭄이다. 따라서 모트의 승리는 『구약성서』(「창세기」 41:2, 「사무엘」 24:12 이하)에서도 그 흔적을 찾아볼 수 있는 7년을 주기로 되풀이되는 가뭄과 관련되어 있을 가능성이 더 높다.[44]

---

43) Driver, p. 119.
44) Gordon, "Canaanite Mythology", pp. 184, 195 sq.; Pope, in *W.d.M.*, I, pp. 262~

그러나 이 신화는 식물의 리듬과 연관이 있을 것 같다는 사실 이상의 것에서 관심을 끈다. 실제로 이 신화에 나타나는 비장하며 때때로 감동적인 일련의 사건들은 신들의 독특한 존재 양식을 우리에게 분명히 보여주고 있다. 그 존재 양식이란 특히 패배와 "죽음", (바알의) 매장이나 (모트의) 해체에 의한 "소멸", 그리고 그것에 이어지는 주기적인 "재현"이다. 단속적이면서도 순환적인 이러한 존재 유형은 식물의 순환을 지배하는 신들의 양태를 떠올리게 한다. 그러나 그것은 생명의 부정적 양상을 대립적인 리듬의 단일 체계 속에 통합시킬 수 있는 하나의 새로운 종교적 창조와 관계되는 것이다.

요컨대 바알이 벌이는 일련의 전투들은 승패와 관계없이 바알에게 천상과 지상의 지배권을 보증한다. 하지만 얌은 계속해서 "바다"의 왕자로서 군림하며, 모트는 지하 세계의 주인으로 남는다. 이 신화는 바알의 우위를, 따라서 우주와 인간사회를 지배하는 규범과 생명의 영속성을 보여주고 있다. 이러한 사실로 인해 얌과 모트가 대표하는 "부정적인 양상"은 정당화된다. 모트가 엘의 아들이며 특히 바알이 모트를 파멸시킬 수 없다는 사실은 죽음의 "정상성﹝普遍性﹞"을 선언하는 것이다. 결국 죽음은 생명에 없어서는 안 되는 조건이라는 사실이 판명된다.[45]

바알과 얌의 전투에 관한 신화는 신년 축제에서, 그리고 바알과 모트의 싸움에 관한 신화는 수확제에서 낭송되었지만, 지금까지 알려진

264를 참조하라.

45) 모트에 비견할 수 있을 정도로 위대한 죽음의 신은 불교 신화에서만 찾을 수 있을 뿐이다. 그 신은 바로 마라Māra인데, 이 신이 그 거대한 힘을 발휘할 수 있는 이유는 바로 생명에 대한 인간의 맹목적인 사랑 때문이다. 그러나 우파니샤드 이후의 인도 사상에 의하면 생명-성-죽음-재생의 순환이야말로 해탈에 있어 최대의 장애물임이 명백하다.(본서 제2권을 보라)

텍스트들은 이러한 사실에 대해서는 전혀 언급하지 않는다. 또 이 의례에서 중요한 역할을 담당했던 왕은 신화-의례적 시나리오 속의 바알을 가리키는 것이라고 가정해볼 수 있지만, 이 문제 역시 논란의 여지가 있다. 희생 제물은 신들에게 바쳐지는 음식이라고 여겨졌다. 희생 제의의 체계는 『구약성서』의 희생 제의 체계와 유사한 것 같다. 즉 그것은 번제holocauste〔희생 동물을 통째로 구워 신에게 제물로 바친 제사〕, "평화"나 "화해"의 희생 제의 혹은 공물, 그리고 속죄를 위한 희생으로 이루어져 있다.

제사장을 가리키는 *khnm*이라는 명칭은 히브리어(*kōhēn*)와 비슷하다. 제사장과 함께 여성 제관(*khnt*) 및 "성별聖別된"사람인 *qadečim*에 대한 언급도 나타난다. (『구약성서』에서는 이 용어가 신성한 창녀를 의미하지만 우가리트어 텍스트에는 그와 비슷한 개념이 전혀 보이지 않는다.) 마지막으로 신탁을 전하는 신관이나 예언자에 대한 언급이 있다. 신전에는 제단이 설치되었고, 그것은 신상이나 신의 상징물로 장식되었다. 의례에는 동물 희생 외에도 춤을 비롯한 다양한 오르지적 행위들이 포함되어 있었는데, 그러한 행동은 나중에 이스라엘 예언자들의 집중적인 비판의 대상이 되기도 했다. 그러나 가나안 사람들의 종교적 생활을 알려주는 자료는 불충분하기 때문에 우리는 그것을 개략적으로 추측할 수 있을 뿐이라는 사실을 잊어서는 안 된다. 특히 기도문은 전혀 알려진 것이 없다. 우리는 생명이 신의 선물이라는 것은 잘 알고 있지만 인간의 창조에 관한 신화는 알지 못한다.

이러한 종교적 전망은 가나안인들만 가지고 있었던 것은 아니다. 그러나 가나안 땅에 침입한 이스라엘인들이 이러한 유형의 우주적 신성성에 관한 사유와 직면했다는 사실로 인해 그것의 중요성과 의의가 증대된다. 이러한 우주적 신성성은 오르지의 과잉에도 불구하고 숭고함을 잃지 않은 복합적인 의례 활동을 창조해냈다. 생명의 신성함에 대한 신앙은 이스라엘인들도 공유하는 것이었기 때문에 문제가 즉시 제기되었다. 즉 가나안의 종교 이데올로기에 휩쓸리지 않고 자기들의 독자적인 신앙을 어떻게 보전할 것인가 하는 문제였다. 우리가 앞에서 살펴본 것처럼 가나안 종교의 이데올로기는 생명 전체를 상징하는 지상신 바알의 단속적이며 순환적인 존재 양태를 중심에 두고 있는 독특한 신학을 전제하고 있다. 하지만 야훼는 이러한 존재 양태를 가지고 있지 않았다. (엘도 그러한 특징을 가지고 있지 않았지만, 엘은 이미 굴욕적인 변화를 겪은 후였다.) 게다가 야훼의 제의에도 상당히 많은 희생 제물이 바쳐졌지만, 야훼는 의례적 행위에 의해 속박되지 않는 신이었다. 야훼는 복종과 신뢰를 통해 예배자들이 내면적으로 변화할 것을 요구했다.(본권 114절)

앞으로 보겠지만(본권 60절), 이스라엘 사람들은 가나안 종교의 많은 요소들을 흡수했다. "그러나 이러한 차용 자체가 갈등의 한 양상이었다. 즉 바알은 바로 자신의 무기를 가지고 싸웠던 것이다. 외부에서 들어온 모든 이민족 집단들이, 후리아족이나 블레셋족들처럼, 셈 어족이 아닌 경우조차도 가나안에 도착한 후 곧바로 자신들의 종교를 망각해 버렸다는 사실을 고려한다면, 야훼와 바알 사이의 투쟁이 이렇게 오래 계속되었다는 사실은, 그리고 타협과 거듭되는 불신앙으로의 타락에도 불구하고 결국에는 야훼주의의 승리로 끝났다는 사실은 인류사에 있어서 대단히 이례적인 것이라고 판단하지 않을 수 없다."[46]

46) R. de Vaux, *Histoire ancienne d'Israël*, I, pp. 147~148.

"이스라엘이 어렸을 적에……"

53. 「창세기」의 처음 두 장

이스라엘의 종교는 무엇보다도 성전聖典의 종교이다. 이 성전은 다양한 시대의 서로 다른 경향을 가진 텍스트들이 집성된 것으로, 수 세기에 걸쳐 여러 다른 상황 속에서 재해석되고 수정되고 편집된 오래된 구전 전통을 보여준다.[1) 근대 연구자들은 이스라엘 종교사를 아브라

---

1) 『모세오경』, 즉 처음 다섯 권의 율법서(torah)의 자료와 편집에 관한 문제는 중요하다. 본서의 목적상, 그 자료들이 다음 네 가지의 용어로 지칭되었음을 상기하는 정도로 충분할 것이다. 야훼 문서yahviste(BC 10세기 내지 9세기의 가장 오래된 자료로, 하느님을 야훼Yahvé라고 부른다), 엘로힘 문서elohiste(조금 후대의 자료로 Elohim, 즉 "하느님"이라는 이름을 사용한다), 사제계 문서sacerdotale(가장 후대의 자료로, 사제들의 작품이다. 사제의 역할 중 제사와 율법을 강조한다), 신명기 문서deutéronomique(거의 「신명기」 안에만 나오는 자료이다)가 그것이다. 그러나 오늘날 『구약성서』에 대한 문헌 비판은 더욱 복잡해지고 미묘해졌다는 사실을 덧붙이자. 특별히 언급

함에서 시작한다. 사실 전승에 의하면 하느님은 아브라함을 선택하여 이스라엘 민족의 조상이 되게 하고 가나안을 차지하도록 했다. 그러나 「창세기」의 처음 11개 장은 천지창조로부터 대홍수와 바벨탑 사건에 이르는, 아브라함이 등장하기 이전의 신화적 사건들에 관한 이야기를 싣고 있다. 이 11개 장의 편집은 『모세오경Pentateuch』의 다른 텍스트들의 편집보다 훨씬 나중에 이루어졌다는 것을 우리는 알고 있다. 한편 일부 학자들은 우주 창조 신화와 기원 신화들(인간의 창조와 죽음의 기원 등)이 이스라엘의 종교적 사유 속에서 2차적인 역할을 담당하고 있었다고 주장하기도 했다. 요컨대 히브리 민족은 태초의 시간에 발생한 위대한 신화적 사건들을 말해주는 기원의 역사보다는, 오히려 "성스러운 역사〔구원사〕", 즉 그들과 하느님의 관계에 훨씬 더 많은 관심을 가지고 있었다는 것이다.

이것은 아마도 어떤 시대 이후, 특히 일부의 종교적 엘리트들에게는 사실일 것이다. 그러나 이스라엘의 조상들이 모든 초기 사회들이 강한 흥미를 보였던 여러 문제들, 특히 우주 창조, 인간 창조, 죽음의 기원, 그리고 다른 장엄한 이야기들에 대해 관심을 가지지 않았을 것이라고 결론을 내릴 수 있는 근거는 전혀 없다. 2500년에 걸친 "개혁"을 거친 후인 오늘날에조차 「창세기」의 처음 두 장에서 다루어진 사건은 아브라함의 후예들의 종교적 상상력과 사상에 계속해서 자양분을 공급해 주고 있다. 따라서 우리는 근대 이전의 전통에 따라 「창세기」의 처음 장에서부터 논의를 시작하고자 한다. 문서의 편집 연대가 후대라는 사

하지 않는 한, 『예루살렘 성경』을 인용한다. 〔본 한글 번역서에서는 『현대인의 성경』(생명의 말씀사, 2003)을 이용한다. 그리고 옮긴이는 한국 개신교에서 통용되는 하나님이라는 번역어를 사용하지 않고 하느님이라는 개념을 사용하였음을 밝혀둔다.〕

실은 그다지 문제가 되지 않는데, 그것은 그 내용이 태초의 시대에 관한 것이기 때문이다. 사실 그 내용은 아브라함에 대한 전설보다 훨씬 더 오래된 사상을 반영하고 있다.

「창세기」는 다음과 같은 유명한 말로 시작된다. "태초에 하느님(엘로힘)이 우주를 창조하셨다. 지구는 아무 형태도 없이 텅 비어 흑암에 싸인 채 물로 뒤덮여 있었고 하느님의 영은 수면에 활동하고 계셨다." (1:1-2) 원초적인 대양과 그 위를 떠도는 창조신의 이미지는 대단히 고대적인 것이다.[2] 「에누마 엘리쉬」에서 이야기되고 있는 신화는 성서 텍스트의 저자들에게 아마도 친숙했겠지만, 신이 바다의 심연 위를 날아다닌다는 주제는 메소포타미아의 창조 신화에서는 보이지 않는다. (실제로 원초적 대양은 히브리어로 테옴tehôm이라고 불리는데, 이 단어의 어원은 바빌로니아어의 티아마트tiāmat와 밀접하게 관련되어 있다.) 소위 창조는 "혼돈"에 질서를 부여(tôhû wâ bôhû)하는 것이며, 그 것은 하느님의 말씀이 지닌 힘에 의해 실현된다. 하느님이 "빛이 있으라" 하고 말씀하시자 빛이 나타났다.(1:3) 그리고 계속해서 이어지는 창조의 여러 단계 역시 모두 신성한 말씀에 의해 성취된다. 물의 "혼돈"은 인격화(티아마트 참조)되어 있지 않으며, 따라서 우주의 창조를 위한 전투에서 "정복되는" 것이 아니었다.

이러한 성서의 기술은 독특한 구조를 보여주고 있다. (1) 말씀에 의한 창조,[3] (2) "좋은" 세계의 창조, 그리고 (3) 하느님의 축복을 받은

---

2) 많은 전승에서 창조신이 새의 형상으로 나타난다. 그러나 이것은 최초의 상징이 "고착화"된 것이다. 신령은 물을 초월하여 자유롭게 움직이며, 따라서 새처럼 "날아다닌다." 새는 영혼의 원형적인 이미지들 중의 하나라는 것을 상기하자.
3) 신의 말씀에 의한 창조는 다른 종교 전통, 예를 들어 이집트의 신학에서뿐만 아니라 폴리네시아의 신화에서도 보인다. Eliade, *Aspects du mythe*, pp. 44 sq.를 참조하라.

"좋은" 생명체(동물과 식물)의 창조(1:10, 21, 31 등), (4) 끝으로 우주 창조 행위는 인간의 창조로서 완성된다. 여섯째 날과 마지막 날에 하느님은 말한다. "우리의 모습을 닮은 사람을 만들어 바다의 고기와 공중의 새와 가축과 온 땅과 땅에 기어 다니는 모든 생물을 지배하게 하자." (1:26) 여기에는 (마르둑 대 티아마트의 전투와 같은) 거대한 전투도 없고,[4] 우주 창조나 인간의 창조에 보이는 "비관적"인 요소(이 세상은 "악마적인" 원초적 존재—티아마트—에 의해 형성되고, 인간은 마왕 킹구의 피로 만들어졌다)도 전혀 없다. 세상은 "좋은 것"이며, 인간은 신의 형상imago dei을 가지고 있다. 인간은 그를 만든 창조주이자 모델인 하느님과 마찬가지로 낙원에서 산다. 그러나 「창세기」가 곧바로 강조하고 있는 것처럼 인생은 하느님의 축복에도 불구하고 고통으로 가득하고, 인간은 더 이상 낙원에서 살지 못한다. 그러나 이 모든 것은 조상들이 범한 일련의 실수와 죄의 결과이다. 인간의 조건을 바꾸어놓은 것은 바로 그들이다. 하느님은 자신의 걸작품이 이렇게 타락한 데에 아무런 책임이 없다. 우파니샤드 이후의 인도 사상에서도 마찬가지이지만 인간, 보다 정확하게 말하자면 인류는 자기 행위의 결과인 것이다.

야훼 문서에 속하는 다른 이야기(2:5 이하)는 방금 요약한 사제계 문서들보다 훨씬 더 오래된 것이며, 다른 내용을 가지고 있다. 여기서 문제가 되는 것은 더 이상 천지의 창조가 아니라, 하느님(야훼)이 땅을 뚫고 나온 홍수로 사막을 비옥하게 만드는 사건이다. 야훼는 진흙을

---

4) 그러나 용(*tannin*), 라합Rahab 또는 리바이어던Léviathan이라고 불리는 뱀 모양의 괴물을 물리친 승리에 대해 언급하는 다른 텍스트들이 있으며, 이들은 메소포타미아와 가나안의 전승들을 떠올리게 한다.(예를 들어 「시편」 74:13 이하, 「욥기」 26:12 이하를 참조하라)

빚어 인간(âdâm)을 만들었으며 "그 코에 생기"를 불어넣음으로써 그에게 생명을 주었다. 그러고 나서 야훼는 "에덴 동쪽에 동산을 만들었고", 모든 종류의 "아름다운 나무"가 자라게 했으며(2:8 이하), 사람을 그 동산에 두시고 "그곳을 관리하며 지키게" 했다.(2:15) 그런 다음 야훼는 역시 흙으로 온갖 들짐승과 새를 만들어 아담âdâm에게 데려왔고, 아담은 그들에게 이름을 지어주었다.5) 마지막으로 야훼는 아담을 잠재운 후 그의 갈비뼈 하나를 떼어 여자를 만들었으며, 그 여자에게 이브Eve(히브리어로는 하와hawwâh이며, "생명"을 뜻하는 용어와 어원적으로 밀접하게 관련되어 있다)라는 이름을 붙여주었다.

성서의 해석자들은 이 야훼 문서의 설명이 보다 단순하며, "형태"의 세계를 물과 연관된 "혼돈"과 대비시키지 않고, 사막과 건조함을 생명과 식물에 대비시키고 있다는 사실에 주목했다. 따라서 이러한 기원 신화가 사막 지역에서 형성된 것이라고 하는 것은 타당해 보인다. 진흙으로 최초의 인간을 창조했다고 하는 주제는 이미 살펴본 것처럼(본권 17절) 수메르에서도 알려져 있었다. 비슷한 신화들이 고대 이집트, 그리스, 그리고 수많은 "미개" 민족의 신화에 이르기까지 세계적으로 널리 확인되고 있다. 그리고 기본 사상은 동일한 것 같다. 즉 인간은 원질(흙, 나무, 뼈)로 만들어졌고, 창조자의 숨결에 의해 생명이 불어넣어졌다. 많은 경우 인간의 형태는 곧 창조자의 형태이다. 다시 말해 수메르 신화에서 이미 지적한 것처럼 인간은 그 "형태"와 "생명"을 통해 창조신의 조건을 어느 정도 공유하고 있다. "물질"에 속하는 것은 인간의 신체뿐이다.6)

---

5) 동물과 식물이 이름을 얻음으로써 실재하기 시작한다는 것은 고대의 존재론의 특징 중의 하나이다. Eliade, *Mythes, rêves et mystères*, p. 255의 오스트레일리아 부족의 예를 참조하라.

아담의 갈비뼈에서 여성이 창조되는 것은 원초적 인간의 양성구유적 특징을 보여주는 것으로 해석할 수 있다. 이와 비슷한 관념들이 몇몇 『미드라쉬』[랍비들에 의해 구전으로 전승되어 내려온 유대교의 성서 주석]에 의해 전해져온 전승 속에서 발견된다. 양성구유에 관한 신화는 널리 유포되어 있는 신념, 즉 신화적 조상에게서 볼 수 있는 완전한 인간은 **전체성**이기도 한 **통일성**을 갖추고 있는 존재라는 신념을 포함하고 있다. 양성구유의 중요성에 대해서는 그노시스와 헤르메스주의의 사유에 대해 논의할 때 다시 고찰하게 될 것이다. 인간의 양성구유성은 수많은 문화들이 공유하는 관념인 신의 양성성을 모델로 삼고 있다는 사실을 분명하게 밝혀두자.[7]

54. 잃어버린 낙원. 카인과 아벨

네 개의 지류로 나누어져 대지의 네 지역에 생명을 가져다주는 강과, 아담이 지키며 기르기로 되어 있는 나무들이 있는 에덴동산은 바

---

6) 수많은 전승에서는 죽는 순간 "영혼"이 천상의 창조주 앞으로 나아가고, 육체는 흙으로 되돌아간다고 말한다. 그러나 이러한 인류학적 "이원론"은 성서 편집자들은 물론 그 동시대의 근동 지역 사람들에 의해서도 받아들여지지 않았다. 그리고 상당히 후대에 와서야 비로소, 새로운 인류학적 개념들에 의한 보다 대담한 결론이 제시된다.

7) 신의 양성성은 남성-여성, 가시적-비가시적, 하늘-땅, 빛-어둠뿐만 아니라 선-악, 창조-파괴 등과 같은 대립되는 쌍의 결합에 의해 상징되는 "전체성/통일성"을 나타내는 여러 정식 중의 하나이다. 이 대립적 요소들에 대한 여러 종교들 안에서의 사색이 신의 역설적 조건과 인간 조건에 대한 재평가와 관련된 대담한 결론들을 이끌었다.

로 메소포타미아의 상상 세계의 모습이다. 아마도 성서의 낙원 이야기는 바빌로니아의 어떤 전승을 이용한 것 같다. 그러나 원초적 인간이 사는 태초의 낙원에 대한 신화와 인간이 접근하기 어려운 "낙원 같은" 장소에 대한 신화는 유프라테스 강과 지중해 이외의 지역에도 알려져 있었다. 모든 "낙원"이 그런 것처럼 에덴[8] 역시 세계의 중심에 위치하고 있으며, 네 개의 지류를 가진 강이 거기에서 뻗어나간다. 동산의 한가운데에는 생명의 나무, 지식의 나무가 서 있었다.(2:9) 야훼는 사람에게 다음과 같이 명령한다. "네가 동산에 있는 과일을 마음대로 먹을 수 있으나, 단 한 가지 선악을 알게 하는 과일만은 먹지 말아라. 그것을 먹으면 너는 반드시 죽을 것이다."(2:16-17) 이 금지에는 다른 어떤 문화에서도 알려지지 않은 하나의 관념, 즉 지식의 **실존론적 가치**가 담겨 있다. 다른 말로 하면 **안다고 하는 것**이 인간 **존재**의 구조를 근본적으로 바꾸어놓을 수 있는 것이다.

그러나 뱀은 이브를 유혹하는 데 성공한다. "너희는 절대로 죽지 않을 것이다. 하느님이 너희에게 그렇게 말씀하신 것은 너희가 그것을 먹으면 눈이 밝아져서 하느님과 같이 되어 선악을 분별하게 될 것을 하느님이 아셨기 때문이다."(3:4-5) 대단히 신비스런 이 이야기에 대해 지금까지 수없이 많은 해석이 시도되었다. 이 이야기의 무대 장치로는 벌거벗은 여신, 기적의 나무, 그것을 지키는 뱀 등 잘 알려진 신화적 상징들이 등장한다. 그러나 성서의 이야기는 승리를 거두고 생명의 상징(기적

---

8) 히브리인은 이 말을 에덴é'dén, 즉 "복락délices"과 연결시켰다. 이란어(*pairi-daeza*)에 기원을 둔 Paradis라는 용어는 훨씬 나중에 나온 것이다. 주로 근동 지역과 에게 해 세계에서 잘 알려진 유사한 이미지는 생명의 나무와 활력의 샘 옆의 위대한 여신, 또는 괴물과 그리핀이 지키고 있는 생명의 나무이다. Eliade, *Traité*, §§ 104~108을 참조하라.

을 일으키는 과일, 젊음을 회복시켜주는 샘물, 보물 등)을 얻어내는 영웅 대신에 뱀의 속임수에 넘어가는 순진한 희생자 아담을 보여준다. 그것은 결국 길가메시(본권 23절)의 경우와 마찬가지로 실패한 "불사 추구"의 이야기인 것이다. 왜냐하면 일단 전지전능한 "신"과 같은 위치에 있던 아담은 생명의 나무(야훼는 그것에 대해 미리 말해주지 않았다)를 발견하여 불사의 존재가 될 수도 있었기 때문이다. 텍스트는 명료하게 단언하고 있다. "야훼 하느님은 말씀하셨다. '이제 사람이 우리 중 하나같이 되어 선악을 알게 되었다! 그가 손을 뻗어 생명의 나무의 과일도 따 먹고 영원히 살게 해서는 안 된다!"(3:22) 그리고 하느님은 그 두 사람을 낙원에서 추방하고, 살아남기 위해 일을 해야 하는 벌을 내렸다.

만일 우리가 조금 전 언급했던 시나리오—벌거벗은 여신이나 용이 파수를 서는 기적의 나무—로 돌아가본다면, 「창세기」의 뱀은 생명 혹은 젊음을 지키는 "파수꾼"으로서의 역할을 성공적으로 수행했다고 볼 수도 있다. 그러나 이 원초적 신화는 성서 이야기의 필자에 의해 근본적으로 변질되었다. 아담의 "입문 의례적 실패"는 근거가 충분한 징벌로 재해석되었다. 그의 불복종은 반역 천사Lucifer의 자만심, 즉 하느님처럼 되고 싶은 욕망을 무심코 드러낸 것이기 때문이다. 그것은 피조물이 창조주에게 범할 수 있는 가장 커다란 죄였다. 그것은 "원죄"로서 유대교와 기독교의 신학에서 중요한 기초 개념이 되었다. "타락"을 이렇게 해석하는 관점은 신의 전지전능함과 질투심을 중심에 둔 종교 안에서만 인정될 수 있다. 우리에게 전해진 성서 이야기는 야훼주의적 일신교의 권위가 증대해가는 것을 보여준다.[9]

---

9) 그러나 "타락"의 신화가 항상 성서의 해석과 일치하여 이해되었던 것은 아니라는 사실을 덧붙이자. 특히 헬레니즘 시대로부터 천계설illuminisme의 시대에 이르

「창세기」 4~7장의 편자는 이 최초의 죄가 낙원의 상실과 인간 조건의 변화를 초래했을 뿐만 아니라, 어떤 의미에서 그것은 인간을 괴롭히는 모든 악의 근원이라고 말한다. 이브는 "땅을 경작하는" 카인과 "양치기" 아벨을 낳았다. 형제가 감사의 제물―카인은 땅의 산출물, 아벨은 양의 첫 새끼―을 바쳤을 때, 야훼는 아벨의 제물은 받아들였지만 카인의 제물은 받아들이지 않았다. 화가 난 카인은 "동생 아벨을 쳐 죽이고 말았다."(4:8) 야훼가 말했다. "이제 너는 땅에서 저주를 받았다 〔……〕. 네가 밭을 갈아도 땅이 너를 위해 농산물을 내지 않을 것이며, 너는 땅에서 집 없이 떠돌아다니는 방랑자가 될 것이다."(4:11-12)

이 에피소드는 농경민과 목축민의 대립, 그리고 암묵적으로 목축민을 변호하는 태도를 보여준다. 그러나 아벨이라는 이름이 "양치기"를 뜻한다면 카인은 "대장장이"를 의미한다. 그들 사이의 갈등은 목축민 사회 안에서 대장장이가 차지했던 양면적 위치를 반영하고 있다. 대장장이는 항상 경멸의 대상이 되거나 존경의 대상이 되거나 둘 중의 하나였지만, 어떤 경우이든 늘 두려움의 대상이 되었다.[10] 앞에서 살펴본 것처럼(본권 15절) 대장장이는 "불의 지배자"이며, 가공할 만한 주술적 힘의 소유자로 여겨졌다. 어쨌든 성서의 이야기 속의 전승은 목축-유목민들의 "소박하고 순수한" 생활을 이상화하고, 농경민과 도시 주민의 정착 생활에 대한 저항을 반영하고 있다. 카인은 "성을 건설한 자가 되었고"(4:17), 그의 후손 중의 하나인 두발-카인은 "구리와 철로 각종 도구를 만드는 자"(4:22)의 조상이 되었다. 따라서 최초의 살인은

___

기까지 수없이 많은 사색가들은 보다 대담하고 때로는 보다 독창적인 아담 신화를 만들어내고자 노력했다.

10) Eliade, *Forgerons et alchimistes*, pp. 89 sq.를 참조하라.

기술과 도시 문명의 상징을 구현하는 인간에 의해 행해졌던 것이다. 모든 기술은 암묵적으로 "주술"로 의심을 받았다.

55. 홍수 이전과 이후

카인과, 아담의 셋째 아들 셋Seth의 후손을 열거하는 것은 무의미할 것이다. 메소포타미아, 이집트, 인도의 여러 전승에서 보이는 것처럼 인류의 최초의 조상들은 믿기 어려울 정도로 장수를 누렸고, 아담은 130세가 되어 셋을 낳고, 그후 800년을 더 살았다.(5:3 이하) 셋과 카인의 자손들은 모두 800세 내지 900세까지 살았다. 여기서 흥미로운 이야기에 의해 홍수 이전 시대는 구분된다. 즉 "하느님의 아들"이라고 불리는 천상의 존재들이 인간의 딸들과 결합하여 자식들, 즉 "옛날의 영웅들"을 낳았다.(6:1-4) 이것은 분명 "타락한 천사들"과 관련된 것이다. 그들의 이야기는 후대의 문서(「에녹서」 6~11)에 상세하게 기록되어 있는데, 그렇다고 해서 이 신화가 그것이 기록되기 이전에는 알려져 있지 않았다는 것을 의미하는 것은 아니다. 실제로 그와 비슷한 신화가 고대 그리스와 인도에서도 발견된다. 그 시대는 현재의 역사가 시작되려고 하는 시점("역사의 새벽"), 즉 각각의 문화에 고유한 제도가 확립되기 시작했던 때에 활약했던 반신인半神人, 즉 "영웅"의 시대였다. 성서의 이야기로 돌아가자. 타락 천사와 인간의 딸들이 결혼하여 거인들을 낳기 시작하자 하느님은 인간의 수명을 120세로 한정하기로 결정한다. 이러한 신화적 주제(카인과 아벨, 홍수 이전의 족장 시대, "하느님의 아들들"의 강림, "영웅"의 탄생)의 기원이 무엇이든, 「창세기」의 편자들이 이 신화들을 최종 텍스트 안에 그대로 남겨두었다는 것은 야훼에게 신인 동형적 특징을 부여하는 결과를 초래했음에도 불구하고 중요한 의미를 가진다.

이 시기에 발생한 최대의 사건은 홍수였다. "야훼는 사람의 죄악이 땅에 가득한 것과 그 마음의 생각이 항상 악한 것을 보았다."(6:5) 하느님은 인간을 창조한 것을 후회하고 인간을 멸망시키기로 결심했다. 오직 노아와 그의 아내, 그의 아들들(셈, 함, 야벳)과 그들의 아내들만을 홍수로부터 구해주기로 했다. "노아만은 의롭고 흠이 없는 사람이었으며……, 하느님의 뜻대로 살았기"(6:9) 때문이다. 야훼의 상세한 지시에 따라 노아는 방주를 만들고 모든 동물의 대표를 종류대로 뽑아 그 배에 가득 실었다. "노아가 600세 되던 해, 둘째 달의 17일에 홍수가 나기 시작했다. 그날에 땅의 모든 깊은 샘들이 터지며 하늘의 창들이 열려 40일 동안 밤낮으로 비가 쏟아져 내렸다."(7:11-12) 물이 빠지면서 방주는 아라랏 산에 멈추었다. 노아는 밖으로 나와 희생 제물을 바쳤다. "야훼는 그 향기를 흠향하시고", 마음이 풀려 다시는 "사람 때문에 땅을 저주하지" 않겠다고 약속했다.(8:21) 그리고 하느님은 노아 및 그의 자손들과 계약을 맺고, 무지개를 그 계약의 표시로 보여주었다.(9:13)

성서의 기술은 『길가메시 서사시』에 나오는 홍수와 몇 가지 공통점을 가지고 있다. 「창세기」의 편자는 메소포타미아의 전승을 알고 있었을 것이며, 중근동 지역에서 오래전부터 전승되어오던 원자료를 사용했을 가능성이 더 높을 수도 있다. 앞에서 이미 언급했듯이(본권 18절), 홍수신화는 널리 퍼져 있으며, 본질적으로 동일한 상징을 공유한다. 타락한 세계와 인간을 재창조하기 위해, 다시 말해 원초적인 완전함으로 복귀하기 위해 철저히 파괴되지 않으면 안 된다는 생각이 그 상징에 담겨 있는 것이다. 그러나 이러한 순환적 우주관은 이미 수메르-아카드 전승에서 변화되어 있었다는 것을 알 수 있다. 성서 이야기의 편자는 홍수에 의한 파멸이라는 재해석을 다시 거론하고 그것을 연장시킨다. 다시 말해 그것을 "성스러운 역사" 속의 하나의 에피소드의 지위로 끌어올리는 것이다. 야훼는 인간의 타락을 벌하고, 대홍수의 희생자들을 애도하지 않는다.(바빌로니아 전승 중에 등장하는 신들처럼. *Épopée de Gilgamesh*, tabl. XI, 116~125, 136~137행 참조) 야훼가 도덕적 순수성과 복종에 무게를 두고 있는 것은 모세에게 드러나게 될 "율법"의 성격에 대해 예상할 수 있게 해준다. 다른 많은 기적들과 마찬가지로 홍수는 다양한 관점에서 계속 재해석되고 재평가될 것이다.

노아의 아들들은 새로운 인류의 조상이 되었다. 그 시대에는 모든 사람들이 같은 언어를 사용했다. 그런데 어느 날 인간은 "끝이 하늘에 닿을 탑"(11:4)을 쌓기로 결정했다. 이것은 인간이 획책한 최후의 "타락 천사적" 행동이었다. 야훼는 "사람들이 쌓는 성과 탑을 보시려고 내려오셔서", 이제부터는 "저들이 마음만 먹으면 하지 못할 일이 없을 것이라는" 사실을 알게 되었다.(11:5-6) 그리하여 야훼는 인간의 언어를 혼란스럽게 만들어 그들이 서로 이해할 수 없도록 했다. 그후 야훼는 그들을 "온 세상에 흩어버리시므로 그들은 성 쌓던 일을 중단했다."(11:7-8) 그 성은 나중에 바벨이라는 이름으로 알려지게 되었다.

이 경우에도 우리는 야훼 신앙의 관점에서 재해석된 오래된 신화적 주제와 만나게 된다. 그것은 우선 특권을 부여받은 존재들(조상, 영웅, 전설적인 왕, 샤먼)이 나무, 창, 밧줄, 화살줄을 사용하여 하늘로 올라간다고 하는 원초적인 전승이다. 그러나 **실제로**in concreto 하늘로의 상승은 원초적인 신화의 시대 말기가 되면서 더 이상 실현되지 않는다.[11]

---

11) 우리 시대의 샤먼들은 이러한 천상 여행을 "영적인 상태에서", 다시 말해 엑스터시적 트랜스 상태에서 경험한다.

다른 신화들은 여러 가지 다양한 수단을 이용해 하늘에 오르려는 시도들이 실패하는 모습을 이야기한다. 과연 성서의 편자가 기억조차 하기 어려운 이러한 태곳적 신앙에 대해 알고 있었는지는 알 수 없다. 어쨌든 그는 비슷한 상징을 간직한 바빌로니아의 **지구라트**에 대해 잘 알고 있었다. **지구라트**는 그 기초가 대지의 배꼽[중심]에 놓여 있고, 그 꼭대기는 하늘에 닿아 있다고 여겨졌다. **지구라트**의 계단을 올라감으로써 왕이나 제사장은 **의례적으로**(즉 상징적으로) 하늘에 도달할 수 있었다. 하지만 성서의 편자로서는 그가 문자 그대로 받아들이고 있던 그 신앙이 지극히 단순한 것인 동시에 신을 모독하는 것이었기 때문에 그것을 근본적으로 재해석하지, 보다 정확히 말하자면 탈신성화하고 탈신화화하지 않을 수 없었던 것이다.

다음과 같은 사실을 강조하는 것은 중요한 의미가 있다. 즉 물려받거나 빌려 온 원초적인 신화적 소재들이, 길고 복잡한 작업을 거쳐 선택되고, 배제되고, 가치가 삭감되었음에도 불구하고 「창세기」의 최종 편자들은 전통적인 형태의 신화 체계를 통째로 보존했다. 즉 「창세기」는 우주 창조와 인간 창조에서 시작하여 조상들의 "낙원" 생활에 대해 언급하고, "타락"의 드라마를 그것의 운명적인 결과(인간은 죽음을 피할 수 없고, 살기 위해 노동을 해야 한다는 것 등)와 결부시키고, 홍수를 정당화하는 최초의 인류의 타락해가는 과정을 묘사하고, 유명한 에피소드—홍수 후에 퍼진 제2의 인류가 새로운 "반역 천사적" 계획을 꾸민 결과, 언어적 통일성을 상실하고 뿔뿔이 흩어진다—로 이야기를 마치는 것이다. 원초적인 전통문화들 내에서 그랬던 것처럼 이러한 신화 체계는 결국 "성스러운 역사"를 구성한다. 그것은 세계의 기원을 설명하는 동시에 현실적인 인간의 조건을 설명한다. 분명 히브리인들에게 있어 이러한 "신성한 역사"는 아브라함 이후, 특히 모세에 이르러 범례적인 것으로 정착되었지만, 그렇다고 해서 그것이 〔시간적으로 앞서 있는 역사를 이야기하는〕「창세기」의 처음 11개 장에 등장하는 신화적 구조와 기능을 무효화시키지는 않는다.

많은 학자들은 이스라엘의 종교가 단 하나의 신화도 "만들어내지 inventé" 않았다는 사실을 역설했다. 그러나 "만들어낸다"라는 말을 정신적인 창조 활동을 의미하는 것으로 이해한다면, 기억조차 할 수 없는 태고의 신화 전승들을 선별하고 비판하는 작업은 하나의 새로운 "신화"의 발생, 즉 범례가 될 수 있는 새로운 종교적 세계관의 출현과 맞먹는다고 볼 수 있다. 여기에서 이스라엘 민족은 종교적 재능을 발휘하여, 하느님과 선택된 민족의 관계를 이전에 알려져 있지 않았던 새로운 유형의 "성스러운 역사"로 변형시키는 데 성공했다. 어떤 시점 이후부터는 외견상 배타적, "민족주의적"으로 보이기까지 하는 이 "성스러운 역사"는 전 인류를 위한 하나의 범례임을 분명하게 드러내게 된다.

56. 족장들의 종교

「창세기」 12장은 우리를 새로운 종교 세계로 이끈다. 야훼[12]는 아브라함에게 말한다. "너는 네 고향과 친척과 너의 아버지의 집을 떠나, 내가 지시할 땅으로 가거라. 내가 너를 큰 민족의 조상이 되게 하고, 너를 축복하여 네 이름을 크게 떨치게 하겠다. 너는 다른 사람에게 복

---

12) "야훼"라는 이름은 시기적으로 상당히 후대에 속하는 모세에 의해 처음으로 도입된 것이기 때문에, 여기에서 혹은 모세 이전의 사건을 기록하는 다른 모든 곳에서 "야훼"라는 이름을 사용하는 것은 분명 시대착오라고 할 수 있다.

을 끼치는 자가 될 것이다. 너를 축복하는 자를 내가 축복하고, 너를 저주하는 자를 내가 저주할 것이니, 땅의 모든 민족이 너를 통해 복을 받을 것이다."(12:1-3)

현재 전해지고 있는 형태의 텍스트는 관련된 사건이 발생한 지 여러 세기가 지난 후에 편찬된 것이 확실하다. 그러나 아브라함의 "선택"에 담겨 있는 종교적 관념은 BC 2000년대에 근동 지역에서 널리 알려져 있던 신앙 및 관습이 이어진 것이다. 성서 이야기들의 특징은 신의 인격적 메시지와 그것의 결과에서 드러난다. 하느님은 청해지지 않았는데도 인간 앞에 자신을 드러내고, 인간에게 일련의 지시를 내린 다음 인간에게 놀라운 약속을 한다. 전승에 따르면 아브라함은 하느님에게 복종했다. 나중에 하느님이 이삭의 희생을 요구할 때 복종한 것처럼 말이다. 여기서 우리는 모세 이후에 "아브라함의 신앙"이라고 이름이 부여된, 새로운 형태의 종교 경험을 만나게 된다. 나중에 시간이 흐르면서 그것은 유대교와 기독교에 특유한 종교 경험이 된다.

하느님의 지시에 따라 아브라함은 칼데아의 우르를 떠나 메소포타미아의 서북쪽에 있는 하란에 도착했다. 그후 그는 다시 남쪽으로 내려가 잠시 세켐에 머물렀으나, 다시 무리를 이끌고 팔레스타인과 이집트 사이를 이동했다.(13:1-3) 아브라함의 이야기와 그의 아들 이삭, 그리고 손자 야곱, 다시 그의 아들 요셉의 모험담은 소위 족장 시대라고 알려진 시기를 구성한다. 오랫동안 족장들은 전설적인 인물이라고 여겨졌다. 하지만 최근 반세기 동안, 특히 고고학적 발견을 근거로 하여 족장 전승의 역사성을 적어도 부분적으로는 인정하는 연구자들이 나타나고 있다. 물론 그렇다고 해서 「창세기」 11~50장이 "역사적 문서"라고 말하는 것은 아니다.

우리의 목적상 과연 히브리 민족의 조상인 **아피루족**이 나귀를 사육하며 대상을 조직하여 교역에 종사하는 상인이었는지,[13] 아니면 양을 사육하는 정착 단계의 목축민이었는지[14] 하는 문제는 중요하지 않다. 여기서는 족장들의 관습과 근동의 사회제도, 법률제도 사이에 많은 유사점이 있다는 사실을 기억하는 것으로 충분하다. 족장들은 메소포타미아에 머무르는 동안 적지 않은 신화 전승을 알게 되었고, 그것을 수용했다는 사실이 받아들여지고 있다. 족장들의 종교는 "아버지의 하느님 dieu du père"에 대한 숭배를 특징으로 한다.[15] 하느님은 "나의/너의/그의 아버지의 하느님"이라고 불리거나, 또는 그렇게 자신의 모습을 나타낸다.(「창세기」 31:5 등) 또 다른 정형구는 고유명사를 포함하는데, 때때로 그 앞에 "아버지"라는 단어가 붙는다. "아브라함의 하느님"(「창세기」 31:53), "네 아버지 아브라함의 하느님"(26:24 등), "이삭의 하느님"(28:13), "내 아버지 이삭의 하느님"(32:9 등), 또는 "아브라함의 하느님, 이삭의 하느님, 야곱의 하느님"(「출애굽기」 3:6 등)이 그것이다. 고대 오리엔트 지역에는 이와 유사한 정형구들이 있다.[16]

"아버지의 하느님"은 원래 아들의 기억 속에 남아 있는 가까운 조상

13) Albright는 여러 저작에서 그렇게 주장하였다. 그의 가장 최근의 저서 *Yahweh and the Gods of Canaan*, pp. 62~64 등을 보라.

14) 이것은 특히 R. de Vaux, *Histoire ancienne d'Israël*, I, pp. 220~222에서 제시된 주장이다.

15) 이러한 특징에 처음으로 주목했던 사람은 Albrecht Alt였다. 그의 *Der Gott der Väter*(1929)를 보라.

16) BC 19세기, 카파도키아의 아시리아인들은 "나의 아버지의 신"(또는 너의/그의 아버지)을 증인으로 불렀다. Ringgren, *La religion d'Israël*, p. 32; Fohrer, *History of Israelite Religion*, p. 37; R. de Vaux, *op. cit.*, I, pp. 257~258에 인용된 자료들을 보라. 보다 의미심장한 해석으로는 Cross, *Canaanite Myth and Hebrew Epic*, pp. 12 sq. 를 참조하라.

들의 하느님이다. 그 하느님은 조상들에게 나타남으로써 일종의 혈연 관계를 가진 존재가 된다. 이 하느님은 유목민의 신이며, 성소가 아니라 인간의 집단과 연결되어 있으며, 그들과 동행하고 그들을 보호한다. 하느님은 "그를 믿는 자들과 약속을 통해 관계를 맺는다."[17] [하느님의] 다른 이름들로는, 아마도 훨씬 더 오래된 것들일 텐데, "이삭이 두려워하는 분"으로도 번역되었지만 사실은 "이삭의 친척"을 뜻하는 파하드 이삭pahad yiṣḥâk이나 "야곱의 요새(또는 보호자)"를 의미하는 아브히르 야곱'abhîr ya'aqobh이 있다.(「창세기」 31:42, 53)

가나안으로 들어가면서 족장들은 엘 신앙에 직면하게 되었고, "아버지의 하느님"은 결국 엘 신과 동화되었다.[18] 이러한 동화는 이 두 유형의 신 사이에 구조적 유사성이 있었다는 것을 상정하게 한다. 그리고 "아버지의 하느님"은 엘과 동화되면서, 가족이나 씨족의 신으로서는 확보할 수 없었던 우주적 양상을 획득하게 되었다. 이것은 족장 시대의 유산을 풍부하게 만드는 새로운 종교적 종합이 성공을 거둔 역사상 최초의 사례이다. 그리고 그 종합의 사례는 이것 하나에 그치지 않는다.

대단히 간략하긴 하지만 상당히 많은 구절들이 족장들의 종교적 실천에 대해 묘사하고 있다. 그러나 그 묘사 중에는 후대의 상황을 반영하고 있는 것도 적지 않다. 따라서 성서의 자료들을 원초적인 유목 문

---

17) De Vaux, p. 261. "약속의 주제가 「창세기」에 종종 나온다. 번영이나 땅, 혹은 둘 다에 대한 약속처럼, 여러 가지 형태로 나타난다."(*ibid.*)

18) 족장 이야기는 엘이라는 존재를 나타내는 실체 명사로 구성된 이름들을 언급하고 있다. 엘 로이El Roi, "나를 보시는 하느님"(「창세기」 16:13), 엘 샤다이El Shaddaï, "산의 하느님[전능한 하느님]"(17:1 등), 엘 올람El 'Olam, "영원하신 하느님"(21:33), 엘 베델El Béthel[베델에 나타난 하느님](31:13 등)이 그 예이다. De Vaux, pp. 262 sq.; Ringgren, pp. 33; Cross, pp. 44 sq.를 참조하라.

화, 특히 이슬람 출현 이전의 아랍인 특유의 종교적 실천과 비교할 수도 있다. 「창세기」에 따르면 족장들은 희생 제의를 올렸으며, 제단을 만들고 돌을 쌓아 거기에 기름을 부었다. 그러나 유월제 형태의 유혈 의례(zébah)가 사제는 물론, 경우에 따라서는 제단도 없이 행해졌을 가능성도 있다. "희생을 바치는 자는 각자 자기 가축 무리 가운데서 선택한 제물을 희생으로 바쳤으며, 그 희생 제물을 태우지 않고 가족과 함께 먹었다."[19]

돌기둥을 세우는 것(massebah)의 의미를 분명하게 밝히기는 어렵다. 왜냐하면 경우에 따라 그것의 종교적 맥락이 달라지기 때문이다. 돌은 계약의 증거가 되기도 하고(「창세기」 31:45, 51~52), 무덤이 되기도 하며 (35:20), 또는 야곱의 이야기에서 보이는 것처럼 신의 현현을 가리키기도 한다. 야곱은 돌을 베고 잠들었다가 꿈속에서 하늘 끝까지 닿는 사다리를 보았다. 그때 "야훼께서 그의 앞에 서 계셨으며" 야곱에게 그 땅을 약속했다. 야곱은 깨어나, 그가 잠들었던 그 자리에 돌을 세우고 그 장소를 베델bêth-el, 즉 "하느님의 집"이라고 명명했다.(「창세기」 28:10-22) 돌기둥을 세우는 것은 가나안의 종교 제의에서 중요한 역할을 했으나, 나중에 야훼주의자들로부터 비난을 받는다. 하지만 이 관습은 이슬람 출현 이전의 아랍인들 사이에서도 존재했으며(본장의 주석 19 참조), 따라서 이스라엘의 조상들 역시 이 의례를 행했을 가능성이 높다.[20]

19) R. de Vaux, *op. cit.*, p. 271. "중앙 아라비아에서는 신의 현존을 상징하는 돌기둥 앞에 희생 제물을 바쳤다. 피는 돌기둥 위에, 또는 돌기둥 앞에 도랑을 파고 그 안에 부어졌다. 이러한 희생은 특히 유목 아랍인들이 봄의 첫 번째 달에 풍요와 목축의 번영을 기원하는 축제 때에 바쳐졌다. 아마도 반半유목 목축민이었던 이스라엘의 조상들이 이미 비슷한 축제를 행하고 있었을 것이다."(*ibid.*)
20) 족장 이야기는 모레 상수리나무(「창세기」 12:6)나 마므레 상수리나무(「창세기」

57. 아브라함, "믿음의 아버지"

그러나 이스라엘의 종교사에서 중요한 역할을 했던 두 가지 의례는 계약의 희생 제의와 이삭의 희생이다. 전자(『창세기』 15:9 이하)는 하느님이 아브라함에게 직접 지시한 것이다. 그것은 어린 암소와 암염소, 숫양을 두 토막으로 가르는 의례로서, 다른 민족들 사이에서도 그와 유사한 의례가 발견된다.(예를 들면 히타이트 민족에게서 볼 수 있다. 본권 43절 참조) 그러나 결정적인 요소는 밤에 이루어진 하느님의 현현이다. "해가 졌을 때에 〔……〕 연기 나는 화로가 보이며 밝게 타오르는 횃불이 두 토막으로 갈라놓은 그 짐승의 사체 사이로 지나갔다."(15:17) "그날" 여호와께서 "아브라함에게 이렇게 약속하셨다."(15:18) 이 약속은 "계약"과는 다른 것이다. 하느님은 아브라함에게 어떤 의무도 지우지 않았다. 하느님이 의무를 지는 약속인 것이다. 『구약성서』에서 다른 예를 찾을 수 없는 이 의례〔동물을 두 토막으로 나누는 의례〕는 예레미야의 시대까지 계속 행해졌다. 하지만 족장 시대에 그런 의례가 알려져 있었다는 것을 부정하는 연구자도 적지 않다. 이 희생 제의가 야훼 신앙의 맥락 안에 놓여져 있는 것은 분명하지만, 야훼 신앙의 신학적 해석이 그 의례에 담긴 원초적 특성을 제거하는 데 성공하지는 못했을 것이다.

「창세기」에는 단 하나의 희생 제의만이 상세하게 묘사되어 있다. 이삭의 희생 제의이다.(22:1-19) 하느님은 아브라함에게 자식을 번제

13:18 등)와 같은 신성한 나무들에 대해 언급하고 있다. 가나안인들이 제사를 드리는 장소에 대한 비난이 일었을 때, "야산이든 푸른 나무 아래든"(『신명기』 12:2) 나무 앞에서 제사를 드리는 족장들의 제사 관습은 비판을 받았고, 나중에 금지되었다.

(*olah*)로 바칠 것을 명령했고, 아브라함은 이삭을 희생 제물로 바치려고 했으나, 결국 숫양이 이삭 대신 바쳐졌다. 이 에피소드는 무수한 논쟁을 불러일으켰다. 특히 "번제"라는 용어가 여섯 번 반복되고 있다는 사실이 주목을 받았다. 이러한 유형의 희생 제의는 이스라엘 부족이 최종적으로 정착한 후에 가나안인들로부터 차용한 것이라고 생각된다.[21] 사람들은 이것이 "과거를 이상화한 것"이라고 주장하기도 한다. 그러나 「창세기」에는 "편자들이 **과거를 이상화하기보다는 오히려 전승되어 온 사실을 충실하게 전달하는** 데 더 많은 관심을 기울였음을 보여주는" 수치스러운 이야기도 적지 않게 담겨 있다는 사실을 잊어서는 안 된다.[22] (고딕체 강조는 내가 한 것이다.)

기원이 무엇이든 간에 이 에피소드는 『구약성서』의 다른 어떤 것보다 강력하게 "아브라함의" 신앙의 깊은 의미를 보여준다. 아브라함의 경우는 모압의 왕이었던 메사가 이스라엘로부터 승리를 얻어내기 위해 자기의 맏아들을 희생 제물로 바쳤던 것(「열왕기하」 3:27)이나, 그 대상이 자신의 외아들이 될 것이라고는 꿈에도 생각 못한 채 승리를 거둔 후 처음 만나는 사람을 번제의 제물로 바치겠다고 야훼에게 맹세했던 입다의 경우(「사사기」 11:30)처럼 결과를 명확히 의식하고서 자기 아들을 희생 제물로 바칠 준비를 하고 있었던 것이 아니다. 이삭의 희생

---

21) De Vaux, p. 270. "고대의 것이 분명한 텍스트들에 나타나는 번제에 대한 최초의 언급들은 그 연대가 사사 시대까지 거슬러 올라간다."

22) H. H. Rowley, *Worship in Ancient Israel*, p. 27. 실제로 이 텍스트는 야곱의 아들들이 행했던 제의에 대해서는 거의 알려주는 바가 없지만, 시므온과 레위가 세켐에게 저지른 일(「창세기」 34장)이나 유다와 다말(「창세기」 38장)의 이야기처럼 불명예스러운 이야기들을 많이 전해준다.

은 장자 희생이 아니었다. 장자를 희생 제물로 바치는 것은 후대에 와서야 유포된 것으로 이스라엘인들 사이에서는 결코 일반화되지 않았던 의례였다. 아브라함은 자신이 하느님과 "믿음"으로 결속되어 있다고 느끼고 있었다. 신에게 자기의 맏아들을 바치는 사람들은 그 의례의 의미 및 주술-종교적 힘에 대해 충분히 인식하고 있었던 반면, 그는 하느님이 그에게 명령한 행동의 의미를 "이해하지" 못했다. 하지만 아브라함은 자신의 하느님의 신성함과 완전함, 그리고 전지전능함을 결코 의심하지 않았다. 따라서 그가 받은 명령이 자식을 살해해야 하는 것으로 보였다면, 그것은 인간의 열악한 이해력 때문이다. 하느님만이 다른 모든 사람들에게는 범죄와 전혀 구분되지 않는 행동의 의미와 가치를 알고 있었다.

여기서 우리는 성스러움의 변증법에 있어서 특별한 경우와 마주치게 된다. "범속한" 것은 "신성한" 것으로 전환하면서도 본래의 구조를 그대로 유지하지만(신성한 돌은 돌의 속성을 버리지 않는다), 그 "신성화"는 지성에 의해 이해될 수 있는 것이 아니다. 유아 살해는 특별한 효과를 기대하고 행하는 의례로 변용되지 않는다(장자를 희생으로 바치는 자에게는 그러한 일이 발생한다). 아브라함은 의례를 완성하지 못했다(왜냐하면 그는 어떤 목적을 추구했던 것이 아니며, 자기 행동의 의미도 이해하지도 못했기 때문이다). 다른 한편 그는 죄를 짓지 않았다는 사실을 자신의 "믿음"을 통해 확신했다. 아브라함은 자기 행위의 "신성성"을 의심하지 않았지만 그 신성성은 "재인식될 수 없는" 것이었으며, 따라서 누구도 알 수 없는 것이었다.

"신성한 것"은 인식할 수 없다("신성한 것"은 "범속한 것"과 완전히 동일시되기 때문이다)는 사실에 대한 사색은 나중에 중대한 영향을 미치게 될 것이다. 나중에 살펴보겠지만 유대인들은 신전의 두 번째 파괴와 국가의 소멸 후에도 "아브라함의 신앙"을 통해 자신들의 비극적인 역사 속에서 부딪친 숱한 시련을 견딜 수 있었다. 그리고 19세기와 20세기에 이르러서도 기독교 사상가 중에는 아브라함이라는 모범에 대한 성찰을 통해 자기네 신앙의 역설적인, 다시 말해 "인식 불가능한" 본질을 포착한 경우가 있었다. 키르케고르Kierkegaard는, 상상하기 힘든 방식이긴 하지만, 자기 약혼녀가 다시 자기에게 돌아올 것이라는 희망을 가진 채로 그녀에게 파혼을 선언했다. 레온 체스토프Léon Chestov는 참된 신앙은 "하느님에게는 모든 것이 가능하다"는 확신을 의미한다고 주장했다. 그는 아브라함의 경험을 간결한 언어로 다시 말한 것뿐이다.

58. 모세와 이집트 탈출

이스라엘 종교의 시작은 「창세기」 46~50장, 「출애굽기」, 「민수기」에서 이야기되고 있다. 그 내용은 대부분 하느님이 직접적으로 관여한 일련의 사건들에 관한 것이다. 가장 중요한 사건들을 열거한다면 다음과 같다. 야곱과 그 자손의 이집트 정착. 수백 년이 지난 후 이스라엘인의 모든 장자를 살해하도록 명령한 파라오에 의해 시작된 박해. 모세(기적적으로 학살을 피하고 파라오의 궁정에서 자라났다)가 유대인을 때리고 있던 이집트 병사를 죽인 후에 겪은 파란만장한 변화, 특히 미디아 사막으로의 도피, "불붙은 떨기나무"(야훼와의 최초의 만남)를 통한 하느님의 출현, 이스라엘의 백성을 이집트로부터 데리고 나오라는 하느님의 명령과 신의 이름의 계시. 파라오를 굴복시키기 위해 하느님이 내린 열 가지 재앙. 이스라엘 민족의 출발과 바닷물이 그들을 뒤쫓던 이집트 병사들과 전차들을 삼켜버렸던 갈대 바다의 통과. 시나이 산에서 하느님이 현현하여 그의 백성들과 맺는 계약, 그에 이어지는 계시의 내용과 의례와 관련된 명령들. 마지막으로 40년 동안의 광야 생활, 모세의 죽음, 그리고 여호수아의 지도 아래서 가나안을 정복한 사건.

비평가들은 1세기 이상에 걸쳐 『구약성서』에 나오는 이야기들 속에 담겨 있는 "사실일 가능성이 높은", 따라서 "역사적인" 요소들과 "신화적"이며 "설화적"인 부가물 및 퇴적물을 구분하는 데 모든 노력을 기울였다.[23] 그들은 이집트와 가나안, 그리고 근동의 다른 민족들의 정치사, 문화사, 종교사와 관련된 문헌학적, 고고학적 자료들도 이용했다. 그러한 자료들 덕에, 히브리인들의 여러 집단의 역사를 해명하고, 세부 사항을 명확하게 밝히고, 나아가 야곱이 이집트에 정주하기 시작했던 시기(BC 18~17세기)부터 연구자들이 그 연대를 BC 12세기로 보고 있는 이집트 탈출과 가나안 침입에 이르는 시기까지의 여러 전승에 나타나 있는 다양한 사건들에 관한 역사를 재구성할 수 있다는 희망을 품을 수 있게 되었다.[24] 성서 이외의 문헌들 역시, 적어도 부분적으로는, 이집트 탈출과 가나안 정복의 역사적인 맥락을 밝히는 데 공헌하고 있다. 예

---

23) "탈신화화"의 작업은 상대적으로 쉬운 작업이다(왜냐하면 열 가지 재앙이나 갈대 바다의 통과와 같은 "기적"은 "역사적" 사건으로 여겨질 수 없기 때문이다). 반면 성서의 텍스트에 기록된, 역사적 사실로서의 개연성이 높은 사건에 대한 해석은 대단히 미묘하다. 텍스트 분석을 통해 각기 다른 시기와 다른 신학적 관점에서 만들어진 몇 가지 편찬 양식을 구별해낼 수 있었다. 또한 몇 가지 문학 장르에 의한 영향도 추적할 수 있었다. 편자가 어떤 특정한 문학 장르(무용담, 이야기, 속담 등)의 상투적 표현을 사용하였음이 밝혀졌을 때, 표면적으로 역사적 사실로 여겨지던 이야기들은 곧바로 의심의 대상이 되었다.

24) 「출애굽기」 12장 40절에 따르면 이스라엘인들은 이집트에서 430년 동안 살았다.

를 들어 당시 19왕조 파라오들의 군사적, 정치적 상황과 관련된 정보들을 통해 이집트 탈출의 비교적 정확한 연대를 추정할 수 있게 되었다. 가나안 침입의 과정은 발굴 자료들, 특히 가나안의 여러 도시들이 파괴된 연대를 고려하여 판별할 수 있게 되었다. 그러나 이러한 연대기상의 상호 연관성과 일치의 문제는 여전히 논쟁거리가 되고 있다.

　전문가들 대부분이 합의에 도달하지 못한 논쟁거리들에 대해 일정한 입장을 취하기는 현재로서는 어렵다. 이스라엘 종교에 있어서 가장 중요한 위치에 있는 몇 가지 사건들의 역사성을 회복하는 일은 우리의 기대와는 달리 지금까지 성공하지 못했다는 사실을 기억하는 것으로 충분할 것이다. 그렇다고 해서 그 사건들이 역사적 사실이 아니라는 것이 증명되었다는 것은 아니다. 하지만 역사적인 사건들과 인물들 자체가 전형적인 범주를 모델로 하여 다시 조직되었기 때문에 대부분의 경우 그것들의 본래의 "실재성"을 파악하는 일은 거의 불가능하다고 할 수 있다. 모세라는 이름으로 알려진 인물의 "실재성"을 의심할 이유는 없지만, 그 인물의 전기와 인격적인 특징을 우리로서는 알 수 없다. 모세가 카리스마를 가진 신화적 인물이 되었다는 단순한 사실로 인해, 나일강의 갈대밭에서 파피루스 바구니에 담겨 기적적으로 살아남음으로써 시작된 모세의 일생은 다른 수많은 "영웅들(테세우스, 페르세우스, 아카드의 사르곤, 로물루스, 키루스 등)"을 모델로 따르게 된다.

　모세라는 이름은 그의 가족 구성원들의 이름과 마찬가지로 이집트식 이름이다. 그 이름은 아모세스Ahmoses나 람세스Ramsès(Ra-messès, "라 신의 아들")에 비교될 수 있는 *msy*("태어난, 아들")라는 요소를 포함하고 있다. 레위의 아들 중의 하나의 이름인 메라리Merari는 이집트어로 *Mrry*("깊이 사랑받는")라는 의미 요소를 가지고 있으며, 아론의 손자 핀하스Pinhas는 *P'-nhsy*, 즉 "흑인"을 의미한다. 젊은 모세가, 태양신 아톤의 "일신교"를 수립하기 위해 아멘에 대한 신앙과 제의를 폐지했던 아켄아톤의 "종교개혁"(BC 약 1375~1350년)에 대해 알고 있었을 가능성은 충분하다. 두 종교의 유사성에 관해 주목한 연구자들도 있다.[25] 야훼와 마찬가지로 아톤은 "유일한 신"이었으며, 아톤 역시 "존재하는 모든 것을 창조한" 신이다. 나아가 아켄아톤의 "개혁"이 "가르침"에 비중을 두는 점은 야훼 신앙의 **토라**[율법]의 역할과 비교할 수 있다. 하지만 모세가 성장한 람세스의 사회는 아켄아톤의 "개혁"이 탄압을 받은 지 이미 두 세대가 지난 다음이라 그의 개혁이 모세의 관심을 끌 수는 없었을 것이다. 더구나 국제주의, 종교적 혼합주의(특히 이집트와 가나안 신앙 사이의 종교적 혼합), 일부의 오르지적 행위(남녀 모두에게서 볼 수 있는 매음 행위), 동물 "숭배" 등은 "아버지의 종교" 안에서 성장한 사람들로서는 대단한 혐오의 대상이었을 것이다.

이집트 탈출이라는 이야기가 어떤 역사적 사건을 반영하고 있는 것은 분명해 보인다. 그러나 그것은 민족 전체의 탈출이 아니라 한 집단, 보다 구체적으로는 모세가 이끄는 집단의 탈출이었다. 정도의 차이는 있겠지만 다른 사람들은 이미 어느 정도 평화적으로 가나안 땅으로 들어가기 시작한 이후였다. 하지만 많은 시간이 흐르면서 이집트 탈출은 모든 이스라엘 부족들의 성스러운 역사 속에 등장하는 하나의 에피소드로 주장되기에 이른다. 우리에게 중요한 것은 이집트로부터의 탈출과 유월절 축제가 관련되어 있다는 사실이다. 다시 말해 이스라엘의

---

25) 예를 들어 Albright, *From the Stone Age to Christianity*, pp. 218 sq., 269 sq.; *id.*, *The Biblical Period from Abraham to Ezra*, pp. 15 sq.를 보라. 그러나 그 유사성이 그다지 설득력이 없다고 주장한 연구자들도 있다. Ringgren, *op. cit.*, p. 51; Fohrer, *op. cit.*, p. 79를 참조하라.

조상들이 수천 년 동안 지켜온 유목민 특유의 원초적인 희생 제의가 재평가되면서 야훼 신앙의 "성스러운 역사" 안에 통합되었던 것이다. 우주적 종교성에 속하는 의례(유목민의 봄 축제)가 역사적 사건을 기념하는 의례로 재해석되었다. **우주적 형태를 가진 종교 구조가 성스러운 역사적 사건으로 변형되는 것은 야훼 신앙의 일신교적 특징이며, 그것은 기독교에 의해 다시 평가되고 지속된다.**

59. "나는 스스로 존재하는 자이다"

미디아의 제사장이었던 장인丈人 이드로의 양 무리를 치면서 살고 있던 모세는 어느 날 사막을 가로질러 "하느님의 산" 호렙 산에 이르게 된다. 거기서 모세는 "떨기나무 가운데서 불꽃이 이는 것"을 보았고, 또 자기 이름을 부르는 소리를 듣는다. 잠시 후 하느님은 "나는 네 조상의 하느님, 곧 아브라함의 하느님, 이삭의 하느님, 야곱의 하느님이다"(「출애굽기」 3:6)라고 자기의 정체를 밝혔다. 그러나 모세는 자기가 그때까지 몰랐던 신의 측면을 마주하고 있든지, 아니면 전혀 새로운 신을 대면하고 있다고 느낀다. 모세는 이스라엘의 백성들을 찾아가서 그들에게 다음과 같이 말하라는 하느님의 명령을 받아들인다. "'당신들 조상의 하느님이 나를 당신들에게 보내셨다.' 그러나 만일 그들이 하느님의 이름이 무엇이냐고 묻는다면, 내가 그들에게 무엇이라고 말해야 합니까?"(3:13)라고 반문한다. 그러자 하느님은 모세에게 이렇게 말한다. "나는 스스로 존재하는 자이다('*ehyèh 'ašèr 'ehyèh*)." 그러고 나서 하느님은 "'스스로 존재하는 자'가 나를 여러분에게 보내셨습니다"(3:14)라고 말하라고 모세를 가르친다.

하느님의 이름을 둘러싸고 무수한 논의가 이루어졌다.[26] 하느님의 대답은 신비롭기 그지없다. 하느님은 자신의 존재 방식을 언급하면서도 자신이 누구인지를 드러내 보이지 않는다. 여기서 말할 수 있는 것은, 현대적인 표현을 사용하자면 하느님의 이름은 존재와 존재자 전체를 시사하고 있다는 것이다. 그럼에도 불구하고 야훼는 자신이 아브라함과 다른 족장들의 하느님[신]이라고 선언하고 있으며, 이러한 하느님의 동일성은 아브라함의 유산을 계승하는 사람들에 의해 오늘날까지도 여전히 받아들여지고 있다. 실제로 아버지의 하느님과 모세에게 나타난 하느님 사이에는 일정한 연속성이 보인다. 이미 이야기했던 것처럼 "우선 야훼 신앙은 목축민의 환경 속에서 등장하여 사막에서 발전했다. 순수한 야훼 신앙으로 돌아간다는 것은 사막이라는 환경으로 되돌아가는 것으로 나타나게 될 것이다. 그것은 예언자들의 '유목적 이상idéal nomade'이 될 것이다."[27] 아버지의 하느님과 마찬가지로 야훼는 특정 장소와 연결되어 있지 않다. 또 야훼는 한 집단의 지도자인 모세와 특별한 관계를 맺고 있다.

그러나 차이점도 중요하다. 아버지의 하느님이 이름을 가지고 있지 않았던 것과 달리 야훼는 그의 신비성과 초월성을 분명하게 나타내는 고유명사이다. 신과 그 신을 숭배하는 자 사이의 관계가 변화하고, 사람들은 이제 "아버지의 하느님"에 대해서가 아니라 "야훼의 백성"에 대한 이야기를 하게 된다. 하느님이 아브라함에게 한 약속(「창세기」 12:1-3)에서 이미 나타나는 선민사상은 더욱 명확해진다. 야훼는 족장들의

---

26) Ringgren, pp. 43 sq.; Fohrer, pp. 75 sq.; R. de Vaux, *Histoire*, pp. 321 sq.; Cross, *op. cit.*, pp. 60 sq.에 나오는 최근의 참고 문헌들을 보라.

27) De Vaux, *op. cit.*, p. 424. 앞으로 우리는 그의 분석(pp. 424~431)을 이용할 것이다.

자손을 "나의 백성"이라고 부른다. 드보R. de Vaux의 표현을 빌리자면 그들은 야훼의 "사적 소유물"이다. 아버지의 하느님이 엘 신에 동화될 때와 같은 과정을 거치면서 야훼는 엘과 동일화된다. 야훼는 엘로부터 왕이라는 칭호와 더불어 그의 우주적 성격을 물려받았다. "야훼 신앙은 엘의 종교로부터, 신의 아들benê 'elohîm로 구성되는 신의 궁정이라는 관념을 취하게 되었다."[28] 한편 야훼의 호전적 성격은 그를 숭배하는 자들을 지키는 수호자, 아버지의 하느님의 역할을 계속 담당하게 된다.

계시의 본질은 십계명Décalogue(「출애굽기」 20:3-17, 34:10-27 참조)에 집중적으로 표현되고 있다. 현존하는 텍스트가 모세 시대에 성립되었던 텍스트와 동일한 것이라고 말할 수는 없지만, 그중에서 가장 중요한 계율은 초기 야훼 신앙의 정신을 반영하고 있음이 분명하다. 십계명의 첫 번째 계명인 "너희는 나 이외에 다른 신을 섬기지 말아라!"에서 나타나는 것은 야훼주의가 엄밀한 의미에서의 유일신교가 아니라는 사실이다. 다른 신들의 존재는 부정되고 있지 않다. 갈대 바다를 통과한 후 불렀던 승리의 노래에서 모세는 "야훼여, 신들 중에 주와 같은 자가 누구입니까?"(「출애굽기」 15:11)라고 외친다. 그러나 야훼에 대해서는 절대적인 충성이 요구되는데, 그것은 야훼가 "질투하는 하느님"(「출애굽기」 20:5)이기 때문이다. 거짓 신들에 대항하는 싸움은 광야를 벗어난 직후에 만난 바알브올Baal-Peor과의 싸움에서부터 시작되었다. 모압족의 여인들이 자기들의 신들에게 올리는 제의에 이스라엘인들을

---

28) De Vaux, p. 428. "그러나 원래 사납고 폭력적인 신이었던 야훼에게 엘 신이 온화함과 자비로움을 물려주었다고 말하는 것이 보다 정확할 것 같다. 「출애굽기」 34장 6절의 고대적 기원을 보여주는 문서에서 야훼는 자신을 '온유하고 자비로운 신'으로 정의한다."(*ibid*, p. 429)

초대했다. "이스라엘 사람들은 그들의 제물을 먹고 그 신들에게 절했다."(「민수기」 25:2 이하) 그들의 행동은 야훼의 분노를 불러일으켰다. 바알브올로부터 시작된 이 싸움은 그 이후에도 이스라엘인들에게 계속되었다.

두 번째 계명인 "너희는 어떤 것의 모양을 본떠서 우상을 만들지 말아라……"의 의미를 이해하기는 쉽지 않다. 이 계명은 우상숭배를 금지하는 것이 아니다. 이교도의 종교 의례에서 흔히 사용되었던 우상이 신성을 수용하는 하나의 수용체에 지나지 않는다는 사실은 잘 알려져 있다. 아마도 이 계율은 제의의 도구로 야훼를 표현하는 것을 금지하는 내용일 것이다. 야훼는 "이름"을 가지고 있지 않았던 것처럼, "형태"도 가지지 않아야 한다. 하느님은 특권을 가진 일부의 사람들에게만 직접 모습을 드러냈으며, 나머지 사람들에게는 자신의 행위를 통해서만 모습을 드러냈다. 근동의 다른 신들이 인간이나 동물 또는 자연물의 형태로 자신을 드러냈던 것과는 달리 야훼는 인간의 모습으로만 인식되었다. 그러나 전 세계는 하느님이 창조한 것이기 때문에 신의 현현 역시 우주적인 모습을 띠었다.

인간의 형상을 한 야훼라는 관념은 이중적 측면을 가지고 있다. 우선 야훼는 자비심과 증오심, 기쁨과 슬픔, 용서와 복수 등 인간에게 고유한 특성과 결점을 가진 존재로 표현된다. (그러나 야훼는 호메로스의 신들이 가진 약점과 결점을 보이지 않는다. 또 특정 올림포스 신들처럼 조롱받는 것을 참지도 않는다.)[29] 다른 한편, 대다수의 신들과 달리 야훼는 인간의 상황을 반영하지 않는다. 야훼는 가족이 없으며, 단지 하늘의 궁전에 거할 뿐이다. 야훼는 홀로 존재하는 신이다. 하지만 야훼가 동양의

---

29) Fohrer, *op. cit.*, pp. 78 sq.를 참조하라.

절대 군주처럼 자기를 숭배하는 자들에게 절대적인 복종을 요구한다는 점이 그의 인간적 형상의 또 다른 측면이라고 말할 수 있을 것인가? 오히려 그의 그러한 모습은 절대적인 완성과 순수함을 추구하는 비인간적 욕구라고 이해할 수도 있다. 세 일신교의 예언자나 선교사들의 특징이라고 할 수 있는 비관용과 광신에 가까운 열광적 신앙은 야훼라고 하는 범례를 가지고 있으며, 또 그것에 의해 정당화된다.

마찬가지로 야훼의 과격한 모습은 의인성의 범주를 넘어서는 측면을 가지고 있다. 야훼의 "분노"는 때때로 "악마주의"라고 불릴 정도로 비이성적인 양상을 띤다. 이러한 부정적 특성들 중 어떤 것은 가나안 정복 이후 확립되었을 것이다. 하지만 그 "부정적 특성"은 야훼의 본래적 구조에 속한 것이기도 하다. 실제 야훼는 피조물과는 "전혀 다른"(루돌프 오토Rudolph Otto가 말한 전적인 타자ganz andere) 새롭고 대단히 인상적인 신神 관념이다. 상호 모순되는 "속성"의 공존, 일부 행동의 비합리성은 야훼가 인간의 기준에서 본 "완전한 이상"과 거리가 있다는 것을 보여준다. 그런 점에서 보면 야훼는 힌두교의 일부 신들, 예를 들어 시바나 칼리-두르가와 유사하다. 다만 그 양자 사이에는 중대한 차이가 있다. 이들 인도 신들은 도덕을 초월하여 존재하고, 그들의 존재 양식은 인간에게 범례로 작용하기 때문에 숭배자들은 주저 없이 신을 모방한다. 그에 반해 야훼는 윤리적 원리와 실천적 도덕에 최대의 중점을 두고 있으며, 십계 중 최소한 다섯 계율은 그러한 도덕에 관한 것이다.

성서의 이야기에 의하면 야훼는 유대인들이 이집트를 출발한 지 석 달이 되던 때 시나이 사막에 모습을 드러냈다. "그때 시나이 산에 연기가 자욱했는데, 이것은 야훼께서 불 가운데에서 그곳으로 내려오셨기 때문이다. 그 연기가 화로의 연기처럼 솟아오르고 온 산이 크게 진동하며 나팔 소리가 점점 더 크게 울려 퍼질 때, 모세가 말하자 하느님이 그에게 천둥소리로 대답하셨다."(「출애굽기」 19:18-19) 그후 야훼는 산 기슭에 남아 있던 이스라엘 사람들에게 나타나 십계명을 비롯하여 제의에 관한 다수의 규정을 포함하는 계약의 법을 구술하여 그들과 계약을 맺었다.(「출애굽기」 20:22-26과 24~26장)[30] 나중에 하느님은 다시 모세를 불러 대화를 나누었으며, 모세에게 "하느님께서 직접 쓰신 두 개의 돌판을 주었다."(31:18; 다른 전승은 34:1-28 참조) 멘덴홀Mendenhall은 계약의 법의 문체가 BC 2000년대의 히타이트 군주가 소아시아의 신하에게 내렸던 조약문과 흡사하다는 사실을 지적했다.[31] 그러나 두 문서 양식에 유사성이 존재하는 것은 사실이지만 그것이 결정적인 것이라고는 생각되지 않는다.

우리는 이스라엘 사람들이 황야에서 보낸 40년 동안 어떤 제의를 거행했는지에 대해서 확실하게 알지 못한다. 「출애굽기」(26~27장, 36~38장)에는 사막의 성소에 관한 자세한 기록이 실려 있다. 성소는 "회의를 위한 막사"로도 사용되었으며, 그 안에는 언약궤 또는 계약궤, 즉 율법을 기록한 돌판을 보관하는―후대의 전통에 따르면―나무 상자가 안치되어 있었다.(「신명기」 10:1-5) 이 서술이 실제 상황을 반영하고 있을 가능성은 대단히 높다. 제의용 막사나 석상을 운반하는 수레에 대한 기록은 이슬람 이전의 아랍인들에게서도 발견된다. 텍스트에서는 궤와 성막을 같이 언급하고 있지는 않지만, 아랍인들 사이에서 그랬던 것처

---

30) 이 모든 텍스트가 후대에 쓰이거나 편집되었음은 말할 필요도 없다.
31) C. E. Mendenhall, *Law and Covenant in Israel and the Ancient East*(1935). 특히 Albrihgt는 그의 *Yahveh and the Gods of Canaan*, pp. 107 sq.에서 그 가설을 받아들이고 있다.

럼 언약궤는 성막으로 덮여 있었을 것이다. 아버지의 하느님과 마찬가지로 야훼는 자신의 백성을 이끌었다. 궤는 눈에 보이지 않는 신의 존재를 상징한다. 그러나 그 안에 무엇이 들어 있었는지는 알 수 없다.

전승에 의하면 모세는 예리코에 접해 있는 모압 평야에서 죽었다. 야훼는 모세에게 가나안 땅을 보여주었다. "내가 그 땅을 너에게 보여주었지만 너는 그리로 들어가지 못할 것이다."(「신명기」 34:4, 「민수기」 27:12-14) 이러한 죽음도 모세의 전설적이고 모범적인 인물상에 어울린다. 모세라는 이름으로 알려진 인물에 관해 말할 수 있는 것은 그가 극적인 순간에 반복해서 야훼와 대면한다는 사실로 인해 걸출한 인물로 표현되고 있다는 사실이다. 모세는 계시를 매개함으로써 엑스터시의 상태로 들어가 하느님의 말을 전하는 예언자가 됨과 동시에 "주술사"가 되었다. 그는 레위 부족에 속하는 사제들의 모델이며, 특히 최고의 카리스마를 가진 지도자로, 자기가 이끌었던 한 부족 집단을 이스라엘인이라는 민족의 중심으로 발전시키는 데 성공했다.

60. 사사 시대의 종교: 혼합주의의 첫 번째 단계

모세가 이끌었던 집단이 여호수아의 지도하에 가나안에 들어갔던 BC 1200년부터 사울이 왕위에 오른 BC 1020년 사이의 시기를 사사士師Juges 시대라고 부르는 것에 대해서는 이견이 없다. 사사는 군사적 지도자이며, 조언자이며, 재판관이었다. 몇몇 위대한 승리를 거둔 후였던 이 시기에 다른 부족들도 야훼 신앙을 받아들였다. 그 이유는 전투에 야훼가 직접 개입했기 때문이다. 야훼는 "그들을 두려워하지 말아라. 내가 이미 그들을 네 손에 넘겨주었으니!"(「여호수아」 10:8)라고 하면서 여호수아에게 확신을 준다. 그리고 야훼는 하늘에서 "큰 우박"이 내리게 하여 수천 명의 적군을 죽였다.(「여호수아」 10:11) 가나안의 왕 야빈을 무찌른 후, 드보라와 바락은 하느님의 분노를 칭송하며 노래한다. "야훼시여, 주께서 세일에서 나오실 때 〔……〕 땅이 진동하고, 하늘이 흔들렸으며, 구름이 비를 쏟았습니다."(「사사기」 5:4) 결국 야훼는 가나안의 다른 신들보다 강하다는 것이 증명되었다. 그의 이름으로 수행된 전쟁은 성전聖戰이다.[32] 병사는 성별되고(qiddeš, "신성하게 되고") 의례적 순수성은 지켜져야 한다. 전리품을 가지는 것은 "금지된다." 그것들은 야훼에게 번제로 바쳐진 후 완전히 파괴되어야 한다.

그러나 새로운 생활 방식에 적응해가는 과정에서 야훼 신앙은 변화를 겪으며 전개된다. 우선 주목되는 것은 모든 유목민 사회에서 높이 평가되는 가치들에 대한 반동이다. 유목민들 사이에서 신성한 법칙으로 인정되었던 환대에 관한 원칙은 야엘의 배신행위에 의해 깨지고 만다. 즉 야엘은 전투에 패배한 후 도망치고 있던 가나안의 장수 시스라를 자신의 장막 안으로 환대하여 맞아들이고, 잠이 든 틈을 이용하여 그를 죽이고 만다.(「사사기」 4:17 이하) 모세 시절에 사용되었던 이동 성소는 폐지되었다. 그리고 제의는 성소와 성지에서 올려지게 된다.

그러나 예상한 대로 중요한 결과를 가져온 사건은 가나안 종교와의 갈등이었다. 이러한 갈등은 BC 7세기까지 계속된다. 야훼와 엘이 합

---

32) Ringgren, *op. cit.*, pp. 66~67에 요약된 G. von Rad, *Der heilige Krieg im alten Israel*(1951). "금지된", 즉 *hèrèm*이라는 용어는 "성스럽다"는 의미의 어근으로부터 파생된 것이다. Ringgren은 이 현상을 이스라엘에 전형적인 것으로 간주하지만, A. Lods와 Albright는 다른 예를 인용하면서 셈족 이외에서도 발견된다고 주장한다. Rowley, *Worship in ancient Israel*, p. 56 et note 7을 참조하라.

체된 결과, 엘의 제의에 속했던 야훼 신앙 이전의 성소들은 다른 많은 가나안의 성소들과 함께 야훼에게 바쳐진다.[33] 보다 놀라운 것은 사사 시대 동안에 야훼와 바알이 혼동되기 시작했다는 사실이다. 야훼 신앙으로 널리 알려진 집안에서조차 바알과 연관된 요소가 담긴 이름이 발견되는 경우가 있다. 유명한 기드온 역시 "바알은 싸운다"는 뜻의 여룹바알Yerubbaal이라고 불린다.(「사사기」 6:32) 이러한 사실은 바알, 즉 "주"라는 단어가 야훼를 형용하는 명칭으로 이해되었거나, 바알이 야훼와 나란히 숭배되고 있었음을 전제로 한다.[34] 애초에 바알은 "농지의 신", 풍요를 가져다주는 전문적인 신으로 이해되었음이 틀림없다. 바알에 대한 제의가 배척되고 배교背敎의 전형이 된 것은 후대에 나타나는 현상이다.

가나안의 희생 제의 체계는 대부분 야훼 신앙 속으로 흡수되었다. 희생의 가장 단순한 형태는 정화된 장소에서 여러 종류의 공물들을 바치거나, 기름 또는 물을 쏟아 붓는 것이었다. 공물은 신의 음식물로 생각되었다.(「사사기」 6:19) 이스라엘인들이 번제('olah)를 바치기 시작하고 그것을 야훼에게 바치는 봉헌물이라고 해석하기 시작한 것은 이때부터였다. 또한 이스라엘인들은 가나안 사람들로부터 농경과 관련된 수많은 관습들은 물론 심지어 오르지적인 의례들까지도 받아들인다.[35] 그러한 동화의 과정은 남녀 모두에 의한 성스러운 매춘에 대한 소문을

---

33) 이들 성소의 목록은 Fohrer, *op. cit.*, pp. 111~113을 보라. 제사의 혼합주의에 관해서는 G. W. Ahlström, *Aspects of Syncretism in Israelite Religion*, pp. 11 sq.; Rowley, *op. cit.*, pp. 58 sq.를 보라.

34) Ringgren, *op. cit.*, p. 56; Fohrer, p. 105를 참조하라.

35) Fohrer, p. 106; Ahlström, pp. 14 sq.

들을 수 있게 되는 왕정 시대의 후대에 더욱 강화된다.

　그리고 신전들 역시 가나안의 모델을 따라 만들어졌다. 신전에는 제단과 마세바massebah(돌기둥), 아셰라(가나안의 여신 아셰라를 상징하는 나무 기둥), 그리고 헌주용 항아리가 마련된다. 제구들 중에서 가장 중요한 것으로는 테라핌teraphim(조각상 또는 가면)과 에포드ephodes(원래는 조각상에 입히는 옷)가 있다. 성소는 제관으로 구성된 감시자들이 둘러싸고 있고, 가장 중요한 제관은 사제와 레위인들이었다. 그들은 희생 제물을 바치고 제비뽑기나 에포드를 이용하여 야훼의 뜻을 살핀다. 사제와 레위인 다음에 선견자들voyants(rō'êh)이 있었지만, 그들의 역할에 대해서는 알려진 것이 없다. 점술사들은 예언자들prophètes(나빔 nâbîim〔가나안 지역의 토착적인 샤먼적 예언자들. nâbî의 복수형〕)과 마찬가지로 신전에 속해 있지 않았다. 가장 유명한 예가 발람이다.(「민수기」 22~24장) 발람은 꿈속에서 또는 막 잠에서 깨어나는 순간에 야훼를 만난다. 그는 이스라엘인들을 저주하기 위해 그들을 만나야 했다. 이런 유형의 엑스터시 체험에 대한 기록은 다른 유목민 사회에서도 발견된다(예를 들어 아랍인들에게서 보이는 카힌kāhin이 그것이다).[36]

　앞에서 언급된 것보다 훨씬 더 중요한 것이 "예언자(nâbî)"의 역할이었다. 그것에 대해서는 나중에(본권 116절) 다시 서술하게 될 것이다. 여기에서는 엑스터시 체험을 하는 예언의 뿌리가 멀리 가나안 종교에까지 닿아 있다는 사실을 부언해두자.[37] 실제로 바알의 제의에는 나빔이

---

36) J. Pedersen, "The Role Played by Inspire Persons among the Israelites and the Arabs"; J. Lindblom, *Prophecy in Ancient Israel*, pp. 86 sq.

37) A. Haldar, *Association of Cult Prophets among the Ancient Semites*, pp. 91 sq. 및 참고 문헌을 참조하라.

참가했다.(「열왕기상」18:19 이하; 「열왕기하」10:19) 그러나 그것은 이집트를 제외한 고대 근동 지역에서 비교적 흔히 볼 수 있는 엑스터시 체험의 한 유형에 불과했다. 수메르인들은 "하늘로 침투하는 사람"이라는 표현을 사용했는데, 그것은 샤먼이 엑스터시 상태에서 경험하는 여행에 해당하는 어떤 것을 지시하고 있다. 마리에서 발견된 BC 18세기의 한 텍스트에서는 **아필룸**âpilum("대답하는 자"), 또는 **무훔**muhhûm과 **무후툼**muhhûtum, 즉 꿈이나 환영 속에서 신탁을 받는 남녀에 대해 말하고 있다. 이들 **아필룸**과 **무훔**은 **나빔**에 대응된다. 그들은 이스라엘의 예언자들처럼 비교적 짧은 신탁의 문구를 사용하여 왕의 행동을 비판하거나 왕에게 불리한 소식을 전하기도 한다.[38]

가나안의 정복과 식민화가 진행되었던 처음 수백 년 동안에조차도 가나안의 영향은 대단히 깊고 여러 방면에 걸쳐 나타났다는 사실을 보게 된다. 실제로 의례의 구조, 성소와 성지는 가나안의 것을 물려받았으며, 사제 계급은 가나안의 모델을 모방하여 조직되었다. 그리고 더 나아가서 사제의 우위 및 농경의례의 혼합주의에 대항하여 반발하는 예언자의 존재조차 가나안의 영향에 의해 생겨난 것이다. 그러나 예언자들은 보다 순수한 야훼 신앙을 요구한다. 어떤 관점에서 보면 그들이 옳다. 그러나 그들이 공개적으로 주장하는 야훼 신앙은 사실 그들 예언자들이 통렬히 비난했던 가나안의 종교와 문화의 가장 창조적인 요소들과의 동화를 통해 만들어진 결과물이었다.

---

38) 바빌로니아와 아시리아의 다른 예들을 인용하고 있는 Lindblom, pp. 29 sq., 85 sq.; Fohrer, pp. 225 sq.를 참조하라.

8

인도-유럽 민족의 종교. 베다의 신들

61. 인도-유럽 민족의 원역사

인도-유럽인에 속하는 여러 민족은 가공할 만한 파괴와 함께 역사 속에 등장했다. BC 2300년에서 BC 1900년 사이에 그리스, 소아시아, 그리고 메소포타미아에서 수많은 도시들이 침략당했고 불에 탔다. BC 2300년경 트로이는 물론 베이제술탄, 타르수스, 그리고 300개가 넘는 아나톨리아의 도시들과 촌락들이 같은 운명을 겪었다. 문헌 자료들에는 히타이트인, 루비인, 미타니인이라고 불리는 여러 민족들의 이름이 나타난다. 그러나 그들 이외의 침략자 집단에게서도 아리아어의 요소가 발견된다. 인도-유럽 민족의 확산은 그보다 수 세기 이전에 이미 시작되었으며, 그후 2000년에 걸쳐 계속되었다. BC 1200년 무렵 아리아인들은 인더스-갠지스 강 유역의 평원에 침입해 들어갔으며, 이란인들은 페르시아에 정착했고, 그리스와 그리스에 부속되는 여러 섬들역시 인도-유럽화되었다. 그로부터 수 세기가 흐른 후에는 인도, 이탈리아반도, 발칸반도, 카르파티아 산맥과 다뉴브 강 유역, 중부·북부·서부 유럽—비스라 강에서 발트 해 그리고 대서양에 이르는—의 인도-유럽화가 완료되거나 혹은 상당한 정도로 진척되었다. 이런 특징적인 과정—이주, 새로운 영토의 정복, 원주민의 복속, 그리고 동화—에 의한 인도-유럽화 과정은 19세기에 이르기까지 계속되었다. 이러한 언어적, 문화적 팽창은 다른 곳에서는 유사한 예를 찾아볼 수 없을 정도이다.

약 1세기 전부터 학자들은 인도-유럽인의 원주지를 확정하고, 그들의 원역사를 해독하고, 그들이 이주해온 여러 단계를 해명하기 위한 노력을 기울여왔다. 학자들은 그들의 원주지를 북부 및 중부 유럽, 러시아의 스텝 지역, 중앙아시아, 아나톨리아 등에서 찾고자 했다. 오늘날에는 카르파티아 산맥과 코카서스 지방 사이의 흑해 북부 지역이 인도-유럽인의 발상지라고 보는 데에 의견이 일치하고 있다.[1] 북해 북쪽 지역에는 BC 5000년에서 3000년 사이에 투물리(*kurgan*)라고 불리는 문화가 발달했다. BC 4000년에서 3500년 사이에 그 문화는 서쪽으로 티자[헝가리 부다페스트 부근]까지 확장되었다. 그 다음의 1000년 동안에는 **쿠르간**Kurgan 문화의 주역들은 중부 유럽, 발칸반도, 트랜스코카시아, 아나톨리아, 이란 북부까지 침투해 들어갔다(BC 3500~3000). BC 3000년대에 그들은 북부 유럽, 에게 해 연안(그리스와 아나톨리아 해안), 그리고 지중해 동부에 도달했다. 마리아 짐부타스에 따르면 투물리 문화를 건설하고 전파한 민족은 원原인도-유럽 민족들이며, 확산의 마지막 단

---

1) 몇몇 동물(늑대loup, 곰ours, 거위oie, 강물의 연어saumon de rivière, 말벌guêpe, 꿀벌abeille)과 나무(자작나무bouleau, 너도밤나무hêtre, 떡갈나무chêne, 버드나무saule)를 지칭하는 공통 어휘를 볼 때, 그 지역이 온대 지역임을 알 수 있다.

계에서는 인도-유럽 민족들이었을 것이라고 한다.

어쨌든 인도-유럽 문화의 기원이 신석기시대까지 거슬러 올라가는 것은 확실하며, 어쩌면 중석기시대까지 갈 수도 있을 것이다. 그리고 형성 단계에서 인도-유럽 문화는 근동의 여러 선진 문명들로부터 영향을 받았던 것 역시 분명하다. 전차와 금속[2]의 이용은 아나톨리아 문화(쿠로 아라삭스Kuro-Araxas 문화)에 의해 전해졌다. BC 4000년대에는 발칸-지중해 지역의 주민들에게서 차용해 온 것으로 점토 및 대리석과 석고로 만든 여신의 좌상이 나타난다.

인도-유럽 민족들이 농경을 행했으며, 가축(그리고 돼지 혹은 양)을 사육했고, 야생 혹은 가축화된 말을 알고 있었다는 사실을 그들이 사용했던 공통 어휘를 통해 알 수 있다. 인도-유럽 민족은 농산물 생산을 포기할 수는 없었지만, 점점 더 애착을 가지고 목축 경제를 발전시켜나갔다. 초원에서의 유목 생활, 가부장제적 가족 구조, 습격을 선호하는 전투 형태, 그리고 정복을 위한 군사 조직 등은 인도-유럽 민족 사회의 특징을 이룬다. 그리고 사회적 분화가 상당한 정도로 진행되어 있었다는 사실은 투물리(가옥 형태로 만들어지고 화려하게 장식된 무덤)와 그것보다 훨씬 초라한 무덤들의 대비를 통해 잘 드러난다. 아마도 투물리(*kurgan*)는 족장들의 유골 보관용으로 사용된 것이 거의 확실하다.

우리의 목적상, 인도-유럽 민족의 존재 양태—전쟁과 정복의 목적을 위해 강력하게 재조직된 유목 생활—가 어느 정도까지 특정한 종교적 가치의 출현을 촉진시키고 용이하게 만드는 데 기여했는지를 밝

---

2) "구리cuivre", "도끼hache"와 같은 단어들은 수메르어이다. 그 말들은 유럽 언어군(게르만어, 이탈리아어, 켈트어, 일리리아어, 트라키아어, 그리스어, 슬라브어 등)이 분리되기 이전에 차용된 것이다.

히는 것이 중요하다. 농경 사회의 창조물이 목축 사회의 종교적 소망과 완전하게 일치하지 않는다는 것은 분명하다. 한편 농경민의 경제 및 종교와 완전하게 독립적으로 존재하는 목축 사회는 존재하지 않는다. 오히려 이주와 정복을 통해 인도-유럽 민족은 끊임없이 정주 농경민을 복종시키고 동화시켰다. 즉 인도-유럽 민족은 그들 역사의 아주 이른 시기부터, 이질적이고 심지어 대립되는 종교적 지향과의 공생이 불러일으키는 정신적 긴장을 받아들이지 않으면 안 되었다.

62. 최초의 판테온과 공통의 종교 어휘

우리는 인도-유럽 민족에 공통적인 종교 구조의 일부를 재구성할 수 있다. 우선 우리는 종교적 어휘가 전달해주는 간결하지만 귀중한 단서들을 가지고 있다. 연구의 초기 단계에서부터 *deiwos*, 즉 "하늘"을 의미하는 인도-유럽어의 어근이 여러 언어에서 "신dieu"을 의미하는 용어(라틴어의 *deus*, 산스크리트어의 *deva*, 이란어의 *div*, 리투아니아어의 *diewas*, 고대 게르만어의 *tivar*) 및 디아우스Dyaus, 제우스Zeus, 유피테르Jupiter 등 주요 신들의 이름 속에 포함되어 있음이 확인되었다. 신의 관념은 하늘의 성스러움, 즉 빛과 "초월성(숭고함)"과 연결되어 있으며, 더 나아가서는 지고성의 관념 및 직접적인 의미에서의 창조성, 즉 우주 창조 및 부성父性의 관념과 밀접하게 연관되어 있다. 하늘(의 신)은 무엇보다도 먼저 아버지이다. 예를 들어 인도의 디아우스피타르Dyauspitar, 그리스어의 제우스 파테르Zeus Pater, 일리리아어의 다이파투레스Daipatūres, 라틴어의 유피테르Jupiter, 스키타이어의 제우스-파파이오스Zeus-Papaios, 트라키아-프리기아어의 제우스-파포스Zeus-

Pappos 등이 그것이다.[3]

하늘과 대기의 성스러운 현현은 대단히 중요한 역할을 수행하기 때문에, 몇몇 신들이 우레tonnerre를 나타내는 이름을 가지고 있는 것은 전혀 놀랍지 않다. 예를 들어 게르만어의 도나르Donar와 토르Thorr, 켈트어의 타라니스Taranis(타나로스Tanaros), 발트어의 페르쿠나스Perkūnas, 원原슬라브어의 페룬Perun 등이다. 인도-유럽 민족의 시대가 되면 이미 하늘의 신—세계의 창조자이며 우주의 지배자이기 때문에 지상신으로 여겨졌다—이 폭풍신에게 자리를 내어주었다고 추측된다. 이것은 종교사에서는 흔히 나타나는 현상이다. 마찬가지로 벼락에 의해 발생하는 불 역시 하늘에 기원을 둔 것이라고 여겨진다. 불에 대한 숭배는 인도-유럽 종교의 특징적인 요소이다. 베다 종교에서 대단히 중요한 불의 신 아그니Agni의 이름은 라틴어의 이그니스ignis, 리투아니아어의 우그니스ugnis, 고대 슬라브어의 오그니ogni에서 나타난다.[4] 마찬가지로 태양신 역시 원역사에서 중요한 지위를 차지하고 있었음을 추측할 수 있다(베다어의 수리야Sūrya, 그리스어의 헬리오스Helios, 고대 게르만어의 사우일sauil, 고대 슬라브어의 솔른체solnce 참조. 모두 태양을 가리킨다). 그러나 태양신들은 다양한 인도-유럽 민족들 사이에서, 특히 근동의 여

---

3) 그리스어의 어휘 *theos*는 동일한 계열에 포함되지 않는다. 그 말은 "영혼âme", "죽은 자의 영esprit du mort"을 가리키는 어근에서 나왔다. 리투아니아어로는 *dwesiu*("숨쉬다"), 고대 슬라브어로는 *duch*("숨쉬기"), *duša*("영혼")를 뜻한다. 따라서 *theos*, 즉 "신"이라는 단어는 죽은 영혼이 신격화된다는 생각에서 파생되어 나온 것이라고 추측할 수 있다.

4) 이란에서 불의 신의 이름은 아타르Ātar이다. 그러나 고대의 제의에서 불은 *ātar*가 아니라 **agni*라고 불렸다는 것을 알려주는 증거가 있다. Stig Wikander, *Der arische Männerbund*, pp. 77 sq.를 보라.

러 종교와의 접촉 후에 상당히 유동적인 역사를 경험했다.[5] 한편 대지 Terre(*GH'EM)는 태양에 대립되는 생명적 에너지라고 여겨지고 있었다. 그러나 대지모신에 대한 종교적 관념은 인도-유럽 민족에게 비교적 새로운 것이며, 한정된 지역에서만 발견된다.[6] 또 다른 우주적 요소인 바람은 리투아니아에서는 베조파티스Wejopatis, 즉 "바람의 주인"으로, 이란에서는 와유Vayu 그리고 인도에서는 바유Vāyu로 신격화되었다. 하지만 마지막 두 신의 경우에는 우주적 현현[신적 존재의 현현]으로서의 성격이 더 강하며, 특히 이란의 와유는 지상신의 여러 특징들을 드러낸다.

인도-유럽 민족은 독자적인 신화와 신학을 발전시켰다. 그들은 희생 제의를 행했으며, 언어와 노래(*KAN)의 주술-종교적 가치를 알고 있었다. 그들은 자신들이 주거하는 공간을 성화시키고, 정주하는 영토를 "우주화cosmiser"시키는데(이러한 신화-의례적 시나리오는 고대 인도, 로마 그리고 켈트족에게서 발견된다), 이것은 정기적으로 세계를 갱신시키는 것이다(두 그룹의 의례 참가자들 사이에 벌어지는 의례적 전투에 의해 갱신되는데, 이런 의례의 흔적이 아직도 인도와 이란에 남아 있다). 신들은 사람들과 함께 축제에 모습을 드러낸다고 여겨졌으며, 그들에게 드리는 공물은 불태워졌다. 인도-유럽 민족은 신전을 건립하지 않았으며, 제의는 아무것도 없는 하늘 아래에 정해진 성스러운 장소에서 행해졌을 가능성이 아주 높다. 또 하나 눈에 띄는 특징은 근

---

5) 더구나 태양에 의해 대표되는 신성함은 그리스-오리엔트의 종교적 혼합주의의 시절에 대담한 신학적, 철학적 재조정을 거쳤다. 따라서 태양신은 유대-기독교의 유일신이 확산되기 이전에 사라진 최후의 우주적 신현神顯théophanie이라고 할 수 있다.

6) 후대에 서양에서는 인간은 지상적 존재(GHᵉ MON)로서 천상의 존재와 대비된다. 그것에 비해 동양에서는 인간은 이성적 생물(Mᵉ NU)로서 동물과 대비된다. Devoto, *Origini indo-europee*, pp. 264 sq.를 참조하라.

동 문명과 접촉한 이후에도 문자 사용을 금지할 정도로 전통의 구전 전승을 중시했다는 것이다.

그러나 인도-유럽 민족의 최초의 이동(히타이트인, 인도-이란인, 그리스인, 이탈리아인)과 최후의 이동(게르만인, 발트-슬라브인) 사이에 끼어 있는 여러 세기의 시간을 생각해보면 금방 예상할 수 있는 것처럼, 그들의 공통 유산을 역사 시대의 어휘나 신학 및 신화 속에서 언제나 발견할 수 있는 것은 아니다. 한편으로는 이동 과정에서 발생한 다양한 문화적 접촉을 고려해야만 하며, 다른 한편으로는 새로운 정신적 창조에 의해서 생긴 것이든 아니면 차용이나 공생 혹은 소멸에 의해 생긴 것이든 변하지 않고 영원히 지속되는 종교 전통은 없다는 사실을 잊어서는 안 될 것이다.

어휘는 아마도 원역사시대부터 시작되었을 분화와 혁신의 과정을 반영한다. 가장 중요한 예는, 인도-유럽 언어에 공통되는 것으로, "성스러움"을 지칭하는 고유한 어휘가 존재하지 않는다는 사실이다. 한편 이란어, 라틴어, 그리스어에서는 "성스러움"을 의미하는 두 개의 단어가 사용된다. 즉 아베스타어의 스펜타spenta/야오즈다타yaoždātaš(고트어의 하일스hails/위흐weih도 참조), 라틴어의 사케르sacer/상투스sanctus, 그리스어의 히에로스hiéros/하기오스hagios가 그것이다. "이러한 어휘의 짝들을 하나하나 살펴보면 선사시대에는 이중적 측면을 가진 하나의 관념이 존재했다고 추측할 수 있다. '신의 현현을 담지하는' 긍정적 측면과 '인간과의 접촉을 금지하는' 부정적 측면의 구분이 그것이다."[7] 벤베니스

---

7) E. Benveniste, *Le vocabulaire des institutions indo-européennes*, II, p. 179. 종교에 관해서 "인도-유럽 민족은 그것이 보편적인 실재성을 가진 독립된 제도라는 사실을 인정하지 않았고, 따라서 그것을 호칭하는 명칭을 갖고 있지 않았다"고 말한다. (*ibid.*,

트Benveniste에 의하면 "희생 제의"를 가리키는 공통 어휘 역시 존재하지 않았다. 이러한 공통 어휘의 부재를 "갈음하여, 다양한 언어 속에 희생 제의 행위의 다양한 형태에 대응하는 지극히 여러 종류의 명칭이 존재했다. 헌주(산스크리트어의 주호티juhoti, 그리스어로는 스펜도spéndō)라든지, 말로 하는 엄숙한 선서(라틴어 우오우에오uoueo, 그리스어 에우코마이eúkhomai), 성대한 연회(라틴어 다프스daps), 연기를 피워 신에게 드리는 제의(그리스어 튀오thúō), 그리고 빛의 의례(라틴어 루스트로 lustro) 등이 그 예이다."[8] "기도"에 대해서 살펴보자면, 그 용어는 서로 다른 두 개의 어근으로 구성되어 있다.[9] 요컨대 공통되는 원역사시대부터 인도-유럽의 여러 민족들은 자신들의 종교적 전승을 끊임없이 재해석하는 경향을 보였다. 이 과정은 이동하는 동안에 강화되었다.

63. 인도-유럽 민족의 3기능 이데올로기

인도-유럽 민족의 다양한 신화를 전해주는 단편들은 중요한 자료이

---

p. 265) Georges Dumézil은 여러 차례에 걸쳐 성스러움sacré이라는 인도-유럽 언어의 어휘를 분석하였다. 가장 최근의 것으로는 *La religion romaine archaïque*(2ᵉ éd. 1974.), pp. 131~146을 보라.

8) Benveniste, *op. cit.*, p. 223. 최근 Eric Hamp는 "희생 제의"를 가리키는 공통 어휘를 재구성해 보였다. *JIES*, I, 1973, pp. 320~322를 참조하라.

9) 원히타이트-슬라브-발틱-아르메니아어(―게르만어?) 방언 그룹은 히타이트어의 *maltai*-("기도하다")와 유사한 형태의 어원을 가지고 있다는 것을 알 수 있다. 하지만 이란어, 켈트어, 그리스어는 *ghwedh*―"기도하다, 욕망하다"라는 어근에서 파생된 단어를 사용한다. Benveniste, *ibid.*, p. 245를 참조하라.

다. 분명히 이 단편적인 자료들은 서로 다른 연대에 속하는 것이며, 서로 이질적이며 가치 역시 동일하지 않은 여러 문헌들과 함께 전해지고 있다. 찬가, 의례 문헌, 서사시, 신학적 주석, 민간 전설, 연대기, 중부와 북부 유럽의 민중들이 기독교화되고 난 후에 기독교 저자들에 의해 기록된 후기의 전승들이 그것이다. 그럼에도 불구하고 이런 모든 자료들은 수많은 본래의 종교적인 관념을 간직하거나 반영하고 (때로는 왜곡하기도 하지만) 있기 때문에 소중하다. 막스 뮐러Max Müller와 그의 아류에 속하는 "비교신화학"이 그러한 자료들을 이용하여 과장된 해석을 내리거나 심지어는 오류를 범하기도 했지만, 그런 사실로 인해 우리가 그 자료들을 이용하는 것이 방해받아서는 곤란하다. 그 자료들의 문헌적 가치를 잘못 인식하지 않는다면 그것으로 충분하다. 『리그 베다Rig Veda』에 전해지는 신화는 BC 2000년대 이전에 만들어진 것일 리 없으며, 티투스 리비우스Tite-Livy에 의해 전해지는 전승들이나 아일랜드의 서사시 혹은 스노리 스투를루손Snorri Sturluson에 의해 보존된 전승들은 연대기적으로 볼 때 상당히 후기에 속하는 문헌들이다. 그러나 그러한 전승들이 모든 면에서 베다의 신화와 일치하는 점이 있다면, 특히 그러한 사실에 대한 증거가 고립된 것이 아니라 어떤 체계 속에서 진술되고 있다면, 그들 사이에 존재하는 인도-유럽적인 공통성을 부정하기는 어려울 것이다.

이것이야말로 신화의 비교 연구와 인도-유럽 종교의 연구를 완전히 쇄신한 조르주 뒤메질George Dumézil의 저작들에 의해 논증되고 있는 사실이다. 여기서 그의 논의를 요약할 필요는 없다. 다만 프랑스 학자들의 연구에 의해 인도-유럽 민족의 사회 및 이데올로기의 근본 구조가 분명해졌다는 사실을 지적하는 것으로 충분할 것이다. 사회를 세 계층—사제, 전사, 농경-목축민—으로 구분하는 것은 세 개의 기능을 구분하는 종교 이데올로기와 대응한다. 세 기능은 주술적 혹은 법률적 지배권의 기능, 전투력의 신들에 관계된 기능, 그리고 마지막으로 풍요 혹은 경제적 번영의 신들에 관계된 기능이다. 신들과 사회를 세 부분으로 나누는 관념은 인도-이란인들 사회에서 가장 잘 살펴볼 수 있다. 사실, 고대 인도에서 브라만brâhmanas(사제 계급, 희생 제의 집행자), 크샤트리아kṣatriya(전사 계급, 공동체의 수호자), 바이샤vaiśya(생산자)로 나누어지는 세 가지 사회 계층은 바루나Varuṇa와 미트라Mitra, 인드라 Indra, 나사티야Nāsatya(혹은 아슈빈Aśvins) 쌍신이라는 신들에 대응한다. 이 신들은 BC 1380년경 소아시아의 분파 인도인(미타니인)의 족장과 히타이트 왕 사이에 체결된 의정서에서 위에서 언급한 것과 동일한 순서, 즉 미트라-바루나(우루바나Uruvana의 변형), 인다라Indara, 나사티야라는 쌍의 순서 그대로 나타난다. 마찬가지로 아베스타〔조로아스터교의 경전〕역시 사제 계급(*athra.van*)과 전사 계급(전차 전투병, *rathaē-štar*), 농경민(*vāstryō.fšuyant*)을 구별한다. 그러나 이란에서는 이러한 사회적 구분이 카스트제도처럼 고정되지 않았다는 차이점이 있다. 헤로도토스의 『역사』(IV, 5~6)에 따르면 이란계의 스키타이인 역시 세 계급의 구별에 대해 알고 있었고, 그 전통은 스키타이인의 직계 자손인 코카서스의 오세트인 사이에서 19세기까지 유지되었다.

켈트인은 사회를 드루이드(사제, 법률가), 군사 귀족(플라이트flaith, "힘"을 의미하며, 산스크리트어의 크샤트라kṣatrā에 대응), 소(*bó*)를 소유하는 자유민(*airig*)이라는 의미를 가진 보 아이리그bo airig로 구분했다. 뒤메질에 의하면 이것과 유사한 사회적 구분을 로마의 건국에 관한 상당히 역사화된 신화 전승 속에서도 발견할 수 있다고 한다. 유피테르가 보호하는 왕 로물루스, 전술 전문가인 에트루리아인 루쿠몬Lucumon, 여성과 부를 가져다주는 타티우스와 사비니인들이 그것이다. 카피톨리움 언

덕의 삼위신triade—유피테르, 마르스Mars, 퀴리누스Quirinus—은 어떤
의미에서 로마 사회의 신적, 천상적 모델이라고 할 수 있는 구조를 가지
고 있다. 마지막으로 그들과 유사한 삼위신이 스칸디나비아의 종교와
신화를 지배하는데, 그들은 최고신 오딘Othin, 전사신 토르Thorr, 풍요
의 수호자 프레이르Freyr이다.

제1기능이 둘로 분화되거나, 혹은 상보적인 두 영역—주술적 주권
과 법률적 주권—으로 나누어지는 경향은 바루나와 미트라라는 쌍에
의해 분명하게 드러난다. 실제로 고대 인도인들에게 미트라는 "이성적
이고, 분명하고, 규칙적이며, 온화하고, 선하고, 사제적인" 특징을 가
진 지상신이었던 반면, 바루나는 "공격적이고, 어둡고, 영감으로 가득
차 있고, 거칠고, 폭력적이며, 무서운 전사로서의" 특징[10]을 가진 지상
신으로 알려져 있었다. 이와 동일한 대립적 이미지는 특히 로마에서
그대로 발견된다. 그것은 한편으로는 루페르키Luperque—나체로 시내
를 뛰어다니며 풍요로움을 선사한답시고 산양의 가죽으로 싼 몽둥이
로 통행인들을 두들겨 패는 젊은이들—와 사제들, 특히 플라멘flamine
의 대비에서 드러난다. 그것은 다른 한편으로는 로마의 최초의 두 왕
의 서로 다른 구조와 행위의 대립을 통해서도 나타난다. 즉 로물루스
는 무서운 유피테르를 위한 두 가지 제의를 제정하고, **피데스 푸블리카**
Fides Publica의 신전을 건립하며, 성실을 보증하고 맹세를 기록하는 이
여신에 대한 절대적인 헌신을 약속한다. 로물루스와 누마의 대비는 원
리적으로는 루페르키와 플라멘의 대비를 포괄하며, 한편으로는 모든
점에서 바루나와 미트라의 양극성에 대응된다.

인도인과 로마인의 지상신에게서 보이는 두 가지 특징을 분석하면

---

10) Georges Dumézil, *Mitra-Varuna*(2ᵉ éd., 1948), p. 85.

서 조르주 뒤메질은 양자의 차이점을 적절하게 강조하고 있다. 로마에 서와 마찬가지로 베다 시대의 인도에서는 인도-유럽적인 특징을 발견할 수 있지만, 그 둘의 "이념적 지평"은 동일하지 않다. "로마인이 역사적으로 생각하는 것에 비해 인도인은 우화적으로 생각한다. 로마인은 국가적 관점에서 사유하고 인도인은 우주적인 관점에서 사유한다." 로마인의 경험적, 상대주의적, 정치적, 법률적인 사유는 인도인의 철학적, 절대적, 도그마적, 도덕적이며 신비적인 사유와 대조된다.[11] 이와 유사한 "이념적 지평"의 차이는 다른 인도-유럽 민족들 사이에서도 찾아볼 수 있다. 앞에서도 말한 것처럼 우리가 이용하고 있는 문헌들은 역사적으로 아리아 계통의 언어를 말하는 민족들 특유의 표현으로 구성되어 있다. 요컨대 우리는 인도-유럽적인 관념의 일반적인 구조만을 이해할 수 있을 뿐이며, 원래 공동체의 종교사상이나 실천을 이해할 수 있는 것은 아니다. 그러나 이러한 구조는 우리에게 인도-유럽 민족에게서 특유하게 나타나는 종교적 경험과 사유가 어떠한 유형에 속하는지를 가르쳐준다. 더 나아가 그것은 인도-유럽 계통의 언어를 말하는 여러 민족의 특유한 창조성을 평가할 수 있도록 우리를 이끌어준다.

누구나 예상할 수 있는 것처럼, 가장 광범위한 형태적인 다양화는 세 번째 기능의 차원에서 발견된다. 왜냐하면 부유함이나 평화, 혹은 풍요와 관련된 종교적 표현은 각 민족 집단의 지리, 경제 그리고 역사적 상황과 필연적인 연관성을 가지고 있기 때문이다. 육체적인 힘, 특히 전투에서의 무력의 사용을 의미하는 두 번째 기능에 대해서 조르주 뒤메질은 인도(이미 인도-유럽화되었다)와 로마 그리고 게르만 세계 사이에 존재하는 몇 가지 상응 관계를 밝혀냈다. 따라서 입문 의례의

---

11) Georges Dumézil, *Servius et la Fortune*, pp. 190~192.

시련은 무엇보다도 젊은 전사가 맞서 싸우는 세 사람의 적수 혹은 세 개의 머리를 가진 괴물(모형으로 만들어진?)과의 전투라는 의례적 시나리오를 통해 가장 잘 드러난다. 사실상 그와 유사한 시나리오는 아일랜드의 영웅 쿠후린Cuchulainn이 세 형제에게 대항해 싸워서 승리한다는 이야기, 호라티우스가 쿠리아티우스 3형제와 전투를 벌이는 이야기, 그리고 인드라 및 이란의 영웅 트라에타오나Thraētaona가 각각 머리가 셋 달린 괴물을 살해한다는 신화 가운데서 읽어낼 수가 있다. 쿠후린과 호라티우스의 승리로 인한 "열광fureur"(라틴어로 *furor*, 켈트어로 *ferg*)은 사회에 위험한 것이기 때문에, 그것을 의례적으로 진정시키지exorcisée 않으면 안 된다. 게다가 인드라가 범한 "세 건의 죄"라고 하는 신화적 주제는 스칸디나비아에서는 영웅 스타르카테루스Starcatherus의 무훈 신화에서, 그리고 그리스에서는 헤라클레스Héraclès 신화에서 상응하는 주제를 발견할 수 있다.[12] 이러한 신화-의례적인 주제는 인도-유럽의 여러 민족이 함께 살던 시대에 만들어졌던 전사들에 대한 신화나 전투 기법을 그대로 전하는 것이 아닐 것이다. 그러나 이러한 주제가 민족 확산의 양 극단이라고 할 수 있는 인도와 아일랜드에서 보존되어왔다는 것을 확인하는 것은 중요하다.

우리가 판단할 수 있는 한, 3기능 이데올로기는 일관되면서도 유연한 체계를 가지고 있으며, 다양한 신의 존재 형태, 종교적 관념과 실천에 의해 여러 가지 방식으로 보완되어왔다. 우리는 앞으로 유럽 민족

---

12) 이 세 가지 죄악은 각각 종교적 질서, 전사의 이상, 풍요성의 영역에 위치한 세 기능과 연관되어 저질러진 것으로서, 3기능 체계의 가설을 입증시켜주는 역할을 한다. 또한 헤라클레스의 신화 안에서 인도-유럽 민족에 공통되는 모티프가 발견된다는 사실을 덧붙이자. 왜냐하면 그리스에서는 에게 문화와의 공생의 결과, 아주 이른 시기부터 3기능 이데올로기가 분해되어버렸기 때문이다.

의 여러 종교를 개별적으로 연구해가면서 점차 그것의 다양한 형태나 중요성을 평가할 수 있는 기회를 가지게 될 것이다. 3기능 이데올로기는 인도-유럽 민족이 분리되기 이전에 이미 충분히 다듬어져 있었지만, 여전히 오래된 종교적 관념들, 예를 들어 하늘의 신, 창조신, 지상신, 아버지 신 등과 같은 다양한 형태로 분화되고 근본적으로 재해석되었다고 믿을 만한 이유는 충분하다. 『리그베다』에 흔적이 보이는, 바루나의 디아우스피타르의 추방은 아주 먼 과거에 시작된 분화와 재해석의 과정을 반영하고 있거나 계속하는 것으로 생각된다.

64. 인도의 아리아인

인도-이란 부족은 분리되기 이전, 그들 스스로를 "고귀한 (사람)"이라는 의미를 가진 단어로, 즉 아베스타어로는 아이르야airya, 산스크리트어로는 아리야ârya라고 불렀다. 아리아인들은 BC 2000년대가 시작될 무렵 인도의 북서부로 침입을 개시했다. 그로부터 4, 5세기 후에 그들은 "일곱 강(sapta sindhavah)",[13] 즉 인더스 강 상류 지역의 펀자브 지방을 점령했다. 앞에서도 본 것처럼(본권 39절) 이 침략자들은 하랍파 문명의 몇몇 도시들을 공격하고 파괴했을 것이다. 베다의 여러 텍스트들은 다사dāsa 혹은 다스유dasyu와의 전투를 회상하고 있는데, 그들은 인더스 문명의 계승자 혹은 잔존자들이었을 것이라고 추정된다. 그들은 피부색이 검고, "코가 없고", 야만적인 언어를 사용하며, 남근 숭배(śiśna deva) 의식을 실천하고 있었다고 전해진다. 그들은 가축을 많이

13) 이 이름은 Haptahindu라는 명칭으로 아베스타에도 알려져 있다.

사유했으며, 방어벽을 가진 집단 거주지(*pur*)에 살고 있었다. 인드라 신—**푸란다라**purandara, 즉 "방어벽의 파괴자"라고 불린다—은 이러한 "성채"를 공격하여 수백 개 이상을 파괴시켰다고 전해진다. 그러한 전투의 기억이 대단히 신화화되어 있는 것으로 볼 때, 전투는 찬가가 성립되기 이전에 발생한 것 같다. 『리그베다』는 또 다른 적대적 주민이었던 **파니**Pani에 대해서도 언급하는데, 그들은 수소를 도둑질하고 베다의 제의를 거부했다. 라비 강 유역의 하리유피야는 아마도 하랍파와 같은 도시일 것이다. 게다가 베다의 여러 텍스트들은 "여자 주술사"가 살고 있는 폐허(*arma, armaca*)에 대해서도 암시한다. 그것은 아마도 아리아인이 폐허가 된 촌락을 그곳에 사는 원주민들과 연관시키고 있음을 보여주는 증거라고 생각된다.[14]

그럼에도 불구하고 원주민과의 공존은 상당히 이른 시기부터 진행되었다. 『리그베다』의 여러 후기 문서에서는 다사라는 단어가 "노예"라는 의미로 사용되고 있는데, 그 표현은 정복된 다사들의 운명, 즉 원주민들이 거의 아리아 사회에 통합되고 있었음을 보여주는 것이다. 예를 들어 브라만 귀족을 보호한 어느 우두머리 다사가 칭찬을 받는 장면이 나온다.(*RV*, VIII, 46, 32) 원주민과의 결혼은 언어 속에 그 흔적을 남기고 있다. 베다의 산스크리트어는 다른 어떤 인도-유럽 민족의 방언에서도 볼 수 없는, 심지어 이란어에서도 보이지 않는 일련의 음소, 특히 반설음을 가지고 있다. 이 반설음은 정복자의 언어를 배우려고 했던 원주민의 발음을 반영하고 있는 것이 거의 확실하다. 마찬가지로 베다

---

14) B. et R. Allchin, *The Birth of Indian Civilization*, p. 155. 지상의 적을 "악마", "유령", "마술사"로 변형시키는 것은 흔히 보이는 현상이다. Eliade, *Le mythe de l'éternel retour*, pp. 51 sq.를 보라.

의 어휘는 대단히 많은 비아리아 계통의 단어를 포함하고 있다. 그뿐만 아니라 어떤 신화들은 토착적인 기원을 가지고 있다.[15] 아주 이른 시기부터 발견되는 이러한 인종적, 문화적, 종교적 공존의 과정은 아리아인이 갠지스 강 유역의 평원에 진출해감에 따라 더욱 확대된다.

베다 시대의 인도인은 농사를 짓긴 했지만, 그들의 경제는 무엇보다도 목축이었다. 가축은 화폐의 역할을 했다. 사람들은 동물의 젖이나 유제품을 소비하고, 또 소고기를 섭취했다. 말은 대단히 귀중한 가축으로 전쟁이나 약탈, 왕권 의식에 한정해서만 사용되었다.(본권 73절 참조) 아리아인은 도시를 건설하지 않았고, 문자를 알지 못했다. 이러한 물질문화의 단순함에도 불구하고 목수와 청동 야금술사는 상당히 높은 권위를 가지고 있었다.[16] 철은 1050년 무렵에 와서야 처음으로 사용되기 시작한다.

부족은 군사 지도자인 **라자**rājā에 의해 통솔되었다. 이들 소군주의 권력은 대중 의회(*sabhâ, samiti*)에 의해 균형을 유지하고 있었다. 베다 시대가 끝날 무렵에 네 계급으로 이루어진 사회조직이 완성된다. 사회 계급을 가리키는 명칭인 **바르나**varna는 "색"을 뜻하며, 인도 사회의 근간을 이루는 인종적 다양성을 보여준다.

찬가는 베다 시대의 생활상의 일부만을 보여줄 뿐이다. 그 표현 역시 대단히 간략하다. 아리아인은 음악과 춤을 즐겼다. 그들은 플루트와 류트, 그리고 하프를 연주했다. 또 그들은 **소마**soma와 **수라**surâ라고 하는 알콜 음료를 즐겨 마셨는데, **수라**는 종교적 의미를 가지고 있지

---

15) Eliade, *Le yoga*, pp. 348 sq., 409 sq.를 보라.

16) 물론 이러한 물질문화에 대한 서술은 도구의 주술-종교적인 가치 및 각각의 신화의 "대응되는 세계"에 의해 보완되어야 한다.(본권 9절)

않았다. 주사위 놀이는 『리그베다』의 찬가 하나(X. 34)에서 온전히 다루어질 정도로 인기 있는 오락이었다. 다수의 찬가는 여러 아리아 부족들 간의 갈등에 대해 넌지시 언급하고 있다. 가장 유명한 것은 수다스 왕이 인솔하는 바라타 부족이 10개 부족으로 이루어진 연합군을 쳐부수었다는 이야기이다. 그러나 『리그베다』에 전해지는 역사적 사실은 상당히 빈약하다. 베다 안에 등장하는 부족―예를 들면 바라타 부족―의 이름은 후대의 문학작품에도 다시 나타난다. 베다 시대로부터 적어도 5~6세기 후에 성립된 『마하바라타Mahâbhârata』는 쿠루족과 그의 사촌들이었던 판다바족 사이에 벌어졌던 대규모 전쟁에 관한 이야기이다. 푸라나 문헌들Purânas에 보존되어 있는 전승에 따르면 이 전쟁은 BC 1400년경에 인도 아대륙의 중앙부인 마디아데샤에서 일어난 것이라고 추측되는데, 이를 통해 우리는 아리아인이 갠지스 강을 넘어 진출하고 있었던 것을 알 수 있다. 위대한 신학적 저작인 『샤타파타 브라흐마나Satapatha Brahmâna』가 편찬된 BC 1000년부터 800년 사이에 코샬라 지방과 비데하 지방은 아리아화되어 있었다. 그 점에 대해서 『라마야나Râmâyana』는 아리아인의 영향력이 남방까지 확대되어 있었던 것을 보여준다.

아리아인을 적대시하는 사람들이 신화화되어 "악마" 혹은 "마술사"로 변형된 것처럼, 영토의 정복 과정에서 벌어졌던 전투들도 변형되었는데, 보다 정확하게 말하자면 인드라가 브리트라Vṛtra 혹은 다른 "악마적" 존재에 대해 벌이는 전투와 동일시되었다. 이러한 범례적 전투에 부여된 우주론적 의미에 대해서는 나중에 다시 논의할 것이다.(본권 68절) 우선 여기서는 아그니에게 봉헌되는 제단(gârhapatya)을 건립함으로써 새로운 영토의 점령이 정당화되었다는 것을 지적하고자 한다.[17] "사람들은 가르하파티야gârhapatya를 만들었을 때 정착했다(avasiyati)고 말하고, 불의 제단을 건립하는 자는 누구나 자리를 잡았다고 말한다."
(*Śatapatha Brahmana*, VII, 1, 1, 1~4) 그러나 아그니에게 봉헌되는 제단을
건립하는 것은 세계 창조를 의례적으로 모방하는 행위나 다름없다. 다
시 말해 점거된 토지는 처음의 "혼돈chaos"으로부터 "질서cosmos"로 전
환된다. 의례의 힘을 통해 하나의 "형태"를 부여받고, **실재하는 것이 되
는 것이다.**

잠시 후에 보겠지만 베다의 판테온은 남신에 의해 지배되고 있다. 이
름이 알려진 여신도 몇몇 눈에 띄지만, 그다지 중요한 역할을 하고 있지
는 않다. 그 여신들은 신들의 어머니이자 수수께끼로 가득한 여신 아디
티Aditi, 새벽노을의 여신 우샤스Uśas, 아름다운 찬가(*RV*, X, 127)가 바쳐
진 밤의 여신 라트리Râtri이다. 베다에서 여신이 그다지 중요한 존재가
아니었던 만큼, 나중에 힌두교에서 대여신이 차지하는 지배적인 지위
는 한층 더 의미심장한 것이 된다. 확실히 힌두교의 여신은 브라만교의
영역 바깥에 존재했던 종교성의 승리를 보여주는 것이며, 동시에 인도
정신의 창조적인 힘을 보여주고 있다. 우리는 베다의 여러 텍스트가 군
사 귀족을 위해 봉사했던 엘리트 성직자의 종교 체계를 보여주는 것이
라는 사실을 분명히 고려해야 한다. 사회를 구성하던 다른 구성원들—
바이샤나 수드라 계층에 속하는 대다수의 사람들—은 2000년이라는 시
간이 흐른 후에 힌두교에 등장하는 것과 유사한 관념과 신앙을 가지고
있었던 것 같다.[18] 찬가는 물론 베다의 종교 전체를 반영하고 있지는
않다. 무엇보다도 찬가는 건강, 장수, 다수의 자녀, 많은 가축, 부 등 지

---

17) A. K. Coomaraswamy, *The Rigveda as Land-náma-bok*, p. 16; M. Eliade, *Le mythe
de l'éternel retour*, p. 22를 참조하라.
18) Louis Renou, *Religions of Ancient India*, p. 6을 참조하라.

상의 행복에 마음을 빼앗겼던 청중들을 위해 창작된 것이다.[19] 따라서 나중에 일반적인 것이 되는 몇 가지 종교적 관념이 베다 시대에 이미 명확한 모습을 갖추고 있었다고 생각하는 것은 타당하다.

앞에서 지적한 인도 정신의 창조적 힘은 인도의 아리아화, 그리고 특히 나중에 힌두교화로 이어지는 공존과 동화, 그리고 재평가의 과정에서 나타난다. 왜냐하면 수천 년에 걸쳐 이루어진 이 과정은 베다의 "계시"(śruti)에 근거하여 브라만들이 정교하게 만든 종교 체계와의 대화를 통해 실현되는 것이기 때문이다. 요컨대 인도의 종교적, 문화적 통일성은 베다 시대의 시인, 철학자, 그리고 의례 전문가들의 영향하에 실현되었던, 장기간에 걸친 종합의 결과인 것이다.

65. 바루나, 원초적 신: 데바와 아수라

찬가는 베다 종교의 가장 오래된 형태를 보여주고 있지는 않다. 인도-유럽 민족의 천신인 디아우스는 이미 제의에서 모습을 보이지 않는다. 그의 이름은 이제 "하늘", 혹은 "날[日]"을 의미하는 데 지나지 않는다. 하늘의 **신성성**을 의인화하여 표현하던 단어가 마침내 단순한 **자연현상**을 가리키는 말이 된 것이다. 그것은 천신들의 역사에서 비교적 빈번하게 발생하는 과정으로, 그는 다른 신들의 영향력이 확대되어

---

19) 이것은 호메로스 시대의 그리스의 종교 상황을 연상시킨다. 군사 엘리트층에게 바쳐진 [호메로스의] 시들은 우주적 풍요성과 영혼의 사후 존속의 신비, 나아가 그들의 배우자들 혹은 그들의 백성들의 종교적 활동을 지배하고 있던 신비들에 대해서는 거의 혹은 전혀 관심을 기울이지 않는다.

감에 따라 그림자가 옅어지고, 디이 오티오시dii otiosi[deus otiosus의 복수형]로 밀려난다. 천신은 지상신으로 숭배되는 한에 있어서만 그의 원초적 위광을 보존할 수 있는 것이다.[20] 그렇지만 베다의 시인들은 "모든 것을 아는 하늘"(Atharva Veda, I, 32, 4)을 회상하고, "하느님 아버지Ciel Père", 즉 디아우스피타르에게 기도를 올리고 있다.(ibid., VI, 4, 3) 특히 디아우스는 원초적 쌍인 디아바프리티비Dyâvâprithivî, 즉 "하늘과 땅"의 형태로 모습을 드러내고 있다.(RV, I, 160)

아주 이른 시기에 디아우스의 지위는 최고의 지상신인 바루나에 의해 대체되었다. 그가 어떤 과정을 거쳐 세계의 왕인 **삼라즈**samraj(RV, VII, 82, 2)의 지위에 오르게 되었는지에 대해서는 잘 알려져 있지 않다. 바루나는 특히 **아수라**asura라는 이름으로 불리는데, 그 이름은 다른 곳에서는 아그니(AV, I, 10, 1 등)에 대한 명칭으로 사용된다. 한편 **아수라**들은 가장 오래된 신들의 일족을 구성하고 있다.(AV, VI, 100, 3) 베다의 여러 텍스트는 신들(devas)과 **아수라**들이 대립하여 싸움을 벌였던 사실을 암시적으로 말하고 있다. 그 싸움은 베다 이후 시대에 희생 제의의 깊은 비밀[奧義]을 밝히는 저작인 『브라흐마나』문서들 안에서 논의될 것이다. 실제로 신들의 승리는 인드라의 요청을 받은 아그니가 제물을 가지고 오지 않은 **아수라**들을 버리는 순간 정해졌다.(RV, X, 124; V, 5) 얼마 후 데바들devas은 희생의 언어(Vâc)를 **아수라**들에게서 빼앗았다. 그때부터 인드라는 바루나를 자기의 왕국으로 초대했다.(RV, V, 5) 데바들이 아수라에게 거둔 승리는 인드라가 다스유들에게 거둔 승리와 동일시되었는데, 다스유들 역시 결국에는 가장 깊은 암흑 속에 내던져진다.(AV, VII, 99, 4)

이 신화적 전투는 인드라가 이끄는 "젊은 신들"과 일군의 원초적 신

20) Eliade, *Traité d'Histoire des Religions*, pp. 68 sq.를 참조하라.

들 사이의 전투를 반영하고 있다. 아수라는 최고의 힘을 가진 "주술사"라고 이야기되고(*AV*, III, 9, 4; VI, 72, 1), 수드라와 동일시된다는 사실이 그가 아리아인 이전의 토착민의 신을 대표한다는 것을 의미하는 것은 아니다. 베다에서 아수라라는 명칭은 어느 신에게나, 심지어 디아우스와 인드라(*AV*, VI, 83, 3에서는 인드라를 "아수라들의 군주"라고 부른다)에 대해서도 사용될 수 있는 수식 어구였다. 다시 말해 아수라라는 단어는 원초적인 상황에 속했던, 특히 세계가 현재 상태로 조직되기 이전부터 존재했던 특별히 신성한 힘을 표현하는 데 사용되었다. "젊은 신들"인 데바들은 의심의 여지없이 이 성스러운 힘을 자기의 것으로 만드는 데 성공했다. 그렇기 때문에 그들은 아수라라고 하는 수식 어구를 공유할 수 있었던 것이다.

"아수라의 시대"는 데바들에 의해 지배되는 현재의 시대에 앞선다는 사실을 강조할 필요가 있다. 원초적이고 전통적인 수많은 종교들에서 그런 것처럼, 인도에서는 원초적 시대부터 현재에 이르기까지의 과정이 우주 창조론의 언어로 설명된다. 즉 혼돈의 "상태"로부터 질서 잡힌 세계인 우주로의 이행이 그것이다. 우리는 나중에 원초적인 용 브리트라에 대항하는 인드라의 신화적 전투 이야기에서 이러한 우주 창조적 배경을 발견할 수 있을 것이다.(본권 68절) 하지만 바루나는 원초적 신격인 아수라의 전형으로서 브리트라와 동일시되고 있다. 이러한 동일시는 신의 이위일체성bi-unité divine의 신비에 대한 일련의 비의적 사변을 가능하게 했다.

66. 바루나: 세계의 왕이자 "주술사", "리타"와 "마야"

베다의 여러 텍스트는 바루나를 지상신으로 묘사한다. 그는 세계, 신들(*devas*), 그리고 인간들을 지배한다. 그는 "도살꾼이 가죽을 벗기는 것처럼 땅을 벗겨낸다. 땅이 태양을 위한 양탄자가 되도록." 또 그는 "우유를 암소 안에, 사려를 마음 안에, 불을 물 안에, 태양을 하늘에, 소마를 산 위에" 두었다.(*RV*, V, 85, 1~2) 우주의 지배자로서 바루나는 하늘의 신으로서의 몇 가지 속성을 가지고 있다. 그는 비슈바다르샤타*viśvadarśata*, 즉 "어디에서든 보이는 자"(*RV*, VIII, 41, 3)이며, 모든 것을 아는 자(*AV*, IV, 16, 2~7), 오류를 범하지 않는 자(*RV*, IV, 16, 2~7)이다. 그는 "1000개의 눈을 가지고"(*RV*, VII, 34, 10) 있는데, 그 표현은 별을 묘사하는 신화적 정형구에 속한다. 그는 모든 것을 "보고" 있기 때문에 어떤 죄도 그에게 숨길 수 없다. 그리고 인간은 그의 앞에서는 스스로 "노예가 되는 것 같은" 느낌을 갖게 된다.(*RV*, I, 25, 1) "무서운 절대자", 참된 "결박의 주인"인 바루나는 아무리 멀리 떨어져 있는 죄인이라도 묶어버리는 마법의 힘을 가지고 있으며, 동시에 그들을 해방하는 힘도 가지고 있다. 수많은 찬가와 의례가 인간을 이 "바루나의 결박"으로부터 지켜주며 해방시키는 것을 목적으로 삼고 있다.[21] 그는 그물을 손에 쥐고 있는 모습으로 표현되며, 의례에서는 포괄적으로 "바루나의 것varunein"이라고 말해지는 다양한 묶기 방식이 연출된다.

이러한 눈부신 권위에도 불구하고 바루나는 베다 시대에 이미 쇠퇴의 길을 걸었다. 예를 들어 그는 인드라와 같은 인기를 누린 적이 한 번

---

21) M. Eliade, *Images et symboles*, pp. 124 sq. H. Petersson은 바루나의 이름을 인도-유럽어의 *uer*, 즉 "묶다"라는 어근을 통해 설명한다.

도 없었다. 하지만 그는 특별한 미래를 가지게 되는 두 개의 종교적 관념, 리타rta 및 마야mâyâ와 연관되어 있다. "적응하다"라는 동사의 과거 분사형 단어인 리타는 세계의 질서, 즉 우주적인 동시에 전례적liturgique 이며 도덕적인 질서를 의미한다.[22] 리타에 봉헌된 찬가는 없지만, 그 말 자체는 자주 사용된다(『리그베다』에 300차례 이상 등장한다). 사람들은 세계의 창조가 리타에 따른 결과라고 선언하며, 신들은 리타에 따라 행동하며, 리타는 도덕적 행위는 물론 우주적 리듬을 지배하는 원리라고 반복한다. 이 원리는 의례를 지배하기도 한다. "리타의 성좌"는 가장 높은 하늘 위에, 혹은 불의 제단 안에 위치한다.

바루나는 리타의 "집"에서 성장했으며, 그는 리타를 사랑하며 리타를 위해 증인이 된다고 선포된다. 그는 "리타의 왕"이라고 불린다. 진리와 동일시되는 이 보편적 규범은 "바루나 안에서" "확립되었다"고 한다. 법을 위반하는 자는 바루나 앞에서 책임을 지며, 죄와 과오, 또는 무지에 의해 위험에 처하게 되는 질서를 회복하는 것은 언제나 바루나이며, 오직 바루나뿐이다. 죄인은 희생 제의(제의는 바루나에 의해 규정된다)를 통해 죄의 용서를 구한다. 그것은 신-우주 지배자로서의 바루나의 구조를 분명하게 보여준다. 시간이 흐르면서 바루나는 데우스 오티오수스가 되었으며, 주로 의례 전문가의 학문적 지식과 종교적 민간전승 속에서만 살아남게 된다. 그런 현상에도 불구하고 바루나는 보편적 질서의 관념과 연관됨으로써 인도 정신성의 역사 속에서 중요한 지위

22) "이 개념 및 그것과 거의 같은 어휘가 메소포타미아와 시리아의 분파 인도인들에게서, 그리고 모든 이란인들에게서 중요한 지위를 차지하고 있다는 사실로 볼 때, 그 개념은 이미 인도인의 인도-이란적 사유 및 설명 체계의 기반을 형성하고 있었다는 것을 확인할 수 있다."(Georges Dumézil, "Ordre, fantaisie, changement", p. 140)

를 차지하게 되었다.[23)]

한편 리타의 수호자가 마야와 밀접한 관련을 가진다는 것은 언뜻 보기에 역설적으로 보인다. 하지만 바루나의 우주적 창조성이 "주술적" 측면을 가지고 있다는 사실을 고려한다면 이러한 연관은 이해될 수 있다. 마야mâyâ라는 단어는 "변하다"는 뜻의 어근 mây에서 파생되었다는 것이 정설로 되어 있다. 『리그베다』에서 마야는 "선한 구조의 파괴적 혹은 부정적 방향으로의 변화, 악마적이고 기만적인 변화, 그리고 변환의 변환"을 의미한다.[24)] 다시 말해 악한 마야와 선한 마야가 존재한다. 악한 마야의 경우에는 "책략"이나 "주술"이 개입한다. 그 주술은 주로 악마적인 유형의 변화를 가져오는 주술로, 그것은 브리트라 용이 사용하는 주술과 유사한데, 브리트라는 마인mâyin, 즉 주술사, 트릭스터 trickster이다. 그러한 마야는 예를 들어 태양의 정상적 운행 혹은 물의 흐름을 방해하는 식으로 우주의 질서를 변화시킨다. 선한 마야는 두 종류로 나누어진다. (1) 전투의 마야로, 인드라가 악마적 존재와 대항하여 싸울 때 사용하는 "대항 마야contre-mâyâ"이다.[25)] (2) 지상신, 특히 바루나의 특권인 형상과 존재를 창조하는 마야이다. 이 우주론적 마야는 리타와 같은 것으로 생각해도 좋을 것이다. 실제로 밤과 낮의 교체

---

23) 고전기 언어에서 리타ṛta라는 말은 다르마dharma[법]라는 말로 대체된다. 나중에 그 말의 위대한 운명에 대해서 다시 살펴볼 것이다. 『리그베다』 속에서 dhāman 과 dhārman은 각각 96회, 54회 언급된다.

24) Dumézil, "ordre, fantasie, changement", pp. 142 sq. 및 참고 문헌을 참조하라.

25) "그는 마야mâyâ를 이용하여 마인mâyin을 물리쳤다." 이러한 주제는 여러 텍스트에 보이는 주제 선율이다."(Bergaigne, La religion védique, III, p. 82) 인드라가 사용하는 "주술" 가운데 가장 먼저 언급되는 것은 변신의 능력이다. Eliade, Images et Symboles, pp. 131 sq.; Dumézil, "ordre, fantasie, changement", pp. 143~144를 참조하라.

및 태양의 운행, 강우, 그리고 리타의 존재를 예상하게 만드는 자연현상들이 모두 창조적 마야의 결과라고 여러 구절에 나온다.

따라서 고전기 베단타Vedânta보다 약 1500년 전에 등장한 『리그베다』에서 벌써 마야의 첫 번째 의미인 "의도적 변화", 즉 변환—창조 혹은 파괴—, "변환 속의 변환"이 강조되고 있는 것이다. 여기서 우리는 마야의 철학적 개념—우주적 환상illusion cosmique, 비실재성, 비존재—은 "변화", 우주적 질서의 변환, 결국 주술적 혹은 악마적 변형의 관념과 스스로의 마야를 사용하여 우주의 질서를 회복하는 바루나의 창조적 힘이라는 관념에 뿌리를 두고 있다는 사실을 염두에 두어야 할 것이다. 그리고 나서야 비로소 우리는 왜 마야가 우주적 환상이라는 의미를 가지게 되었는지를 이해할 수 있게 된다. 즉 그것은 처음부터 애매한 개념으로, 우주적 질서의 악마적 변환이라는 의미뿐 아니라 신의 창조성이라는 이중적 의미를 가지고 있었기 때문이다. 나중에 베단타 철학에서는 우주 그 자체가 환상적(실체가 없는) "변형transformation", 바꾸어 말하자면 실재성을 결여한 변화의 체계라고 이해하게 된다.

바루나로 돌아가서, 그의 존재 양식—무서운 절대자, 주술사, 결박의 주인—과 브리트라 용 사이에는 놀랄 만한 유사성이 발견된다는 것을 분명히 밝혀두자. 이름 사이의 어원적인 친연성을 어떻게 생각하든지 간에,[26] 양자는 모두 원초적인 물, 특히 "가둬둔 물"("위대한 바루나는 바다를 숨겼다……", RV, IX, 73, 3)과 관계가 있다는 사실을 지적하는 것이 적절할 것이다. 밤(드러나지 않은 것),[27] 물(잠재적인

---

26) Eliade, *Images et Symboles*, pp. 128 sq.를 참조하라.
27) 『리그베다』의 몇몇 구절(I, 164, 38)은 바루나에게서 드러나지 않음, 잠재되어 있음, 영원함을 본다.

것, 씨앗), "초월성"과 "무위"(지상신의 특징)는 한편으로는 모든 종류
의 "연결[結縛]"과, 다른 한편으로는 브리트라 용과 신화적인 동시에
형이상학적으로 연결되어 있다. 앞으로 살펴보겠지만 브리트라 용은
원초적인 물을 "가두고", "정지시키고", 혹은 "결박하고" 있다.

　더 나아가 바루나는 아히Ahi 뱀 및 브리트라와 동일시되고 있다.[28]
『아타르바베다Atharva Veda』(XII, 3, 57)에서 그는 "독사"라고 규정된다.
그러나 특히 『마하바라타』에서 바루나는 뱀과 동일시되고 있다. 거기
에서 그는 "바다의 군주" 또는 "나가들nâgas[*용 종족]의 왕"이라고 불리
고 있다. 그리고 대양은 "나가들의 거주지"라고 한다.[29]

67. 뱀과 신. 미트라, 아리야만, 아디티

　바루나의 이러한 모호함과 양가성은 몇 가지 점에서 중요하다. 그러
나 역의 합일union des opposés이 지닌 범례적 성격이 특히 우리의 주의를
끈다. 실제로 이 합일은 체계적 철학의 대상이 되기 훨씬 이전부터 인도
의 종교적 사유의 특징을 이루고 있었다. 양가성 및 대립되는 것의 결합
이 바루나에게만 고유한 특징은 아니다. 『리그베다』(I, 79, 1)는 이미 아
그니를 "분노해 날뛰는 뱀"이라고 규정한 바 있다. 『아이타레야 브라

---

28) A. K. Coomaraswamy, "Angel and Titan", p. 391의 주석에 정리된 참고 자료들을
　　보라.
29) *Mahābhārata*, I, 21, 6; 25, 4. 『마하바라타』의 어떤 구절에서 바루나 왕은 가장
　　위대한 나가들 중의 하나로 여겨지고 있고, 베다 문헌에 이미 나타나는 신화적
　　뱀들과 함께 언급되고 있다. C. Johnsen, "Varuṇa and Dhrtarāṣṭra", pp. 260 sq.를
　　참조하라.

흐마나Aitareya Brâhmana』(III, 36)는 아히 부드니야Ahi Budhnya 뱀은 눈에 보이지 않는 것(*parokṣena*)인 반면, 아그니는 눈에 보이는 것(*pratyakṣa*)이라고 분명하게 말하고 있다. 바꾸어 말하면 뱀은 잠재적인 성질의 불인 반면, 암흑은 겉으로 드러나지 않은 빛이라는 것이다. 『바자사네이 상히타Vâjasaneyi Samhitâ』(V, 33)에서는 아히 부드니야와 태양(Aja Ekapad)이 동일시되고 있다. 태양은 새벽녘에 떠오를 때에 "밤으로부터 해방된다……. 마치 아히가 그의 껍질에서 해방되듯이."(*Śatapatha Brâhmana*, II, 3; I, 3과 6) 마찬가지로 소마 신도 "아히처럼 자신의 낡은 껍질을 뚫고 나온다."(*RV*, IX, 86, 44) 『샤타파타 브라흐마나』(III, 4, 3, 13)는 소마를 브리트라와 동일시한다. 아디티야Aditya 신들은 본래 뱀이었다고 한다. 그들은 낡은 껍질을 벗어 던지고—불사성을 획득하고(그들은 죽음을 정복했다)—신, 즉 데바가 되었던 것이다.(*Pancavimśa Br.*, XXV, 15, 4) 마지막으로 『샤타파타 브라흐마나』(XIII, 4, 3, 9)는 "뱀의 지식(*sarpa-vidyâ*)은 곧 베다"[30]라고 분명하게 말한다. 다시 말해 신의 교의는 적어도 처음에는 "악마적인" 성격을 가지고 있었던 "지식"과 역설적이게도 동일시되었다.

확실히 신과 뱀을 동일시하는 사유는 데바와 아수라가 프라자파티Prajâpati의 자손이며 아수라가 연장자라고 하는, 『브리하드아라니야카 우파니샤드Bṛhadâranyaka Upanishad』(I, 3, 1)에 서술되고 있는 관념의 연장선상에 있는 것이다. 서로 적대적인 존재가 공통의 조상을 가지고 있다고 하는 사유는 원초적인 통일성-전체성을 설명하는 데 애용되는 주제 중 하나이다. 우리는 인드라와 브리트라 사이에 벌어졌던 유명한 신화적 전투에 대한 신학적 해석을 검토할 때 그 주제의 멋진 범례를

30) 이 주제에 대해서는 M. Eliade, *Méphistophélès et l'androgyne*, pp. 108 sq.를 참조하라.

발견하게 될 것이다.

미트라Mitra의 경우, 그가 바루나와 분리되어 있을 때에 그의 역할은 부차적인 것에 지나지 않는다. 베다에서 그에게 봉헌되고 있는 찬가는 단 하나이다.(*RV*, III, 59) 그러나 미트라는 평화적이며, 인정 있고, 법률가이자 사제로서의 성격을 구현한다는 측면에서, 바루나와 지배자로서의 속성을 공유하고 있다. 그의 이름이 말해주듯, 그는 아베스타에 나오는 미트라Mithra와 마찬가지로 "계약"을 인격화한 존재이다. 그는 인간들 사이에서 발생하는 계약을 용이하게 만들어주며, 그들이 약속을 존중하도록 도와준다. 태양은 그의 눈이다.(*Taitt. Brâh.*, III, 1, 5, 1) 그는 모든 것을 살펴보기 때문에 아무것도 그의 눈을 피할 수 없다. 종교적 활동과 사유에 있어서 그의 중요성은 그와 대립적인 동시에 보완적인 바루나와 함께 기도의 대상이 될 때에 더욱 분명하게 드러난다. 미트라-바루나라고 하는 이항 도식binôme은 이미 고대부터 신의 지배권을 나타내는 최고의 표현으로서 중요한 역할을 수행해왔고, 훨씬 후대에 와서는 모든 형태의 대립적인 쌍, 또는 대립적인 동시에 보완적인 쌍을 지시하는 예시적 표현으로 사용되었다.

미트라는 아리야만Aryaman과 바가Bhaga와 결합되었다. 아리야만은 아리아인의 사회를 수호한다. 손님의 환대를 가능하게 하는 재물을 관장하고, 결혼에 관심을 가진다. 또 이름 자체가 "분담"을 의미하는 바가는 부의 분배를 보증한다. 아리야만과 바가는 미트라 및 바루나와 함께(때로는 다른 신들과 함께), 아디티야 신들 혹은 "속박되지 않는 자", 즉 자유를 의미하는 아디티 여신의 자녀신 집단을 구성한다. 막스 뮐러 이후, 이 여신의 구조에 대한 활발한 논의가 있었다. 여러 텍스트들은 이 여신을 대지, 혹은 우주 그 자체와 동일시하고 있다. 여신은 넓음, 광대함, 자유를 나타낸다.[31] 아마 아디티는 완전히 잊혀지지 않

은 상태에서 자기가 가진 종교적 성격과 기능을 자녀신들, 즉 아디티
야 신들에게 물려준 태고의 위대한 대지모신이었을 것이다.

68. 인드라, 전사이자 조물주

『리그베다』에서 인드라는 가장 인기 높은 신이었다. 바루나에게는
10개의 찬가가, 미트라와 바루나, 그리고 아디티야 신들에게는 모두
합해 35개의 찬가가 봉헌되었던 것에 비해, 인드라 신에게만 250개에
달하는 찬가가 봉헌되고 있다. 그는 최고의 영웅이며, 다스유 혹은 다
사 무리들이 두려워하는 대상이며 전사의 범례였다. 그의 시종인 마루
트Marut 신들 역시 인도-이란 사회의 젊은 전사(marya)를 신화적 차원
에서 반영한 것이다. 그러나 인드라는 조물주이자 풍성한 수확을 약속
하는 신이며, 생명의 충만함과 우주적, 생물학적 에너지를 의인화한 신
이기도 하다. 소마를 무한정 소비하는 자이며, 생식력의 원형이기도 한
그는 태풍을 일으키고 비를 내리며 모든 습기를 마음대로 조정한다.[32]

『리그베다』 안에서 가장 중요한 신화인 인드라의 중심적 신화는 물
을 "산의 동굴" 속에 가두고 있는 거대한 브리트라 용에게 거둔 그의
승리를 이야기한다. 소마를 마시고 힘을 얻은 인드라는 트바슈트리가

---

31) J. Gonda, *Some Observations on the Relations between "Gods" and "Powers"*, pp. 75 sq.

32) 사람들은 그를 사하스라무슈카sahasramuṣka, 즉 "1000개의 고환"(*RV*, VI, 46, 3)을 가진
    자라고 부른다. 그는 "밭의 주인"(*RV*, VIII, 21, 3) 또는 "대지의 주인"(*Atharva Veda*,
    XII, 1, 6), 밭, 동물, 여성을 풍성하게 만드는 자이기도 하다. Eliade, *Traité d'Histoire
    des Religions*, p. 82를 참조하라.

만들어준 무기인 바즈라vajra("번개")를 사용하여 뱀을 쓰러뜨리고, 그의 머리를 가르고, 갇혀 있던 물을 해방시켜주었다. 갇혀 있던 물은 마치 "암소가 우는 것처럼"(*RV*, I, 32, 2) 소리를 내며 바다로 흘러 들어갔다.

뱀류의 괴물, 혹은 바다의 괴물과 신의 전투는 널리 알려진 신화적 주제를 구성한다. 라 신과 아포피스 뱀, 수메르의 신인 니누르타Ninurta 와 아사그Asag, 마르둑과 티아마트, 히타이트의 폭풍신과 일루얀카, 제우스와 티폰, 이란의 영웅 트라에타오나와 머리 셋 달린 용 아지-다하카Azhi-dahâka의 전투를 상기해보자. 몇 가지 경우(예를 들면 마르둑과 티아마트)에는 신의 승리가 우주 창조의 전제 조건을 이루고 있다. 다른 경우에는 새로운 시대의 시작 혹은 새로운 통치권의 수립이 문제가 된다(제우스와 티폰, 바알과 얌의 대결을 참조하라). 요컨대 뱀류의 괴물─잠재적인 것 혹은 "혼돈"의 상징이며, "토착적인 것autochtone"의 상징이기도 하다─을 죽임으로써 우주적인 혹은 제도적인 새로운 "상황"이 출현하게 되는 것이다. 이러한 신화 모두에 공통되는 특징은 전사가 느끼는 공포 혹은 최초의 패배이다. 예를 들어 마르둑과 라 신은 전투에 앞서 주저하는 모습을 보인다. 일루얀카는 전투가 시작되자마자 신의 수족을 절단해버린다. 티폰은 제우스의 힘줄을 자르고 그것을 없애버리는 데 성공한다. 『샤타파타 브라흐마나』(I, 6, 3~7)에 의하면 인드라는 브리트라의 모습을 보자마자 할 수 있는 한 멀리 달아나버린다. 『마르칸데야 푸라냐Mârkandeya Puraṇa』는 인드라를 "공포로 인해 병들어" 평화를 간청하는 자로 묘사한다.[33]

---

33) 사실 그는 사자를 보내고, 둘 사이에는 "우정"과 "계약"이 성립한다. 그러나 인드라는 계약을 파기하고 책략을 사용하여 브리트라를 죽인다. 그리고 그것이 그의 커다란 "죄"가 된다. G. Dumézil, *Heur et malheur du guerrier*, pp. 71 sq. 인

이 신화에 대한 자연주의적 해석에 매달리는 것은 쓸모없을 것이다. 인드라가 브리트라에게 거둔 승리는 폭풍으로 인해 발생한 비라고 해석되거나, 혹은 물이 산에서 해방되는 것이라고 해석되거나(Oldenburg), 또는 물을 [얼려] "가두고" 있던 차가운 기운을 녹인 태양의 승리라고 (Hillebrandt) 해석되어왔다. 신화는 다의적multivalent이기 때문에 확실히 거기에는 자연주의적 요소가 존재한다. 인드라의 승리는 무엇보다도 브리트라에 의해 물이 "고정된" 결과 발생한 불모와 죽음에 대한 생명의 승리라고 할 수 있다. 그러나 이 신화는 우주 창조론적 구조를 가지고 있다. 『리그베다』(I, 33, 4)에서는 신이 승리를 거둠으로써 태양, 하늘, 새벽이 창조되었다고 서술한다. 다른 찬가(RV, X, 113, 4~6)에 의하면 인드라는 태어나자마자 하늘과 땅을 분리하고, 하늘의 궁륭을 고정시키고, 바즈라를 집어던져 암흑 속에 물을 숨겨놓고 있던 브리트라를 갈기갈기 찢어놓는다. 그러나 하늘과 땅은 신들의 부모였다.(I, 185, 6) 그리고 인드라는 그 신들 중에서 가장 나이가 어렸고(III, 38, 1), 또한 하늘과 땅의 성스러운 결합에 종지부를 찍었기 때문에 마지막으로 태어난 신이었다. "그 힘에 의해 그는 두 세계, 즉 하늘과 땅을 밀어내고, 태양이 그 사이에서 빛나게 만들었다."(VIII, 3, 6) 이러한 조물주적인 행동 뒤에 인드라는 바루나를 우주의 지배자이자 리타(지하 세계에 숨겨져 있었다. RV, I, 62, 1)의 수호자로 임명했다.

나중에 보겠지만(본권 75절) 제1질료materia prima로부터 세계의 창조를 설명하는 전혀 다른 유형의 우주 창조 신화도 존재한다. 그것은 조금

도 신화 특유의 또 다른 특징은 브리트라를 죽인 뒤에 인드라가 두려움에 사로잡혀, 대지의 끝까지 도망가서 "대단히 작은 자가 되어" 연꽃 안에 숨는다는 것이다.(*Mahābhārata*, V, 9, 2 sq.; *RV*, I, 32, 14)

전에 요약한 신화와는 전혀 다른 내용을 가지고 있다. 왜냐하면 앞에서 본 신화들은 일정한 형태의 "세계"가 이미 존재하고 있다는 것을 전제하고 있기 때문이다. 실제로 하늘과 땅은 이미 형성되어 있었으며 신들도 태어나 있었다. 인드라는 우주적 부모를 밀쳐내기만 했던 것이며, 브리트라를 일격에 분쇄함으로써 용의 존재 양태[34]로 상징되는 부동성immobilité, 나아가 "잠재적 성질virtualité"을 종결지은 것이었다. 어떤 전승들에 의하면, 신들 가운데 "장인匠人"이며 『리그베다』 안에서는 그 역할이 분명하지 않은 트바슈트리가 자기가 살 집을 짓고, 그 집의 지붕과 벽으로 사용하기 위해 브리트라를 창조했다고 한다. 브리트라가 둘러싼 주거지 내부에는 하늘과 땅, 그리고 물이 존재하고 있었다.[35] 인드라는 브리트라의 "저항"과 무기력inertie을 깨뜨림으로써 원초적 모나드[단자]를 해체했다. 바꾸어 말하자면 세계와 생명은 원초적인 무정형적 존재의 죽음에 의해서만 탄생할 수 있는 것이다. 이 신화는 무수한 이본의 형태로 널리 퍼져 나갔다. 인도 안에서만 해도, 신들에 의한 푸루샤purusa의 해체démembrement와 프라자파티의 자기희생에서 그 신화의 변형태를 발견할 수 있다. 그렇지만 인드라는 희생 제의를 행하지 않았다. 다만 그는 전사로서, 범례인 적대자l'adversaire exemplaire이자 "저항"과 무기력의 화신인 원초적 용을 살해했던 것이다.

이 신화는 다양한 의미를 가지고 있다. 그것은 우주 창조론적 의미 외에도 "자연주의적"이고 "역사적인" 가치를 담고 있다. 인드라의 전투는 아리아인이 여러 다스유들(브리타니vṛtâni〔Vṛtra의 복수형〕라고도 불린다)에

---

34) 인드라는 "미분화되어 있고, 깨어 있지 않으며, 아주 깊은 잠에 빠져 늘어져 있는" 브리트라를 만났다.(*RV*, IV, 19, 3)
35) 특히 Norman W. Brown이 이러한 우주론적 관념의 재구성을 시도했다.

대항하여 계속해나가지 않을 수 없었던 전투의 모델을 제공했다. "전투에서 승리하는 자는 진실로 브리트라를 죽이는 것이다."(*Maitrâyani-Samhitâ*, II, 1, 3) 인드라와 브리트라의 전투는 아마도 태곳적 시대에 세계의 재생을 보증하는 신년 축제의 신화-의례적 시나리오를 구성하고 있었을 것이다.[36] 만일 그 신이 피로를 모르는 전사인 동시에 조물주이며, 나아가 오르지적인 힘들과 우주적 풍요성의 현현이라고 한다면, 그것은 폭력이 생명을 탄생시키고, 증식시키고, 재생시키는 힘을 가지고 있기 때문이다. 그러나 인도의 사유는 곧 이 신화를 신의 이위일체성을 설명하는 신화로, 따라서 궁극적 실재réalité ultime를 드러내는 것을 목표로 삼는 해석학의 실례로서 활용하게 된다.

69. 아그니, 신들의 사제: 희생 제의의 불, 빛, 지성

인도-유럽 민족의 시대부터 가정의 불은 제의에서 중요한 역할을 수행했다. 확실히 그것은 수많은 미개 사회에서도 어느 정도는 증명될 수 있는 선사시대의 관습과 연관된다. 베다 안에서는 아그니 신이 특히 불의 신성성을 대표하고 있지만, 그는 우주적, 의례적인 신성의 현현에 의해 한정되는 신은 아니었다. 그는 디아우스의 아들(*RV*, I, 26, 10)

---

36) Kuiper, "The ancient Aryan Verbal Contest", p. 269. 인도의 베다 시대에 [일종의 경기로 거행되었던] 말싸움joutes oratoires은 저항하는 힘(*vrtâni*)에 대한 원초적 전투를 반복하는 것이었다. 시인들은 자신들을 인드라에 비유한다. "나는 내 적을 죽이는 자이다. 인드라와는 달리 상처를 입지도 피를 흘리지도 않는다."(*RV*, X, 166; Kuiper, pp. 251 sq.를 참조하라)

이며, 이란에서는 그에 대응하는 존재인 아타르ātar가 아후라 마즈다 Ahura Māzdā의 아들(*Yasna*, 2, 12 등)로 나타난다. 그는 하늘에서 "태어나고" 벼락의 모습으로 지상에 내려오지만 그는 물이나 숲이나 식물 가운데서도 발견된다. 나아가 그는 태양과도 동일시된다.

아그니는 불의 현현으로서, 그리고 그에게 특유한 신적 속성에 의해 묘사된다. 사람들은 곧 "불꽃으로 된 머리카락", "황금 턱", 그리고 그가 만들어내는 소음, 공포를 떠올린다. "네가 마치 굶주린 소처럼 나무를 들이받을 때, 너의 꼬리는 까맣다……."(*RV*, I, 58, 4) 그는 하늘과 땅을 연결하는 "전령"이며, 공물은 그를 통해 신들에게 도달한다. 그러나 아그니는 무엇보다도 사제의 원형archétype이다. 그는 희생 집행자, 혹은 "사제(*purohita*)"라고 불린다. 바로 그런 이유로 해서, 그에게 바쳐진 찬가들은 『리그베다』의 앞부분에 놓여 있다. 첫 번째 찬가는 다음과 같은 구절로 시작된다. "나는 아그니를 찬미한다. 그는 사제이며, 희생 제의의 신이며, 제사장이며, 우리에게 재물을 가져다주는 봉헌자이다."(Jean Varenne 번역) 그는 영원히 젊은 신("늙지 않는 신", *RV*, I, 52, 2)인데, 그는 새로운 불과 함께 재생하기 때문이다. "가정의 주인 (*grihaspati*)"으로서 아그니는 암흑을 물리치고, 악마를 내쫓으며, 질병과 저주로부터 지켜준다. 그렇기 때문에 인간과 아그니의 관계는 인간과 다른 신들과의 관계보다 더 긴밀하다. 아그니는 "원하는 물건을 정의롭게 분배하는"(I, 58, 3) 자이다. 사람들은 믿음을 다해 그에게 기도한다. "아그니여, 우리를 올바른 길을 통해 부유함으로 이끌어주시고…… 우리를 과오로부터 멀리 있게 하시고…… 질병으로부터 멀어지게 하소서. 아그니여, 그대의 변함없는 가호로 항상 우리를 지켜주소서……. 우리를 악한 자의 손에, 파괴자의 손에, 거짓말쟁이의 손에, 그리고 불행에 내맡기지 마소서."(I, 189, 1~5 ; Varenne 번역)[37]

아그니는 인도인의 종교 생활의 곳곳에 스며들어 있기는 했지만—희
생의 불이 중요한 역할을 했기 때문이다—그에 관해서 눈에 띄는 신화
는 없다. 그에 관해 이야기하는 소수의 신화 가운데서 가장 유명한 것은
하늘의 불을 땅으로 가져온 마타리슈반Mâtariśvan에 관한 것이다.[38] 우
주론적 차원에 있어서 그의 역할은 분명히 혼란스럽지만, 그럼에도 불
구하고 중요하다. 한편 사람들은 그를 "물의 태아(*âpam garbhah*)"(III, 1,
12~13)라고 부르며, 어머니인 물의 자궁에 누워 있는 그를 불러낸
다.(X, 91, 6) 다른 한편 그는 원초적 물 속으로 뚫고 들어가 그것을 수태
시키는 힘이 있다고 여겨졌다. 그것은 분명히 원초적인 우주론의 관념,
즉 불의 성질을 가지는 요소(불, 열, 빛, **정액**semen virile)와 물의 성질을
가지는 원리(물, 잠재적인 성질, 소마)의 결합에 의한 창조와 관련된
다. 아그니가 지닌 속성의 일부(열, 황금색—그는 황금의 신체를 가지
고 있다고 생각되었기 때문이다. *RV*, IV, 3, 1 ; X, 20, 9—, 정액의 힘,
창조적 힘)는 히라니야가르바Hiranyagarbha(황금의 태아) 및 프라자파
티에 대해 전개된 세련된 우주론적 사변 속에서 다시 발견할 수 있게
된다.(본권 75절)

  찬가는 아그니의 정신적 능력을 강조하고 있다. 그는 위대한 지성과
투시 능력을 가진 **리쉬**rishi이기도 하다. 그러한 사변을 정당하게 평가하
기 위해서는 "창조적 상상력"에 의해 표현되는 무수한 이미지와 상징,
그리고 불과 불꽃 및 열에 대한 명상을 고려하지 않으면 안 된다. 이 모

---

37) 시체를 화장할 때의 역할 때문에 아그니는 "살을 삼키는 자"라고 불리며, 때로
  는 개나 자칼에 비유되기도 한다. 이것이 그의 유일한 부정적인 측면이다.
38) 다른 문헌에서는 아그니 자신이 마타리슈반의 전령으로 등장한다. J. Gonda,
  Les Religion de l'Inde, I, p. 89를 참조하라.

든 것은 선사시대부터 전해져온 유산이기도 했다. 인도 정신의 천재성은 이러한 태곳적의 발견을 다듬고, 명확하게 만들고, 체계화한 것에 지나지 않는다. 우리는 불과 연관되는 이러한 원초적 이미지 중 몇 가지를 그 이후의 철학적 사유에서 다시 발견할 수 있을 것이다. 예를 들어 불꽃 "놀이"에 근거하여 설명되는 창조신의 놀이(*lilā*)라는 개념이 그것이다. 불(빛)과 지성의 동일시라는 현상은 널리 펴져 있는 것이다.[39]

인도의 종교와 정신성 안에서 아그니가 가장 중요하다고 판단하는 것은 바로 여기에서이다. 그는 무수한 우주적–생물학적 명상과 사유를 촉발했으며, 서로 다른 지평을 가진 다양한 것을 단일한 근본적 원리로 환원시키는 것을 목표로 삼는 종합화를 손쉽게 해주었다. 물론 아그니가 그러한 풍성한 몽상과 반성을 가능하게 해준 유일한 인도의 신은 아니었지만, 그가 첫 번째 자리에 위치하는 것은 틀림없다. 베다 시대부터 이미 그는 테자스tejas, 즉 "불타는 에너지, 광휘, 효능, 장엄함, 초자연적 힘" 등과 동일시되고 있었다. 찬가 속에서, 사람들은 아그니에게 그 힘을 달라고 기도한다.(*AV*, VII, 89, 4)[40] 그러나 일련의 동일시, 동화, 그리고 연합solidarisations 현상—인도의 사유에 특유한 과정이다—은 훨씬 더 방대하다. 아그니, 또는 그와 유사한 존재 중의 하나인 태양은 빛을 아트만Ātman 혹은 정액과 일치시키고자 하는 **철학적 운동**philosophoumena과 관련되어 있다. "내적인 열기"의 증대를 추구하는 의식이나 고행 덕분에 아그니는 때로 간접적이기는 하나 "고행의 열기

---

39) 제의의 불에 관한 종교적 명상은 조로아스터교 안에서 중요한 역할을 한다.(본 권 104절을 참조하라)

40) Gonda, *Some Observations on the Relations between "Gods" and "Powers"*, pp. 58 sq.를 참조하라.

(*tapas*)" 및 요가의 종교적 가치 평가와 밀접하게 연관되어 있다.

70. 소마 신과 "불사"의 음료

120개의 찬가가 봉헌되고 있는 소마 신은 베다의 판테온에서 세 번째로 중요한 신으로 등장한다. 『리그베다』의 제9권 전체가 소마 **파바마나** pavamâna, 즉 "자신을 정화하는" 소마에게 바쳐진다. 아그니의 경우보다 더 곤란한 것은 의례의 공물―식물과 음료―을 그중 하나와 동일한 이름을 가진 신과 분리시켜 생각하는 것이다. 그에 관한 여러 신화는 간과되고 있다. 하지만 그중에서 가장 중요한 신화는 소마가 천상에 기원을 두고 있다고 말하는 이야기이다. 독수리는 "하늘까지 날아올라" "사유의 신속함으로" 돌진하고, "청동으로 만든 벽을 쳐부수었다."(*RV*, VIII, 100, 8) 새는 식물을 입에 물고, 그것을 땅으로 가지고 온다. 그러나 소마는 산에서 나는 것이라고 생각되고 있다.[41] 표면적으로 볼 때 그 두 설명은 모순적인 것처럼 보인다. 왜냐하면 산꼭대기는 초월적 세계에 속하며, 이미 하늘과 동일시되고 있기 때문이다. 그 이외의 다른 텍스트들은 소마가 "대지의 배꼽인 산 위에"(*RV*, X, 82, 3), 즉 하늘과 땅을 연결하는 세계의 중심에서 자라고 있다는 사실을 자세하게 서술하고 있다.[42]

41) 마우자바타Maujavata라는 존칭은 무자바트Mūjavat 산이 소마의 영역이라는 사실을 보여준다.(*RV*, X, 34, 1) 이란의 전승 역시 하오마 풀을 산에서 나는 것이라고 본다.(*Yasna*, 10, 4; *Yašt*, 9, 17 등)

42) 『야주르베다Yajurveda』의 여러 텍스트는 신들이 소마를 살해한 이야기를 종종 언급하고 있다. 오직 미트라 혼자만 그 살해에 참가하는 것을 거부했지만, 끝내

소마는 보통 신들이 가진 일반적인 속성 정도밖에 가지고 있지 않다. 즉 그는 투시력을 가지고 있고, 뛰어난 지성을 갖추고 있으며, 현명하고, 승리를 거두며 관대하다. 그는 다른 신들의 친구이며 수호자이기도 하다. 첫째, 그는 인드라의 친구이다. 그는 또 그의 의례적인 중요성으로 인해 소마 왕Roi Soma이라고 불리기도 한다. 그가 달과 동일시되었던 것이 아베스타에서는 보이지 않지만, 베다 시대 이후에는 분명한 증거를 찾을 수 있다.

식물의 압착pressurage에 관한 수많은 세부 항목이 우주적이고 생물학적인 용어로 기술되어 있다. 예를 들어 식물을 압착하는 절구에서 나는 둔탁한 소리는 우레 소리와 동일시되며, 여과에 사용되는 양모는 구름이며, 그 즙은 식물의 생장을 가능하게 하는 비[雨]라고 하는 식이다. 압착은 또 성적 결합과 동일시되기도 한다. 그러나 이러한 생물-우주적 풍요성의 상징은 모두 궁극적으로는 소마의 "신비한" 가치에 의존하고 있다고 할 수 있다.

여러 텍스트들은 식물의 구입에 선행하며 그것에 부수되는 의식, 특히 음료의 준비에 대해 강조하고 있다. 이미 『리그베다』에서는 소마를 바치는 의식이 가장 대중적인 의식이 되고 있으며, 그것은 "제의의 영혼이자 중심이었다"고 한다.(J. Gonda) 인도-아리아인에 의해 가장 먼저 사용된 식물이 무엇이든지 간에, 나중에 그것은 다른 종류의 식물로 대체된 것은 확실하다. "소마soma/하오마haoma"는 인도-이란에서

그도 설득을 당했다. 이런 에피소드에서 기원 신화의 흔적을 읽을 수 있다. 다시 말해 원초적 존재의 희생에 의해 "불사를 가능하게 하는" 음료가 만들어진다는 것이다. 신들이 저지른 이 원초적 살해는 소마 풀의 압착 의례를 행할 때마다 무한히 반복된다.

"불사"의 음료(*amṛta*)를 대표하는 상투어가 되었다. 아마도 그것은 인도-유럽 민족의 음료인 **마두**madhu, 즉 "벌꿀 술hydromel"을 대신하는 것이었을 것이다.

소마의 모든 효능은 그것을 섭취할 때 생기는 엑스터시 체험과 불가분의 관계에 있다. 유명한 찬가(VIII, 48)는 다음과 같이 쓰고 있다. "우리는 **소마**를 마신다. 우리는 불사를 얻는다. 우리는 빛에 도달하고, 우리는 신들을 본다. 죽어야 하는 자의 불신앙과 악의를 어떻게 해야 하는가. 아아, 불사의 존재여."(제3절) 사람들은 **소마**에게 "수명"을 연장해달라고 간청한다. **소마**는 "인간 신체의 수호자"이고, 그로 인해 "허약한 질병이 물러나기" 때문이다.(L. Renou 번역) **소마**는 사유를 자극하고, 전사의 용기를 회복시키고, 성적인 힘을 증진시키고, 질병을 치료한다. 사제와 신들이 함께 마시는 **소마**는 땅을 하늘로 가까이 접근하게 하며, 생명을 강화시키고 연장시키며, 생식력을 보증한다. 실제로 엑스터시 체험은 생명의 충실, 무한한 자유의 감각, 의심의 여지가 없을 만큼 강한 육체적, 정신적 힘을 계시해준다. 그로 인해 신들과 하나가 되었다는 감각, 신의 세계에 소속되어 있다는 감각이 생겨난다. "불사", 즉 무엇보다도 무한히 연장되는 생명의 충만함에 대한 확신이 거기에서 나온다. 유명한 찬가(X, 119)에서 이야기되고 있는 것은 누구인가? 신인가, 아니면 성스러운 음료를 마신 후 엑스터시에 들어간 사람인가? "다섯 인류(부족)도 나에게는 일고의 가치도 없어 보인다. 나는 **소마**를 마시지 않았는가?" 그 인물은 자신의 공적을 열거한다. "나는 큰 키로 하늘을 압도하고, 광대한 대지를 지배한다……. 나는 이 대지에 커다란 타격을 주려고 한다……. 나의 한 날개는 하늘을, 다른 한 날개는 땅을 친다……. 나는 거대하고 또 거대하고, 나는 저 높은 구름까지 날아오른다. 나는 **소마**를 마시지 않았는가?"(Renou 번역)[43]

여기서 우리는 제의에 사용된 원래의 식물 대신 어떤 대용품 혹은 대체물이 사용되었는지에 대해서는 고려하지 않을 것이다. 중요한 것은 인도의 사유 속에서 이런 소마 체험이 어떤 역할을 했는가이다. 이러한 체험들은 사제들과 일부의 제의 집행자들에게 한정되어 있었던 것 같다. 그러나 이러한 체험을 고양시키는 찬가, 특히 찬가에 대한 해석들 덕분에 이 체험들은 커다란 반향을 불러일으켰다. 완전하며 지복을 내려주는 존재에 대한 계시는, 신들과의 합일을 통해, 본래의 음료가 사라진 후에도 인도 정신성에 계속해서 등장한다. 따라서 고행, 오르지적 일탈, 명상, 요가의 기법, 신비주의 신앙 등 다른 수단의 도움을 받아 이러한 "존재"에 도달하고자 하는 시도는 계속되었다. 나중에 보게 되는 것처럼(본권 79절) 고대 인도에서는 여러 가지 유형의 엑스터시가 알려져 있었다. 더욱이 절대적인 자유의 탐구는 베다 시대에는 상상도 할 수 없었던 새로운 전망으로 통하는 일련의 방법과 **철학적 운동** 전체를 가능하게 한다. 그러한 새로운 전개 과정 전체에서, 소마 신은 오히려 눈에 띄지 않는 역할을 수행한다. 신학자들 및 형이상학자들의 관심을 독차지한 것은 소마가 체현하는 우주론적 희생 제의의 **원리**였다.

71. 베다 시대의 두 위대한 신: 루드라-시바와 비슈누

베다 시대의 여러 텍스트에는 앞에서 본 신들 이외의 다른 여러 신

---

43) "이 찬가는, 제의를 거행하는 동안에 시인들로부터 신적인 음료를 마실 때에 경험한 것을 있는 그대로 말해달라고 부탁받은 아그니 신의 입에서 나오는 것으로 생각된다."(L. Renou, *Hymnes spéculatifs du Véda*, p. 252)

들이 나와 있다. 그 신들 대부분은 점차 중요성을 상실하고 결국 잊혀지고 말았지만, 그중 일부 신격은 후대에 가서 비할 바 없이 높은 지위를 획득하기에 이른다. 잊혀지던 신들 중에서 기억할 필요가 있는 신은 다음과 같은 신들이다. 하늘의 신(디아우스)의 딸이며 새벽의 여신인 우샤스, 바람과 그의 동족인 "숨결" 및 "우주적 영혼"의 신 바유, 뇌우와 비의 신 파르자니야Parjanya, 태양신들인 수리야와 사비트리Savitṛ, 옛날에는 목축의 신이었으나 점차 잊혀지고(그에 대한 제의는 거의 존재하지 않는다) 길의 수호자이자 죽은 자의 길을 안내하는 신으로 그리스 신화의 헤르메스와 비교되는 푸샨Pûṣan, 디아우스의 아들로서 후대의 문학작품에서 높은 지위를 얻게 되는 영웅신 아슈빈(또는 나사티야), 루드라Rudra의 자식들로 "젊은이(*marya*)" 집단, 즉 스티그 위칸데르Stig Wikander가 인도-유럽 민족에 전형적인 "남성 결사"의 신화적 모델이라고 해석했던 마루트 신들이 그들이다.

두 번째 범주는 루드라-시바Rudra-Shiva와 비슈누Vishnu에 의해 대표된다. 그들은 베다 텍스트에서는 평범한 지위를 점하고 있었지만, 고전기에 들어가면서 중요한 신으로 변화한다. 『리그베다』에서 비슈누는 인간에 대해서 호의적인 신(I, 186, 10)이며, 나중에는 하늘과 땅 사이의 공간을 넓혀 브리트라와 싸우는 인드라에게 도움을 주는 인드라의 친구이자 동맹자로 등장한다.(VI, 69, 5) 그는 세 걸음 만에 공간을 가로지르고, 세 걸음째에 신들의 거처에 도착했다.(I, 155, 6) 이 신화는『브라흐마나』속에 나오는 의례에 영감을 부여하고 또 그것을 정당화시키고 있다. 비슈누는 희생 제의와 동일시된다.(Śatapatha Br., XIV, I, 1, 6) 또 제의 집행자는 세 걸음을 걷는 신의 행동을 모방함으로써 신과 동일시되고, 그 결과 하늘에 도달하는 것으로 여겨진다.(I, 9, 3, 9 이하) 비슈누는 무한히 펼쳐지는 공간(우주의 구성을 가능하게 하는 것), 왕성한 생명을 가능하게 하는 만능의 에너지, 세계를 고정시키는 우주축 등을 동시에 대표하는 것 같다. 『리그베다』는 그가 우주의 상층부를 지탱하고 있다는 사실을 분명하게 언급하고 있다.(VII, 99, 2)[44] 『브라흐마나』는 그와 프라자파티의 관계를 강조하고 있지만, 그 관계는 베다 시대부터 존재했던 것이었다. 하지만 비슈누는 두 번째 범주에 속하는 우파니샤드 문서들(『바가바드기타』와 동시대, 즉 BC 4세기 무렵)에서 비로소 일신교적 구조를 가진 지상신으로 승격된다. 인도 종교의 창조성이 지닌 특질을 잘 보여주는 그 과정에 대해서는 나중에 강조하게 될 것이다.

형태론적으로 루드라는 정반대 유형의 신성을 표현하고 있다. 그는 신들과 가까이 지내지 않고 인간을 사랑하지도 않는다. 그는 악마적 분노로 사람들을 공포에 떨게 만들고, 질병이나 재난을 내려 사람들을 죽인다. 그는 머리카락을 세 갈래로 땋았고(RV, I, 114, 1, 5), 암갈색의 피부를 가지고 있다.(II, 33, 5) 그의 배는 검고 등은 붉다. 그는 활로 무장하고 동물의 가죽을 몸에 걸치고 자기가 좋아하는 장소인 산에 출몰한다. 그는 수많은 악마적 존재와 교류하기도 한다.

베다 이후의 문학작품은 이 신의 불길한 성격을 강조하고 있다. 루드라는 숲이나 정글에 살며, "야수의 왕"이라고 불린다.(Śatapatha Br., XII, 7, 3, 20) 그리고 그는 아리아인의 사회와 거리를 두려는 사람들을 수호하는 신이다. 신들이 동쪽에 살고 있는 것과 달리, 루드라는 북쪽(즉 히말라야 산)에 거주한다. 그는 소마를 봉헌하는 대상에서 제외되어 있으며, 지면에 던져진 음식물(bali)이나 다른 신들에게 바치고 남은 것들과

---

44) J. Gonda, Viṣṇuism and Śivaism, pp. 10 sq.를 보라. 희생 제의의 기둥인 유파yūpa 는 그에게 속한다. 그리고 유파는 세계축의 모사품이기도 하다. 또한 J. Gonda, Aspects of early Viṣṇuism, pp. 81 sq.를 참조하라.

흠 때문에 공물로 바쳐지지 못한 물건을 받는다.(*Śatapatha Br.*, I, 7, 4, 9) 그는 "자애로운 자"를 뜻하는 시바Shiva, "파괴자"를 뜻하는 하라Hara, "구세주"를 뜻하는 샹카라Shamkara, "위대한 신"을 뜻하는 마하데바 Mahâdeva 등 다양한 별칭으로 불리기도 한다.

베다의 텍스트와 『브라흐마나』에 의하면 루드라-시바는 사람이 살지 않는 황량한 장소에 사는 악마적인(또는 적어도 양가적인) 힘의 현현인 것처럼 생각된다. 그는 무질서하고 위험하고, 예측 불가능한 모든 것을 상징한다. 그는 공포를 불러일으키지만, 그의 신비로운 힘은 행운을 가져다주는 목적으로 사용될 수도 있다(그는 "의사 중의 의사" 이다). 루드라-시바의 기원과 그의 본래 구조에 대해서는 많은 논의가 이루어져 있지만, 그는 죽음의 신일 뿐 아니라 풍요의 신(Arbman), 비아리아적인 요소로 가득 차 있으며(Lommel) 브라티야vrâtya(Hauer)라고 하는 신비주의 고행자 계급의 신이라고 생각되기도 한다. 베다의 루드라-시바가 『슈베타슈바타라 우파니샤드Śvetâśvatara-Upanishad』에서 보여주는 것과 같은, 지상신으로 변형되어가는 단계는 아직 확실하게 알려져 있지 않다. 루드라-시바—다른 대부분의 신들과 마찬가지로—가 시간이 흐르면서 아리아적인 요소이든 비아리아적인 요소이든 불문하고 다양한 "민간"의 종교성과 관련된 요소를 수용한 것은 분명하다. 그러나 한편 베다의 텍스트가 루드라-시바의 "본래 구조"를 전해주고 있다고 믿는 것은 위험하다. 베다의 찬가와 『브라흐마나』는 귀족이나 사제 등 엘리트들을 위해 만들어진 것으로서, 거기에서는 아리아인 사회의 종교 생활의 상당히 많은 부분이 완전히 무시되고 있다는 사실을 우리는 항상 기억하지 않으면 안 된다. 그렇지만 분명한 것은 시바가 힌두교의 지상신으로 격상된 이유를, 시바의 "기원"이라는 관점에서 설명할 수는 없다는 것이다. 우리는 나중에 신화, 의례, 신적 형태 등

에 대한 끊임없는 재해석과 재평가를 통해서 표현되는 인도적 종교성
의 변증법을 분석할 때에, 그러한 창조가 지닌 독창성을 평가하게 될
것이다.

고타마 붓다 이전의 인도:
우주적 희생 제의와 아트만-브라흐만의 동일성

72. 베다 의례의 형태학

베다 의례에는 성소가 없었다. 의례는 희생 의례 집행자의 집에서 행해지거나, 혹은 인접한 초지에 불을 세 군데 지펴놓고 거기에서 행해졌다. 살생을 수반하지 않는 공물로 우유, 버터, 곡물, 과자를 사용했다. 그리고 희생 제물로는 염소, 암소, 황소, 숫양, 말을 바쳤다. 그러나 이미 『리그베다』의 시대부터 소마가 가장 중요한 공물로 간주되고 있었다.

의례는 가정 제의(gṛhya)와 공식 제의(Śrauta)라는 두 개의 범주로 나누어져 있었다. 전자는 가장家長(gṛhapati)에 의해 집행되는 것으로, 전통(smṛti, 즉 "기억")에 의해 정당화되었다. 반면 공적 제의는 제관에 의해 집행되었다.[1] 제관의 권위는 영원한 진리의 직접적인 계시("청각",

---

1) 제관의 수는 일정하지 않다. 가장 중요한 제의 집행자는 **호트리**hotṛ 또는 "봉헌을

śruti)에 근거하고 있다. 개인적 의례에서는 가정과 농경 축제의 불〔火〕을 유지하는 것 이외에도 "정화 의례" 혹은 "성별 의례(saṃskāra)"가 가장 중요하다. 그런 의례들은 아이를 수태했을 때와 출산했을 때, 소년이 브라만 스승을 따라 입문〔출가〕(upanayana)할 때, 결혼식, 장례식 때에 실행되었다. 그 의례들은 절차가 매우 단순하다. 즉 식물성 공물을 바치거나,[2] "정화 의례"에서 가장이 제식문을 중얼중얼 읽으면서 정해진 행위를 행하는 것이 전부였다.

모든 "정화 의례" 중에서 우파나야나upanayana가 가장 중요하다. 이것은 원시사회에 특유한 성년 입문 의례이다. 우파나야나라는 말이 처음으로 나타나는 『아타르바베다』(XI, 5, 3)에서는 스승이 소년을 태아로 변형시켜 3일 동안 자기 뱃속에 넣어둔다고 말하고 있다. 또 『샤타파타 브라흐마나』(XI, 5, 4, 12~13)는 그 점에 대해 더욱 자세하게 설명한다. 즉 스승이 손을 소년의 어깨에 얹는 순간에 그 아이를 수태하고, 3일 후에 소년은 브라만의 신분으로 다시 태어난다고 한다. 『아타르바베다』(XIX, 17)는 우파나야나를 경험한 자를 "다시 태어난 자(dvi-ja)"라고 부르고, 바로여기서 앞으로 이례적인 운명을 거치게 될 이 개념이 처음 등장한다.

드리는 자"(아베스타어의 자오타르zaôtar, 즉 "제관"을 참조하라)였다. 나중에 그는 최고의 찬송자로 변한다. 아드바리유adhvaryu는 희생 제의를 책임지는 자로서 제사 장소 주변을 돌아다니며 제사용 불을 관리하고 제구를 조작하는 역할을 한다. 브라만brahman〔제사장〕은 그 이름이 나타내는 그대로 신성한 힘(중성의 브라흐만)을 체현하는 존재이며, 침묵 속에서 제사를 감독한다. 그는 진정한 "희생 제의의 치료자"로서 제의 장소의 가운데에 앉아 있으며, 절차의 잘못이 발견될 때에 제사 진행에 개입하고 필요한 청결 의식을 행한다. 브라만은 제사 사례금의 절반 정도를 가지는데, 그것은 그의 중요성을 잘 말해주는 것이다.

2) 공물의 일부는 불 속에 던져지고 아그니에 의해 신에게 헌납된다. 나머지는 제관들이 함께 나누어 먹는다. 따라서 제관들은 신성한 식사를 함께하는 것이다.

제2의 탄생은 분명히 정신적인 차원의 것이고, 후세의 문헌은 이 사실의 중요성을 강조하고 있다. 『마누 법전Lois de Manu』(II, 144)에 따르면 신참자에게 베다의 언어를 가르치는 사람(즉 브라만)은 부모와 마찬가지로 존경받아야 한다. 낳아준 부모와 가르치는 스승인 브라만을 비교한다면, 진짜 부모는 브라만이다.(II, 146) 진정한 탄생,[3] 다시 말해 불사성을 획득한 새로운 생명은 사비트리sâvitrî 찬가에 의해 주어진 것이다.(II, 148) 스승을 따라 학습하는 기간 동안 제자(*brahmacârin*)는 항상 일정한 규율을 준수하지 않으면 안 된다. 그중에서도 가장 중요한 일은 스승과 자기 자신을 위해 탁발하는 것과 순결을 지키는 것이다.

공적 제의는 장대하지만, 단조롭고 복잡한 전례 체계들로 구성되어 있다. 한 체계만 설명한다 해도 수백 페이지가 필요할 정도이다. 따라서 이곳에서 슈라우타śrauta 의례 전부를 요약하는 것은 의미가 없을 것이다. 그중에서 아그니호트라agnihotra("불에 대한 봉헌")는 가장 단순한 의식으로, 새벽과 저녁 무렵에 행해지며 아그니에게 우유를 바친다. 그 외에도 우주의 리듬과 관계가 있는 의례도 있다. "비와 초승달을 위한" 희생 제의와 계절 의례(*cāturmāsya*), 수확 의례(*āgrayana*) 등이 그것에 속한다. 그러나 가장 본질적이며 베다 제의의 특징을 보여주는 의례는 소마 의례이다. 아그니스토마agnistoma("아그니 예찬")는 1년에 한 번 봄에 행해지며, 준비 기간을 제외하고 3일 동안에 걸쳐 "공물을 드리는(*upasad*)" 의식이 진행된다. 준비 과정에서 가장 중요한 것은 디크샤dīkṣā로, 의례 집행자가 새로 태어날 수 있도록 그를 성화시키는 의

---

3) 이것은 범汎인도적 관념으로 불교에서도 채택되었다. 태어난 가문의 이름을 버림으로써 신참자는 "붓다의 자식(*sakyaputto*)"이 된다. Eliade, *Naissances Mystiques*, pp. 114 sq.; J. Gonda, *Change and Continuity*, pp. 447 sq.를 참조하라.

식이다. 이러한 입문 의례의 의미에 대해서는 나중에 다시 살펴볼 것이다. 소마는 아침과 점심 때, 그리고 저녁에 압착한다. 점심 때의 소마에는 사례품(*dakṣiṇa*)을 함께 바친다. 사례품으로는 암소를 7마리, 21마리, 60마리, 때로는 1000마리를 바치고, 경우에 따라서는 의례 집행자의 전 재산을 바치기도 한다. 그 제의에는 모든 신이 초대되는데, 처음에는 따로따로 나중에는 모두 함께 제의에 참여한다.[4]

다른 형태의 소마 의례도 알려져 있다. 어떤 의례는 하루를 넘지 않는 것도 있고, 다른 의례는 적어도 12일 동안 행해지기도 하며, 1년 동안 여러 차례 행해지거나 이론적으로는 12년 동안 행해지는 것도 있다. 그 외에 소마 봉헌과 결합되어 있는 일련의 전례 체계가 있다. 예를 들어 『마하브라타mahāvrata』("거대 전례")에는 음악, 춤, 연극적 행위, 대화, 외설적 장면(제관 중 한 사람이 그네 위에서 균형을 잡으며 성교하는 장면 등)이 보인다. 바자페야vajapeya("승리의 음료")라고 알려진 의례는 17일에서 1년 동안 계속되는데, 17마리가 이끄는 전차를 타고 달리는 경주, 혹은 의례 집행자와 그의 아내가 성스러운 기둥에 의례적으로 올라가는 "태양으로의 상승" 같은 신화-의례적인 시나리오를 갖추고 있다. 왕의 즉위식(*rājasūya*) 역시 소마 의례 체계에 편입되어 있다. 이 경우에도 우리는 생생한 에피소드들을 만나게 된다(왕이 암소 무리를 빼앗는 모의 약탈, 또 왕이 사제와 함께 주사위 놀이를 하고 승리하는 장

---

4) 또 다른 의례인 프라바르기야pravargya는 아주 이른 시기에 아그니스토마에 통합되었으나, 그것은 본래 우기가 지난 후에 태양을 강화시키기 위한 독립적인 의식이었던 것 같다. 프라바르기야 의례에서 특히 흥미로운 것은 "비밀 의례"적 성격이지만, 그 외에도 그것이 푸자pūjā, 즉 도상으로 상징된 신격 숭배에 관한 가장 오래된 예를 보여준다는 점도 흥미롭다. J. A. van Buitenen, *The Pravargya*, pp. 25 sq., 38 등을 참조하라.

면 등이 있다). 하지만 본질적으로 이 의례는 통치자의 신비적 재생 renaissance mystique을 목표로 삼는다.(본권 74절) 아그니차야나agnicayana라고 하는, 불의 제단을 벽돌로 쌓아 올리는 또 다른 의례 체계가 임의적이긴 하지만 소마 의례와 결부되어 있다. 어떤 문헌에 의하면 "옛날에는" 다섯 가지 희생 제물이 올려졌는데, 그중의 하나가 인간이다. 그들의 머리는 벽돌의 첫 번째 줄에 놓인다. 이 제의를 준비하는 데만 1년이 걸린다. 제단은 1만 800개의 벽돌을 다섯 줄로 쌓아 올려 만드는데, 때로는 새 모양으로 쌓아 올려 의례 집행자의 신비적 상승을 상징하기도 한다. 아그니차야나는 인도 사상에서 결정적인 역할을 수행하게 된 우주의 기원에 대한 일련의 사색을 낳기도 했다. 인간 희생은 프라자파티의 자기희생을 반복하는 것이며, 제단을 건설하는 것은 우주의 창조를 상징하는 것이었다.(본권 75절)

73. 최고의 희생 제의: "아슈바메다"와 "푸루샤메다"

베다 의례에서 가장 중요하면서도 유명한 것은 "말을 바치는 제의"인 아슈바메다aśvamedha이다. 그 제의를 행할 수 있는 자격은 전쟁을 승리로 이끌고 "세계의 지배자"로서의 지위를 획득한 왕에 한정되어 있었다. 그러나 제의의 결과는 왕국 전체에 파급되었다. 실제로 아슈바메다는 왕국 전체의 불결함(재앙)을 씻어주고 풍요와 번영을 보증해준다고 여겨졌다. 의례를 위한 준비에만 1년이 소요되고, 그 기간 동안 제물로 바쳐질 수말 1마리를 다른 말 100마리와 함께 방목한다. 이때 400명이 그 수말이 암말들과 짝을 짓지 못하도록 감시한다. 의례 자체는 3일간 계속된다. 이틀째에는 어떤 특정한 의식(수말에게 암말들을 보이고 수말을 전차에 연결하여 왕자가 연못까지 몰고 간다)을 치른 뒤에, 여러 가축을 희생물로 바친다. 마지막으로 프라자파티 신의 화신으로 여겨진 수말은 질식사를 당하고 제물로 바쳐진다. 각각 100명의 시녀들을 거느린 왕비 네 사람은 죽은 말 주변을 둘러싸고, 정비正妃는 죽은 말 옆에 나란히 눕는다. 그녀는 천을 덮고 말과 성교하는 흉내를 낸다. 그동안 사제들은 다른 왕비들과 외설스런 농담을 주고받는다. 누워 있던 왕비가 일어나자마자 말을 비롯한 희생 제물을 해체하는 작업에 들어간다. 사흘째에는 다른 의식이 거행되고, 마지막으로 사례금(dākṣiṇa)을 사제들에게 나누어준다. 사제들은 게다가 네 왕비들이나 그들의 시녀들 또한 받는다.

말의 희생은 분명히 인도-유럽 민족에게서 기원한 것이다. 우리는 그 흔적을 게르만인, 이란인, 그리스인, 라틴족, 아르메니아인, 마사게타이인[카스피해 동쪽에 사는 이란계 민족], 달마티아인[현재의 크로아티아 남서부, 아드리아 해 연안에 있는 달마티아에 있었던 민족] 등에게서 찾을 수 있다. 그러나 이 신화-의례적 시나리오는 인도에서 처음으로 종교적 삶이나 신학적 사유에서 중요한 위상을 획득한다. 아마도 아슈바메다는 원래 봄에 거행되는 축제, 보다 정확하게 말하자면 새해맞이 축제였을 것이다. 그 구조에는 우주 창조론적 요소가 포함되어 있다. 즉 한편으로 말[馬]은 우주(＝프라자파티)와 동일시되고, 희생 제의는 창조 행위를 상징한다(즉 재생산한다). 다른 한편으로『리그베다』나『브라흐마나』등의 문헌은 말과 원초적 물의 관계를 강조하고 있다. 인도에서 원초적 물은 우주 창조를 가장 잘 표현하는 물질이라고 여겨졌다. 그러나 이 복합 의례는 동시에 비밀 종교적인 "비의"를 수반하기도 한다. "아슈바메다는 모든 것이다. 브라만으로서 아슈바메다를 이해하지 못하는 자는 아무것도 모르는 자이며, 브라만이라고 할 수 없다. 그는 마땅히 모든 것을 박탈당해야 한다."(Śatapatha Br., XIII, 4, 2, 17) 이 희생 제의는 우주 전체를 재생시키는 동시에 최고의 모범에 따라 모든 사회 계급과 직업을 재건하는 임무를 가지고 있다.[5] 왕족의 힘(kṣatrā)을 대표하는 말[馬]은 야마Yama, 아디티야(태양), 소마 등(즉 최고신들)과도 동일시되며, 어떤 의미에서는 왕의 대리자이다. 이 의례와 비슷한 시나리오를 가진 **푸루샤메다**puruṣamedha를 분석할 때에도 이러한 동일화와 대체의 과정을 고려해야 한다. 실제로 "인간 희생"이 **아슈바메다**의 뒤를 따라 나온다. 동물 희생 외에도, 암소 1000마리와 말 100마리의 값을 주고 산 브라만이나 **크샤트리아** 한 사람이 희생 제물로 바쳐지기도 한다. 그 사람에게도 1년 동안 자유가 주어지고, 그가 죽음을 당하고 나면 바로 왕비가 그 시체 옆에 눕는 의례적 행동을 한다. **푸루샤메다**는 **아슈바메다**에 의해서도 손에 넣을 수 없는 귀중한 것을 가져다준다고 믿어졌던 것이다.

과연 그러한 희생 제의가 실제로 행해졌는지에 대해 의문을 가질 수도 있다. **푸루샤메다**는 몇몇 『슈라우타수트라Śrautputasūtra』에 기록되어 있으나, 희생물의 살해를 규정하고 있는 것은 『상카야나Sāṅkhāyana』와 『바이타나Vaitāna』 두 문헌밖에 없다. 그 이외의 다른 전례서에 의하면 희생물로 바쳐진 인간은 최후의 순간에 풀려나고, 동물이 대신해서 희

---

5) 희생 제의가 진행되는 동안에 한 사제는 다음과 같이 기도한다. "브라만이 신성함을 지니고 태어날 수 있도록 하소서!…… 왕자가 왕의 위엄, 영웅, 궁수, 강인한 팔을 가진 전사, 무적의 전차 안에서 태어나게 하소서. 암소의 젖이 풍성하게 나오게 하시고, 짐을 끄는 황소가 강하고, 말이 날래고, 여인이 다산하고, 병사가 승리를 쟁취하고, 젊은이가 웅변에 능하게 하소서. 파르자니야Parjanya가 우리에게 항상 은혜로운 비를 내려주게 하소서. 곡식이 풍성하게 결실하게 하소서! 등."(Vājasaneyi Samhitā, XXII, 22)

생물이 된다고 쓰고 있다. 푸루샤메다가 진행되는 동안에 유명한 우주 창조 찬가인 「푸루샤수크타Puruṣasukta」(*RV*, X, 90)가 낭송된다는 점도 중요하다. 희생 제물을 **푸루샤**-프라자파티와 동일시하는 것은 의례 집행자를 프라자파티와 동일시하는 것과 일맥상통한다. **푸루샤메다**의 이러한 신화-의례적 시나리오와 놀랄 만큼 유사한 예가 게르만의 전통 안에 남아 있다.[6] 창에 찔려 상처를 입고 우주목에 9일 동안 매달려 있던 오딘은 지혜를 획득하고 마술을 완전히 습득하기 위해 "자기 자신을 자기에게 제물로 바치는" 희생 제의를 치른다.(*Hávamál*, 138) 11세기의 브레멘의 아담에 따르면 이 희생 제의는 9년마다 아홉 사람의 인간과 여러 동물을 제물로 나무에 매다는 방식으로 웁살라에서 재현되었다고 한다. 인도-유럽 민족들 사이에서 보이는 이러한 유사성은 **푸루샤메다**가 문자 그대로 거행되었을 것이라는 가설에 타당성을 부여한다. 하지만 인도에서의 희생의 실천과 이론은 반복해서 재해석되었고, 인간 제물 역시 구원론 형태의 형이상학을 드러내는 것으로 귀결되고 말았다.

74. 의례의 입문 의례적 구조: 입문 의례(디크샤), 왕의 즉위식(라자수야)

이 과정을 보다 더 잘 이해하기 위해서는 **슈라우타** 의례의 입문 의례적 전제를 분명히 하는 것이 필요하다. 입문 의례는 신참자의 "죽음"과 "재생", 다시 말해 참여자가 한 차원 높은 존재 양식으로 다시 태어나는 것을 상징한다. "희생" 또는 상징적인 **모태로의 회귀**regressus ad uterum를

---

6) James L. Sauvé, "The Divine Victim"을 참조하라. 이 논문에서는 인간 희생에 관한 게르만 및 산스크리트 원전의 문장이 인용되고 있다.

통해 인간은 의례적 "죽음"을 경험한다. 이 두 방법이 등가적이라는 사실은 "희생으로서의 죽음"과 "수태"가 동일시되었다는 것을 의미한다. 『샤타파타 브라흐마나』(XI, 2, 1, 1)에서 주장하는 것처럼 "사람은 세 번 태어난다. 처음에는 부모로부터, 두 번째는 그가 희생 제의를 거행할 때에……, 세 번째는 그가 죽음을 맞이하여 불 위에 놓여질 때이다. 그 불 위에서 그는 새로운 존재가 된다." 사실 무수한 "죽음"이 문제인데, 왜냐하면 "두 번째 태어난" 모든 인간은 그의 일생 동안 여러 차례에 걸쳐 슈라우타 제의를 실천하게 되기 때문이다.

입문 의례, 즉 디크샤dīkṣā는 모든 소마 제의에 필수적으로 수반되는 준비 단계이지만, 다른 경우에 행해지기도 한다.[7] 디크샤를 치르고 있는 의례 집행자는 입문 의례에 의한 모태로의 회귀를 경험하는 순간 그의 우파나야나에 의해 이미 "두 번째 태어난 자"가 된다는 사실을 기억하자. 그리고 디크샤가 진행되는 동안 태아 상태로의 퇴행이 일어난다. 실제로 "사제들은 디크샤를 치르는 신참자를 태아로 변화시킨다. 사제들은 그 사람을 물 속에 잠기게 한다. 물, 그것은 정액이다……. 사제들은 그 사람을 특별히 준비된 방에 넣는다. 그 방은 디크샤를 치르는 자들에게는 자궁이다. 사제들은 그 사람에게 옷을 입힌다. 옷, 그것은 그를 사람을 싸는 막이다……. 그 사람은 주먹을 쥐고 있다. 실제로 태내에 있는 동안 태아는 손을 쥐고 있다."(*Aitareya Brāhmaṇa*, I, 3) 유사

---

7) Eliade, *Naissances mystiques*, pp. 115 sq.; Gonda, *Change and Continuity*, pp. 315 sq.를 참조하라. 『리그베다』에서는 디크샤가 무시되고 있는 것처럼 보이지만, 『리그베다』와 같은 전례서들이 베다 종교의 전모를 보여주고 있는 것은 아니라는 점을 잊어서는 안 된다. Gonda, p. 349를 참조하라. 이 의식은 『아타르바베다』(XI, 5, 6)에서 입증되고 있다. 브라흐마차린brahmacârin은 디크시타dīkṣita, 즉 디크샤를 실천하는 자라고 불린다.

한 문헌에서는 의례의 태생학적, 산과적 성격이 강조되고 있다. "디크시타dīkṣita(디크샤를 실천하는 자)는 정액이다."(*Maitrāyaṇī-Saṃhitā* III, 6, 1) "디크시타는 태아이며 그의 옷은 태아를 둘러싼 난막이다."(*Taittīrya-Sam.*, I, 3, 2) 이러한 **모태로의 회귀**가 일어나는 이유는 계속 언급되고 있다. "사람은 진정으로 태어나지 않았다. 희생 제의에 의해서 비로소 그는 진정하게 태어난다."(*Mait.-Saṃ.*, III, 6, 7)[8]

제의 때마다 반복되는 이러한 신비롭고 새로운 탄생은 의례 집행자들이 신들에게 동화되도록 해준다. "제의 집행자는 사실은 천상계에서 태어나야 할 운명이었다."(*Śat. Br.*, VII, 3, 1, 12) "입문 의례를 거친 자는 신에게 가까이 가고, 그들의 일원이 된다."(*ibid.*, III, 1, 1, 8) 같은 책에서는, 새롭게 태어난 의례 집행자들은 사방으로 퍼져 나가는 공간 위에 서지 않으면 안 된다, 즉 우주를 지배하지 않으면 안 된다고 명언한다.(VI, 7, 2, 11 이하) 하지만 디크샤는 죽음과 동일시되기도 한다. "자신을 제물로 바치는 그 순간 그(의례 집행자)는 두 번째 죽음을 맞이한다."(*Jaim. Upanishad Brāh.*, III, 11, 3)[9] 다른 문헌에 의하면 "디크시타는 희생 제물이다."(*Taitt. Saṃhitā.*, VI, 1, 45)라고 한다. 왜냐하면 "희생 동물은 사실 의례 집행자 자신이기 때문이다."(*Ait Brāh.*, II, 11) 요컨대 "입문자[*신참자]는 신들에게 바쳐지는 공물"(*Śat. Br.*, III, 6, 3, 19)이다.[10] 그

---

8) 이러한 입문 의례들은 모두 당연히 신화적 모델을 가지고 있다. 언어(Vāc)와 희생 제의(*Yajña*)가 결합한 결과 무서운 괴물이 태어나는 것을 방지하기 위해 인드라는 태아로 모습을 바꾸어 바츠의 자궁 안으로 들어간다.(*Śat. Br.*, III, 2, 1, 18 sq.)

9) 또한 Gonda, *op. cit.*, p. 385에 인용된 텍스트들을 참조하라.

10) 의례 집행자는 "정액의 모습을 가진 자기 자신의 몸을"(그것은 모래알로 표현된다) 가정의 불 속에 "던지는데", 그것은 현세, 즉 지상에 재생하는 것을 보증하기 위해서이다. 그리고 그는 희생의 제단 앞에 자기 몸을 던지는데, 그것은

의례의 원형은 신들에 의해 제시되었다. "아그니여, 당신 자신의 몸을 공물로 드리십시오."(*RV*, VI, 11, 2) "당신의 몸은 점차 커지고 있습니다. 당신의 몸을 공물로 드리십시오."(X, 81, 5) 왜냐하면 "신들은 희생에 의해 희생 제의를 치르기"(X, 90, 16) 때문이다.

이처럼 의례적 죽음은 신들에게로 다가가기 위해서, 그리고 동시에 현세에서 충만한 생명을 획득하기 위해서 반드시 요구되는 조건이다. 베다 시대에는 희생 제의에 의해 획득된 "신성화"가, 비록 일시적인 것이긴 하지만, 결코 생명이나 인간으로서의 존재 가치를 저하시키는 것은 아니었다. 반대로 신들이 사는 천상으로의 의례적 상승을 통해 의례 집행자는 물론 사회 전체, 그리고 자연은 축복을 받고 재생될 수 있었다. 아슈바메다 희생 제의를 통해 얻은 결과에 대해서는 이미 살펴보았다.(본장의 주석 5 참조) 웁살라에서 이교도들이 행했던 인간 희생의 경우에 있어서도 역시 우주의 재생과 왕의 힘을 회복하는 것이 목표였다고 보아도 좋을 것이다. 하지만 이런 모든 것은 창조의 반복을 목적으로 삼는 의례 집행자의 "죽음"과 "태아화胎兒化", 그리고 재생을 포함하는 여러 의례에 의해 획득되는 것이었다.

인도의 왕의 즉위식, 즉 라자수야rājasūya 역시 비슷한 시나리오를 가지고 있다. 중심이 되는 의식은 신년 무렵에 거행되었다. 도유식에 앞서서 디크샤가 1년 동안 거행되고, 그후에 종결 의례가 1년 동안 계속된다. 라자수야는 우주를 재생시키기 위해 매년 행해지는 일련의 전례를 단축한 것이라고 할 수 있다. 그 의례에서 왕은 중심적인 역할을 담당하는데, 왕은 모든 슈라우타 집행자와 마찬가지로 어떤 의미에서는

천상에 재생하기 위해서이다. A. K. Coomaraswamy, "Atmayajña : Self-Sacrifice", p. 360에 인용된 텍스트들을 참조하라.

우주를 통합하고 있기 때문이다. 의례의 여러 단계가 계속 이어지고, 미래의 왕은 태아 상태로 퇴행하여 1년 동안 머무른다. 그후 왕은 우주의 지배자로서 신비롭게 다시 태어나고, 프라자파티와 우주 양자와 동일시된다. 미래의 왕이 거쳐야 하는 "태아기"는 우주의 성숙 과정에 대응하는 것으로서, 원래는 곡물의 결실 과정과 관계가 있었을 것이라고 생각된다. 의례의 두 번째 단계는 지배자가 새로운 신체를 형성하는 단계이다. 이 단계에서 왕의 상징적 신체는 왕과 브라만 계급 혹은 민중과의 신비적 결혼(그 결혼을 통해 왕은 그들의 자궁에서 태어나게 된다), 또는 남성적인 물과 여성적인 물의 결합, 또는 황금—불의 상징—과 물의 결합에 의해 얻어진다.

세 번째 단계는 왕이 세 개의 세계에 대한 지배권을 확립하기 위한 일련의 의례로 구성되어 있다. 다시 말해 왕은 우주의 화신이 되어 스스로 우주의 지배자가 된다. 지배자가 손을 위로 올리는 동작은 우주 창조의 의미를 갖는데, 그것은 **세계축**의 수립을 상징하는 것이다. 또 왕은 도유식에서 왕좌 위에 서서 두 손을 위로 올린다. 그 동작은 왕이 대지의 배꼽—즉 왕좌, 세계의 중심—에 우뚝 솟아 있는 **우주축**의 화신으로서 하늘에 손이 닿았다는 것을 상징한다. 그때 왕에게 뿌리는 성수聖水는 하늘에서 내려오는 원초적 물과 연결되어 있다. 이 물은 세계축—왕을 나타낸다—을 따라 흘러내리며 대지를 적신다. 마지막으로 왕은 사방을 향해 발걸음을 옮기고 상징적으로 천정에 기어 올라간다. 이러한 의례에 의해 왕은 사방과 사계절에 대한 지배권, 즉 우주의 시공 전체에 대한 지배권을 획득하게 된다.[11]

11) J. C. Heesterman, *The Ancient Indian Royal Consecration*, pp. 17 sq., 52 sq., 101 sq. 를 참조하라.

우리는 한편으로는 의례적 죽음과 의례적 재생이, 다른 한편으로는 우주 창조와 세계의 재생이 밀접하게 관련되어 있다는 사실에 주목해 왔다. 이러한 사유는 모두 지금부터 설명하고자 하는 우주 창조 신화들과 연결되어 있다. 그러한 신화들은 특히 희생 제의에 과도한 의미를 부여하는 고유한 관점을 가진 『브라흐마나』의 저자들에 의해 더욱 정밀해지고 명확해질 것이다.

75. 우주 창조론과 형이상학

베다의 찬가들은 직접적으로 혹은 단순히 암시적인 방식으로 여러 개의 우주 창조 신화를 전하고 있다. 그 신화들은 널리 퍼져 있었으며, 다양한 문화층에서 발견된다. 이러한 각각의 우주 창조 이야기의 "기원"을 탐색하는 것은 무익한 시도가 될 것이다. 아리아인에 의해 전해진 것이라고 생각되는 신화도 그 이전에 존재했던 오래된 문화 또는 "원시" 문화에서 유사한 예를 발견할 수 있다. 다른 종교사상이나 신앙과 마찬가지로 모든 고대 세계에서 우주론은 선사시대부터 이어지는 문화적 유산의 존재를 보여주고 있다. 우리의 목적상 중요한 것은 우주 창조 신화에 대한 인도인의 해석 혹은 재평가이다. 하지만 우주 창조 이야기가 등장한 시기를 그것이 처음으로 기록된 문서의 연대에 의거하여 판정해서는 안 된다는 것을 기억하자. 가장 오래되고 가장 널리 퍼진 신화 중의 하나인 "우주 창조를 위한 잠수"가 인도에서 서사시나 푸라나 문헌들 안에 삽입되어 일반적으로 알려지게 된 것은 상당히 후대에 이르러서였다.

베다의 시인이나 신학자의 마음을 사로잡은 것은 기본적으로 다음과 같은 네 가지 유형의 창조 신화였다. (1) 원초적인 물의 수태에 의한 창조. (2) 원초적 거인 푸루샤의 해체에 의한 창조. (3) 유有이기도 하고 동시에 무無이기도 한 단일적 총체성으로부터의 창조. (4) 하늘과 땅의 분리에 의한 창조.

『리그베다』의 유명한 찬가(X, 121)에서는, 히라니야가르바Hiranya-garbha("황금의 태아")라는 신이 물 위를 날아가다가 물 속에 뛰어들어 물을 수태시켰고, 거기에서 불의 신 아그니가 태어났다고 말한다.(7연) 『아타르바베다』(X, 7, 28)는 황금의 태아를 우주 기둥 스캄바Skambha와 동일시하고 있다. 『리그베다』(X, 82, 5)는 물이 수태한 최초의 씨앗을 "세계의 장인匠人" 비슈바카르만Viśvakarman과 연관시키고 있지만, 태아의 이미지는 장인으로서의 신적 존재와 맞지 않는다. 이러한 예들은 원형이 되는 하나의 신화를 변형시킨 것들로서, 원래 신화는 황금의 태아가 원초적 물 위를 날아다니는 창조신의 자식이라고 이야기했을 것이다.[12]

두 번째 우주 창조론의 주제는 의례주의적 관점에서 대담하게 재해석된 것이며, 리그베다의 유명한 찬가 「푸루샤수크타」(RV, X, 90)에서도 발견된다. 원초적 거인 푸루샤("사람")는 우주의 총체(1~4연)이자 양성구유적 존재로 등장한다. 실제로(5연) 푸루샤는 여성적 창조 에너지인 비라주Virāj를 출산하고, 바로 비라주에게서 다시 태어난다.[13] 하지만 창조 그 자체는 우주적 희생 제의의 결과이다. 신들은 그 "사람[*원초적

---

12) 황금의 태아라는 이미지는 고전기의 인도에서는 물이 낳은 우주알로 표현된다.(이미 우파니샤드에서 보인다. *Katha Up.*, IV, 6; *Svetâsvatara*, III, 4, 12)

13) 비라주는 일종의 샥티Śakti다. *Brhadāranyaka Up.*, IV, 2, 3에서 비라주는 푸루샤와 결혼한다.

거인」"을 제물로 삼는다. 해체된 그의 시체로부터 동물들, 의례의 여러 요소들, 사회 계급들, 대지, 하늘, 신들이 출현한다. "그의 입은 브라만이 되었고, 두 팔은 무사 계급, 두 허벅지는 장인, 두 발은 노예 계급이 되었다."(12연, Renou 번역) 그리고 하늘은 그의 머리에서, 대지는 다리에서, 달은 그의 의식意識에서, 태양은 눈에서, 인드라와 아그니는 입에서, 바람은 숨에서 태어났다고 한다.(13~14연)

이러한 희생 제의의 규범적 기능은 마지막 부분(16연)에서 강조되고 있다. "신들은 희생 제의에 의해 제물을 바친다." 다시 말해 푸루샤는 희생의 대상인 동시에 희생을 받는 신이다. 우주, 생명, 인간은 푸루샤의 신체에서부터 나왔다. 하지만 찬가는 푸루샤가 창조에 선행하면서 동시에 창조를 초월한다는 사실을 분명히 밝히고 있다. 즉 푸루샤는 초월적인 동시에 내재적인 존재로, 이러한 모순적인 존재 방식은 인도의 우주 창조신들에게 있어 특징적인 현상이라고 할 수 있다.(프라자파티 참조) 중국(반고盤古), 고대 게르만(이미르Ymir), 메소포타미아(티아마트) 등에서도 유사한 예를 찾아볼 수 있는 이러한 신화는 인간의 모습을 한 신적 존재의 희생에 의해 창조가 발생한다는 원초적 유형의 우주 창조론을 보여준다. 「푸루샤수크타」는 그 이후 무수한 사변의 뿌리가 되었다. 그러나 고대 사회에서 신화가 모든 종류의 창조에서 범례로 이용되었던 것처럼, 이 찬가 역시 자식의 탄생을 축하하는 의례 혹은 사원(더구나 푸루샤를 모방하여 지었다)의 건립을 축하하는 의식, 더 나아가 재생을 기원하는 정화 의례에서 낭송되었다.[14]

『리그베다』 안에서 가장 유명한 찬가(X, 129)는 우주 창조론을 형이상학적으로 제시하고 있다. 시인은 무無에서 유有가 탄생한 이유를 묻고

14) Gonda, *Viṣṇuism and Śivaism*, p. 27의 텍스트들에 대한 출전들을 보라.

있는데, 그렇게 된 것은 처음에는 "무도 없고 유도 없는"(1연 1) 상태였기 때문이다. "그때에는 죽음도 없고 불사도 없었다"(즉 인간도 신도 존재하지 않았다). 존재하는 것은 미분화된 원리인 "유일자"(중성)밖에 없었다. "유일자는 호흡하지 않고 그 자신의 자극으로 숨쉬었다." 그리고 "그 이외에는 아무것도 존재하지 않았다."(2연) "태초에 암흑은 암흑으로 가려져 있었다." 그러나 열(고행에서 나오는 열, 타파스tapas)이 "유일자" 혹은 "공空으로 뒤덮인"(원초적 물로 둘러싸여 있다는 것으로 이해할 수 있다) "잠재력(âbhû)"—"태아"—을 낳았다. 이 배아("잠재력")로부터 욕망(kâma)이 출현했고, 이 욕망이야말로 "의식(manas)의 제1종자(retas)"였다. 이런 놀라운 주장은 인도 철학사상의 주요 명제 하나를 앞질러 보여주는 것이다. 시인들은 사색을 통해 "무에서 유의 기원을 발견했다."(4연) 그리고 그 "제1종자"는 이어서 "위"와 "아래", 남성 원리와 여성 원리로 분리된다.(RV, X, 72, 4 참조) 하지만 "제2의 창조", 즉 현상의 창조는 아직까지 수수께끼로 남아 있다. 신들은 나중에 태어났고(6연), 따라서 그들은 세계 창조의 책임자는 아니다. 시인은 이런 식으로 질문을 던지면서 찬가를 마무리 짓는다. "가장 높은 하늘에서 (이 세계를) 감시하는 자만이 그것을 안다(즉 그는 "제2의 창조"의 기원을 알고 있다)—혹은 그도 그것을 알지 못한다면?"

  이 찬가는 베다의 사유가 도달한 정점을 보여준다. "유일자"[15] 또는 "그것"이라고 불리는 신들과 창조를 초월한 불가지不可知의 최고 존재에 대한 공리는 그 이후의 우파니샤드 및 일부 철학 체계로 발전해나

---

15) 이미 『리그베다』 안에서 신들의 복수성複數性을 유일한 신적 원리로 환원시키고자 하는 경향이 보인다. "영감을 받은 시인들은 유일 물질을 여러 가지 이름으로 부른다."(I, 164, 46)

간다. 『리그베다』(X, 90)의 푸루샤와 마찬가지로 유일 물질은 세계에 선행하며, 자신의 초월성을 상실하지도 않고도 자신을 자체적으로 전개시켜 세계를 창조한다. 이러한 사유 방식은 후대의 인도 사상에서 대단히 중요한 것이 되므로 기억해두자. 의식意識뿐 아니라 우주 역시 그것을 만든 자의 욕망(*kâma*)에 의존하고 있다. 여기서 우리는 상키야-요가 철학과 불교의 맹아를 발견할 수가 있다.

네 번째로 등장하는 우주 창조론의 주제는 하늘과 땅의 분리, 혹은 인드라에 의한 브리트라의 분리이다. 「푸루샤수크타」와 비슷한 내용을 가진 이 신화는 세계의 창조(혹은 재생)를 목적으로 삼는 "전체성"을 폭력에 의해 분할하는 것을 문제 삼는다. 이러한 주제는 원초적이며, 놀라울 정도로 다양하게 재해석하고 응용할 수 있다. 이미 본 것처럼 (본권 68절), 원초적 용에게 벼락을 내리쳐 그것을 해체시킨 인드라의 우주 창조적 행위는 가옥의 건설에서부터 말싸움에 이르는 상당히 다양한 활동의 모델을 제공한다.

마지막으로 신적 존재, 즉 "세계의 장인"인 비슈바카르만에 의한 세계 창조에 대해 살펴보자.(*RV*, X, 81) 이 신은 조각가, 대장장이, 혹은 목수처럼 세계를 만들어낸다. 하지만 다른 종교에서도 널리 알려지고 「푸루샤수크타」에 의해 유명해진 이런 신화적 모티프는 베다 시인들을 통해 창조-희생 제의라는 주제와 연결된다.

우주 창조론이 복수로 존재한다는 사실은 신과 인간의 기원에 관한 전승이 복수로 존재한다는 것과 합치된다. 『리그베다』에 의하면 신들은 원초적인 쌍이었던 하늘과 땅 사이에서 태어났거나 혹은 원초적인 물 또는 무無에서 태어났다고 한다. 어쨌든 그들은 세계의 창조 이후에 존재하기 시작했다. 후대에 만들어진 찬가(*RV*, X, 63, 2)는 신들이 아디티 여신과 물 그리고 흙에서 태어났다고 말한다. 하지만 그 신들이 모두 불사의 존재였던 것은 아니다. 『리그베다』는 그들은 불사성을 사비트리(IV, 54, 2) 혹은 아그니(VI, 7, 4)로부터 얻거나, 또는 소마(IX, 106, 8)를 마심으로써 얻었다고 전한다. 인드라는 고행, 즉 타파스(X, 167, 1)에 의해 불사를 얻었지만, 『아타르바베다』에서는 다른 모든 신들도 동일한 방법으로 불사를 얻었다고도 말한다.(XI, 5, 19; IV, 11, 6) 『브라흐마나』에 따르면, 신들은 특정한 희생 제의를 통해서 불사를 얻은 것으로 되어 있다.

인간들 역시 원초적 쌍인 하늘과 땅에서 유래한다. 그들의 신화적 조상은 비바스바트Vivasvat 신의 아들 마누Manu로, 그는 최초의 제의 집행자이자, 최초의 인간이었다.(RV, X, 63, 7) 다른 전승에 따르면 최초의 신화적인 부모는 비바스바트의 아들인 야마Yama와 그의 여동생 야미Yamī와 동일시되고 있다.(X, 10) 끝으로 앞에서도 본 것처럼 「푸루샤수크타」(X, 90, 12)는 인간(즉 네 개의 사회계급)이 희생 제물로 바쳐진 원초적 거인의 신체 기관에서 유래한다고 설명한다. 태초에 인간은 희생 제의를 통해서 불사를 얻을 수 있었지만, 신들은 그 불사성을 순수하게 정신적인 것, 즉 죽은 다음에만 획득할 수 있는 것으로 규정했다.(Śatapatha Br., X, 4, 3, 9) 죽음의 기원에 대한 신화적 설명은 그 외에도 여럿이 있다. 『마하바라타』에서는 인간이 너무 많아지면서 대지가 바다 속에 가라앉는 것을 방지하고 대지의 부담을 덜어주기 위해서 브라흐마 신이 죽음을 가져왔다고 설명하고 있다.(VI, 52~54; XII, 256~258)

신과 인간의 탄생, 그리고 불사성의 상실 내지 획득에 관한 여러 신화들은 다른 인도-유럽 민족에게서도 발견된다. 그리고 그와 유사한 신화는 다른 여러 전통 문화 안에서도 발견된다. 하지만 이들 신화가 새로운 종교 의식意識을 창출하는 데 결정적이었던 희생 제의의 기법이나 명상이나 사유의 방법 등을 환기시킨 것은 오직 인도에서뿐이었다.

76. 『브라흐마나』 속의 희생 제의의 교의

「푸루샤수크타」는 『브라흐마나』(BC 약 1000~800년)에서 정밀한 체계를 갖추기 시작한 희생 제의 이론의 출발점이자, 교의를 정당화하는 근거였다. 푸루샤가 자기 스스로를 신들에게 제물로 바쳐 우주를 창조했던 것처럼, 프라자파티는 우주 창조의 과업을 완수한 후에 치명적인 "피로"를 느꼈다. 『브라흐마나』에서는 프라자파티가 지식인들의 사변의 산물이라고 생각하지만, 그 구조 자체는 원초적이다. "생명체의 주인"인 그는 우주의 대신과 상당히 유사하다. 그는 어떤 면에서는 『리그베다』(X, 129)에 나오는 "유일자"나 비슈바카르만과 비슷하지만, 궁극적으로는 푸루샤의 연장선상에 있는 신이다. 나아가 푸루샤와 프라자파티의 동일성은 여러 텍스트들에서도 확인된다. "푸루샤는 프라자파티이다. 푸루샤는 시간이다."(*Jaim Br.*, II, 56; *Śat. Br.*, VI, 1, 1, 5 참조) 태초에 프라자파티는 물질화되지 않은 단일적 총체성, 즉 순수한 정신적 존재였다. 그러나 욕망(*kâma*)에 자극받은 그는 스스로 증식하는 존재가 되었다.(*Śat. Br.*, VI, 1, 1) 그는 고행(타파스, 문자적 의미는 "열기熱氣")을 통해 스스로를 극한에 이를 정도로 "뜨겁게 만들고", 그 열의 방사에 의해 세계를 창조했다.[16] 그것은 원시적인 우주 창조 신화에서 보이는 땀에 의한 우주 창조, 혹은 정액의 방사에 의한 우주 창조와 같은 맥락이라고 이해할 수 있다. 그는 먼저 브라흐만, 즉 세 종류의 지식(세 종류의 베다)을 창조하고, 그 다음에는 언어로부터 물을 창조했다. 물을 통해 재생하기를 원했던 그가 물 속에 뛰어들자 알이 만들어졌고, 그 알의

---

16) 여기서 사용되는 단어는 비스리주visrj인데, 이 단어는 어근 *srj*, 즉 "방출하다"에 모든 방향으로의 확산을 의미하는 접두사 *vi-*가 붙은 형태이다.

껍데기가 대지가 되었다. 그 다음에는 하늘 위에 사는 존재인 신들과, 대지 위에 사는 존재인 아수라들을 창조했다.(*ibid.*, XI, 1, 6, 1 이하)[17]

그후 프라자파티는 생각했다. "실은 내가 내 자신 안에서, 즉 1년 동안에 창조되었다." 이런 이유로 "프라자파티는 1년"(*ibid.*, XI, 1, 6, 13)이라고 불린다. 자기 자신(*ātman*)을 신들에게 바침으로써 그는 자기 자신 안에서, 즉 희생 제의 가운데서 타자를 창조한 것이다. 바로 그런 이유에서 사람들은 "희생 제의는 프라자파티이다"라고 말한다. 그리고 프라자파티의 우주적 신체의 관절(*parvan*)은 1년의 다섯 계절과 다섯 개의 불 제단을 의미하는 것이라고 한다.(*Śat. Br.*, VI, 1, 2)

프라자파티와 우주, 순환적 시간(1년), 불제단을 3중적으로 동일시하는 관점은 『브라흐마나』에 나타나는 희생 제의 이론의 대단한 혁신성을 보여준다. 거기에서는 베다 의례에 생기를 부여했던 관념들이 쇠퇴하고, 우파니샤드의 저자들이 발견하게 될 새로운 이념이 준비되고 있었다. 기본적인 사상은 프라자파티가 "열"을 내뿜고 그것을 "방사"하면서 스스로의 에너지를 소비하고, 마침내 피로로 인해 소멸한다는 것이다. 두 개의 핵심 개념—타파스(고행으로 인해 발생하는 열)와 비스리주 visṛj(열의 방사)—은 간접적으로 혹은 함축적으로 성적인 의미를 내포하고 있을 것이다. 왜냐하면 인도의 종교사상에서 고행과 성은 밀접하게 연결되어 있기 때문이다. 프라자파티의 신화와 그 안의 이미지들은 우주 창조를 생물학적 용어로 번역한 것이다. 그리고 그의 존재 양식으

---

17) 다른 텍스트는 그의 머리에서 하늘이, 가슴에서 대기가, 두 다리에서 대지가 생겨났다고 말한다.(Gonda, *Les religions de l'Inde*, I, p. 226을 참조하라) 여기서 푸루샤의 자기희생의 영향을 확실하게 볼 수 있다. 그러나 그것은 오히려 그 두 신의 구조적 유사성을 확증하는 것이기도 하다.

로 볼 때 세계와 생명은 스스로 존재를 계속하는 것으로 인해 소진되어 버린다.[18] 프라자파티가 느끼는 피로감은 강력한 이미지로 표현되고 있다. "생명체를 방사한 이후 프라자파티의 관절은 없어지고 말았다. 프라자파티는 확실히 1년이며, 그의 관절은 낮과 밤의 접점(새벽과 저녁 무렵)이며, 보름달과 초승달이며, 계절의 시작이기도 하다. 관절이 늘어났기 때문에 그는 다시 일어날 수가 없다. 신들은 아그니호트라(의 의례)를 통해 다시 그에게 관절을 만들어주었고, 그는 회복되었다."(*Śat. Br.*, I, 6, 3, 35~36) 다시 말하면 프라자파티의 우주적 신체는 희생 제의에 의해, 즉 아그니차야나(본권 72절)를 위한 희생 제단을 만듦으로써 재구성되고 재관절화(활성화)되었다. 같은 작품(X, 4, 2, 2)은 "프라자파티, 즉 1년은 720번의 낮과 밤으로 구성된다. 바로 그런 이유에서 제단 둘레에 360개의 돌과 360개의 벽돌을 놓는다"라고 말한다. "관절을 잃어버린 프라자파티는 (이제는) 이전에 만들어진 불 제단 그 자체이다"라고 말하고 있다.(X, 4, 2, 2) 사제들은 제단을 형성하는 벽돌을 여러 층으로 쌓아 올림으로써 프라자파티를 재구성하고, "다시 집성하는(*saṃskṛi*)" 것이다. 요컨대 각각의 희생 제의는 창조의 원초적 행위를 반복하는 것이며, 그것은 다음 해가 연속되는 것을, 즉 세계의 연속을 보증했던 것이다.

『브라흐마나』에 나타나는 희생 제의의 본래 의미는, 순환적 시간(1년)에 의해 "탈관절화되고" "소진된" 우주를 재창조하는 것에서 찾을 수 있다. 사제들이 거행하는 희생 제의를 통해서 세계는 건강한 생명력을 지닌 채 살아 있을 수 있다. 그것은 매년(혹은 일정한 기간마다) 우주 창조의 반복을 요구하는 원초적인 사상을 새롭게 적용한 결과물이었다.

---

18) 유사한 관념이 원초적 문화들, 특히 원시 경작민의 여러 문화의 특징이라고 알려져 있다.

또 그것은 의례의 절대적인 중요성을 확신하는 브라만 계급의 신념을 정당화하는 것이기도 했다. 왜냐하면 "만일 사제가 새벽에 불에게 바치는 봉헌을 소홀히 한다면, 태양은 떠오르지 않을 것이기"(*Śatapatha Br.*, II, 3, 1, 5) 때문이다. 『브라흐마나』에서는 희생 제의의 주술적이고 창조적인 힘 앞에서 베다의 여러 신들이 무시되거나 한옆으로 밀려나 있는 것을 볼 수 있다. 처음에 신들은 죽는 존재였지만(*Taitt. Sam.*, VIII, 4, 2, 1 등) 희생 제의에 의해 신이 되고 불사의 존재가 되었다고 한다.(*ibid*, VI, 3, 4, 7; VI, 3, 10, 2 등) 그후부터 신들의 기원과 본질, 성스러운 힘, 지식, 이 세계에서의 행복과 저세상에서의 "불사" 등 모든 것은 의례의 신비적 힘에 집약되었다. 하지만 희생 제의는 세부적으로 정확하게, 그리고 신앙심에 근거하여 실행되지 않으면 안 되고, 아주 조금이라도 그것의 효력을 의심하는 순간 오히려 나쁜 결과를 불러올 가능성이 있다. 우주 창조에 관한 이야기이며, 신들의 기원에 관한 이야기이며, 나아가 구원론이기도 한, 의례에 관한 교의를 보여주기 위해 『브라흐마나』의 저자들은 공상적인 어원학과 박식함을 구사하여 과거의 수수께끼들을 새롭게 해석함으로써 신화 및 여러 신화적 단편들의 수를 증가시켰다.

77. 종말론: 희생 제의를 통한 프라자파티와의 동일화

하지만 새로운 사유 방식 하나가 매우 일찍 출현했다. 희생 제의는 프라자파티를 재건하고 세계의 영속을 보증할 뿐 아니라, 정신적이고 파괴되지 않는 존재인 "자아〔自己〕", 즉 아트만을 창조할 수도 있다는 것이다. 희생 제의는 단순히 우주 창조를 지향하거나 종말론적 기능만을 수행하는 것이 아니라 새로운 존재 양식을 얻게 해준다. 불의 제단

(agnicayana)을 만드는 것은 희생 제의 집행자를 프라자파티와 동일화 시키는 과정이다. 더 정확하게 말하자면 프라자파티와 제의 집행자는 의례 그 자체를 통해서 일체화되는 것이다. 제단이 곧 프라자파티이며, 마찬가지로 제의 집행자는 제단이 된다. 제의의 주술적 힘에 의해 희생 제의 집행자는 새로운 신체를 얻을 수 있고, 천계로 상승하며, 거기에 서 두 번째의 탄생을 경험하고(Śat. Br., VII, 3, 1, 12), "불사"를 획득한다.(ibid., X, 2, 6, 8) 이것은 그가 사후에 다시 생명을 얻고, 시간을 초월 하는 "불사"의 존재 양식에 도달한다는 것을 의미한다. 가장 중요한 것—이것이 의례의 목표이다—은 "완전하고(sarva)" "흠결이 없는" 존재 양식을 사후에도 보존하는 것이다.[19]

프라자파티를 "전체적으로 다시 만드는 것(samdhâ, saṃskri)"은 제의 집행자가 자기 자신에 대해서도 동일한 통합과 일체화의 작업을 실천한 다는 것, 다시 말해 그 역시 "완전하게" 되는 것이다. 희생 제의를 통해 신들이 "자기(ātman)"를 회복하는 것처럼 제의 집행자 역시 자기 자신 을 위해 자신의 아트만을 회복한다.(Kaushitaki-Brâhmaṇa, III, 8) 아트만을 회 복하는 일은, 어떤 의미로는 우주 창조라는 과업으로 인해 분산되고 피 폐해진 프라자파티를 재통합하는 것과 유사하다. 의례적 행위(Karma) 의 전체가 충분히 조화된 형태로 실천되는 경우에, 그 의례는 "자기", 즉 아트만을 구성한다. 그것은 의례적 활동을 통해 제의 집행자의 심리-생 리적 기능이 집적되고 통일된다는 것을 의미하며, 그것의 총체가 아트만 을 구성한다는 것을 의미한다.(Aitreya Br., II, 40, 1~7) 그리고 제의 집행자 는 이 아트만에 의해 "불사"를 획득하게 된다. 신들 역시 희생 제의를 통 해 브라흐만을 획득하고, 불사의 존재가 된다.(Śatapatha Br., XI, 2, 3, 6) 그

19) Gonda, Les religions de l'Inde, I, pp. 236 sq.를 참조하라.

결과, 빠르게는『브라흐마나』가 만들어진 시대에 이미 암묵적으로 브라흐만과 아트만은 동일화되었다.[20] 이러한 동일화는 다른 일련의 동일화 현상에 의해 더욱 확실해졌다. 예를 들어 프라자파티와 불의 제단은『리그베다』와 일체화되었고,『리그베다』의 소리 하나하나는 제단을 구성하는 벽돌과 동일시되었다. 브라흐만 역시『리그베다』의 43만 2000개의 음절과 일체화되어 있었기 때문에 프라자파티와 동일시되었고, 최종적으로는 제의 집행자, 즉 그의 아트만과 동일시되었다.[21]

만일 프라자파티(Brahman)와 아트만ātman이 동일시된다면, 그것은 그들이 동일한 활동, 즉 "재구성"과 통합의 결과이기 때문이다. 물론 그 둘을 구성하는 소재는 다르다. 프라자파티-브라흐만의 경우는 제단의 벽돌이며, 아트만은 생물적, 심리-정신적 기능이다.[22] 하지만 다음과 같은 사실, 즉 우주 창조론이 아트만의 "형성"에 있어 범례가 되고 있다는 사실이 강조되어야 할 것이다. 요가의 다양한 신체 기법 역시 몸의 자세, 호흡, 심리-정신적 활동의 "집중"과 "통합" 등 같은 원리를 적용하고 있다.

자기(ātman)와 브라흐만이 동일하다는 사실의 발견은 우파니샤드에서 끊임없이 탐구되고 다양하게 평가된다.(본권 80절) 여기서는 우선『브라흐마나』에서 브라흐만이 우주적 희생 제의의 절차 및 그것의 확장

---

20) Lilian Silburn, *Instant et Cause*, pp. 74 sq.를 참조하라.

21)『샤타파타 브라흐마나』의 다른 곳(X, 6, 3, 2)에서는 인간의 마음속에 있는 "황금의 푸루샤"를 벼 낱알과 동일시하고 있다. 그것은 하늘보다, 에테르보다, 대지보다, 그리고 다른 무엇보다도 크다고 덧붙이고 있다. "이 정신의 자기[*아트만]는 나의 자기[*아트만]이다. 타계로 나아갈 때, 나는 이 자기[*아트만]를 획득할 것이다." 우선 푸루샤가 브라흐만(중성)과 동일시되는 한편, 아트만-브라흐만의 등식이 이미 확립되어 있다는 점에서 이 텍스트는 중요하다.

22) Silburn, *op. cit.*, pp. 104 sq.를 참조하라.

에 의해, 세계를 지탱하는 신비한 힘을 드러내고 있다는 사실을 덧붙여 두고자 한다. 하지만 브라흐만은 이미 베다에서부터 불멸 부동의 원리, 모든 존재를 뒷받침하는 기반 또는 원리로 여겨지고 있었으며, 또한 그렇게 불리고 있었다. 『아타르바베다』의 몇 개의 찬가(X, 7, 8 등)에서 브라흐만이 스캄바(문자적 의미는 지주, 기둥, 뒷받침)와 동일시되고 있었던 사실은 중요하다. 다시 말해 브라흐만은 세계의 근거(*Grund*)이며, 우주 축인 동시에 존재론적 기초였다. "정신을 가진 모든 것(*atmanvat*), 호흡하는 모든 것이 스캄바 안에 존재한다."(*AV*, VII, 8, 2) "인간 내부의 브라흐만을 인식하는 자는 최고의 존재(*paramesthin*, 주主)를 인식할 수 있고, 최고의 존재를 인식하는 자는 스캄바를 인식한다."(X, 8, 43) 여기서는 궁극적 실재를 분리하고자 하는 노력이 엿보인다. 브라흐만은 우주의 기둥, 받침대, 기반이라고 인식되고 있고, 그런 모든 관념을 포괄적으로 나타내는 프라티슈타pratistha라는 용어는 이미 베다 텍스트 안에서 폭넓게 사용되고 있다. 브라만은 브라흐만과 동일시되었다. 그 이유는 그들이 우주의 구조와 기원에 대해 알고 있으며, 그것을 표현할 수 있는 언어를 알고 있기 때문이다. 따라서 바츠, 즉 로고스는 어떤 사람이든 그 사람을 브라만으로 변화시킬 수 있다.(*RV*, X, 125, 5에 보인다) "브라만의 탄생은 다르마의 영원한 현현이다."(Manu, I, 98)[23]

『아라니야카Aranyaka』(문자적 의미는 "삼림森林의")라는 특정한 범주의 작품을 통해 우리는 『브라흐마나』의 희생 제의 체계(*karma-kanda*)에서 시작하여 우파니샤드 문헌에 표명된 형이상학적 지식(*jñāna-kanda*)의 우월성에 이르는 변천의 과정을 추적할 수 있다. 『아라니야카』는 마

---

23) Eliade, *Le Yoga*, pp. 125 sq.를 보라. J. Gonda, *Notes on Brahman*, p. 52의 다른 텍스트들을 참조하라.

을에서 멀리 떨어진 숲 속에서 은밀하게 가르쳐져왔다. 그것의 교의는 의례의 구체적인 현실 대신에 희생 제의의 주체인 자기를 **무엇보다 중시**한다. 『아라니야카』에 따르면 신들은 인간 안에 숨겨져 있다. 다시 말해 베다의 사유의 기초였던 대우주와 소우주의 관계는 우주의 신격과 인체 안에 존재하는 여러 신격 사이의 유사성을 보여준다.(*Aitareya Araṇyaka*, I, 3, 8; II, 1, 2 이하; III, 1, 1 등; *Śāṅkhāyana Araṇyaka*, VII, 2; VI, 2 이하 등 참조) 그 결과, "희생의 내재화"(본권 78절 참조)는 "내적인" 신들과 "외적인" 신들에게 동시에 공물을 바치는 것을 가능하게 한다. 궁극적 목표는 신-우주의 다양한 층과 인간의 심리-생리적 기관 및 기능을 결합시키는 것(*samhitā*)이다. 이러한 여러 단계에 걸친 상동화와 동일화의 결과 "자기의 의식(*prajñātman*)은 태양과 완전히 하나가 된다."(*Ait. Ar.*, III, 2, 3; *Śāṅkh. Ar.*, VIII, 3~7)라는 결론에 도달하게 된다. 이러한 대담한 등식화는 우파니샤드의 저자들에 의해 정교해지고 명확해진다.

78. "타파스": 고행의 기법과 변증법적 사유

지금까지 여러 번에 걸쳐 고행, 즉 **타파스**에 대해 언급해왔다. 그것은 앞에서 살펴본 의례의 "열기熱氣", 즉 고행자가 만들어내는 "불꽃" 혹은 "열"에 대해 말하지 않고서는 인도의 여러 신들, 신화, 의식에 대해 적절하게 설명할 수 없기 때문이다. **타파스**tapas의 어근 *tap*은 "가열하다", "끓게 하다"에서 유래하는 말로, 『리그베다』(예를 들어 VIII, 59, 6; X, 136, 2; 154, 2, 4; 167, 1; 109, 4 등)에도 분명하게 나온다. 그것은 인도-유럽 민족의 전통에 속하는 상황을 표현한다. 즉 영웅의 의례 가운데 등장하는 "격렬한 열기" 내지 "분노"([그리스어] *ménos*, [라틴어] *furor*,

〔켈트어〕*ferg*, 〔북유럽어〕*wut*) 등의 어휘와 관련이 있다.[24] 다양한 심리-생리적 기법에 의해, 그리고 아주 매운 음식을 섭취함으로써 "열기"를 발산하는 것은 미개 문화의 주의呪醫homme-médicine나 주술사에게서 흔히 발견되는 현상이라는 점을 덧붙이자.[25] 주술-종교적인 "힘"의 획득에는 내적인 강한 열이 동반되며, 그 "힘" 자체가 "화상", "뜨거움"을 의미하는 단어로 표현되기도 한다.

여기서 이러한 사실을 지적하는 것은 타파스 형태의 고행이 원초적인 신앙이며, 무척 광범위하게 퍼져 있다는 것을 강조하기 위해서이다. 하지만 그것은 인도의 고행이 비아리아적 기원을 가지고 있다는 것을 보여주지는 않는다. 인도-유럽인들, 특히 베다기의 인도인은 선사시대의 기법을 계승했고, 그것에 다양한 가치를 부여했다. 고대부터 현재에 이르기까지 다른 어떤 지역에서도 의례적인 "열기"가 인도에서 타파스가 점하고 있는 정도의 커다란 영향력을 결코 획득하지 못했다는 사실을 분명히 하자.

고행의 "열기"라는 생각은 곡물을 "익히거나" 알을 부화시키기 위해 필요한 열기, 혹은 성적 흥분, 특히 오르가즘의 열기, 나아가서는 나무 막대를 비벼 얻어지는 불과 관련된 이미지, 상징, 신화 속에서 그 모델을 찾을 수 있다. 또 타파스는 우주 창조, 종교, 형이상학 등 여러 가지를 "창조"했다. 이미 살펴본 것처럼, 프라자파티는 타파스를 통해 스스로에게 "열기를 가함"으로써 세계를 창조했다. 그리고 그에 따르는 피로감은 성적인 피로감과 동일시되었다.(본권 76절) 의례적 차원에서 타파스는 "재생", 즉 이 세계로부터 신의 세계로의 재생, "범속한" 영역

24) Eliade, *Le Yoga*, p. 114, n. 1을 참조하라.
25) Eliade, *Le Chamanisme*(2ᵉ édition), pp. 369 sq.의 몇몇 예들을 보라.

에서 "신성한" 영역으로의 재생을 가능하게 한다. 나아가 고행은 명상 수행자가 비의적 지혜를 통해 신비를 "품는" 것을 도우며, 그에게 심오한 진리를 계시해준다. (아그니는 타파스빈tapasvin[고행자]에게 "머리에서 발생하는 열"을 부여함으로써 그를 투시력을 가진 사람으로 만들어준다.)

고행은 수행자의 존재 양식을 근본적으로 변화시키는데, 그것은 그에게 무서운 힘, 경우에 따라서는 "악마적"[26]이라고 할 수 있을 정도의 초인적인 "힘"을 주기 때문이다. 가장 중요한 희생 제의의 준비 의례, 입문 의례, 브라흐마차린brahmacârin의 수련은 모두 타파스와 연관되어 있다. 본질적으로 타파스는 단식이나 불 옆에서 잠을 자지 않고 버티는 것, 또는 태양 아래에 서 있는 것, 경우에 따라서는 취하게 만드는 물질을 섭취하는 것으로 시작된다. 하지만 "열기"는 숨을 쉬지 않는 것에 의해서도 얻을 수 있는데, 이 수행법은 베다 의례와 요가 수행을 통합시키는 대담한 종합화의 길을 열어주었다. 그리고 그 종합화는 『브라흐마나』에서 시도된 희생 제의를 둘러싼 사유를 통해 구체화되었다.

아주 이른 시기부터 희생 제의는 타파스와 동일시되었다. 신들은 제의를 통해(본권 76절)서만 아니라 고행을 통해서도 불사성을 획득했다고 전해진다. 베다 의례에서는 신들에게 소마, 녹은 버터 그리고 성스러운 불을 바치지만, 고행의 수행에서는 "내면적 제물"을 바친다. 그것은 생리적 기능이 제의의 공물이나 도구를 대체한다는 의미를 가진

---

26) 산스크리트어의 샨티śânti라는 말은 정적靜寂, 영혼의 평화, 욕망의 제거, 고통의 경감 등을 의미하며, "불, 분노, 열", 즉 악마적인 힘에 의해 발생되는 "열"을 진정시킨다는 의미를 가진 어근 śam에서 비롯되었다. D. J. Hoens, Śânti, 특히 pp. 177 sq.를 참조하라.

다. 호흡은 "중단되지 않는 제물"과 동일시된다.[27] 또 프라나아그니호트라prāṇāgnihotra, 즉 "호흡을 통해 〔완성되는〕 불의 봉헌"도 이야기된다. (*Vaikhānasasmārta sūtra*, II, 18) 이러한 "내면적 제물"이라는 관념은 상당히 혁신적인 것으로서 가장 과격한 고행자나 신비가들조차도 그것을 브라만교의 틀 속으로 받아들였고, 나중에는 힌두교의 틀 속에 그대로 남게 되었다. 한편 그 "내면적 제물"은 "숲에 사는 사람"이라고 불린 브라만들, 다시 말해 "가장"으로서의 사회적 지위를 잃지 않고 고행자(*sanniyāsi*)로서 살아가는 수행자들에 의해서도 실천된다.[28]

요컨대 타파스는 서로 다른 차원에서 수행되는 일련의 종합화 속에 통합될 수 있다. 한편으로―그리고 인도 정신의 특이한 경향과 합치하여―우주의 구조와 현상은 인체의 기관과 기능에, 나아가서는 제의의 여러 요소(제단, 불, 공물, 제구들, 전례용 주문들 등)에 동화되었다. 다른 한편으로 고행―(이미 선사시대에) 대우주-소우주의 대응(호흡과 바람이 동일시되는 것 등)이라는 체계 전체를 내포하고 있다―은 희생 제의와 동일시되었다. 하지만 고행의 양식 중에서 어떤 것, 예를 들어 호흡의 정지는 제의보다 우월하다고 여겨졌다. 즉 그 결과들은 희생 제

---

27) 실제로 "말을 하는 동안 사람은 호흡을 할 수 없다. 따라서 그는 호흡을 말에 봉헌한다고 할 수 있다. 또 호흡을 하는 동안 사람은 말을 할 수 없다. 따라서 그는 말을 호흡에 봉헌한다. 즉 그 둘은 연속되는 불사의 봉헌으로, 눈을 뜨고 있는 동안은 물론 잠을 자고 있는 동안에도 사람은 쉬지 않고 그 둘에 봉헌한다. 다른 모든 봉헌은 그 끝이 있고 행위(*karman*)의 성질이 갖추어져 있다. 옛날 사람들은 이러한 참된 제의에 대해 알고 있었기 때문에 아그니호트라를 바치지 않았다."(*Kaushitaki-Brāhmana-Upanishad*, II, 5) 『찬도기야 우파니샤드Chandogya Upanishad』, V, 19~24에 의하면 참된 제사는 호흡〔숨〕에 대한 봉헌이라고 한다. "그것을 알지 못하고 아그니호트라를 바치는 자는 재 속에서 봉헌을 바치는 자와 다를 바 없다."(V, 24, 1)

28) 그들의 종교적 위치는 (막연하기는 하지만) 『아라니야카』 속에 반영되고 있다.

의의 "결실"보다 훨씬 값진 것이라고 선언되었다. 하지만 이러한 종합화 및 동일화가 가치를 가지는 것은, 즉 **현실적**이며 종교적으로 **유효하게** 되는 것은 이를 드러내 보여주는 변증법이 이해되는 경우뿐이다.

마지막으로 한편으로는 통합되고 다른 한편으로는 다양한 위계 속에 자리 잡고 있는 수많은 체계에 대해 살펴보아야 할 것이다. **희생 제의**는 고행과 동일시되었지만, 어느 시기 이후부터는 그와 유사한 동일화를 정당화하는 원리에 대한 **이해력**을 더욱 높게 평가하기 시작한다. 머지않아 우파니샤드 시대에 들어오면 이해, 지식(*jñāna*)이 중심적인 지위를 차지하게 되고, 희생 제의 체계는 그 근거가 되는 신화론적 신학과 더불어 종교적 우위를 상실하게 된다. 하지만 "이해"의 우월성에 기반을 둔 이 체계 역시, 적어도 사회의 특정 부분에 있어서는, 최고의 지위를 계속 유지할 수 없게 된다. 예를 들어 요가 수행자는 고행 및 "신비적" 체험에 결정적인 중요성을 부여하게 되며, 몇몇 엑스터시 체험자나 유신론적 형태의 헌신(*bhakti*)의 지지자들은 전면적이든 아니면 부분적으로든 브라만의 의례주의와 우파니샤드의 형이상학적 사유는 물론 고행(*tapas*)이나 요가의 기법마저도 거부하게 된다.

인간 경험의 다양한 차원(생리학, 심리학, 의례 활동, 상징화, "신비적 경험" 등)에서 발생하는 무수한 종합화, 동일화, 대응 상태의 발견을 가능하게 만든 이러한 변증법적 사유는 인도-유럽인의 선사시대부터 존재했던 것이 아니라 베다 시대의 성과였다. 그러나 그것은 그 이후의 시대에서 중요한 역할을 담당하게 된다. 앞으로 보겠지만 종합화의 변증법은 종교적 내지 형이상학적 위기의 순간, 즉 전통적인 체계가 유효성을 상실하고 그 가치의 세계가 붕괴하는 순간에 "창조적" 가능성을 드러내 보인다.

79. 고행자들과 엑스터시 체험자들: "무니", "브라티야"

의례적 엄격성이 베다 의례의 주요한 부분을 구성하고 있는 것은 사실이지만, 고대의 텍스트에는 거의 모습을 드러내지 않는 또 다른 형태의 고행자들과 엑스터시 체험자들의 존재도 생각할 필요가 있다. 이러한 고행자들과 엑스터시 체험자들 가운데에는 "이단"으로 평가되지 않고 아리아인의 사회 주변부에서 살아가던 사람들도 있다. 그 외에도 "이방인"으로 여겨지는 사람들도 있었는데, 그들이 아리아인 이전의 선주민에 속하는지, 아니면 단순히 베다 전통의 주변부까지 접근했던 아리아족의 종교적 관념만을 반영하고 있는지를 결정하는 것은 사실상 불가능하다.

한편 『리그베다』의 제1찬가(X, 136)는 장발(késin)을 하고 "온몸에 누런 때"가 끼어 있으며, "바람을 띠로 두르고"(즉 나체 상태로), "신들을 자기들의 몸속으로 받아들이는" 고행자(muni)에 대해 말한다. 그는 이렇게 말한다. "엑스터시 상태 속에서 우리는 바람에 올라탔다. 너희 인간들은 우리의 빈껍데기만을 바라볼 뿐이다."(3절) 무니muni는 공중을 날아다니며, 바람의 말[馬](Vāta)이며, 바유(바람의 신)의 친구이다. 그는 해가 떠오르고 가라앉는 거대한 두 개의 바다에서 산다.(5절; AV, XI, 5, 6 참조) "그는 압사라스Apsaras[*물의 요정]와 간다르바Gandharva[*압사라스의 배우자], 야수의 족적을 따라갈 수 있고, 그들의 생각을 이해한다."(6절) 그는 "루드라와 함께 독배를 마신다."(7절) 이것은 전형적인 엑스터시의 사례이다. 무니의 혼은 자신의 신체를 벗어나 반신적인 존재와 야수의 생각을 알아낼 수 있으며, "두 개의 바다"에서 살고 있다. 또 바람의 말 및 그 안에서 존재하는 신들에 대한 언급은 샤먼적 기법을 암시하고 있다.

여러 종류의 베다는 고행자와 주술사를 신격화한 모델인 신화적 존재들(에카브라티야Ekavrātya, 브라흐마차린, 베나Vena 등)의 초자연적 경험에 대해서도 언급하고 있다. 왜냐하면 그러한 "신인神人"은 인도 정신사에서 주요한 모티프였기 때문이다. 에카브라티야는 브라티야라고 불리는 신비한 집단의 원형이라고 생각되지만, 그에 대해서는 시바파에 속하는 고행자, "신비가", 요가 수행자의 선구자, 비아리아계 주민의 대표자라는 등 여러 가지 설이 있다. 『아타르바베다』의 일부 문서(XV)는 전체를 브라티야에 대한 기술에 할애하고 있지만, 그 내용은 명료하지 않다. 그렇지만 브라티야는 (1년 동안 직립 자세로 서 있는 등) 고행을 실천하고, (우주의 각 영역과 일치되는) 호흡의 원리(*AV,* XV, 14, 15 이하)를 이해하며, 그들의 신체는 대우주를 통합하는 것이라는 주장들이 표현되고 있다.(18, 1 이하) 이런 신비적 종교 집단은 브라티야스토마vrātyastoma라고 하는 특별한 희생 제의를 통해 자신들의 구성원을 브라만 사회에 재통합시킨다는 점에서 특히 중요하다.[29] 브라티야스토마 동안에는 다른 사람들도 그 자리에 참석하는데, 찬가를 부르는 마가다국 사람과 함께 창녀가 주요 참석자들이다.(*AV,* XV, 2) 동·하지 의례(*mahāvrata*)에서 창녀는 마가다국 사람, 혹은 브라흐마차린과 의례적 성교 장면을 연출했다.[30]

　브라흐마차린 역시 우주적 존재로 생각되었다. 검은색 영양의 모피

---

29) 브라티야는 머리에 터번을 두르고 검은 옷을 입고, 어깨에는 검은 색과 하얀 색의 영양 가죽을 두 개 걸치고 있으며, 자기를 드러내는 표시로서 곤봉과 머리 장식, 화살을 먹이지 않은 활을 들고 있다. 말과 노새가 끄는 수레가 그에게 제의를 올리는 장소이다.

30) Eliade, *Le Yoga,* pp. 111 sq.의 텍스트와 문헌 해제에 있는 출전들을 참조하라.

를 걸치고 긴 수염을 기른, 입문 의례를 치른 자인 브라흐마차린은 동쪽의 대양에서 북쪽의 대양으로 여행하며, "여러 세계를 창조한다." 그는 "죽지 않는 태아"라는 찬사를 얻고, 붉은 옷을 걸치고 **타파스**를 실행한다.(*AV,* XI, 5, 6~7) 하지만 인도에서는 그의 지상 "대리인"인 현실의 브라흐마차린(그는 순결의 맹세를 한 사람이다)이 창녀와 의례적 성교를 한다.

베다의 어떤 의례([본권 73절의] 아슈바메다 참조)에서는 성적 결합이 일정한 역할을 하고 있었다. 그러나 신성 결혼으로서의 성적 결합[31]과 오르지 유형의 성적 결합[32]은 구별되어야 한다. 오르지 유형의 성적 결합이 우주적 풍요를 가져오거나, "주술적 방어"의 창조를 목적으로 한다고 해도 마찬가지이다. 그러나 어떤 경우이든 문제가 되는 것은 의례로서, 그것은 개별적인 인간과 생명의 재성화再聖化resacralisation를 기원하며 행해지는 "혼인 의례"라고 부를 수 있을 것이다. 후대에 가면 탄트리즘은 성을 의례적인 것으로 변환시키기 위해 모든 기법을 가다듬는 노력을 기울인다.

아리아인 사회의 주변부에 살고 있던 고행자들, 주술사들, 엑스터시 체험자들은 대부분 힌두교의 체계 속에 통합되었기 때문에 그들의 다양한 구분에 대해서 우리가 아는 것은 많지 않다. 풍부한 정보를 담고 있는 자료는 후대의 것들이다. 그러나 그것이 흥미를 반감시키지는 않

---

31) "나는 하늘, 그대는 땅"이라고 남편이 아내에게 외친다.(*Bṛhadāraṇyaka Up.,* VI, 4, 20) 수태는 "비슈누가 자궁을 준비하는 것처럼, 트바슈트리가 형태를 만드는 것처럼" 등과 같이 신들의 이름으로 거행된다』.(*ibid,* VI, 4, 21)

32) *Le Yoga,* pp. 254 sq.를 참조하라. 후자는 농경 사회에서 보편적으로 보이는 풍습이다.

는데, 그 자료들은 초기의 상황을 분명히 반영하고 있기 때문이다. 예를 들어 『바이카나사스마르타수트라Vaikhānasasmārtasūtra』에는 고행자들이나 은자들의 긴 명단이 남아 있다. 그들 중의 일부는 머리카락의 길이, 찢어졌거나 나무껍질로 만든 의복이 특징적이고, 다른 사람들은 나체로 살고, 소 오줌과 똥을 먹고 살고, 묘지에서 살고, 또 다른 사람들은 요가나 원시적 형태의 탄트리즘을 수행한다.[33]

요약하자면 아주 오래전부터 다양한 형태의 고행이나 엑스터시 체험, 주술-종교적 기법이 존재했다는 것이 입증되었다. 그러한 여러 기법 속에서 우리는 "고전적" 형태의 금욕이나 샤머니즘적 모티프와 함께 수많은 다른 문화와 기본적인 요가 수행에 전형적으로 나타나는 엑스터시 체험을 발견할 수 있다. 세속을 떠난 사람들이 옹호했던 행동 양식, 기법, 구원론의 이질성과 복잡성은 시대가 흐르면서 강도를 더해갔다. 예를 들어 엑스터시 체험의 방법은 소마나 그것과 유사한 물질을 섭취함으로써 정신 상태를 고양시키는 체험에 의존하고 계속 연결되었으며, 동시에 신비적 헌신[박티]의 특정한 유형을 미리 보여주었다. 반면 고행이나 금욕적 수련은 세련된 요가 기법의 발전을 위한 준비 단계였다고 볼 수 있다.

끝으로 우파니샤드 시대 이후, 완전하게 명상에 몰두하기 위해 사회적 삶을 버리고 "숲" 속에 거주하는 습관이 널리 퍼지기 시작한다는 것을 덧붙이자. 이 습관은 아주 오래전부터 규범화되어 현재의 인도에서도 여전히 실행되고 있다. 하지만 소명에 의한 엑스터시 체험자도, 고행자나 요가 수행자도 아닌 사람들이 "숲" 속에 은둔하는 것은 처음에는 상당히 놀라운 새로운 행동 양식이었던 것 같다. 이처럼 사회생

---

33) *Le Yoga*, pp. 143 sq.를 참조하라.

활을 포기하는 사람이 증가하는 것은 전통 종교가 심각한 위기에 빠져들었다는 사실을 보여주는 것이다. 아마도 그러한 위기는 희생 제의를 둘러싼 브라만 계층의 사유에 따라 발생한 것이라고 생각된다.

80. 우파니샤드와 리쉬들의 탐구: 자기 행위의 "결과"로부터 어떻게 자유로워질 것인가?

프라자파티가 우위를 점해감에 따라 『브라흐마나』에서 베다의 신들은 그들의 가치를 근본적으로 상실했다. 우파니샤드의 저자들은 이 과정을 이어받고 더욱 극단적으로 밀고 나갔다. 그들은 희생 제의의 가치를 주저하지 않고 부정했다. 일부 우파니샤드 텍스트는 **아트만**에 대한 **명상** 없는 희생 제의의 체계 자체가 불완전한 것이라고 공언한다.(*Maitri Up.*, I, 1) 『찬도기야 우파니샤드Chandogya Upanishad』(VIII, 1, 6)는 "행위(*karman*)에 의해 얻어진 세계가 모두 사라지는" 것처럼, 희생 제의에 의해 만들어진 세계도 마찬가지로 무너질 것이라고 확신한다. 『마이트리 우파니샤드Maitri Upanishad』(I, 2, 9~10)에 의하면 희생 제의가 중요하다는 환상을 가지는 자는 가련한 자이다. 왜냐하면 선한 행동에 의해 천상에서 매우 유리한 지위를 얻고 그것을 누렸다고 하더라도 언젠가는 지상으로 되돌아오거나 명계로 내려갈 것이기 때문이다. 참된 **리쉬**에게는 신들에게 드리는 의식도 중요하지 않다. 그의 이상理想은 가장 오래된 우파니샤드인 『브리하드아라니야카 우파니샤드』에 전해지고 있는 기도문 안에 잘 표현되어 있다.(I, 3, 28) "나를 무(*asat*)에서 유(*sat*)로 이끌어주시고, 어둠에서 빛으로 이끌어주시고, 죽음에서 불사로 이끌어주소서!"

우파니샤드 안에서 명확하게 모습을 드러낸 이러한 정신적 위기는 희생 제의의 "힘"에 대한 사유를 통해 환기된 것이라고 생각된다. 이미 본 것처럼, 프라자파티가 희생 제의를 통해 그의 "자기(ātman)"를 재건하고 회복했듯, 희생 제의 집행자는 의례적 행위(karman)를 통해 자신의 심리-생리적 기능을 "통일시키고", 아트만을 구축할 수 있었다.(본권 77절) 『브라흐마나』에서는 "카르만karman"이라는 단어가 의례적 행위와 그것의 유익한 결과를 의미한다(왜냐하면 희생 제의 집행자는 사후에 신들의 세계로 들어갈 수 있기 때문이다). "원인과 결과"의 의례적 과정에 대해 반성해본다면 사람들이 모든 행위는, 그에 상응하는 결과를 낳는다는 단순한 사실에 의해, 원인과 결과의 무한한 순환 속에 통합된다는 것을 알았다는 것은 필연적이었다. 일단 카르만 안에서 보편적인 인과관계가 인식되자, 의례에 의해 얻어지는 유익한 결과에 대한 확신은 무너져버렸다. 왜냐하면 천상에서의 "영혼"의 사후 존재 역시 결국은 의례 집행자의 의례적 행위의 결과에 불과하기 때문이다. 이처럼 올바른 의례적 행위의 보상으로 얻어지는 사후의 행복이라는 관념은 종말을 맞이하게 되었다. 하지만 사람이 전 생애에 걸쳐 행한 다른 모든 행위의 산물은 어디에서 "현실로 나타나는가?" 올바른 의례 활동에 대한 보상으로 주어진 축복받은 사후 존재도 끝이 있기 마련이다. 육체로부터 분리된 "영혼(ātman)"은 도대체 어떻게 되는가? 어쨌든 그것은 완전히 사라지지는 않는다. 살아 있는 동안에 행했던 무수한 행위가 있고, 그것은 반드시 어떤 "결과"로 이어지는 수많은 원인을 구성한다. 바꾸어 말하자면 그것은 이 지상에서든 아니면 저세상에서든 새로운 존재 안에 "스스로를 드러내지" 않을 수 없는 것이다. 여기서부터 도출되는 결론은, 지상을 초월한 세계에서 행복을 경험하든 고난을 맛보든 사후의 세계를 경험한 영혼은 다시 지상에 태어나지 않으면 안 된다는 것이다. 이것이 바로 윤회의 법칙, 즉 삼사라samsāra인 것이다. 일단 이 원리가 발견되자, 이것은 "정통파"나 이단 종파(불교와 자이나교)를 불문하고 인도의 모든 종교적, 철학적 사상을 지배하게 되었다.

삼사라라는 용어는 우파니샤드에서만 나타난다. 그 교의의 "기원"에 대해서는 알지 못한다. 영혼(ātman)의 윤회에 대한 신앙을 비아리아적인 요소의 영향으로 설명하고자 하는 시도도 있었지만, 무익한 노력으로 끝나고 말았다. 하지만 이 개념의 발견으로 인해 존재에 대한 비관적 견해가 받아들여졌다. 베다 시대 사람들의 이상—100년 이상 사는 것—은 시대착오적이라는 사실이 밝혀졌다. 카르만이라는 족쇄로부터 벗어나기 위한 수단으로 사용되기만 한다면, 인생은 그 자체로 악惡이라고 할 수는 없다. 현자들에게 유일하게 가치 있는 목표는 해탈, 즉 모크샤mokṣa—이 단어는 유사어(mukti 등)와 함께 인도 사상의 핵심 개념의 하나가 된다—를 얻는 것이다.

종교적이든 세속적이든 모든 행위(karman)는 윤회(samsāra)를 영속시키는 것이다. 제의를 통해서도, 신들과의 친밀한 관계를 통해서도, 그리고 고행이나 자선을 통해서도 해탈을 얻을 수는 없다. 은둔 생활을 하던 리쉬들은 자유를 얻기 위해 다른 방법을 모색했다. 지식의 구제론적 가치에 대한 명상을 통해 하나의 중요한 발견이 이루어졌지만, 그것은 이미 베다나 『브라흐마나』에서 칭찬되고 있던 것이었다. 분명히 『브라흐마나』의 저자들은 의례적 조작 가운데 숨겨져 있던 동일성의 (비밀스런) 지식에 대해 언급하고 있었다. 『브라흐마나』는 사람들이 희생 제의의 비밀에 대한 무지로 인해 "두 번째의 죽음"이라는 벌을 받는 것이라고 말한다. 하지만 리쉬들은 앞으로 더 나아간다. 즉 그들은 "비밀스런 지식"을 의례적, 신학적 문맥으로부터 분리시켰다. 이제 그노시스는 존재의 심오한 구조를 드러냄으로써 절대적인 진실을 파악하는 능력이라고 규정된다. "지식"은 인간(『브라흐마나』에 "입문하지 않은 사람들") 의 운명이라고 여겨지던 "무지(avidyā[無明])"를 문자 그대로 소멸시키 게 된다. 분명 이것은 형이상학적 차원의 "무지"인데, 그것은 일상적 체험으로부터 얻어지는 경험적 실재가 아니라 궁극적 실재에 대해 말하기 때문이다.

아비드야avidyā라는 말은 인도 철학에서 "형이상학적 차원에서의 무지"라는 의미로 받아들여졌다. 아비드야는 궁극적인 실재를 덮어 가리고 있으며, "지식(그노시스)"은 진리, 나아가 실재를 드러내준다. 어떤 관점에서 보면 이 "무지"는 "창조적"이다. 그것은 인간 존재의 구조와 역동성을 창조했다. 아비드야에 의해 인간은 무책임한 존재로 살아가며, 자기 자신의 행위(karman)에 의해 발생하는 결과를 무시할 수 있게 된다. 열정적인 탐구, 망설임, 그리고 갑자기 다가온 계시를 통해 리쉬들은 아비드야가 카르만의 "제1원인"이라는 사실, 즉 윤회의 기원과 역동성 그 자체라는 사실을 발견하게 되었다. 이렇게 해서 윤회의 순환이 완성된다. 무지(avidyā)는 "인과"의 법칙(karman)을 "창조하거나" 강화한다. 그리고 그 카르만은 끊임없는 윤회(saṃsāra)를 [존재에] 부과한다. 하지만 다행스럽게도 다른 무엇보다 지혜(jñāna, vidya)에 의해 이 순환의 지옥으로부터 해탈(mokṣa)하는 것이 가능해진다. 앞으로 살펴보겠지만 다른 집단이나 학파 역시 요가의 기법과 신비적 헌신 [박티]을 통해 해탈을 위한 덕을 획득할 수 있다고 공언하고 있다. 인도의 사상은 옛날부터 해탈에 이르는 다양한 "길(marga)"을 통합하는 데 노력해왔다. 그러한 노력은 여러 세기가 지난 후에 『바가바드기타』(BC 4세기)에서의 훌륭한 집대성이라는 결과를 낳았다. 하지만 여기서는 아비드야-카르만-삼사라라는 피할 수 없는 순환, 그리고 "그노시스" 및 형이상학적 인식(jñāna, vidya)에 의한 해탈(mokṣa)이라는 구제 방법의 발견은 충분하게 체계화되고 있다고는 할 수 없지만 이미 우파니샤드의 시대에 어느 정도 실천되고 있었다는 사실, 그리고 그것은 이후의 인도 철학의 본질적 부분을 형성했다는 사실을 지적하자. 가장 중요한 것은 해탈의 수단, 그리고 역설인 것처럼 보이지만 그 해탈을 연출하는 존재인 "자기"(또는 "행위자")에 관한 것이었다.

81. "아트만"–브라흐만의 동일성과 "내면적 빛"의 경험

지금까지 리쉬의 목표와 독자성을 파악하기 위한 목적에서 논의를 단순화시켜 서술했다. 가장 오래된 우파니샤드 안에서도[34] 몇 가지 방법을 구별할 수 있다. 하지만 이러한 차이를 지나치게 강조해서는 안 되는데, 『브라흐마나』에서 우위를 차지했던 동일화와 통합화의 체계는 우파니샤드에서도 마찬가지로 중시되고 있었기 때문이다. 중심적인 문제는, 명시적이든 암묵적이든, 모든 텍스트에서 드러난다. 그것은 제1존재인 "일자/전체"를 제대로 파악하고 이해하는 것의 문제로, 그것만이 세계, 생명, 그리고 인간의 운명을 설명할 수 있는 것이라고 보았던 것이다. 『리그베다』이래로, 그것은 유명한 찬가(X, 129) 중의 타드 에캄tad ekam—"유일자"(중성)—과 동일시되어왔다. 『브라흐마나』는 이것을 프라자파티, 혹은 브라흐만이라고 불렀다. 하지만 이런 스콜라적인 논고 안에서 제1존재는 우주적 희생 제의 및 의례적 신성성과 결

---

34) 즉 산문으로 기록된 여러 우파니샤드들로 『브리하드아라니야카』, 『찬도기야』, 『아이타레야』, 『카우시타키』, 『타이티리야』 등이다. 이 문헌들은 BC 800~500년 사이에 편집되었다.

부되어 있었다. 리쉬들은 그노시스에 의한 명상을 통해 그것을 이해하려는 노력을 계속 기울였다.[35]

제1존재는 분명히 생각할 수 없고 무한하고 영원한 존재였다. 그것은 하나인 동시에 전체였으며, 세계의 "창조자"인 동시에 "주인"이었다. 어떤 사람은 그것을 우주와 동일시했고, 어떤 사람은 태양, 달, 언어 속에 모습을 드러내는 "자기(puruṣa)" 속에서 그것을 찾고자 했으며, 또 어떤 사람은 세계, 생명, 의식을 뒷받침하고 있는 "무한한 것" 안에서 그것을 찾고자 노력했다. 제1존재의 명칭 중에서 가장 먼저 붙여진 것이 브라흐만이다. 『찬도기야 우파니샤드』의 유명한 한 구절(III, 14, 2~4)에서는 브라흐만이 "세계 전체"이지만 그 성격은 정신적인 것이라고 묘사되고 있다. "생명은 그의 신체이며, 그의 모습은 빛이며, 그의 영혼은 공간이다." 그는 자기 안에 모든 행위, 욕망, 냄새, 기쁨 등을 포함하고 있다. 동시에 "심장 안에 있는 나의 **아트만**은 밀알보다, 겨자씨보다 더 작은" 것이며, "대지보다, 대기보다, 이 세계 전체보다 더 큰" 것이다. "모든 행위, 모든 욕망을 포함하는 것 〔……〕, 이 세계 전체를 포함하는 것 〔……〕, 그것은 내 가슴속에 있는 **아트만**이다. 그것 역시 브라흐만이다. 내가 이 세계를 떠날 때에 나는 그 안으로 들어갈 것이다."[36] 야즈냐발키야Yājñavalkya에서도 "대지 위에 살고 있지만 대

---

35) 하지만 우파니샤드의 리쉬는 베다기의 "선승"들과 시인-철학자의 후계자라는 사실을 잊어서는 안 된다. 어떤 관점에서 보면, 우파니샤드의 핵심이 되는 직관은 체계화되어 있지는 않지만 이미 베다 안에서 발견된다. 예를 들어 "정신"="신"="실재"="빛"의 등식화가 그것이다. J. Gonda, *The Vision of Vedic Poets*, pp. 40 sq.를 참조하라.

36) 같은 우파니샤드의 다른 곳(VI, 1~15)에는, 한 스승이 자신의 아들인 슈베타케투에게 원초적 존재에 의해 우주와 인간이 창조되었다는 것을 설명하는 장면이

지는 그것을 알지 못하고, 그의 신체가 대지이며, 내부에서 대지를 지배하는 것"에 대해 말하고 있으며, 그것을 "아트만, 즉 내부에서 조정하는 자, 불사의 존재"와 동일시하고 있다.(*Bṛhadāraṇyaka Up.*, III, 7, 3)

『리그베다』(X, 90)의 **푸루샤**와 마찬가지로 브라흐만은 ("이 세계에") 내재적인 동시에 초월적인 형태로 자기를 계시하고, 우주와 별개의 존재인 동시에 우주적 실재 안에 편재한다. 그 외에도 **아트만**으로서 그것은 인간의 마음 안에 머물고 있는데, 그것은 참된 "자기"와 우주적 존재 사이의 동일성을 보여주는 것이다. 실제로 사후에 "지자知者"의 아트만은 브라흐만과 일체가 되지만, 무명에 사로잡혀 있는 그 외의 인간들의 영혼은 윤회(*samsāra*)의 법칙에 따르게 된다. 이 세계로 되돌아오지 않는 사후의 존재에 관해서는 다양한 이론이 존재한다. 어떤 이론에 따르면, "다섯 개의 불"[37]의 비의적 상징을 이해한 사람은 우주의 여러 영역을 거쳐 마침내 "빛의 세계"에 도달한다고 한다. 그들은 거기에서 "정신적인 자기"(*puruṣa mānasah*, 즉 "정신에서 태어난")와 만나고, 그것에 의해 브라흐만의 세계까지 안내되어 간다. 그곳에 도달한 그들은 거기에 영원히 머물면서 지상으로 되돌아오지 않는다. 약간의 수정을 거친 이 이론은 헌신〔박티〕을 강조하는 여러 종파에서 채택되었다. 하지만 다른 해석에 따르면, 사후에 발생하는 **아트만**과 우주적

나온다. 우주와 인간을 창조한 후에, 일자一者는 우주의 영역들과 인간 안으로 들어가 자리를 잡았다. 그 안에서 일자는 마치 물에 용해되어 있는 소금처럼 현존한다. 아트만은 인간 속에 존재하는 신적 본질을 표현하고 있다. 그리고 그러한 가르침은 다음과 같은 유명한 문장으로 끝맺는다. "슈베타케투여, 너는 바로 그것이다(*tat tvam asi*)!"

37) 즉 제사의 불은 저승의 구조, 파르자니야, 현세, 남자, 여자와 동일시되고 있다.(*Bṛhadāraṇyaka Up.*, VI, 2, 9~15; *Chāndogya Up.*, V, 4, 1~10, 2)

존재(*Brahman*)의 결합은 특수한 "비인격적 불사"를 형성한다. 즉 개별적 '자아'는 자신의 본래적 원천인 브라흐만에 녹아들어가버린다.

아트만-브라흐만의 동일성에 대한 명상은 "추론"의 연쇄를 이루는 것이 아니라 "정신적 수행"을 구성한다는 것을 분명히 하는 것이 중요하다. 본래의 자기를 파악하는 일은 "내적인 빛(*anta ḥjyotiḥ*)"의 경험을 수반하며, 빛은 아트만과 브라흐만 양쪽 모두를 표현하는 최상의 이미지이다. 확실히 그것은 고대의 전통으로, 이미 베다 시대부터 태양 혹은 빛은 존재, 정신, 불사성 그리고 생식의 현현으로 여겨지고 있었다. 『리그베다』(I, 115, 1)에 따르면 태양은 만물의 생명, 또는 아트만—자기—이다.[38] 소마를 마신 자는 불사를 얻을 수 있고, 빛의 세계로 들어가 신들을 발견할 수 있다.(*RV*, VIII, 48, 3) 『찬도기야 우파니샤드』(III, 13, 7)는 "하늘 위에서, 모든 것의 위에서, 더 높은 것이 없는 가장 높은 세계에서 빛나고 있는 빛은 사실 사람의 내면(*antaḥ puruṣa*)에서 빛나는 것과 동일한 빛이다."[39] 『브리하드아라니야카 우파니샤드』(IV, 3, 7) 역시 "마음속의 빛"이라는 형태로 사람의 마음속에 존재하는 인격과 아

---

38) "빛은 곧 수태이다(*jyotir prajanaman*)"라고 『샤타파타 브라흐마나』(VIII, 7, 2, 16~17)는 말한다. 그것은 "수태를 가능하게 만드는 힘이다."(*Taitt. Sam.*, VII, 1, 1, 1) Eliade, *Méphistophélès et l'Androgyne*, p. 27 ; *id.*, "Spirit, Light and Seed", pp. 3 sq.를 참조하라.

39) 『찬도기야 우파니샤드』(III, 17, 7)는 『리그베다』에서 두 문장을 인용하고 있다. 그 문장에서는 "하늘보다 높은 곳에서 빛나는 빛"을 명상하는 방법에 대해 설명한다. 나아가 "어둠의 저편에 존재하는 한없이 높은 (이) 빛을 명상함으로써, 우리는 신 중의 신인 태양에 도달할 수 있다"라는 문장이 부가되어 있다. 내적인 빛과 우주를 초월하는 빛의 동일성을 의식하는 것은 널리 알려진 두 가지 방식의 "정교한 생리학", 즉 신체의 열기와 신비한 음악을 듣는 것을 수반한다.(*ibid*, III, 13, 8)

트만을 동일하게 본다. "자신의 신체로부터 벗어나 최고의 빛에 도달하는 이 맑은 존재는 자신의 고유한 모습으로 나타난다. 그것이 아트만이다. 그것은 불사의 존재, 두려움을 느끼지 않는 존재이다. 그리고 그것은 브라흐만이다."(*Chāndogya Up.*, VIII, 3, 4)[40]

82. 브라흐만의 두 가지 양태와 물질에 "사로잡힌" "아트만"의 신비

"내면적인 빛" 속에서 체험적으로 지각된 **아트만-브라흐만**의 동일성은 리쉬가 창조의 신비와 자기 자신의 존재 양식을 해명하는 것을 돕는다. 리쉬는 사람이 **카르만**의 포로이며, 불사인 '자아'를 소유하고 있다는 사실을 알고 있기 때문에, 브라흐만 안에서도 유사한 사태가 발생한다는 사실을 꿰뚫어 본다. 다시 말해 그는 브라흐만 안에서 "절대적인 것"과 "상대적인 것", "정신적인 것"과 "물질적인 것", "인격적인 것"과 "비인격적인 것" 등 언뜻 보기에 양립 불가능한 두 가지 존재 양식을 인식한다. 『브리하드아라니야카 우파니샤드』(II, 3, 3) 안에서 브라흐만은 신체적(이고 죽는) 존재와 불사적인 존재라고 하는 두 가지 양상으로 포착되고 있다. 중기의 여러 우파니샤드[41]는 이러한 경향—이미 『리그베다』에도 보인다—을 한층 더 체계적으로 발전시켰으며, 우

40) 마찬가지로 『문다카 우파니샤드Muṇḍaka Upanishad』(II, 2, 10)에서는 브라흐만을 "순수한 빛 중의 빛"이라고 표현한다. Eliade, "Spirit, Light and Seed", pp. 4 sq. 및 Gonda, *The Visions of the Vedic Poets*, pp. 270 sq.의 다른 예들을 보라.
41) 가장 중요한 것은 『카타』, 『프라슈나praśna』, 『마이트리』, 『만두키야』, 『슈베타슈바타라』, 『문다카』 등의 우파니샤드 문서이다. 그것들의 편찬 연대를 확정하기는 어렵다. 아마 BC 500년에서 200년 사이일 것이다

주와 의식의 전체성을 유일한 원리로 환원시켰다. 『카타 우파니샤드 Katha Upanishad』(특히 III, 11 이하)는 대단히 독창적인 우주론적 존재론을 제시한다. 우주적 정신(puruṣa)은 최고점에 위치하며, 그 아래에는 "물질적"인 것인 동시에 "정신적"인 것에 참여하는 것으로 생각되는 "비현전non-manifesté(avyakta)"이 위치한다. 그리고 다시 그 아래에는 물질 속에 현현되어 있는 정신인 큰 자아(mahān ātmā)가 있으며, 그 다음에는 단계적으로 내려가면서 의식의 다른 형태들과 감각 기관 등이 자리 잡고 있다. 『슈베타슈바타라 우파니샤드』(V, 1)에 따르면, 무한하며 불멸하는 존재인 브라흐만 속에는 (불사성을 보증하는) 지식과 죽음과 동일시되는 무지가 숨겨져 있다.

이러한 새로운 동일성의 체계는 오래된 대우주와 소우주의 유비에 관한 사유를 재해석한 것이다. 하지만 그 새로운 체계는 브라흐만의 역설적 구조에 대해 명상하는 리쉬의 "실존적 상황"을 이해하는 실마리를 제공한다는 점에서 중요하다. 이러한 명상은 평행하는 두 가지 차원에서 진행되었다. 한편으로 사람들은 감각과 지각뿐 아니라 심리-정신적인 활동 역시 "자연"현상이라는 범주에 속한다는 사실을 발견했다. (『마이트리 우파니샤드』 안에 서술되고 있는 이러한 발견은 상키야와 요가의 "철학"에 의해 더욱 다듬어질 것이다.) 다른 한편으로 원초적 존재인 전체/일자의 두 양상을 정신과 자연(prakṛti) 안에서 찾으려고 하는 경향(이미 『리그베다』 X, 90, 3 안에서 보인다)이 한층 더 분명해졌다.[42] 즉 우주와 생명은 이러한 원초적 존재의 두 양상이 결합된 활동이라는 것을 보여주었던 것이다.

해탈은 본질적으로 이러한 "신비"를 이해하는 것에서 출발한다. 일

---

42) H. von Glasenapp, *La Philosophie indienne*, p. 131에 잘 설명되고 있다.

단 전체/일자의 역설적 현현을 이해하고 나면, 수행자는 우주적 과정의 작동 기제로부터 스스로를 해방시키는 데 성공한다. 다른 관점에 의하면 이러한 우주적 과정은 신의 "유희(lilā)", 혹은 무지에서 기인하는 "환상(maya)", 또는 절대적 자유(mokṣa)를 추구하는 사람이 맞닥뜨리는 "시련"이라고 생각될 수도 있다.[43) 무엇보다 중요한 것은 원초적 존재 가운데 서로 모순되는 두 개의 양상이 역설적으로 공존하는 것이 인간 존재(인간은 아트만을 자기 속에 "갖추고" 있지만 여전히 카르만의 법에 의해 지배당하고 있다는 점에서 여전히 역설적이다)에게 의미를 부여하고, 더 나아가 해탈을 가능하게 한다는 사실이다. 실제로 브라흐만과 그것의 현현 양태인 물질적 창조와 윤회의 그물에 사로잡혀 있는 아트만 양자 사이에 존재하는 유사성을 이해함으로써 수행자는 아비드야, 카르만, 삼사라의 무서운 연관성이 필연적인 것도 영원한 것도 아니라는 사실을 발견하게 된다.

물론 중기의 우파니샤드 문헌들은 이 새로운 발견을 다른 방식으로 탐구하고 있었다. 브라흐만의 두 양태는 때로는 물질(그것의 비인격적인 존재 양식)보다 우월적인 존재인 인격신을 표현하는 것으로 해석되고 있었다. 이런 의미에서 사람들은 인격적인 원리인 푸루샤를 "비인격적" 양상(avyakta, 문자적 의미는 "비현전")보다 상위에 위치시키는 『카타 우파니샤드』(I, 3, 11)를 이해할 수 있게 된다.[44) 『슈베타슈바타라 우파니샤드』가 더 중요한 이유는 그것이 절대 존재(브라흐만)에 관한 사변을 인격신 루드라-시바에 대한 헌신과 연관시키기 때문이다. "3중의

---

43) 이러한 해석은 모두 나중에는 일반적인 것으로 받아들여진다.
44) 『문다카 우파니샤드』(II, 1, 2)에서도 푸루샤는 악사라aksara보다, 즉 "불변하는 것"인 프라크리티보다 상위에 위치한다. Glasenapp, p. 123을 참조하라.

브라흐만"(I, 12), 자연과 모든 생명의 형태 가운데 내재하는 신(II, 16~17)은 세계의 창조자이며 파괴자이기도 한 루드라와 동일시된다.(III, 2) 자연(*prakṛti*)에 관해서 말하자면 그것은 지배자(루드라-시바)의 **환상**mâyâ이며, 모든 개별적 존재를 속박하는 창조적인 "마술"이기도 하다.(IV, 9~10) 결과적으로 우주의 창조는 신적 전개émanation divine에 의한 것, 혹은 무지에 의해 눈이 먼 인간이 빠지게 되는 "유희(*līlā*)"라고 이해된다. 해탈은 상키야와 요가에 의해, 즉 철학적 이해와 명상의 심리-생리적 기법에 의해 획득되는 것이다.(VI, 13)[45]

오래된 우파니샤드에서 지배적인 방법이었던 그노시스와 함께 해탈의 길로서 요가 수행이 중시되기 시작했다는 사실에 주의할 필요가 있다. 『카타 우파니샤드』 역시 그노시스 유형의 명상과 함께 요가의 수행을 제시하고 있다.(III, 13) 어떤 형태의 요가 기법은 『슈베타슈바타라』, 『만두키야Māndūkya』, 그리고 특히 『마이트리 우파니샤드』 안에서 보다 정확하게 설명되고 있다.

지금까지 우리는 초기의 여러 우파니샤드에 기재되어 있는 탐구와 발견이 어떻게 발전해갔는지 살펴보았다. 한편 정신적 원리(*ātman*)를 유기적이고 심리-정신적인 생명으로부터, 그리고 자연(*prakṛti*)의 충동 안에 포함됨으로써 점차 "가치를 상실한" 역동주의로부터 분리하고자 하는 노력이 기울여졌다. 심리-정신적 경험으로부터 순수하게 분리된 자기만이 브라흐만과 동일시되었고, 그 결과 그것은 불사라고 생각되었다. 다른 한편 총체적 존재(Brahman)와 자연 사이의 관계를 해명하고 분석하고자 하는 노력도 기울여졌다. 자아와 심리-정신적

---

45) 『슈베타슈바타라 우파니샤드』의 눈에 띄는 특징은 시바 신에 대한 헌신이다. Eliade, *Le Yoga*, pp. 127~128을 참조하라.

체험을 분리시키는 고행의 기법과 명상의 방법은 요가에 관한 최초의 논고들 속에서 정교해지고 분명해진다. 자아(*ātman, puruṣa*)의 존재 양식과 자연(*prakṛti*)의 구조 및 역동성에 관한 엄밀한 분석은 상키야 철학의 목표 중의 하나였다.

10

제우스와 그리스 종교

83. 신통기와 신들의 세대 간 갈등

제우스라는 이름 자체가 그의 본질을 드러낸다. 그는 다름 아닌 인도-유럽 민족의 천신이었다.(본권 62절 참조) 따라서 테오크리토스(IV, 43)는 제우스가 때로는 빛을 발하고 때로는 비와 함께 내려온다고 계속 쓸 수 있었다. 호메로스에 의하면 "제우스에게 주어진 영역은 빛과 구름을 품은 무한한 하늘"이었다.(*Iliade*, XV, 192) 그리고 그에게 주어진 수많은 이름은 그의 대기의 신으로서의 구조를 강조하고 있다. 옴브리오스Ombrios와 히에티오스Hyetios(비의 신), 우리오스Urios(순풍을 보내는 신), 아스트라피오스Astrapios(번개를 치는 신), 브론톤Bronton(천둥을 울리는 신) 등의 명칭이 그것이다. 그러나 제우스는 우주적 현상으로서의 하늘을 의인화한 것 이상의 존재이다. 천신으로서의 제우스의 성격은 그의 지배권이나 수많은 대지의 여신들과의 성혼에 의해 확인된다.

그러나 그의 명칭이나 (힘든 싸움을 통해서 얻을 수 있었던) 지배권을 제외한다면, 제우스는 베다의 디아우스와 같은 고대 인도-유럽의 천신들과 닮은 점이 없다. 그는 우주의 창조자가 아닐 뿐 아니라, 그리스의 원초적 신들의 집단에 속하지도 않는다.

헤시오도스에 의하면, 사실 태초에는 단지 혼돈(심연Abîme)만이 존재했고, 그로부터 "넓은 가슴"을 가진 가이아(대지)와 에로스Eros가 태어났다. 그런 다음 가이아는 "별이 빛나는 우라노스(하늘)를 완전히 덮을 수 있는, 그녀 자신과 크기가 같은 존재를 낳았다"(*Théogonie*, 118 이하, P. Mazon 번역) 헤시오도스는 우라노스의 모습을 다음과 같이 묘사한다. "오로지 사랑을 위해, 스스로 밤을 이끌고 그는 대지에 다가가서 그녀를 포옹했다."(*Th.*, 176 이하) 이러한 우주적 신성 결혼[1]에 의해 우라니데스Ouranides라는 제2세대 신들이, 즉 여섯 명의 티탄들Titans[거인족](첫째가 오케아노스Okéanos이며 막내가 크로노스이다)과 여섯 명의 티타니데스Titanides(레아Rheia, 테미스Thémis, 므네모시네Mnémosyne가 이들에 속한다), 세 명의 외눈박이 퀴클롭스Cyclopes, 그리고 100개의 팔을 가진 거인 세 명이 탄생했다.

이처럼 지나치게 괴물 같은 모습으로 표현되는 풍요성은 원초적 시대의 특징이다. 그러나 우라노스는 "처음부터" 자기의 자식들을 미워하여 그들을 가이아의 몸속에 숨겨놓았다. 가이아 여신은 화가 나서 거대한 낫을 만들고 자기 자식들에게 말한다. "나와 화난 아버지 사이에서 태어난 아들들이여 [……], 비록 그는 너희들의 아버지이지만, 아버지의 범죄적인 행동을 벌하자. 왜냐하면 그가 바로 수치스러운 일들

---

1) 그러나 신성 결혼 전에도 가이아는 완전히 혼자 몸으로 산들, 님프들 그리고 불모의 바다(폰투스Pontus)를 탄생시켰다.(Hésiode, *Theogonie*, 129 sq.)

을 처음으로 생각해낸 자이기 때문이다." 아들들은 겁에 질려 "모두가 말없이 침묵했다." 그러나 크로노스는 예외였고, 그 일은 크로노스에게 맡겨졌다. "술에 취한 우라노스가 대지의 몸 안으로 들어오려고" (Eschyle, Nauck, fr. 44) 다가오는 순간, 크로노스는 낫으로 우라노스의 성기를 잘랐다. 가이아를 뒤덮은 피에서 복수의 여신인 세 명의 에리니에스Erinyes, 거인들, 그리고 물푸레나무의 님프들이 태어났다. 그리고 바다에 던져진 우라노스의 성기 주변에 생긴 하얀 거품에서 아프로디테가 태어났다.(Th., 188 이하)

이 에피소드에서는 하늘과 땅의 분리를 이야기하는 원초적 형태의 신화가 특히 폭력적으로 표현되고 있다. 우리가 이미 살펴본 것처럼(본권 47절), 이 신화는 다양한 문화층에 광범위하게 퍼져 있다. 우라노스의 거세는 끊임없이 계속되는 생식력을 멈추게 하지만,[2] 결국 그것은 아버지가 갓 태어난 자식들을 대지의 몸속에 "감추었기" 때문에 쓸데없는 일이 되고 만다. 아들들이 우주의 지배자인 아버지의 성기를 잘라버리고 그의 후계자가 되는 것은 후리아, 히타이트, 그리고 가나안의 신통기에서 중심적인 주제이다.(본권 46절 이하) 『신통기』가 신들의 세대 간 갈등과 세계의 지배권을 놓고 싸우는 전투를 중심으로 전개되고 있다는 사실로 볼 때, 아마도 헤시오도스는 오리엔트의 우주 창조 전승들에 대해 알고 있었을 것이다.[3] 실제로 크로노스는 아버지를 무

---

2) 거세에 의해 초래된 우라노스의 은퇴otiositas는 잔혹하기는 하지만 창조신이 우주 창조를 성취한 후 하늘로 물러나고 데우스 오티오수스가 되는 일반적 경향을 표현한다. Eliade, *Traité*, §§ 14 sq.를 보라.

3) 가장 최근의 연구로는 M. L. West, *Hesiod's Theogony*, pp. 18 sq.; Peter Walcot, *Hesiod and the Near East*, pp. 27 sq.를 보라.

력화시킨 다음 아버지의 지위를 차지했다. 크로노스는 누이인 레아와 결혼하여 헤스티아Hestia, 데메테르Déméter, 헤라Héra, 하데스Hadès, 그리고 포세이돈Poséidon 등 5명의 신을 낳았다. 그러나 크로노스 역시 "언젠가 자기 아들에 의해 타도될"(*Th.*, 463 이하) 운명을 가지고 있다는 사실을 가이아와 우라노스로부터 들어서 알고 있었다. 크로노스는 자기 자식들이 세상에 태어나자마자 삼켜버린다. 화가 난 레아는 가이아의 조언에 따라, 제우스가 태어날 즈음 크레타 섬으로 날아가서 갓 태어난 제우스를 쉽게 접근할 수 없는 동굴 속에 숨겼다. 그러고 나서 레아는 큰 돌덩이를 포대기로 싸서 크로노스에게 건네주었고, 그는 그것을 삼켰다.(*Th.*, 478 이하)

다 성장한 제우스는 크로노스로 하여금 자신의 형제들과 자매들을 토해내게 만들었다. 그러고 나서 제우스는 아버지의 형제들, 즉 우라노스가 사슬로 묶어두었던 삼촌들을 풀어주었다. 그에 대한 보답으로 그들은 제우스에게 번개와 천둥을 선물했다. 번개와 천둥으로 무장한 제우스는 이제 소위 "죽을 수밖에 없는 자들과 불사의 신들 모두"(*Th.*, 493~506) 위에 군림할 수 있게 되었다. 하지만 제우스는 먼저 크로노스와 티탄들을 정복해야만 했다. 승패가 갈리지 않는 전투가 10년 동안 계속되었고, 제우스와 젊은 신들은 가이아의 조언에 따라, 우라노스에 의해 깊은 지하 감옥에 갇혀 있던 100개의 팔을 가진 세 명의 거인을 데리러 갔다.(*Th.*, 617~720)

거인족과의 전투Titanomachie에 대한 묘사(특히 *Th.*, 700 이하)를 보면, 마치 우주 창조 이전의 단계로 후퇴하는 듯한 인상을 받게 된다. 티탄들—무한한 힘과 폭력의 화신—과의 전투에서 제우스가 승리를 거두는 것은 우주에 새로운 질서를 부여하는 것과 동일하다. 어떤 의미에서 제우스는 세계를 새롭게 창조한 것이다.(본권 68절, 인드라 참조) 그러나 이러한 창조는 장차 두 차례에 걸쳐 커다란 위기에 직면한다. 오랫동안 후대의 삽입문으로 생각되었지만 『신통기』의 최신판 교정자가 원본이라고 인정했던 한 구절(820~880)[4]에는 가이아와 타르타로스 Tartare의 아들로 괴물이나 다름없는 티폰이 제우스에게 대항하는 장면이 그려지고 있다. "그의 어깨에서는 100개의 뱀 머리와, 검은 혀를 날름거리는 무시무시한 용들이 나왔다. 그리고 그 눈은 〔……〕 불꽃처럼 이글거렸다."(*Th.*, 824 이하) 제우스는 벼락으로 그를 내리친 다음 그를 타르타로스 속으로 집어던졌다.[5] 마지막으로 호메로스나 헤시오도스에게는 알려지지 않았으나 핀다로스(*Néméennes*, I, 67)에 의해 처음으로 언급된 거인족과의 전투에 관한 에피소드를 살펴보자. 그 에피소드에 따르면 우라노스의 피로 인해 가이아가 수태한 결과 이 세상에 탄생한 거인들이 제우스와 제우스의 형제들에 대항하여 일어났다. 아폴로도로스는 가이아가 거인들을 낳은 이유는 티탄들에게 복수하기 위해서였으며, 티탄들이 패배한 후에 가이아는 티폰을 낳았다고 덧붙이고 있다.(*Bibliothèque*, I, 6, 1~3)

제우스의 지배권에 저항하는 가이아의 음모는 우주 창조의 과정 또는 새로운 질서의 확립에 대한 원초적인 신들의 방해〔저항〕를 표현한 것이다.(본권 21절, 메소포타미아의 신들의 전투 참조)[6] 그럼에도 불구하고 제

---

4) West, *op. cit.*, pp. 379 sq.
5) Apollodore, *Bibliothèque*, I, 6, 3에서는, 티폰이 패배하기 전에 제우스의 힘줄을 훔치는 데에 성공했다고 묘사함으로써, 히타이트의 신화에 나오는 폭풍신과 용 일루얀카 사이의 전투를 연상시키는 모티프와 연결시키고 있다.(본권 45절을 참조하라) 그리고 West, *op. cit.*, p. 392를 보라.
6) 그러나 가이아의 분노는 제우스의 폭력과 잔인성에 대한 반응으로 해석될 수도 있다.

우스가 자신의 지배권을 지키고 그에 따라 신들의 폭력적인 왕조 교체에 종지부를 찍을 수 있었던 것은 역시 가이아와 우라노스 덕분이었다.

84. 제우스의 승리와 지배권

실제로 티폰들을 격파한 후 제우스는 제비뽑기로 우주의 영역에 대한 지배권을 셋으로 분할한다. 대양은 포세이돈이, 지하 세계는 하데스가, 그리고 하늘은 제우스가 통치하게 되었으며, 대지와 올림포스 산은 그들이 공동으로 다스리는 영역이 되었다.(Il., XV. 197 이하) 그런 다음 제우스는 일련의 결혼식을 거행한다. 그의 첫 번째 아내는 메티스Métis(사려의 여신)였는데, 메티스가 아테나Athéna를 임신하자 제우스는 메티스를 통째로 삼켜버렸다. 왜냐하면 제우스는 장차 "난폭한 마음을 가진 아들이 태어나 인간과 신들의 왕이 될 것"(Th., 886 이하)이라는 가이아와 우라노스의 예언을 들었기 때문이다. 따라서 제우스의 지배권은 원초적인 두 신의 경고에 의해 확립된 것이라고도 말할 수 있다. 한편 [메티스를 삼킴으로써] 제우스는 영원히 사려를 간직할 수 있게 되었다.[7] 그리고 아테나는 제우스의 이마를 도끼로 쪼갰을 때 아버지의 몸 바깥으로 튀어나왔다.(Th., 924)

그 다음으로 제우스는 티탄의 일원인 테미스(공정), 에우리노메Eurynomé, 므네모시네(그녀는 그에게 아홉 명의 무사이Muses를 낳아주었다), 그리고 마지막으로 헤라와 결혼했다.(Th., 901 이하) 그러나 헤라

---

7) 신화적인 차원에서 본다면 이 에피소드는 나중에 일어나는 제우스의 변형, 즉 그의 "지혜"의 원천을 설명해준다.

와 결혼하기 전에 제우스는 데메테르를 사랑하여 페르세포네Perséphone를 낳았고, 그리고 레토Léto를 사랑하여 쌍둥이 신인 아폴론Apollon과 아르테미스Artémis를 낳았다.(*Th.*, 910 이하) 제우스는 다른 여신들과도 수없이 많은 관계를 맺었는데, 그들 대부분은 구조적으로 대지 여신들이었다(디아Dia, 에우로파Europa, 세멜레Sémélé 등). 이러한 결합은 폭풍신과 대지 여신들 사이의 신성 결혼을 반영하고 있다. 이러한 다중 결혼이나 성적 모험은 종교적인 동시에 정치적인 의미를 가지고 있다. 그리스 문명 이전부터 그 지역에서 숭배의 대상이 되었던 여신들을 수용함으로써 제우스는 그들의 지위를 대체하고, 그 결과 그리스 종교의 고유한 특징인 여러 신들의 공생과 통합의 과정이 시작된다.

제우스와 올림포스 신들이 승리를 거두었지만, 그렇다고 해서 그리스 문명 이전부터 존재했던 원초적 신들과 그들에 대한 제의가 소멸되지는 않았다. 오히려 태곳적의 유산의 일부가 올림포스 종교의 체계 안에 통합되었다. 우리는 원초적인 두 신이 제우스의 운명을 결정하는 데에 일역을 담당했던 것을 살펴보았다. 앞으로 다른 예도 인용할 것이다. 여기에서는 제우스의 탄생과 크레타에서의 유년기에 관한 에피소드에 대해 언급할 것이다.[8] 여기서 우리가 보게 될 대여신의 아들이자 연인인 아기 신을 중심으로 한 신화-의례적인 시나리오는 분명히 에게 해 문명의 산물이다. 그리스의 전승에 의하면 아기의 울음소리는 쿠레테스가 방패를 두드리는 소리에 의해 감추어졌다고 한다(성년식에서 군무軍舞를 추는 젊은이들의 신화적 투영이다). 팔라이카스트로 찬가(BC 4~3세기)에서는 "쿠레테스 중에서 가장 위대한" 제우스의 도약을 칭찬하고 있다.[9]

---

8) 제우스 크레타게네스Zeus Crétagéès[크레타 출신의 제우스]에 대해서는 Picard, *Les religions préhelléniques*, pp. 117 sq.를 보라.

(그것은 아마 원초적인 풍요 의례를 가리킬 것이다.) 한편 이다 산의 동굴에서 벌어진 제우스 이다이오스Zeus Idaios[이다 산의 제우스] 의례는 비의Mystères에 입문하는 의례적 구조를 가지고 있었다.[10] 그런데 제우스는 결코 비의 종교의 신이 아니었다. 그리고 제우스의 무덤이 나중에 나타나는 경우, 그 장소는 거의 항상 크레타였다. 올림포스의 위대한 신은 비의 종교의 신에 통합되어 죽음과 재생을 반복하게 되었다.

에게 해의 영향은 고전기에도 계속 남아 있었다. 그런 예를 우리는 수염 없이 젊은 모습으로 표현된 제우스의 상에서 볼 수 있다. 그러나 이런 현상은 광범위하게 끊임없이 계속된 종교 혼합의 과정에서 어쩔 수 없이 허용된 잔존물이지 적극적으로 권장되었던 것은 아니다.[11] 제우스는 이미 호메로스의 시편 안에서 진정한 인도-유럽의 지상신의 권위와 힘을 획득하기 때문이다. 그는 "무한한 하늘"의 신 이상이며, "신과 인간의 아버지"였다.(*Il.*, I, 544) 아이스킬로스도 『헬리아데스Héliades』의 단편(fr. 70, Nauck)에서 다음과 같이 선언한다. "제우스는 에테르[*대기를 가득 채우는 근본 물질], 제우스는 대지, 제우스는 하늘이다. 그렇다, 제우스는 모든 것 위에 존재하는 모든 것이다." 대기 현상을 주관하는 제우스는 땅의 풍요를 지배하고, 농사가 시작되는 시기에는 제우스 크토니오스Zeus Chtonios[대지의 제우스]로서 기도의 대상이 된다.(Hésiode, *Travaux et Jours*, 465) 크테시오스Ktésios라는 이름으로 제우스는 가정의 수호신이자

---

9) H. Jeanmaire, *Couroï et Courètes*, pp. 427 sq.를 보라.

10) 지금은 없어진 에우리피데스의 비극 『크레타인들Les Crétois』의 단편(fr. 472, Nauck).

11) 지중해 동부에서는 이러한 과정에 의해 로마, 헬레니즘, 이란의 전통이 비잔틴 제국의 구조 안에 통합되고, 나아가 비잔틴의 제도가 터키인들에 의해 보존되게 되었다. 본서 제3권을 보라.

부유함의 상징이 된다. 그는 가족의 권리와 의무를 감독하고, 법의 준수를 보증하며, 폴리에우스Polieus로서 도시를 수호한다. 보다 이전의 시기에 제우스는 정화의 신 제우스 카타르시오스Zeus Katharsios였으며, 특히 에피로스의 도도나에서는 예언의 신이었다. 그곳 사람들은 "제우스의 거대한 떡갈나무의 신성한 잎사귀"를 이용하여 점을 쳤다.(*Odyssée*, 14, 327 이하; 19, 296 이하)

이처럼 제우스는 세계도, 생명도, 인간도 창조하지 않았지만, 어느 신과도 비교할 수 없는 신 중의 신, 우주의 절대적인 지배자로서 군림했다. 제우스에게 헌납된 수많은 성역들이 그의 범그리스적pan-hellénique 성격을 입증하고 있다.[12] 제우스가 자신의 전능함을 의식하고 있었다는 사실은 『일리아드』의 유명한 장면(VIII, 17 이하)에서 잘 묘사되고 있다. 거기서 제우스는 올림포스 신들에게 도전하며 다음과 같이 말한다. "하늘로부터 황금 밧줄을 하나 내려라. 모든 남신과 모든 여신들이여 그것을 붙잡아라. 너희는 제우스를 하늘에서 땅으로 끌어내리지 못할 것이고, 아무리 애를 써도 신 중의 최고신 제우스를 당하지 못하리라. 그러나 내가 마음만 먹으면 대지의 모든 것, 바다의 모든 것과 함께 너희를 끌어올리리라. 그러고 나서 황금 밧줄을 올림포스 봉우리에 묶어두면 모두가 공중에 매달릴 것이라. 그러므로 나는 어떤 신보다, 어떤 인간보다 강력하다."(Mazon 번역)

"황금 밧줄"이라는 신화적 주제에 대해서는 플라톤부터 위僞-디오니시오스 아레오파기타를 거쳐 18세기에 이르기까지 수없이 많은 해

---

12) 제우스는 그리스의 모든 지역에서, 특히 가장 높은 산 정상에서, 그리고 아주 특별히 펠레폰네소스 반도의 올림피아, 아테네에서, 게다가 크레타, 소아시아, 그리고 지중해 서부 지역에서 숭배되었다.

석이 제시되었다.[13] 그러나 우리의 목적상 중요한 것은, 오르페우스교〔후기 헬레니즘 시대의 비의 종교〕의 시편인 『음유시인의 신통기Théogonie rhapsodique』에 따르면 제우스는 원초적 여신인 닉스Nyx(밤)에게 "불사의 존재〔神〕들을 다스리는 영광의 제국"을 세울 수 있는 방법과 특히 "하나이면서 각 부분들이 구별되는" 우주를 만들 수 있는 방법을 묻는다. 밤의 여신은 제우스에게 우주의 기본 구조를 알려주고, 황금의 밧줄을 에테르에 묶어두라고 말한다.[14] 이것은 분명히 후대에 나온 텍스트이지만, 텍스트가 전하는 전승은 상당히 오래된 것이다. 『일리아드』 (XIV, 258 이하)는 밤의 여신이 상대적으로 강력한 신이라고 묘사하고 있는데, 제우스조차도 그녀를 화나게 하지 않으려고 조심한다. 제우스의 전능함을 알려주는 유명한 선언이, 지상신이 원초적인 밤의 여신에게 자문을 구하는 장면과 연결되고 있다는 사실은 흥미롭다. 밤의 여신이 알려준 우주론적 지시는 어떤 의미에서는 지배권을 둘러싼 투쟁에 종지부를 찍도록 해준 가이아와 우라노스의 계시를 반복하고 있다.

이미 살펴본 것처럼 원초적 신들 가운데 일부는 올림포스의 신들이 승리한 후에도 살아남았다. 그중 대표적인 것이 밤의 여신으로, 그의 힘과 특권에 대해서는 조금 전에 살펴보았다. 그 뒤를 잇는 신으로 폰투스Pontos(불모의 바다), 티탄과의 전투에 참가한 스틱스Styx〔죽음의 강의 신〕, 제우스와 올림포스의 다른 신들로부터 찬사를 받았던 헤카테 Hékaté, 가이아와 우라노스의 장자인 오케아노스가 있다. 그 신들은 제각기 우주의 체계 안에서 나름대로의 역할—소박하고 불명료하며 주

---

13) 이 주제에 대해서는 Eliade, "Cordes et marionnettes" (dans *Méphistophélès et l'Androgyne*, pp. 200~237), 특히 pp. 225 sq.를 보라.

14) P. Lévêque, *Aurea Catena Homeri*, pp. 14 sq.의 번역과 해설을 보라.

변적인―을 담당하고 있다. 제우스는 자기의 권위가 완전하게 수립되었다고 느꼈을 때, 자신의 아버지 크로노스를 지하 감옥에서 해방시켜 전설의 땅―서쪽 끝에 있는 축복받은 자의 섬을 다스리게 했다.

85. 최초의 종족에 관한 신화. 프로메테우스. 판도라

크로노스의 "생애"에 대해서는 알 수 없다. 그는 분명히 원초적 시대에 속하는 신으로서, 그를 위한 종교 의례는 거의 존재하지 않는다. 그에 대한 유일하고도 중요한 신화는 신들의 전투에 나오는 하나의 에피소드로만 남아 있다. 크로노스는 최초의 인간인 "황금의 종족"과 관련되어 등장한다. 이것은 중요한 의의가 있다. 왜냐하면 인간과 신들 사이에 맺어진 관계의 시작과 그 최초의 양상을 우리에게 알려주고 있기 때문이다. 헤시오도스에 의하면 "신과 죽는 존재는 동일한 기원을 가지고 있다."(*Travaux et Jours*, 108) 최초의 신들이 가이아에게서 태어난 것처럼 인간 역시 대지(*gegeneis*)로부터 태어났기 때문이다. 다시 말해 세계와 신들은 최초의 분리, 그리고 그 뒤를 잇는 생식의 과정에 의해 존재하게 되었다. 신들의 세대가 몇 번 바뀌었던 것처럼 인간도 황금의 종족, 백은의 종족, 청동의 종족, 영웅의 종족, 그리고 철의 종족으로의 다섯 차례의 세대 변화를 겪었다.(*Travaux*, 109 이하)

그중 첫 번째 종족은 크로노스의 지배 아래(*Th.*, 111), 즉 제우스 이전에 살았다. 황금의 시대에는 남자만 존재했는데, 그들은 "힘센 형제들"인 신들과 함께 살았다. 인간은 "신처럼 살았고, 걱정을 몰랐고, 고통과 불행 역시 알지 못했다."(*Th.*, 112 이하, Mazon 번역) 그들은 필요한 모든 것을 땅에서 얻을 수 있었기 때문에 일할 필요도 없었다. 그들의 생활은 춤과 축제, 모든 종류의 환락 그 자체였다. 그들은 질병과 노쇠함을 알지 못했으며, 죽는 경우에도 마치 잠자는 것처럼 죽음을 맞았다.(*Travaux*, 113 이하) 그러나 이러한 낙원 시대—다른 많은 문화에서도 볼 수 있다—는 크로노스의 몰락과 함께 끝이 난다.[15]

이어서 헤시오도스는 황금의 종족의 인간이 "땅에 덮여버렸고" 신들은 그들보다 조금 열등한 은의 종족을 만들었다고 말한다. 그러나 은의 종족은 죄를 짓고 신들에게 희생 제물을 바치지 않았기 때문에 제우스는 그들을 몰살시키기로 결정했다. 그후 제우스는 세 번째로 청동의 종족을 만들었지만, 그들은 난폭하고 호전적이었기 때문에 최후의 한 사람이 쓰러질 때까지 서로를 죽인 결과 멸망했다. 그 다음으로 제우스는 새로운 세대의 인간, 즉 영웅을 만들었다. 그 영웅들은 테베와 트로이에서의 장대한 전투로 인해 유명해졌다. 영웅들 중에서 많은 자는 죽음을 맞이했지만, 제우스는 그들 중 일부를 서쪽 끝에 있는 축복받은 자의 섬으로 보냈고, 크로노스가 그들을 통치한다.(*Travaux*, 140~169) 헤시오도스는 다섯 번째 종족이자 마지막 종족인 철의 종족에 대해서는

15) 『신통기』에 의하면 자식이 태어나자마자 그 자식을 삼켜버리는 "야만적" 신인 크로노스가 헤시오도스의 다른 작품(*Travaux*, 111)에서는 인간의 낙원 시대를 지배한 신이었다는 사실은 모순적으로 보일 수도 있다. 그러나 『신통기』의 크로노스는 오리엔트의 영향을 강하게 반영하고 있다는 사실을 잊어서는 안 된다. 신이 인간의 "힘센 형제"로 표현되어 있다는 사실도 놀랍다. 이러한 주장은 신과 인간 사이에 존재론적 차원에서의 근본적 차이가 있음을 강조하는 일반적인 견해와 모순된다. 그럼에도 불구하고 신과 인간 사이의 근본적인 구별은 이미 황금의 종족 시대에도 존재했다는 사실을 지적하지 않을 수 없다. 즉 인간은 신들과의 우정과 지복을 누렸음에도 불구하고 **불사의 존재**는 아니었다. 게다가 신들은 신의 제2세대, 즉 티탄족의 세대에 속했다. 다시 말해 세계의 구조와 존재 양식은 그때까지는 아직 엄격하게 규정되지 않고 있었다.

언급하지 않는다. 그러나 그는 자기가 그 시대에 태어난 사실을 한탄하고 있다.(*Travaux*, 176 이하)

혜시오도스가 전해주는 전승은 많은 문제점을 제기하고 있지만, 그 문제들 전부가 우리의 목적과 직접적인 관련이 있는 것은 아니다. "태초의 완전성"과 원초적 지복을 "죄"로 인해 상실하게 되었다는 신화는 꽤 널리 퍼져 있다. 혜시오도스가 전하는 다른 전승에서는 타락이 네 단계를 거치면서 서서히 발생했다고 한다. 그것은 세계의 변화를 네 개의 유가yugas[주기들]로 나누는 인도의 교의를 생각나게 한다. 그 유가는 색깔―하양, 빨강, 노랑, 그리고 검정―로 표현되고 있지만 금속과 관련되어 있지는 않다. 한편 여러 금속을 각 역사시대를 표현하는 고유한 상징으로 삼는 입장은 느부갓네살의 꿈(「다니엘」 2:32-33)이나 후대의 이란의 문서들에서 발견된다. 다만 전자의 경우에는 왕조에 관한 것이고, 후자에서는 여러 제국의 교체가 미래에 투영되고 있다.

혜시오도스는 청동의 종족과 철의 종족 사이에 영웅의 시대를 끼워놓을 수밖에 없었는데, 아득히 먼 영웅시대의 신화화된 기억이 너무도 강렬하여 그것을 무시하는 것이 쉽지 않았기 때문이다. 영웅의 시대가 등장함으로써, 백은의 종족이 등장하면서 시작되는 인간의 점진적인 타락 과정이 아무런 설명 없이 중단된다. 하지만 영웅들의 특권적인 운명은 종말론적 관념을 어설프게 위장하고 있다. 영웅들은 죽지 않는다. 하지만 그들은 크로노스가 지배하는 엘리시움, 즉 축복받은 자의 섬에서 행복하게 살고 있다. 다시 말해 영웅들은 크로노스의 통치하에서 어느 정도는 황금시대의 종족들이 누렸던 존재 방식을 회복한다. 이러한 종말론은 나중에, 특히 오르페우스교의 영향 아래서 정교하게 발전한다. 엘리시움은 영웅들에게만 허락된 배타적 특권의 영역이 아니라 경건한 영혼이나 "입문자들"에게도 열려 있는 곳이 된다. 이것은 종교사

에서 상당히 빈번하게 일어나는 과정이다.(본권의 이집트, 인도 참조)

　시대의 교체에 관한 이러한 일련의 신화가 인류의 기원에 대한 그리스인의 일치된 견해였던 것은 아니라는 사실을 덧붙이자. 실제로 인류의 기원 문제는 그리스인들의 관심을 그다지 끌지 못했던 것 같다. 그들은 특정한 민족 집단, 도시, 왕조의 기원에 보다 많은 관심을 가지고 있었다. 여러 가문들은 자신들이 신과 인간 사이에서 태어난 어떤 영웅에 기원을 두고 있다고 생각했다. 미르미돈이라는 종족은 자기들이 개미에서 왔다고 생각했고, 다른 종족은 물푸레나무가 자기들의 조상이라고 생각했다. 홍수가 끝난 후에 데우칼리온Deucalion은 "어머니의 뼈", 즉 돌을 가지고 땅을 다시 사람들로 채웠다. 마지막으로 후대의 전승(AD 4세기)에 따르면 진흙을 이용하여 인간을 만든 것은 프로메테우스Prométhée였다고 한다.

　우리가 알지 못하는 어떤 이유 때문에 신과 인간은 메코네에서 평화적으로 분리되기로 결정했다.(Th., 535) 인간은 신들과의 관계를 확실하게 정하기 위해 최초의 희생 제의를 바쳤다. 그리고 여기에서 프로메테우스가 처음으로 중요한 역할을 담당한다.[16] 프로메테우스는 황소를 죽여 그것을 두 부분으로 나누었다. 하지만 프로메테우스는 사람들을 보호하는 동시에 제우스를 속이기 위해 뼈를 지방질로 둘러싸고 살과 내장을 위장 주머니로 쌌다. 지방질에 혹한 제우스는 질이 떨어지는 뼈를 신을 위한 음식으로 선택하고 살과 내장을 인간의 몫으로 남겨주었다. 그후 사람들은 신들을 위한 공물로 뼈를 태워 바치게 되었다고 헤시오도스는 말한다.(Th., 556)

　희생 제물의 교활한 분할로 인해 인간에게 중대한 결과가 초래되었

---

16) 호메로스의 작품에서는 프로메테우스라는 이름이 등장하지 않는다.

다. 즉 한편으로는 고기를 먹는 것이 범례적 종교 행위로서 신들에게 최고의 경의를 표하는 것이 되었으나, 결과적으로는 황금시대 동안 행해졌던 채식주의 식생활의 포기를 의미하게 된 것이다. 다른 한편으로는 프로메테우스의 속임수로 인해 제우스는 인간을 미워하게 되었고, 결국 인간에게서 불을 빼앗고 만다.[17] 그러나 지략이 뛰어난 프로메테우스는 속이 빈 회향 줄기 안에 하늘의 불을 숨겨 지상으로 가지고 내려왔다.(*Th.*, 567; *Travaux*, 52) 그의 속임수에 화가 난 제우스는 인간과 그들의 보호자[프로메테우스]를 함께 벌하기로 결정했다. 프로메테우스는 쇠사슬에 묶였고, 독수리가 "죽지 않는 그의 간"을 매일 쪼아 먹는데, 밤 사이에 간은 재생되었다.(*Th.*, 521 이하; *Travaux*, 56) 어느 날 프로메테우스는 제우스의 아들 헤라클레스에 의해 해방될 것이고, 영웅의 영광은 더욱 높아질 것이다.

제우스는 인간에게는 한 여성, 즉 판도라Pandora("모든 신들로부터의 선물", *Travaux*, 81 이하)라는 이름을 가진 "아름다운 재난"(*Th.*, 585)을 보냈다. 헤시오도스는 다음과 같이 그녀를 비난한다. "인간에게 주어진 출구 없는 올가미. 왜냐하면 죽을 수밖에 없는 인간에게 던져진 끔찍한 재난인 여자라는 저주받은 족속은 그녀로부터 나왔기 때문이다."(*Th.*, 592 이하)[18]

---

17) 이로 인해 분할로 생긴 이득이 무효화되었다. 왜냐하면 인간은 날고기를 먹어야 했고, 신에게 희생 제물을 바칠 수 없게 되었기 때문에 다시 야생 동물의 처지로 되돌아갔다.

18) 프로메테우스가 자신의 동생에게 제우스로부터 아무것도 받지 말라고 경고했던 것은 아무런 소용이 없었다. 순진한 에피메테우스는 판도라를 받아들이고 그녀와 결혼한다. 얼마 지나지 않아 판도라가 수수께끼의 항아리를 열자, 모든 종류의 악이 빠져나와 온 세상으로 퍼진다. 판도라가 뚜껑을 닫았을 때에는 오직 희망만이 항아리 바닥에 남아 있었다. Séchan과 Lévêque가 말했던 것처럼, "이것이

86. 원초적인 희생 제의의 결과

　결론적으로 볼 때, 프로메테우스는 인류에게 혜택을 가져다준 존재라기보다는 오히려 현재의 타락한 상태를 초래한 책임이 있는 존재이다. 메코네에서 발생한 신과 인간의 결별에 결정적인 원인을 제공한 것은 프로메테우스였다. 그후 그는 불을 훔침으로써 제우스를 화나게 만들었고, 판도라, 즉 여성이 인간 세계에 등장하는 계기를 부여했다. 여성이 출현한 결과, 모든 종류의 염려, 고난, 불행이 퍼지기 시작했다. 헤시오도스에게 있어 프로메테우스 신화는 세상에 "악"이 출현하게 된 것을 설명하는 신화였다. 다시 말해 "악"이란 제우스의 복수를 대표하는 것이었다.[19]

　그렇지만 티탄 한 명[프로메테우스]의 "속임수"로 인해 인간 역사 전체가 저주를 받았다고 하는 식의 비관주의가 전면적으로 받아들여진 것은 아니다. 원초적 황금시대의 신화를 진보의 주제로 대체했던 아이스킬로스의 경우, 프로메테우스는 가장 위대한 문화영웅이다. 프로메테우스는 최초의 인간들이 "땅속에서, 햇빛도 들지 않는 깊은 동굴에서" 살고 있었다고 주장한다. 그들은 계절의 변화도, 가축 사육도, 농사조차도 모르고 있었다. 그들에게 모든 기술과 모든 지식을 가르친 것은 바로 프로메테우스였다.(*Prométhée enchaîné*, 442 이하) 인간에게 불을

야말로 화난 제우스가 구체적으로 원했던 것이다. 그는 인간을 영원히 '힘든 고난'에 묶어두고 싶었기 때문에(Hésiode, *Travaux*, 91), '인간이 헛된 노력을 계속하게 만들어주는'(Simonide, I, 6) 희망을 만들어 항아리 안에 넣어두었던 것이다."(*Les grandes divinités de la Grèce*, p. 54)

19) 헤시오도스는 명쾌하게 서술한다. "프로메테우스의 간교한 꾀에 넘어갔다는 것을 알게 된 날부터 제우스는 인간에게 슬픈 염려를 주기 위해 준비한다."(*Travaux*, 47 sq.)

가져다주었고,[20] 그들을 죽음의 공포로부터 해방시킨 것은 프로메테우스였다.(*ibid.*, 248) 자기가 인간을 창조한 조물주가 아니라는 사실로 인해 프로메테우스에게 질투심을 느낀 제우스는 인간을 파멸시키고 다른 종족을 만들고자 했다.(*ibid.*, 233) 감히 프로메테우스 혼자서 세계의 통치자인 제우스의 계획에 반대했다. 제우스의 분노와 프로메테우스의 비타협적 태도를 설명하기 위해 아이스킬로스는 핀다로스(혹은 그의 정보)에게서 극적인 세부 사항을 차용했다. 프로메테우스는 무서운 무기, 즉 그의 어머니 테미스가 알려준 엄청난 비밀을 알게 된 것이다. 그 비밀이란 조만간 있을 제우스의 몰락에 관한 것이었다.(522, 764 이하)[21] 따라서 프로메테우스는 제우스가 그 위기를 극복할 수 있는 방법은 단 하나밖에 없다고 주장한다. 즉 자신을 사슬에서 해방시키는 것이 그것이다.(769~770)『프로메테우스Prométhéide』3부작의 다른 두 편이 남아 있지 않기 때문에 이들 두 신 사이의 적대감이 어떻게 해서 화해로 결론지어졌는지는 알 수 없다. 그러나 BC 5세기의 아테네에서는 프로메테우스를 위한 축제가 매년 거행되었다. 게다가 프로메테우스는 헤파이스토스와 아테나 여신과도 관련되어 있었다. 그리고 지적 엘리트나 일반 시민 모두가 열렬하게 추구했던 어떤 정신적 운동의 영향 아래에서(본서 제2권 참조), 어느 시기 이후부터는 제우스의 지혜와

---

20) 헤시오도스와 달리 아이스킬로스의 연극에서는 프로메테우스가 불을 하늘에서 훔쳐서 인간에게 주었다고 말하지 않는다. "아이스킬로스는 메코네의 에피소드를 삭제한다. 아마도 그것이 비극의 흐름에 맞지 않고, 또한 자기의 영웅에게 부여한 위광을 왜소하게 만들 것이라고 생각했기 때문일 것이다."(L. Séchan, *Le mythe de Prométhée*, p. 102, n. 62)

21) 이 모티프의 기원과 발전에 대해서는 Séchan, *op. cit.*, pp. 23 sq., 42 sq.; J. P. Vernant, "Métis et les mythes de souveraineté"를 보라.

깊은 자비심이 강조되기 시작했다. 위대한 지배자인 제우스는 과거의 자신의 행동을 후회하며 크로노스를 엘리시움의 왕으로 세웠을 뿐만 아니라, 티탄족을 용서하기까지 했다. 핀다로스는 "불사의 신, 제우스가 티탄들을 해방시켰다"(*IVᵉ Ode Pythienne*, 291)고 말하고 있다. 『해방된 프로메테우스Prométhée délivré』[지금은 전해지지 않는 아이스킬로스의 비극]에서는 사슬에서 해방된 티탄들로 합창대가 구성되어 있었다.[22]

메코네에서 발생한 최초의 희생 제물 분할로 인해 한편으로는 인간과 신의 분리가, 다른 한편으로는 프로메테우스에게 벌이 가해지는 결과가 초래되었다. 그러나 제우스의 분노는 도를 넘어 보인다. 칼 모일리Karl Meuli가 보여주었던 것처럼, 이러한 의례적 분할은 시베리아의 원시 수렵민이나 중앙아시아의 유목민이 천신들에게 바쳤던 희생 제의에 대응하는 것이기 때문이다.[23] 사실 이들 제의에서는 최고의 지상신적 존재들에게 동물의 뼈와 머리를 바친다. 달리 표현해보자면 문명의 원초적 단계에서는 천신들에게 바치는 최고의 제물이라고 생각되었던 것이 프로메테우스의 행동에서는 지상신 제우스에 대한 불경죄가 되고 말았던 것이다. 이와 같이 의례의 본래적 의미가 왜곡된 것이 언제인지는 알 수 없다. 제우스가 분노한 것은 제물의 분할 때문이 아니라, "낡은 세대"에 속하는 티탄족의 일원인 프로메테우스에 의해 그 일이 저질러졌다는 사실, 더구나 프로메테우스가 올림포스의 신들에 대항하여 인간의 편에 서기 위해 그런 일을 저질렀다는 사실 때문이었다. 만일 그 최초의 성공에 힘입은 인간들이 티탄들보다 훨씬 더 대담

---

22) Séchan, p. 44를 참조하라.

23) Karl Meuli, "Griechische Opferbräuche"(1946). 또한 Burkert, *Homo Necans*, pp. 20 sq.를 보라.

한 행동을 취한다면, 프로메테우스의 그러한 선례가 골치 아픈 결과를 낳을 수도 있기 때문이었다. 하지만 제우스는 인간이 힘을 얻고 오만해지는 것을 허락하지 않았다. 인간은 자신들에게 주어진 운명이 불안정하고 덧없는 것이라는 사실을 잊어서는 안 되었다. 다시 말해 인간은 신들과의 거리를 지켜야 했던 것이다.

실제로 나중에 제우스가 일으킨 대홍수에서 살아남은 유일한 생존자이자 프로메테우스의 아들인 데우칼리온이 메코네에서 결정된 것과 동일한 방식으로 제물을 바쳤지만, 제우스는 그것을 받아들였다. "제우스는 데우칼리온의 소원을 흔쾌하게 들어주었다. 그러나 그 신화가 보여주는 것은, 제우스의 동의는 인간과 신들 사이에 일정한 거리가 유지된다고 하는 바로 그 조건하에서만 의미가 있다는 것이다."[24] 그 이후, 가장 일반적인 희생 제의인 티시아thysia에서 이 신화적 모델이 되풀이된다. 즉 희생 제물의 일부인 기름은 제단에서 태워지고, 나머지 부분은 제의를 드리는 자와 그 동료들이 나누어 먹는다.[25] 그러나 신들도 그 자리에 똑같이 참석하여 제물을 먹거나(*Il.*, I, 423~424 ; VIII, 548 ~552 등) 불태워진 기름에서 나오는 연기(*Il.*, I, 66~67 등)를 마신다.

메코네에서 시작된 신과 인간의 분열은 데우칼리온에 의해 다시 회복된다. 프로메테우스의 아들 데우칼리온은 제우스가 원하는 방식으로 신들에게 다시 제의를 바치기로 한다. (덧붙여 말하자면 메코네의 제물 분할 사건이 발생했을 때의 그 인간 종족은 이미 대홍수로 멸망

---

24) J. Rudhardt, "Les mythes grecques relatifs à l'instauration du sacrifice", p. 14. 그 외에도 제우스는 데우칼리온에게 직접 대답하지 않고, 헤르메스를 보내어 그가 원하는 바를 알아낸다.(Apollodore, *Bibl.*, I, 7, 2)

25) 이것과 가장 유사한 것은 유대인들의 제바zèbah 의식이다.(본권 57절을 참조하라)

하고 말았다.) 아이스킬로스 이후 프로메테우스가 상대적으로 그다지 눈에 띄지 않는 역할에 머물러 있다는 사실은 중요하다. 아마도 『프로메테우스』 3부작의 성공 자체가 그 원인이 되었을 것이다. 아이스킬로스는 인류의 수호자이자 문화영웅인 프로메테우스의 비견할 수 없는 위대함을 칭송하는 동시에 제우스의 인자함과 최종적 화해의 정신적 가치를 보여주었고, 그를 인간의 지혜의 범례적 모델로까지 격상시켰다. 프로메테우스는 유럽의 낭만주의 시대에 와서야 비로소 숭고한 모습—전제 정치의 영원한 희생자—을 다시 회복하게 된다.

　인도에서는 희생 제의에 관한 사변이 우주 창조 신화와 결부되어 전개되었으며, 요가의 기법 및 형이상학으로의 길을 열어주었다.(본권 76절) 히브리인들 사이에서는 예언자들의 비판에도 불구하고 유혈 희생 제의가 끊임없이 재해석되고 새로운 가치가 부여되었다. 기독교에서 이 문제는 그리스도의 자발적인 희생에 기초를 두고 있다. 오르페우스교와 피타고라스주의는 채식주의의 덕목을 강조하는데, 그것은 인간이 메코네에서의 희생 제물 분할 방식을 수용함으로써 지은 "죄"를 암묵적으로 인정한 것이다.(본서 제2권 참조) 하지만 프로메테우스의 처벌은 제우스의 "정의"를 사유하는 데 있어서는 단지 부차적인 역할만을 수행했을 따름이다. 그러나 신의 "정의", 그리고 그것과 밀접한 관계를 가진 인간의 "운명"이라는 문제는 호메로스 이후의 그리스의 사유에서도 계속 열렬한 관심의 대상이 되었다.

87. 인간과 운명: "생의 환희"의 의미

유대-기독교적 관점에서 본다면 그리스 종교는 비관주의를 특징으로 삼고 있는 것처럼 보인다. 인간의 존재는 본래 덧없는 것이며, 괴로움으로 가득한 것이라고 규정되고 있다. 호메로스는 인간을 "바람에 흩어져 땅에 떨어지는 잎사귀"(*Il.*, VI, 146 이하)라고 비유한다. 이 비유는 콜로폰의 시인 밈네르모스(BC 7세기)에 의해 다시 인용되었다. 그는 빈곤, 질병, 슬픔, 늙음 등 인간에게 닥치는 괴로움을 길게 열거하고 있다. "제우스가 보낸 1000가지도 넘는 해악을 입지 않은 인간은 없다." 그와 동시대인이었던 시모니데스 역시 인간은 "하루살이 목숨"이며, 마치 가축처럼 "신이 어떤 운명의 길로 자기들을 이끌어 가는지 알지 못한다"고 말한다.[26] 어떤 여인이 아폴론 신에게 기도를 올려, 신의 힘으로 줄 수 있는 가장 좋은 것을 자기의 두 아들에게 내려달라고 부탁했다. 그녀의 기도를 들어주기로 한 아폴론은 그 두 아들을 즉시 고통 없이 죽게 만들어주었다.(Hérodote, I, 31, 1 이하) 테오그니스, 핀다로스, 소포클레스도 인간에게 주어질 수 있는 최상의 운명은 태어나지 않는 것, 만일 태어났다면 가능한 빨리 죽는 것이라고 말하고 있다.[27]

그러나 죽음은 완전하고 최종적인 소멸을 가져오는 것이 아니기 때문에 죽음에 의해 해결되는 것은 아무것도 없다. 호메로스의 시대에는 죽음이 힘도 기억도 상실한 채 핏기 없는 그림자의 모습으로 지하의 하데스의 암흑 속에서 비참하게 계속 존재하는 것이라고 생각되었다. (오디세우스가 불러내는 데 성공한 아킬레우스의 유령은 "모든 죽은 자들 위에 군림하느니, 차라리" 가난한 인간의 노예가 되어 지상에 사는 것을 선

---

26) 이오니아의 시인들은 불행, 질병, 그리고 늙는다는 사실에 겁을 먹고 있었던 것 같다. 전쟁과 영광, 또는 재산으로 인해 얻을 수 있는 기쁨만이 그들에게 남은 유일한 위로였다.

27) Théognis, 425~428 ; Pindare, fr. 157 ; Sophocle, *Œedipe à Collone*, 1219 sq.

택하겠다고 말한다.)[28] 게다가 지상에서의 선행은 보상받지 못했고, 악업은 처벌되지 않았다. 모든 죽은 자 가운데 익시온, 탄탈로스, 시지포스만이 영원한 형벌을 받게 되었는데, 그것은 그들이 특별히 제우스를 개인적으로 화나게 했기 때문이었다(익시온은 제우스의 은혜를 잊고 헤라를 범하려고 했다. 탄탈로스는 신들의 비밀을 누설했고 자기 아들을 요리하여 신들에 바치려고 했다. 시지포스는 강물의 신 아소포스에게 그의 딸 아이기나를 유괴한 것은 제우스라고 알려주었다). 그리고 메넬라오스가 하데스로 가지 않고 엘리시움으로 옮겨 갔던 것은, 그가 헬레네과 결혼하여 제우스의 사위가 되었기 때문이다. 헤시오도스가 전하는 전승들에 따르면(본권 85절 참조), 다른 영웅들도 똑같은 운명을 누렸다. 그러나 그들은 특권적인 존재들이었다.

그리스인이 인간의 덧없는 운명을 의식하게 되었을 때, 비관적 관점이 결정적으로 그들을 덮쳤다. 한편으로 인간은 **엄밀한 의미에서**stricto sensu 신의 "피조물"(많은 원초적 종교들, 그리고 3대 일신교에서 가진 생각)이 아니다. 따라서 인간은 자신의 기도를 통해 신들과의 "친밀한 관계"를 수립할 수 있을 것이라는 희망을 감히 가질 수 없다. 다른 한편으로 인간은 자기의 생명은 운명에 의해 이미 결정되어 있다는 사실을 알고 있다. 그것은 **모이라**moira 또는 **아이사**aisa라고 불리는 것으로, 인간에게 주어진 "운명"이나 "몫"—다시 말해 죽을 때까지 허락된 시간이다.[29] 결과적으로 죽음은 탄생의 순간에 결정되었으며, 생명의 길

---

28) *Odyssée*, XI, 489~491. 나중에 대단히 유명해진 이 구절은 소크라테스에 의해 가차 없는 비판을 받는다. Platon, *République*, III, 386a~387b; 387d~388b를 참조하라.

29) 모이라와 아이사라는 말의 의미는 호메로스 이후에 달라졌다. 그것은 인간을 미치게 만드는 악마적인 힘이며, 나중에 세 사람의 여신으로 인격화되었다. 이들

이는 신이 짜는 실로 상징화되었다.[30] 그러나 "신들의 모이라"(*Od.*, III, 261) 또는 "제우스의 아이사"(*Il.*, XVII, 322 ; *Od.*, IX, 52)와 같은 표현들로부터 우리는 제우스가 운명을 결정한다는 사실을 이해하게 된다. 원칙적으로 제우스는 운명을 바꿀 수 있다. 예를 들어 제우스는 생명이 다해가던 자신의 아들 사르페돈을 위해 운명을 변경시킬 수 있는 힘을 행사하려고 했다.(*Il.*, XVI, 433 이하) 그러나 헤라는 그 같은 행위가 우주의 법칙—즉 정의(*dike*)—을 무력화시키는 결과를 초래할 수 있다고 지적했고, 제우스도 헤라가 옳다는 것을 인정하지 않을 수 없었다.

이 예를 통해 제우스 스스로도 정의의 우월성을 인정하고 있다는 사실을 알 수 있다. 디케dike는 인간 사회에 우주의 법칙, 즉 신들의 법칙(*thémis*)이 구체적으로 표현된 것에 지나지 않는다. 헤시오도스는 제우스가 인간에게 "정의"를 부여한 이유는 인간이 동물처럼 행동하지 않도록 하기 위해서라고 주장하고 있다. 인간의 첫 번째 의무는 정의로운 존재가 되고, 희생 제물을 바침으로써 신들의 "명예(*timē*)"를 입증하는 것이다. 디케라는 단어는 호메로스에서 에우리피데스에 이르는 수 세기 동안에 걸쳐 의미의 변화를 겪었던 것이 분명하다. 에우리피데스는 주저하지 않고 다음과 같이 쓰고 있다. "만일 신들이 추악한 (또는 저속

세 모이라이Moirai(Moira의 복수)는 헤시오도스에게서 처음으로 등장한다.(*Th.*, 900 sq.) 그들은 제우스와 테미스의 딸들이다.

30) 처음에는 "신들"(*Od.*, 20, 196 등)이나 "악마daimon"(*Od.*, 16, 64), 모이라(*Il.*, XXIV, 209)나 아이사(*Il.*, XX, 128)가 "물레질"을 했다. 그러나 마침내 다른 인도-유럽(오리엔트도 포함해서)의 전승과 마찬가지로 운명의 "물레질"은 물레질하는 자들(*Klothes*) 또는 모이라이에게로 돌아갔다. *Volospā*, str. 20 ; Eliade, *Traité*, § 58을 참조하라. 누군가의 운명을 "물레질한다"는 것은 그를 "묶는 것", 다시 말해 변할 수 없는 "상황" 안에 그를 꼼짝 못하게 가둔다는 뜻이다.

한) 일을 한다면, 그들은 신이 아니다!"(fr. 292 de *Bellérophon*) 에우리피데스 이전에 아이스킬로스는 제우스가 죄 없는 사람에게 벌을 내리지는 않는다고 말한 바 있다.(*Agamemnon*, 750 이하) 그러나 이미 『일리아드』에서 제우스는 디케의 수호자로 간주되고 있는데, 맹세를 보증하고, 이방인, 손님, 그리고 탄원자를 옹호하는 것은 제우스였기 때문이다.[31]

　요컨대 죽을 수밖에 없는 인간이 자신들의 정해진 존재 방식의 한계를 넘어서지 않는 한 신들은 인간에게 이유 없는 타격을 가하지 않는다. 그러나 인간이 자기에게 부과된 한계를 넘지 않는다고 하는 것 자체가 쉽지는 않은데, 인간의 이상理想은 바로 "탁월함(*arete*)"이기 때문이다. 하지만 지나친 탁월함은 상궤를 벗어난 자신감과 오만함(*hybris*)을 초래하기 쉽다. 그러한 사례를 아이아스에게서 발견할 수 있다. 아이아스는 신들이 있는데도 불구하고 자신이 죽음을 피할 수 있다고 호언장담했고, 그는 결국 포세이돈의 공격을 받고 죽고 말았다.(*Od.*, IV, 499~511) 히브리스hybris는 일시적인 광기(*ate*)를 불러오고 희생자를 "눈멀게 함으로써" 결국 파국으로 이끈다.[32] 다시 말해 히브리스와 그것의 결과인 아테ate는 지나친 야심을 가졌거나 과도한 "탁월함"의 이상의 덫에 빠진 특별한 경우(영웅, 왕, 모험가들 등)의 인간들로 하여

---

31) H. Lloyd-Jones, *The Justice of Zeus*, p. 6(Dodds, *The Greeks and the Irrational*, p. 52, n. 18의 해석에 반대되는 의견이다). 제우스는 또한 백성들의 안녕을 책임지는 왕의 모델이다. 다시 말해 전통적인 권리와 관습, 즉 신의 법칙들themistes을 수호하는 왕basileus이다. 즉 그는 특정한 디케를 존중해야만 한다.

32) 헤로도토스(I, 32)가 솔론으로 하여금 "나는 신들조차 질투와 변덕에서 벗어나지 못한다는 사실을 알고 있다"라고 말하게 했을 때, 그는 특히 인간 조건의 한계를 망각하고 오만함으로 인해 자기를 파멸로 이끌어가는 사람들의 어리석음을 비판하고 있는 것이다.

금, 태어날 때부터 자기에게 주어진 생명의 분량, 즉 **모이라**를 자각하게 만드는 수단이 되는 것이다.

결국 인간은 자기에게 주어진 한계 속에 머무를 수밖에 없는 존재이다. 그 한계는 인간의 조건, 특히 그의 **모이라**에 의해 부과된 것이다. 지혜는 인간 생명 전체의 유한성과 불안정성을 자각하는 것에서 시작된다. 그러므로 이런 상황에서 할 수 있는 일은 **현재**가 제공해주는 모든 것, 즉 젊음, 건강, 육체적인 즐거움, 또는 덕을 드러내는 기회 등을 적극적으로 활용하는 것이다. 현재 안에서 총체적으로 그러나 고귀하게 사는 것, 그것이 호메로스의 가르침이다. 절망 속에서 태어난 이러한 "이상"은 앞으로 변화를 겪게 된다. 그 변화 중 중요한 것에 대해서는 앞으로 살펴볼 것이다.(본서 제2권 참조) 그러나 예정된 한계와 존재의 불확실성에 대한 의식은 결코 사라지지 않았다. 하지만 이런 비극적 견해는 그리스의 종교적 사유에 담긴 창조력을 억압하기는커녕 역설적이게도 인간의 조건에 대한재평가를 촉진했다. 신들이 인간에게 자신의 한계를 넘어서지 못하도록 강요했기 때문에 인간은 스스로의 **완전함과 인간 조건의 성화**聖化를 깨닫기에 이르렀다. 다시 말해 인간은 "삶의 환희"의 종교적 감각, 성애 경험과 육체적 아름다움의 신성한 가치, 또는 집단적으로 조직된 모든 활동—행진, 유희, 무용, 노래, 스포츠 경기, 경연, 향연 등—의 종교적 기능을 재발견하고 그것을 꽃피웠다. 인체의 완벽함—육체미, 운동의 조화, 정밀함, 깨끗함—에 대한 종교적 감각은 예술적인 기준을 창조하는 데 영감을 불러일으킨다. 나중에 철학자들에게 호된 비판을 받게 되는, 신화에 나타난 그리스 신들의 인간적 형상은 신상神像을 통해 그것의 종교적 의의를 다시 드러내게 된다. 역설적이지만 신의 세계와 죽을 수밖에 없는 인간 세계 사이의 절대적인 거리를 강조하는 그리스인의 종교는 인체의 완벽함을 신을 표현하는 가장 적절한 방법이라고 보았다.

그러나 현재에 종교적으로 가치를 부여한다는 점에 대해서는 특별히 주의를 기울여야 한다. 존재한다, 즉 시간 속에 산다고 하는 단순한 사실이 종교적 차원을 가질 수 있다. 이 차원이 항상 명백한 것은 아닌데, 그것의 성스러움은 어떤 식으로든 직접적인 것, "자연적인 것", 그리고 일상적인 것 속에 "위장되어 있기" 때문이다. 그리스인들이 발견한 "삶의 환희"는 범속한 형태의 쾌락이 아니었다. 그것은 존재한다는 행복감, 생명의 자율성과 세계의 장엄함—비록 순간적이긴 하지만—을 나눈다는 행복감으로 표현된다. 그들 이전, 그리고 그들 이후의 수많은 사람들과 마찬가지로 그리스인들은 살아 있는 순간에 담겨진 언뜻 봐서는 이해하기 어려운 풍요로움을 충분히 맛보는 것이 시간으로부터 탈출하는 가장 확실한 방법이라고 배웠던 것이다.

인간의 유한성과 "평범한" 존재의 "진부함"을 성화시키는 것은 종교사에서 비교적 흔히 볼 수 있는 현상이다. 그러나 인간의 "한계"와 주어진 "상황"의 성화가 높은 수준에 이르러 스스로의 문화에 깊은 영향을 주었던 또 다른 예—그 성격이 어떻든 간에—를 우리는 기원후 첫 1000년 동안의 중국과 일본에서 찾을 수 있다. 고대 그리스에서와 마찬가지로 그곳에서도 역시 "자연적 여건"의 의미 변화는 독자적인 미학의 출현을 통해서 표현되고 있다.[33]

33) 본서 제3권을 보라.

올림포스 신들과 영웅들

88. 몰락한 대신과 대장장이-주술사 : 포세이돈과 헤파이스토스

포세이돈Poséidon은 자신이 원래 가졌던 범세계적 지배권을 여러 가지 이유로 상실한 고대의 대신이다.[1] 도처에서 발견되는 그의 과거의 위용은 빌라모비츠Wilamowitz가 정확하게 설명한 것처럼, "대지의 남편(*Posis Das*)"이라는 뜻의 그의 이름에서부터 드러난다. 『일리아드』(XV, 204)에서는 제우스가 그의 연장자로 표현되어 있지만, 헤시오도스는 그 이전의 전승을 반영하여 제우스를 동생으로 그리고 있다.(*Th.*, 456) 어쨌든 제우스의 권력 남용에 대해 감히 반대하며 제우스의 본래 영역이 하늘에 한정된다는 것을 상기시킨 신은 오직 포세이돈뿐이었다.[2] 이러한 이야기에서 우리는 과거의 지배신이 더 젊고 새로운 신의

---

1) 아카이아 시대[도리아인의 침입 이전]의 필로스에서는 포세이돈이 제우스보다 분명히 우월한 종교적 지위를 누리고 있었다.

등장에 저항했던 사실에 대한 기억을 읽을 수 있다. 우주의 분할에서 포세이돈은 바다에 대한 지배권을 얻었고, 이로써 진정한 호메로스적 신이 되었다. 그리스인들에게 있어서 바다의 중요성을 생각해본다면 포세이돈이 종교적 현실성을 잃었다고는 말할 수 없다. 하지만 그의 본래 구조〔그가 본래 가지고 있었던 종교적 의미〕는 근본적으로 수정되었고, 그리스에 유입된 북방의 신화-종교적 유산은 거의 완전히 방기되거나 재해석되었다.

실제로 포세이돈을 숭배했던 인도-유럽인들은 그리스 남부에 도착해서야 비로소 바다를 알게 되었다. 포세이돈의 고유한 특징들 중 많은 것들이 바다와는 아무런 관련이 없다. 그는 말〔馬〕의 신, 즉 포세이돈 히피오스Poséidon Hippios였다. 그는 몇몇 지역, 특히 아르카디아에서는 말의 형태로 숭배되었다. 포세이돈이 페르세포네를 찾아 방황하는 데메테르를 만났던 곳이 바로 아르카디아였다. 포세이돈으로부터 도망치기 위해 데메테르 여신은 자신의 모습을 암말로 변화시켰지만, 종마의 모습을 하고 있던 포세이돈은 그녀를 자신의 것으로 만드는 데 성공했다. 이 결합으로부터 딸 하나와 아리온Arion(Pausanias, VIII, 25, 9에서는 안티마코스Antimachus)이라는 준마가 태어났다. 많은 연애 편력을 가지고 있었다는 점에서 포세이돈은 제우스와 흡사하며, 그들은 "대지의 남편"이자 "대지를 뒤흔드는 자"로서의 본래 구조를 보여준다. 헤시오도스에 따르면 포세이돈은 고대의 대지모신이었던 메두사Méduse와 결혼하기도 했다. 다른 전승에서는 포세이돈과 게Gê의 결합에서 안타이오스Antaios가 태어났다고 한다.

---

2) *Iliade*, XV, 195. 첫 번째 노래(*Il.*, I, 400 sq.를 보라)에서는 포세이돈이 다른 신들과 함께 자기 형제〔제우스〕를 포박할 계획을 몰래 꾸몄던 적이 있다고 서술되어 있다.

포세이돈과 말의 관계는 인도-유럽인 침략자들에게 이 동물이 얼마나 중요했는지를 말해준다. 포세이돈은 말을 창조한 신, 말의 아버지, 또는 말의 분배자로 표현된다. 또 말은 지하 세계와 관계를 맺고 있는데, 그것은 "대지의 주인maître de la Terre"으로서의 포세이돈 신의 본래 성격을 다시 보여준다. 그의 원초적 힘은 오리온, 폴리페모스, 트리톤, 안타이오스, 하르피아이 등 그의 자식들의 거대하고 괴물 같은 모습에 의해서도 표현되고 있다. 빌라모비츠가 생각했던 것처럼, 인도-유럽인들에게는 대지에 깃든 남성의 풍요성을 나타내는 포시스 다스Posis Das를 지중해 및 오리엔트 종교의 지배신이며 풍요신인 "대지의 주인"과 비교할 수 있다.[3] 그리고 포세이돈은 해양을 관할하는 신이 됨으로써 그의 본래 속성 중에서 바다에 속하는 속성, 즉 변덕스러운 힘이나 항해자의 운명을 관장하는 힘만을 간직할 수 있게 된 것이다.

한편 헤파이스토스Héphaistos는 그리스 종교와 신화 안에서 특이한 지위를 향유하고 있다. 우선 그는 탄생의 과정부터 특이하다. 헤시오도스에 의하면 헤라는 "사랑 없는 결합을 통해, 남편에 대한 분노와 앙심을 품으며" 그를 낳았다고 한다.[4] 게다가 헤파이스토스는 못생기고 불구라는 점에서 다른 모든 올림포스 신들과 달랐다. 그는 두 다리를 모두 절었고, 다리가 휘고 뒤틀려 있었기 때문에 걸을 때에는 지팡이를 짚어야만 했다. 이러한 장애는 렘노스 섬에 던져지는 바람에 생긴 것이었다. 제우스는 그가 어머니 헤라를 편들었다는 이유로 올림포스 산꼭대기에서 그를 집어던져버렸다. 렘노스 섬에 떨어진 헤파이스토

---

3) Leonard Palmer, *Mycenaeans and Minoans*, pp. 127 sq.를 참조하라.
4) *Th.*, 927 ; Apollodore, *Bibl.*, I, 3, 5~6을 참조하라. 그러나 『일리아드』(I, 578)에서는 헤파이스토스의 아버지가 제우스라고 한다.

스는 결국 불구가 되고 말았다.(*Il.,* I, 500 이하) 다른 전승에 의하면 기형으로 태어난 헤파이스토스를 수치스럽게 여긴 헤라가 갓 태어난 그를 바다에 던져버렸다고도 한다.(*Il.,* XVIII, 394 이하) 그리고 바다의 두 요정, 테티스Thétis와 에우리노메가 그를 구출하여 바다 한가운데 있는 깊은 동굴에서 그를 길렀다. 헤파이스토스는 그 동굴에서 9년을 보내며 대장장이, 기술자로서 수업을 받았다.

헤파이스토스의 이야기는 "박해받는 아이" 또는 "불길한 아기"라는 신화적 주제와 유사성을 가지고 있다. 두 이야기에서 어린아이는 시련을 극복하고 무사히 돌아온다. 그 주제는 분명히 입문 의례적 시련을 표현하고 있으며,[5] 디오니소스나 테세우스가 바다 속으로 뛰어드는 이야기와 비교될 수 있다.[6] 그러나 헤파이스토스의 불구가 의미하는 것은 주술사, 혹은 샤먼이 되기 위한 시련과 관련된 입문 의례이다. 마리 델쿠르Marie Delcourt는 헤파이스토스의 절단된 힘줄과 바깥으로 휜 발을 미래의 샤먼에게 가해진 입문 의례적 상처라고 해석했다.[7] 다른 주술사-신들과 마찬가지로 헤파이스토스 역시 신체 훼손을 대가로 치르고 대장장이와 장인으로서의 지식을 얻었던 것이다.

그의 작품은 예술적인 걸작인 동시에 경이적인 주술 그 자체였다. 그는 브로치와 팔찌, 장미꽃 장식(*Il.,* XVIII, 400~401)은 물론, 그 유명

---

5) Marie Delcourt, *Héphaistos ou la légende du magicien,* pp. 42 sq.를 보라.

6) 테세우스는 바다에 뛰어들어 반지와 마법의 왕관 — 헤파이스토스의 작품 — 을 손에 넣었다. 그 반지와 왕관 덕분에 그는 미로로 들어갈 수 있었고, 다시 미로를 벗어날 수 있었다. Delcourt, p. 119를 참조하라.

7) Delcourt, pp. 110 sq. 샤먼의 전통과 대장장이-주술사의 전통의 또 다른 특징적인 요소는 헤파이스토스가 그의 기술을 에우리노메(죽음) 동굴 또는 케달리온의 지하 대장간에서 배운다는 점이다.

한 아킬레우스의 방패(*ibid.*, 369 이하)와 알키노오스 왕의 궁전 입구를 지키는 금과 은으로 만들어진 개(*Od.*, VII, 92), 신들이 사는 황금의 집, 자동인형 등을 만들었다. 그러나 그 모든 작품들 중에서도 가장 유명한 것은 스스로 움직이는 세 발 달린 황금 솥과 걸을 때 그를 부축해주는 "황금으로 만든 시녀"(*Il.*, XVIII, 417 이하)였다. 그는 제우스의 명령에 따라 진흙으로 판도라를 만들고 거기에 생기를 불어넣었다. 그러나 헤파이스토스는 무엇보다도 족쇄의 주인이었다. 그는 자신의 작품—옥좌, 사슬, 그물—으로 남신과 여신들을 묶었을 뿐만 아니라 티탄족 프로메테우스까지도 결박해버렸다. 그는 헤라에게 황금 옥좌를 만들어주는데, 헤라가 앉자마자 눈에 보이지 않는 끈이 그녀를 묶어버렸다. 그리고어느 신도 헤라를 풀어줄 수가 없었다. 마침내 디오니소스Dionysos가 파견되었다. 디오니소스는 헤파이스토스를 술에 취하게 만들어 올림포스로 데려갔고, 그제야 헤파이스토스는 자신의 어머니를 풀어주었다. (Pausanias, I, 20, 2) 헤파이스토스의 업적 중에서 가장 위대한 것은 동시에 가장 우스꽝스러운 것이기도 했다. 그는 아레스Arès와 그의 정부인 아프로디테Aphrodite를 보이지 않는 그물로 가두어놓고, 올림포스 신들을 불러 떳떳하지 못한 그 두 연인의 결합을 지켜보게 한다.(*Od.*, VIII, 266 이하) 그 모습을 지켜본 신들은 웃음을 터뜨리지만 동시에 그의 기술에 위협을 느낀다. 그물을 만든 재주를 가진 그를 위대한 기술자라기보다는 오히려 위험한 주술사라고 생각했기 때문이다.

주술의 신으로서 헤파이스토스는 결박자인 동시에 해방자였으며, 따라서 산파의 신이기도 했다(제우스에게서 아테나를 받아낸 자가 헤파이스토스였다). 헤파이스토스의 신화는 다른 어떤 신화보다도 주술과 기술적인 완점함 사이의 등가성을 잘 표현하고 있다. 어떤 최고신들(바루나, 제우스)은 결박의 전문가이다. 그러나 결박하고 동시에 해방하는 힘은 다른 신 혹은 악마적 존재(예를 들면 인도의 브리트라, 야마, 니르티Nirti〔죽음의 여신〕등)에 의해 공유되고 있다. 매듭, 그물, 레이스, 밧줄, 끈 등은 명령하고, 통치하고, 처벌하고, 무력화시키고, 치명상을 주는 데 필요한 주술-종교적 힘을 생생하게 표현하는 이미지로서 적절하다. 다시 말해 그것들은 무섭고, 엄청난 초자연적인 힘을 드러내는, 역설적으로 섬세한, "미묘한" 표현이다.[8] 헤파이스토스의 신화는 그와 같은 주술적 힘의 원천을 야금술사, 대장장이, 기술자들의 "직업의 비밀", 다시 말해 기술적이며 장인적인 완벽성과 연관시킨다. 그러나 이 모든 기술은 그것이 도공, 야금술사 그리고 대장장이의 "비밀"이 되기 전에는 샤먼과 주술사가 공유하는 특권이었던 "불의 지배"라는 사실에 기원과 근거를 두고 있다.

헤파이스토스의 "기원"에 대해서는 알려진 것이 거의 없다. 그를 그리스 시대 이전 문화의 유산 또는 인도-유럽 민족의 전통을 가지고 설명하려는 시도는 그 어느 것도 성공하지 못했다. 그의 원초적인 구조는 분명하다. 그는 단순한 불의 신 이상이었으며, "불의 지배"와 관련된 모든 직업, 즉 특수하고 희귀한 형태의 주술의 수호신이었던 것이 틀림없다.

89. 아폴론: 모순들의 화해

그리스 정신의 가장 완전한 체현자라고 생각되는 신의 이름이 그리

---

8) Eliade, "Le 'dieu lieur' et le symbolisme des noeuds", *Images et Symboles*, pp. 120~163을 보라.

스어의 어원을 가지고 있지 않다는 사실은 모순처럼 보일 수도 있다. 그러나 그 사실에 못지않게 모순되는 것은 가장 유명한 신화적 사건들이 평정, 법과 질서의 준수, 신성한 조화 등 "아폴론적" 덕목들과 무관하다는 사실이다. 아폴론Apollon 신은 여러 차례에 걸쳐 복수, 질투, 그리고 심지어는 원한으로 이성을 잃고 만다. 그러나 이러한 약점들은 그의 인간적인 성격이 상실되고, 그리스인이 이해했던 대로의 신의 다면성이 드러나는 것으로 귀결된다.

인간과 신 사이에 거리가 존재한다는 사실을 제우스에 뒤이어 가장 극적인 형태로 보여준 신인 아폴론은 인간 가운데 가장 천한 자가 겪는 고난을 경험했다. 그는 태어날 권리를 거부당하기까지 했다. 제우스의 아이를 잉태한 티탄족의 일원인 레토는 아이를 출산할 땅을 찾아 헤맸다. 하지만 헤라의 복수를 두려워한 모든 나라에서 레토를 거절했으며, 게다가 헤라는 델포이의 용 피톤Python을 시켜 레토를 내쫓았다. 마침내 델로스 섬에서 레토를 받아들였고, 레토는 아르테미스와 아폴론 쌍둥이를 출산했다. 갓난아기 신이 가장 먼저 했던 일은 피톤을 벌주는 것이었다. 보다 오래된 다른 전승에 따르면 아폴론은 나중에 자기의 거처가 되는 델포이로 향했다. 그는 자기의 길을 막고 있던 피톤에게 화살을 한 방 날려 그를 죽였다고 한다.[9] 그 행동은 정당화될 수 있으며, 또한 자기 어머니를 겁탈하려 했던 거인 티티오스를 죽인 일도 정당화될 수 있다. 그러나 그는 다시 화살을 사용하여 니오베의 일곱 아들을 죽였는데(한편 아르테미스는 그녀의 일곱 딸을 죽였다), 그 이유는 레토보다 더 많은 자식을 낳았다는 사실로 자만한 니오베가 레토를 모욕했기 때문이다. 또 아폴론은 인간과 짜고 자기를 속인 연인 코로니스도 죽였다.[10]

9) *L'Hymne homérique à Apollon*, 300 sq.; Apollodore, *Bibl.*, I, 4, 1 sq.를 참조하라.

또 그는 자기가 사랑했던 미소년 히아킨토스를 실수로 죽이고 말았다.

여러 세기 동안 문학과 조형예술에 영감을 불러일으켰던 이 공격적인 신화는 아폴론이 그리스 세계 속으로 침투해 들어가는 역사와 유사하다. 간단히 말해 그것은 아폴론이 그리스 문명의 성립 이전에 존재했던 지역 신들을 대체해가는 역사였으며, 그것이야말로 그리스 종교 전체의 특징이라고 말할 수 있다. 보이오티아에서 이 신은 아폴론 프토오스Apollon Ptoos로서 프토오스Ptoos와 결부되지만, BC 4세기경이 되면 프토오스는 아폴론의 아들 혹은 손자로 표현되기 시작한다. 테베에서는 아폴론이 이스메니오스Isménios를 대체한다. 그러나 가장 유명한 사건은 아폴론이 델포이에 정착하는 과정에서 본래 성지의 주인인 피톤을 죽이고 그곳의 주인이 된 일이다. 이 신화적 위업은 대단히 중요하며, 아폴론 개인의 문제에 국한되지 않는다. "자기 증식autochtonie"과 대지의 힘의 원초적인 지배를 상징하는 용을 무찌른 전사신에 대한 이야기는 가장 널리 알려진 신화 중의 하나이다.(본권 45절) 아폴론에게 특징적인 것은, 한편으로는 그가 이 살해에 대해 속죄해야 했으며 그 결과 그는 다른 어떤 신과도 비견할 수 없는 정화의 신이 되었다는 것, 다른 한편으로는 그가 델포이의 주인이 되었다는 것이다. 이제 그는 아폴론 피티오스Apollon Pythien로서 그리스 전 영역에 걸쳐 특권적인 지위를

---

10) 아폴론은 그녀가 출산하려 했던 아기, 아스클레피오스의 생명은 구해주었다. 아스클레피오스는 유명한 의사가 되었고, 그는 아르테미스의 간청을 들어주어 죽은 히폴리토스를 살려주기도 했다. 이러한 기적은 제우스가 만든 법에 위반되는 것이었고, 신들의 왕은 그를 번개로 내려쳤다. 아폴론은 번개를 만들었던 퀴클롭스를 죽임으로써 복수했다. 같은 종족인 퀴클롭스를 살해한 벌(퀴클롭스는 레토와 같은 티탄족이었다)로 아폴론은 1년 동안 인간 세상으로 추방을 당하여 아드메토스의 집에서 노예로 일했다.

획득하게 된다. 이러한 과정은 이미 BC 8세기에 완성되었다.[11]

아폴론의 "기원"에 대해 말하자면 유라시아 북부 또는 소아시아가 유력했다. 처음 가설은 이 신이 주로 히페르보레이오스인들Hyperboréens, 즉 그리스인들이 "보레아스의 저편", 즉 북풍의 저편이라고 부른 나라의 주민들과 밀접한 연관을 맺고 있다는 점에 근거를 두고 있다. 델포이의 신화에 따르면[12] 제우스는 아폴론에게 델포이에 정착하여 그리스 사람들에게 법을 전해주는 임무를 부여했다고 한다. 그러나 젊은 아폴론 신은 백조가 끄는 전차를 타고 히페르보레이오스인들이 사는 나라로 달아나 거기서 한 해를 보냈다. 하지만 델포이 사람들이 노래와 춤으로 그에게 쉬지 않고 간청했기 때문에 결국 다시 돌아왔다. 그후 아폴론은 겨울 석 달 동안은 히페르보레이오스인과 함께 지내고 여름이 시작될 무렵 델포이로 돌아왔다. 그가 떠난 동안은 디오니소스가 신탁의 주인으로서 델포이를 통치했다.

핀다로스에 의하면 "그 누구도, 육로로든 해로로든, 히페르보레이오스인들에게 이르는 멋진 길을 발견할 수 없다"(*Pyth.*, X, 29 이하)고 한다. 다시 말해 그 나라 및 그곳의 주민은 신화적인 지리에 속한다. 그들은 질병이나 노쇠를 알지 못하는 신성한 종족이다. 다시 핀다로스에 따르면 히페르보레이오스인들은 1000년을 살며, 노동도 전쟁도 모르고, 춤추고 리라를 연주하고 피리를 불며 시간을 보낸다고 한다.(fr. 272, Bowra 편) 바킬리데스(III, p. 58)는 아폴론이 크레소스와 그의 딸들의 "신앙

---

11) Wilamowitz, *Der Glaube der Hellenen*, II, p. 34 ; Marie Delcourt, *L'oracle de Delphes*, pp. 215 sq.를 보라.

12) 시기적으로 가장 처음으로 언급된 것은 알카이오스(BC 600년경)의 시에서이며, 그것이 후대의 수사학자 히메리오스(AD 4세기)에 의해 요약되었다.

심"에 보답하기 위해 그들을 히페르보레이오스인들이 사는 땅으로 데리고 갔다고 말한다. 즉 그 땅은 영웅들의 영혼이 옮겨 가는 축복받은 자의 섬과 비슷한 낙원이었던 것이다.

헤로도토스(IV, 32~35)는 아폴론 신이 히페르보레이오스인들로부터 받았던 제물에 대해 델로스 사람들이 전해준 정보를 기록하고 있다. 그 제물은 밀짚으로 싸여 이웃 나라 사람들에게 전달되고, 다시 그 사람들이 가장 가까운 옆 나라에 전하는 식으로 델로스까지 왔다고 한다. 따라서 지중해 지역을 대표하는 올리브 나무가 히페르보레이오스인들의 나라에도 존재한다는 전승에서 역사적 기억을 찾아보려는 것은 소용없는 일이 될 것이다.

그러나 북방 지역—트라키아에서부터 스키타이족의 나라 혹은 이세도네스족의 나라에 이르기까지—은 아폴론과 연관된 공상적인 전승에서는 중요한 위치를 차지하고 있었다. 아폴론의 전설적인 제자들(아바리스Abaris, 아리스테아스Aristéas)은 "히페르보레이오스인"이었으며, 오르페우스Orphée는 항상 트라키아와 관련되어 있었다. 하지만 북쪽이라는 방향은 서서히 발견되고 개척되어가면서도 신화적 광휘를 유지하고 있었다. 신화적 창조성을 자극하고 그것에 영양분을 공급했던 것은 언제나 그 상상 속의 북방이었던 것이다.

아폴론이 아시아에서 기원했다고 하는 가설을 지지해주는 것으로 그의 중요한 성지들이 아시아에서 발견된다는 사실을 들 수 있다. 리키아의 파타라, 카리아의 디디마, 이오니아의 클라로스 등이 바로 그 중심지들이다. 올림포스의 다른 신들과 마찬가지로 아폴론은 그리스 본토의 성소에 비교적 늦게 나타난 것 같다. 더구나 아나톨리아 지방의 한 마을 근처에서 발견된 히타이트어 비문에서는 **아폴루나스**Apulunas, 즉 "문門의 신神"이라는 이름을 읽을 수 있는데, 닐슨이 말하고 있는 것처럼 고전기

그리스의 아폴론도 그러한 역할을 했다.[13]

그러나 아폴론 신의 "기원"은 그를 숭배하는 자들의 종교 정신을 파악할 수 있는 한에서만 흥미를 끈다. 그리스인 자체가 그런 것처럼, 그들의 신 역시 대규모의 종교적 혼합의 결과이다. 대립, 공생, 융합의 기나긴 과정을 거치면서 비로소 그리스 신들의 형태는 그 본질을 빠짐없이 드러내게 되었다.

90. 신탁과 정화

막 세상에 나온 아폴론은 이렇게 외쳤다. "나에게 나의 리라와 굽은 활을 달라. 제우스의 엄정한 의지를 인간에게 전할 것이다."(*Hymne homérique à Apollon*, 132) 아이스킬로스의 『자비의 여신들Les Euménides』에서 아폴론은 복수의 여신들에게 자기는 "제우스에게서 명령을 받지 않은 신탁을 남자, 여자, 또는 도시에게 전한 적이 결코 없다"(616~619)고 주장한다. 아폴론이 "올림포스의 신들의 아버지"에게 보인 이러한 존경의 마음을 통해 질서 및 법의 사상과 아폴론의 결합을 이해할 수 있다. 고전시대에 아폴론은 특히 종교의 법률적인 측면을 대표하게 된다. 플라톤은 아폴론을 "국법의 해석자(*patrios exegetes*)"라고 부른다.(*République*, IV, 427b) 아폴론은 델포이에서는 신탁을 통해, 아테네와 스파르타에서는 해석자들exegetai을 통해 자기의 의견을 전달한다. 이 해석자들은 신전 의례와 특히 살인을 저질렀을 때 요구되는 정화 의례에

---

13) Martin Nilsson, *Greek Folk Religion*, p. 79; Guthrie, *The Greeks and Their Gods*, p. 86, n. 1을 참조하라.

관해 신이 규정한 수단을 전달하고 해설하는 자들이다. 아폴론이 악의 제거자(*apotropaios*)가 되고 또 비길 바 없는 정화자(*katharsios*)가 될 수 있었던 것은 그 자신이 피톤을 살해한 후에 정화되었기 때문이다. 모든 살인은 유해한 불결함을 초래한다. 본질적으로 육체적인 힘인 그 불결함, 즉 **미아즈마**miasma는 공동체 전체를 위협하는 가공할 재난을 가져온다. 아폴론은 살인과 관련된 원초적 관습을 보다 인간적인 것으로 만드는 데 크게 공헌했다.[14] 모친을 살해한 오레스테스에게 면죄부를 준 것도 아폴론이었다.(Eschyle, *Les Euménides* 참조)

델포이는 아폴론이 출현하기 훨씬 이전부터 신탁의 장소로서 오랜 역사를 갖고 있었다. 델포이의 어원이 무엇이었든, 그리스 사람들은 그 명칭을 **델피스**delphys, 즉 "자궁"과 연관지었다.[15] 〔신전 내부의〕 신비로운 공터는 **스토미오스**stomios, 즉 입이라고 불렸는데, 그것은 여성의 생식기를 가리키는 말이기도 했다. 델포이의 **옴팔로스**omphalos 역시 그리스 시대 이전부터 기록되어 있다. 배꼽의 상징인 **옴팔로스**는 생식과 연관된 의미를 가지고 있기도 하지만[16] 그것은 무엇보다도 "세계의 중심"이었다. 전설에 따르면 세계의 양끝에서 제우스가 풀어놓은 독수리 두 마리가 **옴팔로스**에서 만났다고 한다. 고대부터 대지모신의 힘과 성스러움의 발현 장소로 알려진 이 신탁의 장소는 아폴론의 지배하에서

---

14) 당시의 관습은 살인범이, 고의가 아닌 경우에도, 〔피살자의〕 가족에 의해 죽음을 당하도록 요구하였다. 이것만이 유일하게 피살자의 영혼을 달래고, 범죄로 인한 오염(*miasma*)을 제거하는 방법이었다. 드라콘의 법률은 친족에 의한 복수 대신 도시국가의 권력을 도입했다. 도시국가의 법정이 범법자를 재판하고 죄인을 피해자의 가족에게 인도했다.

15) 대지에서 태어난 암컷 뱀 델피네delphyné가 수컷 뱀 피톤에게 자리를 내어준다.

16) Delcourt, *op. cit.*, pp. 145 sq.에 논의되어 있다.

새로운 종교적 방향성을 갖게 되었다.

신탁은 피티아Pythie〔여사제〕 및 신탁 점에 참여한 예언자가 수행했다. 처음에는 1년에 한 번 신탁 점을 쳤지만, 그 다음에는 한 달에 한번, 결국에는 한 달에 몇 번씩 점을 쳤다. 다만 아폴론이 델포이를 떠나는 겨울 동안에는 점을 치지 않았다. 신탁 점을 칠 때는 미리 염소를 희생 제물로 준비한다. 일반적으로 신탁 점을 치는 사람은 양자택일의 방식으로, 즉 어떤 일을 하는 것이 좋은지 나쁜지 등의 질문을 던진다. 피티아는 제비를 뽑고 검은 콩 혹은 흰 콩으로 대답을 알려주었다.[17]

아주 중요한 문제인 경우에는 아폴론으로부터 직접 영감을 받은 피티아가 신전의 지하실에서 예언을 행했다. 사람들은 "피티아의 광란"이라고 불렀지만 그것은 히스테리 상태의 트랜스나 디오니소스 비의에서의 "빙의"와는 질적으로 다른 것이었다. 플라톤은 피티아의 "광란(maneisa)" 현상을 무사이가 부여한 시적 영감 및 아프로디테의 애욕에 의한 황홀경에 비유했다. 플루타르크에 따르면 "신은 피티아에게 미래를 계시하는 환영과 빛을 부여했다. 바로 그것이 영적 열광의 내용이다."[18] 현재 남아 있는 조각품들로 볼 때, 피티아는 그녀에게 영감을 불어넣는 신처럼 고요하고 평온하며 집중하고 있다.

과연 어떤 방법을 통해 피티아가 이러한 "제2의 상태"를 획득할 수 있었는지는 아직도 비밀에 싸여 있다. 델포이에 사는 농가의 여자들 가운데서 선발되었던 피티아는 정해진 날짜에 예언을 행했다. 피티아

---

17) 일견 단순해 보이는 고대의 점복술은 훌륭한 모델을 가지고 있었다. 제우스는 자신의 무릎에 놓인 여러 운명들 중에서 자기 마음에 드는 것을 선택하여 주었다.

18) Plutarque, *Pythie*, VII, 397c ; *Oracles*, XL, p. 432D ; Delcourt, *L'oracle de Delphes*, p. 227을 참조하라.

는 월계수 잎을 씹고, 월계수의 연기를 쐬고, 카소티스 샘에서 솟아나오는 물을 마셨지만, 그 어느 것에도 취하게 만드는 성분이 들어 있지 않기 때문에 그 트랜스 상태를 설명하지 못한다. 전승에 의하면 그녀가 신탁에 사용한 세 발 달린 솥은 대지의 균열(*chasma*) 위에 놓여져 있고, 그 균열로부터 초자연적인 힘을 가진 증기가 올라온다고 한다. 그러나 발굴 결과, 대지의 균열 부분도, 피티아가 내려갔을 것으로 추측되는 구멍도 발견되지 않았다(물론 그것들이 지진으로 소실되었을 가능성을 배제할 수는 없다). 약간은 성급하게 보이기도 하지만 사람들은 이 모든 것—증기가 솟아 나오는 **균열**이나 피티아가 내려간 회랑 (*adyton*)—이 비교적 후대에 나타난 신화적 이미지라는 결론을 내렸다.[19] 그러나 회랑은 분명히 존재했으며, 마리 델쿠르가 보여주는 것처럼 델포이의 오래된 역사나 그것의 대지적 구조는 지하 영역으로의 의례적 "하강"을 암시한다.(*L'oracle de Delphes*, pp. 227 이하) 그리고 피티아의 트랜스를 이끈 "자연적 원인"이 발견되지 않았기 때문에 우리는 피티아가 자기 암시를 걸었거나 혹은 떨어져 있던 예언자의 최면에 걸린 것이 아닐까 하고 생각해볼 수도 있다. 그러나 우리는 그것에 대해 아무것도 알고 있지 못하다.

91. "환영"으로부터 지식으로

아폴론적인 "엑스터시"는 때로는 신으로부터 오는 "영감(즉 빙의)"에 의해 일어나기도 했지만, 그것은 디오니소스적인 **열광**enthousiasmos(본권

19) 대지의 균열에 대한 최초의 언급은 BC 1세기가 되어서 나타난다.

124절 참조) 상태에서 얻어지는 신과의 합일communion과는 다른 것이었다. 아폴론이 불어넣는 영감에 의해 얻어지는 엑스터시 체험은 그것이 지닌 정화와 신탁의 능력 때문에 유명했다. (그와 달리 디오니소스의 신비의식에 참가했던 입문자들인 바코이bakkhoi는 예언의 능력을 가지고 있지 않았다.) 특히 아폴론을 숭배하는 것으로 명성이 자자했던 반신화적半神話的 인물들에게서 "샤먼적" 성격을 발견할 수 있다. 아폴론 신의 사제였던 히페르보레이오스 출신의 아바리스는 신탁과 마법의 능력(예를 들어 동시에 두 장소에 나타날 수 있는 능력)을 부여받았다. 헤로도토스(IV, 36)는 그가 "아무것도 먹지 않고, 유명한 그의 화살을 들고 세계 전체를 순회한다"고 쓰고 있다. 하지만 헤라클레이데스[BC 4세기 그리스의 천문학자]의 시대에는 아바리스가 화살을 타고 하늘을 날아다닌다고 주장되었다.(fr. 51c) 화살은 스키타이인들의 신화와 종교에서 일정한 역할을 담당하고 있지만, 시베리아 샤먼의 의례에서도 발견된다.[20] 또한 그것은 아폴론의 가장 유명한 무기이기도 하다. 유사한 전설들—죽음과 혼동될 정도의 엑스터시 상태의 트랜스, 두 장소에 동시에 나타날 수 있는 능력, 변신, 지하 세계로의 하강 등—은 프로콘네소스의 아리스테아스, 클라조메나이의 헤르모티모스, 크레타의 에피메니데스, 피타고라스 등의 여러 신화적 인물들과 관련해서도 전해진다. 아폴론의 "예언자"로 유명한 오르페우스의 경우에도 그의 신화는 샤먼적 모험들로 가득 차 있다.(본서 제2권 참조)

이미 호메로스 시대부터 아폴론이 그리스인들에게 알려져 있었던 사실로 보아, 그는 엑스터시의 수호신 이상의 존재였음이 분명하다. 그럼에도 불구하고 우리는 두 가지 소명, 즉 "샤먼의" 직무와 아폴론

---

20) Eliade, *De Zalmoxis à Gengis-Khan*, p. 44, notes 42~43의 참고 문헌들을 보라.

의 직무 사이에 존재하는 중요한 연속성을 읽어낼 수 있다. 샤먼은 숨겨져 있는 것을 발견하고 미래를 아는 사람들이라고 생각되었다. 아폴론의 선물 중에서 가장 특별한 것이라 할 수 있는 환영은 아폴론의 숭배자들에게 강력한 힘을 부여했다. 시베리아 샤먼의 전통에서도 그런 것처럼, 아폴론에 의해 주어진 "환영"은 지성을 자극하고 명상으로 이끌며, 결국에는 "지혜"에 이르게 한다. 발터 오토Walter Otto는, 오컬트적〔신비적〕지식을 획득한다는 것은 "언제나 정신의 고양과 결합되어 있으며",[21] 그것은 특히 샤먼의 엑스터시와 잘 들어맞는다는 사실에 주목한 바 있다. 이것은 두 가지 전통에 있어서 음악과 시가 중요한 이유를 잘 설명해준다. 샤먼은 노래를 부르거나 북을 두드림으로써 트랜스 상태에 돌입할 준비를 하며, 중앙아시아와 폴리네시아의 가장 오래된 서사시는 샤먼이 엑스터시적 여행에서 경험하는 모험들을 모델로 삼고 있다. 아폴론의 주요한 표징은 수금lyre이다. 그가 수금을 연주하면 신들과 야수, 심지어 돌들조차 음악에 빠져들었다.(Euripide, *Alceste*, 579 이하; Apollonios de Rhodes, I, 740)

아폴론의 두 번째 표징인 활 역시 샤먼에게 어울리는 소유물 중의 하나이다. 하지만 그것은 샤머니즘의 범위를 뛰어넘어 의례적으로 사용된다. 활의 상징은 전 세계적으로 분포되어 있다. 아폴론은 "멀리서 활을 쏘는" 신이지만, 동일한 호칭이 라마Rāma〔고대 인도의 대서사시 「라마야나」의 주인공〕나 붓다Bouddha, 그 이외의 다른 영웅들이나 신화적인 인물들에게도 부여된다. 그러나 그리스 정신은 샤머니즘의 기법과 그것의 상징 세계를 자기식으로 변화시킨 것처럼 이 고대적 주제에 새로운 가치를 부여했다. 아폴론을 통해 활과 활쏘기의 상징성은 거리의 극복, 더

---

21) W. Otto, *The Homeric Gods*, p. 72.

나아가서는 "직접성"으로부터 거리두기, 구체적인 사물에 대한 집착으로부터의 해방, 모든 지적인 집중력이 암시하는 정적과 평정 등 새로운 정신적 상황을 드러내게 되었다. 요컨대 새로운 신현théophanie, 즉 그리스 문화에 특유하며 다시 반복될 수 없는, 세계와 인간의 존재에 대한 새로운 종교적 지식을 나타내게 되었다.

헤라클레이토스는 "조화란 마치 활과 수금처럼 대립되는 것 사이의 긴장의 결과이다"(fr. 51)라고 주장했다. 아폴론에게 있어서 대립항들은 보다 넓고 보다 복잡한 새로운 지형 속에서 수용된다. 아폴론과 디오니소스의 화해 역시, 그가 피톤을 살해한 결과 정화 의례의 수호신이 되는 것과 동일한 통합 과정의 일부이다. 아폴론은 신탁을 통한 "환영vision"으로부터 사유pensée로 나아가는 길을 인류에게 제시한다. 모든 오컬트적 지식에 내포되어 있는 악마적 요소는 제거된다. 아폴론이 가르쳐주는 최고의 교훈은 델포이 신전의 그 유명한 "너 자신을 알라!"라는 말로 표현된다. 지성intelligence, 지식science, 지혜sagesse는 신들, 그중에서도 특히 아폴론이 부여한 신성한 모델이라고 생각되었다. 그리스인들은 아폴론적인 평정을 정신적 완전함, 다시 말해 정신 그 자체의 표지로 생각했다. 그러나 중요한 것은 정신의 발견으로 인해 오랫동안 계속된 여러 형태의 갈등이 화해로 나아갈 수 있었고, 엑스터시 기법 및 신탁 기법을 통제할 수 있게 되었다는 사실이다.

92. 헤르메스, "인간의 친구"

제우스와 님프인 마이아Maia 사이에서 태어난 헤르메스Hermès는 신들 중에서 가장 올림포스의 신답지 못하다. 그는 여전히 호메로스 이전

에 존재했던 신들이 지닌 특징들을 간직하고 있다. 그는 여전히 남근 형태로 표현되며, "마술 지팡이" 카두케우스caducée와 모습을 숨겨주는 모자를 가지고 있다. 그는 키르케Circé의 마술로부터 오디세우스를 지켜주기 위해 마법의 약초 **몰리**|moly를 그에게 준다.(*Od.*, X, 302~306) 게다가 헤르메스는 인간과 함께 있기를 좋아한다. 제우스가 말하는 것처럼, 그에게는 "인간과 함께 있는 것이 무엇보다 즐거운 일"이다.(*Il.*, XXIV, 334 이하) 그러나 그는 인간과의 관계 속에서 신으로서, **트릭스터**로서, 그리고 완벽한 기술자로서 행동한다. 좋은 일을 가져다주는 일에서 그를 따를 신은 없다.(*Od.*, VIII, 335) 따라서 사람들은 모든 행운이 헤르메스의 선물이라고 말한다. 그러나 그는 한편으로는 교활함과 배신행위의 화신이기도 하다. 그는 태어나자마자 형 아폴론의 소를 훔쳤으며, 마침내 도둑의 친구이자 수호신이 되었다. 에우리피데스는 그를 "밤중에 일하는 자들의 우두머리"라고 부른다.(*Rhesus*, 216 이하)

그러나 헤르메스는 도둑이나 어둠을 틈타 활약하는 색정적 모험가들의 수호신인 동시에, 가축의 무리나 늦은 시각에 아직 길 위에 머물러 있는 여행자들을 보호하는 신이기도 하다. "헤르메스만큼이나 가축과 그들의 성장에 관심을 가지는 신은 없다"고 파우사니아스는 쓰고 있다.(II, 3, 4) 그는 길의 신이고, 그의 이름 자체가 길 한쪽 곁에 쌓여 있는 돌무더기(*hermaion*)에서 파생된 것이다. 그 돌무더기는 지나가는 사람들이 돌을 하나씩 던져 만들어진 것이다.[22] 본래 헤르메스는 유목민의 수호신이며, 동물들의 수호자였을 것이다. 그러나 그리스 사람들은 헤르메스의 원초적 성격과 능력을 보다 깊은 차원에서 해석했다. 그는 빠르게 걸을 수 있기 때문에 길을 지배하는 신이 되고(그는 "황

---

22) 이러한 관습은 수많은 민족들에게서 입증되는 것으로, 언제나 여행과 관계가 있다.

금 샌들"을 가지고 있다), 그리고 길을 잘 알고 있기 때문에 밤에도 길을 잃지 않는다. 바로 그런 이유에서 헤르메스는 가축 무리의 안내자이자 보호자, 그리고 도둑의 수호자가 되었다. 이것은 그가 신들의 전령이 된 이유이기도 하다.

헤르메스가 영혼의 안내자가 된 것도 이러한 속성 때문일 것이다. 그가 죽은 자의 영혼을 지하 세계로 인도하게 된 것은 그가 길눈이 밝고 어둠 속에서도 방향을 잡을 수 있기 때문이다. 죽음을 앞둔 사람들은 자기들이 헤르메스에게 붙잡혔다고 말하기도 하지만, 그는 결코 죽음의 신은 아니었다. 헤르메스는 아무런 방해도 받지 않고 우주의 세 영역[하늘, 땅, 지하]을 자유롭게 넘나들 수 있었다. 그는 영혼을 명계로 데려가기도 하며, 페르세포네, 에우리디케, 그리고 아이스킬로스의 『페르시아인들Les Perses』(629)에 나오는 위대한 왕[탈레이오스]의 영혼을 데리고 나온 것처럼 죽은 영혼들을 지상으로 다시 데려올 수도 있다. 죽은 자의 영혼과 헤르메스의 관계는 그의 "정신적" 능력으로 설명될 수 있다. 그의 교활함과 실용적인 지성, 무엇인가를 발명하는 재주(바로 그가 불을 발견했다), 자기 모습을 보이지 않게 만들 수 있는 능력은 헬레니즘 시대에 들어서면서 헤르메스의 고유한 특징으로 평가되는 지혜, 특히 탁월한 오컬트적 지식의 찬란한 발전을 예고한다. 그가 어둠 속에서도 길을 잃지 않고, 죽은 자의 영혼을 인도하고, 전광석화처럼 움직이고, 모습을 보이게 하기도 하고 보이지 않게도 하는 것은 결국 정신의 양태를 반영하는 것이다. 즉 그것은 지성과 교활함은 물론, 그노시스와 마법을 표현하는 것이다.

발터 오토는 헤르메스의 특별한 능력을 탁월하게 분석한 다음 "그의 세계는 영웅의 세계가 아니다"라는 사실을 인정하고, "그가 속한 세계는 고귀한 것은 아니라고 할지라도 [……] 저속하다거나 혐오감을 불러일으키는 것과는 거리가 멀다"고 결론짓는다.[23] 그의 분석은 정확하지만 충분하지는 않다. 왜냐하면 고전기에 이미 헤르메스의 모습을 특징지은 것이 인간 세계, 즉 본래 "열려 있고", 끊임없이 형성되는 과정에, 말하자면 개선되고 넘어서는 과정에 있는 세계와의 관계이기 때문이다. 그의 첫 번째 속성들—교활함과 발명의 재능, 어둠의 정복, 인간의 활동에 대한 관심, 영혼의 안내—은 끊임없이 재해석되었고, 그 결과 헤르메스는 문화영웅인 동시에 지식의 수호자, 오컬트적 그노시스의 대표자라는 복합적인 이미지를 가지게 되었다.

헤르메스는 "고전" 종교의 위기 이후에도 종교성을 잃지 않고 기독교가 승리를 거둔 이후에도 소멸되지 않은 몇 안 되는 올림포스 신들 중의 하나이다. 토트Thot[이집트의 지혜의 신] 혹은 메르쿠리우스Mercurius[연금술의 신]와 동일시된 그는 헬레니즘 시대에 새로운 유행을 불러일으켰으며, 헤르메스 트리스메기스투스Hermès Trismégiste로서 연금술과 헤르메스주의를 거쳐 17세기까지 살아남았다. 그리스 철학자들은 헤르메스에게서 로기오스logios, 즉 사상을 인격화한 존재를 발견했다. 그후 헤르메스는 모든 형태의 지식, 특히 그노시스의 지혜의 비밀을 소유하고 있는 것으로 여겨졌다. 이러한 힘에 의해 헤르메스는 어둠의 세력을 정복하는 "모든 마술사들의 우두머리"로 간주되었다. 그 이유는 "그가 모든 것을 알고, 모든 것을 할 수 있기" 때문이었다.[24] 『오디세이아』에 등장하는 신비한 약초 몰리에 대한 에피소드는 그리스인들뿐만 아니라 기독교 작가들에 의해서도 끊임없이 우화화된다. 키르케의 마술에 걸려 돼

23) Otto, *The Homeric Gods*, pp. 122 sq.
24) Hugo Rahner, *Greek Myths and Christian Mystery*, pp. 191~192에 인용된 출전들을 보라. 또한 본서 제2권을 참조하라.

지로 변해버린 동료들과 오디세우스를 구해준 이 약초 안에서 우리는 본능에 대항하는 정신, 또는 영혼을 정화시키는 가르침을 발견할 수 있다. 철학자들에 의해 로고스Logos와 동일시되었던 헤르메스는 초기 기독교 교부들에 의해 그리스도와 동일시되는데, 이것은 르네상스 시대의 연금술사들이 전개한 무수한 상동화 및 동일시의 이론적 사유를 미리 보여주는 것이라고 할 수 있다.(본서 제3권을 보라)

93. 여신들 I: 헤라와 아르테미스

헤라Héra가 특권적인 지위를 갖게 된 것은 헤라가 제우스의 아내라는 사실을 강조한 호메로스에 의해서이다. 원래 헤라는 아르고스의 여신이었다. 헤라에 대한 제의가 그리스 전역으로 퍼져 나간 것은 그곳에서부터였다. 빌라모비츠는 헤라라는 이름이 헤로스héros〔영웅〕의 여성형이며, 데스포이나despoina, 즉 "귀부인Notre Dame"을 의미한다고 설명한다.[25] 정말 아카이아인들이 그 여신을 그리스로 들여왔는지, 아니면 단지 이름만을 빌려왔는지 판정하기는 쉽지 않다. 아마도 아카이아인들은 아르고스의 귀부인〔여자 영웅〕의 힘과 위용에 강한 인상을 받고 그녀를 자신들의 최고신의 아내라는 위치에 올려놓았을 것이다.[26] 그리고 그런 이유에서 헤라는 결혼 제도의 상징이자 수호신이 되었을 것이다. 제우스가 저지른 무수한 불륜으로 인해 헤라는 끊임없이 질투하며 불화를 일으켰고, 그것은 내내 시인과 신화 작가들의 이야깃거리가 되

---

25) Wilamowitz, *Glaube der Grichen*, I, p. 237.
26) Rose, *Handbook*, p. 52; Guthrie, *The Greeks and Their Gods*, p. 72.

었다. 그 어떤 아카이아의 왕도 감히 자신의 부인에게 하지 못했을 행동을 제우스는 헤라에게 저지른다. 제우스는 헤라를 때리기도 하고, 헤라의 발에 커다란 추를 매달아놓기도 하는데, 그것은 나중에 노예들을 처벌할 때 사용한 방법이다.[27]

헤시오도스(Th., 923~924)에 따르면 헤라는 제우스에게 헤베Hébé, 아레스, 에일레이티아를 낳아주었고, 헤파이스토스는 혼자의 힘으로 낳았다고 한다.(ibid., 926) 처녀 생식, 즉 자가 생식의 능력을 보유하고 있다는 것은 가장 올림포스적인 여신조차도 지중해적인 동시에 아시아적인 특징을 가지고 있다는 것을 강조하는 것이다. 헤라는 매년 칸토스의 샘물에서 목욕을 함으로써 자신의 처녀성을 회복했다는 전승의 원래 의미가 무엇인지 판정하기는 곤란하다.[28] 그것을 가부장 중심적인 결혼 관념과 연결된 상징이라고 볼 수 있을까(가부장적인 사회에서는 처녀성이 대단히 중요한 것으로 여겨지고 있었기 때문이다)? 그러나 그렇다고 하더라도 그것은 그리스인들이 아르고스의 여신을 근본적으로 변형시킨 결과였다. 그렇지만 우리는 헤라의 원래 특징을 알아낼 수 있다. 에게 해 및 아시아의 수많은 여신들이 그런 것처럼 헤라는 결혼뿐만 아니라 우주의 풍요성을 지배하는 신이었다. 헤라가 대지모신이라고

27) *Iliade*, I, 567, 587 ; XV, 18 sq. Plaute, *Asinaria* 303~304 ; Rose, *op. cit.*, p. 106 et n. 15를 참조하라. 이 같은 광경으로부터 역사적 사실의 기록을 읽는 것이 가능하다고 생각한다면, 여기에 언급되어 있는 것은 아카이아인들이 그리스에 도착하기 이전의, 상대적으로 이른 시기에 대한 것이 분명하다. 중요한 것은 호메로스와 그의 청중들은 이 같은 싸움 장면을 좋아했을 것이라는 사실이다.

28) Pausanias, II, 36, 2. 그는 또한 아르고스에서 행해졌던 헤라의 비밀 의례에 대해 언급하지만 Rose는 그것이 예외적인 것이라고 본다.(*Handbook*, p. 128, n. 11) 그러나 H. Jeanmaire, *Dionysos*, pp. 208 sq.를 보라.

하는 가설에 대해 일부 학자들은 반대하지만, 그 가설을 인정하지 않는다면 여러 지역(플라타이아이, 에우보이아, 아테네, 사모스 등)에서 보이는 헤라와 제우스와의 **신성 결혼**에 관한 전승(신화 혹은 의례 속에서 재연된다)을 설명하기 어렵다. 그것은 풍요를 담당하는 폭풍신과 대지모신의 결합을 보여주는 전형적인 이미지이다. 또한 헤라는 아르고스에서 "멍에의 여신"이자 "황소를 많이 가진 자"로서 숭배되었다(호메로스는 『일리아드』에서 헤라가 "황소의 눈"을 가졌다고 묘사했다). 마지막으로 헤라는 레르나의 히드라와 같은 무서운 괴물들의 어머니로 여겨졌다. 괴물을 낳는 것은 대지 여신의 특징이다. 이미 본 것처럼(본권 83절) 헤시오도스에 의하면 티폰의 어머니는 게Gê(대지)였다. 그러나 대지에 속하는 이러한 속성과 능력은 점차 잊혀졌고, 호메로스 이후 헤라는 끝까지 결혼의 여신으로 남았다.

아르테미스Artémis라는 이름은 리디아에서 발견된 비문에 아르티미스Artimis라는 형태로 남아 있는데, 그것은 이 여신이 오리엔트에 기원을 둔다는 것을 알려준다. 이 여신이 원초적 성격을 가진 것은 분명하다. 그녀는 무엇보다 동물의 여왕(*potnia theron*, 『일리아드』 XXI, 470 이하에서 그렇게 불린다), 즉 열정적인 사냥꾼인 동시에 동물들의 보호자이다. 또 호메로스는 그녀를 아그로테라Agrotera, 즉 "동물의 여인"이라고 부르고, 아이스킬로스는(fr. 342) 그녀를 "산악의 귀부인"이라고 부른다. 그녀는 특히 밤의 사냥을 즐긴다. 사자와 곰은 그녀가 가장 좋아하는 동물이자 그녀의 전령이다. 이런 사실 역시 아시아의 원형들을 떠올리게 한다. 호메로스(*Il.*, V, 549)는 그녀가 스카만드리오스에게 모든 종류의 동물을 사냥하는 기술을 가르쳤다고 말한다. 그러나 그녀는 독수리 두 마리가 새끼를 밴 토끼를 잡아 찢어서 삼키는 것을 보고 크게 화를 내기도 한다.(Eschyle, *Agamemnon*, 133 이하)

아르테미스는 분명히 처녀신이다. 그것은 원래 그녀가 혼인의 굴레로부터 자유로웠다는 사실을 의미한다고 생각되었다. 그러나 그리스인들은 그녀의 영원한 처녀성을 연애에 대한 무관심으로 이해했다. 『아프로디테에게 바치는 호메로스의 찬가Hymne homérique à Aphrodite』(I, 17)는 아프로디테의 무기력함을 인정한다. 에우리피데스의 비극 『히폴리토스Hippolyte』(1301행)에서 아르테미스는 아프로디테에 대한 혐오감을 공공연하게 밝히고 있다.

그럼에도 불구하고 아르테미스는 대지모신으로서의 몇 가지 요소를 보여주고 있다. 그녀의 가장 오래된 제의 장소인 아르카디아에서 아르테미스는 데메테르, 페르세포네와 연결된다. 헤로도토스(Il., 156)는 아이스킬로스가 아르테미스를 데메테르의 딸인 페르세포네와 동일시했다고 말한다. 어떤 그리스 작가들은 그녀가 크레타 섬에서는 브리토마르티스Britomartis라고 불렸다고 주장하는데,[29] 이것은 그녀가 미노아의 여신과 연관되어 있음을 시사한다. 다른 언어로 된 그녀의 이름 가운데 트라키아의 키벨레와 카파도키아의 마Ma를 언급해야 할 것 같다. 언제 어느 지역에서 그녀가 아르테미스로 불리기 시작했는지는 알 수 없다. 에페소스에서는 모성적 기능이 구체화되긴 했지만, 그리스의 여신이라고 인정하는 것이 주저될 정도로 추악한 모습을 띤다. 아르테미스는 여성들에게 출산의 여신 로케이아Locheia로서도 숭배되었다. 그녀는 또한 **쿠로트로포스**kurotrophos, 즉 "유모"이자 소년들의 선생이기도 했다. 역사시대에 기록된 그녀에 대한 제의 속에서 BC 2000년대의 에게 해 사회에서 행해졌던 여성의 입문 의례의 유산을 읽어낼 수 있다. 알페우스의 아르테미스 여신을 기리는 춤은 펠로폰네소스 반도 전 지역에서 발견

---

29) Rose, *Handbook*, p. 131, n. 59의 출전들을 참조하라.

되는 여신의 춤과 마찬가지로 오르지적 성격을 가지고 있었다. "아르테미스가 춤을 추지 않는 곳이 있는가?"라는 속담이 있다. 그것은 아르테미스를 위해 춤을 추지 않는 곳이 있는가라는 의미일 것이다.[30]

아르테미스에게 부여된 수많은, 그리고 때로 모순적인 여러 측면 안에서 우리는 그리스인의 종교적 정신에 의해 새롭게 가치가 부여되고 다시 거대한 구조 가운데 통합된 원초적 신의 다양한 형태를 발견할 수 있다. 원초적인 형태의 산악의 귀부인과 선사시대 지중해의 동물의 여왕은 대지모신들의 여러 속성과 특권을 받아들였음에도 불구하고, 사냥꾼들, 야수들 그리고 소녀들의 보호자라고 하는 보다 원초적이고 고유한 성격을 상실하지는 않았다. 호메로스 이후, 그녀의 윤곽이 선명해지기 시작한다. 아르테미스는 야생의 삶의 신성성을 지배하고, 풍요성과 모성은 알지만 사랑과 결혼은 알지 못한다. 모순되는 주제의 공존(예를 들면 처녀성과 모성)에서 보이는 것처럼 아르테미스는 언제나 역설적인 성격을 갖고 있다. 그리스의 시인들과 신화 작가들, 그리고 사상가들의 창조적인 상상력은 그러한 모순의 공존이 신성에 내재한 여러 신비 중의 하나의 측면을 보여주는 것이라고 꿰뚫어 보았다.

94. 여신들 II: 아테나와 아프로디테

아테나Athéna는 분명히 헤라 다음으로 가장 중요한 그리스 여신이다. 그 이름은 지금까지 그리스어로 설명할 수 없었다. 아테나 여신의 기원에 관해서 대부분의 학자들은 닐슨의 가설을 받아들이고 있으며, 그것

---

30) H. Jeanmaire, *Dionysos*, pp. 212 sq.

은 상당한 설득력을 가지고 있다. 즉 아테나는 궁정의 귀부인Dame du Palais으로서, 미케네 왕들의 성채 궁전을 보호하는 수호신이었을 것이라고 한다. 원래 아테나는 여자나 남자들의 직업과 관련된 가정의 신이었지만, 전쟁과 약탈의 시대에 성채 안에 머물러 있다는 이유에서 전쟁의 여신의 속성과 힘을 함께 가지게 되었다. 그녀는 무장을 한 채 제우스의 이마를 가르고 튀어 나왔고, 나오자마자 창을 휘두르며 전투의 함성을 질렀다고 한다. 프로마코스Promachoo(여전사), 스테네이아Sthenias(힘센 여자), 아레이아Areia(호전적인 여자) 등 아테나 여신에게 부여된 여러 이름들은 여신의 호전적인 성격을 증명한다.

그러나 『일리아드』의 많은 에피소드가 알려주는 것처럼 아테나는 아레스와 불구대천의 원수이며, 『일리아드』 21장(390절 이하)에 나오는 유명한 전투에서 아테나는 그를 제압한다.[31] 이와 대조적으로 아테나는 참된 영웅의 모델인 헤라클레스를 칭송한다. 아테나는 헤라클레스가 초인적인 시련을 이겨내도록 도와주며, 마침내 그를 하늘로 이끌어 간다.(Pausanias, III, 18, 11 등) 마찬가지로 아테나는 티데우스를 칭찬하고 그를 불사의 존재로 만들려고 생각했다. 그러나 중상을 당해 피를 흘리던 그 영웅이 적의 머리를 쪼개어 그 뇌를 삼키는 모습을 본 아테나는 혐오감을 느끼며 그를 떠나고 만다.[32] 또 아가멤논에게 모욕을 당한 후 칼을 들어 그와 싸우려고 했던 아킬레우스 앞에 나타나 싸움

---

31) 아레스는 모든 신들이 혐오하는 신이었다. 신들은 아레스가 "무엇이 정의인지"를 몰랐기 때문에 그를 "미치광이"라고 불렀다.(*Il.*, V, 761) 제우스 역시 "올림포스의 그 누구도 아레스만큼 미움을 받지는 않는다"고 말했다. 아레스가 미움을 받은 이유는 "그는 단지 전쟁과 전투만을 생각하기" 때문이다.(*Il.*, V, 890)

32) Bacchilide, fr. 41 ; Apollodore, *Bibl.*, III, 6, 8, 3.

을 저지한 것도 바로 아테나였다.(*Il.*, I, 194 이하)

  무공을 찬미하는 청중들을 위해 만들어진 서사시에서조차 아테나는 전투의 여신 이상의 존재로 나타나고 있다. 그것은 그녀가 참가하는 전쟁이라는 것이 무엇보다도 남성의 활동이었기 때문이다. 아테나는 스스로에게 다음과 같이 말한다. "결혼을 제외한 모든 일에서 내 마음은 남성에게로 기운다."(Eschyle, *Les Euménides*, 736) 『아프로디테에게 바치는 호메로스의 찬가』(I, 9)에서 사랑의 여신은 아테나에 대해서도 자신이 무기력하다는 것을 인정한다. 호메로스와 헤시오도스는 아테나 여신을 팔라스Pallas, 즉 "소녀"라고 불렀고, 아테네에서 아테나는 "처녀(*Parthenos*)"였다. 그러나 아테나는 아르테미스와는 다른 종류의 처녀신이다. 그녀는 남자를 피하지 않으며, 남자와 거리를 두지도 않는다. 아테나는 오디세우스의 친구이자 수호신이며, 그의 강한 개성과 지혜를 존중한다. 그는 "지혜가 뛰어난(*polymetis*)" 사람이며, 제우스와 비교될 수 있는 유일한 인간이다.(*Il.*, II, 169, 407, 636) 헤시오도스는 『신통기』(896)에서 아테나가 "힘에 있어서나 사려 깊은 지혜에 있어서 그의 아버지에게 뒤지지 않는다"고 평가하고 있다. 아테나는 올림포스의 신들 중에서 유일하게 어머니가 없다. 『아테나에게 바치는 호메로스의 찬가Hymne homérique à Athéna』(I, 9 이하)는 제우스의 머리에서 그녀가 태어났다고 간단히 말하고 있지만, 헤시오도스는 신화 전체에 대해서 말하고 있다. 제우스가 이미 임신한 상태에 있던 지성의 여신 메티스를 통째로 삼켰고, 때가 되자 아테나는 아버지 제우스의 이마를 가르고 빠져나왔다는 것이다.(*Th.*, 886 이하: 본서 84절 참조) 이 에피소드는 나중에 추가된 것이라고 생각된다. 본래의 신화에서는 아테나가 올림포스 산 정상에 나타났다는 사실을 단순하게 언급할 뿐이다. 그러나 삼킨다는 모티프가 원초적이고 "야만적인" 성격을 가지고 있다는 사

실을 강조하는 발터 오토의 해석은 올바른 것이다.[33]

아테나의 기원이 어떻든, 그녀의 초자연적인 탄생 신화는 그녀와 제우스의 밀접한 관계를 보여주고 확인시켜준다.『자비의 여신들』(736)에서 그녀는 "나는 전적으로 아버지에게 기울어 있다"라고 인정하고 있다.『오디세이아』(XIII, 297)에서 그녀는 오디세우스에게 이렇게 고백한다. "나의 지혜(métis)와 나의 능숙함을 따를 신은 아무도 없다." 실제로 실용적인 지혜인 메티스는 아테나의 특징적인 속성이다. 아테나는 바느질이나 뜨개질같이 전형적으로 여성적인 일로 여겨지는 기술의 수호신일 뿐만 아니라, 모든 종류의 전문화된 기술자들을 가르치고 영감을 불어넣는 "만능 기술자polytechnicienne"이다. 대장장이에게 쟁기 만드는 방법을 가르친 것은 바로 아테나로, 도공 역시 다음과 같이 기도한다. "아테나여, 우리에게 오소서. 당신의 손으로 우리의 화로를 붙들어주소서."[34] 또한 말 조련사로서 말에게 물리는 재갈을 발명하고, 전차의 사용법을 알려준 것도 아테나였다. 또 본래는 포세이돈이 관리했던 영역인 항해에 관해서도 아테나는 자기의 메티스의 복합성과 통일성을 동시에 보여준다. 우선 그녀는 배를 건조하는 일과 관련된 많은 기술적인 작업들에 간섭한다. 그러나 그녀는 조타수가 배를 "올바르게 조종하도록" 돕기도 한다.[35]

우리는 아주 드물게 기술적 발명의 신성성, 또는 지성의 신화라고

---

33) Otto, *The Homeric Gods*, p. 51을 참조하라. 호메로스는 (그가 크로노스에 관해서 침묵하고 있는 것처럼) 이 신화에 대해 언급하지 않는다. 그러나 호메로스는 아테나를 "강한 아버지의 딸(*obrimopatre*)"이라고 부른다.

34) Otto, p. 58에 인용된 호메로스의 풍자시를 참조하라.

35) M. Detienne, "Le navire d'Athéna"를 참조하라.

부를 수 있는 것의 예를 찾을 수 있다. 다른 신들은 생명, 풍요, 죽음, 사회제도 등의 신성성을 다양한 형태로 보여준다. 아테나는 지성, 기술적인 능숙함, 실용적인 발명뿐만 아니라, 자기 절제, 시련 가운데서의 정신적 평정, 일관성에 대한 확신, 그에 따른 세계의 이해 가능성을 내포하는 특정한 기술과 직업의 "신성한" 성격 혹은 그것의 "신적" 기원에 대해서도 알려준다. 따라서 우리는 메티스의 수호신이 철학자의 시대에 와서 어떻게 신성한 지식과 인간의 지혜의 상징이 되었는지를 알 수 있다.

아프로디테Aphrodite는 비록 전혀 다른 수준에서이긴 하지만 그리스 정신의 천재성이 빚어낸 또 하나의 뛰어난 창조물이다. 전승이 일관되게 지적하고 있는 것처럼(Hérodote, I, 105; Pausanias, I, 14, 7) 이 여신은 분명히 오리엔트에 기원을 두고 있다. 『일리아드』에서 아프로디테는 트로이 사람들을 보호한다. 또 이 여신은 이슈타르 유형의 신들과 유사하다. 그러나 아프로디테 여신의 특징적인 모습이 만들어지기 시작한 곳은 1000년 이상 에게 해-아시아의 종교 융합의 중심지였던 키프로스 섬이었다.(Od., VIII, 362 이하) 그리스 문화로의 동화 과정은 『일리아드』(V, 365)에서 상당히 진행되어 있는 것을 볼 수 있으며, 거기서 호메로스는 아프로디테가 제우스와 디오네Dioné의 딸이며, 헤파이스토스의 아내라고 말한다.[36] 그러나 헤시오도스는 그녀의 탄생에 관해서 훨씬 더 오래된 형태의 이야기를 전해주고 있다. 즉 아프로디테는 우라노스의 성기가 바다에 떨어질 때 흘러나온 거품(aphrós) 정액에서 태어났다는 것이다. 이미 보았던 것처럼(본권 46절) 위대한 신들의 거세라

---

36) 나중에는 전쟁의 신 아레스가 아프로디테의 남편이 된다. 『오디세이아』(VIII, 266~366)에서는 헤파이스토스가 그녀의 연인으로 나온다.

는 주제는 오리엔트에서 기원한 것이다.

아프로디테에게 올리는 제의에서는 지중해적 요소(비둘기)와 함께 몇 가지의 아시아적 요소(예를 들면 신전 창녀)를 볼 수 있다. 한편 『아프로디테에게 바치는 찬가』(I, 69 이하)에서는 아프로디테가 진정한 동물의 여왕이라고 노래한다. "그 여신의 뒤를 회색 늑대, 무서운 사자, 곰, 사슴을 잡아먹고도 여전히 굶주린 표범이 꼬리를 흔들며 따라왔다." 그러나 아프로디테에게 고유한 새로운 특징도 부가되었다. 여신은 "동물들의 가슴속에 욕망을 불어넣었다. 곧이어 동물들은 둘씩 짝을 지어 골짜기의 어둠 속으로 사라졌다."(Jean Humbert 번역) 아프로디테는 인간이나 신들뿐만 아니라 동물들의 가슴속에도 "욕망을 불어넣었다." 아프로디테는 "제우스의 이성조차도 사로잡는다." "제우스가 헤라 몰래 인간 여성들과 어울리게 해주는"(ibid., 36, 40) 것도 아프로디테이다. 『아프로디테에게 바치는 찬가』는 존재의 세 가지 양태, 즉 동물, 인간, 신이 성적 충동에 있어서 동일한 요소를 가지고 있다고 본다. 한편 통제할 수 없고 비이성적인 정욕의 특성을 강조함으로써 『아프로디테에게 바치는 찬가』는 제우스의 연애 편력(하지만 신, 영웅, 인간에 의해 무한히 반복된다)을 정당화한다. 간단히 말해 성욕의 종교적 정당화가 이루어진다. 아프로디테에 의해 촉발되었기 때문에 성적 과잉이나 일탈마저도 신성한 기원을 갖는 것으로 인정될 수밖에 없었던 것이다.

우주의 세 영역을 모두 지배하기 때문에 아프로디테는 천공적(아스테리아Astéria, 우라니아Ourania)인 동시에 해양적(아나디오메네Anadyo-mène, "바다에서 나온"[37])이며, 나아가 대지적이다. 그녀가 걸어가는

---

37) 물과 성性을 동시에 상징하는 조개는 아프로디테의 히에라 가운데 하나이다.

길은 꽃으로 뒤덮인다. 또 그 여신은 식물의 풍요를 가져다주는 "제1원인"이다.(Eschyle, *Danaïdes*, fr. 44) 그러나 아프로디테는 결코 풍요를 주관하는 최고의 여신이 되지는 못했다. 그녀가 고무하고 칭찬하고 보호하는 것은 육체적 사랑이며, 몸의 결합이다. 이런 의미에서 그리스인들은 아프로디테 덕분에 성적 충동이 본래 가지고 있는 신성한 의미를 재발견했다고 말할 수 있을 것이다. 사랑의 광대한 정신적 원천은 다른 신적 존재들, 그중에서도 에로스에 의해 지배된다. 비합리적이고 통제하기 어려운 성적 충동은 작가나 조형예술가들에 의해 탐구되고, 헬레니즘 시대에는 "아프로디테의 매력Charmes d'Aphrodite"이라는 표현이 문학적 상투어가 된다. 우리는 아프로디테의 상징 아래에서 꽃핀 이러한 예술 속에서 육체적 사랑의 극단적인 탈성화脫聖化désacralisation를 보고 싶은 유혹을 받는다. 그러나 그것은 실제로는 그리스의 정신적 천재성이 만들어낸 다른 수많은 창조물들의 경우와 마찬가지로, 풍부하고 모방할 수 없는 의미를 지닌 하나의 위장camouflage이라고 할 수 있다. 천박한 신성의 겉모습 아래에는 성적 욕망의 초월성과 신비의 계시라고 하는 가장 심오한 종교적 경험의 원천이 숨겨져 있다. 이러한 형태의 위장[위장된 형태로 드러나는 성스러움]에 대해서는 현대 세계의 세속화 과정을 분석할 때 다시 언급할 것이다.(본서 제3권을 보라)〔실제로 이러한 내용을 담은 장은 완성되지 못했다. 엘리아데가 미처 완성하지 못한 나머지 권에서 다루어질 내용이었다.〕

95. 영웅들

핀다로스는 존재를 신, 영웅, 인간이라는 세 범주로 구분했다.(*Olym-*

piques, 2, 1) 영웅이라는 범주는 종교사가에게 다음과 같은 중요한 문제들을 제기한다. 그리스 영웅들의 기원과 존재론적 구조는 무엇인가? 그들은 신과 인간 사이에 존재하는 다른 중간적 유형과 어느 정도까지 비슷한가? 고대인의 신앙에 따라, 로데E. Rohde는 영웅을 다음과 같이 설명했다. "한편으로는 지하의 신과, 다른 한편으로는 죽은 자들과 밀접하게 연결되어 있다. 실제로 그들은 죽은 자의 영혼에 불과하며, 대지의 아래에 살면서 신들과 마찬가지로 영원히 죽지 않고, 그 힘으로 신에 가까이 간 자들이다."[38] 신들처럼 영웅들도 희생 제물을 받았지만, 이 두 범주의 의례에 대한 명칭이나 진행 과정은 상당히 달랐다.(본권 p. 438을 보라) 반면 [로데의] 『프쉬케Psyché』보다 3년 뒤에 출판된 우제너H. Usener의 『신의 이름Götternamen』(1896)에서는 영웅의 신적 기원을 다음과 같이 주장한다. 즉 영웅들은 악마와 마찬가지로 "일시적" 또는 "특수한" 신성들(*Sondergötter*), 즉 특정한 기능 속에서 전문화된 신적 존재로부터 유래했다는 것이다.

파넬L. R. Farnell은 1922년에 절충적인 이론을 내놓았고, 그것은 지금도 어느 정도 평가를 얻고 있다. 그에 따르면 영웅이 모두 같은 기원을 가지는 것은 아니다. 그는 신에 기원을 두거나 의례에 기원을 두는 영웅, 실재로 존재했던 인물(전사 또는 사제), 시인이나 학자들이 만들어낸 영웅 등 영웅을 일곱 개의 범주로 구분한다. 마지막으로 브렐리크A. Brelich는 풍부한 자료와 통찰력을 담은 저작 『그리스의 영웅들Gli eroi greci』(1958)에서 영웅의 "형태론적 구조"를 다음과 같이 설명하고 있다. 영웅이란 그 죽음이 무언가 특별한 인물들이며, 전투, 경기, 예언, 의술, 청소년의 입문 의례, 비의와 깊은 관계를 가진다. 그들은 도시를 건설하

---

38) Erwin Rohde, *Psyché*(프랑스어판), p. 124.

며, 그들에게 바치는 제의는 도시국가 종교의 성격을 지닌다. 그들은 혈연집단의 선조이며, 인간의 기본적 활동의 "원형적 대표자"이다. 영웅들은 괴물 같다고 할 만한 특이한 성격을 갖고 있으며, 초인적인 본성을 위배하는 듯이 보이는 기이한 행동을 하는 것이 특징이다.[39]

요약하자면 그리스의 영웅들은 **독자적인 존재 양식**(초인적이지만 신은 아닌 존재)을 가졌다는 공통점이 있으며, 원초적 시대, 정확하게는 우주 창조와 제우스의 승리로 이어지는 시대(본권 83~84절 참조)에 활동한 존재라고 말할 수 있다. 그들이 활약했던 시대는 인간이 출현한 이후이지만, 세계의 구조가 아직 충분히 정립되지 않았고 규범도 완전히 확립되지 않았던 "초창기"였다. 그들의 존재 양식 자체는 "시원적인" 시간의 불완전하고 모순적인 표현 방식이기도 하다.

영웅의 탄생과 유년기는 보통 사람들과는 다르다. 그들은 신들에게서 태어나지만, 때로는 "이중적인 부자 관계"(헤라클레스는 제우스와 암피트리온 모두의 아들이며, 테세우스는 포세이돈의 아들이자 아이게우스의 아들이다)를 가지고 있거나, 비정상적으로 태어난다(아이기스투스는 티에스테스와 그의 딸 사이의 근친상간의 결과이다). 그들은 태어나자마자 버려지거나(오이디푸스, 페르세우스, 레수스 등), 동물에 의해 길러지고,[40] 어린 시절을 멀리 떨어진 지역에서 떠돌며 지내며, 수없이 많은 모험(특히 경기와 전투의 공적)으로 명성을 얻고, 신과 결혼한다(펠레우스와 테티스, 니오베와 암피온, 이아손과 메데아의 결혼이 가장 유명하다).

---

39) A. Brelich, *Gli eroi greci*, p. 313. 이하에서는 Brelich의 분석에 많이 의지하고 있다.
40) 파리스는 곰이, 아이기스투스는 염소가, 히포투스는 말이 키워준다. 이러한 통과의례적 모티프는 대단히 널리 퍼져 있다. 본권 105절을 참조하라.

영웅들은 원초적 사회의 문화영웅에 필적할 만한 특정한 형태의 창조성에 의해 특징지어진다. 오스트레일리아의 신화적 선조들처럼 그들은 대지의 모양을 바꾸며, "토착민"(즉 어떤 지역의 최초의 주민)과 민족, 국민 또는 일족의 조상(아르고스인들이 아르고스의 후예이며, 아르카디아인들이 아르카스의 후예인 것처럼)으로 생각된다. 그들은 도시의 법률과 도시 생활의 규범, 일부일처제, 야금술, 노래, 문자, 전쟁 기술 등 인간의 여러 가지 제도들을 발명한다─즉 "창시"하고 "계시한다." 그리고 그들은 특정한 직업의 창시자들이기도 하다. 그들은 무엇보다 도시의 창설자들이며, 식민지를 건설한 역사적 인물들도 사후에 영웅으로 숭배의 대상이 된다.[41] 또한 영웅은 운동경기를 시작하고, 때로는 운동경기가 그들에게 바치는 제의의 특징적인 형태 중의 하나가 되기도 한다. 어떤 전승에 의하면 그리스 전역에서 가장 큰 규모로 열린 네 개의 운동경기는 제우스에게 속하기 전에는 영웅들에게 봉헌되었다고 한다. (예를 들어 올림피아에서 행해졌던 운동경기는 펠로프스를 기념하기 위한 것이었다.) 이 사실은 운동경기의 우승자나 유명한 운동선수가 영웅으로 숭배되었던 현상을 설명해준다.[42]

어떤 영웅들(아킬레우스, 테세우스 등)은 청소년의 입문 의례와 관련되어 있으며, 영웅 숭배는 젊은이들에 의해 수행되는 경우가 많았다. 테세우스에 관한 영웅 설화의 몇 가지 에피소드는 실제로 입문 의례의 시련에 관한 것이다. 예를 들어 저승으로의 여행과 동일한 의미를 가지는 바다로 뛰어드는 의례적 행동, 특히 **쿠로트로포이**|courotrophoï[젊은이를 양육하는 자]로 알려진 요정 네레이데스가 바다 속 궁전으로 들어가는 것

---

41) Brelich, *op. cit.*, pp. 129~185.
42) BC 496년 올림픽 경기의 클레오메데스가 그러하다.(Pausanias, VI, 9. 6)

은 테세우스가 미로에 숨어 들어가 괴물(미노타우루스)과 싸우는 것과 마찬가지로 영웅의 입문 의례에서 전형적으로 나타나는 주제라고 할 수 있다. 마지막으로 테세우스가 아프로디테의 여러 가지 현현 중의 하나라고 할 수 있는 아리아드네를 유혹하는 것 역시 영웅이 겪어야 할 시련의 하나라고 할 수 있으며, 그 입문 의례는 성혼에 의해 완성된다. 장메르H. Jeanmaire에 따르면 〔테세우스에게 드리는 제의인〕 테세이아Theseia를 구성하는 의례들은, 사춘기 청소년들이 숲 속에 일정 기간 머무르는 입문 의례의 과정을 마친 후에 다시 도시로 돌아오는 것을 기념했던 고대의 의례들에서 비롯되었다고 한다.[43] 마찬가지로 아킬레우스의 전설 가운데 일부는 입문 의례적 시련으로 해석될 수 있다. 아킬레우스가 켄타우로스에 의해 양육되었다는 것은, 다시 말해 가면을 쓰고 있거나 동물의 모습을 하고 있던 주인으로부터 시련을 받았다는 것을 의미한다. 나아가 아킬레우스는 고전적인 입문 의례의 방식이었던 물과 불의 통과를 거쳤으며, 심지어 한동안 소녀처럼 옷을 입고 소녀들 가운데에서 살기도 했는데, 이것 역시 원시사회의 성년 입문 의례의 전형적인 관습이다.[44]

영웅들은 또한 비밀 의례와도 결부되어 있다. 트립톨레무스는 엘레우시스에 성소를 가지고 있고, 에우몰포스는 그곳에 무덤을 가지고 있다.(Pausanias, I, 38, 6 ; I, 38, 2) 또한 영웅 제의는 신탁, 특히 치료를 목적으로 하는 인큐베이션 의례와 관계가 있다(칼카스, 암피아라오스, 모프소스 등). 따라서 어떤 영웅들(특히 아스클레피오스)은 의술과 관련

---

43) Jeanmaire, *Couroï et Courètes*, pp. 323 sq., 338 sq. ; Eliade, *Naissances mystiques*, p. 228. 또한 Brelich, *op. cit.*, pp. 124 sq.를 참조하라.

44) Eliade, *Naissances mystiques*, p. 229를 참조하라.

되어 있는 것이다.[45)

영웅의 개성적인 특징 중의 하나는 그들의 **죽음**에서 찾을 수 있다. 예외적으로 어떤 영웅들은 축복받은 자의 섬으로 옮겨지거나(메넬라오스), 신비의 섬 레우케로 가기도 하고(아킬레우스), 올림포스(가니메데스) 또는 지하로 사라진다(트로포니우스, 암피아라오스). 그러나 대다수는 전쟁에서(헤시오도스가 말하는 테베나 트로이에서 쓰러진 영웅들처럼), 결투에서, 또는 배반으로 인해(클리타임네스트라에 의해 살해된 아가멤논, 오이디푸스에 의해 살해된 라이오스 등) 비참한 죽음을 맞는다. 때때로 그들의 죽음은 유별나리만큼 극적이다. 오르페우스와 펜테우스는 갈기갈기 찢기고, 악타이온은 개에 물려서, 글라우코스와 디오메디아 그리고 히폴리토스는 말에게 죽음을 당한다. 이 밖에도 제우스에게 삼켜지거나 벼락을 맞아 죽거나(아스클레피오스, 살모네우스, 리카온 등), 뱀에 물려 최후를 맞이하기도 한다(오레스테스, 모프수스 등).[46)

그럼에도 불구하고 그들의 초인적인 성격을 확증하는 동시에 선언해 주는 것은 바로 이러한 죽음이다. 비록 이들 영웅들은 신처럼 영생 불사하지는 않지만, 그들은 죽은 뒤에도 계속 활동한다는 사실 때문에 인간과는 분명히 구별된다. 영웅의 유품은 가공할 만한 주술-종교적 힘을 지니고 있다. 무덤이나 유골, 심지어 그들의 기념비는 수 세기 동안 살아 있는 자들에게 영향력을 행사했다. 어떤 의미에서 영웅들은 그들의 죽음으로 인해 신적인 상태에 접근한다고도 말할 수 있다. 그들은 미숙한 것도 아니고 그렇다고 순수하게 정신적인 것도 아니지만 **독자적으로** 무한한 사후의 생명을 구가한다. 왜냐하면 그들은 그들이 남긴 유품, 즉

---

45) Brelich, *op. cit.*, pp. 106 sq.의 문헌 자료를 보라.
46) Brelich, p. 89에 원전이 인용되어 있다.

적, 또는 그들의 신체를 의미하는 상징에 의존하기 때문이다.

실제로 그리고 일반적인 풍습과는 반대로 영웅의 유품은 도시의 내부에 매장되었으며, 성소에 묻히는 경우조차 있었다(펠로프스는 올림피아의 제우스 신전에, 네옵톨레무스는 델포이의 아폴로 신전에 묻혔다). 그들의 무덤과 빈 무덤cénotaph은 영웅 숭배의 중심이 되었으며, 의례적인 통곡, 애도의 의례, 비극적 합창이 희생 제의와 함께 행해졌다. (영웅에게 바치는 희생 제의는 지하의 신들에게 드리는 것과 같았으며, 올림포스 신들에게 드리는 것과는 달랐다. 올림포스 신들의 경우에는 희생 동물의 머리를 하늘로 향하게 하여 목을 잘랐지만, 지하의 신들이나 영웅의 제의에서는 머리를 땅을 향해 구부렸다. 올림포스 신들의 경우는 흰색 제물을 바쳐야 했지만, 영웅과 지하의 신들에게는 검은색 제물을 바쳐야 했다. 그리고 희생 제물은 완전히 태워서 살아 있는 인간은 누구도 그것을 먹을 수 없도록 했다. 올림포스 신들을 위한 제단은 땅 위에 또는 한 층 높은 곳에 설치된 고전적 신전이었던 데 반해, 영웅과 지하의 신을 위한 제단은 낮은 화로, 지하 동굴, 또는 무덤을 상징하는 것으로 보이는 아디톤adyton 등이었다. 올림포스 신을 위한 희생 제물은 해가 빛나는 아침에 바쳐졌지만, 영웅과 지하의 신에게는 저녁 또는 한밤중에 제의가 실행되었다.)[47]

이러한 사실들 모두가 영웅의 "죽음"과 그들의 유품의 종교적 가치를 드러낸다. 죽음과 함께 영웅은 침략과 전염병, 그 외의 모든 종류의 재해로부터 도시를 보호하는 수호자가 되는 것이다. 마라톤 전투에서 테세우스가 아테네인들의 선두에 서서 싸우는 장면이 목격되었다고

---

47) Rohde, *Psyché*, pp. 123~124. 또한 Guthrie, *The Greeks and Their Gods*, pp. 221~222(=*Les Grecs et leurs dieux*, pp. 246~247)를 참조하라.

한다.(Plutarque, *Thésée*, 35, 5. 그리고 Brelich, *Gli eroi greci*, pp. 91 이하의 다른 예들을 보라) 그러나 영웅은 또한 정신적 차원에서의 "불사성"과 영광, 즉 불멸의 명성을 누린다. 결국 영웅은 덧없는 인간 조건을 초월하여 망각의 심연으로부터 이름을 구해내고, 사람들의 기억 속에 살아남고자 하는 소망을 가진 모든 자의 범례가 된다. 실재했던 인물들―스파르타의 여러 왕들, 마라톤 전투 또는 플라타이아이 전투에서 쓰러졌던 자들, 폭군의 살해자들―이 영웅화되는 경우 역시 그들의 보기 드문 무훈에 의한 것이라고 설명되곤 하는데, 이러한 무훈은 그들을 다른 일반적인 인간들과 구별시키며, 그들을 영웅의 범주에 "넣는다."[48]

고전 그리스 시대, 특히 헬레니즘 시대는 우리에게 영웅의 "숭고한" 이상을 전해주었다. 실제로 그들의 성격은 예외적이며 모순되고, 심지어는 정도가 지나칠 때도 있다. 영웅들은 "선"과 "악"을 동시에 지니고 있으며, 모순적인 속성들을 축적해나간다. 그들은 무적이면서도(아킬레우스), 결국은 살해된다. 그들은 힘과 아름다움뿐만 아니라 괴물 같은 특징(헤라클레스, 아킬레우스, 오레스테스, 펠로프스 등과 같이 거대한 체격. 하지만 평균보다 훨씬 떨어지는 왜소한 체구를 가진 경우도 있다)에 의해 구별되기도 한다.[49] 때로 그들은 짐승의 모습을 하거나("늑대" 리카온), 동물로 변신할 수도 있다. 나아가 그들은 양성구유이거나(케크롭스), 성을 전환하거나(테이레시아스), 여장을 하기도 한다(헤라클레스). 게다가 영웅은 다양한 비정상적 형태(머리가 없거나 여러 개이며, 헤라클레스처럼 세 줄의 이를 가지고 있다)들로 특징지어진다. 그들은 다리를 절거나, 외눈박이거나, 소경이다. 영웅들은 광

---

48) 또한 Eliade, *Le Mythe de l'éternel retour*, ch. 1을 보라.
49) 헤라클레스조차 그렇다. Brelich, pp. 235 sq.의 출전들을 보라.

기에 빠지기 일쑤이다(오레스테스, 벨레로폰. 비정상적인 때의 헤라클레스는 광기 때문에 아내 메가라가 낳은 자기 자식을 죽였다). 그들의 성적인 행동은 지나치거나 탈선적이다. 헤라클레스는 하룻밤에 테스피오스의 딸 50명을 수태시키고, 테세우스는 수많은 강간으로 유명하며(헬레네, 아리아드네 등), 아킬레우스도 스트라토니케를 강간한다. 영웅들은 자신의 딸 또는 어머니와 근친상간을 범하며, 질투 또는 분노 때문에, 때로는 아무런 이유도 없이 대량 학살을 저지른다. 심지어 자신의 어머니와 아버지, 또는 친척까지도 서슴없이 학살한다.

이처럼 모순되고 괴물 같은 성격이나 탈선적인 행동들은 "인간 세계"가 아직 창조되지 않았던 "시원"의 시간을 특징짓는 유동적인 상태를 상기시킨다. 이러한 원초적 시대에는 모든 종류의 불규칙성과 혼란(즉 나중에 잔학함, 죄, 범죄로서 탄핵받게 될 모든 것)이 직접 또는 간접적으로 창조라는 과업에 박차를 가한다. 그러나 그들의 창조—제도, 법률, 기술, 예술—가 완성된 후에는 "인간 세계"가 시작되고, 영웅들이 범했던 위법과 과도한 행동은 엄격하게 금지된다. 영웅시대 이후의 새로운 "인간 세계"에서 창조의 시대, 즉 신화적인 **태초의 시간**illud tempus은 결정적으로 종말을 고하게 된다.

정도를 지나친 영웅들의 행동에는 한계가 없다. 그들은 감히 여신을 범하는가 하면(오리온과 악타이온은 아르테미스를 급습하고, 익시온은 헤라를 공격한다), 신성모독 행위가 끊이지 않는다(아이아스는 아테나의 제단 근처에서 카산드라를 능욕하고, 아킬레우스는 아폴로 신전에서 트로일로스를 살해한다). 이러한 위반들과 신성모독 행위는 영웅의 본성이라고 할 수 있는 무절제한 **히브리스**를 드러낸다.(본권 87절 참조) 영웅은 자신이 신들과 대등한 존재인 것처럼 맞서지만 그들의 오만함은 항상 올림포스의 신들로부터 잔혹하게 단죄된다. 오직 헤라클레스만이 벌을 받지 않고 자신의 **히브리스**를 드러낼 수 있었다(헬리오스와 오케아노스를 자기의 무기로 위협할 때). 그러나 헤라클레스는 핀다로스가 지칭하듯 완벽한 영웅, 즉 "영웅-신"이었다.(*Néméennes*, 3, 22) 실제로 그는 무덤과 유물의 소재가 알려지지 않은 유일한 영웅이었다. 그는 장작 위에서 스스로를 화장함으로써 불사를 획득했으며, 헤라의 양자가 되어 신이 되고 올림포스의 다른 신들과 나란히 앉게 된다. 한계를 모르는 **히브리스**에도 불구하고 헤라클레스는 불사를 시도했다가 실패한 메소포타미아의 길가메시(본권 23절 참조)나 다른 그리스의 영웅들과는 달리 일련의 입문 의례적 시련들을 이기고 승리함으로써 신의 지위를 획득할 수 있었던 것이다.

그리스 영웅들과 비교할 수 있는 존재들은 다른 종교들에서도 발견된다. 그러나 영웅의 종교적 구조가 그토록 완전하게 표현된 것은 그리스 종교에서뿐이다. 또한 영웅이 상당한 종교적 위광을 구가하고 상상력과 사변을 살찌우며, 문학과 예술적 창조성을 자극한 경우도 그리스 이외에서는 찾아볼 수 없을 것이다.[50]

---

50) 중세부터 낭만주의 시대에 이르는 동안에 변형된 후대의 "영웅"에 대해서는 본서 제3권에서 언급할 것이다.

엘레우시스의 비의

96. 신화: 명계의 페르세포네

"행복하도다. 대지 위에 사는 인간으로 이 비의를 목격한 자여!" 『데메테르에게 바치는 찬가Hymne à Déméter』의 저자는 이렇게 외쳤다. "그러나 입문하지 못한 자와 제의에 참여하지 못한 자는 죽은 다음 어두운 명계에서 같은 행운을 누리지 못할 것이다."(480~482행)

『데메테르에게 바치는 찬가』는 두 여신의 중심적인 신화와 엘레우시스의 비의의 기원을 연결시키고 있다. 데메테르의 딸 코레Koré(페르세포네)는 니사의 들판에서 꽃을 따다가 명계의 신 플루톤Pluton(하데스)에 의해 납치된다. 데메테르는 9일 동안 딸을 찾아다녔고, 그 기간 동안 불사의 식물 암브로시아에 손을 대지 않았다. 마침내 태양신 헬리오스가 데메테르에게 진실을 알려주었다. 제우스가 자신의 형제인 플루톤과 코레를 결혼시키려고 한다는 것이다. 신들의 왕 제우스에 대한 분노와 슬픔으로 인해 고통에 빠진 데메테르는 올림포스로 돌아가지 않았다. 늙은 여인의 모습을 한 데메테르는 엘레우시스를 향하여 길을 떠났고, 처녀의 우물 옆에 앉았다. 그때 켈레오스 왕의 딸들이 데메테르에게 어디서 왔는지 물었고, 데메테르 여신은 자기 이름은 도소Doso이며, 크레타 섬에서 해적에게 유괴되어 끌려가다가 도망쳐 나왔다고 말한다. 여신은 메타네이라 여왕의 막내아들을 돌보아주는 유모가 되어주지 않겠느냐는 제의를 받고 수락한다. 그러나 왕궁에 들어간 여신은 얼굴을 가린 베일도 벗지 않고 침대 위에 걸터앉아 오랫동안 침묵을 지키고 있었다. 마침내 하녀 이암베가 재미있는 이야기로 여신을 웃게 하는 데 성공했다. 데메테르는 메타네이라 여왕이 보내준 붉은 포도주를 거절하고, 키케온, 즉 보리죽과 물 그리고 박하를 섞어 만든 음식을 달라고 했다.

데메테르는 데모폰〔여왕의 막내아들〕에게 우유를 먹이지 않고 대신 아기의 몸에 암브로시아를 발라서 문지르고, 밤 동안에는 마치 "타다 남은 나뭇조각"인 것처럼 아이를 불 속에 숨겨두었다. 아기는 날로 신처럼 변해갔다. 사실 데메테르는 그 아이를 영원히 늙지 않는 불사의 존재로 만들려고 했던 것이다. 그러나 어느 날 밤 메타네이라 여왕은 아기가 불 속에 놓여 있는 것을 발견하고 탄식하기 시작한다. 데메테르는 "무지한 인간이여, 좋은 운명과 나쁜 운명도 구별하지 못하는 어리석은 자들이여!"(256행, J. Hubert 번역)라고 외친다. 결국 데모폰은 죽음을 피할 수 없게 될 것이다. 그런 다음 여신은 몸에서 빛을 발하며 장엄하게 자신의 모습을 드러낸다. 데메테르는 자신을 위해 "거대한 신전과 제단"을 건설하도록 요구한다. 그곳에서 그녀는 인간들에게 자신의 의례를 가르칠 것이다. 그리고 그녀는 왕궁을 떠난다.(271행 이하)

신전이 완성되자 데메테르 여신은 그 속에 틀어박혀 딸을 그리워하며 지냈다. 또 여신은 커다란 가뭄을 내려 대지를 황폐하게 만든다.(304행 이하) 제우스는 그녀에게 여러 차례 전령을 보내 신들에게 돌아올 것을 권했다. 데메테르는 딸과 다시 만나기 전에는 올림포스에 발을 들여놓지 않을 것이며, 곡물도 자라지 못하게 할 것이라고 답했다. 제우스는 플루톤에게 페르세포네를 돌려주라고 명령했고, 명계의 왕 플루톤은 이에 굴복했다. 하지만 플루톤은 페르세포네의 입에 명계의 석류 씨앗을 넣고 그녀가 그것을 삼키게 하는 데 성공했다. 그 결과 페르세포네는 매년 1년 중 4개월 동안은 남편에게 돌아가는 것으로 정해졌다.[1] 딸을 되찾은 데메테르는 신들에게 돌아가는 데 합의했고, 대지는 다시 생기를 되찾았다. 그러나 올림포스로 돌아가기 전에 여신은 트립톨레모스, 디오클레스, 에우몰포스, 그리고 켈레오스에게 제의와 비의에 관한 모든 것을 가르쳐주었다. 그리고 "이것은 어겨서도 안 되고, 알아서도 안 되고, 폭로해서도 안 되는 신성한 의식이다. 여신들을 향한 강한 경외심이 목소리를 막아버릴 것이다"라고 주의를 준다.(418행 이하, J. Humbert 번역)

호메로스의 찬가는 두 가지 형태의 입문 의례에 대해 알려준다. 더 정확하게 말하자면 찬가는 두 여신이 재회하고 데모폰이 불사적 존재가 되는 것에 실패한다는 두 가지 원인을 들어 엘레우시스 비의의 기원을 설명한다. 데모폰 이야기는 원초적 시대의 어느 시점에서 어떤 비극적 실수에 의해 인간이 불사의 가능성을 상실했다고 하는 고대의 여러 신화들과 비교할 수 있다. 그러나 이 경우 신화적 조상이 범한 실수나 "범죄" 때문에 그 자신은 물론 그의 후손들이 본래 가지고 있었던 원초적 불사성을 상실한 것은 아니다. 데모폰은 원초적 존재가 아니다. 그는 왕의 막내아들일 뿐이다. 데메테르가 그를 불사적 존재로 만들려고 결심한 것은 그를 (페르세포네의 상실로 인한 슬픔을 위로해

---

1) 저승의 음식물을 먹은 자는 살아 있는 사람들 사이로 돌아올 수 없다는 것은 널리 퍼져 있는 신화적 주제이다.

줄) "양자로 삼고자" 하는 여신의 욕망과 제우스 및 올림포스의 신들에 대한 데메테르의 복수라고 해석할 수 있다. 데메테르는 인간을 신으로 변화시키고 있었던 중이었다. 여신은 인간에게 불사를 수여할 수 있는 힘을 가지고 있었고, 불, 혹은 신참자를 불에 굽는다는 행위는 불사의 가장 유력한 수단의 하나였던 것이다. 메타네이라 여왕이 놀라는 것을 본 데메테르는 인간의 어리석음에 대한 실망감을 숨기지 않았다. 하지만 찬가는 아마도 나중에는 일반화되었을 것이라고 생각되는 불사화의 기법technique d'immortalisation, 즉 불을 사용하여 인간을 신격화시키는 입문 의례의 창설에 대해서는 아무것도 언급하지 않는다.

데모폰을 불사의 존재로 만들려고 했다가 실패한 후, 데메테르는 자기의 정체를 밝히고 자기를 위한 신전을 만들 것을 요구했다. 그리고 딸과 재회하고 나서야 비밀 의례의 절차를 알려주었다. 비의적인 입문 의례는 메타네이라의 방해로 인해 중단된 의례와는 근본적으로 달랐다. 엘레우시스의 비의에 입문하는 자는 불사성을 획득하지 못했다. 엘레우시스의 신전에서는 어느 순간 커다란 불이 밝혀졌다. 그러나 우리가 몇몇 화장火葬 사례를 알고는 있지만, 불은 입문 의례에서 거의 직접적인 역할을 하지 못했던 것 같다.

우리가 비밀 의례에 대해 아는 소수의 사실을 통해 본다면, 비의의 중심은 두 여신의 출현에 관한 것이었다. 입문 의례를 통해 인간의 조건은 변화하지만, 그것은 실패로 끝나고 만 데모폰의 변환과는 다른 것이었다. 비밀 의례에 대해 직접 언급하고 있는 몇 가지 고대 문서는 의례 참여자가 얻게 되는 사후의 행복을 강조한다. 『데메테르에게 바치는 찬가』 가운데 나오는 "행복하도다, 대지 위에 사는 인간으로⋯⋯"라는 표현은 중심 주제처럼 반복된다. "행복하도다, 지하 세계로 떠나기 전에 이것을 보는 자여! 그는 생명의 끝을 알도다! 또한 그것의 시작을 알도다!"라고 핀다로스는 노래한다.(*Threnoi*, fr. 10) 또 "이 비의를 본 후에 명계로 내려가는 자는 3배로 행복하도다. 그들만이 참된 생명을 얻을 것이다. 그 외의 사람들에게는 모든 것이 고통이리라"(Sophocle, fr. 719 Dindorf, 348 Didot)라는 노래도 있다. 다시 말해 입문자의 영혼은 엘레우시스에서 무엇인가를 **보았기** 때문에 사후에 지복의 상태를 향수할 수 있는 것이다. 그 영혼은 호메로스의 영웅들이 그렇게 두려워했던, 기억도 없고 생기도 잃은 타락하고 슬픈 그림자로 남지 않을 것이다.

『데메테르에게 바치는 찬가』는 트립톨레모스가 비의에 참여한 최초의 참가자라는 사실을 명확히 밝히는 장면을 제외하고는 농사에 대해 언급하지 않는다. 그러나 전승에 따르면 데메테르는 그리스인들에게 농사를 가르치기 위해 트립톨레모스를 파견했다고 한다. 어떤 작가들은 엄청난 가뭄이 일어난 원인을 식물의 여신 페르세포네가 지하 세계로 내려가버렸기 때문이라고 설명하기도 한다. 그러나 찬가는 데메테르가 가뭄을 일으킨 것은 훨씬 나중이라고, 정확하게 말하자면 데메테르가 자신을 위해 엘레우시스에 건립된 신전에 틀어박힌 후라고 밝힌다. 발터 오토처럼 본래의 신화에서 식물의 소멸은 이야기되고 있지만 곡물은 거기에 포함되어 있지 않았다고 생각하는 것이 옳을 수도 있다. 페르세포네가 유괴되기 이전에는 곡물의 존재가 알려져 있지 않았기 때문이다. 곡물은 페르세포네의 드라마 *이후에* 비로소 데메테르에 의해 인간에게 주어졌다는 것을 수많은 텍스트들과 조형물들이 증명하고 있다. 여기서 우리는 신의 "죽음"에 의해 곡물이 창조되었다고 하는 원초적 신화의 영향을 발견할 수 있다.(본권 11절) 그러나 올림포스 신의 일원으로서 불사의 존재인 페르세포네는 데마dema 유형의 신이나 식물의 신처럼 더 이상 "죽을" 수 없다. 엘레우시스의 비의가 계승하고 발전시킨 고대의 신화-의례적 시나리오는 **신성 결혼**, 폭력적 죽

음, 농경, 사후의 행복한 존재에 대한 희망 사이의 신비한 연관성을 주장하고 있다.[2]

요컨대 페르세포네의 유괴—상징적인 죽음—는 인류에게 중대한 결과를 가져다주었다. 이후 올림포스의 자애로운 여신은 일시적이나마 죽은 자의 왕국에서 살지 않으면 안 되게 되었다. 페르세포네는 하데스와 올림포스 사이에 놓여 있는 넘기 어려운 거리를 제거해버린다. 두 신적 세계의 중개자médiatrice로서 페르세포네는 인간의 운명에 개입할 수 있게 되었다. 기독교 신학이 즐겨 쓰는 표현을 사용한다면, 이것은 **행복한 죄과**felix culpa라고 할 수 있다. 데모폰의 불사화가 실패로 끝났기 때문에 데메테르의 화려한 현현과 비의의 창설이 가능해졌던 것이다.

97. 입문 의례: 공적 의식과 비밀 의례

전승에 따르면 최초에 엘레우시스에 살았던 주민은 트라키아인이었다고 한다. 최근에 이루어진 발굴을 통해 성소의 역사의 상당 부분을 재구성할 수 있게 되었다. 엘레우시스가 식민화된 것은 BC 1580~1500년 무렵으로 보이지만, 최초의 성소(두 개의 기둥으로 지붕을 받친 방)가 만들어진 것은 BC 15세기였다. 그리고 비의가 시작된 것 역시 BC 15세기였다.(Mylonas, *Eleusis*, p. 41)

---

2) BC 4세기경 이소크라테스는 아테네인들의 영광을 찬미하고자 할 때 데메테르가 그녀의 가장 귀중한 선물, 즉 "인간을 동물로부터 분리시켜준" 농경과, "생명 및 모든 영원성의 종말"에 저항하여 희망을 가질 수 있도록 해준 입문 의례를 준 것은 그들의 조국[아테네]이었다는 사실을 상기시키고 있다.(*Panégyrique*, 28)

비의는 엘레우시스에서 2000년 정도 지속되었고, 그 의식의 일부는 시간이 지나면서 변화했던 것 같다. 페이시스트라토스[BC 6세기 아테네의 참주] 시대 이후의 건축물과 재건된 건물은 제의의 비약적 발전과 권위를 보여주고 있다. 아테네로부터 가까웠고 또 그 도시의 비호를 받았기 때문에 엘레우시스는 비교적 수월하게 그리스 전체를 아우르는 종교적 중심지가 될 수 있었다. 문자 또는 조형적 증거들은 주로 입문 의례의 초기 단계에 대한 것이었으므로 비밀을 지킬 필요가 없었다. 따라서 예술가들은 항아리나 저부조에 엘레우시스의 모습을 표현할 수 있었고, 심지어 아리스토파네스는 입문 의례의 일부분에 대해서 묘사하기도 했다.(*Les Grenouilles*, 324 이하)[3] 엘레우시스의 비의는 다양한 단계로 구성되어 있었다. 작은 비의, 큰 비의(*télété*), 그리고 최후의 종교 경험인 에포프테이아epopteia이다. 텔레타이télété와 에포프테이아의 진정한 비밀은 결코 공개되지 않았다.

작은 비의는 대개 1년에 한 번, 봄의 안테스테리온Anthesterion 달에 개최되었다. 의례는 아테네 교외에 위치한 아그라이에서 열렸으며, [비의 전수자인] 미스타고고스mystagogue의 지휘 아래에 일련의 의식들(단식, 정화, 희생 제의)이 진행되었다. 아마도 두 여신의 신화 중의 에피소드 일부가 입문 후보자들에 의해 재현되었을 것이다. 큰 비의 역시 1년에 한 번 보에드로미온Boedromion 달(9~10월)에 개최되었다. 비의는 8일간 계속되었고, 봄에 아그라이에서 거행되는 예비 의식을 마친 사람이

---

3) 그러나 아리스토텔레스(*Ethika Nikomacheia*, III, 1, 17)는 아이스킬로스가 그의 비극 작품들(『사수Archers』, 『여사제Prêtresses』, 『이피게네이아Iphigénie』, 『시시포스Sysyphe』)에서 비밀의 일부를 누설한 죄로 아테네 사람들로부터 사형 판결을 받을 위험에 처하기도 했다는 사실을 상기시킨다.

라면 누구든지, 그리스어를 말할 수 있는 "정결한 손을 가진 사람은 누구든지", 여자든 노예든 불문하고 그 의례에 참가할 수 있는 권리가 있었다.

첫째 날, 축제는 아테네의 엘레우시스의 성역에서 거행되는데, 그 전날 밤 엘레우시스에서 가져온 성물(hiera)이 장엄하게 그곳으로 옮겨진다. 둘째 날에는 바다를 향해 행진을 한다. 입문 후보자들은 각자 자기 스승들의 인도를 받아 작은 돼지 한 마리를 바다로 끌고 가서, 돼지를 씻긴 다음 아테네로 돌아와 그것을 희생 제물로 바친다. 그 다음 날에는 아테네와 다른 여러 도시들의 대표자들 앞에서 집정관 왕Archon Basileus과 그의 부인이 거대한 희생 제의를 거행한다. 다섯째 날에는 공적 의식이 정점에 도달한다. 날이 샐 무렵 장엄한 행렬이 아테네를 떠난다. 신참자들, 그들의 스승들, 그리고 수많은 아테네 사람들이 히에라 hiera를 운반하는 여사제의 뒤를 따른다. 오후 늦게 행렬은 케피소스 강의 다리를 건너고, 거기서 가면을 쓴 남자들이 가장 지위가 높은 시민들에게 모욕을 준다.[4] 밤이 되면 횃불이 밝혀지고 순례자들은 성역의 바깥마당으로 들어간다. 한밤중에는 여신들을 찬양하는 춤과 노래 마당이 펼쳐진다. 다음 날 후보자들은 단식을 하고 희생 제물을 바치는데, 비밀 의례(télété)에 대해서는 추측만 할 뿐이다. 텔레스테리온〔엘레우시스의 신전에서 입문 의례가 열리는 장소〕 내부에서 진행되는 의례는 두 여신의 신화와 연관되는 것이었다고 생각된다.(Mylonas, op. cit., p. 262 이하) 횃불을 손에 든 의례 참가자들은 코레를 찾아 횃불을 들고 방랑하는 데메테르의 모습을 모방했다고 전해지고 있다.[5]

---

4) 이러한 게피리스모이gephyrismoi의 의미는 분명하지 않다. 연구자들은 외설적인 표현의 정화적 기능fonction apotropaïque을 강조하기도 한다.

텔레타이의 비밀에 접근하려는 시도에 대해서는 잠시 뒤에 논할 것이다. 어떤 의식에는 레고메나legomena, 즉 간략한 의례문과 기도문〔呪文〕이 포함되었다는 것을 덧붙이자. 우리는 그 내용에 대해 알지 못하지만 그것은 상당히 중요한 것이었다. 그렇기 때문에 그리스어를 이해하지 못하는 자가 입문 의례에 참가하는 것은 금지되어 있었던 것이다. 엘레우시스에서 행해지는 두 번째 날〔제7일〕의 의식의 내용에 대해서 우리는 거의 아무것도 알지 못한다. 아마 그날 밤에는 입문 의례의 절정이자 최고의 경험인 에포프테이아가 이루어졌을 텐데, 의례는 적어도 1년 이상 비의에 참가해온 자에게만 허락되었다. 그 다음 날에는 특히 죽은 자에 대한 의례와 헌주가 거행되었고, 그 다음 날—제9일째이자 의례의 마지막 날—에 비의 참가자들은 다시 아테네로 돌아온다.

98. 비의를 알 수 있는가?

텔레타이와 에포프테이아의 비밀을 밝히기 위해서 연구자들은 고대 작가들의 언급뿐만 아니라 기독교 호교론자들이 전해준 정보도 이용해왔다. 호교론자들로부터 얻은 정보는 무시할 수 없는 것이지만, 주의 깊게 검토해야 한다. 먼저 플루타르코스가 인용했고 스토바이오스가 보존한 테미스티오스의 말은 푸카르Foucart가 처음 언급한 이후에 자주 인용되었다. 거기에서는 영혼이 사후에 곧바로 겪게 되는 경험을 큰 비의에서 입문 의례를 받는 자가 거치게 되는 시련과 비교하고 있다.

---

5) Sénèque, *Hercules Furens*, 364~366: *Hippolytos*, 105~107. 또한 Minucius Felix, *Octavius*, 22, 2 등을 참조하라.

우선 영혼은 암흑 속을 방황하며 모든 종류의 공포를 체험한다. 그리고 갑자기 영혼은 놀라운 빛에 사로잡히고, 이어서 정결한 장소와 목초지를 발견하고, 목소리를 듣고 춤추는 장면을 보게 된다. 머리 위에 관을 쓴 비의 참가자는 "순결하고 성스러운 사람들"의 무리에 합류한다. 그 상태에서 그는 죽음에 대한 두려움과 내세의 지복에 대한 의심 때문에 불행해진 사람들이 짙은 안개와 진흙 구덩이 속에 빠져 있는 모습을 멀리서 지켜본다.(Stobée, IV, p. 107, Meineke) 푸카르는 이 의식들(dromena)이 암흑 속으로의 행렬, 무서운 여러 장면의 출현, 그리고 참가자들이 갑작스레 빛으로 둘러싸인 목초지로 들어가는 장면들로 구성되었을 것이라고 생각했다. 그러나 테미스티오스의 증언은 후대의 것이기 때문에, 오히려 오르페우스교의 사유를 반영하고 있다.[6] 발굴 결과, 데메테르의 성소와 **텔레스테리온**에는 비의 참가자가 의례적으로 지하 세계에 내려가는 경험을 할 수 있는 지하실이 없었다.[7]

한편 어떤 이들은 알렉산드리아의 클레멘트에 의해 전해진 비밀 주문, 즉 **신테마**synthema 또는 비의 참가자들의 암호에 근거하여 입문 의례를 재구성하려고 했다. 그 주문은 다음과 같다. "나는 단식한다. 나는 키케온을 마신다. 나는 상자를 들어낸 다음 조작을 거친 후 그것을 다시 광주리에 넣는다. 그런 다음 그것을 광주리에서 다시 꺼내어 상

---

6) Foucart, *Mystères*, pp. 392 sq. 플라톤은 『파이돈Phédon』에서 명계에서의 죄인의 처벌, 그리고 정의로운 자들의 초원이라는 이미지는 이집트의 장례 관습에서 영감을 얻은 오르페우스가 도입한 것이라고 주장한다.

7) 그렇다고 해서 지옥의 상징이 존재하지 않았다고 말할 수는 없다. 왜냐하면 거기에 동굴—플루톤의 신전—이 하나 있었는데, 그 동굴은 다른 세계로의 입구를 의미한다고 볼 수 있기 때문이다. 그리고 아마도 그곳에는 **옴팔로스**가 있었을 것이다. Kerényi, *Eleusis*, p. 80을 참조하라.

자 속에 넣는다."(*Protreptique*, II, 21, 2) 일부 연구자는 앞의 두 구절만이 엘레우시스 의식에서 사용된 주문이라고 생각한다. 사실 그것은 이미 잘 알려진 두 가지 에피소드, 즉 데메테르의 단식과 키케온의 섭취에 대한 것이다. 신테마의 나머지 부분은 수수께끼로 남아 있다. 여러 연구자들은 상자와 광주리 안에는 자궁의 모형, 남근, 뱀, 혹은 성기 모양을 본뜬 과자 등이 담겨 있었다고 확신한다. 그러나 그 어느 가설도 설득력이 없다. 물론 그 용기 안에 농경 사회에서 특징적으로 보이는 성적 상징과 결부된 원초적 시대의 유물이 담겨 있었을 가능성은 있다. 그러나 엘레우시스에서 데메테르는 자신에게 바쳐진 공적 의식과는 다른 종교적 차원을 드러냈다. 한편 그러한 의례가 입문 의례를 수행하는 아이들에 의해 행해졌다고 생각하기는 어렵다. 그리고 만일 신테마가 지시하는 의례가 신비적인 탄생과 부활의 상징으로 해석될 수 있다고 한다면, 입문 의례는 그 시점에서 완료되었어야 할 것이다. 이 경우 마지막 단계의 체험인 에포프테이아의 의미와 그것의 필요성을 제대로 이해할 수 없게 된다. 어쨌든 용기 속에 숨겨진 히에라에 관한 증언은 예외 없이 그것의 숭고함을 시사할 뿐, 그것의 사용법을 알려주지는 않는다. 따라서 프링스하임G. H. Pringsheim, 닐슨, 밀로나스Mylonas가 주장하는 것처럼, 신테마는 훨씬 후대의 헬레니즘 시대에 데메테르 여신을 숭배하기 위해 행해진 의례에 대한 표현일지도 모른다.(Mylonas, *op. cit.*, pp. 300 이하와 주석 39 참조)

한편 비의 참가자들이 성찬 의식을 거행했을 것이라는 추측도 있는데, 그것은 타당한 견해이다. 이 경우 성찬은 먼저 키케온을 마신 다음, 즉 텔레타이 의례에 앞서 거행되었을 것이다. 또 다른 형태의 의례가 존재했다는 것에 대해서는 프로클로스[5세기 비잔틴의 신플라톤주의 철학자]의 말을 통해 추측할 수 있다. 그는 비의 참가자들이 하늘을 올려다보며

"비야 내려라!"라고 외치고, 대지를 내려다보며 "수태하라!"라고 외친 다고 전해주고 있다.(*ad Timaeus*, 293c) 히폴리토스(*Philosophoumena*, V, 7, 34)는 이 두 마디 말이 비의에서 가장 중요한 비밀이었다고 확신한다. 그것은 식물 숭배에 전형적으로 보이는 **신성 결혼**과 관련된 의례적 주문 이었을 것이다. 그러나 그것은 엘레우시스에서 사용된 것이긴 하지만 비밀이라고 할 수는 없었는데, 동일한 주문이 아테네의 디필론의 문 근 처에 있는 우물의 비문에 남아 있기 때문이다.

놀라운 또 하나의 정보가 사제 아스테리오스에 의해 전해졌다. 그는 440년경의 인물로, 그때는 이미 기독교가 로마제국의 공식 종교가 된 이후였다. 즉 그는 이미 이교도 작가들의 반박을 두려워할 필요가 없 는 상황 속에 있었다. 아스테리오스는 어둠에 휩싸인 지하 통로에 대 해 말하는데, 그곳에서는 횃불을 끈 상태에서 최고 사제hiérophante와 여사제의 장엄한 회동이 이루어진다. 그때 "군중들은 자신들의 구원이 암흑 속에서 이루어지는 그 두 사람의 만남에 달려 있다고 믿었다"고 한다.[8] 그러나 **텔레스테리온**의 발굴 결과 그 지하실(*katabasion*)은 발견 되지 않았다. 아마도 아스테리오스는 헬레니즘 시대에 알렉산드리아 의 엘레우시니움〔엘레우시스 비의가 행해지던 신전〕에서 행해지던 비의 장 면에 대해 언급했을 것이다. 만일 정말로 **신성 결혼**이 거행되었다면, 클 레멘트가— 엘레우시스에 대해 말한 다음에—그리스도를 "참된 최고 사제"라고 지칭하는 이유를 설명하기가 곤란해진다.

3세기의 히폴리토스는 새로운 정보 두 가지를 추가했다.(*Philosophou-mena*, V, 38∼41) 그의 정보에 따르면 "장엄한 침묵 가운데" 에포프타이 〔의례 참가자〕에게 밀 이삭 하나를 들어 보여주었다고 한다. 히폴리토스

---

8) *Engomion pour les Saints Martyrs*, dans *Patrologia graeca*, vol. 40, col. 321∼324.

는 다음과 같이 덧붙인다. "밤이 되면, 장엄하고 말로 이루 표현할 수 없는 비의를 축하하며 불꽃이 타오르는 가운데 최고 사제는 외친다. '신성한 브리모Brimo는 신성한 아들 브리모스Brimos를 출산했다!' 즉 위대한 여인이 위대한 아들을 낳았다는 것이다." 밀 이삭 하나를 엄숙하게 보여주었다는 것은 의심스러워 보인다. 비의 참가자들은 각자 여러 개의 밀 이삭을 가져왔을 것이라고 생각되기 때문이다. 무엇보다 엘레우시스의 여러 가지 기념물에 곡물 이삭이 새겨진 것을 볼 수 있다. 분명히 데메테르는 곡물의 여신이었으며, 트립톨레모스는 엘레우시스의 신화-의례적 시나리오에 등장한다. 그러나 우리가 엘레우시스 비의 특유의 "기적"에 대해 말하는 발터 오토의 다음과 같은 해석, 즉 "몇 시간 만에 자라는 포도가 디오니소스 제의의 일부를 구성하고 있었던 것처럼, 초자연적인 속도로 자라고 성숙하는 곡물 이삭은 데메테르의 비의를 구성하는 중요한 부분이었다"(*The Homeric Gods*, p. 25)라고 하는 해석을 인정하지 않는 이상, 새로 수확한 곡물 이삭을 내보이는 것이 **에포프테이아**의 중요한 의식의 하나를 구성했을 것이라고 믿기는 어렵다. 하지만 히폴리토스는 꼭지가 잘린 곡물의 이삭은 프리기아인들에게 신비로 받아들여지고 있었고, 그 의식이 나중에 아테네인들에 의해 차용되었다고 주장한다. 결국 이 기독교도 작가는 아티스(히폴리토스에 따르면, 프리기아인들은 아티스를 "햇밀 이삭"이라고 불렀다)의 비의에 대해 자신이 알고 있었던 사실을 엘레우시스에 투사하고 있었을 가능성이 있다.

브리모와 브리모스라는 명칭은 아마도 트라키아에서 기원했을 것이다. 특히 브리모는 죽은 자의 여왕을 의미한다. 따라서 그 이름은 코레와 헤카테뿐만 아니라 데메테르에게도 적용될 수 있다. 케레니Kerényi에 따르면, 최고 사제는 죽음의 여신이 불꽃 안에서 아들을 낳았다고 선언한다.[9] 어떤 경우이든 마지막 체험을 하는 단계인 에포프테이아는 눈부신 빛 속에서 거행되었다는 것을 알 수 있다. 여러 명의 고대 작가들은 아나크토론Anaktoron이라는 작은 건물 안에서 타오르는 불꽃에 대해 말하고 있으며, 그 지붕에 뚫린 구멍에서 빠져나온 화염과 연기는 멀리서도 눈에 띄었다고 전한다. 하드리아누스 황제 시대의 어느 파피루스에는 헤라클레스가 최고 사제에게 건넨 다음의 말이 기록되어 있다. "나는 먼 과거에(혹은 다른 곳에서) 입문 의례를 치렀다……. [나는] 빛을 [보았고]…… 그리고 코레를 보았다."(Kerényi, pp. 83~84 참조) 아테네의 아폴로도로스에 의하면 최고 사제가 코레를 불러낼 때에는 청동의 징을 울렸다고 한다. 문맥으로 볼 때, 그것은 사자의 왕국이 열리는 것을 의미하는 행위였을 것이다.(Walter Otto, p. 27)

99. "비밀"과 "비밀 의례"

페르세포네의 현현 및 데메테르와의 재회는 에포프테이아의 중심적 에피소드이며, 그 단계에서 실현되는 최고 수준의 종교 경험은 바로 그 여신들의 현존에 의해 고무된다고 할 수 있다. 두 여신의 재회가 어떤 식으로 이루어졌는지, 그리고 그후에 어떤 일이 발생했는지는 알려져 있지 않다. 또 왜 그런 재회가 입문자들의 사후에 근원적인 변화를 가져온다고 여겨졌는지에 대해서도 알지 못한다. 그러나 에포프타이는

---

9) 우리는 비슷한 다른 예를 알고 있다. 예를 들면 디오니소스는 물론, 아폴론이 불타고 있는 코로니스의 시체 속에서 끄집어냄으로써 세상에 나온 아스클레피오스가 그렇다. Kerényi, *Eleusis*, pp. 92 sq.를 참조하라.

여지없이 그 "신성한 비밀"의 내용을 알게 되었을 것이고, 여신들을 "가깝게" 느끼게 되었을 것이다. 말하자면 그는 엘레우시스의 신들에 의해 "입양된" 것이라고 할 수 있다.[10] 입문 의례는 신들의 세계로의 접근 및 생명과 죽음의 연속성을 동시에 계시한다. 그것은 농경형에 속하는 모든 원초적 종교에 공통되는 관념임에도 불구하고 올림포스의 종교에서는 억압되었다. 생명과 죽음 사이에 존재하는 신비한 연속성의 "계시"는 비의 참가자들로 하여금 그들 자신의 죽음이 불가피하다는 사실을 받아들이게 했다.

엘레우시스의 비의에 참가하는 입문자들은 "교회"나 헬레니즘 시대의 비의에서 볼 수 있는 비밀 결사를 형성하지 않았다. 집으로 돌아온 비의 참가자들이나 에포프타이들은 공적 제의에 계속 참여했다. 사실 그들은 죽은 뒤에야 비로소 비참여자들과 분리되어 모인다. 이런 관점에서 본다면 페이시스트라토스 이후의 엘레우시스의 비의는 도시의 전통적인 종교제도와 대립한 것이 아니라, 오히려 올림포스 종교와 공식 종교를 보완하는 종교 체계였다고 생각된다. 엘레우시스의 주요한 공헌은 그것의 구제론적인 성격에서 찾을 수 있으며, 바로 그런 이유에서 비의는 아테네에서 인정받고 곧바로 보호받을 수 있었다.

---

10) Guthrie(*The Greeks and Their Gods*, pp. 292~293)는 플라톤이 지은 것으로 알려진 대화편인 『악시오쿠스Axiochus』에 나오는 에피소드 하나를 소개한다. 즉 소크라테스는 악시오쿠스에게 죽음을 두려워할 필요가 없다는 것을 확신시킨다. 반대로 그는 엘레우시스 비의에 입문했기 때문에 자신이 신들의 친척(*gennetes*)이 되었다고 주장한다. Guthrie는 이 텍스트가 신들에 의한 입양이라는 관념의 증거가 된다고 생각했다. 그러나 겐네테스gennetes라는 단어는 친척이라기보다는 "너는 여신의 충실한 신자 중의 하나"라고 말할 때의 충실이라는 의미를 갖는다. 물론 그 말이 정신적인 친척 관계를 완전히 부정하는 것은 아니다.

데메테르는 그리스의 모든 지역과 식민지에서 가장 널리 숭배된 여신이었다. 또한 데메테르는 가장 오래된 신으로, 형태학적으로 볼 때 신석기시대의 대지모신을 잇고 있었다. 고대에는 또 다른 형태의 데메테르 비의도 알려져 있었으며, 그중에서도 안다니아와 리코스라의 비의가 가장 유명했다. 그 외에도 북부의 여러 나라들—트라키아, 마케도니아, 에피로스—의 입문 의례의 중심지였던 사모트라케는 카비리 비의Mystères des Kabires로 유명했고, BC 5세기 이후의 아테네에서는 오리엔트의 신앙으로서 서방에 전해진 트라키아-프리기아의 신 사바지오스Sabazios의 비의가 행해졌다. 다시 말해 엘레우시스의 비의는 비교할 수 없는 권위를 가졌음에도 불구하고 그리스의 종교성의 독자적인 창조물은 아니었다. 그것은 애석하게도 우리에게는 극히 일부분밖에 알려져 있지 않은 더욱 커다란 체계 속에 포함되어 있었다. 이 비의들은 헬레니즘 시대의 것들과 마찬가지로 입문 의례가 비밀에 부쳐지는 것을 전제로 삼았다.

"비밀secret"의 종교적인 가치, 그리고 그것의 일반적인 문화적 가치에 대해서는 아직 충분한 연구가 이루어져 있지 않다. 모든 위대한 발견이나 발명—농업, 야금술, 그 이외의 여러 가지 기술, 예술 등—은 처음에는 모두 비밀이었다. 직업상의 비밀에 "입문하는 자"에 의해서만 작업의 성공이 보증된다고 믿어졌다. 시간이 흐르면서 특정한 원초적 기법의 신비에 입문하는 것은 공동체 전체에게 가능한 일이 되었다. 하지만 모든 기술의 신성한 성격이 완전히 상실된 것은 아니었다. 농업의 경우는 특히 그러한 사실을 잘 보여준다. 농업은 유럽에서 확산된 지 수천 년이 지난 후에도 여전히 의례적 구조를 유지해왔다. 하지만 "직업상의 비밀", 즉 풍작을 보증하는 의식들은 초보적인 "입문 의례"를 치른 자는 누구나 거행할 수 있는 것이 되었다.

엘레우시스의 비의는 농업의 신비와 결합되어 있으며, 성적 행위, 식물의 풍요, 음식물의 **신성성** 등이 적어도 부분적으로는 입문 의례의 시나리오를 형성했다고 할 수 있을 것이다. 이 경우 거기에는 본래의 의미를 상실하고 반쯤은 잊혀진 **비밀** 의례가 자리 잡고 있었다고 가정할 수 있을 것이다. 만일 엘레우시스의 입문 의례가 음식물, 성적 행위, 생식, 의례적 죽음 등의 신비와 신성성을 드러내는 "원초적" 체험을 가능하게 하는 것이라면, 엘레우시스는 "성스러운 장소"로서, 그리고 "기적"의 원천으로서 명성을 갖기에 충분한 자격이 있다고 할 수 있다. 하지만 최상의 입문 의례가 원초적 형태의 신비 의례를 회상하는 데에 한정되어 있었을 것이라고는 믿을 수 없다. 엘레우시스는 확실히 새로운 종교적 차원을 발견했다. 그 비의는 무엇보다도 두 여신에 관한 일종의 "계시"에 의해 유명해진 것이었다.

이러한 "계시"는 "비밀"을 **필수적인**sine qua non 조건으로 요구했다. 그것은 원초적 사회에서 기록되고 있는 여러 형태의 입문 의례의 경우와 다르지 않았다. 엘레우시스의 "비밀"의 특징은 그것이 다른 비의의 범례가 되었다는 것이다. "비밀"의 종교적 가치는 헬레니즘 시대에 고양된다. 입문 의례의 비밀과 그 해석학의 신화화는 나중에 무수한 사색을 낳게 되고, 그것이 결국에는 시대 전체의 양식을 결정하게 된다. "비밀은 그것을 배우는 자의 가치를 높여준다"라고 플루타르코스는 쓰고 있다.(*Sur la vie et la poésie d'Homère*, 92) 의술과 철학은 "입문 의례의 비밀"을 간직하고 있다고 알려졌고, 여러 작가들이 그것을 엘레우시스의 여러 측면과 비교하고 있다.[11] 신피타고라스학파와 신플라톤학파의 시대에 가장 널리 사용된 상투적인 표현 중의 하나는 바로 위대한

---

11) 예를 들면 Galien, *De usu partium*, VII, 14.; Plotin, *Ennéades*, VI, 9, 11 등을 참조하라.

철학자들이 사용한 수수께끼 같은 표현법들, 즉 스승은 입문자에게만 참된 원리를 계시한다는 사상이었다.

이러한 사상의 흐름은 엘레우시스의 "비의"에서 최고의 지지자를 발견할 수 있다. 현대의 연구자들 가운데 대부분은 고대 말기의 수많은 작가들이 주장한 우의적, 혹은 해석학적 설명을 별로 중요하게 생각하지 않는다. 그러나 시대착오적이긴 해도 그러한 해석이 철학적, 종교적 가치를 가지고 있지 않다고 말할 수는 없다. 사실 그것은 엘레우시스의 "비밀"을 폭로하지 않으면서 그것의 신비를 해석하고자 했던 고대의 작가들의 노력을 계승하는 것이었다.

요컨대 엘레우시스의 비의는 그리스의 종교성의 역사 속에서 중심적인 역할을 했을 뿐만 아니라, 간접적으로는 유럽의 문화사, 특히 입문 의례의 비밀을 해석하는 데 중요한 공헌을 했다. 비의의 독특한 권위는 엘레우시스를 이교적 종교성religiosité païenne의 상징으로 만들어버렸다. 성소에서 발견되는 불에 탄 흔적과 비의에 대한 탄압은 이교의 "공식적인" 종말을 의미했다.[12] 물론 그것이 이교의 소멸을 의미하는 것은 아니었고, 단지 이교의 오컬트화[비밀 종교화]를 의미했을 따름이다. 그리고 엘레우시스의 "비밀"은 지금도 변함없이 탐구자의 상상력을 계속 자극하고 있다.

12) 본서 제2권을 보라.

차라투스트라와 이란의 종교

100. 수수께끼

이란 종교의 연구는 경이로 가득한 만큼 실망스러운 요소도 적지 않다. 사람들이 이 주제에 열렬한 관심을 가지고 접근하는 이유는 이란 종교가 서양 종교사상의 형성에 큰 공헌을 했다는 사실을 이미 알고 있기 때문이다. 순환적인 시간관념을 대신하는 직선적인 시간관념에 대해서는 히브리인들도 알고 있었지만, 그 이외의 수많은 종교사상이 이란에서 발견되고, 재평가되고, 체계화되었다. 그 가운데서 가장 중요한 것을 꼽는다면, 다양한 이원론적 체계(우주적, 윤리적, 종교적 이원론), 구세주 신화, "낙관적" 종말론의 구상, 선善이 궁극적으로 승리한다는 사상과 우주적 구제에 대한 선언, 죽은 자의 부활에 관한 교의 등을 들 수 있다. 그리고 몇몇 그노시스 신화 역시 이란 종교의 발명품이라고 할 수 있다. 르네상스기 이탈리아의 신플라톤학파와 파라셀수스〔16세기 독일의 연금술사〕, 존 디〔16세기 잉글랜드의 연금술사, 본서 제3권 참조〕 등에 의해 더욱 세련된 체계를 갖추게 된 마구스Magus〔마술사, 사제. 복수는 마기magi〕 신화 역시 이란에서 기원한 것이다.

하지만 전문가가 아닌 독자들은 사료에 접근하려고 시도하자마자 곧 실망하고 배반감을 느낄지도 모른다. 고전 아베스타 문헌의 4분의 3이 망실되어버렸기 때문이다. 남아 있는 텍스트 중에서 차라투스트라가 직접 썼다고 생각되는 『가타gāthās』 정도가 비전문가들을 매료시킬 뿐이다. 그러나 수수께끼로 가득 찬 이 시는 지금도 완전히 이해되었다고는 말할 수 없다. 그 외의 현존하는 아베스타, 특히 AD 4세기부터 9세기 무렵에 편찬된 팔레비어〔중세 페르시아어〕 책들은 무미건조함과 단조로움과 평범함으로 특징지어진다. 베다와 우파니샤드의 독자, 그리고 『브라흐마나』의 독자들이라고 하더라도 실망할 정도이다.

그럼에도 불구하고 후대에 만들어진 문서 속에서 다듬어지고 체계화된 형태로 발견되는 『가타』의 사상은 여전히 매력적이다. 하지만 그 사상은 잡동사니 문서들과 의례 주석들 속에서 뒤죽박죽이 되고 말았다. 『가타』—모호하기는 하지만 읽어나가다 보면 나름대로 깊이를 발견할 수 있다—를 제외한다면, 언어의 힘이나 이미지의 독창성, 심오하고 예측할 수 없는 깊은 의미를 가진 계시에 의해 마음을 빼앗기는 경우는 거의 없다고 할 수 있다.

이러한 종교적 개념의 창조 혹은 재평가에 있어 차라투스트라가 기여한 바에 대해서 이란 종교 연구자들의 의견은 나뉘고 있으며, 서로 반대되는 경향을 보이기도 한다. 본질적으로 그것은 두 가지의 역사적 관점에 대한 문제이다. 하나는, 차라투스트라는 역사적 인물로서 전통적인 민족 종교, 즉 BC 2000년대의 인도-이란인에 의해 공유되고 있던 종교를 개혁한 인물이라는 평가이다. 다른 하나는, 차라투스트라의 종교는 이란 종교, 즉 아후라 마즈다 숭배를 중심으로 한 마즈다교

mazdéisme의 한 측면을 드러내는 데 불과하다는 것이다. 후자의 방법론적 입장에 서 있는 학자들에 따르면 "예언자" 차라투스트라에 의한 "개혁"은 존재한 적이 없을 뿐 아니라 이러한 인물의 역사성 자체도 의심스러운 것이다.

다음에 언급하겠지만 차라투스트라의 역사성이라는 문제는 그다지 어려운 것은 아니다. 역사상의 인물인 차라투스트라가 "마즈다의 종교 religion mazdéenne"의 신자들에게 범례로 전환된다는 것은 일반적으로 일어날 수 있는 일이다. 여러 세대를 거치면서 집합적 기억은 어떤 유명한 인물의 진정한 전기傳記를 간직하지 않고 그를 하나의 원형 archétype으로 만들고 만다. 다시 말해 그는 그가 구현하는 모델에 고유한 범례적인 사건이 보여주는 소명의 덕을 단지 표현할 뿐이다. 그러한 전환은 고타마 붓다 혹은 예수 그리스도뿐만 아니라 마르코 크라이예비치Marko Kraljevic[세르비아 영웅서사시의 주인공]나 디유도네 드 고존 Dieudonné de Gozon 등 영향력이 훨씬 적은 인물들의 경우에서도 발견된다. 그러나 대부분의 학자들이 차라투스트라의 작품으로 추정하는 『가타』에는 저자의 역사성을 입증하는 듯이 보이는 몇몇의 상세한 자서전적 서술이 포함되어 있다. 하지만 그것은 극히 일부에 지나지 않는다. 그것은 차라투스트라가 지은 찬송가집 속에 삽입됨으로써 마즈다교 전통 안에서 활발하게 진행된 신화화의 과정 속에서 살아남을 수 있었다.

이러한 약간의 전기적 사실을 차라투스트라의 생애와 종교적 활동을 먼저 개괄하기 위해 이용하는 것은 적절한 일일 것이다. 우리는 나중에 최근의 연구 성과들로부터 얻어진 지식을 근거로 정정과 보완을 해나갈 것이다.

사람들은 차라투스트라의 활동 시기를 BC 1000년부터 600년 사이로 추정한다. 만일[1] 또 『가타』의 언어가 지닌 고대적 성격, 특히 베다와의 유사성을 고려한다면 보다 오래된 연대를 상정하는 것도 가능하다. 언어 분석을 통해, 예언자는 이란의 동부, 아마도 호라스미아 혹은 박트리아에 살았다고 결론지을 수 있다.[2]

전승에 따르면 차라투스트라는 자오타르zaotar(Yasht, 33:16), 즉 제의를 수행하는 사제 혹은 찬송하는 자(산스크리트어 hotar 참조)였으며, 그가 지은 『가타』는 유구한 인도-유럽의 종교적 시가의 전통 안에 자리한다. 그는 말을 사육하는 사람들이었던 스피타마Spitama("재빠르게 공격하는") 씨족에 속했으며, 그의 아버지는 푸루샤스파Pouruśaspa("얼룩말")라는 이름으로 불렸다. 차라투스트라는 결혼을 했고, 두 명의 자녀 이름도 알려져 있다. 그중 막내가 푸루치스타Pouručistā라는 이름을 가진 딸이었다.(Yasna, 53, 3) 그는 가난했다. 『가타』의 유명한 한 구절에서 그는 아후라 마즈다의 도움과 보호를 기원하며 다음과 같이 소리친다. "나는 알고 있습니다, 오 지혜로운 마즈다여, 왜 내가 무력한지를. 가축이 적고, 사람들이 적기 때문입니다."(Yasna, 46:2)

그가 포교의 대상으로 삼은 공동체는 카위kavi라고 불리는 수장과 "기

---

1) "알렉산드로스로부터 258년 전"이라는 표현은 아케메네스 왕조를 종식시킨 페르세폴리스 정복(BC 330)을 언급하는 것 같다. 차라투스트라가 거둔 최초의 성공, 즉 위슈타스파 왕의 개종은 그가 40세 되던 때에 일어났다. 대부분의 연구자들은 전통적인 연대("알렉산드로스로부터 258년 전")를 수용했지만(W. B. Henning, *Zoroaster, Politician or Witch-Doctor*, pp. 38 sq.; J. Duchesne-Guillemin, *La religion de l'Iran ancien*, pp. 136 sq.를 참조하라), M. Molé(*Culte, mythe et cosmologie dans l'Iran ancien*, p. 531)와 G. Gnoli("Politica Religiosa e concezione della regalit", pp. 9 sq.)는 그것을 거부한다.

2) J. Duchesne-Guillemin, *op. cit.*, pp. 138~140; G. Widengren, *Les religions de l'Iran*, pp. 79~80을 참조하라. 본문에서 인용하는 『가타』는 J. Duchesne-Guillemein, *Zoroastre*(1948)의 번역을 이용했다.

도하는 자"인 **카라판**karapan 및 **우시그**usig("희생 집행자")라고 불리는 사제들이 이끄는 정착 유목민 집단이었다. 차라투스트라는 아후라 마즈다의 이름으로, 전통적인 아리아 종교의 수호자들인 그 사제들을 가차 없이 공격했다. 그 공격에 대한 반응은 금방 나타났고, 예언자 차라투스트라는 도망 다니는 신세가 되었다. 그는 이렇게 한탄한다. "어느 나라로 도망가야 하는가? 어디로 가야 하는가? 나는 내 가족으로부터, 내 부족으로부터 버림받았다. 마을도, 악한 지도자들도 나에게 호의적이지 않다……."(*Yasna*, 46:1) 그는 후리야나 부족의 수장 위슈타스파에게 몸을 의탁하여 마침내 그를 개종시키는 데 성공했고, 위슈타스파는 예언자의 친구이자 비호자가 되어주었다.(*Yasna*, 46:14; 15:16) 그러나 저항은 수그러들지 않았다. 예언자는 『가타』에서 그의 적들을 공개적으로 비난하고 있다. 즉 반드와는 "항상 최대의 장애물이며"(*Yasna*, 49:1-2), "조무래기 군주 와에프야"는 "겨울의 다리에서 차라투스트라 스피타마와 마차를 끄는 말이 추위에 떨면서 그의 집으로 가서 도움을 요청했을 때 쉴 곳을 마련해주지 않는 무례를 범했다."(*Yasna*, 51:12)

『가타』 안에서 우리는 차라투스트라의 선교 활동에 대한 정보를 얻을 수 있다. 예언자 차라투스트라는 "가난한 자(*drigu*)", "친구(*frya*)", "지혜로운 자(*vidva*)", "동맹자(*urvatha*)" 등 다양한 명칭으로 불리는 친구들과 제자들의 무리에 둘러싸여 있었다.[3] 그는 자기를 따르는 사람들에게 "무기를 들고" 적이나 "악한 자"에게 대항하라고 선동하고 있다.(*Yasna*, 31:18) 차라투스트라를 추종하는 이 무리는 아에슈마aêšma,

---

3) Widengren은 이 단어들과 유사한 인도의 단어들을 지적한 다음, 그것이 아마 고대의 인도-이란 공동체로 거슬러 올라가는 오래된 어떤 제도[단체]와 연관이 있을 것이라고 말하고 있다.(*op. cit.*, pp. 83 sq.)

즉 "분노"라는 표지를 달고 다니는 "남성 결사"에 대항하여 싸웠다. 이란의 이 비밀결사는 인도의 청년 전사들의 단체들인 마루트와 비슷하다. 마루트의 수장인 인드라 신은 아드리구adhrigu, 즉 드리구dhrigu가 아닌 자("빈자가 아닌 자")라고 불린다.[4] 차라투스트라는 소를 희생 제물로 바치는 자들을 격렬하게 공격했다.(*Yasna*, 32:12, 14; 44:20; 48:10) 그러한 유혈 의례는 남성 결사의 제의의 특징이다.

101. 차라투스트라의 생애: 역사와 신화

이런 자료들은 분량도 많지 않고 표현조차 암시적이라 차라투스트라의 전기를 재구성하는 것은 쉽지 않다. 마리잔 몰레Marjan Molé는 실재한 것이 분명한 인물과 사건에 대한 약간의 참고 자료들이 꼭 역사적 사실을 반영하는 것은 아니라는 것을 보여주려고 노력했다. 예를 들어 위슈타스파는 입문자의 모델을 대표하는 인물이라는 식이다. 그러나 차라투스트라의 역사성은 구체적인 인물이나 사건(조무래기 군주인 와에프야가 겨울의 다리에서 그에게 쉴 곳을 제공하지 않은 것 등)에 대한 암시에서뿐만 아니라 『가타』의 진실되고 열정적인 성격을 통해서도 알수 있다. 더 나아가 우리는 차라투스트라가 그의 주에게 질문을 던질 때에 보이는 절박감이나 존재론적 긴장을 통해서도 감명을 받는다. 그는 주에게 우주 창조의 비밀을 가르쳐달라고, 미래를 계시해달라고, 박해자들과 모든 악한 자들의 운명에 대해서도 알려달라고 탄원한다. 유명한 『야스나』 44의 각 절은 다음과 같은 동일한 표현으로 시작한다. "나

---

4) Stig Wikander, *Der arische Männerbund,* pp. 50 sq.

는 이것을 당신에게 질문합니다. 주여, 바른 대답을 주소서!" 차라투스트라는 "누가 태양과 별들의 길을 정했는지"(3), "누가 대지를 아래에서 고정시키고, 하늘이 떨어지지 않게 하는지"(4) 알고 싶어한다. 그리고 이어지는 우주 창조에 관한 그의 질문은 점차 그 속도를 더해간다. 그러나 그는 그의 영혼이 어떤 방식으로 "선에 도달하고, 행복해질 수 있는지?"(8) 그리고 "어떻게 하면 우리는 악을 제거할 수 있을 것인지?"(13), "어떻게 하면 악을 정의의 손에 넘겨줄 수 있을 것인지?"(14) 묻는다. 그는 "눈에 보이는 징표"가 주어지기를 기원한다.(16) 그리고 무엇보다 그가 아후라 마즈다와 하나가 되고 그의 "말이 효과 있는" 것이 되기를 청한다.(17) 하지만 그는 자기가 "정의(Arta)에 의해, 약속된 대로 종마 한 마리와 암말 열 마리, 그리고 낙타 한 마리를 보상으로 얻을 수 있을 것인지"(18)에 대해 추가 질문을 덧붙인다. 또 그는 "당연히 주어야 할 보상을 주지 않는 자에게" 즉각적으로 벌을 내려야 할지 신에게 질문하는 것을 잊지 않는다. 왜냐하면 그는 "그런 자가 종말의 때에 받게 될" 벌에 대해(19) 이미 알고 있기 때문이다.

차라투스트라는 악한 자들에 대한 벌과 선한 자들에 대한 보상에 대해 깊은 관심을 가지고 있었다. 그는 다른 찬가에서 "사악한 자를 위해 왕국(khshathra, "능력, 힘")을 일으키는 자는 어떤 벌을 받습니까?"라고 묻는다.(Yasna, 31:15) 또 다른 곳에서는 그는 이렇게 탄원한다. "언제 나는 알 수 있습니까, 오, 지혜로운 마즈다여, 나를 위협하는 자를 당신이 하늘의 정의(Arta)로 쳐부순다는 것을?"(Yasna, 48:9) 그는 "남성 결사"의 구성원이 소를 희생 제물로 바치고 하오마를 마시고 즐기면서도 하늘의 벌을 받지 않는 것을 보고 초조해한다. "당신은 언제 이 술이라는 더러운 물을 저주할 것입니까?"(Yasna, 48:10) 그는 "이 현실"을 갱신하기를 희망했고(Yasna, 30:9), 그는 아후라 마즈다에게 지금 당장

정의로운 자가 악한 자를 정복할 것인지 물음을 던진다.(*Yasna*, 48:2, 그 이하도 보라) 때로 우리는 그가 망설이고 불안해하며, 또 겸손하게 주의 의지를 구체적으로 알고 싶어하는 것을 느낄 수 있다. "당신은 무엇을 명령하십니까? 어떤 찬미와 제의를 원하십니까?"(*Yasna*, 34:12)

아베스타의 가장 중요한 부분에 이 정도로 구체적이고 상세한 서술이 존재한다는 것은, 그것이 역사적 인물에 관한 기억을 드러내고 있는 것이라고밖에 달리 설명할 방법이 없다. 예언자에 대한 후대의 전설적 생애에서 신화적 요소가 풍부하게 발견되는 것은 틀림없지만, 그것은 앞에서도 말한 것처럼 역사적으로 중요한 인물이 범례적 모델로 변형되는 잘 알려진 과정이다. 한 찬가(*Yasht*, 13)는 메시아에 대해 사용하는 용어로 예언자의 탄생을 노래한다. "그의 탄생과 성장에 대해 물과 식물이 기뻐하고, 그의 탄생과 성장에 의해 물과 식물이 성장한다." (13:93 이하) 그리고 찬가는 이렇게 선언한다. "앞으로 선한 마즈다의 종교는 일곱 대륙으로 퍼져 나갈 것이다."(13:95)[5]

후대의 텍스트는 차라투스트라가 이 세상에 내려오기 전에 천상에 존재하던 때에 대해 길게 이야기하고 있다. 그는 "역사의 중간 시점"에 그리고 "세계의 중심"에서 태어났다. 차라투스트라의 **화르나프**xvarenah 〔불꽃〕를 몸속에 받아들인 그 순간, 그의 어머니는 거대한 빛에 둘러싸였다. "3일 밤 동안 집 주변이 마치 불에 타는 듯이 보였다."[6] 그의 신체를 구성하는 실체는 하늘에서 만들어져 비와 함께 이 땅 위에 내려와

---

5) Widengren, *op. cit.*, pp. 120 sq.; Duchesne-Guillemin, *La religion de l'Iran ancien*, pp. 338 sq.를 참조하라.

6) *Zātspram*, 5, trad. Molé, *Culte, mythe et cosmologie*, p. 284. 화르나프에 대해서는 본장의 주석 23을 보라.

식물을 자라나게 만들었고, 그 식물을 예언자의 부모가 기르던 암송아지 두 마리가 먹었다. 그 결과 신체를 구성하는 실체는 우유 속에 녹아들어갔고, 그 우유로 만든 하오마를 예언자의 양친이 마신다. 그리고 양친은 처음으로 결합하여 차라투스트라를 임신하게 되었다.[7] 그가 태어나기 전에 아라만Ahraman과 데우들dēvs(=*daēvas*)은 그를 죽이려고 시도했으나 실패했다. 그가 지상에 태어나기 전 3일 동안 마을은 너무나 밝은 빛으로 둘러싸였기 때문에 스피타마들은 화재가 난 것이라고 생각하고 마을을 버리고 떠났다. 나중에 마을로 되돌아온 그들은 눈부신 빛을 내는 아기를 발견한다. 전승에 따르면 차라투스트라는 웃으면서 태어났다고 한다. 그는 태어나자마자 데우들에게 공격을 받았지만, 마즈다교의 성스러운 주문을 외치면서 그들을 격퇴했다. 또 그는 네 가지 시련을 이겨냈는데, 그 시련(불타는 장작 위에 던져지고, 늑대 굴에 던져진다)이 입문 의례적 성격을 가지고 있다는 것은 분명하다.[8]

이런 신화를 계속 나열하는 것은 무의미할 것이다. 차라투스트라의 시련, 승리, 기적은 신격화의 과정에 있는 범례적인 구세주의 시나리오의 전형을 따르는 것이다. 여기서 마즈다교에 특징적으로 보이는 두 개의 모티프, 즉 초자연적인 빛의 경험과 악마와의 전투가 계속 반복된다는 점을 기억해두자. 신비한 빛의 경험 및 엑스터시 상태에서 보는 "환영"은 고대 인도에서도 발견되고, 나중에 크게 발전한다. 악마, 즉 악의 세력과의 전투는, 앞으로 보게 되는 것처럼, 모든 마즈다교도의 필수적인 의무가 된다.

---

7) *Dēnkart*, 7, 2, 48 sq., trad. Molé, *op. cit.*, pp. 285~286.

8) Molé, *op. cit.*, pp. 298 sq., 301 sq.에 인용된 텍스트들. 또한 Widengren, *op. cit.*, pp. 122 sq.를 보라.

102. 샤먼적 엑스터시?

차라투스트라의 원래 가르침이라는 문제로 돌아가보면 다음과 같은 의문이 제기된다. 〔그의 사상을 탐구하기 위해서는〕『가타』에만 의존해야 하는가, 아니면 후대에 나온 아베스타 문헌을 이용하는 것도 허용되는 가? 『가타』가 우리에게 차라투스트라의 교의의 전모를 전해주고 있다 는 사실을 증명하는 것은 없다. 더 나아가 많은 후대의 텍스트들은, 상 당히 후대의 것이라고 할지라도, 『가타』의 관념들을 직접적으로든, 그 것들을 발전시킨 형태로든 따르고 있다. 그리고 잘 알려진 것처럼, 후 대의 텍스트들에서 처음으로 나타나는 세련된 종교사상이 반드시 새 로운 관념이라고 단정할 수는 없다.

중요한 것은 차라투스트라에게 특유한 종교 경험의 유형을 밝히는 일이다. 니베르크Nyberg는 그 종교 경험을 중앙아시아의 샤먼들의 전 형적인 엑스터시와 비교할 수 있다고 믿었다. 연구자들의 대부분은 이 가설을 받아들이지 않았지만, 최근 비덴그렌Widengren은 그것을 보다 온건하고 설득력 있는 형태로 제시했다.[9] 비덴그렌은 위슈타스파가 엑스터시에 들기 위해 대마大麻(*bhang*)를 사용한다는 전승을 상기시켰 다. 대마를 필 때 신체는 잠자는 상태로 있지만 그의 영혼은 천국으로 여행을 떠난다. 그리고 아베스타 전승에서는 차라투스트라 자신도 "엑 스터시 상태에 들어갔다"는 것이 반복해서 언급되고 있다. 그가 아후 라 마즈다의 모습을 보고 그의 말을 들은 것은 트랜스 상태에서였다.[10]

---

9) Widengren, *op. cit.*, pp. 88 sq.
10) Widengren, p. 91에 인용된 자료들을 보라. 마약에 의해 초래되는 트랜스 상태 는 고대 인도에도 알려져 있었다. *Rig Veda*, X, 136, 7과 Eliade, *Le Chamanisme*, pp. 319 sq.의 해설을 참조하라.

다른 한편 만일 우리가 천국, 즉 가로 데마나garô demânâ라는 이름을 "찬가의 집"으로 이해한다면, 찬가는 제의에서 중요한 역할을 수행했던 것으로 짐작할 수 있다. 어떤 샤먼들은 오랜 시간 동안 노래를 부르면서 엑스터시 상태에 도달한다고 알려져 있다. 하지만 노래를 이용하는 문화적 체계라고 해서 모두 "샤먼적"이라고 생각해서는 안 된다는 점을 덧붙이자. 그리고 친와트Cinvat 다리를 둘러싸고 구상된 시나리오(본권 111절)에 담긴 유사 샤먼적 요소와 아드라 위라프Adrā Virâf의 천상 여행 및 지옥 여행의 샤먼적 구조를 지적할 수 있다.[11] 그러나 차라투스트라의 경우, 샤먼 특유의 입문 의례—즉 육체의 절단과 내장의 재생을 포함하는 의례—에 관한 암시는 대단히 드물다. 후대의 문헌에서만 등장하는 그러한 언급은 외부로부터의 영향(중앙아시아 혹은 헬레니즘의 종교적 혼합주의에서 비롯된 것, 특히 비의 종교의 영향)을 반영하고 있을 가능성이 높다.[12]

우리는 차라투스트라가 (스키타이인이나 베다기의 인도인에게 알려져 있었던) 인도-이란의 샤머니즘 기법을 잘 알고 있었다는 것을 인정할 수 있으며, 그리고 우리는 대마를 이용한 위슈타스파의 엑스터시를 설명하는 전승을 의심할 이유가 없는 것 같다. 그러나 『가타』 및 아베

---

11) Eliade, *Le Chamanisme*, pp. 312 sq.에 언급된 Nyberg와 Widengren의 저작에 있는 참고 문헌들을 참조하라.

12) 예를 들어 『자트스프람Zātspram』에는 아마르스판드Amahrspand(아베스타의 아메샤 스펜타Amesha Spenta)에 의한 차라투스트라의 입문 의례가 서술되고 있다. 시련들로는 "녹인 금속을 가슴에 붓고 그것을 굳힌다"라든가, "그의 몸은 칼로 도려내지고, 몸속의 내장이 드러나고, 피가 흘렀다. 그러나 그의 손이 스치고 지나가자 상처는 감쪽같이 나았다" 등이 언급되고 있다.(*Zātspram*, 22:12~13, trad. Molé, *op. cit.*, p. 334) 이것은 샤먼 특유의 업적들이다.

스타의 다른 곳에서 입증되는 엑스터시 및 환영은 샤먼적 구조를 보이지 않는다. 차라투스트라가 경험한 감동적인 환영은 다른 종교 유형과 결부된 것이다. 게다가 예언자와 그의 주와의 관계, 그리고 그가 끊임없이 선포하는 가르침은 "샤먼적" 양식과 관련되어 있지 않다. 차라투스트라가 어떤 종교적 환경에서 성장했는지, 그리고 그 자신이나 그의 최초의 제자들의 개종에 있어서 엑스터시가 어떤 역할을 담당했는지에 관계없이, 샤먼적인 엑스터시가 마즈다교 안에서 중심적인 역할을 하지는 않았다. 이미 본 것처럼, 마즈다교의 "신비체험"은 종말론적 희망에 불타는 의례적 실천의 결과였던 것이다.

103. 아후라 마즈다의 계시: 인간은 선 또는 악을 자유롭게 선택할 수 있다

차라투스트라는 아후라 마즈다로부터 직접 새로운 종교를 계시받았다. 그것을 받아들임으로써 그는 주[신]의 최초의 행위―선을 선택하는 것(*Yasna*, 32:2)―를 모방했으며, 신자들에게도 그 이외의 다른 것을 요구하지 않았다. 차라투스트라의 "개혁"의 본질은 **신의 모방**imitatio dei에서 찾을 수 있다. 인간은 아후라 마즈다라는 모범에 따르도록 부름을 받았지만, 그 선택은 인간의 자유이다. 인간은 자신이 신의 노예 또는 종이라고(예를 들어 바루나, 야훼, 알라의 신자들이 생각하는 것처럼) 느끼지 않는다.

『가타』에서는 아후라 마즈다가 최고의 지위를 차지하고 있다. 그는 선하고 신성하다(*spenta*). 그는 사유를 통해 세상을 창조했고(*Yasna*, 31:7-11), 그것은 **무로부터의 창조**creatio ex nihilo에 맞먹는다. 차라투스트라는 아후라 마즈다가 "처음이자 마지막인 존재", 즉 세상의 처음이자 끝이라는 사실을 "사유를 통해" "알게 되었다"고 선언한다.(*Yasna*, 31:8) 그리고 주는 아샤Asha(정의), 워후 마나흐Vohu Manah(선한 생각), 아르마티Ārmaiti(헌신), 흐샤트라Xshathra(왕국, 권력), 하우르와타트Haurvatāt와 아므르타트Ameretāt(완전[건강], 불사) 등의 신령들(아메샤 스펜타amesha spenta)을 동반하고 있다.13) 차라투스트라는 『가타』에서 볼 수 있는 것처럼, 아후라 마즈다와 함께 이러한 신적 존재들에게 기도하고 그들을 찬양한다. "가장 강력한 지혜로운 주여, 헌신이여, 생명을 번성하게 하는 정의여, 선한 생각이여, 왕국이여, 저에게 귀를 기울이소서. 여러 신께 제물을 바칠 때 저에게 은혜를 베풀어주소서."(*Yasna*, 33:11, 그 이후의 절들도 보라)

아후라 마즈다는 여러 신적 존재들(아샤, 워후 마나흐, 아르마티 등)의 아버지이며, 또 쌍둥이 신의 한쪽인 스펜타 마뉴Spenta Mainyu(선한 신)의 아버지이다. 그것은 결국 아후라 마즈다가 다른 한쪽인 앙그라 마뉴Angra Mainyu(파괴의 신)의 아버지이기도 하다는 것을 의미한다. 유명한 『가타』(*Yasna*, 30)의 전승에 따르면 "태초에" 그 두 신 중 한쪽은 선과 생명을, 다른 한쪽은 악과 죽음을 선택했다고 한다. "세상의 처음"에 스펜타 마뉴는 파괴의 신에게 이렇게 말한다. "우리 둘은 생각, 이념, 정신적 힘, 선택 방식, 언어, 행동, 양심, 영혼 그 어느 것도 일치하지 않는다."(*Yasna*, 45:2) 그 두 신이 다른 것—한쪽은 선하고 다른 쪽은 악한 것—은 **본성**nature 때문이 아니라 **선택**choix에 의한 것이다.

엄격하게 말하자면 차라투스트라의 신학은 "이원론적dualiste"이 아

---

13) 이러한 신적 존재들—"대천사"라고도 불린다—은 특정한 우주적 요소들(불, 금속, 흙 등)과 연관되어 있다.

니다. 왜냐하면 아후라 마즈다가 "적신敵神anti-dieu"과 맞서지 않기 때문이다. 대립은 오히려 [아후라 마즈다의 아들인] 두 신 사이에서 처음으로 시작되었다. 다른 한편 아후라 마즈다와 신성한 신이 하나라는 사실이 몇 번이고 언급되고 있다.(Yasna, 43:3 등 참조) 요컨대 선과 악, 신성한 신과 파괴의 악마는 아후라 마즈다로부터 태어났다. 그러나 앙그라 마뉴는 자신의 의지로 자신의 존재 방식과 악한 직무를 선택했기 때문에, 지혜로운 주가 악의 출현에 대해 책임을 져야 한다고 생각할 수는 없다. 한편 모든 것을 아는 신 아후라 마즈다는 파괴의 신이 무엇을 선택할 것인지를 처음부터 알고 있었겠지만, 그의 선택을 방해하지 않았다. 그것은 전지전능한 신은 모든 모순을 초월하는 존재라는 사실, 혹은 악의 존재 자체가 인간의 자유에 필수 불가결한 전제 조건이라는 사실을 보여주는 것인지도 모른다.

우리는 이러한 신학의 전사前史를 어디서 찾아야 하는지 잘 알고 있다. 즉 이분화와 양극화, 교환성과 이원성, 대립적 쌍과 역의 합일coincidentia oppositorum 등에 관한 서로 다른 신화-의례적 체계, 다시 말해 우주적 리듬과 현실의 부정적 측면 그리고 무엇보다도 악의 존재를 총체적으로 설명하는 사유의 체계에서 그것을 발견할 수 있다. 그러나 차라투스트라는 이러한 영원한 문제에 새로운 종교적, 윤리적 의미를 부여하고 있다. 그리고 후대에 계속 다듬어져가는 이란의 정신을 특징짓는 수많은 사상적 발견들의 맹아를 우리는 『가타』의 몇몇 구절에서 발견할 수 있다.

선과 악의 최초의 분리는 자유로운 선택의 결과였지만, 그것은 아후라 마즈다에 의해 시작된 것으로 나중에는 각각 아샤(정의)와 드루그 Drug(위선)를 선택한 쌍둥이 신에 의해 반복되었다. 이란 전통 종교의 신들인 다에와들daēvas은 위선을 선택했기 때문에 차라투스트라는 자신의 제자들에게 다에와들에 대한 제의를 포기하라고 요구한다. 특히 그들에게 소를 희생물로 바치지 말라고 요구한다. 소에 대한 숭배는 마즈다교에서 중요한 역할을 하고 있다. 이러한 대립은 정착 농경민과 유목민 사이의 갈등을 반영하는 것이라고 이해할 수 있다. 그러나 차라투스트라가 강조하는 반대 원리는 사회적 차원을 포함하는 동시에 그것을 초월한다. 그가 부정하는 것은 아리아적인 국가적 전통 종교의 일부분이다. 차라투스트라는 위와흐완트의 아들 이마Yima를 죄인 중의 하나로 보고 있는데, 그 이유는 그가 "백성들의 환심을 사기 위해 소를 먹게 했기"(*Yasna*, 32:8) 때문이다. 또한 앞에서도 본 것처럼, 예언자 차라투스트라는 아후라 마즈다에게 하오마 제의를 드리는 자를 언제 파멸시킬 것인지를 질문하고 있다.(*Yasna*, 48:10)

그러나 최근의 연구 결과에 따르면, 마즈다교뿐만 아니라 『가타』 안에서도 하오마 제의와 미트라 숭배가 전적으로 비난받은 것은 아니라고 한다.[14] 더구나 동물을 바치는 희생 제의는 적어도 일반 신도들의 복리를 위해서 계속 거행되었다.[15] 따라서 차라투스트라가 강력하게 반대한 것은 대량의 유혈 희생이 뒤따르고 과도하게 하오마를 마시는 오르지적 제의였던 것으로 보인다. 또 차라투스트라에게 주어졌던 "소치는 사람"이라는 호칭은, 지금까지 생각되어온 것처럼, 가축을 지키고 돌보아야 하는 모든 마즈다교도들의 의무를 언급하는 것이라고는 생각되지 않는다. "목자"와 "가축 무리"라는 비유적 표현은 고대 근동

---

14) Molé, Zaehner, M. Boyce("Haoma, priest of the sacrifice" 등), Gnoli(특히 "Licht-symbolik in Alt-Iran")의 저작들을 참조하라.

15) M. Boyce, "Atas-zōhr and Ab-zōhr"; Gnoli, "Questioni sull'interpretazione della dottrina gathica", p. 350을 참조하라.

이나 고대 인도 전역에서 널리 사용되었던 것으로서 족장과 그의 신하를 의미한다. 차라투스트라를 "소 치는 사람"으로 삼는 "가축"은 선한 종교 Bonne Religion를 신봉하는 자들을 가리키는 것이라고 할 수 있다.[16]

이러한 수정을 통해 우리는 마즈다교가 이란 종교사에서 공헌한 부분을 보다 더 잘 이해할 수 있게 되었다. 실제로 차라투스트라는 "개혁"을 통해 전통적인 종교의 신앙과 사상에 새로운 가치를 가져다주었지만, 그럼에도 불구하고 여전히 그 전통 종교로부터 많은 것을 수용하고 있었던 것을 알 수 있다. 예를 들어 그는 죽은 자의 영혼의 여행이라는 인도-이란의 전승을 받아들이면서, 거기에 덧붙여 심판의 중요성을 강조한다. 죽은 자는 모두 지상에서 사는 동안 자기가 행한 선택에 의거하여 심판을 받는다. 의로운 자는 천국 혹은 "찬가의 집Maison du Chant"을 향해 가고, 죄인은 "영원히 악인의 집에 손님으로"(*Yasna*, 46:11) 머문다. 저세상으로 가는 길에는 친와트 다리가 놓여 있고, 그곳에서 의로운 자들과 악한 자들의 선별이 이루어진다. 차라투스트라는 생전에 아후라 마즈다를 숭배했던 사람들을 이끌고, "그 사람들 모두와 함께 나는 친와트 다리를 건너갈 것이다"(*Yasna*, 46:10)라고 선언한다.

104. 세상의 "변용"

예언자[차라투스트라]는 언젠가 **다에와들**이 멸망당하고, 의로운 자들이 악한 자들을 이기는 날이 올 것이라고 확신했다. 그러나 세계를 근본적으로 새롭게 만드는 선의 승리는 대체 언제 이루어질 것인가? 그

---

16) G. G. Cameron, "Zoroaster, the Herdsman"; Gnoli, "Questioni", p. 351을 참조하라.

는 아후라 마즈다에게 탄원한다. "주여, 주의 뜻을 저에게 알려주십시오. 당신께서 생각하시는 징벌이 도래하기 전에, 오 지혜로운 마즈다여, 과연 의로운 자가 악한 자를 정복할 수 있겠습니까? 그것은 존재의 양상을 개혁하는 일이 아닙니까?"(*Yasna*, 48:2) 차라투스트라가 기대하는 것은 존재의 변용-transfiguration de l'existence이었다. "존재의 근본적인 변형, 저에게 그 징표를 보여주십시오. 당신을 숭배하고 찬양하여 제가 더욱 커다란 기쁨으로 다가갈 수 있도록."(*Yasna*, 34:6) 그리고 그는 부르짖는다. "인간 세상을 치료할 주인이 누구인지 알려주십시오!"(*Yasna*, 44:16) 또 그는 "오, 지혜로운 신이시여, 당신의 빛나는 불꽃과 용해된 금속을 이용하여 당신이 의로운 자와 악한 자에게 내릴 심판을 그들의 영혼에 징표로서 내려주십시오. 악한 자에게는 손해를, 의로운 자에게는 이익을."(*Yasna*, 51:9)

아마도 차라투스트라는 세계의 "변용(*fraŝo-kereti*)"을 열망하고 있었을 것이다. "우리가 이 세계를 이기고 다시 태어나는 자가 되게 해주소서"라고 그는 기도하고 있다.(*Yasna*, 30:9)[17] 여러 차례에 걸쳐 차라투스트라는 자기 스스로를 사오쉬얀트saoŝyant, 즉 "구세주"라고 부르고 있는데(*Yasna*, 48:8; 46:3; 53:2 등), 나중에 방대한 신화 체계가 이 개념에 근거해서 만들어진다. 그는 종말의 때에 불과 용해된 금속에 의한 심판이 있을 것이라고 선언한다.(*Yasna*, 30:7; 32:7) 그것은 악한 자에 대한 징벌인 동시에 존재의 재생régénération de l'existence이기도 하다. 차라투스트라는 역사상 여러 차례 발생한 심판과 재생의 종말론적 기대를 미래에 투사하면서, 그것을 자기 방식으로 재평가했다. 그러나 여기서

---

17) Marjan Molé와 Gheraldo Gnoli는 사제들이 드리는 희생 제의(*yasna*)에 이어지는 세계의 급격한 재생이라는 문제에 초점을 맞추고 있다.

는 재생의 관념에 대해 차라투스트라가 제시한 새로운 의미를 강조하는 것이 중요하다. 앞에서 본 것처럼(본권 21절) 그리고 나중에 살펴보겠지만(본권 106절) 세계의 재생을 위한 다양한 신화-의례적 시나리오가 인도-이란인들이나 다른 민족들에 의해 근동 지역에 잘 알려져 있었다. 우주 창조 신화를 반복하는 의례가 신년 축제 때에 거행되었다. 그러나 차라투스트라는 해마다 세계의 재생을 추구하는 이 오래된 시나리오를 비판했고, 그는 단 한 번에 완성되는 근본적이고 결정적인 "변용"을 주장했다. 게다가 이 갱신은 우주 창조의 의례를 거행함으로써 얻어지는 것이 아니라 아후라 마즈다의 의지에 의해 이루어질 것이었다. 이 갱신은 각 개인을 심판하여 악한 자를 처벌하고 의로운 자에게 상을 내리는 과정을 포함한다.(본권 112절) 『가타』가 차라투스트라의 작품이라고 한다면—거의 모든 학자들의 의견이 일치하고 있다—예언자는 주기적으로 갱신되는 우주의 순환이라는 원초적 이데올로기를 철폐하는 일에 온 힘을 쏟았으며, 아후라 마즈다에 의해 결정되고 실행되는 되돌릴 수 없는 종말eschaton이 임박했음을 주장했다고 결론지을 수 있다.

요컨대 차라투스트라의 가르침의 출발점은 아후라 마즈다의 전능성, 신성성, 선성을 계시하는 것이다. 예언자는 신으로부터 직접 계시를 받았지만, 그것이 곧바로 일신교를 구성하는 것은 아니었다. 차라투스트라가 선포하고 자신의 제자들에게 모델로 부여한 것은 신과 다른 여러 신적 존재들을 선택하는 일이었다. 아후라 마즈다를 선택함으로써 마즈다교도는 악이 아닌 선을 선택한 것이며, 다에와들의 종교가 아니라 **참된** 종교를 선택한 것이다. 그 결과 모든 마즈다교도는 악에 맞서 싸워야 한다. 다에와들로 화신한 악마의 세력에 대해서는 어떠한 관용도 허락되지 않는다. 이러한 긴장은 곧바로 이원론으로 굳어진다.

세계는 선과 악으로 나누어질 것이고, 모든 우주적, 인간적 차원에서 선한 것과 그것의 반대물의 대립으로 투영될 것이다. 또 다른 하나의 대립은, 크게 강조되지는 않았지만, 미래에 이란의 사유에서 큰 역할을 하게 될 것이다. 정신적인 것과 물질적인 것 사이의 대립, 사유와 "뼈의 세계 monde osseux" 사이의 대립이 바로 그것이다.(*Yasna*, 28:2 참조)

차라투스트라의 종교가 지닌 정신적인 성격, 어떤 의미에서는 "철학적인" 성격은 우리에게 강한 인상을 준다.[18] 아후라 마즈다의 수행원인 아메샤 스펜타(행복한 신령)들은 아리아인들의 가장 중요한 신들이 변환된 존재들이며, 이 신들이 각각 추상적인 가치(질서, 힘, 헌신 등)를 포함하고 있을 뿐 아니라 동시에 우주적 요소(불, 금속, 대지 등)를 관장하고 있다는 사실은 차라투스트라가 창조적 상상력뿐 아니라 엄밀한 사변의 능력을 가지고 있다는 것을 알려주는 것이다. 차라투스트라는 아메샤 스펜타들을 아후라 마즈다와 결합시킴으로써 아후라 마즈다가 세계에 개입하는 방식을 정의하는 데 성공했고, 신이 "대천사들"을 통해 신자들을 돕고 지지한다는 사실을 명확하게 밝혔다. 또 예언자는 자신의 신을 "지혜로운 자sage"라고 부르는데, 그 신이 "진실"의 중요성을 강조하며 끊임없이 "선한 사유"를 불러일으킨다는 것은 모두 차라투스트라가 전하는 메시지의 새로움을 분명하게 보여주는 증거라고 할 수 있다. 그는 "지혜sagess", 다시 말해 "과학science", 즉 엄격하고 유용한 지식의 종교적 가치와 기능을 강조한다. 물론 그때의 과학은 근대적 의미에서의 추상적 과학이 아니라, 세계의 구조 및 그것과 연관을 가진 가치

---

18) 이것은 고대 그리스인이 차라투스트라를 철학자(아리스토크세네스에 따르면 피타고라스는 차라투스트라의 제자였다), 마구스, 입문 의례 전문가[비의 종교의 사제], 헤르메스주의와 연금술 문서의 저자라고 보는 상과 일치한다.

들의 우주를 발견하는 동시에 창조하는 "창조적" 사유를 의미한다. 이러한 관점에서 본다면 차라투스트라의 사변적 노력은 세계와 인간 존재에 대한 베다의 관점을 근본적으로 변화시킨 우파니샤드의 현자들의 명상과 발견에 비견할 수 있을 것이다.(본권 80절)

그러나 우파니샤드의 **리쉬**들과 차라투스트라를 비교하는 것은 마즈다교의 "지혜"에 담긴 종말론적 성격에 주목할 때에 더욱 설득력을 가진다. (베다교와 브라만교처럼) 확실히 사적 종교로서 마즈다교는 밀교적 측면의 발전을 허용했는데, 금지되지 않았다고 해서 그것이 모든 신자들에게 열려 있는 것은 아니었다. 『야스나』(48:3)에서는 "비밀스런 교의"에 대해 언급한다. 마즈다교의 입문 의례적인 동시에 종말론적인 성격은 광란을 수반하는 전통적인 유혈 희생 제의를 대체하기 위해 차라투스트라가 제시한 새로운 제의 안에서 분명히 볼 수 있다. 이제의는 대단히 정신적인 특징을 가지고 있어,[19] 『가타』 안에서는 "희생 제의(*yasna*)"라는 단어가 "사유"와 동일한 의미를 가지기까지 한다. 아후라 마즈다는 "선한 사유로서" 차라투스트라에게 다가가서 "그대는 누구에게 제의를 드리겠는가?" 하고 묻는다. 차라투스트라는 이렇게 대답한다. "당신의 불에 드리겠습니다!" 그리고 다음과 같이 덧붙인다. "그 불에 숭배의 제물을 바치면서 저의 힘이 닿는 한 정의[*하늘의 법칙]에 대해 생각할 것입니다!"(*Yasna*, 43:9) 희생 제의는 신학적 명상의 기회, 더 정확하게 말하자면 신학적 명상을 "뒷받침"하는 것이다. 나중에 사제들에 의해 어떻게 해석되었든 불의 제단은 마즈다교의 종교적 중심이 되었으며, 그 중요성은 계속해서 유지되었다. 차라투스트라가 구상했던 종말론적 불은 분명히 징벌적 기능을 가지고 있었음

---

19) Meillet, *Trois conférences sur les Gātha*, p. 56; Duchesne-Guillemin, *Zoroastre*, p. 151.

에도 불구하고, 세계를 정화하고 세계에 "정신성을 부여하는spiritualise" 힘을 갖추고 있는 것이기도 했다.

그러나 제의는 보다 더 중요한 기능을 가지고 있었다. 최근의 해석에 따르면[20] 제의 집행자는 제의(*yasna*)를 실행함으로써 마가*maga*의 상태를 획득한다고 한다. 즉 "빛(*čisti*)"을 가져다주는 엑스터시를 경험하는 것이다. 그 빛[깨달음] 속에서 사제-제의 집행자는 자신의 정신적 본질(*mēnōk*)을 육신(*gētik*)으로부터 분리하는 데 성공한다. 다시 말해 그는 그 두 가지 본질이 "혼합되기" 이전의 순수하고 순결한 상태를 회복하는 것이다. 이러한 "혼합"은 아리만Ahriman의 공격의 결과로서 발생했던 것이다. 따라서 제의 집행자는 모든 사제의 범례적인 존재인 차라투스트라가 처음 행했던 구제 행위, 즉 원초적 상황의 회복과 세계의 "변용(*fraŝo-kereti*)"에 기여해야 한다. 제의 집행자는 이미 변용된 세계에 참여하고 있는 것이라고도 말할 수 있다.[21]

마가의 상태는 무엇보다도 하오마 제의를 통해 얻을 수 있다. 사제는 제의를 진행하는 도중에 "불사의 음료"인 하오마를 마신다.[22] 그 하오마는 화르나프를 풍부하게 함유한 성스러운 액체로서, 불의 성격을 가지고 있으며, 빛을 내며, 활동적이고, 생명의 원소를 머금고 있다. 아후라 마즈다는 특히 화르나프의 소유자이지만, 이 신성한 "불꽃"은 미트라 신의 이마에서도 뿜어져 나오고, 태양의 빛처럼 통치자의 머리에서

---

20) Gnoli의 저작들, 특히 "Lo stato di 'maga'" 및 "La gnosi iranica", pp. 287 sq.를 보라.

21) Gnoli, "Questioni sull'interpretazione", ppp 349 sq.를 참조하라. 우리는 (본서 제2 권에서) 메녹과 게틱의 의미에 대해 분석할 것이다.

22) M. Boyce, "Haoma, priest of the sacrifice"; Gnoli, "Lo stato di 'maga'", pp. 114~ 115'; "Questioni", p. 366을 참조하라.

도 발산된다.[23] 그러나 모든 인간 존재 역시 자신의 **화르나프**를 보유하고 있으며, 변용의 날, 즉 최후의 갱신의 날에 "몸에서 빠져나온 것처럼 보이는 위대한 빛이 늘 이 대지 위에서 타오를 것"[24]이라고 한다. 의례적으로 **하오마**를 섭취함으로써 제의 집행자는 인간의 조건을 초월하여 아후라 마즈다에게 다가가고, 결국 우주의 갱신을 **구체적으로** 예감할 수 있게 된다.

제의의 이러한 종말론적 관념이 차라투스트라 시대에 이미 형성되어 있었는지에 대해서는 분명하게 말하기 어렵다. 하지만 그것이 인도-이란인이 실행했던 제의의 기능 속에 내재되어 있었던 것은 확실하다. 그들의 고유한 관점에서 보았을 때, 『브라흐마나』의 저자들은 유사한 관념을 보여준다. 다시 말해 제의의 무한한 힘에 의해 세계는 주기적으로 재건된다는, 즉 "재창조"된다는 것이다. 그러나 마즈다교의 제의의 종말론적 기능은, 말하자면 『브라흐마나』에서 볼 수 있는 최고수준의 희생 의례를 입문 의례의 그노시스와 우파니샤드의 환영을 통한 "깨달음"과 결합시켰다. 브라만교 시대의 인도에서와 마찬가지로 이란에서도 희생 제의의 기법과 종말론적 그노시스는 종교 엘리트들에 의해 발달되어왔으며, 그것은 비밀 종교적 전통을 형성하고 있었다. 차라투스트라의 제자들이 대마를 사용했다고 하는 에피소드가 실제 상황을 전하는 것이라고 본다면,[25] 그것을 고대 인도의 상황과 비

---

23) Duchesne-Guillemin, "Le *xvarenah*" 및 Eliade, "Spirit, Light and Seed", pp. 13 sq. 에 인용된 참고 문헌들을 보라. 그리고 "불꽃처럼 빛나는 광휘", 즉 **멜람무**라고 하는 메소포타미아의 관념을 상기하자. 본권의 문헌 해제 20절을 참조하라.

24) *Zātspram*, trad. Molé, *op. cit.*, p. 98. 또한 *ibid.*, p. 475를 보라. Gnoli, "Questioni", pp. 367~368의 다른 예들도 참조하라.

교하는 것이 가능해진다. 그곳에서 우리는 마약을 사용하는 고행자, 환영을 보는 자, 요가 수행자, 명상자들을 볼 수 있다.(본권 78절 이하 참조) 그러나 마약에 의한 트랜스나 엑스터시의 경험이 인도 종교에서 차지하는 비중은 그다지 크지 않았다. 마찬가지로 『가타』에 불완전하게 반영되어 있기는 하지만 초기의 조로아스터교에서도 희생 제의의 불을 앞에 두고 획득하는 "지혜"나 내면적 "깨달음"을 가장 중요하게 생각했던 것으로 보인다.

전승에 따르면 차라투스트라는 77세에 불의 신전 안에서 투란 사람 브라트와르슈에 의해 살해되었다고 한다. 후대의 일부 자료에 의하면 암살자들은 늑대로 변장하고 있었다고 한다.[26] 이 전설은 차라투스트라의 운명에 내포된 의미를 적절하게 표현하고 있다. 왜냐하면 "늑대들"은 예언자가 악의 낙인을 찍은 아리아인 "남성 결사"의 구성원을 의미하기 때문이다.

그러나 차라투스트라의 신화화 과정은 적어도 15세기에 걸쳐 계속되었다. 마즈다교의 전승 속에서 차라투스트라가 신격화되는 여러 가지 방식에 대해서는 이미 언급한 바 있다.(본권 101절) 헬레니즘 세계에서 차라투스트라는 전형적인 마구스로 찬양되었으며, 이탈리아 르네상스의 철학자들은 언제나 마구스로서의 그의 이름을 언급했다. 끝으로 우리는 괴테의 『파우스트』에서 그에 관한 가장 뛰어난 신화가 반영되어 있는 것을 발견할 수 있다.

---

25) Widengren, *Les religions des l'Iran*, pp. 88 sq.를 참조하라.

26) Menasce, *Anthropos*, 35~36, p. 452에 인용된 팔레비어 『리바야트Rivāyat』
(47:23) (Duchesne-Guillemin, *La Religion l'Iran Ancien*, p. 341, n. 3을 참조하라).

105. 아케메네스 왕조의 종교

아후라 마즈다와 다에와들의 대립은 이미 인도-이란 시대에 시작되었는데, 왜냐하면 베다 시대의 인도에서 데바들이 아수라들과 대립하고 있기 때문이다. 그러나 차이점도 있는데, 인도에서는 이 두 집단의 종교적 가치가 이란과는 반대 방향으로 나아간다. 데바들은 보다 오래된 신들의 무리인 아수라들에게 승리를 거두고 "참된 신"들이 되었으며, 아수라들은 베다 문헌에서 "악마적" 존재로 평가되고 있었다.(본권 65절) 유사한 과정이 이란에서는 완전히 반대 방향으로 발전했다. 즉 오래된 신들의 무리인 다에와들이 악마화된 것이다. 우리는 이러한 변환이 어떤 의미에서 행해졌는지를 분명히 말할 수 있다. 다에와들이 된 신들은 특히 전쟁의 기능을 가진 신들—인드라, 사우르와Saurva, 와유Vayu—이었다. 아수라 신들은 하나도 "악마화되지" 않았다. 원原인도의 위대한 아수라, 즉 바루나에 해당하는 이란의 신은 아후라 마즈다였다.

차라투스트라는 이 과정에 한 역할을 담당했을 것이다. 그러나 아후라 마즈다가 최고신의 지위에 오른 것이 차라투스트라의 공적은 아니다. 최고신으로 여겨지고 있었든, 아니면 단순히 위대한 신 중의 하나라고만 여겨지고 있었든, 아후라 마즈다는 차라투스트라가 등장하기 이전부터 이란인들 사이에서 숭배되고 있었다. 신의 이름은 아케메네스 왕조의 왕들의 비문에서 발견되고 있다.

다리우스 대왕과 그의 후계자들의 조로아스터교와의 관계에 대해 학자들은 오랫동안 논쟁을 해왔다. 다리우스를 비롯한 여러 왕들이 조로아스터교도가 아니었다는 입장을 가진 학자들은 다음과 같이 주장한다. 즉 차라투스트라의 이름이 어떤 비문에도 나타나지 않는다. 스펜타, 앙그라 마뉴, 아메샤 스펜타(아르타는 제외) 등 중요한 신명이나 용어가 보이지 않는다. 한편 헤로도토스가 전해주는 아케메네스 왕조 시대의 페르시아인의 종교는 차라투스트라와 전혀 관계가 없다. 아케메네스 왕조와 조로아스터교의 관계를 인정하는 입장에서는 위대한 신 아후라 마즈다의 이름이 비문에서 찬양되고 있으며, 아르타크세르세스 1세(BC 465~425) 치하에서 조로아스터교의 여러 중요한 신명을 사용한 새로운 역법이 사용되었지만 그 개혁이 아무런 반대도 불러일으키지 않았다는 것을 자신들의 논거로 든다.[27]

그러나 아케메네스 왕조가 조로아스터교를 신봉하지 않았다고 하더라도 그들의 신학은 『가타』와 동일한 지평 위에 있었을 것이다. 즉 그들의 신학은 『가타』와 비교해 손색이 없을 정도로 풍부한 추상적 표현을 사용했으며, "윤리적 관심사로 충만해 있었던 것이다."[28] 더구나 몰레가 지적하는 것처럼, 왕들에게서 사제들의 행위나 찬송을 기대해서는 안 될 것이다. 왕은 전례를 실행하지 않으며, 〔세상의〕 구체적인 일들을 책임진다. 왕들은 흐라샤fraša, 즉 "올바르고, 인간의 행복을 구성하며, 자신의 능력을 발휘할 수 있게 하는 일"[29]을 수행했다. 다리우스 대왕이 페르세폴리스 근처의 나크쉬 루스탐에 새긴 첫 번째 비문에

---

27) Duchesne-Guillemin, *op. cit.*, p. 167을 참조하라. 그러나 저자는 최근의 연구(*Historia Religionum*, I, pp. 326)에서 Bickerman의 논문에 표명된 견해를 수용하고, "조로아스터교의 역법"에 관한 논쟁을 포기해야 한다고 말한다.

28) G. Dumézil, *Naissances d'archanges*, pp. 62 sq. 또한 Zaehner, *Dawn and Twilight*, pp. 157 sq.를 보라.

29) Molé, *Culte, mythe et cosmologie dans l'Iran ancien*, p. 35. Gnoli("Considerazioni sulla religione degli Achemenidi")는 비문 속의 *fraša*가 "탁월한"이라는 뜻을 가질 뿐 종교적 의미는 갖지 않는다고 한다. 그러나 왕의 모든 행위의 "탁월함excellence" 속에는 늘 종교적 가치가 내포되어 있다.

서는 아후라 마즈다를 "대지를 창조하고, 하늘을 창조하고, 인간을 창조하고, 인간의 행복을 창조하신 존재, 다리우스 대왕으로 하여금 수많은 인간의 유일한 왕, 수많은 인간의 유일한 지배자가 되도록 해주신 위대한 신"이라고 표현하고 있다.[30] 이 비문은 아후라 마즈다의 창조력과 거의 그 창조력의 결과라고 할 수 있는 통치자의 종교적 책임을 강조한다. 다리우스가 왕이 된 것은 아후라 마즈다의 창조물을 유지하고 "인간의 행복"을 보장하기 때문이다.

이러한 특권적인 종교적 상황은 아케메네스 왕조의 창건 신화에 의해서 정당화되고 있다. 헤로도토스에 따르면(I, 107~117), 마구스들이 왕위 찬탈을 의미하는 것이라고 해석한 불길한 꿈을 두 번이나 꾼 메디아의 왕 아스티아게스는 딸을 페르시아 남자(즉 열등한 종족의 남자) 캄비세스와 결혼시켰고, 그 딸이 아들 키루스를 낳자마자 아이를 죽이라고 명령을 내렸다. 그러나 아이는 구출되고, 미트라다테스라는 목동의 아내에 의해 양육되었다.[31] 키루스는 청년기에 이를 때까지 젊은 목동들 틈에서 자랐지만 그의 고귀한 풍모가 두드러지게 되었고, 결국 출생의 비밀이 밝혀졌다. 수많은 모험을 겪은 다음, 마침내 키루

---

30) Trad. R. G. Kent, *Old Persian*, p. 138. 그리고 Widengren, *op. cit.*, p. 140, n. 1을 참조하라. 이 표현은 메디아의 영향을 받았을 것이며(Nyberg, *Die Religionen des alten Irans*, p. 349), Widengren은 그것이 셈족의 창조신 관념의 영향을 받았을 것이라고 믿는다.(*op. cit.*, p. 140)

31) [2~3세기의 로마 작가인] 유스티누스(I, 4)에 의하면 아이가 암캐의 공격을 받으려는 찰나에 목동이 그 아이를 발견했다고 한다(위대한 영웅들의 신화에 자주 보이는 특징이다). 헤로도토스는 미트라다테스의 아내가 스파코Spako, 즉 메디아어로 "암캐"를 의미하는 이름으로 불렸다고 전한다. G. Widengren, "La légende royale", p. 226을 참조하라.

스는 메디아에 승리를 거두었고, 자신의 외할아버지를 퇴위시키고 아케메네스제국을 건설했다.

버려지고 박해당하는 영웅이라는 신화적 주제는 여러 민족에게서 발견된다. 우리의 연구에서 중요한 것은 다음의 몇몇 모티프들이다. (a) 버려지면서 시작되는 키루스의 시련들은 전사가 겪는 입문 의례와 동일하다. (b) 상징적으로 미래의 왕은 미트라 신의 아들이거나 혹은 나중에 아들이 된다(그의 양아버지〔미트라다테스〕의 이름은 "미트라의 선물"을 뜻한다). (c) 메디아의 왕에게 승리를 거둔 다음 키루스는 새로운 제국을 건설한다. (d) 다시 돌아와 새로운 세계〔제국〕를 건설하고 새로운 시간〔새로운 역법의 시간〕을 시작한 자는, 다시 말해 작은 우주 창조micro-cosmogonie를 완성한 것이다. (e) 우주 창조 신화는 신년 축제에서 의례적으로 반복되었기 때문에, 왕조 창건의 신화-의례적 시나리오는 노로즈Nawrōz 의례 속에 통합되었다고 추측할 수 있다.

106. 이란의 왕과 신년 축제

다리우스는 신년 축제인 **노로즈**를 거행하는 성스러운 도시로 페르세폴리스를 구상하고 건설했다.[32] 사실 페르세폴리스는 정치적 수도가 아니었고, 전략적인 중요성도 가지고 있지 않았으며, 그 도시의 이름은 파사르가다이, 엑바타나, 수사, 바빌론 등과 달리 동서양의 어떤 문헌에도 등장하지 않는다.[33] 다른 모든 신년 축제의 의례적 시나리오와

---

32) R. Girshman, "A propos de Persépolis", p. 265, 277. 또한 A. U. Pope, "Persepolis, a Ritual City"도 보라.

마찬가지로 **노로즈**는 우주 창조 신화를 상징적으로 반복함으로써 세계를 갱신했다. 이러한 관념은 인도-이란인에게는 이미 친숙한 것이었다. 그러나 아마 아케메네스 왕조에서의 이러한 시나리오는 메소포타미아로부터 영향을 받은 것 같다.[34) 어쨌든 신년 축제는 아후라 마즈다의 보호를 받으며 행해졌고, 그 의식의 장면들은 종교적 전통에 따라 페르세포네의 몇몇 문들에 묘사되었다.

상당히 넓은 지역에서, 그리고 어떤 역사적 시점 이후부터 (다른 모든 형태의 "창조" 혹은 "창건"과 마찬가지로) 우주 창조 신화는 신 혹은 신화적 영웅이 바다의 괴물이나 용과의 전투에서 승리를 거두는 것을 포함하게 되었다(예를 들어 인드라와 브리트라, 바알과 얌, 제우스와 티폰 등). 이와 유사한 시나리오가 베다 시대의 인도와 고대 이란에도 존재했다는 것을 볼 수 있다.[35) 후자의 경우 그 자료는 후대의 것으로서, 매우 역사화된 형태의 신화를 보여준다. 사실 아베스타(*Yasht*, 9:145; 5:34; 19:92 이하)에 언급된 영웅 트라에타오나가 아지 다하카Aži Dahăka라는 용과 벌이는 전투는 피르두시에 의해서 파리둔Farîdûn (< Frêtôn < Thraētona) 왕이 이방인 찬탈자인 아즈다하크Azdâhâk 용과 싸우는 이야

---

33) 위대한 왕〔다리우스 대왕〕의 궁정에서 24년 동안이나 봉직했던 크테시아스조차 페르세폴리스에 대해 언급하지 않는데, 그것은 이 성스러운 도시의 비의적 가치를 말해주는 것이다. K. Erdmann, "Persepolis", pp. 46~47을 참조하라. 서방 세계는 알렉산드로스 대왕이 그 도시를 파괴시켰을 때에야 비로소 페르세폴리스의 존재를 알게 되었다.

34) Gnoli, "Politica religiosa e concezione della regalità sotto i Sassanidi", pp. 23 sq.를 참조하라.

35) Wikander, *Vayu*, pp. 128 sq.; G. Widengren, *Stand u. Aufgabe*, pp. 51 sq.; *id.*, *Les Religions de l'Iran*, pp. 58 sq.를 보라.

기로 변형되었고, 아즈다하크는 적법한 지배자 **잠셰드**Jamšed(< Yima Xšaêta)의 두 여동생을 사로잡아 그들을 부인으로 삼았다. 파리둔 왕— 트라에타오나처럼—은 용을 죽이고 붙잡혀 있던 두 왕녀를 구출한다 (그리고 자기의 아내로 삼는다). 후대의 전승에서는 왕이 아즈다하크를 죽인 것은 새해 첫날이었다고 설명한다.[36] 이란의 영웅들과 왕들은 용을 죽인 것으로 명성이 높았는데(아르다시르Ardashir의 전설 참조), 이러한 모티프는 상당히 널리 퍼져 있었던 것으로 나중에 다시 자세히 살펴볼 것이다. 그리고 다른 지역에서도 그랬던 것처럼 이란에서도 신화적 주제 및 인물의 역사화 과정이, 반대되는 과정에 의해 균형을 잡고 있었다는 사실을 덧붙이고자 한다. 다시 말해 국가나 제국의 실제의 적이 괴물, 특히 용으로 상상된 것이다.[37]

지금은 이란의 왕이 세계의 유지와 갱신에 대해 책임을 지고 있었다는 사실을 기억하는 것이 중요하다. 바꾸어 말하자면 그는 자기 자신에게 적절한 수준에서 악이나 죽음의 힘과 싸우며, 생명, 풍요, 선의 승리를 위해 기여해야 했다. 차라투스트라는 선한 종교를 통해 우주의 갱신을 기대했다. 요컨대 조로아스터교의 모든 사제는 희생 제의를 거행함으로써 종말론적 변용을 예비한다고 믿었던 것이다. 사제는 왕이 태초에 그리고 연례적으로 완성시키는 것이 매년 현실화될 수 있기를 기원한다—그리고 사오쉬얀트[차라투스트라]는 그것을 최후의 갱신의 순간에 결정적인 형태로 완성할 것이다. 우리는 아케메네스 왕조의 시대에 왕과 사제라는 두 종교적 이데올로기 사이에 대립이나 비밀스런 긴장 관계가 있었는지 알지 못한다. 위슈타스파 왕과 예언자 사이의

36) Widengren, *Rel. de l'Iran*, p. 66을 참조하라.
37) Eliade, *Le Mythe de l'éternel retour*(nouvelle édition), pp. 51 sq.를 참조하라.

우정은 일종의 범례적 모델을 구성하고 있었을 것이다. 그러나 나중에 사산 왕조의 시대에는 대립 관계가 분명해진다. 이러한 현상은 다른 지역에서도 알려져 있었다. 즉 싯다르타 왕자가 붓다가 되고 그가 제시한 구제론이 브라만의 구제론을 대체한 것이다.

107. 마구스의 문제. 스키타이인들

조로아스터교는 서방으로 전파되면서 형태가 다른 여러 종교들과 만나게 되었고, 그들로부터 영향을 받았다. 마찬가지로 아케메네스 왕조의 마즈다교 역시 변화하지 않은 채로 머물러 있지는 않았다. 다리우스 대왕의 아들인 크세르크세스는 왕국 전역에서 **다에와** 숭배를 금지시켰고, 그 결과 그는 차라투스트라의 종교에 한층 더 가까이 접근하게 되었다. 그러나 그후, 정확하게 말하자면 아르타크세르크세스 2세(BC 405~359)의 비문이 만들어진 시대 이후, 미트라와 아나히타Anāhitā 신이 아후라 마즈다와 나란히 등장한다. 앞으로 살펴보겠지만 이와 유사한 종교적 혼합주의가 새로운 아베스타 경전 안에서도 나타나는데, 거기에서도 위에서 말한 두 신의 이름이 아후라 마즈다 및 아메샤 스펜타들의 이름과 함께 기록되어 있다.[38]

그 외에 마구스의 문제 및 그들과 조로아스터교 사이의 관계는 여전히 적지 않은 논쟁거리로 남아 있다. 예를 들어 마구스들을 조로아스터교의 타락을 불러일으킨 장본인이라고 할 수 있는 토착적인 주술사

---

38) 하지만 Widengren은 페르시아에서는 이미 다리우스 1세 시절부터 미트라가 무시할 수 없는 제의의 대상이 되었다고 생각한다.(*Les religions de l'Iran*, p. 148)

나 강신술사의 종족이라고 보는 견해도 있지만, 그와 정반대로 그들을 차라투스트라의 참된 제자들로서 이란 서부 지역의 선교사들이라고 보는 견해도 있다. 그들은 메디아제국의 시대(BC 7세기경)에는, 히브리의 레위인이나 인도의 브라만에 필적하는, 메디아의 세습 사제 계급이었던 것 같다.[39] 아케메네스 왕조 치하에서 그들은 성직자 계급의 전형이 되었다. 헤로도토스가 전해주는 정보에 따르면 그들은 꿈을 해석하고(I, 107 이하), 백마를 희생 제물로 삼아서 예언을 행하며(VII, 113), 제의를 올리는 동안 "신들의 계보"를 읊었다(I, 132)고 하는데, 이것은 그들이 종교적 시가詩歌의 전통을 유지시키는 계층이었다는 것을 보여주는 것이다.[40] 어쨌든 마구스들은 조로아스터교의 수많은 제의나 관례를 채택하고 있었기 때문에 마침내 차라투스트라의 제자로 간주되었다. 실제로 일부 그리스인 작가들은 차라투스트라를 마구스의 한 사람이라고 생각했다.

북부의 이란인들, 특히 스키타이인들에 대해서 우리에게 가장 가치 있는 정보를 제공해주는 사람은 항상 헤로도토스이다. 그들의 신들로는 천신(파파이오스Papaios), 미트라(헬리오스-아폴로Hélios-Apollon), 전쟁신 "아레스", 대지모신, 그리고 아프로디테 우라니아Aphrodite Ourania[천신 아프로디테]가 있다.(IV, 59) 또 헤로도토스는 스키타이인과 왕권의 기원에 관한 국가의 전설을 전하고 있다.(IV, 5 이하) 그 신화는 인도-유럽 민족의 3기능 이데올로기로 설명되었고, 스키타이인과 알란인의 후예인 코카서스의 오세트인의 민중 서사시 속에 남아 있다.

이 그리스 역사가에 의하면(IV, 59) 스키타이인은 신전이나 제단은

39) Zaehner, *Dawn and Twilight*, p. 163을 참조하라.
40) Widengren, *op. cit.*, p. 139. 또한 pp. 135 sq.도 참조하라.

물론 신상조차 만들지 않았다고 한다. 그들은 매년 말과 양을 비롯하여 전쟁에서 잡은 포로들을 100명에 하나꼴로 "아레스"에게 산 채로 제물로 바쳤다. 아레스는 인공적으로 만든 작은 언덕 위에 세워놓은 철제 단검으로 표현되었다. 왕을 묻을 때에는 인간들(왕의 후궁 중의 한 사람과 여러 명의 종들)과 말들을 함께 묻었다.(IV, 71 이하) 마지막으로 일부 의례에서 보이는 "샤머니즘적" 성격에 주목할 필요가 있다. 스키타이인은 달군 돌 위에 대마 종자를 집어던지는데, 헤로도토스는 그것이 종교적 행위라는 사실을 이해하지 못하고 다만 그 연기로 인해 그들이 "행복에 겨워 쾌락의 울부짖음을 내지른다"(IV, 73)고만 덧붙이고 있다. 그것은 아마도 조로아스터교의 전통에서 볼 수 있는 것과 유사한 엑스터시 체험을 나타내고 있을 것이다.(본권 102절)

108. 마즈다교의 새로운 측면: 하오마 제의

『가타』의 35~42장을 구성하며 산문체로 된 『일곱 장의 야스나Yasna-aux-sept-chapitres』는 상당히 복잡한 적응과 통합의 과정이 시작되고 있음을 반영하고 있다. 무엇보다도 그곳에 나오는 어휘를 통해 몇 가지 중요한 혁신을 알아차릴 수 있다. 아메샤 스펜타들이 처음으로 하나의 집단으로 이야기되고 있으며, 또 후대의 마즈다교에서 중요해지는 야자타yazata("신들")라는 어휘를 발견할 수 있다. 그리고 우리는 거기서 우주적 실재를 재성화再聖化하려는 경향들을 발견할 수 있다. 불은 성스러운 영Esprit Saint, 즉 스펜타 마뉴와 동일시된다.(Yasna, 36:6) 그리고 불은 태양과 함께 아후라 마즈다에게 연결되고 있다.[41] 태양은 눈으로 볼 수 있는 신의 형상으로서, "높은 존재 중에서도 가장 높은 존재"

(*Yasna*, 36:6)이다. 마찬가지로 아샤, 즉 진리 역시 빛과 연결되어 있다. 『일곱 장의 야스나』에서의 아샤의 우월성도 주목받았다. 사람들은 아후라 마즈다를 부를 때 아샤도 함께 불러내며, 주는 "언제나" 아샤와 일체라고 선언한다.(*Yasna*, 40:2; 41:6) 이제 아샤는 진리, 정의, 질서 이상의 것을 의미하게 되는데, 그것은 우주적인 동시에 정신적인 어떤 구조를 인격화한 것이기 때문이다.[42] 아샤는 "가장 은혜롭고, 자비롭고, 영원하고, 빛으로 이루어진 존재"(*Yasna*, 37:4)라고 불린다. 『가타』에서 차라투스트라에게 계시를 주는 신 워후 마나흐는 부차적인 존재로 내려가 있다.

더욱 놀라운 것은 아후라의 "착한 아내들"이라고 알려진 여신들(Ahurānîs)이 물이라는 사실이다. "우리는 아후라니들Ahurānîs, 물에게 예배를 드린다."(*Yasna*, 38:3)[43] 그리고 하오마가 제의에서 중요한 지위를 얻게 된다. "우리는 황금의 하오마를 숭배한다. 우리는 생명을 번창하게 해주는 빛나는 하오마를 숭배한다. 우리는 죽음을 물리치는 하오마를 숭배한다."(*Yasna*, 42:5) 많은 연구자들은 이러한 하오마 찬양을 차라투스트라의 사후에 발생한, 예언자의 가르침과 전통 종교의 융합의 증거라고 해석했다. 그렇지만 차라투스트라가 하오마 제의가 지나

---

41) 후대의 『야스나』— 1:11, 3:13, 7:13 —에서는 태양이 아흐라 마즈다의 눈이라고 불리는데, 그것은 고대 인도-이란의 관념이 활성화된 것이라고 할 수 있다. 왜냐하면 리그베다에서 이미 태양은 바루나의 눈이라고 표현되고 있기 때문이다.

42) Zaehner, *Dawn*, p. 64.

43) Zaehner(*Dawn*, p. 65)가 지적하고 있는 것처럼 후대의 문헌에서는 물이 잊혀진다. 그리고 『가타』의 선한 생각을 의미하는 아르마티는 아후라 마즈다의 부인으로, 훨씬 나중에는 대지와 동일시된다. 이것은 틀림없이 이란의 전통 종교의 유산과 관련이 있다.

치다고 비난하면서도 그 제의를 받아들인 것이 사실이라면 그것은 종교적 혼합의 문제라기보다는 인도-이란의 오래된 "우주적 종교"의 가치를 격상시킨 것이라고 보아야 할 것이다.

차라투스트라의 『가타』와 『일곱 장의 가타Gāthā-des-sept-chapitres』는 신성한 전례인 『야스나』의 일부였다. 그 의례는 주로 신적 존재에 대한 단조로운 기도로 이루어져 있다. 『야슈트Yashts』는 다양한 신들에게 바치는 찬가로 구성되어 있다. 거기에는 예를 들면 미트라가 등장하지만, 차라투스트라가 무시했던 수많은 신들, 그 외의 신적인 인물들과 하오마 같은 종교적 실재를 인격화한 존재들도 보인다. 『홈 야슈트 Hóm-yasht』(*Yasht*, 20)는 대담한 기원 신화를 이용하여 하오마 제의를 정당화하고 있다. 이에 따르면 차라투스트라가 불에 축복을 내리고 『가타』를 영창하고 있을 때 하오마가 그에게 다가와서 자신을 모아 그 즙을 짜보라고 권했다고 한다. 예언자는 하오마에게 물어 위와흐완트가 처음으로 하오마의 즙을 짜내었고, 그에 대한 보답으로 아들을 얻었는데, 그가 바로 "인간 중에서 가장 신앙심이 깊은 자"인 이마 왕이라는 사실을 알게 되었다.(*Yasht*, 20:45)

하오마 제의의 결과로서, 그리고 그것의 힘을 통해 자손을 얻게 된다고 하는 이 신화-의례적 시나리오의 의미와 그것의 전사前史에 대해서는 나중에 다시 살펴볼 것이다.(본서 제2권) 나중에 이마와 하오마 제의는 둘 다 유혈 희생 제의와 결합되어 마즈다교 안에서 찬미의 대상이 되었다는 사실에 주목하자.(*Yasht*, 11:4~7) 이처럼 인도-이란적 전통이 높이 평가되는 것과 비례하여 그에 대한 저항 역시 강해졌다. 사실상 유혈 희생 제의는 나중에 완전히 금지되었으며, 취하게 만드는 음료인 하오마는 사라졌고, 식물의 즙과 물, 우유를 혼합한 음료가 대신 사용되었다.[44]

109. 미트라 신의 지위 상승

마즈다교의 역사에서 지금도 놀라움을 불러일으키는 동시에 매우 중요한 것은 미트라 신을 찬양하는 장편 찬가 『미르 야슈트Mihr Yasht』 (Yasht, 10)이다. 아후라 마즈다는 다음과 같이 말한다. "내가 넓은 초원의 주인인 미트라를 창조했을 때, 나는 그가 나처럼 제의를 받고 찬미되도록 만들었다."(Yasht, 10:1) 다시 말해 미트라의 위대함, 권력, 창조력은 모두 지혜로운 주로부터의 선물인 것이다. 우리는 이 서문에서 유일한 지상신의 전능한 힘을 재확인하기 위해 마즈다교 신학이 기울인 노력을 확인할 수 있다. 사실 『미르 야슈트』는 미트라가 높은 지위의 신으로 승격한 것을 차라투스트라의 개혁 이전에 그가 가지고 있던 본래의 지위를 회복한 것에 불과하다고 정당화한다. 찬가의 마지막 부분에서 두 신이 일체화되는데, 찬가의 작자는 **미트라-아후라**라는 방식을 사용하고 있다. 그것은 베다의 잘 알려진 이항 도식인 미트라-바루나를 꼭 빼닮은 것이다.[45]

하지만 『미르 야슈트』에서 찬양된 신이 아무런 변형도 겪지 않고 마즈다교 속에 재통합되었던 것은 아니다. 우리는 찬가 자체에서 눈에 띄지 않게 신통기가 형성되어가는 여러 계기를 읽어낼 수 있다. 즉 아후라 마즈다가 보여준 일련의 행동은 미트라를 높은 지위로 끌어올리고 찬미하는 데 목적을 두고 있었다. 여기서 가장 먼저 강조되어야 할

---

44) Widengren, op. cit., p. 131. Duchesne-Guillemin, La religion de l'Iran ancien, pp. 96 sq. 를 참조하라.

45) Dumézil은 『가타』에서는 워후 마나흐가 미트라의 지위를 차지하고 있다는 것을 보여주었다. 또한 Widengren, op. cit., p. 31을 참조하라.

것은 미트라 신의 다양한 성격이다. 그는 분명히 계약의 신이며, 그를 경배하기로 약속한(*Yasht*, 10:4~6) 신자들은 그후 결코 그 계약을 파괴해서는 안 된다는 의무를 진다. 그러나 그는 동시에 전쟁의 신이며, 폭력적이고 잔혹한 면을 보여주기도 한다(그는 격노한 나머지 다에와들과 불신자들을 자신의 곤봉인 와즈라vazra로 살육하는데, 이 무기는 그와 인드라 신의 친연성을 보여준다). 또한 그는 빛과 연결되어 있는 (10:142) 태양신이기도 하고, 1000개의 귀와 1만 개의 눈을 가지고 있다.(10:141) 즉 그는 모든 최고신처럼 모든 것을 볼 수 있고, 모든 것을 아는 존재이다. 게다가 그는 들판과 가축의 풍요를 보증하는 우주의 공급자pourvoyeur universel이기도 하다.(10:61 이하) 이러한 현상은 종교사에서 일반적이다. 어떤 신이 위대한 신의 지위로 승격하는 데 필요한 "전체성"을 획득하기 위해서는 때때로 다채로운, 심지어 모순되기도 하는 여러 권능과 속성을 부여받는 것이다.

아후라 마즈다와 아메샤 스펜타들은 궁륭 너머의 정신세계에 있는 하라 산에 미트라를 위한 집을 지었다.(10:49~52)[46] 그러나 미트라는 자신이 모든 생물의 수호자임에도 불구하고 다른 신들처럼 기도와 숭배의 대상이 되지 못한다며 아후라에게 불만을 토로했다.(10:54) 결국 그는 자신이 요구했던 제의를 받게 되었던 것 같다. 왜냐하면 찬가의 뒷부분에서 미트라는 백마가 끄는 전차를 타고(62 이하) 종자 스라오샤

---

[46] 이 신화적 모티프의 의미는 널리 알려져 있다. 천상에 판테온의 구성원들을 위한 신전을 건설하는 것은 그 신의 승리를 축하하고(우주 창조 신화의 한 유형, 마르둑을 참조하라) 그 신을 최고신의 지위로 승격시키는 것(바알 신을 참조하라)을 의미한다. 이러한 신화적 에피소드는 분명히 신을 숭배하기 위해 신전을 땅 위에서 건설하는 것을 나타내고 있다.(본권 50절을 참조하라)

와 라슈누를 이끌고 밤에 땅 위를 돌아다니며 **다에와**들을 궤멸시키고 (95~101), 계약을 존중하지 않는 자들을 추적하기(104~111) 때문이다. 그러나 보다 더 중요한 것은 미트라가 최고신의 위치에 오르면서 거치는 단계들이다. 우선 아후라 마즈다는 하오마를 마트라의 사제로 임명하고, 하오마는 미트라에게 경배를 올린다.(88) 즉 제의를 바친다. 이어서 아후라 마즈다는 미트라에게 바치는 의례의 올바른 행사 방법을 규정하고(119~122), 그것을 천국에서, 즉 찬가의 집에서 스스로 행한다.(124) 이러한 신격화apothéose의 과정을 거친 후에 미트라는 다에와들과 싸우기 위해 다시 지상으로 내려온다. 그러나 아후라 마즈다는 찬가의 집에 그냥 머물러 있다. 아후라 마즈다와 미트라의 재결합은 다에와들의 운명에 봉인을 했다. 미트라는 세계 전체를 비추는 빛으로 숭배되었다.(142~144) 그리고 찬가는 다음과 같은 표현으로 끝을 맺는다. "우리는 영원히 타락으로부터 자유로운, 빛나는 진실의 (주), 미트라와 아후라를 **바솜**barsom[*제의용으로 쓰는 성스러운 나뭇가지]으로 경배합니다. (우리는 경배합니다) 별과 달과 태양을. 우리는 대지의 주 미트라를 경배합니다."(145)

미트라는 마즈다교에서, 특히 **다에와**들 및 불신자들과 투쟁하는 전사-신으로 지위가 상승했다. 아후라 마즈다가 이러한 기능을 전적으로 미트라에게 양도했다는 사실은 아후라 마즈다가 **데우스 오티오수스**로 나아가는 중이라는 것을 보여준다. 그러나 악에 대항해 벌이는 전투는 마즈다교의 주요 임무이기 때문에 이 찬가는 미트라의 "개종", 즉 주의 승리라고 해석될 수 있다.

110. 아후라 마즈다와 종말론적 희생 제의

오래된 민족 종교와 차라투스트라의 가르침의 융합 과정은 다른 찬가들에서도 읽어낼 수 있다. 예를 들어 『야슈트』(VIII)는 야자타인 티슈트리야Tištrya(인격화된 시리우스 별)에게 바치는 찬가인데, 티슈트리야는 사람들이 자기에게 제의를 바치지 않기 때문에 자신이 악마 아파오샤Apaoša—그는 물속에 숨어 모든 생명체를 파괴하겠다고 위협한다—를 정복하지 못한다고 탄식한다. 그래서 아후라 마즈다가 티슈트리야에게 희생 제의(yasna)를 올리고 그를 찬양했다. 그 결과 티슈트리야는 다에와들과의 전투에서 승리를 거둘 수 있었고, 대지의 풍요를 보증할 수 있게 되었다. 아후라 마즈다는 아나히타에게도 제물을 바치고, 그 여신에게 기원한다. "은혜를 내려주시오. 내가 의로운 자 차라투스트라로 하여금 선한 종교를 따라 생각하고, 말하고, 행동하도록 가르칠 수 있도록."(Yasht, 5:17~19) 또 지혜로운 신은 와유에게도 제의를 올리면서, 앙그라 마뉴가 창조한 악을 파괴할 수 있도록 "은혜를 내려주시오"라고 기도한다.(Yasht, 15:3) 더욱 예기치 못한 것은, 아후라 마즈다가 흐라와시들Fravashis—사람들의 전생의 영혼—의 도움을 얻지 못하면 인간과 동물이 사라져버리고 말 것이고, 물질세계는 "거짓의 제국empire du Mensonge"의 지배하에 떨어지고 말 것이라고 선언했다는 사실이다.(Yasht, 13:12)

자기보다 하위에 있는 여러 신들에게 제의를 바칠 뿐 아니라 그들에게 도움을 요청하는 아후라 마즈다의 자기비하에 대해 제너Zaener[47])는 그 텍스트들이 차라투스트라의 가르침과 모순된다고 생각한다. 사실

47) Zaener, *Dawn and Twilight*, p. 81.

흐라와시들의 도움이 대단히 중요한 것으로 표현되고 있다는 사실은 데우스 오티오수스 유형을 떠올리게 하고, 창조주는 동물이나 자기의 적 대자에게조차 도움을 구하지 않으면 안 될 정도로 "정신적 피로감"에 빠진 것처럼 보인다.[48] 그렇지만 아후라 마즈다가 다른 신들에게 경배 (yaz-)를 올리고 제의(yasna)를 바친다는 것이 반드시 그가 스스로를 종속적 지위로 낮추었다는 것을 의미하지는 않는다. 『야슈트』는 의례 나 전례가 지닌 창조적 힘을 강조하고, 아후라 마즈다가 사제로서의 기능을 가지고 있다는 사실을 보여준다.[49] 아후라 마즈다는 제의를 통 해, 그 제의를 받는 신들에게 열 배 이상의 주술-종교적 힘을 부여했 다. 여러 찬가들은 희생 제의의 중요성을 특별히 강조한다. 그러한 관 념은 물론 인도-이란적인 것이며, 『브라흐마나』에서 특별히 발전했고, 마즈다교에서도 점차 중심적인 것으로 자리를 잡았다.

다른 인도-유럽 민족의 경우에도 그렇지만, 의례의 불은 중요한 역 할을 한다. 야스나는 "본질적으로는 불 앞에서 실행되는 하오마 제의이 다."(Duchesne-Guillemin, p. 71) 신성한 불을 만들고, 유지하고, 정화시키 는 것은 다른 종교에서는 유사한 예를 볼 수 없을 만큼 마즈다교에서 중요한 부분을 차지하고 있다. 마즈다교를 신봉하는 모든 왕들에게 있 어 최고의 종교적 행위는 신성한 불을 만드는 것, 즉 신전을 건축하고, 신전의 유지비를 기부하고, 사제를 임명하는 것이다.[50] 차라투스트라

---

48) 이것은 "이원론적인" 우주 창조 신화의 모티프로, 동유럽, 중앙아시아, 시베리 아의 민간전승뿐만 아니라 주르반교zurvanisme에도 널리 알려진 것이다. Eliade, "Le Diable et le Bon Dieu"(*De Zalmoxis à Gengis-Khan*, pp. 84 sq.)를 참조하라.

49) G. Gnoli, "Note su Yasht VIII", pp. 95 sq.를 참조하라.

50) Duchesne-Guillemin, *La religion de l'Iran ancien*, p. 84, n. 1(참고 문헌).

는 동물을 제물로 바치는 제의를 비난했지만, 그가 그것을 전면적으로 거부했는지는 확실하지 않다. 어쨌든 동물 희생은 아베스타에도 알려져 있다.(*Yasna*, 11:4; *Yasht*, 8:58) 아케메네스 왕조 치하는 물론 파르티아 시대와 사산 왕조 시대에도 동물을 바치는 희생 제의가 풍부하게 기록되고 있다.[51]

앞에서(본권 104절) 우리는 차라투스트라—자신을 사오쉬얀트라고 자칭하면서 "우리는 이 세상을 갱신하는 자가 되고자 합니다"(*Yasna*, 30:9)라고 기도했다—가 우주 창조 신화를 의례적으로 반복함으로써 세계의 재생을 보증하는 신화-의례적 시나리오를 어떤 방식으로 재평가했는지 살펴보았다. 조로아스터교에서는 제의의 종말론적 의도가 계속 보강되었고, 그것의 우주적 의의가 잊혀지는 일은 없었다. 우리는 여기서, 야훼 신앙에서의 우주의 리듬과 현상의 "역사화"와 유사한 과정을 발견할 수 있을 것이다.(본권 57절 참조) 괴물과의 싸움 및 다양한 전통적 영웅의 주제는 마즈다교의 종말론적 드라마의 각 장면으로, 다시 말해 다에와들에게 대항하는 전투로서, 세계의 재생(*frašō-kereti*)에 대한 기다림과 준비로 해석되었던 것이다. 신년 의례에 의해 세계는 상징적으로 재창조되었고 시간 자체도 갱신되었기 때문에, 종말론적 갱신Rénovation eschatologique이라는 주제 역시 최종적으로는 동일한 시나리오의 틀 안에 놓을 수 있었다. 조로아스터교 사제들이 집행하는 제의는 사오쉬얀트가 갱신을 완성하는 [종말의] 때에 거행할 제의를 미리 행하는 것이다. 따라서 사제는 자기 자신을 사오쉬얀트, 나아가 암묵적으로는 차라투스트라와 동일시했다.[52]

---

51) *Ibid.*, pp. 100 sq. 그리고 본권 103절을 보라.
52) Molé, *Culte, mythe et cosmologie*, p. 134. 사오쉬얀트는 최후의 구세주로, 차라투

후대에 와서 제의의 두 가지 의도—종말론과 우주적 창조—는 새롭게 일체화된다. 팔레비어 텍스트에 보존되어 있는 전승은 아후라 마즈다가 우주, 최초의 인간, 그리고 차라투스트라를 창조하는 수단으로 사용했던 일련의 제의를 강조하고 있다.[53] 종말론적 갱신은 신년제가 거행되는 도중에 일어날 것이고, 죽은 자는 다시 살아나고, 심판을 받고, 그리고 최후에는 "불사를 획득할" 것이다. 이러한 우주론적 재생은 최초의 창조와 마찬가지로 제의의 결과로 일어날 것이라는 점에 주목하자. 팔레비어 텍스트는 앞으로 있을 최후의 희생 제의를 매우 상세하게 기술한다. 제의는 사오쉬얀트와 그의 협력자들에 의해 집행될 것이고, 오르마즈드Ohrmazd[아후라 마즈다]와 아메샤 스펜타들이 참석할 것이며, 뒤이어 사람들은 다시 살아나 불사의 몸을 획득하고 우주 전체가 근본에서부터 다시 창조될 것이다.[54]

우리는 조로아스터교가 어떤 면에서 원초적인 희생 제의의 가치를 활용하고 있는지에 대해서 알고 있다. 차라투스트라는 악의 힘에 대항한 "성전聖戰"을 선포하고, 신자들은 각자 선한 종교를 선택함으로써 다에와들과 투쟁을 벌이고 악마의 세계를 "정화시키라는" 부름을 받는다. 다시 말해 그들은 아후라 마즈다와 대천사들이 벌이는 우주적 규모의 정화 작업에 참여했던 것이다. 선한 종교의 구제론적 기능은 제의의 창조적 힘에 대한 예찬에 의해 더욱 강화된다. 궁극적인 목표는 우주의 재

스트라와 동일시된다. 그리고 몇 가지 후대의 전승에 따르면 그는 카사오야 호수 속에 기적적으로 보존되어 있던 예언자[차라투스트라]의 정액에서 태어난 후계자라고 한다.

53) Molé, *op. cit.*, pp. 126 sq.에 번역된 팔레비어 『리바야트』의 단편 16 B.

54) Molé, pp. 87 sq., 90, 126 sq. 등에 번역된 텍스트들을 보라.

생이었기 때문에, 제의가 지닌 근원적이고 우주 창조적인 기능이 더욱 높이 평가되었던 것이다. 사실상 종말론적 갱신은 인류를 "구원하는" 데에 그치지 않고 인간의 몸을 부활시킴으로써 인류를 새롭게 창조하는 데로 나아간다. 그것은 파괴되지 않고 타락하지 않는 새로운 창조를 의미한다. 『야슈트』(19:90)에서 말하고 있는 것처럼 "물질세계는 더 이상 파괴되지 않을 것이다 〔……〕. 다만 거짓이 파괴될 뿐이다."

111. 사후의 영혼의 여행

장례 의례, 죽음의 신화, 영혼의 사후 존재에 대한 관념들은 개혁이나 개종이 있었다고 하더라도 더디게 변화한다. 따라서 아베스타 혹은 팔레비어 문헌에서 얻을 수 있는 많은 정보는 조로아스터교 성립 이전의 사정을 아는 데에도 유효하다. 서부 이란에서 기록된 의례, 특히 시체를 화장하고 그 재를 항아리에 넣어 땅에 묻는 습속은 조로아스터교와 함께 다른 지역에도 퍼져 나갔다. 그것보다 더 태곳적인 유풍은 중앙아시아의 스텝 지역에서 특징적으로 보이는데, 죽은 자의 시체를 정해진 장소에 방치하고, 그 시체를 독수리나 개가 먹어치우게 하는 것이다.[55] 동부 이란인들은 죽은 자를 위해 의례적인 슬픔을 표현하고, 자신의 몸을 때리거나 심지어 자살하기까지 한다. 그러나 조로아스터교는 "눈물과 비탄"이 앙그라 마뉴의 발명품이라고 보았기 때문에 그것을 철저하게 금지시켰다.[56]

---

55) Nyberg, *Die Religionen d. alten Irans*, p. 310 ; Widengren, *Les religions de l'Iran*, p. 53.
56) Nyberg, *op. cit.*, pp. 316 sq.

영혼이 사후에 경험하는 것에 대해서는 널리 알려진 모티프들이 있다. 다리의 통과, 하늘로의 상승, 심판, 나아가서 참된 자아와의 만남 등이 그것이다. 『하조흐트 나스크Hâdôxt Nask』(*Yasht*, 21~22)의 일부를 구성하는 어느 시는, 의로운 자의 영혼(*urvan*)은 3일 동안 자신의 몸 주변에 머무른다고 말한다. 세 번째 밤이 다 지나갈 무렵, 향기로운 바람이 남쪽에서 일어나고, 죽은 자의 다에나dâenâ〔죽은 자 자신〕가 "빛나고, 활기 넘치고, 아름답고, 몸이 곧고, 키가 크고, 가슴이 봉긋한 미모의 15세 소녀의 모습으로" 나타난다.(*Hâdôxt Nask*, 9) 다에나는 자기의 정체를 밝히면서 이렇게 덧붙인다. "당신은 선한 생각, 선한 말, 선한 행동, 선한 종교로 본래 사랑스러웠던 나를 더욱 사랑스런 모습으로 만들어주었고, 아름다움은 한층 더 아름답게, 바람직한 것은 한층 더 바람직하게 만들어주었습니다."(*ibid.*, 14) 그런 다음 영혼은 네 걸음 만에 하늘의 세 영역[57]을 가로질러 "처음이 없는 빛의 세계", 즉 천국에 도달한다.(*ibid.*, 15) 죽은 자들 가운데 하나가 그에게 어떻게 "육체의 세계에서 정신의 세계로, 위험으로 가득 찬 세계에서 위험이 사라진 세계로"(*ibid.*, 16) 옮겨 올 수 있었는지에 대해 질문한다. 그러나 아후라 마즈다는 그 질문을 가로막으며 다음과 같이 말한다. "더 이상 묻지 말라. 왜냐하면 너는 그에게 그가 지나온 무섭고 위험한, 육체와 정신의 분리가 일어나는 그 길을 생각나게 할 것이기 때문이다."(*ibid.*, 17) 그것은 그 여행의 극적인 시련을 암시하는 것이다.[58] 아후라 마즈다는 그에게 의

---

57) 그것은 별, 달, 태양의 영역으로서 텍스트 속에서는 각각 "선한 생각", "선한 말", "선한 행동"에 대응된다. W. Bousset, "Die Himmelsreise der Seele", pp. 25 sq.의 의견을 따르는 Widengren, p. 125를 참조하라.

58) 이러한 시련에 대해서는 후대의 자료들을 통해 더욱 많은 것을 알 수 있다. 예를 들어 *Mênôk i Xrat*, II, 115~117, 151~153이 있다. 또한 Nathan Söderblom,

로운 자의 영혼이 "죽은 후에 먹는 음식"인 "봄에 만든 버터"[59]를 제공하라고 명령한다.(*ibid.*, 18) 그와 반대로 악한 자의 영혼은 북쪽에서 불어오는 바람을 타고 나타난 무서운 여자를 만나 처음이 없는 어둠의 영역에 도달한다. 그곳에서는 앙그라 마뉴가 악한 자의 영혼에게 독을 내주라고 명령을 내린다.(*ibid.*, 20~35)

특징들을 정리해보자. (1) 영혼은 다에나, 즉 자기 자신을 만난다.[60] 그것은 이전부터 존재하고 있었지만("본래 사랑스러웠던……") 동시에 의로운 자가 지상에서 종교적 활동을 한 결과이기도 하다("당신은 나를 더욱 사랑스런 모습으로 만들어주었습니다……"). (2) 다에나는 원형적인 여성의 형태로 등장하는데, 그는 구체적인 외관을 가지고 있다. (3) 이것은 분명히 인도-이란적인 관념인데, 왜냐하면 『카우시타키 우파니샤드Kaushitaki-Upanishad』(I, 3~6)에서도 다음과 같은 서술이 보이기 때문이다. "신들의 길(*devayāna*)"로 들어선 영혼은 여러 신들 틈에서 마나시Mānasī("지혜로운 자")와 차크슈쉬Cākshushī("예지력을 가진 자")의 환대를 받는다. 그런 다음 영혼은 호수와 강을 건너 한 도시 안으로 들어가고, 브라흐만 앞에 도착한다. 브라흐만은 묻는다. "그대는 누구인가?"[61]

La vie future d'après le mazdéisme, pp. 91 sq.; J. D. C. Pavry, *The Zoroastrian Doctrine of a Future Life*, pp. 19, 62 sq.도 참조하라.

59) "봄에 만든 버터"의 종교적 의미에 대해서는 Widengren, p. 126을 참조하라.

60) 다에나에 대해서는 Gnoli, "Questioni sull'interpretazione della dottrina gathica", p. 361 sq.를 보라.

61) Wikander, *Vayu*, pp. 47 sq.를 참조하라. Widengren(pp. 57~59)은 불전佛典인 『법구경Dhammapada』 219 sq.에서 유덕한 자들은 "그들의 선행으로 인해 마치 그들이 사랑하는 부모인 것처럼 환대를 받는다"고 한 것처럼 『다티스탄 이 데니크Dātistān i

『하조흐트 나스크』에는 친와트 다리에 대한 언급이 보이지 않는다. 그러나 차라투스트라는 거듭해서 그것에 대해 이야기한다.(본권 103절) 그것은 인도-이란적 관념으로, 다른 인도-유럽 민족에게도 알려져 있으며, 다른 종교사에서도 발견되는 것이다. 고전적인 묘사에 따르면[62] 다에나가 자기 개들을 데리고 와 우주산 하라 베레자이티Hara Berezaiti 위에 있는 친와트 다리 위로 의로운 자의 영혼을 안내하는지를 상세하게 이야기한다(사실상 다리―"세계의 중심"에 있다―는 하늘과 땅을 잇는다). 영혼은 워후 마나흐의 환대를 받고, 이어서 아후라 마즈다와 아메샤 스펜타 앞에 선다. 선한 자와 악한 자의 선별은 다리 앞이나 입구에서 이루어진다. 팔레비어 문헌에서는 미트라가 스라오샤와 라슈누(천칭을 손에 들고 있다)의 보조를 받아 영혼을 심판한다고 말하는데, 『가타』에는 그런 장면이 보이지 않는다. 어쨌든 그것은 시나리오에서는 불필요한 부분이다. 입문 의례적 시련에 해당하는 다리 건너기 자체가 하나의 심판이라고 볼 수 있다. 널리 알려진 관념에 의하면 다리는 의로운 자가 건널 때에는 폭이 넓어지고, 악한 자가 건널 때에는 면도날처럼 좁아지기 때문이다.

Denik』(XXIV, 5)가 "선행 보물고의 관리자"라는 이름의 소녀를 가리킨다고 상기시킨다. 죽은 자의 영혼이 하늘로 여행하는 것은 후대의 문헌 『아드라이 비라즈 나마크Ardai Virāz Nāmak』에 서술되어 있는 것처럼, 영혼이 천국(garôdmân)에 도달하기 전에 별, 달, 태양의 영역을 통과하여 엑스터시 상태의 비상을 하는 것과 같다.

62) *Vidēvadāt*, 19:28-32; Söderblom, *op. cit.*, pp. 89~90. 『비드바다트Vidēvadāt』(13:19)에 따르면 개들이 그 다리를 감시하고 있다고 한다. 야마의 개들을 참조하라.

112. 몸의 부활

이마Yima를 둘러싸고 구체화된 종말론적 신화와 신앙은 좀 더 표면적으로 조로아스터교화되었다. 인도에서 야마가 원초적 죽음Premier Mort에 관한 신화에 영감을 불어넣었다면, 이란의 이마는 최초의 왕 Premier Roi과 완전한 통치자의 모델이 되었다. 여기에서는 이란의 전통이 최초의 낙원을 이마의 통치와 결부시키고 있다는 사실을 지적하는 것으로 충분할 것이다. 즉 거기에서는 1000년 동안 죽음과 고통이 존재하지 않고, 사람들은 영원히 젊음을 유지한다.[63] 그러나 이마가 거짓말을 하기 시작했을 때, 그의 **화르나프**는 그를 저버렸으며, 마침내 그는 불사성을 상실하고 만다.[64]

원래는 독립적이었던 다른 종말론적 신화는 조로아스터교 신학에 의해 이마의 신화 속에 통합되었다. 아후라 마즈다는 이마에게 겨울이 3년 동안 계속되고 이 땅 위의 모든 생명이 다 죽을 것이라고 알려주고, 그가 구원할 가장 훌륭한 사람들과 모든 동물 종의 배아를 보존해둘 성(vara)을 하나 건설하라고 지시한다. **와라**vara에서는 태양도, 달도, 별도 볼 수 없다고 말하고 있는 것을 볼 때 그 성은 지하에 존재한다고 상상되었던 것 같다.[65] 그것은 인도-유럽 민족의 원초적 종말론일 가능성이 높지만(게르만 전통에서 나오는 겨울 핌불Fimbul 참조), 조로아스터교의

---

63) *Yasna*, 9:4 sq. 그리고 Söderblom, *op. cit.*, pp. 175 sq. 및 A. Christensen, *Les Types du premier Homme et du premier Roi dans l'histoire légendaire des Iraniens*, II, pp. 16 sq.의 다른 참고 문헌들을 보라.

64) Christensen, *op. cit.* 및 G. Dumézil, *Mythe et Épopée*, II, pp. 282 sq.를 보라.

65) *Vidēvadāt*, II, 20~32. 그리고 Söderblom, *op. cit.*, pp. 172 sq.를 참조하라. 또한 *Bundahišn*, XXXIX, 14; *Mēnōk i Xrat*, LXII, 15; Dumézil, *op. cit.*, II, pp. 247 sq.도 보라.

입장과는 결코 대응되지 않는다. 우리는 세계의 종말에 관한 이 신화적 시나리오 속에 왜 이마가 등장하는지 알 수 있다. 이마는 황금시대의 전설적인 왕이었다. 그리고 와라 안에 보존되어 있는, 보다 정확하게 말하자면 "구원받은" 미래의 인류의 배아는 종말론적 대재앙이 지나간 뒤에 "태초"의 낙원에서의 존재 방식을 곧바로 경험하게 될 것이다.

몸의 부활이라는 또 다른 종말론적 사유에 대해 살펴보아야 할 것이다. 그 신앙은 상당히 오래된 것처럼 보이지만, 『야슈트』(19:11과 89)에 와서야 비교적 명확한 형태로 서술되기 시작한다.(*Yasht*, 13:129도 보라) 거기에서는 "죽은 자의 부활"이 "산 자"의 도래와 연관되어, 즉 차라투스트라가 예견한 사오쉬얀트의 도래와 연관되어 서술되고 있다. 여기서 부활은 최종적인 갱신의 일부를 이루고 있으며, 우주적 심판의 의미도 내포하고 있다. 비교적 오래된 사상을 포함하여 많은 관념이 장대한 종말의 광경 안에서 그 모습을 드러낸다. 근본적으로 그리고 완전히 새롭게 거듭난 세계는 사실상 악마의 공격에 의해 더 이상 악에 물들지 않는 새로운 창조를 의미한다. 소우주와 대우주의 대응 관계라는 관점에서 본다면 죽은 자의 부활, 즉 몸의 재창조는 우주 창조와 맞먹는다. 그것은 인도-유럽 민족들에게서 공통적으로 찾아볼 수 있는 원초적 관념의 하나이지만, 특히 인도와 이란에서 상당한 수준으로 발달했다.

앞에서도 본 것처럼(본권 104절 참조) 차라투스트라가 행했던 전례에 이미 예시되어 있었던 최종적인 갱신은 신년 축제(*Nawrōz*)에서 미리 이루어진다. 전승에 따르면 신년 무렵에 우주적인 동시에 인간적인 드라마에 있어서 결정적인 세 가지 사건, 즉 창조, "종교"의 계시, 종말론적 갱신이 일어난다고 한다.[66] 그러나 1년이라는 시간은 우주적 시간

---

66) Molé, *Culte, mythe et cosmologie*, p. 120을 참조하라.

전체를 상징하는 것이기 때문에, 매년 마지막 열흘은 종말론적 드라마를 예시하는 것이라고 할 수 있다. 영혼은 이 놀라운 기간 동안에 지상으로 되돌아온다. 『야슈트』의 한 구절(13:49-52)은 이 한 해의 마지막 열흘 동안 자유롭게 떠돌아다니는 흐라와시들[67]을 불러들이고 있다. 이러한 신앙은 세계 전역에 퍼져 있지만, 조로아스터교도들은 자신들 이전이나 이후의 신학자들과 마찬가지로 그것을 보다 더 큰 체계 속에 포함시켰다. 팔레비어 전승에 의하면 오르마즈드는 한 해의 마지막 열흘 동안에 인간을 창조했다고 한다. 따라서 흐라와시들은 인간이 창조되는 순간 지상에 도달했고, 몸이 부활하는 때인 시간의 마지막에 되돌아오는 것이다.[68]

후대의 텍스트들은 신년 축제와 종말론적 갱신 사이의 대응 관계를 더욱 발전시키고 있다. 매년 새해가 될 때마다 사람들은 새 옷을 받고, 시간의 마지막 때에 오르마즈드는 부활한 자들에게 빛나는 새 옷을 줄 것이다.[69] 앞에서 본 것처럼(본권 104절), 우주의 갱신과 신체의 부활은 사오쉬얀트가 거행하는 희생 제의가 끝난 다음에 일어나는데, 제의를 거행할 때 그는 아후라 마즈다의 도움을 받을 수도 있고 그렇지 않을 수도 있다. 종말의 시점에 거행되는 이 제의는 어떤 면에서는 우주 창조적 희생 제의를 반복하는 것이다. 그런 면에서 이 제의는 마찬가지로

---

67) 흐라와시들은 의로운 자들의 영혼들이며, 동시에 그들의 영혼의 천상적인 원형들이다. 신자들을 지켜주는 "수호천사"로서 흐라와시들은 악의 화신들에 맞서 싸운다. 후대의 자료들에는 그들이 하늘을 지키는 무장한 기마병들이라고 묘사되어 있다. Widengren, *Rel. de l'Iran*, p. 39를 참조하라. 오랜 기간에 걸쳐 진행되어온 종교적 혼합의 결과, 흐라와시들은 이처럼 복합적인 모습을 갖게 된 것 같다.

68) Molé, *op. cit.*, p. 109에 인용된 텍스트들을 보라.

69) *Saddar Bundeheš*, 32~37, trad. Molé, p. 111..

"창조적인" 것이다. 부활, 그리고 그러한 부활의 필연적 결과로서 얻게 되는 신체의 불멸성은 종말론에 대한 차라투스트라의 사유의 대담한 전개를 보여준다. 그것은 불사성에 대한 새로운 관념을 보여주는 것이었다.[70]

---

70) 최초의 인간(가요마르트Gayomart)에 대한 신화와 두 가지 창조—"정신적인 것(메녹)"과 "물질적인 것(게틱)"—는 본서 제2권에서 다루어질 것이다.

왕과 예언자 시대의 이스라엘 종교

113. 왕권 제도: 종교적 융합의 최고점

"사무엘이 나이가 들었다. 그래서 그는 자신의 두 아들을 이스라엘의 사사[裁判官]로 세웠다." 그러나 두 아들은 아버지의 모범적 행동을 따르지 않았고, 그래서 장로들이 사무엘에게 찾아가 말했다. "다른 나라들과 같이 우리에게도 왕을 세워 우리를 다스리게 하십시오."(「사무엘상」 8:1-5) 당시의 왕권 제도는 외국의 제도였다. 일부 반대자들은 왕권 제도를 가차 없이 비판했는데, 그들의 관점에서 볼 때는 야훼만이 이스라엘의 유일한 왕이었기 때문이다. 그러나 처음부터 왕권 제도는 야훼의 뜻에 맞는 것으로 여겨졌다. 사무엘에 의해 기름 부음을 받은 사울은 "야훼의 성령"에 사로잡혔다.(「사무엘상」 10:6) 왕은 하느님으로부터 "기름 부음을 받은 자(mâ'siah)"(「사무엘상」 24:6, 11; 26:9, 11, 16, 23 등)이기 때문에 야훼에게 선택을 받은 것이고, 어떤 의미에서는 그의 아들이 된 것이다. "나는 그의 아버지가 되고, 그는 내 아들이 될 것이다."(「사무엘하」 7:14) 그러나 왕은 야훼가 낳은 자가 아니며, 단지 특별한 선언에 의해 인정받고 "적법성"을 부여받았을 뿐이다.[1] 야훼는 왕에게 세계의 통치권을 부여했으며(「시편」 72:8), 왕은 하느님 곁에 있는 왕좌에 앉는다.(「시편」 110:1, 5; 「역대기상」 28:5; 29:23 등) 왕은 야훼의 대리자이며, 따라서 왕은 신성한 세계에 속한다. 그러나 야훼의 독특한 위치로 인해 왕은 "신격화"될 수 없다.[2] 왕은 무엇보다도 야훼의 "종"이다(이 용어는 다윗에게 60번이나 사용되고 있다).

즉위 의례에는 다른 의례들과 함께 기름 붓기, 왕권의 선언, 그리고 즉위식이 포함된다.[3] 야훼의 대리자로서 이스라엘의 왕은 고대 오리엔트의 통치자들이 그랬던 것처럼 우주의 질서를 유지하고(「시편」 2:10-12), 정의를 행하고, 약자를 보호하고(「시편」 72:1 이하), 나라의 풍요를 보장해야 한다. "그는 풀을 벤 들 위에 내리는 비와 같고…… 산꼭대기까지 온 땅에 곡식이 풍성하다."(「시편」 72:6, 16) 여기에서 우리는 "낙원에서의" 통치의 전통적인 이미지, 나중에 메시아의 도래를 이야기하는 예언이 찬란하게 빛낼 그러한 이미지를 보게 된다. (게다가 이상적인 왕인 메시아Messie에 대한 기대는 왕권 이데올로기와도 결부되어 있다.) 왕권은 야훼와 다윗 왕조 간의 새로운 계약으로, 그리고 시나이 산에서의 계약을 연장하는 것으로 해석되었다. 이처럼 외래의 제도를 성스러운 역사의 새로운 행위로서 가치 부여하는 것에서 우리는 이스라엘의 왕권 이

---

1) Fohrer, *History of Israelite Religion*, p. 147을 참조하라. 이스라엘 민족 역시 야훼의 "아들"이었다.(*Ibid.*, pp. 185 sq.)

2) 「시편」과 같이 왕정과 밀착된 텍스트에서조차 중심적 역할은 왕이 아닌 야훼에게 주어져 있다.(*Ibid.*, p. 150)

3) Ringgren, *La religion d'Israël*, pp. 236 sq.와 Fohrer, *op. cit.*, pp. 142 sq.에 인용, 논의된 텍스트들을 보라.

데올로기의 독창성을 알 수 있다.[4)]

솔로몬은 예루살렘의 왕궁 가까이에 신전을 세움으로써 성소의 의례와 세습적인 왕권을 결부시켰다. 이스라엘 사람들은 신전을 야훼의 거처라고 생각했다. 그때까지도 이스라엘 군대에 의해 지켜지고 있던 언약의 궤는 "지성소(debir)"의 어둠 속에 안치되었다. 그러나 야훼의 신성함의 빛은 이 성소로부터 도시 위로, 나아가 온 세계로 뻗쳐 나간다.(「시편」 15:1, 24:3, 46:5. 「이사야」 31:4, 48:2 등) 신전이 세워진 시온산은 "세계의 중심"이었다.[5)] 예루살렘의 신전은 국가적 성소가 되고, 궁정 제의는 국가 종교와 동일시되었다. 신전의 임무는 공동체 전체를 위한 화해와 속죄의 의례를 행하고, 또한 왕과 왕의 영광, 나아가 왕이 "백성의 평화"와 세계의 번영을 약속하는 정의를 행사하도록 축원하는 공공의 기도를 드리는 것이었다.(「시편」 20, 72) 다시 말해 **결국 전례는 세계의 구조를 새롭게 만든다.**

신전이 외래의 모델에 따라 지어졌던 것처럼, 의례 역시 가나안의 형식을 빌렸다. 그 전까지는 알려지지 않았던 대규모의 종교적 융합이 진행되었다. 왜냐하면 왕정은 이스라엘 사람들과 가나안 사람들이 가지고 있던 종교사상과 실천의 융합을 장려했기 때문이다. 게다가 솔로몬 왕은 이방인 출신인 여러 왕비들의 종교 의례를 용인했고, 그들의 신들을 위하여 성소를 지을 수 있도록 허락했다.(「열왕기상」 11:6-7) 이스라엘의 왕들은 자신들을 국가 종교의 수장이라고 생각했다. 그러나 그들의 종교적 기능에 대해서는 잘 알려져 있지 않다. 언약궤가 예루

---

4) Von Rad, *Old Testament Theology*, I, pp. 319 sq.; Ringgren, p. 252.
5) 후대의 사유에 있어 이 상징이 갖는 중요성에 대해서는 Eliade, *Le Mythe de l'éternel retour*, ch. I을 보라.

살렘으로 옮겨졌을 때, 다윗은 제사장처럼 행동했다. 다윗은 언약궤 앞에서 춤추고, "번제를 야훼에게 드렸다〔……〕. 그런 다음 그는 전능하신 하느님Yahvé Sabaoth의 이름으로 백성들을 축복했다."(「사무엘하」 6:16-18) 솔로몬 역시 신전의 축성 때에 그곳에 모인 회중에게 축복을 내렸다.(「열왕기상」 8:14) 그리고 「시편」 110편 4절에서는 왕을 "멜기세덱의 계열에 속한 영원한 제사장"이라고 선포한다. 그러나 제사장이 담당하는 제의를 왕이 거행했다는 이유로 비판받는 경우도 있다. 왕이 신년의 속죄 의례에서 중요한 역할을 담당했을 가능성이 대단히 높다. 한편 몇몇 시편들은 왕의 의례적 죽음과 부활을 암시하는 의례에 대해 언급하는 것으로 보인다. 따라서 우리는 신년 축제―천지창조의 상징적 재현이 포함되어 있다―와 왕의 "죽음과 부활"에 대한 의례 사이에 관계가 있다고 추측할 수 있다.[6]

솔로몬이 죽자, 왕국은 북왕국인 이스라엘과 남왕국인 유다로 분열된다. 언약궤가 예루살렘〔유다〕에 남아 있었기 때문에, 북쪽의 부족들은 이제 전 이스라엘의 공동 성소에 접근할 수 없게 되었다. 따라서 이스라엘의 첫 번째 왕이었던 여로보암은 베델과 단, 두 곳에 성소를 세운다. 그리고 야훼는 그 두 성소에서 금송아지의 형태로 숭배되었다.(「열왕기상」 12:28-29) 이러한 소 모양의 신상은 보이지 않는 하느님의 보좌 역할을 했을 수도 있다. 하지만 그것은 우상숭배의 금지를 어겼던 가나안 종교의 영향을 받은 것이며, 배교라고 할 수 있는 이러한 종교적 개혁은 두 왕국 사이의 불화를 더욱 깊게 만들었다.[7]

---

6) G. Ahlström, *Psalm 89. Eine Liturgie aus dem Rituel des leidenden Königs*, pp. 143 sq.; Widengren, *Sakrales Königtum*, pp. 15 sq.; Ringgren, *op. cit.*, pp. 249 sq.; Foprer, pp. 142 sq.를 참조하라.

114. 야훼와 피조물

"야훼 즉위의 시편"이라고 불리는 일군의 시편들에서 야훼는 왕이라고 불린다. 야훼는 "크신 하느님이며 모든 신들 위에 계시는 왕이시다."(95:3) "야훼께서 통치하시니 모든 민족이 떤다〔……〕. 능력 있는 왕이시여, 옳은 것을 사랑하는 왕은 당신입니다. 당신은 올바름과 분별력과 정의를 세우셨습니다."(99:1, 4) 그러나 신성 왕권 사상은 군주제에 의지하지 않는다. 그것은 시원적인 개념이다. 하느님은 이 세상을 창조했기 때문에 세계의 주인이다. 야훼는 혼돈Chaos의 상징인 원초적 괴물(라합, 리바이어던, 탄닌)을 정복했다. 하느님은 우주의 창조자로서 하늘에 거하면서 천둥과 번개 혹은 비와 같은 대기 현상으로 자신의 현존과 의지를 표현한다. "전체성"을 표현하는 잘 알려진 공식이라 할 수 있는 야훼의 모순적 속성에 대해서는 이미 언급한 바 있다.(본권 59절) 야훼는 선과 악을 모두 분배하고, 죽게도 만들고 살게도 만든다. 그는 낮추기도 높이기도 한다.(「사무엘 상」 2:6 이하) 그의 "분노"는 두려운 것이지만, 또한 그는 자비로운 존재다. 무엇보다도 야훼는 "성스러운 분(qâdoš)"이다. 그것은 야훼가 위험하고 접근할 수 없는 존재이면서 동시에 구원을 가져다주는 존재라는 사실을 의미한다.[8]

세상의 창조자이자 왕인 야훼는 자신의 창조물에 대한 재판관이기도 하다. "정한 때가 되면 내가 공정하게 재판하리라."(「시편」 75:2) 야훼는 공정하게 심판한다.(「시편」 96:10) 야훼의 "정의"는 도덕적인 동시

---

7) 남왕국에서는 다윗 왕조의 세습적 왕국이 지속되었던 반면에 북쪽의 왕권은 다소 카리스마적이었다는 사실을 기억할 필요가 있다. Ringgren, pp. 76 sq.를 참조하라.
8) Ringgren, p. 86.

에 우주적이고 또한 사회적이며, 우주의 근본적인 규범을 구성한다.[9] 야훼는 "살아 있는 하느님"이다. 다시 말해 그는 "걸어 다니지도 못하므로 운반해주어야 하는"(「예레미야」 10:5) 우상과도 다르며, "풀과 같이"(「시편」, 103:15) 시들고 마는 인간과도 다르다. 물론 인간 역시 살아 있는 존재(*nèfeš*)인데, 그것은 하느님이 "숨" 또는 "영(*rûah*)"을 불어넣어주었기 때문이다. 그러나 그의 생명은 짧다. 또한 하느님은 영이지만, 인간은 육(*basar*)이다. 이러한 대립이 몸에 대한 종교적 폄하를 의미하는 것은 아니다. 그것은 단지 전능하고 영원한 하느님과 대비되는 인간의 불확실성과 덧없음을 강조하는 것에 불과하다. 이러한 두 존재 양식 사이의 넘어설 수 없는 거리는 인간이 하느님의 피조물이라는 사실에 의해 설명된다. 그럼에도 불구하고 인간은 하느님의 형상대로 만들어졌기 때문에 다른 피조물들과는 구별되며, 자연을 지배한다.

죽을 수밖에 없는 인간의 본질은 원죄의 결과로, 특히 하느님과 비슷해지려고 했던 아담의 욕망의 결과이다.(본권 54절) 성서 텍스트는 인간 조건의 허무함에 대해 강조한다. 인간은 흙으로 만들어졌고, 흙으로 돌아갈 것이다.(「창세기」 3:19) 인간에게 최대의 축복은 오래 사는 것이다. 다른 전통문화들에서 그런 것처럼 죽음은 피해야 할 것으로 평가되고 있다. 죽음은 인간을 무덤 또는 셰올sheol이라고 불리는 땅속 깊숙한 곳에 있는 어둡고 무서운 영역에 머무는 벌레 같은 사후의 삶으로 몰아넣는다. 본질적으로 죽음은 야훼의 과업을 부정하는 것이기 때문에 야훼는 셰올을 지배하지 않는다. 따라서 죽은 자는 하느님과의 관계를 박탈당하며, 이것은 신자들에게는 가장 끔찍한 시련이다. 그러

---

9) "정의"는 바빌로니아의 마사루mâsaru와 이집트의 마아트와 유사하다. Ringgren, *Word and Wisdom*, pp. 49 sq., 58을 참조하라.

나 야훼는 죽음보다 강하다. 야훼는 원하기만 하면 인간을 무덤에서 끌어낼 수 있다. 몇몇 시편들은 이러한 기적에 대해 언급한다. "당신은 내 영혼을 셰올에서 끌어내고, 무덤에 들어간 자들 가운데 저를 되살려 내셨습니다."(30:3) "나는 죽지 않고 살 것이다 〔……〕. 야훼께서는 나를 벌하시고 또 벌하셨으나 나를 죽게 하지는 않으셨다."(118:17-18) 이 시들은 바빌론 포로 시대(BC 587~538) 이전, 즉 이스라엘 사람들 중 일부가 이란의 종말론의 영향을 받기 이전에 죽은 자의 부활에 관해 언급하는 거의 유일한 자료이다.(본서 제2권 참조)[10]

야훼의 "종" 또는 "노예"인 인간은 하느님을 두려워하며 살 수밖에 없다. 복종이야말로 종교적으로 완전한 행위다. 반면 불순종은 죄이며, 하느님의 계율을 위반하는 것이다. 그럼에도 불구하고 인간 존재의 덧없음에 대한 자각이 야훼에 대한 신뢰나 신의 축복이 가져다주는 기쁨을 없애지는 못한다. 그러나 하느님과 인간의 관계는 그 단계를 넘어서지 않는다. 영혼과 그의 창조주와의 **신비적 합일**unio mystica이라는 사상은 구약 신학에서는 생각할 수조차 없는 것이다. 인간은 하느님을 창조주이자 절대적인 통치자로 인식함으로써 최소한 하느님의 속성 일부를 이해할 수 있게 된다. 신의 의지는 율법(*torah*)에 자세히 선포되어 있기 때문에, 핵심은 계명을 따르는 것, 즉 법과 정의(*sedhek*)에 따라 행동하는 것이다. 인간에게 종교적 이상은 "의롭게juste" 되는 것, 율법, 즉 신의 명령을 알고 지키는 것이다. 예언자 미가는 그의 말을 듣는 사람들에게 다음과 같이 상기시킨다. "사람들아, 야훼께서 선한 것이 무엇인지

---

10) 그러나 부활의 관념은 이미 신학(야훼의 전능성)이나 가나안의 특정 신앙과 의례를 통해 준비되어 있었다. H. Riesenfeld, *The resurrection in Ez. XXXVII*, pp. 5 sq.; Widengren, *Skrales Königtum*, p. 46; Ringgren, *La religion d'Israël*, p. 261을 참조하라.

너희에게 보이셨다. *그가 너희에게 요구하는 것은 옳은 일을 행하며 인자하게 한결같은 사랑을 보이고 겸손히 네 하느님과 함께 행하는 것이다.*"(「미가」 6:8) 죄는 축복(*berâkhâh*)을 잃게 만든다. 그러나 죄는 인간 조건의 일부이기 때문에, 그리고 야훼는 그의 엄격함에도 불구하고 자비로운 분이기 때문에 벌은 결코 최종적인 것이 아니다.

115. 욥, 시험받는 의인

한 주석가는 "『구약성서』가 이해하는 하느님은 힘과 은총의 합일이라고 요약할 수 있다"[11]고 말한다. 과연 「욥기」를 읽는 모든 독자가 이 견해에 동의할 수 있을지는 의문이다. 이 이야기의 내용은 간단히 말해 비극적이다.[12] 그것은 야훼가 대단히 자랑스럽게 여겼던 한 의로운 자가 겪는 고난의 이야기다. 하느님은 하늘의 "고발자"인 사탄에게 다음과 같이 묻는다. "네가 내 종 욥을 주의하여 보았느냐? 그처럼 진실하고 정직하며 나를 두려운 마음으로 섬기고 악을 멀리하는 사람은 세상에 없다."(「욥기」 1:8) 그러나 사탄은 욥의 신앙심은 하느님의 축복으로 말미암아 얻게 된 그의 번영 때문이라고 대답한다. 그러자 야훼는 그 "고발자"가 자신의 가장 충성스러운 종을 시험하도록 허락한다. 욥은 그의 자녀와 재산을 잃고, "그의 발바닥에서부터 그의 머리끝까지 악성 종기"가 나서 재 가운데 앉아서 자기 몸을 긁고 있었다. 욥은 자

---

11) Ringgren, p. 137에 인용된 A. Weiser, *Die Psalmen*(1950), p. 308.
12) 「욥기」의 편찬 연대는 확실하지 않다. 우리가 알고 있는 형태의 본문은 바빌론 포로 시대 이후의 것으로 보이지만, 그보다 더 오래된 내용을 담고 있다.

신이 태어난 날을 저주하고 탄식하면서도 하느님에게 저항하지 않는다. 욥의 세 친구는 욥에게 다가가서 일장 연설을 늘어놓으며, 그가 고통받는 것—그러므로 그는 벌을 받는 것이다—은 그가 죄를 지었기 때문이라는 사실을 욥에게 납득시키려고 애쓴다. 따라서 욥은 자신의 "죄"를 인정하고 고백해야 한다는 것이다. 그러나 욥은 자신의 불행을 응보의 교의로 설명하기를 거부한다. 욥은 인간이 "하느님 앞에서 의롭다고 주장할 수 없으며"(9:2), 야훼가 "의로운 자도 악한 자와 마찬가지로 파멸시킬 수 있다"(9:22)는 사실을 알고 있다. 그러나 그는 하느님께 감히 말한다. "주께서는 나에게 죄가 없다는 것도 아시고, 주의 손에서 나를 벗어나게 할 자도 없다는 것을 잘 알고 계시지 않습니까?"(10:7) 욥은 왜 하느님이 자신의 피조물을 그렇게 가혹하게 내모는지 이해하지 못한다.(10:8-22) 욥은 모든 인간이 얼마나 하찮은 존재인지에 대해 전혀 의심하지 않았기 때문이다. "주는 바람에 날리는 낙엽 같은 나를 두렵게 할 작정이십니까? 어째서 마른 지푸라기 같은 존재를 추격하십니까?"(13:25) 그러나 그는 자기의 죄가 무엇인지 알 수가 없다. "내가 얼마나 많은 죄와 잘못을 범했습니까? 제가 위반한 것이 무엇이며, 제가 지은 죄가 무엇입니까?"(13:23)[13]

욥의 친구 중 하나가 욥의 말을 비난하는데, 피조물은 본질상 죄인이기 때문이다. "사람이 어떻게 깨끗할 수 있으며, 여인에게서 난 자가

---

13) 자신의 죄를 이해할 수 없다는 것이 욥의 탄식의 중심 주제이다. "가난한 자들이 불행에 겨워 정의를 요구할 때 내가 손을 내밀지 않았습니까? 내가 고생하는 자를 위해 울지 않고, 가난한 자에게 동정심을 느끼지 않았습니까?"(30:25) "내가 거짓말을 하거나 다른 사람을 속인 적이 있습니까?"(31:5) "가난한 자의 소원을 거절하거나 과부를 실망시킨 적이 있습니까? 또는 나는 배불리 먹으면서 불쌍한 고아를 굶겨본 적이 있습니까?"(31:16-17) 그리고 31:19-34를 참조하라.

어떻게 의로울 수 있겠는가? 하느님은 그의 천사들까지도 신뢰하지 않으시며 하늘조차도 그가 보시기에는 깨끗하지 않다."(15:14-15) 그러나 욥은 자기도 야훼의 목적을 이해할 수는 없으나, 이 고난은 하느님의 사적인 결정이라는 것을 거듭 주장한다.(19:6-7) 또 다른 친구는 죄인들에게 내리는 심판에 대해 욥에게 말해주었지만, 욥은 하느님을 섬기지 않는 사악한 자들도 "살아남아" 번성하기까지 한다는 사실을 그친구에게 상기시킨다.(21:7-16) 욥은 자신이 야훼 앞에 나아갈 방법을 안다면, 그분 앞에서 악한 자가 벌을 받지 않는 사실에 대해 논박하겠지만, 하느님은 멀리 있고, 부재하며, 보이지 않는다.(23, 24장) 욥은 하느님에 대한 자신의 믿음을 저버리지 않는 이유를 이렇게 선언한다. "나는 내 마지막 숨에 이르기까지 나의 결백을 포기하지 않을 것이다. 내가 내 의를 굳게 잡고 놓지 아니하리라. 나는 평생 내 양심에 부끄러운 일을 저지르지 않았다."(27:5-6) 욥은 대답 없는 하느님을 향해 부르짖는다. "내가 주 앞에 섰으나 주께서는 아무 관심도 보이지 않습니다. 주는 나를 잔인하게 다루고 계십니다."(30:20-21)

"아직 나이가 어린" 네 번째 친구 엘리후가 거칠게 끼어든다. 그는 욥이 "나는 깨끗하며, 죄가 없다. 나는 허물도 없으며, 잘못한 것이 없다"(33:9)고 말할 수 있었던 것에 분개한 것이다. 엘리후는 "하느님은 악을 행하시지도 않으며 의로움을 빗나가게 하시지도 않는다"고 주장한다.(34:12) 하느님은 나무랄 데 없는 사람을 내치지 않기 때문이다.(36:5) 엘리후의 긴 연설[14]이 끝난 후에 들려오는 야훼의 대답은 그 비인격성으로 인해 실망스럽기까지 하다. 하느님은 참된 신의 현현으로서 "폭풍 가운데서" 말하지만(38:1) 욥의 질문을 무시한다. 야훼는

---

14) 엘리후의 연설은 후대에 가필된 것으로 보인다.

자신의 전능함과 우주적 과업, 세계의 복잡함, 생명 출현 방식의 무한한 다양성을 욥에게 상기시키는 데 만족해한다. 위대한 우주의 구조와 하늘과 땅을 지배하는 법을 상기시킨 후, 하느님은 욥에게 자신이 사자나 염소, 그리고 여러 동물에게 독특한 형태와 고유한 행동을 부여하고 그것들의 생명과 번식을 보장했다고 말한다. 그리고 마지막으로 하느님은 "나 하느님을 책망하는 너는 이제 대답하라"(40:2)라고 욥에게 말을 건넨다. 욥은 다만 침묵 속에서 도망가려고 한다. "나같이 보잘것없는 자가 주께 무엇이라고 대답하겠습니까? 다만 손으로 내 입을 가릴 뿐입니다."(40:4)

두 번째 대화에서 야훼는 야수 베헤모스와 괴물 리바이어던에 대해 길게 말한다. 욥은 대답을 통해 자기가 야훼의 교훈에 담긴 비밀스러운 의미를 이해했음을 보여주었다. 우주의 존재 자체가 하나의 기적이며, 창조자의 존재 방식은 이해할 수 없는 것이며, 그의 행위의 목적은 헤아릴 수 없는 것이다. "주께서는 무슨 일이든 다 하실 수 있는 분이십니다……. 무지한 말로 주의 뜻을 흐리게 한 자가 바로 나였습니다. 내가 이해할 수 없는 말을 했고, 내가 알 수도 없는 말을 했습니다……. 전에는 내가 주께 대하여 귀로 듣기만 했는데, 이제 내 눈으로 주를 직접 보았습니다. 그래서 내가 말한 모든 것을 부끄럽게 여기고, 티끌과 재 가운데서 회개합니다."(42:1-6) 결국 욥은 자신이 하느님에게 죄를 지었음을 인정했다. 야훼는 즉시 욥을 이전의 상태로 돌이켜주었으며, 그의 모든 재산을 두 배로 만들어주었고, 욥은 140살까지 살았다.(42:7-17)

3000년이 지난 후에도 열기에 차 있고 불가사의하며 불안을 느끼게 하는 이 작품은 계속하여 사람들을 매료시켜왔다. 하느님 스스로 사탄의 유혹을 허락했다는 사실은 아직도 소박한 종교적 영혼들에게 당혹감을 던져주고 있다. 그러나 욥은 제대로 이해하고 있었다. 만일 **모든**

것이 하느님에게 달려 있고 그 하느님이 불가사의한 존재라면, 하느님의 행위를 판단하는 것은 불가능하다. 따라서 사탄에 대한 하느님의 태도 또한 판단하는 것이 불가능한 것이다. 야훼의 비밀스러운 교훈은 "욥의 경우"에만 한정되는 것이 아니다. 그것은 이 세계에 악이 존재한다—심지어 승리하기까지 한다—는 사실을 이해할 수 없는 모든 사람들을 향한 이야기이다. 결론적으로 신자들에게 있어 「욥기」는 악과 불의, 불완전과 공포에 대한 하나의 "설명explication"인 것이다. 모든 것이 하느님에 의해 의도되고 지배되는 이상, 신자들에게 일어나는 일은 종교적인 의미를 담고 있다. 그러나 하느님의 도움 없이 인간이 "악의 신비"를 파악할 수 있다고 믿는다면, 그것은 헛된 것일 뿐 아니라 동시에 불신앙이 될 것이다.

116. 예언자들의 시대

"오늘날 우리가 '예언자(nâbî)'라고 부르는 자들을 예전에는 '선견자'라고 불렀다."(「사무엘상」 9:9) 실제로 유목 시대의 "선견자(rō'êh)" 제도는 이스라엘인들이 팔레스타인을 정복한 후에 발견한 나빔의 영향을 받아 변형된 것이었다. BC 1000년 무렵에는 (나단Nathan과 같은) 야훼 신앙의 "선견자들"과 나빔이 공존하고 있었다.(「사무엘상」 10:5) 점차 그 두 제도는 융합되었고, 그 결과 『구약성서』의 고전적인 예언자 집단이 형성되었다. 나빔처럼 예언자들은 성소나 제의와 연결되어 있었으며 엑스터시 체험을 했다.

엘리야와 엘리사는 과도기를 잘 보여주고 있지만, 그들의 종교적 소명과 활동은 이미 고전적인 예언자 제도의 존재를 예고하고 있다. 엘리야는 아합 왕과 아하시야 왕 시대(BC 874~850)에 북왕국에 등장했다. 그는 아합 왕의 정책에 반대했다. 아합 왕은 이스라엘 사람들과 가나안 사람들을 통합하기 위하여 그들에게 동등한 권리를 부여했고, 티르[두로] 출신인 이세벨 왕비의 보호를 받던 바알 또는 말카르트Malkart 제의와의 종교적 융합을 장려했다. 엘리야는 야훼만이 이스라엘의 유일한 주권자라고 선언한다. 비를 내리고 대지의 풍요를 보장하는 자는 바알이 아니라 야훼이다. 유명한 카르멜 산 일화에서, 3년간 계속되었던 가뭄을 종식시키기 위해 바알의 예언자들과 경쟁한 엘리야는 가나안의 신이 제단에 불을 붙일 수도 없고 따라서 비도 내릴 수 없을 정도로 무력한 신이라는 사실을 보여준다.[15] 나아가 한 백성이 소유한 포도원을 얻기 위해 그를 살해한 아합 왕을 향해 엘리야는 큰 소리로 왕이 잔인하게 죽음을 당할 것이라고 예언한다.(「열왕기상」 21) 엘리야가 사후에 얻은 명성은 모세와 어깨를 나란히 할 정도였다. 전설에 따르면 엘리야는 야훼의 불수레를 타고 야훼에게 이끌려 하늘로 올라갔다고 한다.(「열왕기하」 2:2 이하) 엘리야의 제자이자 계승자였던 엘리사의 생애 역시 기적적인 일화로 가득하다.(「열왕기하」 2:19 이하; 4:1 이하 등 참조) 엘리야와 달리 엘리사는 주변에 일군의 예언자들을 모았다. 그러나 엘리야와 마찬가지로 엘리사 역시 정치에 적극적으로 관여했고, 왕에게 신탁을 전하고 심지어 왕과 함께 전쟁에 참가하기도 했다.(「열왕기하」 3:11)

---

15) 이 대결은 종교 전쟁의 일부를 형성한다. 이세벨이 야훼 예언자들에 대한 대학살을 명령했던 것처럼, 엘리야는 자신이 승리한 후에 바알의 예언자 450명을 잡아오도록 백성들에게 요구한다. 엘리야는 "그들을 기손 시내로 끌고 가서 모조리 죽였다."(「열왕기상」 18:40)

방랑하는 점술사나 환영을 보는 자들을 제외한다면 예언자들을 두 부류로 구분해볼 수 있다. 첫 번째 부류는 제의 예언자들로 구성된다. 그들은 성소 가까이에서 살면서 사제들과 함께 제의에 참여한다.[16] 그들은 왕실의 성소와 연결된 궁정의 예언자들이다. 그들은 수시로 왕에게 전쟁에서 원하는 승리를 얻을 수 있을 것이라고 예언한다.(그 예로 「열왕기상」 22를 보라) 이 범주에 속하는 직업적인 예언자들은 그 수가 많았는데, 그들 가운데는 『구약성서』에서 거짓 예언자라고 지목한 자들도 있었다.

　　이스라엘 종교사에서 보다 중요한 것은 두 번째 범주에 속하는 예언자들로서, 아모스에서 "제2이사야"에 이르는 성서의 위대한 예언자들이다. 그들은 종교적 직업인으로서가 아니라 특별한 부름을 받은 자로서 메시지를 선포한다. 그들은 특정한 부족이나 성소 또는 왕을 대표하지 않았고, 자신들이 하느님의 사자라고 선언했다.[17] 그들의 소명은 야훼로부터의 직접적인 부름에 의해 결정된 것이다. 예레미야는 이렇게 말한다. "야훼께서 나에게 이렇게 말씀하셨다. '내가 모태에서 네 형태를 만들기도 전에 너를 알았고, 네가 태어나기도 전에 너를 구별하여 온 세상의 예언자로 이미 세웠다.'"(「예레미야」, 1:4 이하) 이사야의 경우에는 다음과 같다. 이사야는 어느 날 성전에서 "주 야훼께서 높은 보좌에 앉아 계시는 것을" 보았다. 스랍[세라핌] 천사들이 야훼를 둘러싸고 있었는데, 그 가운데 야훼께서 "누구를 보낼 것인가? 누가 우리

---

16) 그들의 말에 관해서는 「시편」(2:21; 81; 110; 132)에서 그 예를 찾을 수 있으며, 「나훔」과 「하박국」에서도 발견된다.

17) G. Fohrer, *History of the Israelite Religion*, pp. 237 sq., 그리고 pp. 235, 238, n. 2에 실린 참고 문헌들을 참조하라.

를 위하여 갈 것인가?" 하고 말씀하는 소리를 들었다. 그 소리를 듣고 이사야는 "내가 가겠습니다. 나를 보내소서"라고 대답했다. 그러자 야훼께서는 하느님이 백성들에게 전할 말을 그에게 받아 적게 했다.(「이사야」 6:1-10) 청중들의 반발에도 불구하고(「호세아」 9:7, 「에스겔」 12:21 이하) 예언자들은 부름에 복종하지만 때로 그들의 선교는 무력에 의해 중단되고 말거나(「아모스」 7:10 이하), 또는 사명을 완수하지 못했다고 느낀 예언자 자신에 의해서 중단되기도 한다.(「이사야」 8:16-18)

모든 위대한 예언자들은 그들이 받은 소명의 진실성과 그들이 전하는 메시지의 긴박성을 진지하고 열정적으로 확신한다. 그들은 자신에게 닿는 야훼의 손길 또는 영(rûaḥ)을 느끼기 때문에, 자신들이 하느님의 말씀을 선포하고 있다는 사실에 대해 전혀 의문을 갖지 않는다.[18] 신성한 영혼에 사로잡힘[빙의]은 때로 엑스터시의 형태로 나타나지만, 엑스터시적 흥분이나 트랜스가 필수적인 것은 아닌 것처럼 보인다.[19] 어떤 예언자들은 심지어 "미쳤다고" 비난받기도 하지만(「호세아」 9:7, "예언자가 바보 취급을 받고, 영감받은 자가 미치광이 취급을 받고 있다"), 이것을 정신병리학적인 질환이라고 보아서는 안 된다. 그것은 오히려 하느님의 두려운 현존에 의해 야기되는 경외감이나, 예언자가 부여받은 임무의 중대함이 불러일으키는 정서적 충격이다. 이러한 현상은 샤먼의 "입문 의례적 질병"[우리나라 무당들에게서 볼 수 있는 무병巫病이 이런 현상에 속한다]에서부

---

18) S. Mowinckel, "The 'Spirit' and the 'Word' in the pre-exilic reforming prophets" : A. Haldar, *Associations of cult prophets among the ancient Semites*, pp. 115 sq.를 참조하라.

19) Ringgren, *La religion d'Israël*, p. 268, n. 1 및 Fohrer, *op. cit.*, p. 234, n. 17에 실린 참고문헌들을 참조하라. 엑스터시는 나빔에게 훨씬 더 흔히 발생하는 현상이었다. (Fohrer, p. 234)

터 모든 종교의 위대한 신비가들의 "광기"에 이르기까지 잘 알려져 있다. 그 밖에도 원초적 사회나 전통 사회의 "종교 의례의 전문가들"처럼 예언자는 신탁 능력을 부여받고,[20] 죽은 자를 살리거나 극히 적은 양의 음식으로 다수의 대중을 먹인다든지, 어떤 사람들을 질병에 걸리게 하는 등 주술적 성격을 갖는 불가사의한 힘을 보여주기도 한다.[21] 예언자들이 행한 수많은 일들은 상징적 가치를 지니고 있다. 엘리야는 자기 겉옷을 벗어 엘리사에게 던졌고(「열왕기상」 19:19-21), 예레미야는 야훼의 명령에 따라 이스라엘에 닥쳐올 재앙을 보여주기 위해 그릇을 깨뜨린다.(「예레미야」 19:10 이하) 또 그는 바빌로니아 왕에게 굴복하도록 사람들을 설득하기 위해 멍에를 쓰기도 한다.(「예레미야」 27)[22]

그러나 예언자들의 영감(꿈, 환상, 환청, 놀라운 인식 능력 등)의 원천이 무엇이었든지 간에, 그들이 받은 것은 언제나 야훼의 말이었다. 이러한 직접적이고 개인적인 계시는 분명히 그들의 깊은 신앙심에 비추어 해석되었고, 특정한 전통적인 모델에 따라 전달되었다. 포로 시대 이전에 등장한 예언자들의 공통점은 무엇보다 그들이 이스라엘에 대한 하느님의 심판을 경고하고 있다는 것이다. 야훼는 이스라엘을 멸망시키기 위해 냉혹한 정복자를 보낼 것이다. 주님은 자기를 배반한 백성을 벌하기 위한 도구로 거대한 군사 제국을 사용할 것이다. 이러한 끔찍한 심판 속에서 희망의 약속을 읽는 것이 과연 가능한가? 학자

---

20) 엘리야는 아하시야 왕의 임박한 죽음을 예언한다.(「열왕기하」 1:2) 엘리사는 사막에서 물을 발견하게 될 것을 알았고(「열왕기하」 3:16-17), 왕이 그를 죽이라고 명령했음을 미리 알았다.(「열왕기하」 6:32) 또한 그는 다마섹의 왕이 침실에서 말한 것에 대해 알고 있었다.(「열왕기하」 6:32)

21) Fohrer, p. 233에 인용된 예들을 보라.

22) G. Fohrer, *Die symbolische Handlungen der Propheten*을 참조하라.

들은 『구약성서』의 예언이 중동 지역에서 잘 알려져 있던 "불행의 시대"와 "행복의 시대" 사이의 교체에 대한 사상의 변형태의 하나라고 생각했지만, 이러한 도식이 여기서 보이는 모든 경우에 해당되는 것 같지는 않다.[23] 앞으로 보겠지만(본권 118절) 유일한 희망은 대재앙에서 살아난 "남은 자들"에게 있다. 야훼는 그 "남은 자들"과 새로운 계약을 체결하게 될 것이다.

117. 목자 아모스, 사랑받지 못한 자 호세아

아모스는 여로보암 2세의 시대(BC 782/780~753/746)에 활약한 예언자였다. 그는 직업적인 나비가 아니었다. "나는 목자요 뽕나무를 재배하는 사람이다. 그러나 야훼께서 양 떼를 치는 나를 불러 '너는 가서 내 백성 이스라엘에게 예언하라' 하고 말씀하셨다."(「아모스」 7:14-15) 그는 윤리적으로 죄를 지은 이웃 민족들—다마섹, 가사, 블레셋, 두로, 그리고 페니키아인—을 하느님이 심판하실 것이라고 선언한다. 이것은 모든 민족이 야훼의 심판 아래 있음을 의미한다. 하지만 아모스는 특히 북왕국 이스라엘에서 만연한 사회적 불의와 종교적 불신앙에 대해 엄중하게 경고하고 있다. 이스라엘의 백성은 "은을 위해 의로운 자를 팔고……, 힘없는 자를 땅의 티끌처럼 짓밟았다."(2:6-7) 그러나 그들이 그렇게 얻은 재산은 사라지고 말 것이다.(4:7-11) 그리고 배부른 죄인들이 헛되이 희생 제물을 몇 배나 더 많이 바친다. 아모스는 야훼의 말을 듣고 그 말을 되풀이한다. "나는 너희들의 절기를 싫어하고 경

---

23) Ringgren, *op. cit.*, p. 271을 참조하라.

멸한다. 나는 너희의 봉헌물을 원하지 않고, 나는 너희들이 바치는 살진 짐승을 거들떠보지 않을 것이다."(5:21 이하) 하느님이 그의 백성에게 요구하는 것은 [제물이 아니라] 공정과 정의인 것이다.(5:24-25)

한편 제의는 가나안의 오르지적 요소가 도입되면서 변질되었다.(5:26; 8:14) 성소에 대한 단순한 외형적 숭배는 아무런 소용이 없다. "너희는 베델에 가서 죄를 짓고, 길갈에 가서 더 많이 범죄하라."(4:4) 오직 신앙으로 돌아가야만 구원을 얻을 수 있을 것이다. "너희가 살려고 하면 악이 아닌 선을 추구하라. 전능하신 하느님 야훼께서 너희와 함께하실 것이다. 전능하신 야훼께서 요셉의 남은 자[*살아남은 백성]를 불쌍히 여기실지도 모른다."(5:14-15)[24]

호세아는 아모스와 동시대인이면서 그보다 나이가 적었지만, 아모스와 마찬가지로 북왕국에서 설교했다. 그의 소명과 예언의 메시지의 의미는 파란만장한 그의 결혼 생활과 관계가 있는 것 같다. 하지만 그의 설교에 관한 텍스트에 나타나는, 그의 결혼에 관한 여러 가지 암시들을 어떻게 해석할 것인가는 여전히 커다란 논쟁의 대상이 되고 있다. 그 첫 번째 이야기에 따르면(「호세아」 1:2-9), 야훼는 호세아에게 "창녀"와 결혼하여 자식들을 낳아 그 아이들에게 상징적인 이름—"사랑받지 못한 자"와 "나의 백성이 아닌 자"—을 지어주라고 명령한다. 야훼가 더 이상 이스라엘을 사랑하지 않으며, 이스라엘은 더 이상 그의 백성이 아니라는 것을 선포하기 위한 것이다. 두 번째 이야기(3:1-

---

24) 마지막 부분에 보이는 재건과 낙원에서와 같은 풍요에 대한 예언(「아모스」 9:11-15)은 본문에서 수시로 반복되고 있는 죄의 선고와 너무 큰 차이를 보이기 때문에, 그 부분의 진실성은 의심스럽다. Ringgren, p. 280을 참조하라. 그러나 Von Rad는 이 부분을 정본으로 본다.(*Old Testament Theology*, II, p. 138)

5)에서 야훼는 호세아에게 이번에는 "이스라엘 백성이 다른 신을 섬겨도 나 야훼가 여전히 그들을 사랑하는 것처럼, 다시 가서 남편의 사랑을 받으면서 다른 남자와 간음하는 여자"와 재혼하라고 명령한다. 아마 처음 이야기의 아내는 가나안의 풍요 의례에 참여했던 여성이었을 것이다. 두 번째 이야기에서 불미스러운 과거에도 불구하고 선택된 여성은 이스라엘을 용서할 준비가 된 야훼의 은혜로운 태도를 가리키는 것일 것이다.

어쨌든 호세아의 선포에서 중심을 이루고 있는 것은 자기 백성의 배반에 대해 하느님이 느끼는 비통함이다. 이스라엘은 야훼의 아내였으나, 그 아내는 남편을 배신하고 "창녀"가 되었다. 다시 말해 그녀는 가나안의 풍요신에게 자기 몸을 맡긴 것이다. 이스라엘은 풍요가 야훼의 선물이라는 것을 모르고 있다. "그녀는 말했다. '내가 사랑하는 자들을 쫓아가겠다. 그들은 나에게 빵과 물과 양털과 모시와 기름과 술을 준다.' 그러나 그녀에게 곡식과 새 포도주와 기름도 내가 주고, 그녀가 바알 숭배를 위해 사용한 은과 금도 내가 주었는데, 그녀는 이것을 알지 못하고 있다."(2:7-10) 여기에서 우리는 더욱 격화되고 화해할 수 없게 된 바알과 야훼 사이의 새로운 갈등을 발견하게 된다. 그것은 우주적 구조를 가진 종교와 세상의 창조자이며 역사의 지배자인 유일신에 대한 신앙을 맹세한 종교 사이의 대립이다.

호세아는 바알 신앙과 야훼 신앙의 종교적 융합에 대해 지칠 줄 모르는 공격을 퍼붓는다. "그들은 창녀 짓을 하고 그들의 하느님을 떠났다. 그들은 산꼭대기에서 제의를 지내고, 산언덕의 참나무와 버드나무와 상수리나무 아래서 분향하고 있다."(4:12-13) 이스라엘은 자신의 역사를 잊어버렸다. "이스라엘이 어렸을 때 내가 그를 내 아들처럼 사랑하여 이집트에서 불러내었다. 그러나 내가 그를 부를수록 그는 점점 더 멀리 나를 떠난다.”(11:1-2) 바로잡을 수 없는 배은망덕함 때문에 하느님의 분노가 폭발한다. 그 벌은 끔찍할 것이다. “그러므로 내가 사자처럼 너를 덮칠 것이며 표범처럼 길가에 숨어서 기다릴 것이다. 개들이 그 살을 먹어치우고, 야수들이 그 살을 갈기갈기 찢을 것이다. 이스라엘아, 내가 너를 멸망시킨다면 누가 너를 도와주겠느냐?”(13:7-9)

단순히 외형적인 제의는 아무 소용이 없다. “나는 자비를 원하고 제의를 원치 않으며, 불로 태워 바치는 번제보다 나를 아는 것을 원한다.”(6:6) 혼합된 형태의 종교 의식이 행해지는 높은 장소[성소]는 파괴될 것이다.(10:8) 유일한 구원은 진심으로 야훼에게 돌아가는 것이다. “이스라엘아, 네 하느님 야훼에게로 돌아오라. 네가 네 죄 때문에 넘어지고 말았다. 야훼께 이렇게 기도하라. ‘우리의 모든 죄를 용서하시고 우리를 너그럽게 받아주소서…….’”(14:2-3) 호세아는 그 죄인들의 타락한 행위가 그들이 “그들의 하느님에게로 돌아가는 것”을 허락하지 않는다는 사실을 잘 알고 있었다.(5:4) 그러나 야훼의 사랑은 그의 진노보다 강하다. “내가 다시는 나의 분노로 너를 벌하지 않을 것이다…… 이것은 내가 사람이 아니라 하느님이기 때문이다. 나는 너와 함께 하는 거룩한 자이므로 내가 분노로 너에게 나아가지 않을 것이다.”(11:9) 야훼는 이스라엘을 “광야로 데리고 가서 부드러운 말로 잘 타이른다……. 그곳에서 이스라엘은 저가 어렸을 때 했던 것처럼, 이집트 땅에서 나왔을 때 했던 것처럼 나에게 대답할 것이다. 그날이 오면, 이스라엘이 나를 ‘내 남편’이라 부를 것이며…… 내가 너를 영원히 내 아내로 삼아 신의와 사랑과 자비를 베풀고, 진실함으로 너를 맞을 것이다.”(2:14-20) 이것은 야훼와 이스라엘 사이의 신비적 결혼mariage mystique이 일어났던 처음으로 회귀하는 것이 될 것이다. 이러한 부부간의 사랑은 구원에 대한 믿음을 예고하고 있다. 하느님의 은총은 인간의 회심conversion을 기다리지 않고 그것에 앞선다.[25] 끝으로 이러한 혼인의 상징은 호세아 이후 모든 위대한 예언자들에 의해 사용된다는 사실을 덧붙이자.

118. 이사야: "이스라엘의 남은 자"가 돌아올 것이다

성서의 위대한 예언자들은 소명이 서로 비슷했음에도 불구하고 자신의 운명을 받아들이는 방식에서 각각 다른 실존적 양식을 보여주었다. 이사야는 BC 746년 혹은 740년에 예루살렘 성전에서 하느님을 만나고 그 음성을 들었다. 그의 아내 역시 예언자였으며, 다른 직업적인 나빔처럼 그에게도 제자들이 있었다.[26] 그가 마지막으로 예언한 것은 BC 701년의 일이다. 처음에 이사야는 주로 유다 왕국과 이스라엘 왕국의

---

25) Fohrer, *History of the Israelite Religion*, p. 250, n. 17(참고 문헌)을 참조하라. 역설적이지만 호세아가 사용한 혼인의 이미지는 그가 투쟁의 대상으로 삼은 가나안의 풍요 의례에서 유래한 것이다. Ringgren, p. 283을 참조하라. 그러나 헤브라이 종교 관념에 있어서 결혼 상징의 "실존적" 의미에 대해서는 André Neher, *L'essence du prophétisme*, pp. 247 sq.를 보라. 신비적 체험을 결혼에 의한 합일로 표현하는 방식은 유대교나 그리스도교에서의 「아가서」에 대한 해석, 특히 가톨릭의 반종교 개혁의 신비 신학에서 다시 나타난다. 그것과는 대조적으로, 바이슈나바의 신비주의에서는 영혼과 신의 신비한 합일이 라다와 크리슈나의 불륜한 사랑으로 묘사되고 있다.

26) 그의 이름을 가진 이사야 문서 중에서 처음부터 39장까지만 그의 작품이라는 사실을 지적해두지 않을 수 없다. 나머지 부분은 BC 6세기 이전으로는 거슬러 올라가지 않는 신탁들로 구성된 것이다. 그중에서 무엇보다 중요한 것은 "제2이사야"(40~55장)와 "제3이사야"(56~66장)이다. 몇 개의 단편들은 그보다 훨씬 후에 이사야 문서 안에 편입되었다(예를 들면 24~27장의 묵시적 부분).

윤리적, 사회적 상황을 비판했다. 그는 주저하지 않고 왕과 고관들을 공격했다.(「이사야」 3:12-15) 그는 하느님의 심판에서 누구도 예외가 될 수 없다고 알린다.(2:12-17) 이사야는 앞선 예언자들과 마찬가지로, 제의만으로는 불충분하다는 사실을 선언한다. "너희의 수많은 제물이 나에게 무슨 소용이 있느냐? 나는 너희가 숫양이나 짐승의 기름으로 드리는 제물에 이제 싫증이 났다. 나는 황소나 숫염소의 피를 기뻐하지 않는다."(1:11) 기도도 헛된 것이다. 왜냐하면 "너희 손에는 피가 잔뜩 묻어 있기"(1:15) 때문이다. 유일하게 진실한 신앙심은 정의를 실천하고 선을 행하는 것이다. "선하게 사는 법을 배우고, 정의를 추구하며, 학대받는 자를 도와주고, 고아를 보호하고, 과부를 위해 변호하라."(1:17)

아시리아의 시리아와 팔레스타인 침공은 이사야의 예언에 새로운 요소를 더해준다. 예언자 이사야는 이처럼 중대한 군사적이고 정치적 사건들 안에서 역사에 개입하는 야훼를 보게 된다. 아시리아는 야훼의 도구에 불과하다. 이사야에게 이것은 신의 복수였던 것이다. 사회적 불의와 도덕적 가치의 붕괴로 인해 흘러넘치는 종교적 불신앙을 야훼가 벌하고 있는 것이다. 이것이 바로 그가 왕의 대외 정책에 반대하는 이유이다. 동맹이나 정치적 책략은 망상에 불과하다. 오직 하나의 희망, 야훼에 대한 믿음과 신뢰만이 있을 뿐이다. "만일 네가 내 말을 믿지 않으면 너도 오래가지 못할 것이다."(7:9) 우리를 도울 수 있는 것은 이집트가 아니라 야훼에 대한 신앙이다.(31:1-3) 왕을 격려하기 위해 이사야는 "주께서 주신 징표"를 알려준다. "처녀가 임신하여 아들을 낳을 것이며, 그의 이름을 엠마누엘이라 부를 것이다."(7:14) 그 아이가 "악을 거부하고 선을 선택하기"(7:16 이하) 전에는 야훼께서 많은 기적을 행할 것이다. 이 예언은 다양한 해석을 낳았다.[27] 기독교 신학자들은 아이의 이름 "엠마누엘Emmanuel("하느님이 우리와 함께하신다")"에서 그리스도의 탄생에 대한 예고를 읽어내었다. 어떤 경우이든 그것의 메시아적 의미는 명백하다. 야훼는 다윗의 가문에서 승리의 왕을 세울 것이며, 그의 자손들은 영원히 통치하게 될 것이다.

아수르의 왕이 팔레스타인을 침범했을 때, 이사야는 그가 더 이상 야훼의 도구가 아니라 단지 권력에 대한 탐욕으로 가득한 폭군일 뿐이라고 선언한다.(10:5-15) 결국 왕은 멸망하고 말 것이다.(14:24-25) 예언자는 여기서 그치지 않고 하느님의 힘과 지배권에 대해 주장하고, "야훼의 날", 주께서 세상을 심판하실 그날에 대해 가르친다.(2:12-17) 심판의 날이 올 것이기 때문에 이사야는 아수르 왕의 오만을 나무랄 뿐 아니라 유다 왕국의 사회적, 정치적인 죄악―가난한 자에 대한 억압(3:12-15), 사치(3:16-24), 방탕(5:11-13), 불의(5:1-7, 23), 토지 횡령(5:8-10)―을 비난할 수 있었다. 이사야는 이러한 죄악을 야훼에 대한 반역이라고 생각한다.(1:2-3) 나아가 이사야는 잘못된 지도자와 자신을 조롱하는 사제 및 제의 예언자들을 비난한다.(28:7-13)

이사야는 시온의 불멸을 믿고 있다. 야훼는 이 신성한 산을 모든 적의 공격으로부터 지켜왔고, 앞으로도 지킬 것이다.(14:24-32; 17:2-14; 29:1-8 등) 또 그는 "강한 하느님에게로 돌아올" "이스라엘의 남은 자"에 대한 희망을 버리지 않았다.(10:20-21)[28] 그러나 그가 전하는 메시지의 핵심은 사람들에게 받아들여지지 않았으며, 예언자는 실망감을 숨기지 않는다. 그는 "좋은 밭과 포도원"이 폐허가 될 것이며, "쾌락을

---

27) Ringgren, p. 286, n. 1에 있는 필수적인 참고 문헌을 보라. 여기에 A. Neher, *op. cit.*, pp. 228 sq.를 추가로 보라.

28) 이사야는 그의 맏아들의 이름을 스알 야숩Shear-Yashoub, 즉 "남은 자가 돌아올 것이다"라고 짓는다.

누리던 너의 집과 성들"에는 가시와 찔레가 무성해질 것이고, "궁전도 폐허가 되고 사람들이 붐비던 성도 적막해질 것이다……"(32:9-14)라고 마지막 예언을 한다.

119. 예레미야에게 준 약속

예레미야는 제사장 가문의 자손으로, BC 626년에 소명을 받았고 도중에 몇 차례 중단이 있기는 했지만 40년에 걸쳐 그 일을 수행했다. 그는 유명한 한 구절에서 자신이 어떻게 부름을 받았는지 말하고 있다.(「예레미야」 1:4 이하) 거기서 예레미야는 자기 앞에 주어진 임무를 놓고 주저하며 자신이 어리다는 점을 이유로 들고 있다. "나는 아직도 어려서 말할 줄도 모릅니다."(1:6) 그러나 주님은 그의 입에 손을 대어 그를 강하게 했다.(1:9 이하) 예레미야의 첫 번째 예언은 특별히 극적인 주제를 다루고 있다. "북쪽에서 내려올 민족"에 의해 야기되는 임박한 재난이 그것이다. "활과 창으로 무장한 그들은 잔인하기 짝이 없다……"(6:22-23) 야만적인 이들 기마족의 역사적 모델을 찾는 것은 부질없는 일일 것이다. "북쪽에서 내려온 민족"은 총체적 파괴에 대한 신화적 이미지 속에 자리 잡고 있다. 이 침략이 민족을 마침내 멸망시키기 때문이다. "내가 땅을 보니 혼돈하며 하늘을 보니 거기도 빛이 없다."(4:23) 혼돈으로의 환원은 불신앙에 대해 신이 내린 벌이다. 하지만 그것은 예레미야가 나중에 선포하게 될 새로운 창조nouvelle création, 새로운 계약Nouvelle Alliance을 준비하는 것이기도 하다. 야훼는 자비로운 분이기에 예언자는 다음과 같은 신의 부름을 전달한다. "신의 없는 자들아, 돌아오너라. 내가 너희를 신실한 자로 만들어주겠다."(3:22:

4:1 이하 참조)

요시야 왕이 BC 609년에 죽자 그의 아들 여호야김이 왕위를 계승했다. 그는 악랄한 독재자였기 때문에 예레미야는 서슴지 않고 그를 공격했다. 예레미야는 성전의 문 앞에 서서 자기들의 종교적 행위만으로 안전하다는 환상에 사로잡힌 모든 이들—사제들, 예언자들, 백성들—에게 분노를 터뜨린다.(7:1-15; 26:1 이하) "너희는 '야훼의 성전이 이곳에 있다'는 거짓말을 믿지 말라."(7:4) 도둑질한 자, 살인한 자, 간음한 자, 거짓 맹세한 자, 바알에게 분향한 자들이 "우리는 이제 구원을 얻었다!"라고 말하는 것은 헛된 일이다. 그러면서도 언제라도 "모든 더러운 일을 계속할" 준비가 되어 있다. 야훼는 눈이 멀지 않았다.(7:9-11) 야훼는 블레셋인이 파괴시킨 성소 실로의 운명을 상기시킨다. "얼마 전에 내가 그곳에 나의 이름을 붙였다. 내 백성 이스라엘의 악에 대하여 내가 어떻게 했는지 알아보아라."(7:12) 예레미야는 체포되었고, 만일 일부 고관들의 보호가 없었다면 사형에 처해졌을지도 모른다.(26:10 이하) 오랫동안 예언자는 대중 앞에서 말할 수 없었다.[29]

예레미야의 설교의 마지막 단계는 바빌로니아의 왕 느부갓네살이 예루살렘을 정복하고 유대의 지도층 일부를 잡아갔던 BC 595년에 시작되었다. 새로운 왕 시드기야는 이집트의 도움으로 반란을 준비하고 있는 중이었고, 예레미야는 사람들을 진정시키려고 노력했다. 예레미야는 반역자로 체포되어 수감되었다가, 바빌로니아인들에 의해 석방

---

29) 야훼의 명령으로, 예레미야는 불행에 대한 그의 예언들을 권말에 부쳤다. 어느 날 그의 종인 바룩이 성전에서 그 일부를 읽으려 하다가 체포되어 왕 앞에 불려 갔고, 왕은 그 두루마리를 불살랐다. 그러나 예레미야는 새로운 책을 구술하였다.(「예레미야」 36장)

되었다. 그후 얼마 지나지 않아, 그는 스스로 나라를 떠나는 일부 이스라엘 사람들과 함께 이집트로 향했다.(37~39장) 그는 "이집트 땅에 살고 있는 모든 유대인들"을 향해 마지막 설교를 했다.(44:1) 자신의 예언자를 통해 주님은 최근의 모든 참사를 열거했다. "너희는 예루살렘과 유다의 모든 성에 내가 내린 재앙을 직접 보았다. 오늘날 그 땅들은 황무지가 되고 그곳에는 사람이 살지 않는다."(44:2) 하느님이 그의 "종들, 예언자들"을 보낸 것은 헛된 일이었다. 사람들은 그들의 악한 행동을 고치려고 하지 않았다.(44:4 이하) 마지막으로 야훼는 또 다른 파괴를 선언한다. 이집트로 이주했던 "유다의 남은 자들" 역시 절멸될 것이다.(44:12 이하)

예레미야가 전하는 메시지의 특징 가운데 하나는 여러 차례에 걸친 고백과 자신의 개인적 감정에 대한 언급이다.[30] 그는 감히 하느님께 말한다. "아! 주께서는 종잡을 수 없는 시냇물처럼 나를 대하실 작정이십니까?"(15:18) 욥이 그랬던 것처럼 그도 이렇게 묻는다. "왜 악한 자가 번영을 누리는 것입니까? 왜 배신자들이 평화를 누리는 것입니까?"(12:1) 그는 주님의 길을 이해하기를 원한다.[31] 그러나 그가 예언하고 실제로 그대로 일어나는 비극들에도 불구하고 예레미야는 구원에 대한 믿음, 나아가 새로운 창조에 대한 믿음을 버리지 않는다. 야훼는 도자기공처럼 자신의 작품을 파괴할 수 있지만, 그는 또한 새로운 것, 더 나은 것을 만들 수 있다.(18:6 이하) 하느님은 자신의 예언자를 통해 새 계약을 선포한다. "보라, 내가 이스라엘(및 유다 백성)과 새로

---

30) 특히 「예레미야」 11:18-23; 12:1-6; 15:10-12, 15-21; 17:12-18; 18:18-23; 20:7-18을 보라. Ringgren, p. 295와 notes 2~3에 인용된 참고 문헌들을 참조하라.

31) Von Rad, *Old Testament Theology*, II, pp. 203 sq.를 참조하라.

운 계약을 맺을 날이 올 것이다……. 내가 나의 법을 그들 속에 깊이 새기고 그들의 마음에 기록할 것이다. 그리고 나는 그들의 하느님이 되고 그들은 내 백성이 될 것이다."(31:31-33)

아모스는 하느님이 베푸는 새로운 사랑의 행위에 의한 구원을 기다렸고, 그로 인해 이스라엘이 "어린 시절로" 돌아갈 수 있을 것이라고 기대했다. 예레미야는 감히 인류의 근본적인 재생을 희망한다. 왜냐하면 "사람이 자신의 운명을 다스릴 수 없기 때문이다……."(10:23) 그 것이 바로 주님이 자기 백성의 재생이 다가올 것이라고 약속하는 이유이다. "내가 그들에게 한 마음과 뜻을 주어, 자신들과 그 후손들의 유익을 위하여 항상 나를 두려운 마음으로 섬기게 할 것이다. 그들과 영원한 계약을 맺을 것이다. 그리고 영원히 그들에게 선한 일을 할 것이다……."(32:39-40) 이것은 새로운 인간의 창조와 동일하며, 이러한 사상은 나중에 중요한 결과(그중에서도 『신약성서』 안에 계시된 새로운 계약에 관한 기독교적 사유를 들 수 있다)를 낳을 것이다.[32]

120. 예루살렘의 함락, 에스겔의 사망

"압제자와 적이 예루살렘의 성문으로 들어가리라고는 세상의 왕들도, 세상의 어느 누구도 믿지 않았다."(「예레미야애가」 4:12) 이름이 알려지지 않은 「예레미야애가」의 작자는 BC 587년에 예루살렘의 함락을 목격하고 이렇게 한탄했다. "야훼여, 보소서. 주께서 누구에게 이처

---

32) 이상적인 왕에 대한 기대 역시 새로운 계약에 대한 동일한 희망의 일부를 형성한다. "내가 그를 가까이 오게 하면 그가 나에게 다가올 것이다."(「예레미야」 30:21)

럼 행하셨습니까? 여자들이 자기가 키우는 자식을 잡아먹고 제사장들과 예언자들이 바로 성소에서 죽음을 당하고 있습니다."(2:20) 이러한 대재앙은 이스라엘의 역사와 야훼 종교의 발전에 결정적인 영향을 미쳤다. 정치적, 종교적 수도의 함락은 곧 국가의 소멸과 다윗 왕조의 종말을 의미했다. 예루살렘 신전은 불타 폐허가 되었으며, 결과적으로 희생 제의도 끊어졌다. 주민의 대다수가 바빌론으로 끌려갔다. 바빌론은 정결하지 못한 땅이었기 때문에 그곳에서 제의를 드릴 수는 없었다. 종교 학교는 성전의 역할을 떠맡게 되었고, 시간이 흐르면서 시나고그synagogue가 되었다. 이스라엘 공동체는 정기적으로 그곳에 모여 기도하고, 찬송과 설교를 행했다. 그러나 성전의 파괴는 국가의 소멸을 떠올리게 했다. 따라서 국가의 독립을 회복하기를 기원하는 기도와 성전의 재건을 기원하는 기도가 분리될 수밖에 없었다.[33]

예루살렘에서는 물론 포로로 잡혀간 그 땅에서 많은 사람들은 야훼의 힘을 의심하기 시작했고 정복자의 신을 받아들이기 시작했다. 일부 사람들은 야훼의 존재 자체를 의심하기도 했다. 하지만 다른 사람들은 대재앙을 예언자들에 의해 끊임없이 예견되었던 주님의 진노에 대한 무엇보다 확실한 증거로 받아들였다. 그리고 "낙관적 예언자들"에 대해 분개하는 사람들도 있었다. 반면 성서의 위대한 예언자들은 그들이 생전에 얻지 못했던 존경과 찬사를 얻게 되었다. 그러나 바빌론으로 끌려간 엘리트 계층은 이스라엘을 지켜줄 수 있는 지주를 종교 전통의 다른 부분에서 찾기 시작했다.(본서 제2권 참조)

---

33) 「시편」 51편의 작자는 자신을 정결하고 자유롭게 해달라고 하느님께 간구하면서, 동시에 "예루살렘의 성벽을 다시 쌓아달라고" 간구한다. "그때에 주는 의로운 제사가 기뻐할 것이다."(「시편」 20-21장)

최후의 위대한 예언자 에스겔은 최초에 포로가 된 자들과 함께 BC 597년에 바빌론에 도착하여 BC 571년까지 활동했다. 그는 사제였고, 그것은 그가 의례적 "순수함"을 중요시했던 이유를 설명해준다. 에스겔에게 있어서 "죄", 특히 우상숭배는 이스라엘을 "불결하게" 만드는 것이었다. 야훼는 "맑은 물"로 그 백성을 "정결하게 함으로써" 그들을 구원할 것이다.(「에스겔」36:25)[34] 처음에 에스겔은 자기의 사명이 보람은 없지만 반드시 필요한 탈신비화démystification〔환상을 깨는 것. 현실을 그대로 보여주는 것〕라고 생각했다. 최초의 유대인 포로들이 품었던 난공불락의 예루살렘이라는 희망을 먼저 깨버릴 필요가 있었다. 성스러운 도시의 파괴 이후에 사람들의 마음을 다시 붙들어 일으켜야 했기 때문이다.[35] 선교 활동의 초반기에 에스겔은 예루살렘의 종말이 다가옴을 알리고, 그것이 이스라엘의 불신앙으로 인한 불가피한 결과라는 사실을 선포했다. 한 이야기(23장)는 이스라엘과 사마리아(유다)를 야훼의 사랑을 받았음에도 불구하고 "젊은 시절 이집트에서 창녀가 되어 매춘 행위를 했으며" 그 이웃의 아시리아와 바빌로니아 사람들과도 불미한 행동을 계속한 두 자매에 비유한다.

에스겔은 부정한 여인과, 자신의 명예를 중시하여 그 여인을 포기하지 못하는 야훼라는 주제로 끊임없이 되돌아간다.(「에스겔」20장을 보라) 이스라엘은 자신들의 선행으로 인해 특권적인 지위를 가지게 된 것이 결코 아니었다. 다른 민족들 가운데서 오직 이스라엘만을 택한 야훼의 선택으로 인해 그들은 특권을 가질 수 있었던 것이다. 그러나 역사상

---

34) Von Rad, *Old Testament Theology*, II, pp. 224 sq.; Ringgren, p. 300.
35) G. Fohrer, *Die Hauptprobleme des Buches Ezechiel*; *id.*, *History of the Israelite Religion*, pp. 317 sq.를 참조하라.

의 대재앙을 하느님과 이스라엘의 결혼 생활의 위기라고 해석하는 것보다 더 중요한 것은 야훼의 편재성omniprésence에 대한 사상이다. 하느님의 존재는 특별한 공간에 한정되지 않는다. 따라서 신자가 자기 땅에서 야훼를 숭배하든 이국에서 숭배하든 그것은 별 문제가 되지 않는다. 중요한 것은 신자의 내면적 삶과 이웃에 대한 그의 행위이다. 다른 어떤 예언자보다도 에스겔은 개인을 향하여 말하고 있다.[36]

이스라엘이 함락된 후 에스겔의 예언은 이스라엘의 구원에 대한 희망으로 특징지어지는 새로운 단계로 접어든다. 하느님에게 불가능이란 없다. 엑스터시 상태에서 에스겔은 "뼈로 가득 찬 골짜기"를 본다. 하느님이 생기를 불어넣자 그 뼈들은 "다시 살아나서 두 발로 일어났다." 하느님은 이스라엘의 백성에게도 그렇게 할 것이다.(37:1-14) 다시 말해 비록 이스라엘은 죽었으나 하느님의 기적에 의해 부활할 수 있을 것이다. 다른 신탁에서(36장), 야훼는 포로로 잡혀갔던 자들의 귀환과 이스라엘 백성들의 번영을 약속한다. 그러나 에스겔은 특히 이스라엘의 구원을 선포한다. "맑은 물을 너희에게 뿌려 너희를 깨끗하게 하겠다……. 너희에게 새 마음을 주고 너희 속에 새 정신을 넣어주며…… 너희가 내 법을 따르고 내 명령을 준수하게 하겠다. 너희는 내가 너희 조상들에게 준 땅에 살 것이다. 너희는 내 백성이 되고 나는 너희 하느님이 될 것이다."(36:25-28) 예레미야와 마찬가지로 에스겔이 전하는 메시지의 핵심은 새로운 계약, 사실상 새로운 창조에 관한 것이다. 그러나 이스라엘 민족의 이산離散으로 인해 하느님의 전능성과 명예는 의심의 대상이 되고 말았다. 따라서 에스겔은 새로운 창조

---

36) Fohrer, *History of the Israelite Religion*, p. 319와 *ibid.*, note 4에 실린 참고 문헌을 참조하라.

를 "이스라엘 백성이 이방 나라에서 더럽힌 나의 거룩한 이름"(36:21)
을 다시 성화시키려는 야훼의 소망의 결과라고 설명한다. 왕이자 목자
이며, 하느님의 모범적인 "종" 다윗과 같은 왕이 새로운 이스라엘을
다스릴 것이다.(37:25 이하, 34:23 이하) 마지막의 여러 장(40~48장)에서
에스겔은 미래의 신전[37](그는 그것을 엑스터시 상태에서 본다)과 새로
운 이스라엘에서 거행하게 될 제의를 자세하게 묘사하고 있다.

121. "역사의 공포"에 대한 종교적 가치 부여

예언자들은 포로 시대 말기는 물론 포로 시대가 끝난 이후에도 사라
지지 않았다.(본서 제2권을 보라) 그러나 그들의 메시지는 예레미야가 보
여준 "구원 신학théologie du salut"의 연장선에서 발전해나간 것이다. 따
라서 여기서는 예언이 이스라엘 종교사에서 어떤 역할을 했는지를 평
가해보는 것이 옳을 것이다.

예언자들은 무엇보다 제의에 대한 비판과 이스라엘의 종교적 혼합,
즉 그들이 "간음"이라고까지 부르는 가나안의 종교적 영향을 공격할 때
에 보이는 과격함으로 우리를 놀라게 만든다. 그러나 그들이 비난해 마
지않는 이 "간음"은 가장 일반적인 우주적 종교성religiosité cosmique의 한
형태라고 할 수 있다. 특히 농경민의 특징인 이 우주적 종교성은 가장
기본적인 신성의 변증법dialectique du sacré, 즉 신적인 것은 사물과 우주
의 리듬을 통해 스스로를 드러낸다는 신앙을 계승하는 것이다. 그런데

---

37) 에스겔이 보는 엑스터시적 환영은 유대교와 기독교에서 크게 발전한 "신전 신
학théologie du Temple"의 출발점이다.

야훼를 믿는 자들은 자신들이 팔레스타인에 침입해 들어온 이래 끊임없이 그러한 신앙을 전형적인 우상숭배라고 비판해왔다. 그러나 우주적 종교성이 그렇게 심하게 비판을 받은 경우는 찾아보기 어렵다. 예언자들은 결국 하느님의 현존을 자연계와 완전하게 분리시키는 데 성공했다. 자연계를 구성하는 요소 전부—"저 높은 곳", 돌, 샘물, 나무, 특정한 곡식, 특정한 꽃—가 가나안의 풍요신에게 바치는 제의에 의해 오염되어 있다는 이유로 모두 "불결한" 것이라고 규정되었다.[38] 가장 "정결하고" 신성한 장소는 사막이었다. 왜냐하면 그곳에서 이스라엘 백성은 하느님에 대한 신앙을 지켜냈기 때문이다. 식물의 성스러운 측면과 일반적으로 자연의 풍성한 현현épiphanies exubérantes de la Nature은 훨씬 더 시간이 지난 후 중세의 유대교에서 비로소 재발견되었다.

제의, 특히 동물 희생 제의 역시 비판을 받았다. 제의가 가나안적 요소에 의해 변질되었을 뿐 아니라, 사제나 제의 참여자들 역시 의례 행위 그 자체를 하느님 숭배의 완전한 형태라고 보았기 때문이다. 예언자들은 성소에서 야훼를 찾는 것은 헛된 일이라고 주장했다. 하느님은 희생 제의나 축제 혹은 전례 의식을 경멸한다.(「아모스」 5:4-6, 14-15, 21-23 참조) 하느님은 정의와 공정을 요구한다.(5:24) 포로 시대 이전의 예언자들은 어떤 방식으로 제의가 드려져야 하는지에 대해 규정하지 않았다. 사람들이 야훼에게로 돌아오지 않은 상태에서 제의 방식은 오랫동안 문제조차 되지 않았다. 예언자들은 제의의 개혁을 추구하지 않았지만, 사람을 변화시키는 것에는 관심을 가졌다.[39] 에스겔이 개혁된 종교 의

---

38) 동일한 이유로, 인도에서 활약한 기독교 선교사들은 힌두교의 종교 의식에서 사용되지 않던 꽃만을 교회 안에 가져오도록 허락했다. 교회를 장식한 꽃은 가장 아름답지 않은 꽃일 수밖에 없었다.

례를 제시한 것은 예루살렘이 함락된 다음의 일이었다.

자연의 탈성화désacralisation와 제의 활동의 무가치화dévalorisation, 즉 단호하고 전면적으로 우주적 종교성을 거부하는 입장 및 야훼에게로 결정적으로 돌아감으로써 개인의 영적 갱신을 무엇보다도 중요하게 생각하는 입장은 유대인이 세운 [이스라엘과 유다] 두 왕국의 존립 자체를 위협했던 역사적 위기에 대한 예언자들의 대응-책이었다. 중대한 위기가 닥쳐오고 있었다. 모든 우주적 종교에 필수적인 "생명의 환희"는 야훼에 대한 배신일 뿐 아니라 환상이며, 임박한 국가적 재앙에 의해 사라져버리고 말 것이었다. 풍요의 신비라든지 삶과 죽음의 변증법적 연대 solidarité dialectique entre la vie et la mort 등과 같은 우주적 종교의 전통적인 형식은 그러한 위기 이후부터는 거짓된 안전만을 보증할 수 있을 뿐이었다. 실제로 우주적 종교는 생명이 끊임없이 지속되며, 따라서 심각한 역사적 위기에도 불구하고 민족과 국가는 살아남을 수 있다는 환상을 심어준다. 다시 말해 백성이나 고관들은 물론이고 사제나 낙관적인 예언자들조차 역사적 질서의 적을 자연적 차원의 재난(가뭄, 홍수, 전염병, 지진 등)과 동일시하는 경향이 있었다. 그런 재해는 전면적인 것은 물론 최종적인 것도 아니었다. 그러나 포로 시대 이전의 예언자들이 국토의 황폐화와 국가의 멸망에 대해서만 경고한 것은 아니었다. 그들은 민족의 완전한 소멸의 위기에 대해서도 경고하기를 게을리 하지 않았다.

예언자들은 공식적인 정치적 낙관주의에 저항하고, 야훼주의를 국가 종교로 확립하지 않고 종교적 혼합을 장려한 다윗 왕조의 정책을 비판했다. 그들이 예견한 "미래"는 사실 아주 가까이 다가와 있었다. 예언자들은 신자들을 내면에서부터 변화시켜 현실을 바꾸기 위해 예언을

39) Fohrer, p. 278을 참조하라.

계속했다. 그들은 종교적 관점에서 동시대의 정치에 관해 치열한 관심을 가졌다. 사실 일련의 사건들은 민족의 진지한 회심을 강제했고, 역사 속에서의 이스라엘의 생존을 위한 유일한 가능성이라 할 수 있는 "구원"을 가져다줄 수 있는 것이었다. 예언자들의 예언이 성취됨으로써 그들의 메시지, 특히 역사적 사건이 결국은 야훼의 의지가 작용한 결과라고 하는 사실이 확증되었다. 다시 말해 역사적 사건은 종교적 의미를 획득하게 되었고, 야훼의 "분노"라고 하는 "부정적인 신현"으로 변형된 것이다. 이런 방식으로 역사적 사건은 그것이 유일한 신의 구체적인 의지의 표현이라는 것을 입증함으로써 내적 정합성을 드러내 보인다.

이렇게 예언자들은 최초로 역사에 가치를 부여했다. 그 이후 역사적 사건은 그 자체로 가치를 지닌 것으로 평가되었는데, 그것은 신의 의지에 의해 결정된 것이기 때문이다. 즉 역사적 사실은 신과 대면하는 인간의 "상황"이 되었으며, 그 결과 그것은 지금까지 어떤 것도 가질 수 없었던 종교적 가치를 획득하게 되었다. 또한 히브리 민족은 역사가 신의 현현이라는 사실을 최초로 발견한 민족이라고 말해도 좋을 것이다. 그리고 당연히 예상할 수 있는 것처럼 이러한 관념은 나중에 기독교에 의해 재평가되고 확대되었다.[40] 그러나 신의 현현으로서의 역사의 발견이 모든 유대인들에게 즉시 그리고 전면적으로 받아들여진 것은 아니었다는 사실을 덧붙이지 않을 수 없다. 고대의 개념들은 그후에도 오랫동안 살아남았다.

---

40) Eliade, *Le mythe de l'éternel retour*, pp. 122 sq. 시간의 "구원"과 이스라엘의 성스러운 역사라는 범주 안에서의 시간의 "가치화"에 대해서는 *ibid*, pp. 124 sq.를 보라.

디오니소스 혹은 되찾은 축복

122. "두 번 태어난" 신의 현현과 신비화

1세기 이상에 걸친 연구에도 불구하고 디오니소스Dionysos는 여전히 수수께끼로 남아 있다. 디오니소스는 그의 기원, 그의 특유한 존재 양식, 그가 창시한 종교적 경험의 형태 등에 있어서 그리스의 다른 주요 신들과 구분된다. 신화에 따르면 디오니소스는 테베의 왕 카드모스의 딸인 공주 세멜레Sémélé와 제우스 사이에서 태어났다. 질투심에 불탄 헤라는 세멜레에게 덫을 놓고, 세멜레는 제우스에게 천신의 진짜 모습을 보여달라고 요구한다. 경솔했던 공주는 [제우스의 참모습인] 벼락을 맞게 되고, 조산을 하고 만다. 그러나 제우스는 태아를 자기 허벅지 속에 봉해 넣어두었고, 몇 달 뒤에 디오니소스가 탄생했다. 디오니소스는 사실상 "두 번 태어난 자"이다. 수많은 기원 신화는 왕가의 창설자들이 신과 인간 여성 사이에서 태어난 존재라고 말하고 있다. 그러나 디오니소스는 두 번째에는 제우스에게서 태어났다. [제우스와 여성 사이에서 태어난

이들 가운데] 디오니소스만이 신인 이유는 바로 그 때문이다.[1]

크레치머P. Kretschmer는 트라키아-프리기아어에서 대지의 여신을 가리키는 세멜로Semelô를 통해 세멜레라는 이름을 설명하려고 시도했고, 이 어원적 설명은 닐슨이나 빌라모비츠와 같은 유명한 학자들에 의해 받아들여졌다. 그의 설명이 옳든 그르든, 이 어원은 신화를 해석하는 데에는 그다지 도움이 되지 않는다. 무엇보다 천신과 대지모신의 **신성 결혼**이 여신이 불에 타면서 끝나버린다는 것을 이해하기 어렵다. 다른 한편 아주 중요한 점으로는, 가장 오래된 신화 전승은 **죽어야 하는 존재**[2]인 세멜레가 신을 낳았다는 사실을 강조한다는 것이다. 그리스인을 사로잡은 것은 바로 디오니소스의 이러한 역설적 이중성이었다. 바로 그 점만이 디오니소스의 고유한 존재 양식에 내재한 역설을 설명할 수 있었기 때문이다.

인간에게서 태어난 디오니소스는 올림포스의 판테온에 들어갈 수 있는 자격을 가지고 있지 못했다. 그러나 그는 판테온에 들어가는 데 성공했고, 결국에는 자기 어머니 세멜레도 판테온의 구성원이 되게 했다. 호메로스는 디오니소스를 알고 있다는 사실을 여러 차례 언급하긴 했지만, 그도 그의 청중들도 올림포스의 신들과는 전혀 이질적인 그 "이국의étranger" 신에 대해 흥미를 나타내지 않았다. 그럼에도 불구하고 디오니소스에 대해 가장 오래된 증언은 호메로스를 통해 전해졌다. 『일리아드』(VI, 128~140)는 한 유명한 에피소드를 언급하고 있다. 트라

---

1) Pindare, fr. 85 ; Hérodote, II, 146 ; Euripide, *Les Bacchantes*, 94 sq. ; Apollodore, *Bibl.*, III, 4, 3 등.

2) 그녀를 『일리아드』(XIV, 323)에서는 "테베의 여성"으로, 그리고 헤시오도스의 『신통기』(940 이하)에서는 "죽어야 하는 여성"으로 부른다.

키아의 영웅 리쿠르고스가 디오니소스의 유모들을 쫓아다녔고, "놀란 여자들은 모두 같은 동작으로 제구를 땅바닥에 내던졌다." 한편 디오니소스 역시 "무서움에 사로잡혀 바다의 파도 속으로 뛰어들었고, 테티스는 전사의 성난 고함 소리에 놀라 떨고 있는 디오니소스를 품 안에 안았다." 그러나 리쿠르고스는 "신들의 분노를 사게 되었고", 제우스는 그를 "장님으로 만들어버린다." 그는 "모든 불사의 신들의 적이 되어버렸기 때문에 오래 살지 못하고 죽었다."

"인간 늑대"의 추격과 바다로의 잠수라는 내용을 가진 이 에피소드에서 우리는 고대 세계의 입문 의례 시나리오의 기억을 읽을 수 있다.[3] 그러나 호메로스가 이 신화를 재구성했던 시대에는 이미 그것의 의미와 의도가 달라져 있었다. 그 이야기는 적대적인 인물에 의해 "박해"를 받는 디오니소스 특유의 운명을 잘 보여준다. 그러나 또한 이 신화는 디오니소스가 신들의 일원으로서 인정되었다는 사실을 증명하는 것이기도 하다. 아버지인 제우스뿐 아니라 다른 모든 신들도 리쿠르고스의 행위에 대해 화를 내고 있기 때문이다.

이 "박해"는 디오니소스의 존재 양식과 그의 종교적 메시지에 대한 저항을 극적으로 표현한다. 페르세우스는 군대를 이끌고 디오니소스 및 그를 따르는 "바다의 여인들"에게 전쟁을 선포했다고 한다. 다른 전승에 따르면 페르세우스는 디오니소스를 레르나 호수에 던져버렸다고 한다.(Plutarque, *De Iside et Osiride*, 35) 우리는 에우리피데스의 『바쿠스의 여신도들Les Bacchantes』을 분석할 때 이 박해의 주제를 보게 될 것이다. 어떤 이들은 이 에피소드를 디오니소스 제의가 직면했던 반발에

---

3) Jeanmaire, *Dionysos*, p. 76을 참조하라. 리쿠르고스와 청소년의 입문 의례에 대해서는 Jeanmaire, *Couroï et Courètes*, pp. 463 sq.를 참조하라.

대한 신화화된 기억이라고 해석하기도 한다. 이 이론은 디오니소스가 비교적 늦게 그리스에 도착했으며, 그는 "이국의" 신이라는 것을 전제하고 있다. 에르빈 로데 이후, 대다수의 학자들이 디오니소스를 트라키아에서 직접, 혹은 프리기아를 거쳐 그리스에 도입된 트라키아의 신이라고 생각한다. 그러나 발터 오토는 디오니소스의 원초적 성격과 범그리스적인 특징을 강조한다. 그리고 신의 이름—*di-wo-nu-so-jo*—이 미케네의 비문[4] 안에서 발견되었다는 사실은 오토의 가설에 정당성을 부여한다. 하지만 헤로도토스(II, 49)는 디오니소스가 "뒤늦게 그리스에 들어왔다"고 생각했으며, 『바쿠스의 여신도들』(V, 219)에서 펜테우스가 "그가 누구이든, 그는 뒤늦게 들어온 신"이라고 말하고 있는 것역시 사실이다.

디오니소스 숭배가 그리스에 들어오게 된 역사가 어떤 것이었든, 이신이 직면했던 대립과 저항에 대해 언급하는 신화와 신화적 단편은 훨씬 깊은 의미를 내포하고 있다. 우리는 그것을 통해 디오니소스적 종교 체험과 그 신의 고유한 구조에 대해 알 수 있다. 디오니소스는 저항과 박해를 불러일으킬 수밖에 없었는데, 그것은 그가 야기한 종교적 체험이 생활양식과 가치의 세계 전체를 위협했기 때문이다. 올림포스 종교가 누렸던 최고 권위와 그것의 종교적 구조는 분명히 위협을 받았다. 그러한 대립은 좀 더 친숙한 어떤 드라마를 드러내기도 하고, 게다가 종교사에서도 풍부하게 증명된다. 즉 그것은 다른 **모든 것**(그것을 균형, 인격, 양심, 이성 등 무엇이라고 불러도 좋다)을 부정함으로써 실현되는 **절대화된** 모든 종교 체험에 대한 저항이었다.

발터 오토는 디오니소스의 박해라는 주제와 그의 다양한 현현의 유

4) 필로스에서 출토된 선형 문자 B의 단편(X a O 6).

형학 사이에 존재하는 긴밀성을 정확하게 이해하고 있었다. 디오니소스는 갑자기 출현했다가 곧바로 신비하게 사라지는 신이었다. 카에로네이아의 아그리오니아Agrionia 축제에서는 여자들이 디오니소스를 찾아다니지만 찾지 못하고, 신이 자신을 숨겨졌었던 무사 여신들에게로 돌아가버렸다는 소식을 가지고 돌아왔다.(W. Otto, *Dionysos*, p. 79) 디오니소스는 레르나 호수 밑바닥으로, 또는 바다 속으로 사라졌다가—안테스테리아Anthestéria 축제 때에—배를 타고 파도를 넘어 다시 돌아온다고 한다. 그가 요람에서 "눈을 뜨는" 장면(*ibid.*, pp. 82 이하) 역시 유사한 신비로운 주제를 다룬다. 이처럼 주기적으로 반복되는 현현과 은둔은 디오니소스를 식물신의 하나로 볼 수 있게 해준다.[5] 사실 그 신은 식물의 생명과 일종의 관계를 가지고 있다. 송악, 소나무는 거의 그의 속성과 관계있는 나무가 되었으며, 그에게 제의를 드리는 가장 인기 있는 축제는 농사력에 표시되어 있다. 그러나 디오니소스는 물, 배아, 피, 정액 등과 같이 생명 현상 전체와 관계를 가지고 있으며, 나아가 동물 형상의 현현(황소, 사자, 염소)으로 표현되는 생명력의 과잉과도 관계가 있다.[6] 그 신의 갑작스런 출현과 사라짐은 어떤 면에서는 생명의 출현과 사라짐, 즉 삶과 죽음이 교대되는 현상을 반영하며, 궁극적으로는 양자의 일체성을 보여주는 것이다. 그러나 이것이 우주적 생명 현상의 "객관적" 관찰과 관계있는 것은 아니다. 어떤 종교사상이나 신화가 그처럼

---

5) 디오니소스를 나무의 신, "곡물"의 신, 혹은 포도의 신이라고 해석하려는 시도가 있어왔다. 그리고 디오니소스의 해체를 말하는 신화는 곡물의 "수난", 혹은 포도주의 제조 과정을 보여주는 것이라고 해석되어왔다. 이미 Diodore, III, 62에 인용된 신화학자들에게서도 이런 해석을 볼 수 있다.

6) W. Otto, *Dionysos*, pp. 162~164에 논의된 텍스트들과 참고 문헌들을 참조하라.

진부하고 일상적인 사실로부터 자극을 받아 형성되는 경우는 드물다. 디오니소스는 그의 현현과 은둔을 통해 생명과 죽음의 결합이라는 근원적 신비와 신성함을 보여주고 있다. 이 계시는 신의 현존 그 자체에 의해 실현되는 것이기 때문에 본질적으로 종교적이다. 하지만 신의 출현과 사라짐이 반드시 계절과 관계가 있는 것은 아니다. 디오니소스는 겨울 동안에도 출현하며, 자신의 출현을 가장 멋지게 과시할 수 있는 봄의 축제 기간 동안에 모습을 감추는 경우도 있다.

　"사라짐disparition"과 "은둔occultation"은 명계로의 하강, 즉 "죽음"의 신화적 표현이다. 실제로 델포이에는 디오니소스의 무덤이 있었다고 한다. 또 그는 아르고스에서 죽었다고 이야기되기도 한다. 더구나 아르고스인의 의례에서 디오니소스는 바다의 깊은 곳에서 불러내어지지만(Plutarque, *De Iside*, 35), 그는 죽은 자들의 나라에서 올라온다. 오르페우스 찬가(53번)를 보면, 디오니소스는 지상을 떠나 있는 동안 〔명계의〕페르세포네의 곁에 있는 것으로 여겨지고 있다. 마지막으로 자그레우스-디오니소스Zagreus-Dionysos 신화—나중에 살펴볼 것이다—에서는 폭력적 방식으로 살해되고 여덟 토막으로 해체되어 티탄들에게 먹혀버린 신에 대해 이야기한다.

　디오니소스의 이처럼 다양하지만 상호 보완적인 측면은 불가피하게 "정화되고" 또 재해석되어 있긴 하지만 공적 제의에서 여전히 발견된다.

123. 몇몇 공적 축제의 시원성

　페이시스트라토스 시대〔BC 6세기〕이후, 아테네에서는 네 개의 디오니소스 축제〔제의〕가 거행되었다.[7] 12월에 거행되는 "들판의 디오니소스 축제"는 마을의 축제였다. 참가자들은 노래를 부르며 거대한 팔루스를 앞세우고 행진한다. 팔루스를 앞세우는 의례는 세계적으로 널리 퍼져 있는 원초적인 종교 의식으로, 틀림없이 디오니소스 제의보다 먼저 존재했던 것이다. 의례의 여흥으로 운동경기나 음악 연주, 그리고 가면을 쓰고 동물로 변장한 사람들의 행렬 등이 이어졌다. 이러한 의례들 역시 디오니소스 이전부터 있었던 것이지만, 우리는 포도주의 신이 어떻게 해서 가면 행렬의 선두에 서게 되었는지에 대해서는 알고 있다.

우리는 한겨울에 행해지는 레나이아Lénées 축제에 대해서는 그다지 많은 정보를 가지고 있지 못하다. 헤라클레이스토스가 인용한 바에 의하면 레나이Lénaï라는 말과 "레나이를 한다"는 동사는 각각 "바쿠스의 여신도들" 및 "바쿠스의 여신도가 된다"라는 말과 거의 같은 의미로 사용된다고 한다. 그리고 신을 불러낼 때에는 **다두코스**daduchos의 도움을 받는다. 아리스토파네스의 시에 대한 주석에 보면, 〔다두코스는〕엘레우시스의 비의를 집행하는 사제로서 "그는 한 손에는 횃불을 들고, 신을 불러내어라 하고 소리친다. 그러면 참가자들은 소리친다. 세멜레의 아들 이아코스[8]여, 부를 내려주소서!"

안테스테리아 축제는 대개 2~3월경에 거행되었고, 그 축제보다 나중에 시작된 "대大디오니소스 축제"는 3~4월에 거행된다. 투키디데스 (II, 15, 4)는 안테스테리아 축제가 디오니소스 축제 중에서 가장 오래된

---

7) 이 축제들 가운데 두 개가 그것과 대응하는 달의 이름—레나이온과 안테스테리온—을 가지고 있다는 사실은 그것의 범그리스적 성격 및 시원성을 보여준다.

8) 이아코스는 엘레우시스 비의를 진행하는 신령으로서 디오니소스와 동일시되고 있다. 이 자료들은 Otto, *op. cit.*, p. 80에서 논의되고 있다. Jeanmaire, *Dionysos*, p. 47을 참조하라.

것이라고 생각했다. 그것은 가장 중요한 축제이기도 했다. 첫 번째 날은 **피토이기아**Pithoigia라고 불리는데, 그날에는 가을 수확이 끝난 후 포도주를 저장해두었던 토기로 만들어진 포도주 병(*pithoi*)을 처음으로 개봉한다. 그리고 사람들은 신에게 첫 술을 바치기 위해 그 포도주 병을 "늪의 디오니소스"의 성소로 가져가고, 그런 다음 술을 함께 나누어 마신다. 두 번째 날(*Choés*, "술항아리")에는 술 마시기 경기가 벌어진다. 술잔에 담은 포도주를 신호에 맞추어 누가 빨리 마시는지를 겨루는 것이다. "들판의 디오니소스 축제"에서 벌어지는 다른 경기(예를 들면 술이 들어 있는 가죽 포대에 기름을 바르고 그 위에서 오래 균형을 잡고 서 있을 수 있는 젊은이가 이기는 경기인 **아스콜리아스모스**askoliasmos)와 마찬가지로 이 시합 역시 잘 알려진 시나리오에 따라 생명의 재생을 기원하는 모든 종류의 경기와 논쟁(운동경기, 연설 등)으로 구성되어 있다.[9] 하지만 이러한 행복감과 술 취함은 어떤 의미에서는 호메로스가 묘사하는 침울한 저승과는 전혀 닮지 않은 저세상에서의 삶을 미리 느끼는 것이다.

코에스Choés의 날에는 신이 도시에 도착했음을 알리는 행진이 벌어진다. 디오니소스 신은 바다에서 올라온다고 여겨졌기 때문에 행진 시에는 네 대의 수레가 배를 받치고, 그 배에는 포도나무 가지를 든 디오니소스 신과 피리를 불고 있는 벌거벗은 사티로스satyres 둘이 타고 있었다. 그 외에도 행진에는 변장을 한 수많은 사람들과 희생 제물로 바칠 황소가 포함되어 있었으며, 피리 연주자와 화환을 든 사람이 행진의

---

9) 그것은 대단히 오래되고 또 보편적으로 널리 퍼져 있는 시나리오로, 모든 형태의 사회에서 특권적인 지위를 가진 선사시대의 중요한 유산의 하나라는 사실을 염두에 두자.

선두에 서서 그날에만 개방되는 오래된 성역 림나이온Limnaion을 향해 나아갔다. 거기서는 다양한 의식이 진행되었다. "여왕"인 바실리나 Basilinna, 즉 집정관-왕의 왕비와 네 명의 귀족 여성이 그 의식에 참가했다. 그 도시의 옛 여왕들의 후계자인 바실리나는 그 순간부터 디오니소스의 아내로 간주되었다. 바실리나가 마차에서 디오니소스 옆 자리에 자리를 잡고 앉으면, 마치 결혼식을 의미하는 것 같은 새로운 행진이 시작되고, 그 행렬은 옛 왕궁인 부콜레이온Boucoléion으로 향한다. 아리스토텔레스는 신과 왕비의 신성 결혼이 거행되는 것은 바로 이 부콜레이온(문자적 의미는 "외양간")에서라고 분명하게 밝히고 있다.(Ath. Pol., 3, 5) [결혼 장소로] 부콜레이온이 선택된 것은 디오니소스가 황소의 모습으로 현현하는 것이 아직 익숙했다는 것을 보여준다.

이 결혼을 상징적인 의미로 해석하려는 시도가 계속되어왔고, 신은 집정관으로 인격화되었다고 여겨졌다. 그러나 발터 오토는 아리스토텔레스의 증언이 중요하다는 사실을 강조한다.[10] 바실리나는 왕의 후계자인 자신의 남편의 집에서 신을 맞이한다—그리고 디오니소스가 왕으로 나타난다. 아마도 이러한 결합은 신과 도시 전체의 결혼을 상징하는 것이며, 도시에 행운을 가져다주는 것이라고 생각되었을 것이다. 그러나 이러한 행동은 디오니소스에게서만 볼 수 있는 것이다. 야수의 모습으로 현현하는 신은 공개된 장에서 자기의 지고성이 드러나기를 요구한다. 신이 왕비와 결합하는 것을 상정하는 종교 의식은 그리스의

---

10) 그러나 그것은 바빌로니아에서의 벨[마르둑]의 경우(신이 신전에 머무는 동안에 신전 창녀가 신에게 봉사하는 것), 혹은 파타라의 아폴론의 신전에서 여사제가 신탁에 의해 계시되는 신의 지혜를 직접 얻기 위해 신전에서 잠을 자야 하는 경우와는 전혀 다르다. Otto, p. 84를 참조하라.

다른 제의에서는 결코 볼 수 없다.

그러나 안테스테리아 축제의 3일 동안, 특히 디오니소스가 개선하는 날인 둘째 날은 불길한 날로 여겨지기도 한다. 왜냐하면 그날은 죽은 자의 영혼이 되돌아오는 날이며, 명계의 사악한 영향력을 옮기는 케레스kères가 영혼들과 함께 돌아오기 때문이다. 게다가 안테스테리아제의 마지막 날은 그들에게 바쳐졌다. 사람들은 죽은 자를 위해 기도하고, 여러 가지 곡식으로 만든 죽인 판스페르미아panspermie를 준비하고, 밤이 되기 전에 그것을 다 먹어버린다. 그리고 밤이 되면 사람들은 외친다. "케레스여, 문 앞으로 나오라. 안테스테리아는 끝났다!" 이러한 의례적 시나리오는 잘 알려져 있으며, 농경 문명에서 많이 볼 수 있다. 죽은 자들과 타계의 힘들은 풍요와 부를 지배하며, 그것을 사람들에게 나누어 준다. 히포크라테스 학파의 논고에 따르면 "우리에게 음식, 성장, 그리고 생명의 싹을 주는 것은 죽은 자들이다." 디오니소스는 그에게 바쳐지는 모든 의례에서 풍요의 신인 동시에 죽음의 신으로서 모습을 나타낸다. 헤라클레이토스(fr. 15)는 이미 "하데스와 디오니소스는 〔……〕 하나이며 동일하다"고 말한 바 있다.

디오니소스와 물, 습기, 식물의 수액과의 관계는 앞에서도 말했다. 여기에서는 바위에서 솟아 나오는 물, 젖과 꿀로 넘쳐흐르는 강물 등과 같이 신의 출현과 함께 혹은 그것을 예고하는 형식으로 나타나는 "기적"에 대해서 언급해두고자 한다. 테오스에서는 디오니소스 축일에 포도주가 샘에서 솟아 나왔다고 한다.(Diodore de Sicile, III, 66, 2) 엘리스에서는 봉인된 방 안에 놓아둔 빈 항아리 세 개가 다음 날 아침에 포도주로 가득 차 있었다고 한다.(Pausanias, VI, 2, 6, 1~2) 이와 유사한 "기적들"은 다른 곳에도 기록되어 있다. 그중에서도 가장 유명한 것은 몇 시간 안에 개화하여 열매를 맺는 "하루 포도나무들vignes d'un jour"

일 것이다. 이 "기적"은 여러 지역에서 일어났으며, 많은 저자들이 그 "기적"에 대해 언급하고 있다.[11)]

124. 에우리피데스와 디오니소스적 광란

"기적들"은 광란적이고 엑스터시적인 디오니소스 의례의 특징이다. 그것은 디오니소스의 독특하고 또 가장 원초적인 요소를 반영하고 있다. 우리는 에우리피데스의 『바쿠스의 여신도들』에서 그리스 정신과 디오니소스적 광란이 어떤 식으로 결합되었는지에 대한 귀중한 증언을 발견할 수 있다. 『바쿠스의 여신도들』의 주인공은 디오니소스 자신으로, 그것은 고대 그리스의 연극에서는 전례가 없는 일이다. 자신의 제의가 그리스에서는 계속 실행되지 않는 것에 화가 난 디오니소스는 마이나데스Ménades〔디오니소스를 따르는 여신도들〕 무리를 이끌고 아시아에서 그리스로 들어와, 자신의 어머니의 고향 테베에 머무른다. 카드모스 왕의 세 딸은 자신들의 자매인 세멜레가 제우스의 사랑을 받고 신을 낳았다는 사실을 부정한다. 디오니소스는 그녀들을 "광기"에 빠지게 만들었고, 디오니소스의 이모 세 사람은 테베의 다른 여자들과 함께 산 위로 뛰어 올라가 거기서 광란적인 종교 의식을 치른다. 하지만 할아버지인 카드모스로부터 왕위를 물려받은 펜테우스는 이 의식을 금지시킨다. 왕은 경고를 받았음에도 불구하고 고집을 꺾지 않았다. 디오니소스 제의 집행자로 변장한 디오니소스는 펜테우스 왕에게 체포되어 감옥에 갇힌다. 그러나 그는 불가사의한 힘을 이용하여 감옥을 탈출하고, 펜테

---

11) Sophocle, *Tyestes*(fr. 234) 및 Otto, pp. 98~99에 인용된 다른 자료들.

우스에게 여자들의 광란적인 의식 장면을 숨어서 훔쳐보라고 설득하기까지 한다. 마이나데스에게 발각된 펜테우스는 온몸이 갈기갈기 찢겨 죽음을 당하고, 왕의 친어머니 아가웨는 자식의 머리를 사자의 머리로 믿고 의기양양하게 그것을 가지고 돌아간다.[12]

인생의 말기에 있던 에우리피데스가 『바쿠스의 여신도들』을 쓴 의도가 무엇이었든, 이 그리스 비극의 대작가는 디오니소스 제의에 대한 가장 중요한 문헌을 우리에게 남겨주었다. 거기에서는 "저항, 박해, 승리"라고 하는 테마가 가장 멋지게 묘사되고 있다.[13] 펜테우스가 디오니소스에게 반대한 것은 디오니소스가 "황금의 머리카락에 향기를 흘날리며 뺨에는 엷은 홍조를 띠고 아프로디테의 매혹적인 눈을 가지고 있는 [……] 이방인이자 예언자인 마법사이고, 부드럽고 매력적인 에보에[*바쿠스 축제에서 신을 찬미하기 위해 외치는 소리로 그리스어로는 에우오이Euoi] 의식을 가르친다는 구실로 젊은 여자들을 타락시키기"(Les Bacchantes, 233절 이하) 때문이다. 그에게 매료된 여자들은 가정을 버리고 밤마다 산으로 달려 올라가 북과 피리 소리에 맞추어 춤을 춘다. 한편 펜테우스는 포도주의 힘을 특히 무서워했는데, "만일 여자들이 식사 때에 포도주를 마신다면 그것은 어떤 경우든 불순함의 증거"(260~262)라고 보았기 때

---

12) 디오니소스가 아직 신으로 인정되지 않던 시기에 디오니소스가 일으킨 "광기"는 다른 곳에서도 그 예를 발견할 수 있다. 예를 들어 아르고스의 여자들(Apollodore, II, 2, 2; III, 5, 2) 및 자기 자식들 중 하나를 갈기갈기 찢어서 잡아먹는 오르코메노스의 미니아스의 딸들(Plutarque, *Quaest. gr.* XXXVIII, 299e)이 있다.

13) BC 5세기에 테베는 제의의 중심지가 되었는데, 그것은 디오니소스가 그 도시에서 태어났고 세멜레의 무덤도 그곳에 있었기 때문이다. 그렇긴 하지만 초기의 저항이 잊혀진 것은 아니었다. 『바쿠스의 여신도들』이 제기하는 교훈의 하나는 다음과 같은 것이었다. "새로운 신"이라고 해서 그 신을 거부해서는 안 된다.

문이다.

　그러나 여신도들에게 엑스터시를 불러일으키는 것은 포도주가 아니다. 일출 때에 키타이론 산에서 여신도들을 만난 적이 있는 펜테우스의 시종들 중의 하나는 그 여자들이 어린 사슴의 가죽으로 만든 옷을 걸치고, 송악으로 만든 모자를 쓰고, 뱀을 허리띠로 삼고, 어린 사슴이나 늑대의 새끼를 안고 젖을 먹이고 있었다고 묘사한다.(695 이하) 거기에서는 디오니소스에게 특유한 "기적"이 풍부하게 보인다. 여신도들이 지팡이로 바위를 두드리면 물이 솟아나거나 포도주가 샘솟는다. 그들이 지면을 긁자 우유가 뿜어져 나오고 송악으로 둘러싼 지팡이에서는 단꿀이 끊임없이 떨어진다.(703 이하) 하인은 다음과 같이 말한다. "틀림없이, 만일 폐하께서 그 자리에 계셔서 그 광경을 보시게 되면, 폐하가 경멸해 마지않는 그 신에게 귀의하시어 기도를 올리셨을 것이 분명합니다."(712~714)

　이렇게 말했던 시종들과 그 무리들은 아가웨에게 발각되어 몸이 갈기갈기 찢기고 말았다. 또 여신도들은 목장에서 풀을 뜯고 있는 소 떼를 습격하여 "맨손으로" 갈기갈기 찢어버린다. "젊은 여자들의 무수한 손에 잡힌" 황소들은 그 자리에서 죽음을 당하고 만다. 그러고 나서 여신도들은 들판 위에 엎드린다. "그 여자들은 집에 있는 아이들을 빼앗아 왔습니다. 그 여자들이 어깨 위에 짊어진 그 모든 것은, 철기나 청동조차도, 끈으로 묶지 않아도 땅바닥에 떨어지지 않습니다. 또 머리 위로 불이 붙어도 누구도 화상을 입지 않습니다. 여신도들의 난폭함에 화가 난 마을 사람들은 무기를 들었습니다. 폐하, 이때에 놀라운 일이 발생했습니다. 마을 사람들이 창으로 상대 여자를 찔렀지만 여자들은 피를 흘리지 않았습니다. 그러나 여자들이 지팡이를 휘두르자 마을 사람들은 상처를 입었습니다……."(754~763)

이처럼 광란적이고 야만적인 밤의 의식과 앞에서 말했던 공적인 디오니소스 제의(본권 123절) 간의 차이는 다시 강조할 필요도 없을 것이다. 에우리피데스는 우리에게 비의 종교에서만 독특하게 보이는 비밀 제의를 보여주고 있는 것이다. "그런데 이 비의라는 것은 도대체 어떤 것인가?"라고 펜테우스가 질문한다. 디오니소스는 이렇게 대답한다. "그것은 바쿠스 신자가 아닌 사람에게는 알려줄 수 없는 것입니다.""그 제의를 실행하면 어떤 이익을 얻을 수 있는가?" "당신에게 알려주는 것은 금지되어 있지만, 알 만한 가치가 있는 것이 거기에 있습니다."(470~474)

비의는 신자들이 디오니소스의 완전한 현현에 참여함으로써 성립한다. 의례는 밤중에 마을에서 멀리 떨어진 산이나 숲 속에서 거행된다. 의례에서는 살아 있는 희생 제물을 갈기갈기 잘라서(*sparagmos*) 날로 먹는 것(*ômophagya*)으로 신과 소통하게 된다. 왜냐하면 찢겨서 먹히는 동물은 디오니소스의 현현 혹은 화신이기 때문이다. 다른 모든 경험들—경이로운 육체적인 힘, 불과 무기에도 다치지 않는 것, "기적들"(땅에서 솟아오르는 물, 포도주, 우유), 뱀이나 야수의 새끼와의 "친밀성"—은 열광enthousiasme, 신과의 동일화에 의해 가능해진다. 디오니소스적 엑스터시는 무엇보다 먼저 인간의 존재 조건을 초월하는 것이며, 완전한 해방을 발견하는 것이며, 보통 인간이 접근하기 어려운 자유와 자발성을 획득하는 것이다. 이러한 자유는 윤리적, 사회적 차원에서의 금지나 규제, 관습으로부터의 해방을 포함한다. 이것은 수많은 여성들이 그 제의에 참가했던 이유를 설명해준다.[14] 그러나 디오니소스의 체

14) 테이레시아스는 디오니소스를 변호한다. "디오니소스는 여자들에게 정숙하라는 엄격한 교훈을 내리지 않는다. 정숙함은 그가 타고난 성격에 달려 있다. 정숙한 여자라면 바쿠스의 제의에 참가했다고 해도 몸을 더럽히는 일은 없을 것

험은 보다 깊은 차원을 건드린다. 날고기를 먹은 여신도들은 수만 년 동안에 걸쳐 억압되어온 행위를 회복시키는 것이다. 그러한 광란은 신적인 빙의로밖에는 설명할 수 없는 생명력과 우주적 힘의 합일을 드러낸다. 이러한 빙의가 "광기", 즉 마니아mania와 혼동되는 것은 어쩌면 당연하다고 할 수 있다. 디오니소스 자신이 "광기"를 경험했으며, 신자들은 신이 받은 시련과 수난에 참여하여 그것을 다시 체험하는 것에 불과하다. 결국 그것은 신과 일체화되는 가장 확실한 방법이었던 것이다.

그리스인들은 신들이 불러일으킨 또 다른 형태의 마니아를 알고 있었다. 에우리피데스의 비극『헤라클레스Héraklès』에서는 영웅 헤라클레스의 광기가 헤라의 작품이라고 한다. 소포클레스의『아이아스Ajax』에서는 아테나가 주인공에게 정신착란을 일으킨다. 또 고대 그리스인들은 "코리반티즘corybanthisme"을 디오니소스적 오르지와 동일시했다. 그것은 코리반트[키벨레의 신도]들이 빙의에 의해 마니아 상태에 빠지는 것으로서, 그것은 진짜 입문 의례[사제들의 자기 거세]로 이어졌다. 그러나 디오니소스 제의를 다른 것과 구별시켜주는 것은 정신병리학적인 위기가 아니라 그것이 종교적 경험으로 평가된다는 사실이었다.[15] 나아가 그 제의를 중세의 발작 무용이나 북아프리카의 신비주의 단체인 아이사우아 Aissâoua가 행하는 날고기 먹기 의례 등[16] 표면적으로 유사한 의례 혹은

이다."(Bacch., 314 sq.)

15) 샤먼과 정신병자가 다른 점은 샤먼은 스스로의 정신 상태를 치유하는 데 성공하고, 공동체의 다른 구성원들보다 훨씬 강력하고 창조적인 인격을 획득할 수 있다는 점이다.

16) Rohde는 디오니소스의 엑스터시적 종교의 유행을 중세에 전염병처럼 퍼진 발작무용과 비교하고 있다. R. Eisler는 아이사우아(Isâwîya)의 의례적 날고기 먹기 (frissa, "찢어 먹다"라는 뜻의 동사 farassa에서 왔다)에 주의를 환기시킨다. 참가

집단행동들을 비교하는 것은 흥미로운 일이지만, 그것들은 오히려 디오니소스 신앙의 독자성을 부각시켜주는 역할을 할 것이다.

　드물긴 하지만 원초적 시대의 유산을 지닌 어떤 신이 역사시대에 다시 등장하는 경우가 있다. 즉 야수의 가면을 쓰는 의례, 남근상을 들고 나아가는 행렬, **몸을 갈기갈기 찢는 의례**sparagmos, 날고기 먹기, 인육 먹기 anthropophagie, 마니아, 열광 등이 그런 것이다. 가장 주목할 만한 것은 디오니소스 숭배가 선사시대부터 지속되어온 이러한 전통을 그대로 유지하면서도, 그리스인의 정신세계에 다시 편입되자마자 새로운 종교적 가치를 생산하기 시작했다는 사실이다. 실제로 신적인 빙의에 의해 초래된 열광—"광기"—은 수많은 저술가의 흥미를 끌었으며, 때때로 야유와 조롱의 표적이 되었다. 헤로도토스(IV, 78~80)는 스키타이 왕 스킬라스의 모험을 서술하고 있다. 그는 보리스테네스 강변(드니에프르 강)에 위치한 올비아에서 "디오니소스 바케이오스Dionysos Baccheios 의례에 입문했다." 그리고 입문 의례(teleté)가 진행되는 동안 그는 마치 "바쿠스 신자들이나 광인들처럼" 행동했다. 그것은 아마 입문자들이 "신적 왕국 아래에서", 신에 들린 사람들 자신은 물론 구경꾼들도 "광기(mania)"라고 여겼던 어떤 광란에 사로잡히는 행렬이었을 것이다.

　헤로도토스는 그가 올비아에서 들었던 이야기를 재수록하는 것으로 만족하고 있다. 하지만 데모스테네스는 유명한 어느 구절(Sur la couronne, 259)에서 자신의 정적인 아이스키네스를 조롱하면서, BC 4세기의 아테

자들은 육식동물과의 신비적 동일화를 위해 야수의 이름들(재칼·표범·사자·고양이·개)을 부여받고, 소·늑대·숫양·암양·염소 등을 찢어서 배 속의 창자를 파내고, 날것으로 그 고기를 먹는다. 날고기를 먹은 다음에는 "난폭한 엑스터시의 환희에 빠져들고, 신과 교류하기 위해" 광란적 춤을 추어댄다.(R. Brunel)

네에서 디오니소스와 비슷한 트라키아인의 신 사바지오스의 신도들이 행했던 소규모 행렬 의례(des Bacchein)에 대해 알려주고 있다. (고대인들은 사바지오스가 트라키아의 디오니소스라고 생각했다.)[17] 데모스테네스에 의하면 의례의 처음에는 "책"(아마도 글로 쓴 문서로서 성스러운 말hieroi logoi이 포함되어 있었을 것이다)을 낭독하고 그 다음에는 "네브리스 의식nébriser"(어린 사슴의 가죽, 즉 네브리드nébride를 가리킨다. 고기를 날것으로 먹는 희생 의례였을 것이다)과 "크라테르 의식cratériser"(포도주와 물을 섞은 "신비한 음료"를 담는 용기와 관련된 의식), 점토와 밀가루를 입문자들에게 바르는 "정화 의례(catharmos)"에 대해 이야기한다. 마지막으로 의례 보조자들은 땅바닥에 바싹 엎드린 입문자들을 일으켜 세우고, 입문자들은 "나는 악을 벗어나 올바른 길을 발견했노라!"라는 주문을 반복한다. 그리고 참석자 전원이 커다란 목소리ololygé로 그 주문을 외친다. 다음 날 아침, 회향목과 백양목의 가지로 만든 관을 쓴 입문자들의 행진이 시작된다. 아이스키네스는 그 선두에 서고, 뱀을 휘두르면서 "에보에, 사바지오스의 비의여!" 하며 외친다. 또 "휴에스Hyés, 아테스Attès, 아테스, 휴에스"라는 외침에 맞추어 춤을 춘다고도 한다. 데모스테네스는 키van 모양으로 된 광주리인 리크논liknon, 즉 아기 디오니소스의 요람이 되었던 "신비의 키"에 대해서도 말하고 있다.

이런저런 형태로, 디오니소스 의례의 중심에는 항상 다소간 격렬한 열광, 마니아의 엑스터시적 체험이 자리 잡고 있다. 이 "광기"는 어떤 의미에서는 입문자의 "신격화(entheos)"의 증거이다. 이 체험은 분명

---

17) 고대의 주석에 따르면 saboi(혹은 sabaioi)라는 단어는 프리기아어로는 그리스어의 bacckhos에 해당하는 말이었다고 한다. Jeanmaire, *Dionysos*, pp. 95~97을 참조하라.

잊기 어려운데, 이를 통해 사람들은 디오니소스의 독창적인 자발성, 황홀한 자유, 초인적인 힘, 무적의 힘에 참여할 수 있기 때문이다. 신과의 이러한 교류는 잠시 동안이지만, 인간을 고정된 존재의 양식으로부터 해방시킨다. 하지만 그것이 인간의 존재 양식을 완전히 변화시키는 것은 아니었다. 『바쿠스의 여신도들』에서도, 논노스의 『디오니시아카Dionysiaques』〔48권으로 된 디오니소스 신화 모음〕와 같은 후대의 작품에서도, 불사不死에 대한 언급은 보이지 않는다. 그 점에서 디오니소스는 분명히 잘목시스Zalmoxis와는 다르다. 자주 비교의 대상이 되는 그 두 신은 로데 이후에는 혼동되고 말았지만, 사실 이 게타이인의 신 잘목시스는 자기의 비의에 참여한 입문자들에게 "불사를 가져다주었다." 그러나 그리스인들은 그들이 보기에 신과 인간 조건을 가로막고 있는 무한한 거리를 감히 넘어서려고 하는 데까지 이르지 못했다고 할 수 있다.

125. 그리스인이 신의 존재를 재발견했을 때……

사적인 티아소이thyases〔디오니소스 의례〕가 입문 의례적이며 비밀스러운 성격을 가지고 있었던 것은 분명해 보인다.(*Les Bacchantes*, 470~474를 보라)[18] 적어도 의례의 일부(예를 들어 행진 등)가 공개되어 있었음에도 불구하고 말이다. 언제 그리고 어떤 상황에서 비의적, 입문적 디오니소스 의례가 비의 종교로서의 독특한 기능을 담당하게 되었는지를 밝히기는 어렵다. 중요한 몇몇 연구자들(닐슨, 페스튀지에르Festugière)

---

18) 안테스테리아 축제 때에 일부 의례는 가장 엄격한 비밀을 유지하는 가운데 오직 여자들에 의해서만 실행되었다는 사실을 기억해두자.

은 종말론적 희망에 관한 명확한 언급이 전혀 보이지 않는다는 것을 근거로 디오니소스 비의의 존재를 부정한다. 그러나 우리는 고대의 비의의 숨겨진ésotérique 의미는 말할 것도 없고, 비밀 의례 자체에 대해서도 거의 알지 못한다(하지만 그것들이 존재했다는 것은 틀림없다. 비밀 입문 의례에 숨겨진 의미가 내포되어 있다는 것은 세계의 모든 문화층에서 확인되고 있기 때문이다).

더 나아가 종말론적 희망을 오르페우스교 및 헬레니즘 시대의 각종 비의를 통해 알려진 형태론적 유형에만 한정시켜서는 안 된다. 디오니소스의 은둔〔사라짐〕과 현현, 그의 명계 하강(부활이 뒤따르는 죽음에 대비되는), 그리고 특히 그의 "자각〔*눈뜸〕"을 축하하는 의식을 포함하는 아기-디오니소스 제의[19]—곧이어 우리가 지속적으로 강조할 디오니소스-자그레우스의 신화-의례적 주제는 차치하고—는 영적 갱신에 대한 의지와 희망을 나타낸다. 세계의 도처에서 아기 신은 신비한 질서의 "재생"이라는 비의를 계시하는 입문 의례적 상징을 동반하고 있다(종교적 체험의 관점에서 볼 때, 이러한 상징이 지적으로 이해되고 있는가 아닌가는 거의 문제가 되지 않는다). 디오니소스와 동일시되었던 사바지오스의 의례에서도 비의적 구조가 이미 드러나고 있었다는 사실("나는 악을 벗어났다")을 떠올려보자. 분명히 『바쿠스의 여신도들』은 불사에 대해 말하고 있지 않다. 그러나 일시적인 것이었다고 하더라도 신과의 합일이 신도들의 사후의 삶에 영향을 주지 않는다고는 말할 수 없다. 엘레우시스의 비의에 디오니소스가 등장하는 사실을 통해서 볼 때, 적어도 일부 오르지적인 체험에는 종말론적 의미가 수반

---

19) 아기-디오니소스 제의는 보이오티아와 크레타에서 알려져 있었고, 마침내 그리스 전역으로 전파되었다.

되고 있을 것이라고 추측할 수 있다.

그러나 디오니소스 제의의 "비의적" 성격이 특히 명백해지는 것은 디오니소스-자그레우스의 출현 이후이다. 아기 디오니소스-자그레우스의 신체 해체에 관한 신화는 주로 기독교 저술가들에 의해 전해지고 있다.[20] 당연히 예상되는 것처럼 그들은 그러한 이야기를 역사적 사실로서evhémérisé, 불완전하게, 또한 악의에 차서 서술하고 있다. 그러나 기독교 저술가들에게는 신성하고 비밀스런 사항을 공표해서는 안 된다는 금기가 존재하지 않았다는 바로 그 이유로 인해 우리는 수많은 귀중한 정보를 얻을 수 있게 되었다. 헤라 여신이 보낸 티탄들은 여러 가지 장난감(딸랑이, **크레푼디아**, 거울, 오슬레 장난감, 공, 팽이, 제례용 악기)으로 아기 디오니소스-자그레우스를 꾀어내고, 그를 죽인 다음 시체를 여러 조각으로 찢어놓았다고 한다. 그리고 일부 저술가들에 따르면, 그들은 그 시체를 삶아서 먹었다고 한다. 하지만 한 여신─아테나나 레아 또는 데메테르─이 그의 심장을 받아서, 혹은 구해내어 작은 상자 속에 숨겨두었다. 티탄들의 범죄를 알게 된 제우스는 번개로 티탄들을 죽여버렸다. 기독교 저술가들은 디오니소스의 부활에 대해서는 언급하지 않지만, 그 에피소드는 고대인들에게 널리 알려져 있었다. 키케로와 동시대 사람이었던 에피쿠로스파 철학자 필로데모스는 디오니소스의 세 번에 걸친 탄생에 대해 이야기하고 있다. "처음에는 어머니로부터, 두 번째는 [*아버지의] 허벅지에서 태어났고, 세 번째는 티탄들이 그를 갈기갈기 찢어놓은 다음 레아가 그 조각들을 모아서

---

20) Firmicus Maternus, *De errore prof. relig.*, 6: Clément d'Alexandrie, *Protrept.*, II, 17, 2; 18, 2: Arnobe, *Adv. Nat.*, V, 19. 이 텍스트들은 Kern, *Orphica fragmenta*, pp. 110~111에 수록되어 있다.

다시 살려내었다."[21] 피르미쿠스 마테르누스는 크레타 섬(그는 그것이 크레타 섬에서 발생했던 역사적 사실이라고 생각했다)에서는 "아기[*디오니소스]가 죽음의 순간에 겪었던 일"을 기념하는 살해 행위가 연중 의례에서 실제로 반복되고 있었다고 결론짓는다. "그들은 깊은 숲 속에서 기괴한 고함을 내지르며, 격노한 영혼의 광기를 모방한다." 또 그들은 범죄가 광기로 인해 발생했다고 믿으며, "살아 있는 황소를 이빨로 물어뜯었다."

아기 디오니소스-자그레우스의 수난과 부활이라는 신화-의례적 주제는 특히 "오르페우스교의" 해석으로 인해 무수한 논쟁을 불러일으켰다. 우리의 목적에서 볼 때, 기독교 저술가들이 전해주는 정보는 보다 오래된 시대의 문헌에 의해 확증되고 있다는 사실을 지적하는 것으로 충분할 것이다. 자그레우스라는 명칭은 테베 문화권의 서사시 『알크메오니스Alcméonis』(BC 6세기)에 처음 나타나는데,[22] 그것은 "위대한 사냥꾼"을 의미하며, 야만적이고 광란적인 디오니소스의 성격과 합치된다. 티탄들의 범죄에 대해 파우사니아스가 우리에게 전해주는 정보(VIII, 37, 5)는 빌라모비츠 및 다른 연구자들로부터 의심받고 있지만, 그럼에도 불구하고 여전히 중요하다. BC 6세기, 페이시스트라토스 시대에 아테나에 살고 있었던 오노마크리토스는 이 주제에 관한 시를 썼다. "그[*오노마크리토스]는 호메로스로부터 티탄들의 이름을 취하여 디오니소스의 오르지orgia를 설명했다. 그는 티탄들이 이 신에게 수난을

---

21) *De piet.*, 44 ; Jeanmaire, p. 382.
22) Fr. 3, Kinkel I, p. 72. 또한 Euripide, fr. 472를 참조하라. Callimaque(fr. 171)는 자그레우스를 디오니소스의 특별한 이름이라고 본다. Otto, *Dionysos*, pp. 191 sq. 의 다른 예들을 보라.

안겨준 장본인이라고 했다." 신화에 따르면 티탄들은 아기 신에게 접근할 때, 눈에 띄지 않도록 석고를 몸에 발랐다고 한다. 아테네에서 행해진 사바지오스 비의에서도 입문 의례의 참가자들에게 분이나 석고를 뒤집어씌웠다고 한다.[23] 고대 이래로 그 두 가지 사실은 연결되어 왔다.(Nonnos, *Dionys.*, XXVII, 228 이하) 그것은 "미개" 사회에서 잘 알려져 있던 원초적 형태의 입문 의례였다. 즉 신참자는 유령과 비슷하게 보이도록 밀가루나 재를 자기 얼굴에 바른다. 다시 말해 그는 의례적 죽음을 체험하는 것이다. 한편 [티탄이 어린 디오니소스를 꾀어내는 데 사용한] "신비한 장난감" 역시 아주 오래전부터 잘 알려져 있었다. 파윰(Gouroub)에서 발견된 BC 3세기의 파피루스는 팽이, 제례용 악기, 오슬레 장난감 그리고 거울 등에 대해 언급하고 있는데, 불행하게도 훼손되고 말았다.(*Orphicorum Fragmenta*, 31)

　신화의 가장 극적인 에피소드―티탄들이 아기 신을 갈기갈기 찢은 다음 그 시체를 솥에 넣고 삶아 다시 그것을 구운 것―는 BC 4세기경에는 그 세부에 이르기까지 잘 알려져 있었다. 나아가 이런 모든 것은 "비의의 거행"과 연결되어 기억되고 있었다.[24] 장메르는 솥에서 삶거나 혹은 불로 굽는다는 주제가 불사(데메테르와 데모폰의 에피소드 참조) 혹은 회춘(펠레아스의 딸들은 부친을 토막 내어 솥에 넣고 삶는

---

23) Démosthènes, *de cor*, 259. 아르고스인은 디오니소스 축제에 참가할 때에 얼굴에 석고를 발랐다. 석고(*titānos*)와 티탄(*Titanes*)의 관련성도 지적되고 있다. 그러나 이 신화-의례적 복합체는 두 단어의 혼란으로부터 나왔을 가능성도 있다.(Farnell, *Cults*, V, p. 172를 참조하라)

24) 아리스토텔레스에게로 귀결되는 이 "문제"(Didot, *Aristote*, IV, 331, 15)는 나중에 Salomon Reinach 이후에 Moulinier, *Orphée et l'orphisme*, p. 51에서 다루어지고 있다. BC 3세기의 에우포리온은 그것과 비슷한 전통에 대해 알고 있었다.(*ibid*, p. 53)

다)을 가져다주는 입문 의례라는 사실을 설득력 있게 입증하고 있다.[25] 여기의 두 개의 의례—신체의 해체와 삶기 혹은 불 통과하기—는 샤먼적 입문 의례의 특징이라는 사실을 덧붙이고자 한다.

이처럼 우리는 "티탄들의 범죄" 안에서 본래의 의미가 잊혀진 고대 입문 의례의 시나리오를 발견할 수 있다. 티탄들은 입문 의례를 집행하는 스승인 것처럼 행동한다. 다시 말해 그들은 신참자가 보다 더 높은 존재의 양식으로 "재생할" 수 있도록 일단 그를 "살해한다"(이 예에서는 티탄들이 아기 디오니소스에게 신성성과 불사성을 부여한다고 할 수 있다). 그러나 제우스의 절대적 최고 지배를 주장하는 종교 안에서 티탄들은 악마적 역할 이상을 맡을 수 없다. 따라서 그들은 제우스의 번개를 맞는 것이다. 다른 판본에 따르면 그들의 재에서 인간이 만들어졌다고 하며, 이러한 신화는 오르페우스교에서는 중요한 역할을 하고 있다.

디오니소스 의례의 입문 의례적 성격은 델포이 신전에서 여자들이 이 신의 새로운 탄생을 축하하는 장면을 통해서도 추측할 수 있다. 델포이의 키에는 플루타르코스가 지적하는 것처럼(*de iside*, 35) "몸이 해체되고 다시 태어나는 준비를 하는 디오니소스, 즉 자그레우스가 있었고" "자그레우스로 다시 태어난 디오니소스는 테베의 디오니소스이자 동시에 제우스와 세멜레의 아들이었다."[26]

---

25) Jeanmaire, *Dionysos*, p. 387. 그리고 Marie Delcourt, *L'Oracle de Delphes*, pp. 153 sq. 의 다른 예들을 보라.

26) Delcourt, *op. cit.*, pp. 150, 200. 플루타르코스는 이집트의 신 오시리스의 신체 해체와 부활에 대해 서술한 다음, 델포이에서 바쿠스 신자들의 대표로 있던 자기 친구 클레아를 향해 이렇게 말한다. "오시리스와 디오니소스가 동일한 신이라는 사실을, 디오니소스 신자들을 이끌고 있고, 부모에 의해 오시리스의 비의에 참여한 당신보다 더 잘 아는 사람이 있을까?"

시칠리아의 디오도로스가 "오르페우스는 비의 의식에 디오니소스의 해체 의식을 도입했다"(V, 75, 4)고 말할 때, 그는 디오니소스 의례에 대해 말하고 있는 것으로 보인다. 그리고 다른 구절에서 디오도로스는 오르페우스를 디오니소스 비의의 개혁자로 묘사한다. "그런 이유에서, 디오니소스에 속하는 입문 의례가 오르페우스 종교에 속하는 것이라고 불리게 된 것이다."(III, 65, 6) 디오도로스가 전해주는 전승은 디오니소스 비의의 존재에 대한 확증을 제시한다는 점에서 대단히 귀중하다. 그러나 이미 BC 5세기부터 디오니소스 비의는 "오르페우스교의" 요소를 차용하고 있었던 것 같다. 실제로 그 당시에 오르페우스는 "디오니소스의 예언자" 혹은 "모든 입문 의례의 창설자"라고 불리고 있었다.

*

디오니소스는 현현의 다양함, 신선함, 그리고 변형의 다채로움이라는 면에서 그리스의 다른 어떤 신들보다 우리에게 경이로움을 선사한 신이다. 그는 항상 움직이며, 모든 나라에서, 모든 민족에게서, 모든 종교적 환경에서, 다시 말해 어떤 장소에든 나타나 다양한 종류의 신들, 심지어 그에게 적대적인 신들(데메테르나 아폴론)과도 결합했다. 분명 그는 서로 다른 측면을 드러내며, 농민과 지적인 엘리트, 정치가와 명상가, 광란자와 금욕자들 모두를 현혹하고 매료시킨 유일한 그리스 신이다. 만취, 에로티시즘, 우주적 생명력뿐만 아니라 죽은 자의 주기적인 귀환에 의해, 혹은 마니아 및 동물적 무의식 속으로의 몰입에 의해, 열광의 엑스터시에 의해 야기되는 잊을 수 없는 체험—이 모든 공포와 계시는 단 하나의 원천, 즉 신의 현존에서 비롯된다. 그의 존재 양식은 생과 사의 역설적 합일unité paradoxale을 표현한다. 바로 그런 이유에서 디오니소스는 올림포스의 다른 신들과는 근본적으로 다른 신적 유형을 구성하고 있다. 그는 다른 신들보다 한층 더 인간에게 가까이 있는 신이 아닌가? 어쨌든 인간은 그 신에게 다가갈 수 있고, 그 신과 하나가 될 수 있다. 그리고 **마니아**의 엑스터시는 인간의 조건을 초월하는 것이 가능하다는 것을 보여준다.

이러한 의례는 예기치 못한 발전을 거듭하게 되었다. 합창대, 비극, 풍자극은, 다소간 직접적으로, 디오니소스 숭배의 창조물이다. 엑스터시적 광란을 포함하는 집단적 의례인 **디티람보스**dithyrambos가 연극으로, 그리고 마침내 문학작품으로 발전해나간 변형의 궤적을 추적하는 것은 흥미진진하다.[27] 한편 어떤 공적 제의가 연극으로 발전하면서 디오니소스를 극장의 신으로 만들었다고 한다면, 다른 비밀 의례의 입문 의례들이 비의로 발전해나갔다고 할 수 있다. 적어도 간접적으로는 오르페우스교 역시 디오니소스적 전통에 빚을 지고 있다. 다른 어떤 올림포스의 신들보다 이 **젊은 신**은 새로운 방식의 현현, 참신한 메시지, 그리고 종말론적 희망을 통해 신도들의 정신적 욕구를 끊임없이 만족시켰던 것이다.

---

27) 디티람보스는 "제의에서 희생 제물을 바치는 순간, 리듬이 있는 움직임 및 의례적 환성이나 절규를 통해 집단적 엑스터시를 불러일으키기 위해 추는 윤무輪舞였다. 그것은—그리스 세계에서 합창대에 의한 대규모 서정시가 발달해나간 것은 바로 이 시기(BC 7~6세기)인데—**엑사르콘**exarchôn〔합창대 리더〕이 담당했던 노래 부분의 중요성이 부가되고, 그 의례적 상황 및 디오니소스의 성격 등에 어울리는 주제에 대한 서정적 시구가 삽입됨으로써 문학 형식으로 진화해나갔다."(Jeanmaire, *op. cit.*, pp. 248~249)

ANET=J. B. Pritchard, *Ancient Near Eastern Texts Relating to the Old Testament*
(Princeton, 1950 ; deuxième édition, 1955)

Ar Or=*Archiv Orientálni*(Prague)

ARW=*Archiv für Religionswissenschaft*(Freiburg-Leipzig)

BJRL=*Bulletin of the John Rylands Library*(Manchester)

BSOAS=*Bulletin of the School of Oriental and African Studies*(London)

CA=*Current Anthropology*(Chicago)

ERE=*Encyclopaedia of Religion and Ethics, ed. James Hastings*

FFC=*Folklore Fellows Communications*(Hamina ; later, Helsinki)

HJAS=*Harvard Journal of Asiatic Studies*

HR=*History of Religions*(Chicago)

HTR=*Harvard Teological Reviews*(Cambridge, Mass.)

IIJ=*Indo-Iranian Journal*(The Hague)

IPEK=*Jahrbuch für prähistorische ethnographiesche Kunst-Iranian Journal*(Berlin)

JA=*Journal Asiatique*(Paris)

JAFL=*Journal of American Folklore*(Boston and New York)

JAOS=*Journal of the American Oriental Society*(Baltimore)

JAS Bombay=*Journal of the Asiatic Society*, Bombay Branch

JIES=*Journal of Indo-European Studies*(Montana)

JNES=*Journal of Near Eastern Studies*(Chicago)

JRAS=*Journal of the Royal Asiatic Society*(London)

JRASB=*Journal of the Royal Asiatic Society of Bengal*(Calcutta)

JSS=*Journal of Semitic Studies*(Manchester)

NGWG=*Nachrichten von der Königlichen Gesellschagt der Wissenschaften zu Göttingen*

(Göttingen)

OLZ=*Orientalistische Literaturzeitung*(Berlin-Leipzig)

RB=*Revue Biblique*(Paris)

RE=*Paul-Wossowa, Real-Encyclopädie der klassischen Altertumswissenschaft*

REG=*Revue des Études Grecques*(Paris)

RHPR=*Revue d'Histoire et de Philosophie religieuses*(Strasbourg)

RHR=*Revue de l'Histoire des Religions*(Paris)

SBE=*Sacred Books of the East, 50 vols., ed., Max Müller*(Oxford)

SMSR=*Studi e Materiali di Storia delle Religioni*(Roma)

VT=*Vetus Testamentum*(Leiden)

W.d.M.=*Wörterbuch der Mythologie*(Stuttgart)

ZDMG=*Zeitschtift der deutschen morgenländischen Gesellschaft*(Leipzig)

제1장 시간의 처음에······ 구석기인들의 주술-종교적 행위

1. 방향 잡기. 도구를 만드는 도구. 불 "길들이기" [본문 pp. 21~24]

전 세계의 선사시대에 관한 간략한 안내로는 Grahame Clark, *World Prehistory* (Cambridge, 1962); Grahame Clark et Stuart Piggott, *Prehistoric Societies*(London, 1965; 이 최근작에는 풍부한 참고 문헌이 실려 있다); H. Breuil et R. Lantier, *Les hommes de la pierre ancienne: paléolithique et mésolithique*(nouvelle édition, Payot, 1959)를 보라.

우리는 H. Müller-Karpe, *Handbuch der Vorgeschichte*, I: *Altsteinzeit*(München, 1966)와 Karl J. Narr가 편찬한 *Handbuch der Urgeschichte*(Bern-München, 1967)의 첫 번째 권에서 보다 완전한 참고 문헌을 발견할 수 있다. Karl Narr는 *Abriss der Vorgeschichte*(München, 1957), pp. 8~41에서 풍부한 참고 문헌을 통해 완성된 훌륭한 요약을 제시하고 있다. Karl Narr, *Urgeschichte der Kultur*(Stuttgart, 1961); F. Bordes, *Old Stone Age*(New York, 1968); *La Préhistoire. Problèmes et tendances* (Éditions du CNRS, Paris, 1968)를 보라.

언어와 사회의 기원에 관한 최근의 가설들을 분석한 것으로는 Frank B.

Livingstone, "Genetics, ecology and the origins of incest and exogamy", *CA*, 10, Feb. 1969, pp. 45~61(pp. 60~61, 참고 문헌)이 있다. 우리는 언어의 기원에 대해서는 Morris Swadesh, *The Origin and diversification of language*(Chicago, 1971)를 따른다.

여러 연구에서 Karl Narr는 유인원의 "인간화"에 대하여 심사숙고하여 구상한 가설들을 검토하고, 구석기인들에 대한 그럴듯한 이미지를 소개하고자 한다. 그중에서도 "Approaches to the Social Life of Earliest Man", *Anthropos*, 57, 1962, pp. 604~620; "Das Individuum im der Urgeschichte. Möglichkeiten seiner Erfassung", *Saeculum*, 23, 1972, pp. 252~265를 보라.

아메리카 대륙에 거주했던 사람들에 대해서는 E. F. Greenman, "The Upper Paleolithic and the New World", *CA*, 4, 1963, pp. 41~91; Allan Bryan, "Early Man in America and the Late Pleistocene Chronology of Western Canada and Alaska", *ibid.*, 10, 1969, pp. 339~365; Jesse D. Jennings et Edward Norbeck, eds., *Prehistoric Man in the New World*(Chicago, 1964); Gordon R. Willey, *An Introduction to American Archaeology*, I(New Jersey, 1966), pp. 2~72를 보라.

또한 Frederick D. McCarthy, "Recent Development and Problems in the Prehistory of Australia", *Paideuma*, 14, 1968, pp. 1~17; Peter Bellwood, "The Prehistory of Oceania", *CA*, 16, 1975, pp. 9~28을 보라.

수만 년에 걸친 구석기 문화의 시퀀스는 유럽, 아프리카, 그리고 아시아에서 거의 동일하다. 그리고 오스트레일리아와 남북 아메리카에서도, 시간적으로는 훨씬 짧지만, 그러한 동일한 시퀀스가 확인된다. 한편 BC 2~1만 년 사이에 다른 지역보다 결정적으로 앞선 기술적 진보를 이룬 특정 지역을 확인하는 것은 불가능하다. 도구의 구조에서 다양한 변화들이 발견되지만, 그러한 변화는 기술적 진보의 결과라기보다는 지역적 적응의 차이를 보여주는 것에 불과하다. Marvin Harris, *Culture, Man and Nature*(New York, 1971), p. 169를 참조하라. 이러한 구석기시대의 **문화적 통일성**은 후대의 문화들에 의해 계승된 전통의 공통의 원천을 이룬다. 그리고 그것을 현대의 수렵 사회들과 비교할 수 있다. 일부 그리스 신화와 의례 속에 남아 있던 구석기시대의 "잔재들"에 대한 뛰어난 분석으로는 Walter Burkert, *Homo Necans*(Berlin, 1972)가 있다. 수렵 문화에 대해서는 Richard B. Lee와 Irven Devore의 주도하에 출판된 심포지엄집인 *Man the Hunter*(Chicago, 1968)를 보라.

2. 선사 자료의 "불투명성" [본문 pp. 24~29]

구석기인들이 정합적이고 복합적인 종교성을 가지고 있었을 가능성을 인정하기를 주저하는 학자들의 태도를 이해하기 위해서는 "종교"라는 개념이 19세기 후반에는 오히려 대단히 제한적인 의미로 사용되었고, 그 개념 대신 상당한 편견이 담긴 "마술", "미신", "미개성" 등의 개념이 보다 널리 사용되었다는 사실을 상기해야 할 것이다. 몇몇 원시 부족들에게서는 다신 신앙이나 그들에게 익숙한 "물신 숭배의 체계"에 비견될 만한 것을 전혀 찾아볼 수 없었기 때문에 사람들은 "종교를 가지지 않은 사람들"에 대해 말했다. 그리고 사람들은 "종교"라는 개념을 유대-기독교, 힌두교, 혹은 고대 중근동의 다신 체계와 비교할 수 있는 이데올로기적 복합체라고 이해하고 있었기 때문에 구석기인들을 "이 상화시키는" 종교성을 지지하는 자들을 비난하곤 했다.

선사시대의 종교에 관한 연구를 모두 다 언급하는 것은 쓸데없는 일이다. 대부분의 작품은 단지 참고 문헌으로서만 흥미가 있기 때문이다. 참고 문헌록들이나 진전된 가설들에 대해서는 다음 작품들을 참조할 수 있다. Th. Mainage, *Les religions de la préhistoire*(Paris, 1921); G. H. Luquet, *L'art et la religion des hommes fossiles*(Paris, 1926); C. Clemen, *Urgeschichtliche Religion*, 2 vol.(Bonn, 1932~1933); E. O. James, *Prehistoric Religion*(London-New York, 1957).

그리고 다음과 같은 최근 출판물에서 보다 상세한 설명을 만날 수 있다. Johannes Maringer, *The Gods of Prehistoric Man*(New York, 1960; 프랑스어판은 1958년에 출간되었다); Étienne Patte, *Les préhistoriques et la religion*(Paris, 1960); André Leroi-Gourhan, *Les Religions de la Préhistoire: Paléolithique*(Paris, 1964); Karl J. Narr, *Kultur, Umwelt u. Leiblichkeit d. Eiszeitmenschen*(Stuttgart, 1963); *id.,*

"Approaches to the Religion of early Paleolithic Man", *HR*, 4, 1964, pp. 1~29；
id., "Religion und Magie in der jüngeren Altsteinzeit", in： *Handbuch der Urgeschichte*, I(1966), pp. 298~320. 최근의 연구에 대한 비판적 문헌 해제로는 Karl Narr의 논문 "Wege zum Verständnis Prähistorischer Religionsformen", *Kairos*, 3, 1963, pp. 179~188이 유용하다.

도구 제작으로부터 발전될 수 있는 신화들은 아직 충분하게 연구되어 있지 않다. 화살에 관한 상징과 몇 가지 신화적 주제에 대해서는 Eliade, "Notes on the Symbolism of the Arrow"(*Religions in Antiquity： Essays in memory of E. R. Goodenough*, Leiden, 1968, pp. 463~475)에서 분석한 바 있다.

3. 매장의 상징적 의미〔본문 pp. 29~36〕

구석기인의 장례 의례에 관해서는 J. Maringer, *The Gods of Prehistoric Man* (New York, 1960), pp. 14~37, 74~89에 그 핵심이 명쾌하게 요약되어 있다. 1940년 이전의 자료에 대해서는 E. O. James, *Prehistoric Religion. A Study in Prehistoric Archaeology*(London, 1957), pp. 17~34가 유용하다. 또한 Grahame Clark, *The Stone Age Hunters*(London, 1967), pp. 41 sq.도 보라. 비판적 설명은 Leroi-Gourhan, *Les Religions de la Préhistoire*, pp. 37~64에 있다.

더욱 진전된 연구는 H. Breuil, "Pratiques religieuses chez les humanités quaternaires"(*Scienza e Civiltà*, 1951, pp. 45~75)； A. Glory et R. Robert, "Le Culte des crânes humains aux époques préhistoriques"(*Bulletin de la Société d'Anthropologie de Paris*, 1948, pp. 114~133)； H. L. Movius, Jr., "The Mousterian Cave of Teshik-Tash, Southeastern Uzbekistan, Central Asia"(*American School of Prehistoric Research*, Bulletin No. 17, 1953, pp. 11~71)； P. Wernert, "Cultes des crânes： représentation des esprits des défunts et des ancêtres"(in： M. Gorce et R. Mortier, *L'Histoire générale des Religions*, I, Paris, 1948. pp. 51~102)를 보라.

치르체오에서 발굴된 두골의 상징적 의미에 대해서는 A. C. Blanc, "I Paleantropi di Saccopastore e del Circeo"(*Quartär*, 1942. pp. 1~37)를 보라.

Raymond A. Dart는 아프리카 남부 및 다른 지역에서 적철광이 아주 오랜 옛 날부터 이용되었다는 사실을 밝혔다. "The multimillennial prehistory of Ochre Mining"(*NADA*, 1967, pp. 7~13); "The Birth of Symbology"(*African Studies*, 27, 1968, pp. 15~27)를 보라. 이 두 논문은 풍부한 참고 문헌을 포함하고 있다.

"태아의 자세"로 매장하는 것에 대해서는 G. van der Leeuw, "Das Sogenannte Hockerbegräbniss und der ägyptische *Tjknw*"(*SMSR*, 14, 1938, pp. 150~167)를 보라.

4. 뼈의 퇴적물과 연관된 논쟁[본문 pp. 36~40]

Emil Bächler는 *Das alpine Paläolithikum der Schweiz*(Basel, 1940)에서 발굴 결과를 소개했다.

다른 발견에 대해서는 K. Hoermann, *Die Petershöhle bei Velden in Mittelfranken: Eine altpaläolithische Station*(Nüremberg, 1933); K. Ehrenberg, "Dreissig Jahre paläobiologischer Forschung in österreichischen Höhlen"(*Quartär*, 1951, pp. 93~108); *id.*, "Die paläontologische, prähistorische und paläoethnologische Bedeutung der Salzofenhöhle im Lichte der letzten Forschungen"(*Quartär*, 1954, pp. 19~58)을 보라. 또한 Lothar Zotz, "Die altsteinzeitliche Besiedlung der Alpen u. deren geistigen u. wirtschaftliche Hintergründe", *Sitzungsberichte der Physikalischmedizinische Sozietät zu Erlangen*, vol. 78, 1955~1957, pp. 76~101과 특히 Müller-Karpe, *Altsteinzeit*, pp. 205, 224~226을 보라.

북극 지역의 주민들에게 특유한 희생 제물들과의 비교는 Al. Gahs, "Kopf-, Schädel- und Langknochenopfer bei Rentiervölkern"(*Festschrift für P. W. Schmidt*, Vienne, 1928, pp. 231~268)에서 이루어졌다. 한편 Wilhelm Schmidt는 이 문제를 여러 차례 언급한 바 있다. 특히 "Die älteste Opferstelle des altpaläolithischen Menschen in den Schweizer Alpen"(*Acta Pontificiae Academiae Scientiarum*, Città del Vaticano, 6, 1942, pp. 269~272); "Das Primitialopfer in der Urkultur"(*Corona Amicorum, Festgabe für Emil Bächler*, St. Gallen, 1948, pp. 81~92)를 참조하라.

Karl Meuli는 "Griechische Opferbräuche"(*Phyllobolia für Peter von der Mühll*, Basel, 1945, pp. 185~288), 특히 pp. 283~287에서 뼈의 퇴적물에 대한 해석을 제시했다.

구석기시대의 "희생 제의"의 문제에 대해서는 Oswald Menghin, "Der Nachweis des Opfers im Altpaläolithikum"(*Wiener Prähistorische Zeitschrift*, XIII, 1926, pp. 14~19); H. C. Bandi, "Zur Frage eines Bären-oder Opferkultes im ausgehenden Altpaläolithikum der alpinen Zone"(*Helvetia Antiqua, Festschrift Emil Vogt*, Zürich. 1966, pp. 1~8); S. Brodar, "Zur Frage der Höhlenbärenjagd und des Höhlenbärenkult in den paläolithischen Fundstellen Jugoslawien"(*Quartär*, 9, 1957, pp. 147~159); W. Wüst, "Die paläolithisch-ethnographischen Bärenriten u. das Altindogermanische"(*Quartär*, 7~8, 1956, pp. 154~165); Mirko Malez, "Das Paläolithikum der Veternicahöhle und der Bärenkult"(*Quartär*, 10/11, 1958/1959, pp. 171~188)를 보라. 또한 I. Paulson, "Die rituelle Erhebung des Bärenschädels bei arktischen u. subarktischen Völker", *Temenos*, I, 1965, pp. 150~173도 보라.

F. -Ed. Koby는 두골 퇴적물의 존재와 곰 숭배 제의에 대해서 의문을 제기했다. "L'ours des cavernes et les Paléolithiques"(*L'Anthropologie*, 55, 1951, pp. 304~308); "Les Paléolithiques ont-ils chassé l'ours des cavernes?"(*Actes de la Société Jurassienne d'émulation*, 57, 1953, pp. 157~204); "Grottes autrichiennes avec culte de l'ours?"(*Bull. de la Soc. Préhist. française*, 48, 1951, pp. 8~9)를 참조하라. Leroi-Gourhan 역시 같은 의견을 제시한다. *Les Rel. de la Préhistoire*, pp. 31 sq.를 참조하라.

광범위한 비판적 보고로는 Johannes Maringer, "Die Opfer der paläolithischen Menschen"(*Anthropica*, St. Augustin bei Bonn, 1968, pp. 249~271)을 보라.

W. Koppers는 흥미로운 몇몇 민족학적 비교를 제시했다. "Der Bärenkult in ethnologischer und prähistorischer Beleuchtung"(*Paleobiologica*, 1933, pp. 47~64); "Künstlicher Zahnschift am Bären im Altpaläolithikum und bei den Ainu auf Sachalin"(*Quartär*, 1938, pp. 97~103)을 보라. 의례는 Alexander Slawik, "Zum Problem des Bärenfestes der Ainu u. Giliaken", *Kultur und Sprache*(Vienne, 1952), pp. 189~203에서 분석되었다.

구석기시대 유럽의 샤머니즘과 "곰 축제" 사이의 관계는 Karl Narr, "Bären-zeremoniellund Schamanismus in der älteren Steinzeit Europas", *Saeculum*, 10, 1959, pp. 233~272에서 연구되었다.

동물이 자신의 뼈에서 다시 태어날 수 있다고 하는 수렵민 특유의 신앙에 대해서는 Eliade, *Le Chamanisme*(2ᵉ éd., 1968), pp. 139 sq.를 참조하라. 수렵물이나 가축의 뼈를 부수지 못하게 하는 금기에 대해서는 Joseph Henninger가 최근의 연구 "Neuere Forschungen zum Verbot des Knochenzerbrechens"(*Studia Ethnographica et Folkloristica in honoren Béla Gunda*, Debrecen, 1971, pp. 673~702)에서 분석하였다. I. Paulson의 연구 "Die Tierknochen im Jagdritual der nordeur-asiatisches Völker", *Zeit. f. Ethnologie*, 84, 1959, pp. 270~292는 특히 언급할 가치가 있다.

5. 암벽화: 이미지인가, 상징인가?〔본문 pp. 41~45〕

선사시대의 동굴과 동굴벽화에 관한 참고 문헌은 상당히 많이 있다. 다음을 특히 주목하자. H. Breuil, *Quatre cents siècles d'art pariétal*(Montignac, 1952) ; J. Maringer et H. Bandi, *Art in the Ice Age*(London, 1953) ; Paolo Graziosi, *Palaeolithic Art*(trad. anglaise, London, 1960) ; A. Leroi-Gourhan, *Préhistoire de l'art occidental*(Paris, 1965) ; A. Laming, *Lascaux. Paintings and Engravings*(Harmondsworth, 1959) ; 풍부한 비판적 참고 문헌이 있는 *id, La signification de l'art rupestre paléolithique*(Pairs, 1962) ; R. F. Heizer et M. A. Baumhoff, *Prehistoric Rock Art of Nevada and Eastern California*(Berkeley-Los Angeles, 1962) ; Peter J. Ucko et André Rosenfeld, *Palaeolithic Cave Art*(New York, 1967). 또한 *Simposio de arte rupestre*, Barcelona, 1966(publié à Barcelone er 1968), 특히 P. Graziosi, "L'art paléo-épipaléolithique de la Province méditerranéenne et ses nouveaux documents d'Afrique du Nord et du Proche-Orient"(pp. 265 sq.), Emmanuel Anati, "El arte rupestre galaico-portuguès"(pp. 195 sq.), Henri Lhote, "Données récentes sur les gravures et les peintures rupestres du

Sahara"(pp. 273 sq.)를 보라. 선사시대의 예술적 창조물과 민족학적 수준에서의 민중적 창조물 사이의 납득할 만한 비교 조건은 Karl Narr, "Interpretation altsteinzeitlicher Kunstwerke durch völkerkundliche Parallelen", *Anthropos*, 50, 1955, pp. 513~545에서 연구되었다. 맑스주의적 해석은 G. Charrière, *Les significations des représentations érotiques dans les arts sauvages et préhistoriques*(Paris, 1970)에서 제시되었다.

Leroi-Gourhan은 양식과 연대기로 구석기시대의 예술을 5기로 구분한다. (1) 무스테리안 후기[전도상기](BC 5만 년경): "규칙적인 간격으로 도려낸 자국이 있는" 뼈와 "작은 돌판"이 출토되지만, 아직 도상 작품은 보이지 않는다. (2) 원시기(오리냐기, BC 3만 년경): 석화 석판 위에 "생식기를 나타내는 이미지들과 뒤섞여 대개 그 정체를 알 수 없는 동물의 머리나 상반신을 나타내는 매우 추상적이고 부자연스러운 이미지들"이 새겨지거나 채색되어 있다. 나중에(BC 약 2만 5000~2만 년) 유사한 양식의 인물상이 나타난다. "동체胴體 부분이 머리나 손발에 비해 지나치게 크다. 그러한 모습은 구석기시대의 여성이 특히 엉덩이가 컸다는 관념을 불러일으켰다"; (3) 고대기(솔뤼트레 후기, BC 약 2만~1만 5000년): 일급에 속하는 유적지들(Lascaux, La Pasiega)을 포함한다. "기법은 완성되어 있으며, 채색화와 조각, 선각화는 놀라운 완성도를 보여준다." (4) 고전기(마그달레니아기, BC 약 1만 5000~1만 1000년): 장식 동굴이 지리적으로 가장 넓게 분포되었던 시기로서, 형식적 사실주의가 대단히 진전되어 있다. (5) 말기(마그달레니아 후기, BC 약 1만 년): 동굴은 더 이상 벽화로 장식되지 않고, 예술작품은 기본적으로 이동이 가능해진다. "낡은 양식은 도상에서 사라졌으며, 동물은 형태와 움직임의 정확성이 인상적인 사실주의로 표현되고 있다. 이러한 이동이 가능한 예술은 영국, 벨기에, 스위스 지역까지 북상한다. BC 9000년경이 되면, 구석기시대 후기는 갑자기 쇠퇴하고 종말을 맞이한다. 마그달레니아 말기의 매우 드문 유물들은 서투름과 도식화 경향 속으로 사라진다."(*Les religions de la préhistoire*, pp. 87~88)

Henri Lhote, *Simposio de arte rupestre*는 Leroi-Gourhan과 Laming의 방법을

비판하는 두 논문 "La plaquette dite de 'La Femme au Renne', de Laugerie-Basse, et son interprétation zoologique"(pp. 79~97); "Le bison gravé de Ségriés, Moustiers-Ste-Marie"(pp. 99~108)를 싣고 있다. Ucko et Rosenfeld, *Palaeolithic Cave Art*, pp. 195~221에서 Leroi-Gourhan의 해석에 대한 비판적인 논의를 발견할 수 있다.

선사시대의 예술과 표현 양식의 상징체계에 대한 시사점을 던져주는 논의로는 Herbert Kühn, "Das Symbol in der Vorzeit Europas", *Symbolon*, 2, 1961, pp. 160~184 및 Walther Matthes, "Die Darstellung von Tier u. Mensch in der Plastik des älteren Paläolithikum", *ibid.*, 4, 1964, pp. 244~276이 있다. 몽테스팡과 튁 도베르의 동굴에 대한 H. Bégouen, N. Casteret, J. Charet의 간행물들은 Ucko et Rosenfeld, *op. cit.*, pp. 188~198, 177~178에서 논의되었다.

루르드의 선각 석판은 Maringer, *The Gods of the Prehistoric Man*, fig. 27에 모사되어 있다. 우리는 (아리에주) 바슈 동굴에서 출토된 뼈에 새겨진 그림이 입문 의례를 나타낸 것으로 해석하자고 제안했다. 이에 대해서는 Louis-René Nougier et Romain Robert, "Scène d'initiation de la grotte de la Vache à Alliat (Ariège)", *Bull. de la Soc. de l'Ariège*, t. XXIII, 1968, pp. 13~98을 보라. 우리는 Alexander Marshak, *The Roots of Civilization*(New York, 1972), p. 275, fig. 154에서 선명하게 묘사되어 있는 그 그림을 볼 수 있다.

Horst Kirchner, "Ein archäologischer Beitrag zur Urgeschichte des Schamanismus", *Anthropos*, 47, 1952, pp. 244~286에는 라스코의 유명한 동굴벽화에 대한 "샤머니즘적" 해석이 제시되어 있다. 그 해석은 Karl Narr, "Bärenzeremoniell und Schamanismus in der älteren Steinzeit Europas"(*Saeculum*, 10, 1959, pp. 233~272), 특히 p. 271에 의해 받아들여졌다. 또한 Eliade, *Le Chamanisme*(2e éd., 1968), pp. 390 sq.; Al. Marshak, *The Roots of Civilization*, pp. 277 sq.도 보라.

J. Makkay는 "An important proof to the Prehistory of Shamanism", *Alba Regia*, 2/3(Székesfehérvár, 1963), pp. 5~10에서 삼형제 동굴의 "대주술사"를 동일한 관점에서 해석했다.

또한 E. Burgstaller, "Schamanistische Motive unter den Felsbildern in den österreichischen Alpenländern", *Forschungen u. Fortschritte*, 41, 1967, pp. 105～110, 144～158; H. Miyakawa et A. Kollantz, "Zur Ur- und Vorgeschichte des Schamanismus", *Zeitschrift für Ethnologie*, 91, 1960, pp. 161～193을 보라(일본의 자료를 이해하는 데 유용하다).

6. 여성의 존재[본문 pp. 46～49]

여성 조각상에 대해서는 E. Saccasyn-Della Santa, *Les figures humaines du paléolithique supérieur eurasiatique*(Anvers, 1947)에 수집된 자료를 보라. 이 자료는 Karl J. Narr, *Antaios*, vol. II, nr. 2(1960), p. 155, n. 2에 제시된 참고 문헌 이후의 발견들에 의해 보완된다. 그리고 그것의 해석에 대해서는 F. Hančar, "Zum Problem der Venusstatuetten im eurasischen Jungpaläolithikum" (*Prähistorische Zeitschrift*, vol. 30/31, 1939/40, pp. 85～156); Karl J. Narr, "Weibliche Symbol-Plastik der älteren Steinzeit"(*Antaios*, II, 1960, pp. 131～157); Karl Jettmar, dans I. Paulson, A. Hultkrantz, K. Jettmar, *Les Religions arctiques et finnoises*(tr. fr. 1965), pp. 292(Gerasimov의 말리타에서의 발굴 작업을 요약하고 있다)를 참조하라. 또한 J. Maringer, *The gods of prehistoric man*, pp. 153 sq.; A. Leroi-Gourhan, *Les religions de la préhistoire*, pp. 87 sq.를 보라. 우리는 이러한 소형 예술품(Narr는 그것을 "Kleinplastik"이라고 명명한다)이지중해 동부로부터의 영향에 의해 만들어진 것이라고 평가할 수 있을 것이다. 동쪽과 북동쪽 지역에서는 기하학적인 도식화가 진행되어 있었던 반면, 프랑코-칸타브리아 지역에서는 훨씬 더 자연스런 형식이 지배적이었다. 그러나 구석기시대 후기의 시베리아에서는 몽골과 서남아시아의 영향을 인정할 수 있다. Jettmar, *Les religions arctiques et finnoises*, p. 292를 참조하라.

Leroi-Gourhan의 해석은 Ucko et Rosenfeld, *Palaeolithic Cave Art*, pp. 195 sq.와 Henri Lhote, "La plaquette dite de 'La Femme au Renne'", in: *Simposio de arte rupestre*, pp. 80～97에서 비판받고 있다.(*ibid.*, pp. 98～108, Maning의 비판을 참조

하라)

소위 "X선 양식"이라고 불리는 양식과, 그것의 샤머니즘과의 관계에 대해
서는 Andreas Lommel, *Shamanism: The beginnings of Art*(New York-Toronto, 출
간 연도 미상), pp. 129 sq.를 보라. 그의 저서는 *Current Anthropology*, II, 1970,
pp. 39~48에서 여러 학자들에 의해 논의되고 있다.

7. 구석기 수렵인들의 의례, 사상 그리고 상상력[본문 pp. 49~57]

Alexander Marshak는 자신의 발견을 "Lunar Notation on Upper Paleolithic
Remains"(*Scientia*, 1964, 146, pp. 743~745)에서 처음으로 발표했다. 이 소논문 이후
보다 정교하게 다듬어진 일련의 논고들이 이어졌다. "New Techniques in the
Analysis and Interpretation of Mesolithic Notations and Symbolic Art"(*Actes du
symposium international*, éd. Emmanuel Anati, Valcamonica, 1970, pp. 479~494); *Notations
dans les gravures du paléolithique supérieur: Nouvelles méthodes d'analyse*(Bordeaux: Institut
de préhistoire de l'Université de Bordeaux, *Mémoire*, no 8, 1970); "Le bâton de
commandement de Montgandier(Charente). Réexamen au microscope et interprétation
nouvelle"(*L'Anthropologie*, 74, 1970, pp. 321~352); "Cognitive Aspects of Upper
Paleolithic Engraving"(*CA*, 13, 1972, pp. 445~477); "Upper Paleolithic Notation and
Symbol"(*Scientia*, 1972, 178, pp. 817~828). 이러한 연구의 결과는 그의 저서 *The
Roots of Civilization: The Cognitive Beginnings of Man's First Art, Symbol and
Notation*(New York, 1972)에서 분석되고 있다. 그 저서에 대한 나의 서평 "On
Prehistoric Religions", *HR*, 14, 1974, pp. 140~147, 특히 140~143을 참조하라.

"The Meander as a System: The Analysis and Recognition of Iconographic
Units in Upper Paleolithic Compositions"는 Colloque de l'Australian Institute of
Aboriginal Studies, Canberra, mai, 1974에 게재되었다. 이 논문의 저자는 친절
하게도 우리가 이 중요한 논고의 육필 원고를 참조할 수 있도록 해주었다.

원무에 대한 비교 연구를 위해서는 Evel Gasparini, "La danza circolare degli Slavi"
(*Ricerche Slavistiche*, I, 1952, pp. 67~92); id., *Il Matriarcaio Slavo. Antropologia Culturale dei*

Protoslavi(Firenze, 1973), pp. 665 sq.를 보라. *HR*, 14, 1974, pp. 74~78에 실린 나의 서평을 참조하라.

아마두 함파테 바Amadou Hampaté Bâ(그 자신이 입문자이다)를 통해 알려진 풀족 유목민의 비밀 의례는 Germaine Dieterlen, *Koumen*(Cahiers de l'Homme, Paris, 1961)에 발표되었다. 이 신화를 통해 Henri Lhote는 호가르와 타실리에서 발견된 암벽화를 해석할 수 있었다. "Données récentes sur les gravures et les peintures rupestres du Sahara"(*Simposio de Arte Rupestre*, pp. 273~290), pp. 282 sq.를 참조하라.

H. von Sicard는 아프리카의 르웨 신이 BC 8000년 이전의 유럽-아프리카 수렵민들의 지상신 신앙을 반영하고 있다고 판단한다. "*Luwe* und verwandte mythische Gestalten", *Anthropos*, 63/64, 1968/1969, pp. 665~737, 특히 720 sq.를 참조하라.

"우주 창조를 위한 잠수"의 신화는 동부 유럽, 중앙아시아와 소아시아, (아리아족 침입 이전의) 토착 인도인, 북아메리카 원주민에게서 발견된다. Eliade, *De Zalmoxis à Gengis-Khan*(Paris, 1970), ch. III : "Le Diable et le bon Dieu"(pp. 81~130)를 참조하라.

W. Gaerte, "Kosmische Vorstellungen im Bilde prähistorischer Zeit : Erdberg, Himmelsberg, Erdnabel und Weltströme"(*Anthropos*, 9, 1914, pp. 956~979)는 오래된 것이지만 도상학적 자료들은 오늘날에도 여전히 유용하다.

Benjamin Ray는 딩카족과 도곤족 사이에서 말[언어]이 지닌 주술-종교적 힘에 대해 멋진 분석을 하고 있다. "Performative Utterances' in African Rituals", *HR*, 13, 1973, pp. 16~35. ("수행적 발화Performative Utterances"라는 개념은 영국 철학자 J. L. Austin에게서 빌려 온 것이다.)

제2장 길었던 혁명: 농경의 발견—중석기와 신석기시대

8. 잃어버린 낙원〔본문 pp. 58~63〕

A. Rust는 마이엔도르프, 슈텔모어, 아렌스부르크에서 40년 동안 이루어진 고고학 발굴에 대한 저서를 여러 권 출판했다. 그중에서 가장 중요한 것들로는 A. Rust, *Die alt-und mittelsteinzeitlichen Funde von Stellmoor*(Neumünster in Holstein, 1934); *Das altsteinzeitliche Rentierjägerlager Meisendorf*(ibid., 1937); *Die Jung-paläolitischen Zeltanlagen von Ahrensburg*(1958); *Vor 20.000 Jahren*(Neumünster, 1962)이 있다.

그리고 이러한 발견의 종교적 의미에 대해서는 A. Rust, "Neue endglaziale Funde von kultische-religiöser Bedeutung"(*Ur-Schweiz*, 12, 1948, pp. 68~71); *id.*, "Eine endpaläolitische hölzerne Götzenfigur aus Ahrensburg"(*Röm. Germ. Kom. d. dtsch. Arch. Inst.*, Berlin, 1958, pp. 25~26); H. Pohlhausen, "Zum Motiv der Rentierversenkung der Hamburger u. Ahrensburger Stufe des niederdeutschen Flachlandmagdalenien", *Anthropos*, 48, 1953, pp. 987~990; H. Müller-Karpe, *Handbuch der Vorgeschichte*, I, p. 225; II, p. 496(nr. 347); J. Maringer, "Die Opfer der paläolitischen Menschen"(*Anthropica*, St. Augustin bei Bonn, 1968, pp. 249~272), pp. 266~270을 참조하라.

물에 담그는immersion 방식에 의한 희생 제의에 대해서는 Alois Closs, "Das Versenkungsopfer" in: *Wiener, Beiträge zur Kulturgeschichte und Linguistik*, 9, 1952, pp. 66~107을 보라.

스페인 동부에서 발견된 동굴벽화 예술의 종교적 의미의 문제에 대해서는 H. Obermaier, *Fossil Man in Spain*(New Haven, 1924); J. Maringer, *The Gods of Prehistoric Man*, pp. 176~186을 보라.

9. 노동, 기술 그리고 상상의 세계〔본문 pp. 63~66〕

팔레스타인의 선사시대에 관한 가장 완전하고 우수한 분석은 J. Perrot,

"Préhistoire Palestinienne", in: *Dict. de la Bible*. vol. VIII, 1968, col. 286~446 이다. 또한 R. de Vaux, *Histoire ancienne d'Israël*, vol. I(Paris, 1971), pp. 41~59 도 보라. 나투프 문화에 대해서는 D. A. E. Garrod, "The Natufian Culture: The Life and Economy of a Mesolithic People in the Near East", dans *Proceedings of the British Academy*, 43(1957), pp. 211~227; E. Anati, *Palestine before the Hebrews*(New York, 1963), pp. 146~178; H. Müller-Karpe, *Handbuch der Vorgeschichte*, II: *Jungsteinzeit*(München, 1968), pp. 73 sq.를 보라. 그리고 나투프 종교에 대해서는 Jacques Cauvin, *Religions néolithiques de Syro-Palestine*(Paris, 1972), pp. 19~31을 보라.

두개골의 종교적 의미와 의례적인 식인 관습에 대해서는 Müller-Karpe, *op. cit.*, vol. I, pp. 239 sq.; Walter Dostal, "Ein Beitrag zur Frage des religiösen Weltbildes der frühesten Bodenbauer Vorderasiens", *Archiv für Völkerkunde*, 12, 1957, pp. 53~109. 특히 pp. 75~76(참고 문헌); R. B. Onian, *The Origin of European Thought*(Cambridge, 1951; 2ᵉ éd., 1954). pp. 107 sq., 530 sq.를 보라.

10. 구석기 수렵민들의 유산[본문 pp. 67~69]

아프리카의 "의례적 사냥"에 대해서는 Helmut Straube, *Die Tierverkleidungen der afrikanischen Naturvölker*(Wiesbaden, 1955), pp. 83 sq., 198 sq.를 보라. 아시리아, 이란, 그리고 터키-몽골인에게 있어서 전쟁과 사냥의 유사성에 대해서는 Karl Meuli, "Ein altpersischer Kriegsbrauch" (*Westöstliche Abhandlungen. Festschrift für Rudolph Tchudi*, Wiesbaden, 1954, pp. 63~86)를 보라.

사냥은 또 다른 신화, 민담의 주제와 연관되어 있다는 사실을 덧붙이자. 한 예로, 사슴을 쫓아가던 영웅이 타계, 혹은 요정의 나라, 또는 마술의 나라로 들어가고, 거기서 그 영웅-사냥꾼은 마침내 그리스도, 부처 등을 만난다는 이야기가 있다. M. Eliade, *De Zalmoxis à Gengis-khan*(1970), pp. 131~161을 참조하라. 어떤 영역, 도시의 기초, 강물의 통로, 늪지의 출구 등의 발견 혹은 정복과 관련된 수많은 신화와 민담 전설에서, 탈출구가 없어 보이는 상황의 해결책을 발견하는 것은 동물인 경우가 많다. Eliade, *ibid.*, pp. 135 sq., 160을 참조하라.

11. 식용식물의 재배: 기원 신화[본문 pp. 69~73]

식물 재배와 동물 사육에 대해서는 Müller-Karpe, *op. cit.*, II, pp. 240~256; Peter J. Ucko et G. W. Dimbley, eds., *The domestication and exploitation of plants and animals*(Chicago, 1969); Gary A. Wright, "Origins of food production in Southwestern Asia: A Survey of Ideas"(*Current Anthropology*, 12, Oct.-Dec., 1971, pp. 447~479)를 참조하라.

비교 연구를 위해서는 F. Herrmann, "Die Entwicklung des Pflanzenanbaues als ethnologisches Problem", *Studium Generale*, II, 1958, pp. 352~363; *id.*, "Die religiösgeistige Welt des Bauerntums in ethnologischer Sich", *ibid.*, pp. 434~441을 보라.

Robert Braidwood는 원시 농경 활동을 네 단계로 구분한다. 촌락 구성과 초보적 재배 실행(원시 촌락 농경), 정착된 촌락의 농경(정착 촌락 농경), "초기 재배", 그리고 마지막으로 "집약적 농경을 실행하는 촌락"(집약 촌락 농경)의 네 단계가 그것이다. R. Braidwood et L. Braidwood, "Earliest village communities of South West Asia", *Journal of World History*, I, 1953, pp. 278~310; R. Braidwood, "Near Eastern prehistory: The swing from food-gathering cultures to village-farming communities is still imperfectly understood", *Science*, vol. 127, 1958, pp. 1419~1430을 참조하라. R. Braidwood, "Prelude to Civilization", in *City Invicible: A Symposium on Urbanization and Cultural development in the Ancient Near East*, ed. Carl H. Kraeling et Robert M. Adams(Chicago, 1960), pp. 297~313; Carl O. Sauer, *Agricultural origins and dispersals*(New York, 1952); Edgar Anderson, *Plants, Man and Life*(Boston, 1952)를 참조하라.

하이누벨레 유형의 신화와 그것의 종교적, 문화적 의미에 대해서는 Ad. E. Jensen, *Das religiöse Weltbild einer frühen Kultur*(Stuttgart, 1948), pp. 35 sq.; *id.*, *Mythes et Cultes chez les peuples primitifs*(trad. fr. Payot, 1954[éd. allemande, Wiesbaden.

1950]), pp. 188 sq.; Carl A. Schmitz, "Die Problematik der Mythologeme, 'Hainuwele' und 'Prometheus'", *Anthropos*, 55, 1960, pp. 215~238; M. Eliade, *Aspects du mythe*(1963), pp. 132 sq.; T. Mabuchi, "Tales concerning the origin of grains in the Insular Areas of Eastern-Southeastern Asia", *Asian Folklore Studies*, 23, 1964, pp. 1~92; Atsuhiko Yoshida, "Les excétions de la Déesse et l'origine de l'agriculture", *Annales*, juillet-août 1966, pp. 717~728을 보라.

최근 Ileana Chirasi는 그리스 신화 안에서 "곡물 이전précéréales" 단계와 밀접한 연관을 가지고 있다고 생각되는 몇 가지 하이누벨레 유형의 신화-의례 복합체를 발견했다. *Elementi di culture precereali nei miti e riti greci*(Roma, 1968)를 참조하라.

독일의 민족학자 Kunz Dittmer에 따르면, 동남아시아에서는 구석기시대 후기에 이미 뿌리 및 알뿌리식물의 재배가 시작되었을 것이라고 한다. 여성은 재배와 채집을 담당했고, 광주리를 만들거나 나중에는 토기를 만들기도 했다. 따라서 경지는 여성의 소유물이 되었다. 남편은 부인의 집에 들어와 살았고, 가계는 모계제였다고 한다. 남성은 수렵과 어로 활동 이외에도 개간에 종사했다. Dittmer가 수렵-농경("Jäger-Pflanzer") 결합형이라고 정의하는 이러한 형태의 문명은 열대 아프리카와 멜라네시아, 남북 아메리카에 퍼져 있었다.

동남아시아에서는 덩이줄기의 재배와 원예가 뒤늦게 등장했다. 돼지나 닭이 사육되기 시작한 시기가 바로 이 시기이다. 이러한 문명은 모권제적 조직, (여성을 위협하기 위한) 남성의 비밀결사, 연령층, 여성의 경제적, 종교적 중요성, 달의 신화, 오르지적 풍요 의례, 머리 사냥, 두개골 제의 등으로 특징지어진다. 인간 희생은 생명의 재생을 위해 거행되었다. 조상숭배는 조상이 풍작을 가져다준다며 정당화되었다. 그 외에 특징적인 요소는 샤머니즘과 예술(음악, 의례적 연극, 비밀결사의 가면, 조상에 대한 조형적 표현 등)의 발전이다. 이러한 형태의 문명(혹은 문화 권역)은 중석기시대에는 이미 동남아시아(오늘날에도 인도 및 인도차이나의 원시 민족들 사이에서 발견된다), 적도아프리카, 폴리네시아를 제외한 태평양 해역까지 전파되어 있었다.

Dittmer는 곡물 재배를 식물 재배가 스텝 지역까지 퍼져 나갔기 때문에 불가피해진 식물 재배의 대체물(*Ersatz*)이라고 설명한다. 식물 재배에서 곡물 재배로의 이행은 인도에서 일어났다. 가장 오래된 곡물인 밀은 인도에서 재배되기 시작했다. 이 새로운 기술은 인도에서 시작되어 서아시아로 전파되었고, 거기서 야생의 벼과 식물이 재배되기 시작했다. Dittmer는 곡물 재배의 특징에 따라 두 개의 문화 권역을 구분한다. (a) 비가 충분하게 내리는 지역에서 실시되는 "광역"형 농경 (b) 관개와 원예 및 계단식 경지를 이용하는 "집약적" 농경이 그것이다. 이두 유형의 문화권은 각각에게 특유한 사회적, 경제적, 종교적 구조를 갖는다.(Kunz Dittmer, *Allgemeine Völkerkunde, Braunschweig,* 1954, pp. 163~190을 참조하라)

반대로 H. Baumann은 덩이줄기의 재배는 곡물 재배 기술을 모방하고 응용함으로써 고안된 것이라고 추정하고 있다. *Das doppelte Geschlecht*(Berlin, 1955), pp. 289 sq.를 참조하라.

12. 여성과 식물. 성스러운 공간과 세계의 주기적 갱신〔본문 pp. 73~79〕

여성과 농경지의 신비한 결합에 관해서는 M. Eliade, *Traité d'Histoire des Religions* (nouvelle éd., 1968), pp. 208~228, 281~309 ; *id., Mythes, rêves et mystères*(1957), pp. 206~253을 보라.

Albert Dieterich(*Mutter Erde,* 3ᵉ édition, Berlin, 1925)의 성급한 일반론에 대한 반론으로는 Olof Pettersson, *Mother Earth: An Analysis of the Mother Earth Concepts according to Albert Dieterich*(Lund, 1967)를 보라. 또한 P. J. Ucko, *Anthropomorphic Figurines*(London, 1968) 및 Andrew Fleming, "The Myth of the Mother-Goddess"(*World Archaeology,* I, 1969, pp. 247~261)를 참조하라.

그리스와 지중해 연안에서 발견되는 여신의 처녀 생식에 대해서는 Uberto Pestalozza, *Religione mediterranea. Vechi e nuovi studi*(Milano, 1951), pp. 191 sq.를 보라.

세계의 주기적 갱신에 대해서는 Eliade, *Le mythe de l'éternel retour*(nouvelle éd., 1969), pp. 65 sq. ; *id., Aspects du mythe*(1963), pp. 54sq.를 참조하라.

우주목의 상징에 대해서는 Eliade, *Le Chamanisme*(2ᵉ édition, 1968), pp. 49 sq., 145 sq., 163 sq., 227 sq.의 참고 문헌을 참조하라.

순환적 시간과 우주의 순환에 대해서는 Eliade, *Le mythe de l'éternel retour*, pp. 65 sq.를 참조하라.

공간에 대한 종교적 의미 부여에 대해서는 Eliade, *Traité*, pp. 310 sq.를 보라.

양사오의 신석기 문화에서의 주거의 상징에 대해서는 R. A. Stein, "Architecture et pensée religieuse en Extrême-Orient", *Arts Asiatiques*, 4, 1957, pp. 177 sq.를 보라. 또한 Eliade, *Le Chamanisme*, pp. 213 sq.를 참조하라.

분류의 의례적인 이분법, 그리고 대립과 분화의 종류에 대해서는 Eliade, *La Nostalgie des Origines*(1971), pp. 249~336을 보라.

13. 근동 지역의 신석기시대의 종교[본문 pp. 79~84]

예리코의 고고학적 자료들과 그것의 해석에 대해서는 Kathleen Kenyon, *Digging up Jericho*(London, 1957); *id.*, *Archaeology in the Holy Land*(London, 1960); J. et J. B. E. Garstang, *The Story of Jericho*(London, 1948); E. Anati, *Palestine before the Hebrews*, pp. 273 sq.; R. de Vaux, *Histoire ancienne d'Israël*, pp. 41 sq.를 보라.

시리아와 팔레스타인의 신석기시대의 종교에 대해서는 J. Cauvin, *op. cit.*, pp. 43 sq.(예리코, 문하타, 베이다, 텔 라마드의 발굴); pp. 67 sq.(라스 샴라, 비블로스 등); Müller-Karpe, *Handbuch*, II, pp. 335 sq., 349 sq.를 보라.

Mellaart는 예리코의 선토기 문화(phase B, BC 6500~5500)가 하칠라르 문화(BC 7000~6000)에서 파생되었다고 생각했다. "Hacilar: A Neolithic Village Site", *Scientific American*, vol. 205, August 1961, p. 90을 참조하라. 그러나 *Earliest Civilization of the Near East*(London, New York, 1965), p. 45에서 그는 예리코(phase B)에 대한 방사성 탄소 연대 측정법에 의한 연대인 BC 6968년과 6918년을 인용하고 있다. 다시 말해 두 문화는 동시대의 것이라고 생각된다.

차탈 후육은 근동의 신석기시대를 대표하는 최대의 촌락이다. 불완전한 발굴이긴 하지만(1965년에 지표의 4분의 1 발굴), 차탈 후육은 발달된 농업(여러 종류의 곡물과 채소), 가축 사육, 교역, 화려하게 장식된 여러 신전 등 놀라운 문명의 단계를 드러냈다. James Mellaart, *Çatal Hüyük: A Neolithic Town of Anatolia*(New York, 1967)를 참조하라. 또한 Walter Dostal, "Zum Problem der Stadt- und Hochkultur im Vorderen Orient: Ethnologische Marginalien", *Anthropos*, 63, 1968, pp. 227~260을 보라.

텔 할라프에 관해서는 중요한 참고 문헌이 Müller-Karpe, vol. II, pp. 59 sq., 427~428에 수록되어 있다.

우바이드 문화에 대해서는 Müller-Karpe, *op. cit.*, pp. 61 sq., 339, 351, 423(발굴에 대한 참고 문헌), 425 sq.(백색 신전, 지구라트)를 보라. 또한 M. E. L. Mallowan, *Early Mesopotamia and Iran*(1965), pp. 36 sq.를 참조하라.

여기서 언급할 가치가 있는 또 다른 신전은 "눈의 신전Temple des Yeux"이다. 그 신전은 하부르 강(우룩 북쪽으로 1000km) 유역의 브라크에서 Mallowan에 의해 발견되었고, BC 3000년경의 것으로 추정된다. 한 쌍 혹은 여러 쌍의 눈을 가진 흑백의 대리석으로 만들어진 수천 개의 "우상"이 발견되었다. Mallowan에 따르면, 그것은 도시를 수호하는, 모든 것을 살펴보는 여신에게 바쳐진 공물이라고 한다. *Early Mesopotamia*, pp. 48 sq., fig. 38~40을 참조하라. 그 신전은 이난나 여신에게 봉헌되었다. O. G. S. Crawford는 그의 저서 *The Eye Goddess*(1957)에서 이러한 형태의 도상이 영국과 아일랜드로 전파된 과정을 연구하고 있다. 그러나 그가 제시하는 예들은 대부분 설득력이 없다.

메소포타미아 선사시대의 소상들과 다른 물체들의 종교적 상징체계는 B. L. Goff, *Symbols of Prehistoric Mesopotamia*(New Haven and London, 1963)에서 연구되었다. 특히 pp. 10~48(텔 할라프와 우바이드기)과 fig. 58~234를 보라.

14. 신석기시대의 정신적 구조물[본문 pp. 84~90]

유럽의 가장 오래된 문명에 대해서는 Marija Gimbutas, "Old Europe c. 7000 ~3500 B.C.: The earliest European Civilization before the infiltration of the Indo-European Peoples", in: *The Journal of Indo-European Studies*, l, 1973. pp. 1

~20을 보라.

카스키오아렐의 성소에 대해서는 Vladimir Dumitrescu, "Édifice destiné au culte découvert dans la couche Boian-Spantov de la station-tell de Căscioarele", *Dacia*, N. S., 14, 1970, pp. 5~24를 보라.

신전의 모델에 대해서는 Hortensia Dumitrescu, "Un modèle de sanctuaire découvert dans la station énéolithique de Căscioarele", *Dacia*, N. S., 12, 1968, pp. 381~394를 보라.

15. 야금술의 종교적 맥락: 철기시대의 신화〔본문 pp. 90~94〕

금속의 발견과 야금술의 발전에 대해서는 T. A. Rickard, *Man and Metals. A History of mining in relation to the development of civilization*(New York, 1932); R. I. Forbes, *Metallurgy in Antiquity*(Leiden, 1950); Charles Singer, E. Y. Holmyard et A. R. Hall, *A History of Technology*, I(Oxford, 1955)를 보라. 그리고 M. Eliade, *Forgerons et Alchimistes*(Paris, 1956), pp. 186~187; "The Forge and the Crucible: A Postscript"(*HR*, 8, 1968, pp. 74~88), p. 77의 참고 문헌을 보라.

대장장이와 광부들에 대해서는 M. Eliade, *Forgerons et Alchimistes*, pp. 57~88; "A Postscript", pp. 78~80을 보라. 대장장이신과 문화영웅에 대해서는 *Forgerons et Alchimistes*, pp. 89~112를 참조하라. 연금술의 "기원"에 대해서는 A. M. Leicester, *The Historical Background of Chemistry*(New York, 1956); I. R. Partington, *History of Chemistry*, vol. I(London, 1961); Allen G. Debus, "The Significance of the History of Early Chemistry"(*Cahiers d'histoire mondiale*, 9, 1965, pp. 39~58); Robert P. Multhauf, *The Origin of Chemistry*(London, 1966)를 보라.

제3장 메소포타미아의 종교

16. "역사는 수메르에서 시작된다……" [본문 pp. 95~99]

수메르의 역사, 문화, 종교에 관한 일반적인 입문서로는 A. Parrot, *Sumer*(Paris, 1952), 특히 S. N. Kramer, *The Sumerians. Their History, Culture and Character*(Chicago, 1963); *From the Tablets of Sumer*(Indian Hills, 1956; *History Begins at Sumer*라는 제목으로 재판되었다. New York, 1959); "Mythology of Sumer and Akkad", in: S. N. Kramer (Ed.), *Mythologies of the Ancient World*(New York, 1961), pp. 93~137; *Sumerian Mythology*(Philadelphia, 1944; réédition corrigée et augmentée, 1961)를 보라. 위의 연구서들은 수메르의 신화 전문을 거의 번역해서 싣고 있다. Adam Falkenstein et W. von Soden, *Sumerische und Akkadische Hymnen u. Gebete*(Zürich, 1953); G. R. Castellino, *Mitologia sumero-accadica*(Torino, 1967) 도 참조하라. Charles F. Jean, *La Religion sumérienne*(Paris, 1931)도 유용하다. 주목할 만한 개관은 Raymond Jestin, "La religion sumérienne", in: *Histoire des Religions*(direction Henri Charles Puech), t. I(Paris, 1970), pp. 154~202에 제시되어 있다. Thorkild Jacobsen. "Formative Tendencies in Sumerian Religion", in Ernest Wright, ed., *The Bible and the Ancient Near East*(New York, 1961), pp. 267~278; *id.*, "Early Mesopotamian Religion: The Central Concerns"(*Proc. Am. Philos. Soc.*, vol. 107, 1963, pp. 473~484)도 보라.

Édouard Dhrome, *Les Religions de Babylonie et d'Assyrie*(coll. "Mana", Paris, 1945, pp. 1~330; 풍부한 비판적 참고 문헌)에서는 수메르의 종교가 아카드의 종교와 함께 다루어지고 있다. V. Christian, "Die Herkunft der Sumerer", *Sitzungsberichte der Akademie in Wien*, v. 236, I, 1961; A. Falkenstein, "La Cité-temple sumérienne", *Cahiers d'histoire mondiale*, I, 1954, pp. 784~814; F. R. Kraus, "Le rôle des temples depuis la troisième dynastie d'Ur jusqu'à la première dynastie de Babylone", *ibid.*, pp. 518~545; A. Sjöberg et E. Bergmann, *Sumerian Temple Hymns*(1969)도 보라.

1944년 이후로 B. Landsberger는 강과 도시의 이름과 마찬가지로 수메르 문화의 특수 용어(즉 농경, 야금술, 직업과 관련된 단어들)도 수메르 이전의 기원을 갖는다는 것을 밝혔다. Kramer, *The Sumerians*, pp. 41 sq.를 참조하라.

메소포타미아의 하류 지역에 정착하기 이전에, 수메르인들은 부족 전체가 공동으로 같은 신들을 숭배했다. 그중에서 가장 유명한 신들이 안, 엔릴, 엔키, 이난나 등이다. 그러나 시간이 지나면서 각 도시, 부족은 각자의 수호신을 모시기 시작했다. 예를 들어 엔릴은 니푸르의 신이 되었고, 엔키는 에리두의 신, 이난나는 우르의 신이 되었다.

딜문의 신화는 Kramer, *ANET*, pp. 34~41과 *From the tablets of Sumer*, pp. 169~175와 Maurice Lambert, "La naissance du monde à Sumer"(in: *Naissance du Monde*, Sources Orientales, I, Paris, 1959, pp. 103 sq.)에서, 그리고 최근에는 Castellino, *Mitologia sumero-accadica*, pp. 50 sq.에서 번역되었다.

안 신에 대해서는 Dhorme, *Religions*, pp. 22~26, 45~48 및 *W.d.M.*, I[D. O. Edzard, "Die Mythologie der Sumerer u. Akkader", pp. 19~139], pp. 40~41을 참조하라.

엔키 신에 대해서는 Dhorme, *op. cit.*, pp. 31~38, 50~51; J. Bottéro, "Les divinités sémitiques en Mésopotamie ancienne", in *Studi Semitici*, I(Roma, 1958), pp. 17~63, pp. 36~38을 참조하라.

17. 신 앞에 선 인간[본문 pp. 99~103]

인간의 창조에 관한 비교신화학적 연구로는 Theodore Gaster, *Myth, Legend and Customs in the Old Testament*(New York, 1969), pp. 8 sq.를 보라. 메소포타미아의 텍스트는 Alexander Heidel, *The Babylonian Genesis*(Chicago, 1942), pp. 62~72에서 번역되었다.

베로수스(BC 3세기)가 전해주는 전승에 따르면, 신들의 머리를 자르고 그들의 피를 흙과 섞어 사람을 만든 신은 벨Bel(=Marduk)이었다고 한다.(Heidel, *op. cit.*, pp. 77~78) 만일 그 전승이 사실이라면, 인간의 몸 자체가 신성한 물질과 악마적 물질을 동시에 가진 것이 된다(왜냐하면 흙은 티아마트에게서 나온 것이기 때문이다).

　"호미의 창조"에 관한 신화에서는 인간이 "땅에서 생겨나도록" 하기 위해서 엔릴이 하늘과 땅을 분리시켰다고 한다. Castellino, *Mitologia sumero-accadica*, pp. 55 sq.에 번역되어 있다.

　메의 의미에 대해서는 B. Landsberger, *Islamica*, 2, 1926, p. 369 ; Th. Jacobsen, *JNES*, 5, 1946, p. 139. n. 20 ; J. van Dijk, *La sagesse suméro-akkadienne*(Leiden, 1953), p. 19 ; K. Oberhuber, *Der numinose Begriff ME im Sumerischen*(Innsbruck, 1963)을 보라.

　군주와 이난나 사이의 신성 결혼에 대해서는 S. N. Kramer, *The Sacred Marriage Rite : Aspects of Faith, Myth and Ritual in Ancient Sumer*(Indiana Univ. Press, 1969) ; id., "Le Rite du Mariage sacré Dumuzi-Inanna", *RHR*, t. 181, 1972, pp. 121~146을 보라.

　도시와 신전의 천상적 모델이라는 관념에 대해서는 M. Eliade, *Le Mythe de l'éternel retour*(1949, 2ᵉ éd, 1969), pp. 17 sq.를 참조하라.

　"왕명 목록liste des rois"의 중요성은 Thorkild Jacobsen, *The Sumerian King List*(Chicago, 1939)에서 분명하게 밝히고 있다. 새로운 번역은 Kramer, *The Sumerians*, pp. 328~331에 나와 있다. 최초의 왕이 하늘에서 내려왔다고 하는—그리고 죽은 다음 다시 하늘로 올라갔다고 하는—전승은 티베트에 남아 있다. 이때 왕은 마법의 밧줄을 사용한다. 다른 사례에 대해서는 M. Eliade, *Méphistophélès et l'Androgyne*, pp. 208~209를 참조하라. Erik Haarh, *The Yar-Lum Dynasty*(Copenhague, 1969), pp. 138 sq.도 참조하라. 왕-구세주가 하늘로부터 내려온다는 신화는 헬레니즘 시대에 대단히 널리 퍼져 있었다.

18. 최초의 홍수신화[본문 pp. 103~105]

　홍수신화에 관한 중요한 참고 문헌은 Th. Gaster, *Myth, Legend and Customs*, p. 353에서 볼 수 있고, M. Eliade, *Aspects du mythe*, pp. 71 sq.에서 보충되었다.

　수메르어 단편은 Kramer, *ANET*, pp. 42~43에서 번역되었다.

『길가메시 서사시』속의 홍수신화에 대해서는 Alexander Heidel, *The Gilgamesh Epic and the Old Testament Parallels*(Chicago, 1946), pp. 224 sq.; A. Schott, W. von Soden, *Das Gilgamesch-Epos*(Reclam, 1958), pp. 86~99; W. G. Lambert, *JSS*, 5, 1960. pp. 113~123; E. Sollberger, *The Babylonian Legend of the Flood*(London, 1962); Ruth E. Simoons-Vermeer, "The Mesopotamian flood-stories: a comparison and interpretation", *Numen*, 21, 1974, pp. 17~34를 참조하라. 베로수스가 전하는 전승에 대해서는 P. Schnabel, *Berossus und die hellenistische Literatur*(1923), pp. 164 sq.; Heidel, *op. cit.*, pp. 116 sq.를 참조하라.

『길가메시 서사시』의 한 구절(tab. XI, 14)에 따르면, "위대한 신의 마음이 홍수를 일으켰다." 에아가 엔릴에게 건넨 말(XI, 179 sq.)에 따르면, "죄인"이 있었다고 하지만 그가 누구인지는 명확하지 않다. 『아트라하시스의 서사시』라고 알려진 작품의 단편에 의하면 엔릴이 "번식한" 인간의 소란스러움에 대해 화가 났다고 한다. Heidel, pp. 107 및 225 sq.를 참조하라. 최근 새롭게 편찬된 텍스트에 따르면, 홍수는 노동과 제의를 통해 신들에게 봉사해야 하는 "운명"에 반항한 인간에 대한 신의 벌이라고 생각되었다. G. Pettinato, "Die Bestrafung der Menschengeschlechts durch die Sintflut", *Orientalia*, N. S., vol. 37, 1968, pp. 156~200; W. G. Lambert, *Atrahasīs. The Story of the Flood*(Oxford, 1969)를 참조하라.

19. 지하 세계로 내려감: 이난나와 두무지[본문 pp. 106~111]

이난나에 대해서는 방대한 참고 문헌이 있다. 중요한 것은 E. O. Edzard in *W.d.M.*, 1. pp. 81~89에 수록되어 있다. W. W. Hallo-J. van Dijk, *The Exaltation of Inanna*(New Haven-London 1968), Wolfgang Helck, *Betrachtungen zur Grossen Göttin und den ihr verbundenen Gottheiten*(München, 1971), pp. 71~89와 최근의 저작 S. N. Kramer, *The Sacred Marriage Rite*(1969) 및 "Le Rite du Mariage sacré Dumuzi-Inanna", *RHR*, t. 181, 1972, pp. 121~146도 참조하라.

양성구유적 신 이슈타르에 대해서는 J. Bottéro, "Les divinités sémitiques"

(*Studi Semitici*, I), pp. 40 sq.를 참조하라. 전쟁의 여신 이슈타르에 대해서는 M.-Th. Barrelet, "Les déesses armées et ailées: Inanna-Ishtar", *Syria*, 32, 1955, pp. 222~260을 참조하라.

두무지-탐무즈에 대해서는 *W.d.M.*, I, pp. 51~53의 참고 문헌을 참조하라. 최근의 가장 중요한 논고들은 Louis van den Berghe, "Réflexions critiques sur la nature de Dumuzi-Tammuz", *La Nouvelle Clio*, VI(1954), 298~321; T. Jacobsen, "Toward the Image of Tammuz", *HR*, I, 1961, pp. 189~213; O. R. Gurney, "Tammuz reconsidered, Some Recent Developments", *JSS*, 7, 1962, pp. 147~160이다.

두무지의 "귀환"에서의 게슈티난나의 역할에 대해서는 A. Falkenstein, in *Bibliotheca Orientalis*, 22, pp. 281 sq.를 참조하라. 아카드어판과 수메르어판 사이의 차이에 대해서는 A. Falkenstein, "Der summerische und der akkadische Mythos von Innanas Gang zur Unterwelt", dans *Festschrift W. Caskel*(1968), pp. 96 sq.와 Jean Bottéro, dans *l'Annuaire de l'École des Hautes Études*, IVᵉ section, 1971~1972, pp. 81~97에 분석되어 있다. 가장 중요한 차이점만 지적해보면 다음과 같다. 수메르어판에는 명계의 세부 모습에 대한 묘사가 생략되어 있다(지하 세계는 하늘, 즉 "대단히 높은 곳"에 대한 대항 개념으로서 "대단히 낮은 곳"이라고만 불릴 뿐이다. Bottéro, p. 86). 하지만 아카드어판에서 이슈타르는 지하 세계에 들어가지 못하게 한다면 문을 파괴하고 "산자를 삼켜버릴" 죽은 자를 해방시키겠다고 위협한다.(*ibid.*) 그리고 아카드어판에서는 "생명의 물"이 지하 세계(지옥의 신들의 음료를 담고 있는 "가죽 부대" 안)에 있다고 한다.(*ibid.*, p. 89) 또 아카드어판에서는 자신의 사자를 시켜 탐무즈를 씻게 하고 향유를 바르고 "화려한 옷"으로 갈아입게 한 것은 에레슈키갈이었다고 한다. 그렇다면 이슈타르의 분노와, 나아가 탐무즈의 지하 세계로의 하강에 책임이 있는 것은 에레슈키갈이라고 할 수 있다.(*ibid.*, p. 91 sq.)

Anton Moortgat은 *Tammuz: Der Unsterblichkeitsglaube der altorientalischen Bildkunst*(Berlin, 1949)에서 도상학적 자료를 토대로 두무지-탐무즈 신화에 대

한 새로운 해석을 제안한다. 그러나 그의 해석을 뒷받침할 수 있는 확실한 도상은 매우 드물다. Berghe, "Réflexions critiques"를 참조하라.

20. 수메르와 아카드의 종합〔본문 pp. 111~115〕

바빌로니아의 종교에 대한 훌륭한 개관은 J. Nougayrol, *Histoire des Religions*, I (Paris, 1970), pp. 203~249에서 제시되고 있다. J. Bottéro, *La religion babylonienne* (Paris, 1952); *ibid.*, "Les divinités sémitiques anciennes en Mésopotamie" in S. Moscati, *Le antiche divinità semitiche*(=*Studi Semitici*, I, Roma, 1958), pp. 17~63도 보라. 1928~1929년에 두 권으로 된 저서(*La religione babilonese e assira*)를 출간한 G. Furlani는 "La religione dei Babilonesi e Assiri", in *Le civiltà dell'Oriente*, III, Roma, 1958, pp. 73~112에서 자신의 연구를 종합하고 있다. R. Follet, "Les Aspects du divin et des dieux dans la Mésopotamie antique", *Recherches des sciences religieuses*, 38, 1952, pp. 189~209도 보라. A. L. Oppenheim의 회의적 태도("Why a 'Mesopotamian Religion' should not be written", *Ancient Mesopoamia*, pp. 172 sq.)는 동료들에게 받아들여지지 않는 것 같다. M. David, *Les dieux et le destin en Babylonie* (Paris, 1949)도 보라.

에레슈키갈과 네르갈에 대해서는 Dhorme, *Les Religions de Babylonie et d'Assyrie*, pp. 39~43, 51~52를 참조하라.

마르둑에 대해서는 Dhorme, *op. cit.*, pp. 139~150, 168~170; W. von Soden, in *Zeitschrift für Assyriologie*, N. F. 17, 1955, pp. 130~166을 보라. 아수르 신에 대해서는 G. van Driel, *The Cult of Assur*(Assen, 1969)를 참조하라.

신전에 대해서는 Dhorme, *op. cit*, pp. 174~197; H. J. Lenzen, "Mesopotamische Tempelanlagen von der Frühzeit bis zum zweiten Jahrtausend", *Zeitschrift für Assyriologie*, N. F., 17, 1955, pp. 1~36; G. Widengren, "Aspetti simbolici dei templi e luoghi di culto del vicino Oriente antico", *Numen*, 7, 1960, pp. 1~25; A. L. Oppenheim, *Ancient Mesopotamia*, pp. 106 sq., 129 sq.를 보라.

의례에 대해서는 G. Furlani, *Il sacrificio nella religione dei Semiti di Babilonia e*

Assiria(Memorie della Accademia dei Lincei, VI, 3, 1932, pp. 105~370); *id.*, *Riti babilonesi e assiri*(Udine, 1940); F. Thureau-Dangin, *Rituels akkadiens*(Paris, 1921); Dhorme, *op. cit.*, pp. 220~257의 종합적인 설명과 풍부한 참고 문헌을 보라. 신자와 신자가 기원하는 것 사이에서 매개자 역할을 하는 중재 신들에 대해서는 *ibid.*, pp. 249~250을 참조하라. 기도에 대해서는 A. Falkenstein et W. von Soden, *Sumerische und akkadische Hymnen und Gebete*(Stuttgart, 1953) 및 Dhorme, *op. cit.*, pp. 247 sq.를 보라.

죄의 고백에 대해서는 R. Pettazzoni, *La confesione dei peccati*, vol. II(Bologne, 1935), pp. 69~139를 보라.

신들의 광휘에 대해서는 A. L. Oppenheim, "Akkadian *pul-(u)h(t)u* and *melammu*", *JAOS*, 63, 1943, pp. 31~34; *id.*, "The Golden Garments of the Gods", *JNES*, 8, 1949, pp. 172~193과 특히 Elena Cassin, *La splendeur divine*(Paris-La Haye, 1968), pp. 12 sq.(오펜하임의 가설에 대한 비판), 26 sq.(빛과 혼돈: 신의 주권), 65 sq.(멜람무와 왕권의 기능)를 보라. 이란에서의 화르나프에 대해서는 본권 104절을 참조하라.

주술에 대해서는 Meissner, *Babylonien u. Assyrien*, II, pp. 198 sq.; Dhorme, *op. cit.*, pp. 259 sq.; G. Contenau, *La Magie chez les Assyriens et les Babyloniens*(Paris, 1947); Erica Reiner, "La magie babylonienne", in *Le Monde du Sorcier*(Sources Orientales, VII, Paris, 1966), pp. 67~98; J. Nougayrol, "La religion babylonienne", pp. 231~234를 보라. J. Nougayrol의 논문의 결론의 일부를 인용해보면 다음과 같다. "수메르인들의 '신들의 이야기'에서는 약간 비켜 있었던 바빌로니아인의 상상력은 '악마들의 이야기'를 즐겼던 것 같다. 주술사들이 쓴 수많은 장편 텍스트들은 일반인들을 현혹시키는 내용을 적지 않게 담고 있었을 것이 분명하다[……]. 그러나 거기에는 불안한 마음이 존재한다는 사실 역시 부정할 수 없다. "핵전쟁"에 대한 우리의 불안이 그들의 불안을 이해하는 데 도움이 될 수 있을 것이다[……]. 그들을 줄기차게 위협하며 영토 침입을 반복하던 '야만인들barbares'에 둘러싸여 있었던 메소포타미아인은 다른 어떤 민족보다도 문명과 '행복한 인생'은 연약한 것이며 끊임없이 문제시되는 것임을 느끼고 있었을 것

이라고 생각된다."(p. 234)

21. 세계의 창조〔본문 pp. 115~120〕

「에누마 엘리쉬」의 번역은 상당수 존재한다. 가장 최근의 것들을 언급하자면 다음과 같다. R. Labat, *Le poème babylonien de la création*(Paris, 1935)과 *Les religions du Proche-Orient asiatique*, pp. 36~70 ; E. A. Speiser, "The Creation Epic", in *ANET*, pp. 60~72 ; A. Heidel, *The Babylonian Genesis*(Chicago, 1942 ; 2ᵉ édition revue et augmentée, 1951) ; Paul Garelli et Marcel Leibovici, "La Naissance du Monde selon Akkad", in : *La Naissance du Monde*(Sources Orientales, I, Paris, 1960), pp. 132~145.

Heidel의 저서에는 바빌로니아의 다른 우주 창조 신화에 대한 번역, 『구약성서』의 창조 신화와의 비교 연구에 관한 논문이 실려 있다. 또한 W. von Soden in *Zeit. f. Assyriologie*, 47, 1954, pp. i sq. ; F. M. Th. de Liagre, *Opera minora*(Groningen, 1953), pp. 282 sq., 504 sq. ; W. G. Lambert et P. Walcot, "A new Babylonian Theogony and Hesiod", *Kadmos*, 4, 1965, pp. 64~72(그 아래의 chapitre VI, § 47을 보라)도 보라.

메소포타미아 사상의 표현으로서의 「에누마 엘리쉬」에 대한 분석은 T. Jacobsen, "The Cosmos as a State", in : H. Frankfort et alia, *Before Philosophy. The Intellectual Adventure of Ancient Man*(Chicago, 1946, Penguin Books, 1949), pp. 137 sq., 특히 pp. 182~199에서 볼 수 있다. 여러 연구에서 Jacobsen은 수메르의 정치 체제, 특히 바빌로니아 판테온의 "민주적" 성격을 밝히고 있다(사실 「에누마 엘리쉬」에서 보이는 것처럼 마르둑은 여러 신의 집회에서 최고신으로 승격되었다). Jacobsen, "Early Political Development in Mesopotamia", *Zeitschrift f. Assyriologie*, 52, 1957, pp. 91~140 ; *id.*, in *JNES*, 2, pp. 159 sq.를 참조하라. 또한 "The Battle between Marduk and Tiamat", *JAOS*, 88, 1968, pp. 104~108도 보라.

고대 근동의 왕권의 신성성은 오랜 논쟁거리가 되었다. 일부 학자들은 신의 대리자인 왕이 고대 근동의 여러 종교에 특징적인 신화-의례적 체계의 중심이라고 본다. 이러한 방법론적 입장은 "신화 의례학파Myth and Ritual school" 혹은

"유형주의patternism"라고 불리는 것으로서, 수많은 저작들에 영향을 주었다. 그 저작들 중에서는 S. H. Hooke가 편집한 *Myth and Ritual*(1933)과 *The Labyrinth*(1935), 그리고 I. Engnell과 G. Widengren의 저작을 언급하는 것으로 충분하다. "유형주의"는 특히 H. Frankfort, *The Problem of Similarity in Ancient Near Eastern Religions*(Frazer Lecture, Oxford, 1951)에서 비판받고 있다. 이 뛰어난 학자는 고찰의 대상이 되는 형태들 간의 차이가 유사성보다 더 중요하다고 주장하고 있다. 한 예로, 그는 이집트에서 파라오는 신으로 인정되었거나 혹은 신이 된 것과 달리, 메소포타미아에서 왕은 단지 신의 대리자에 지나지 않았다는 사실을 지적하고 있다. 어쨌든 우리가 역사적으로 연관성을 가진 문화를 다룰 때 차이와 유사성은 같은 정도로 중요한 것이 분명하다. S. H. Hooke, "Myth and Ritual: Past and Present", in *Myth, Ritual and Kingship*, pp. 1~21; S. G. F. Brandon, "The Myth and Ritual Position critically considered", in *ibid.*, pp. 261 ~291도 보라(이 연구는 1955년까지의 비판적 참고 문헌을 포함하고 있다).

22. 메소포타미아 왕의 신성성[본문 pp. 120~125]

아키투에 대해서는 H. Zimmern, *Zum babylonischen Neujahrsfest*, I~II(Leipzig, 1906, 1918); S. A. Pallis, *The Babylonian akîtu festival*(Copenhagen, 1926; H. S. Nyburg, *Le Monde Oriental*, 23, 1929, pp. 204~211의 비판을 참조하라); R. Labat, *Le Caractère religieux de la royauté assyro-babylonienne*(Paris, 1939), pp. 95 sq.; H. Frankfort, *Kingship and the Gods*(Chicago, 1948), pp. 313 sq.(=*La Royauté et les dieux*, Payot, 1951, pp. 401 sq.); W. G. Lambert in *JSS*, 13, pp. 106 sq.(마르둑의 승리는 신년 축제 때 재현되었다)를 보라. 신년 축제가 우주 창조의 반복과 재현이라고 여겨졌다는 사실에 대해서는 A. J. Wensinck, "The Semitic New Year and the Origin of Eschatology", *Acta Orientalia*, I, 1923, pp. 158~199; Eliade, *Le Mythe de l'éternel retour*, pp. 65~90을 참조하라.

운명의 축제fête des sorts에 대해서는 Dhorme, *Les religions de Babylonie*, pp. 244 sq., 255 sq.를 참조하라.

메소포타미아 왕권의 신성성에 대해서는 R. Labat, *Le Caractère religieux de la royauté assyro-babylonienne*; Dhorme, *Les religions de Babylonie*, p. 20(왕의 신격화); H. Frankfort. *Kingship and the Gods*, pp. 215 sq.(=*La Royauté*, pp. 289 sq.); I. Engnell, *Studies in Divine Kingship in the Ancient Near East*(Uppsala. 1943), pp. 18 sq.; G. Widengren, *The King and the Tree of Life in Ancient Near Eastern Religion* (Uppsala, 1951); Sidney Smith, "The Practice of Kingship in early semitic kingdoms", in: S. H. Hooke (Ed.), *Myth, Ritual and Kingship*(Oxford, 1958), pp. 22 ~73; A. L. Oppenheim, *Ancient Mesopotamia*, pp. 98 sq.; J. Zandee, "Le Messie. Conceptions de la royauté dans les religions du Proche-Orient ancien", *RHR*, t. 180, 1971, pp. 3~28을 참조하라.

23. 불사를 추구했던 길가메시[본문 pp. 125~131]

우리는 G. Contenau, *L'Épopée de Gilgamesh*(Paris, 1939); Alexander Heidel, *The Gilgamesh Epic and Old Testament Parallels*(Chicago, 1946); E. A. Speiser. *ANET*, pp. 72~99; A. Schott et W. v. Soden, *Das Gilgamesh Epos*(Stuttgart, 1958) 의 번역을 참조했다. 이제 Labat, *Rel. du Proche-Orient*, pp. 149~226을 보라.

지금까지 알려진 수메르어판 길가메시 전설은 다음과 같은 여섯 개의 에피소드로 구성되어 있다. (1) 삼나무 숲으로의 원정과 후와와에 대한 승리(Kramer, *From the Tablets*, pp. 204~207; *The Sumerians*, pp. 192~197의 번역), (2) 길가메시와 하늘의 황소, (3) 홍수와 지수드라의 불사화, (4) 길가메시의 죽음(*ANET*, pp. 50~52), 바빌로니아판에는 빠져 있다, (5) 길가메시와 악가Agga(*Tablets*, pp. 29~ 30; *The Sumerians*, pp. 197~200의 번역), 바빌로니아판에서는 그 흔적조차 보이지 않는 수메르의 가장 짧은 서사시 텍스트 가운데 하나(115행)(그러나 이 에피소드는 역사적 근거를 가지고 있기 때문에 신화적 텍스트 안에 포함시키지 않아야 한다고 주장하는 학자도 있다), (6) 길가메시와 엔키두, 그리고 타계(*Tablets*, pp. 224~225; *The Sumerians*, 197~205의 번역).

이 마지막 에피소드는 『길가메시 서사시』의 제12서판의 내용을 구성하고 있다.(본권 제3장의 주석 50을 보라) 길가메시는 거목을 베어 그 나무를 이난나-이슈타르에게 옥좌와 침대를 만들라고 주었다. 그는 나무의 뿌리와 꼭대기로는 두 개의 주술품, *pukku*와 *mekku*를 만들었는데, 그 말의 의미에 대해서는 아직도 의견이 분분하다. 그것은 아마도 악기(북과 북채?)에 관련된 것일 것이다. 의례적인 실수로 인해 그 주술품은 지하 세계로 떨어지고 만다. 비탄에 빠진 주인을 위해 엔키두는 그것을 찾으러 지하 세계로 내려간다. 그러나 악령들을 자극하지 말라는 길가메시의 지시를 무시한 엔키두는 지상계로 되돌아올 수 없게 된다. 번민에 잠긴 길가메시는 신들에게 탄원하고, 지하 세계의 지배자인 네르갈은 엔키두의 영혼이 잠시 동안 지상으로 되돌아올 수 있도록 허락한다. 길가메시는 그에게 죽은 자의 운명에 대해 물었다. 하지만 엔키두는 대답을 주저한다. "만일 그대가 내가 알고 있는 지하 세계의 법에 대해 듣는다면 그대는 주저앉아 눈물을 흘리게 될 것이다."(col. IV, 1~5) 그러나 길가메시는 끈질기게 물었고, 엔키두는 그를 낙담시키는 짧은 설명을 해주었다. "모든 것은 먼지 속에 파묻혀 있다……."

S. N. Kramer, *Gilgamesh and the Huluppu-Tree*(Assyriological Study, Nr. 8, Oriental Institute of Chicago); *id.*, "Gilgamesh: Some new Sumerian data", in P. Garelli, édit., *Gilgamesh et sa légende*(Paris, 1960), pp. 59~68; *id.*, "The Epic of Gilgamesh and its Sumerian Sources", *JAOS*, 64, 1944, pp. 7~22; *id.*, "Sumerian Epic Literature", in *La Poesia Epica e la sua formazione*(Accad. Naz. dei Lincei, 1970), pp. 825~837; A. Schaffer, *Sumerian Sources of Tablet XII of the Epic of Gilgamesh*(Dissertation, Dept. of Oriental Studies, Univ. of Pennsylvania, Philadelphia, 1962)를 보라. A. Falkenstein에 따르면, 영웅의 이름은 수메르어로는 빌가메슈 Bilgameč라고 읽힌다고 한다. *Reallexikon der Assyriologie*(Berlin-Leipzig, 1932 sq.), vol. III(1968), pp. 357 sq.를 참조하라.

『길가메시 서사시』에 대한 참고 문헌은 무수하게 존재한다(P. Jensen은 그것이 세계 문학의 주요한 원천이라고 보았다. *Das Gilgamesh-Epos in der Weltliteratur*, I, Strasbourg, 1906을 참조하라). 가장 중요한 논고들은 Contenau,

Heidel, Kramer 그리고 A. Schott-W. v. Soden의 번역에 언급되어 있다. 또한 P. Garelli, *Gilgamesh et sa légende*(pp. 7~30, 참고 문헌)에 수록된 논문들과 A. Falkenstein et alia in *Real. d. Assyr.*, III(1968), pp. 357~375, W. von Soden in: *Zeit. d. Assyr.* 53, pp. 209 sq. 및 J. Nougayrol, "L'Épopée Babylonienne", in: *La poesia epica e la sua formazione*, pp. 839~858의 논문들을 보라. 최근에 Kurt Jaritz는 몇 가지 에피소드(북, 꿈, 삼나무 숲 등)를 샤머니즘의 사상과 실천에 대한 예증으로 해석했다. "Schamanistisches im Gilgameš-Epos", in *Beiträge zu Geschichte, Kultur und Religion des alten Orients*(Baden-Baden, 1971), pp. 75~87을 참조하라. 유사한 해석이 E. A. S. Butterworth, *The Tree at the Navel of the Earth*(Berlin, 1970), pp. 138 sq.에 제시되어 있다.

아다파Adapa 신화는 실패한 불사 추구의 한 예이지만, 이 경우 그 책임은 영웅에게 돌려지지 않는다. 아다파는 에아에 의해 총명하지만 죽을 수밖에 없는 존재로 창조되었다. 한 번은 남풍이 아다파의 배를 뒤집어엎었기 때문에 아다파는 남풍의 날개를 꺾어버렸다. 그것은 결과적으로 우주의 질서를 파괴한 것이었으므로, 아누는 그를 재판에 소환했다. 출발에 앞서 에아는 아다파에게 천상계의 행동 규칙에 대해 상세하게 가르쳤고, 특히 "죽음의 빵"과 "죽음의 물"이 제공되면 반드시 거절하라고 했다. 아다파는 자기가 바람의 날개를 꺾은 일을 부인하거나 숨기지 않았다. 그의 솔직함에 감동한 아누는 아다파에게 "생명의 빵"과 "생명의 물"을 제공했으나 아다파는 그것을 거절했고, 그 결과 불사를 얻을 수 있는 기회를 잃었다. 이유는 알 수 없지만, 이 신화적 에피소드는 간접적으로 아누와 에아 사이에 있었던 긴장 관계를 반영하고 있다고 생각된다. Labat가 주해한 새로운 번역, *Les religions du Proche-Orient asiatique*, pp. 290~294를 보라.

죽음과 사후 세계와 관련된 관념에 대해서는 B. Meissner, *Babylonien u. Assyrien*, II, pp. 143 sq.; A. Heidel, *The Gilgamesh Epic*, pp. 137 sq.; J. M. Aynard, "Le Jugement des morts chez les Assyro-babyloniens", in *Le Jugement des Morts*(Sources Orientales, 4, Paris, 1961), pp. 81~102를 참조하라.

24. 운명과 신들〔본문 pp. 131~136〕

지혜문학에 대해서 우리는 Robert H. Pfeifer, in *ANET*, pp. 343~440의 번역을 따랐다. 다른 번역으로는 W. G. Lambert, *Babylonian Wisdom Literature*(Oxford, 1960), pp. 21~62 sq.와 G. R. Castellino, *Sapienza babilonese*(Torino, 1962) 및 R. Labat, *Les religions du Proche-Orient*, pp. 320 sq.가 있다. 또한 J. J. A. van Dijk, *La sagesse suméro-akkadienne*(Leiden, 1953); J. Nougayrol, "Une version ancienne du 'Juste Souffrant'", R. B. 59, 1952, pp. 239~250; 그리고 O. Eissfeldt, *The Old Testament: An Introduction*(1963), p. 83, n. 3에 제시된 최근의 참고 문헌도 참조하라.

바빌로니아의 점술에 대해서는 A. L. Oppenheim, *Ancient Mesopotamia*, pp. 206 ~227; *La divination en Mésopotamie et dans les régions voisines*(Travaux du Centre d'Études supérieures spécialisé d'Histoire des Religions de Strasbourg, 1966)를 보라. 그중 에서도 A. Falkenstein("'Wahrsagung' in der Sumerischen Überlieferung"), A. Finet("La place du devin dans la société de Mari"), J. Nougayrol("Trente ans de recherches sur la divination babylonienne, 1935~1963"), A. L. Oppenheim("Perspectives on Mesopotamian Divination"); Jean Nougayrol, "La divination Babylonienne", in: *La Divination*(Études recueillies par André Caquot et Marcel Leibovici), vol. I(Paris, 1968), pp. 25~81 등을 기억해두자. 이 논문들은 풍부한 참고 문헌을 싣고 있다.

바빌로니아의 몽점에 대해서는 A. L. Oppenheim, *The Interpretation of Dreams in the Ancient Near East, with a translation of an Assyrian Dream book*(Philadelphia, 1956); Marcel Leibovici, "Les songes et leur interprétation à Babylone", in: *Les songes et leur interprétation*(Sources Orientales, 2; Paris, 1959), pp. 65~85를 보라.

점에 대해서는 A. Sachs, "Babylonian Horoscopes", *Journal of Cuneiform Studies*, 6, 1952, pp. 49~75를 참조하라. 점성술에 대해서는 Nougayrol, "La divination babylonienne", pp. 45~51(참고 문헌, *ibid.*, p. 78); A. L. Oppenheim, *Ancient Mesopotamia*, pp. 308 sq.를 참조하라.

과학적 발견에 대해서는 O. Neugebauer, *The Exact Sciences in Antiquity*(2ᵉ éd., Providence, 1957); *id.*, "The Survival of Babylonian Methods in the Exact Science of

Antiquity and the Middle Ages", *Proceedings of American Philosophical Society*(v. 107, 1963, pp. 528~535); A. L. Oppenheim, *Ancient Mesopotamia*, pp. 288~310을 참조하라.

메소포타미아 사상의 영향에 대해서는 Oppenheim, *op. cit.*, pp. 67 sq.(p. 356, n. 26, 참고 문헌)를 참조하라. 『구약성서』에서 확인된 영향들에 대해서는 W. H. Ph. Römer, *Historia Religionum*, I(Leiden, 1969), pp. 181~182의 참고 문헌을 참조하라.

제4장 고대 이집트의 종교적 관념과 정치적 위기

25. 잊혀지지 않을 기적: "최초의 시간"〔본문 pp. 137~140〕

이집트의 역사 일반에 대해서는 E. Drioton et J. Vandier, *L'Égypte*(2ᵉ éd., Paris, 1946); John A. Wilson, *The Culture of Ancient Egypt*(= *The Burden of Egypt*, Chicago, 1951; cinquième édition, 1958); William C. Hayes, *The Sceptre of Egypt. I. From the Earliest Times to the End of the Middle Kingdom*(New York, 1953); Joachim Spiegel, *Das Werden der altägyptischen Hochkultur*(Heidelberg, 1953); F. Daumas, *La civilisation de l'Égypte pharaonique*(Paris, 1965)를 보라. J. R. Harris의 주도하에 편집된 *The Legacy of Egypt*(Oxford, 1971)에는 뛰어난 해설이 실려 있다.

이집트의 선사 문화에 대해서는 E. J. Baumgartel, *The Cultures of Prehistoric Egypt*(London, 1955); H. Frankfort, *The Birth of Civilization in the Near East*(London, 1951), pp. 41 sq., 100 sq.; Wilson, *The Culture...*, pp. 18 sq.; W. B. Emery, *Archaic Egypt*(Pelican Book, Harmondsworth, 1963) 등을 보라.

우리는 이집트에 농경이 어떻게 전해졌는지에 대해 아직 알지 못하고 있다. 신석기 문화(BC 4500년경)의 유적이 델타 지대 가까이에 있는 메림데에서 발굴되었으므로, 농경은 아마도 팔레스타인 지역으로부터 전해졌을 것이라고 추측할 수 있을 것이다. 죽은 자는 거주 구역 안에 매장되었지만, 부장품은 보이지 않는다.

(유적이 발굴된 지역의 지명을 따라) 바다리 문명이라고 불리는 고대 이집트 문화는 농경과 목축 이외에도 적흑색 토기를 알고 있었다. 죽은 자는 굴장을 했고, 가축 역시 포대로 싸서 매장했다. 텔 할라프와 와르카 문명에 비해 이집트의 신석기 문화는 빈약하고 주변적인 것으로 보인다.

아므라 문화(고대 선왕조)의 출현과 함께 나일 강의 자연 관개를 이용하고자 하는 최초의 시도들이 보인다. 돌과 구리가 가공되기도 하지만, 토기는 바다리 시기의 것보다는 거칠다. (아마도 돌그릇을 만들기 시작했기 때문일 것이라고 본다. Clarke, *World Prehistory*, p. 104를 참조하라.) 무덤에서는 음식 공물과 흙으로 만든 소상이 발견되었다. 야금술이 도입된 것은 중근동에서 야금술이 비약적인 발전을 보인 지 1000년 후인, 후기 선왕조 시대(나카다 2기 문화)나 되어서였다. 그 외의 수많은 문화적 요소들은 아시아로부터 도입되었지만, 그 도입은 상당히 늦게 이루어졌다. 메소포타미아에서 일찍부터 사용된 바퀴 전차는 이집트에서는 신왕국 시대에 도입되었다.(BC 1570년경) 이집트문명의 위대함은 상하 이집트의 통일과 함께 비로소 발휘되기 시작한다. 모든 비교 연구에서 상당히 흥미로운 주제인 도시문명의 발생에 관해 말하자면, 그것의 고고학적 흔적은 나일 강 바닥의 진흙 속에 묻혀 있다. 바다리 문화와 아므라 문화에 대해서는 Müller-Karpe, *op. cit.*, vol. II, pp. 28~55, 339~345, 353~361을 보라.

1948년까지의 참고 문헌은 Jacques Vandier, *La religion égyptienne*(2ᵉ éd., Paris, 1949), pp. 3~10에 수록되어 있다; *ibid*, pp. 24~29, 이집트의 원시 종교에 대한 K. Sethe(*Urgeschichte u. .älteste Religion der Ägypter*, Leipzig, 1930)와 H. Kees(*Der Götterglaube im alten Ägypten, Leipzig*, 1941; 2ᵉ éd., Berlin, 1956)의 견해에 대한 비판적 논의를 보라. R. Weill, "Notes sur l'histoire primitive des grandes religions égyptiennes"(*Bulletin de l'Institut Français d'Archéologie Orientale*, 47, 1948, pp. 59~150)를 참조하라.

이집트의 종교에 대한 개괄적 연구 중에서 주목할 만한 것으로는 Adolf Erman, *Die Religion der Ägypter*(Berlin et Leipzig, 1934, trad. fr. 1937); Herman Junker, *Pyramidenzeit: Das Werden der altägyptischen Religion*(Einsiedeln, 1949); J. Garnot

Sainte-Fare, *Religions de l'Égypte*(Paris, 1951)；S. Donadoni, *La religione dell'Egitto antico*(Milano, 1955)；H. Frankfort, *Ancient Egyptian Religion*(New York, 1948)；*id.*, *La Royauté et les Dieux*(trad. fr. Payot, 1951；édition originale, Chicago, 1948)；R. T. Rundle Clark, *Myth and Symbol in Ancient Egypt*(London, 1959) 등이 있다. S. Morenz의 저서 *La religion égyptienne*(trad. fr. Payot, 1962)는 상세한 설명과 종교사 일반의 관점에서 제시된 뛰어난 종합을 보여준다. C. J. Bleeker, "The Religion of Ancient Egypt"(Historia Religionum, I, Leiden, 1969, pp. 40~114)；*id.*, *Hathor and Thoth: Two key Figures of the Ancient Egyptian Religion*(Leiden, 1973), pp. 10 sq., 158 sq.；P. Derchain, "La religion égyptienne", *Histoire des Religions*(direction H. Ch. Puech), I(1970), pp. 63~140도 보라.

Hans Bonnet, *Reallexikon der ägyptischen Religionsgeschichte*(Berlin, 1952)는 풍부한 자료와 참고 문헌으로 인해 필수적이다. Günther Roeder는 최근 훌륭한 도판을 담은 다채로운 문헌 선집을 출판했다. *Die ägyptische Religion in Text und Bild*；I. *Die ägyptische Götterwelt*；II. *Mythen u. Legenden um ägyptische Gottheiten u. Pharaonen*；III. *Kulte, Orakel u. Naturverehrung im alten Aegypten*；IV. *Der Ausklang der ägyptische Religion, mit Reformation, Zauberei u. Jenseitsglaube.*(Zürich, 1959~1961)

역사적 자료들은 번역서인 J. H. Breasted, *Ancient Records of Egypt*, I~V(Chicago, 1906~1907)에서 찾아볼 수 있다. 『피라미드 텍스트』는 여러 차례 번역되었다(독일어판은 Sethe, 프랑스어판은 Speleers, 영어판은 Mercer가 번역하였다). 우리는 R. O. Faulkner의 번역, *The Ancient Egyptian Pyramid Texts*(Oxford, 1969)를 따랐다. 하지만 Breasted, Weill, Clark, Sauneron 그리고 Yoyote가 번역한 단편 또한 참조했다.

종교 어휘에 대해서는 C. J. Bleeker, "Einige Bemerkungen zur religiösen Terminologie der alten Aegypten", in：*Travels in the World of the Old Testament: Studies presented to Professor M. A. Beek*(Assen, 1974), pp. 12~26을 보라.

26. 신들의 계보와 우주의 창조〔본문 pp. 140~145〕

원전을 주해한 번역으로 보완된 이집트 우주 창조 신화에 대한 체계적인 서술은 S. Sauneron et J. Yoyote, "La naissance du monde selon l'Égypte ancienne" (in: *La Naissance du Monde*, Paris, 1959, pp. 19~91)에 제시되어 있다. 이와 함께 J. Wilson의 번역, *ANET*, pp. 3~10도 참조하라.

다양한 우주 창조 신화는 Vandier, *La religion égyptienne*, pp. 57 sq.에서 논의되고 있다. Clark, *op. cit.*, pp. 35 sq.와 특히 Morenz, *Rel. égyptienne*, pp. 211 sq.를 참조하라. 헤르모폴리스의 우주 창조 신화에 대해서는 S. Morenz et J. Schubert, *Der Gott auf der Blume, eine ägyptische Kosmogonie und ihre weltweite Bildwirkung*(Ascona, 1954)을 보라. 언어의 창조적 가치에 대해서는 J. Zandee, "Das Schöpferwort im alten Aegypten" (*Verbum, Studia Theologica Rheno-Traiectina*, VI, 1964, pp. 33 sq.)을 보라.

BC 3000년대 말기 이후 테베가 대두되면서 그 도시의 신 아멘(그 신은 적절하게 라 신과 결합되었다)은 가장 중요한 신으로 격상된다. 그러나 아멘의 우주 창조 신화는 헬리오폴리스, 헤르모폴리스, 그리고 멤피스의 창조론으로부터 빌려온 것이었다. Wilson, *ANET*, pp. 8~10의 번역되고 주해된 문헌들과 Sauneron et Yoyote, pp. 67 sq.를 보라.

원초적 언덕의 상징과 성스러운 공간의 대해서는 Hellmut Brunner, "Zum Raumbegriff der Aegypter", *Studium Generale*, 10, 1957, pp. 610 sq.; A. Saleh, "The So-called 'Primeval Hill' and other related Elevations in Ancient Egyptian Mythology", *Mitt. d. Deutschen Arch. Instituts*(Abt. Kairo), 25, 1969, pp. 110~120; I. E. S. Edwards, *The Pyramids of Egypt*(Pelican Books, Harmondsworth, 1961); J. Leclant, "Espace et temps, ordre et chaos dans l'Égypte pharaonique", *Revue de Synthèse*, 90, 1969; Othmar Keel, *Die Welt der altorientalischen Bildsymbolik und das Alte Testament*(Zürich-Neukirchen, 1972), pp. 100 sq.(훌륭한 도판과 비교 연구) 등을 보라.

인간의 기원에 대해서는 몇 가지 신화가 존재한다. 어떤 신화는 프타 신이 녹로 위에서 점토를 빚어 신체를 만들었다고 한다. Bonnet, *Reallexikon*, p. 617

을 참조하라. 상이집트에서 조물주는 크눔Chnum이었다.(Bonnet, *ibid.*, p. 137)
죽음의 기원에 관한 신화는 알려져 있지 않다. 다만 간략한 암시(*Pyr.*, § 1466)
가 "죽음이 존재하기 이전의" 신화적 시대를 그려낸다.

인간의 파멸에 관한 신화는 상당히 오래전부터 있었다. Vandier, *Rel. égypt.*,
p. 53의 참고 문헌을 참조하라. Alexandre Piankoff, *The Shrines of Tut-Ankh-
Amon*(New York, 1955), p. 27에 번역된 *Le Livre de la Vache*를 보라. 라는 하토
르가 인간 종족을 절멸시키려고 하는 것을 알고 밤 동안에 핏빛 맥주를 여기
저기 뿌려놓았다. 다음 날 아침 인간 살육을 준비하던 하토르는 맥주를 너무
많이 마시고 취해버렸다.

인간들은 라가 너무 늙었기 때문에 반란을 일으키기로 결심했다. 사실 앞에
서 본 사건이 발생한 이후 라 신은 세계에 대한 주권을 포기하려고 결심했다.
여러 신들 앞에서 라 신은 자기의 신체가 최초의 때와 달리 쇠약했음을 시인
하고 딸인 누트에게 자기를 하늘 위로 데려달라고 부탁했다.(*Livre de la Vache*,
trad. Piankoff, *Shrines*, p. 29) 라 신을 이은 신은 슈와 게브였다. 라의 "늙음"과 무
력함, 특히 하늘로의 은퇴는 널리 입증된 신화적 주제, 즉 창조신이며 우주의
지배자인 천공신이 데우스 오티오수스로 변모한다는 주제를 구성하는 요소들이
다. 이집트의 전승에서는 데우스 오티오수스가 태양신이라는 사실은 신학자들의
재해석과 일치하지 않는다.

27. 육화한 신의 책임[본문 pp. 145~150]

왕의 신성성에 대해서는 A. Moret, *Du caractère religieux de la royauté
pharaonique*(Paris, 1902, 대부분 시대에 뒤떨어진 논의이다); H. Jacobsohn, *Die
dogmatische Stellung des Königs in der Theologie der alten Ägypter*(Glückstadt, 1939); H.
Frankfort, *La Royauté et les Dieux*(trad. fr., Payot, 1951), pp. 37~288; G. Posener, *De
la divinité du pharaon*(Paris, 1960); H. Goedicke, *Die Stellung des Königs im Alten
Reich*(Wiesbaden, 1960); H. Brunner, *Die Geburt des Gottkönigs*(Wiesbaden, 1964) 등
을 보라.

이집트 통일 왕국의 창시자 "메네스"에 대해서는 Frankfort, pp. 42 sq.를 보라. 왕권은 선왕조 시대 말기에 이미 나타난다. Frankfort는 "이중 왕권"(즉 상하 이집트의 왕권) 이데올로기의 기원을 강조한다. 이러한 정치적 형식은 "세계를 안정된 평형 상태에 있는 일련의 대비들이라는 이원론적인 관계에서 이해하는" 이집트인의 정신적 경향을 표현한다.(*La Royauté*, p. 44) "이집트 왕권의 이원론적 형태는 특정한 역사적 사건의 결과는 아니었다. 그것은 전체는 대립되는 것들을 포괄하는 것이라는 이집트인 특유의 사상을 구현한 것이다."(*ibid*, p. 45)

Frankfort는 이집트의 "이원론적" 이데올로기의 기원을 보여준다고 생각되는 아프리카의 사례를 들고 있다.(pp. 38 sq.) 이원성과 양극성에 관한 다른 예들은 곧 다시 보게 될 것이다. 우선 Eliade, *La nostalgie des origines*(Paris, 1971), pp. 249 sq.("Remarques sur le dualisme religieux")를 보라.

마아트의 의미에 대해서는 Bonnet, *Reallexikon*, pp. 430~434; Frankfort, *Ancient Egypt. Rel.*, pp. 53 sq., 62 sq.; Posener, *Littérature et politique dans l'Égypte de la XIIe Dynastie*(Paris, 1956); Morenz, *La rel. égypt.*, pp. 156~174(참고 문헌 수록)를 보라.

몰개성화의 경향에 대해서는 A. de Buck, *Het Typische en het Individueele by de Egyptenaren*(Leiden, 1929); Ludlow Bull, "Ancient Egypt", in: *The Idea of History in the Ancient Near East*, ed. by Robert C. Dentan(Yale University Press, 1955), pp. 1~34를 보라.

축제와 제의에 대해서는 Vandier, *La rel. égypt.*, pp. 165~203; Morenz, *Rel. égypt.*, pp. 115~152(최근의 참고 문헌과 뛰어난 비교 종교학적 논의)를 보라. Moret, *Le rituel du culte divin journalier en Egypte*(Paris, 1902)는 여전히 유용하다. H. Kees, *Das Priestertum im ägyptischen Staat vom NR bis zur Spätzeit*(Leiden, 1953); J. Garnot Sainte-Fare. *L'hommage aux dieux dans l'ancien Empire égyptien d'après les textes des Pyramides*(Paris, 1954); S. Sauneron, *Les prêtres de l'ancienne Égypte*(Paris, 1967)도 보라.

세드 축제에 대해서 핵심적인 것은 Vandier, pp. 200~202; Frankfort, *Royauté*, pp. 122~136의 문학적 자료와 도상에 준거한 뛰어난 분석에서 볼 수 있다.

민 축제에 대해서는 J. H. Gauthier, *Les fêtes du dieu Min*(Le Caire, 1931); Vandier, *op. cit.*, pp. 202~203; Frankfort, *Royauté*, 259~262를 참조하라.

28. 승천하는 파라오[본문 pp. 151~154]

『피라미드 텍스트』에 따른 파라오의 승천은 H. Breasted, *Development of Religion and Thought in Ancient Egypt*(New York, 1912), pp. 70~141 및 R. Weill, *Le champ des roseaux et le champ des offrandes dans la religion funéraire et la religion générale*(Paris, 1936)에 묘사되어 있다.

"중왕국 이후, 모든 죽은 자의 이름 뒤에 부가된" *maâ-kherou*("목소리가 정의로운")라는 수식어가 "행복한, 축복받은"이라고 번역되는 것이 맞는지는 확실치 않다. 그것은 오히려 "죽은 자가 오시리스 의례의 은혜를 입는다고 하는 관념"을 표현하고 있다. J. Yoyote, "Le jugement des morts dans l'Égypte ancienne", p. 37을 참조하라.(본권의 문헌 해제 33절을 보라)

29. 오시리스, 살해된 신[본문 pp. 155~159]

오시리스 관련 문헌은 방대하다. 중요한 업적만을 거론하면 다음과 같다. Bonnet, *Reallexikon*, pp. 568~576; Vandier, *La Rel. égypt.*, pp. 58 sq., 81 sq., 134 sq. 등; Frankfort, *Royauté*, pp. 251 sq.; Rundle Clark, *Myth and Symbol*, pp. 97 sq.; E. Otto-M. Hirner, *Osiris und Amun*(München, 1960). E. A. Wallis Budge, *Osiris: The Egyptian Religion of Ressurection*(2 vols. London, 1911; réédition, New York, 1961)은 오늘날에도 문헌, 도상, 아프리카에서의 유사 현상과 관련해서 여전히 유용하다. Frazer를 필두로 시작된 오시리스 해석 붐에서 오시리스는 농경신으로 생각되고 있다. 프랑스에서는 A. Moret가 지지한 이 해석은 특히 Émile Chassinat의 유작 *Le Mystère d'Osiris au mois de Khoiac*, I(Le Caire, 1966), pp. 30 sq.에서 비판받고 거부되었다. 분명한 것은 우주신인 동시에 명계의 신이며, 왕권의 화신일 뿐 아니라 세계의 풍요를 보장하는 신이고, 죽은 자의 심판관이며 나중에는 "비의"의 신이 되

는 오시리스의 복합적인 성격이다.

중왕국과 신왕국의 오시리스의 신화는 Vandier, *op. cit.*, pp. 48~51에 요약되어 있다.

『석관 텍스트』는 A. de Buck, *The Egyptian Coffin Texts*, I~VI(Chicago. 1935~1950)로 출간되었다. 이는 R. O. Faulkner, *The Ancient Egyptian Coffin Texts*, vol. I(Warminster, 1974)로 번역되는 중이다.

오시리스 제의에 대해서는 Chassinat, *Le Mystère d'Osiris au mois de Khoiac*; Clark Rundle, pp. 132 sq.(신의 등뼈를 상징하는 기둥 드제드djed의 건립), pp. 157 sq.; Frankfort, *Royauté*, pp. 251 sq.를 보라.

호루스와 세트에 대해서는 Bonnet, pp. 307~318, 702~715를 보라. 여기에는 중요한 참고 문헌이 실려 있다. H. de Velde, *Seth, god of confusion*(1967)도 참조하라.

30. 신성 왕권의 중단: 무질서, 절망 그리고 사후의 삶의 "민주화" [본문 pp. 160~164]

제1중간기에 대해서는 H. Stock. *Die erste Zwischenzeit Aegyptens*(Rome, 1949); Wilson, *The Culture of Ancient Egypt*, pp. 104~124; Drioton-Vandier, *L'Égypte*, pp. 213 sq.를 보라.

본문에서 언급한 문헌은 Adolf Erman, *The Literature of the Ancient Egyptians*(영어판은 A. M. Blackman, London, 1927. W. K. Simpson의 중요한 서문이 수록되어 *The Ancient Egyptians*라는 제목으로 Harper Torchbooks, New York, 1966에 재판되었다), pp. 75 sq.(『메리카라 왕을 위한 교훈』), 92 sq.(『예언자 이푸웨르의 훈계』), 132 sq.(『하프 연주자의 노래』), 86 sq.(『생활에 찌든 자의 영혼과의 대화』)에 번역되어 있다. 우리는 주로 Wilson, *ANET*, pp. 405 sq., 441 sq., 467의 번역을 따랐다. R. O. Faulkner는 *Journal of Egyptian Archaeology*, 42, 1956. pp. 21~40("The man who was tired of life")에서 『생활에 찌든 자의 영혼과의 대화』의 새로운 번역을 제시한다. R. J. Williams는 동일한 텍스트에 대한 최근의 문헌을 연구했다. *ibid*, 48, 1962, pp. 49~56. 여러 논문들이 *Les Remontrances du Prophète Ipuwer*에 실려 있다.

Erman의 저서의 Harper Torchbooks 판에서 W. K. Simpson이 쓴 서문, pp. XXIX~XXX의 참고 문헌을 보라. *ibid.*, p. XXVIII에서는 『메리카라 왕을 위한 교훈』에 관한 최근의 연구에 대한 분석을 보라. 이 문헌은 꽤 길고, 이해하기 어려운 곳도 적지 않음을 부언해둔다.

제12왕조의 중간기 문학에 대해서는 G. Posener, *Littérature et politique dans l'Egypte de la XIIe dynastie*(Paris, 1956)를 보라.

31. "태양신화"의 신학과 정치[본문 pp. 164~168]

중왕국에 대해서는 H. E. Winlock, *The Rise and Fall of the Middle Kingdom in Thebes*(New York, 1947); Wilson, *The Culture of Ancient Egypt*, pp. 124~153; Drioton-Vandier, pp. 234 sq.를 보라. 파라오는 (파윰 근처에서 2만 7000에이커의 농지를 확장하는 등) 규모가 상당히 큰 사업들을 벌였다. 이집트는 정복 정책을 취하지는 않았지만 지중해, 에게 해, 근동 지역에서 두려움의 대상이 되었다.

힉소스에 대해서는 Robert M. Engberg, *The Hyksos Reconsidered*(Chicago, 1939); Winlock, *op. cit.*, 마지막 두 장; Wilson, pp. 154~165; T. Säve-Soderbergh, "The Hyksos Rule in Egypt", *Journal of Egyptian Archaeology*, 37, 1951, pp. 53~72; Theodore Burton-Brown, *Early Mediterranean Migrations*(Manchester, 1959), pp. 63 sq.를 보라. 이집트인의 배외주의에 대해서는, 그들이 오랫동안 외국인의 "인간성"을 인정하지 않았다는 사실에 유의할 필요가 있다. 그들이 외국인을 희생물로 바쳤던 것은 바로 그 이유에서이다. Wilson, pp. 139 sq.를 참조하라. 이 문제에 대해서는 F. Jesi, "Rapport sur les recherches relatives à quelques figurations du sacrifice humain dans l'Égypte pharaonique", *JNES*, 17, 1958, pp. 194~203을 보라. 제1중간기에 "아시아인들"의 수는 미미했음에도 불구하고 그들은 그때부터 이미 무질서를 초래한 자들이라는 비난을 받았다.(Wilson, pp. 110 sq.를 참조하라) "아시아인들"이 델타 지역에 집단적으로 정착한 것은 힉소스의 침입 이후에 일어난 일이었다.

아멘 신의 대제사장 역할에 대해서는 G. Lefebvre, *Histoire des Grands Prêtres d'Amon de Karnak jusqu' à la XXIe Dynastie*(Paris, 1929); Vandier, *op. cit.*, pp. 170 sq.; Wilson, *Culture*, pp. 169 sq.를 보라.

아멘-라 신에게 바치는 찬가는 여러 차례 번역된 바 있다. Wilson, *ANET,* pp. 365~367; Erman-Blackman, pp. 283~287을 참조하라. 찬가는 멤피스 신학의 영향을 받았는데(Erman, *Religion,* p. 119), 그 사실은 이집트 종교의 전통적인 이론을 계승하고 재해석하는 경향을 보여준다. 그 찬가가 A. Varille, *Bulletin de l'Institut français d'archéologie orientale*(Le Caire), 41, 1942, pp. 25~30에 게재, 번역되어 있는 "태양신에 바치는 보편적 찬가un Hymne universaliste au Soleil"라고 불리는 것 역시 중요하다. Wilson, *ANET,* pp. 367~369의 번역도 보라.

32. 아켄아톤 혹은 좌절된 개혁[본문 pp. 169~173]

"아마르나 개혁"에 대해서는 J. D. S. Pendlebury, *Tell-et-Amarna*(London, 1935); Drioton-Vandier, *L'Egypte,* pp. 86 sq., 334 sq.; Wilson, *op. cit.,* pp. 212 sq.; Rudolph Anthes, *Die Maat des Echnaton von Amarna*(부록, *JAOS,* No. 14, 1952); Cyril Aldred, *New Kingdom Art in Ancient Egypt during the Eighteenth Dynasty*(London, 1951), 특히 pp. 22 sq.를 참조하라.

아톤 신에게 바치는 찬가는 Erman-Blackman, *op. cit.,* pp. 288~291; Breasted, *The Dawn of Conscience*(New York, 1953), pp. 281~286; Wilson, *ANET,* 369~371에 번역되어 있다.

아멘-(라)-아톤의 연속성에 대해서는 Alexandre Piankoff, *The Shrines of Tut-Ankh-Amon*(New York, 1955), pp. 4 sq.를 보라.

33. 최후의 종합: 라와 오시리스의 결합[본문 pp. 173~179]

Édouard Naville이 "태양신 연도Litanie du Soleil"라고 이름 붙인 것은 신왕국의 가장 중요한 텍스트 중 하나이다. 우리는 Piankoff, *The Litany of Re*(New York, 1964). pp. 22~43의 번역을 따랐다. 같은 저자의 *The Tomb of Ramesses*

VI(New York, 1954)에 번역된 텍스트도 보라.

『사자의 서』의 번역은 여럿 있지만, 우리는 가장 최근에 나온 T. C. Allen, *The Book of the Dead or Going forth by Day*(Chicago, 1974)를 따랐다. 다른 장례 문서들(*Le Livre de ce qui est dans l'Au-delà*; *Le Livre des Portes*; *Le Livre de la Nuit*)에 대해서는 Vandier, pp. 107 sq., 128∼129를 보라. 우리는 *Le Livre des deux Chemins*에 대해서는 Piankoff, The Wandering of the Soul(Princeton, 1974), pp. 12∼37의 번역을 참조했다. S. Morenz, *Altägyptischer, Jenseitsführer, Papyrus Berlin 3127*(Frankfurt a. Main, 1966)도 보라.

죽은 자의 지하 세계인 *duat*는 『피라미드 텍스트』에서 이미 확인된다. Breasted, *Development*, p. 144, n. 2에 인용된 예를 보라. 명계의 표상에 대해서는 Erik Hornung, *Altägyptische Höllenvorstellungen*(Berlin, 1968)을 보라. 이런 텍스트들에 대한 설명과 번역은 E. A. Wallis Budge, *The Egyptian Heaven and Hell*, I∼III(한 권으로 재판되었다. London, 1925)에 있다. 죽음에 대한 "부정적" 개념들, 특히 인간의 적이라고 여겨진 죽음의 개념들에 대해서는 J. Zandee, *Death as an Enemy according to Ancient Egyptian Conceptions*(Leiden, 1960), pp. 5∼31(일반적인 개요), 45∼111(죽음의 다양한 측면을 나타내는 어휘의 분석: 총체적인 파괴, 부패, 감옥 등)에서 자세하게 분석되었다. H. Kees, *Totenglauben und Jenseitsvorstellungen der alten Aegypter*(1926; 2ᵉ éd., Berlin, 1956)는 지나치게 독창적인 몇몇 분석에도 불구하고 여전히 가장 뛰어난 종합적 연구라고 할 수 있다. 사자 의례의 핵심(미라화, 장례식, 무덤, 마스타바mastaba[묘], 피라미드, 지하 분묘)은 Vandier, *op. cit.*, pp. 111∼130(풍부한 참고 문헌과 함께)에서 찾아볼 수 있다.

이집트인들은 다른 고대 민족들(인도, 중국, 그리스 등)과 마찬가지로 죽음이 단지 육체와 영혼의 분리를 가져오는 것이라고 생각하지는 않았다. 그들은 영적[정신적] 원리를 셋으로 나누어 생각했다. 아크akh, 바ba, 그리고 카ka가 그것이다. 아크는 "본질적으로 신성한 힘, 초자연적인 힘을 지칭한다."(Vandier, p. 131) 그 단어의 의미인 "빛나는, 영광스러운"은 죽은 자의 천상적 속성을 가리킨다. (사실 죽은 자가 아쿠akhu라고 불릴 때, 그는 하늘에 사는 초자연적인 존재로 간주되는 것이다. Frankfort, *Royauté*, p. 104를 참조하라.) "바는 아크와 마찬가지로 새의 형태로 표현되는데, 그것은 본래적 의미에서 "영혼âme"이다. "바는 자신의 동일성을 유지하기 위해서 육체 또는 최소한 시체를 필요로 한다. 그것은 들이나 숲 속을 배회한 다음, 무덤 속에 있는 시체로 되돌아온다고 생각되었다."(Frankfort, *Royauté*, p. 103 ; *Ancient Egyptian Religion*, pp. 96 sq.를 참조하라) 바는 어떤 면에서 볼 때 죽은 자 그 자체이다. 그와 반대로 카는 결코 형태가 부여된 적이 없고, 개별화되지 않는다. 그 단어는 아마도 "생명력force vitale"이라고 번역될 수 있을 것이다. 카는 개인이 생존하는 동안 그 개인에게 소속되지만, 타계에도 따라간다.(Frankfort, *Royauté*, p. 104) 왕의 카만이 기념비에 표현된다. "카는 왕과 함께, 마치 그의 쌍둥이 형제처럼 태어나, 살아 있는 동안에는 그의 수호신처럼 그를 따라다니고, 죽은 다음에도 왕의 분신으로서 혹은 수호자로서 활동한다."(*ibid.*, p. 110을 참조하라)

고왕국의 텍스트들이 파라오의 바에 대해서만 언급하고 있다는 사실을 주목할 필요가 있다. "다시 말해 고왕국 시대의 일반적인 이집트인은 바를 지니고 있지 않았다."(Morenz, *La Religion égyptienne*, p. 266) 바가 일반화된 것은 제1중간기 이후였다. 분명히 그것은 문헌상의 상황과 관계된 것이지, 우리는 역사적 사실에 대해서는 알지 못한다. 그렇지만 이 경우에도 파라오의 "모범"이 점차적으로 특권을 가지지 못한 일반인들이 모방하는 모델이 되었다는 사실에 주의할 필요가 있다. L. Greven, *Der Ka in Theologie und Königskult der Ägypter des Alten Reiches*(Glückstadt, 1952) 및 Louis Žabkar, *A Study of the Ba Concept in Ancient Egyptian Texts*(Chicago, 1968)도 보라.

재판에 대해서는 E. Drioton, *Le jugement des âmes dans l'ancienne Égypte*(Le Caire, 1949) ; Vandier, *op. cit.*, pp. 134 sq. ; J. Spiegel, *Die Idee vom Totengericht in der aegyptischen Religion*(Glückstadt, 1935) ; J. Yoyote, "Le jugement des morts dans l'Égypte ancienne"(in : *Le jugement des morts*, Sources Orientales 4, Paris, 1961, pp. 16~80. 텍스트의 번역과 주석, 참고 문헌)를 보라. M. Guilmot, "L'espoir en l'immortalité dans l'Egypte ancienne du Moyen Empire à la basse époque"(*RHR*,

166, 1964, pp. 1~20)도 보라.

결백 선언에 대해서는 E. Drioton, "Contribution à l'étude du chapitre cxxv du Livre des Morts. Les confessions négatives"(*Recueil d'Études égyptiennes dédiées à la mémoire de J. F. Champolion*, Paris, 1922, pp. 545~564)를 보라. 125장의 몇몇 신앙과 관념은 대단히 오래된 것이다. 그것은 "적어도 피라미드 시대로 거슬러 올라간다. 125장에 포함된 부정적인, 그리고 긍정적인 '윤리규범'은 제5, 제6왕조까지 그 흔적을 더듬어 볼 수 있다."(Yoyote, *op. cit.*, p. 63) R. Pettazzoni는 부정적 고백에 대한 몇몇 민족학적 유사성을 언급한다. *La confessione dei peccati*, II(Bologna, 1935), pp. 21, 56~57을 참조하라.

『천상의 소에 대한 책Le Livre de la Vache du Ciel』이라는 장례 문서는 그 내용의 주술적 가치를 주장하고 있다. 그 텍스트를 아는 사람은 "법정에서 머리를 숙일 필요가 없다. 그리고 그가 지상에서 범한 약탈 행위는 셈에 포함되지 않을 것이다."(Yoyote, p. 66의 번역; *Le Livre de la Vache*의 전문 번역은 Piankoff, *Shrines of Tut-Ankh-Amon*, pp. 27~34를 보라) 도덕보다 "지혜science"를 더 높이 평가하는 것은 『브라흐마나』부터 우파니샤드를 거쳐 탄트리즘에 이르기까지 인도 사상의 반복되는 주제를 이룬다.

제5장 거석, 신전, 제의의 중심: 유럽, 지중해 지역, 인더스 강 유역

34. 돌과 바나나[본문 pp. 180~185]

거석문화에 대해서는 방대한 참고 문헌이 존재한다. 우리는 곧 출간될 논문 "Megaliths and History of Religions"에서 가장 중요한 업적들에 대해 분석했다.

Glyn Daniel, *The Megalith Builders of Western Europe*(London, 1958; 2ᵉ édition, Pelican Books, 1962, pp. 143~146에는 "탄소 연대 측정 14"를 토대로 만들어진 새로운 연대표가 부록으로 수록되어 있다. 이 새로운 연대표는 저자의 주장의 대부분을 약화시킨다. 본권의 문헌 해제 36절을 보라)은 뛰어난 개설서이다. Fernand Niel, *La civilisation des mégalithes* (Paris, 1970) 및 Glyn Daniel et J. D. Evans, *The Western Mediterranean*(*Cambridge Ancient History*, vol. II, ch. XXXVII, 1967), pp. 63~72의 참고 문헌도 보라.

스페인, 포르투갈의 거석은 거의 빠짐없이 Georg et Vera Leisner, *Die Megalithgräber des Iberischen Halbinsel: Der Süden*(Berlin, 1943); *Der Western*, 1~111 (Berlin, 1956, 1959, 1960)에서 연구되고 있다. L. Pericot(éd.), *Corpus de sepulcros megaliticos*, fasc. 1 et 2(Barcelone, 1961); fasc. 3(Gerona, 1964); L. Pericot, *Los sepulcros megaltticos Catalanes y la cultura pirinaica*(2ᵉ éd., Barcelone, 1951)도 참조하라.

프랑스의 거석문화에 대해서는 Z. Le Rouzic, *Carnac*(Rennes, 1909); *id., Les monuments mégalithiques de Carnac et de Locmariaquer*(Carnac, 1907~1953); Glyn Daniel, *The prehistoric Chamber Tombs of France*(London, 1960); *id., The Megalith Builders*, pp. 95~111; E. Octobon, "Statues-menhirs, stèles gravées, dalles sculptées"(*Revue Anthropologique*, 1931, pp. 291~579); M. et J. Péquart et Z. Le Rouzic, *Corpus des signes gravés des monuments mégalithiques du Morbihan*(Paris, 1927) 등을 참조하라. 브리튼 섬의 거석문화에 대해서는 G. Daniel, *The prehistoric Chambre, Tombs of England and Wales*(1950); *id., The Megalith Builders*, pp. 112~127과 본권의 문헌 해제 35절에서 언급하는 참고 문헌을 보라.

Sibylle von Cles-Reden, *The Realm of the Great Goddess. The story of the megalith builders*(London, 1961; *Die Spur der Zyklopen*, 1960의 번역)은 훌륭한 사진이 다수 실려 있는 대중적인 설명을 제시하고 있다.

Dominik Wölfel, "Die Religionen des vorindogermanischen Europa"(in: *Christus und die Religionen der Erde*, I, pp. 161~537)는 그 논술의 대부분을 거석을 만든 사람의 종교에 대해 할애한다.(pp. 163~253 등) 참고할 때 주의를 요한다. J. Maringer, *The Gods of Prehistoric Man*, pp. 227~255(=*L'homme préhistorique et ses dieux*, pp. 237~261)에는 간단한 서술이 보이지만, "탄소 14" 이전의 저서이다.

선돌에 대해서는 Horst Kircher가 대단히 해박한 지식을 담은 저서를 출판했다. "Die Menhire in Mitteleuropa und der Menhirgedanke"(*Abh. d. Akademie in*

Mainz, Geistes-u. Sozialwissenschaftlichen Klasse, 1955, pp. 609~816).

35. 의식의 중심지와 거석 구조물 [본문 pp. 185~188]

스톤헨지에 대해서는 방대한 문헌이 있지만, 최근의 것만을 언급한다. R. J. C. Atkinson, *Stonehenge*(Penguin, Harmondsworth,1960); A. Thom, *Megalithic Sites in Britain*(Oxford, 1967); G. S. Hawkins, *Stonehenge Decoded*(London, 1966; R. I. C. Atkinson, *Nature*, 210, 1966, pp. 1320 sq.의 비평을 보라); Colin Renfrew, *Before Civilization*(London et New York, 1973), pp. 120 sq., 214 sq.를 참조하라.

남부 프랑스에 상당한 수(3000개!)의 거석 분묘가 존재한다는 사실을 기억해두자. 아베이롱 지역에만 600개 이상이 있다. 그것은 잉글랜드와 웨일스에 있는 것의 두 배가 넘는다. Daniel et Evans, *The Western Mediterraman*, p. 38을 참조하라. 헤로 지방의 고인돌은 J. Arnal(*Préhistoire*, vol. XV, 1963)에 의해 자세히 분석되어 있다. 지금까지 발견된 고인돌들은 전부 남부 프랑스에 있다.

몰타의 선사시대에 대해서는 J. D. Evans, Malta(London, 1959); *id.*, *Prehistoric Antiquities of the Maltese Islands*(London, 1971); Günther Zuntz, *Persephone. Three Essays on Religion and Thought in Magna Graecia*(Oxford, 1971), pp. 3~58; Collin Renfrew, *Before Civilization*, pp. 147 sq.를 참조하라.

Zuntz는 몰타 섬의 신전 장식에서 보이는 소용돌이무늬의 상징의 중요성을 밝히고, 그것이 다뉴브 지역의 영향(치르나Cirna 여신상)을 받고 있음을 확인했다. *op. cit.*, pp. 25sq.를 참조하라.

36. "거석의 수수께끼" [본문 pp. 188~192]

Gordon Childe는 최근의 저서 *The Prehistory of European Society*(Pelican Book, 1958), pp. 124~134: "Missionaries of the Megalithic Religion"에서 "거석 종교"의 전파에 관한 자신의 견해를 요약하고 있다.

Glyn Daniel에 따르면, 거석 건조물의 시초는 미노스인과 에게인이 지중해의 중부와 서부에 도달한 것과 직접적으로 연관되어 있다고 한다.(*The Megalith builders of Western Europe*, p. 135) 그것은 통행의 편의상, 혹은 식민지와 무역의 급증과 관계된 것이지만, 식민지화는 강력한 종교 신앙과 복잡한 장례 의례를 가진 사람들에 의해 실행되었다. Daniel은 거석 건설자들이 광산을 채굴하고 주로 금속 무역에 종사했음에도 불구하고 거석 구조물에 금속 물품이 거의 없는 이유에 대해 묻고 있다. 그는 이민자들이 고의로 금속기를 매장하지 않고 대신 돌로 만든 모조품을 매장했다고 생각한다.(p. 137)

Colin Renfrew, *Before Civilization*의 부제, *The Radiocarbon Revolution and Prehistoric Europe*은 의미심장하다. 같은 저자의 "Wessex without Mycenae" (*Annual of the British School of Archaeology at Athens*, 63, 1968, pp. 277~285); "Malta and the calibrated radiocarbon chronology"(*Antiquity*, 46, 1972, pp. 141~145); "New Configurations in Old World Chronology" (*World Archaeology*, 2, 1970, pp. 199~211)도 보라.

37. 민족지와 선사〔본문 pp. 192~195〕

여러 연구자들이 G. Elliot Smith와 W. J. Perry의 억제에 반발하여 원역사시대의 거석문화 전체를 검토하고 있다. 그러한 예로 A. Serner, *On "Dyss" burial and beliefs about the dead during the Stone Age with special regard to South Scandinavia*(Lund, 1938); H. G. Bandi, "La répartition des tombes mégalithiques" (*Archives Suisses d'Anthropologie Générale*, 12, 1946, pp. 39~51); V. Gordon Childe, "Megaliths"(*Ancient India*, No. 4. 1947/1948, pp. 4~13)를 보라. R. Heine-Geldern을 제외하고, 선돌에 대한 연구에 한정된 것이긴 하지만 거석문화의 선사시대 그룹과 민족지 그룹 모두를 종합적으로 연구한 유일한 것으로 Josef Röder, *Pfahl und Menhir. Eine vergleichend vorgeschichtliche, volks- und völkerkundliche Studie*(=*Studien zur westeuropäischen Altertumskunde*, I; Neuwied am Rhein, 1949)를 보라.

R. Heine-Geldern의 업적 중에서 가장 중요한 것은 "Die Megalithen Südostasiens und ihre Bedeutung für die Klärung der Megalithenfrage in Europa und Polynesien" (*Anthropos*, 13, 1928, pp. 276~315) ; "Prehistoric Research in the Netherland Indies" (in : *Science and Scientists in the Netherlands Indies*, Ed. P. Honig et F. Vrerdoorn, Cambridge, Mass., 1945, pp. 129~167) ; "Zwei alte Weltanschauungen und ihre Kulturgeschichtliche Bedeutung" (*Anzeiger der phil.-hist. Klasse der Oesterreichischen Akademie der Wissenschaften*, Bd. 94, 1957, pp. 251~262) ; "Das Megalithproblem" (in : *Beiträge Oesterreichs zur Erforschung der Vergangenheit und Kulturgeschichte der Menschheit—Symposion* 1958, 1959년에 출판, pp. 162~182)가 있다. Heine-Geldern의 저술 목록은 H. H. E. Loofs, *Elements of the Megalithic Complex in Southeast Asia : An annotated bibliography*(Canberra, 1967), pp. 3~4, 14~15, 41 ~42, 48, 94에 실리고 분석되어 있다.

Heine-Geldern의 가설과 그의 비판에 대한 반론은 Eliade, "Megaliths and History of Religions"에서 논의된다.

38. 인도의 초기 도시들〔본문 pp. 195~198〕

하라파와 모헨조다로에 관한 개괄적인 참고 문헌은 Eliade, *Le Yoga*(dernière édition, 1975), p. 417을 보라. Sir John Marshall, *Mohenjo-daro and the Indus Culture*, I~III(London, 1931)은 지금까지도 가장 중요한 참고 문헌이다. 그러나 그 연구는 1930년 이후의 발굴 결과를 전해주는 최근의 연구들에 의해 보완되어야 한다. E. J. Mackay, *The Indus Civilization*(London, 1935) ; *id.*, *Further Excavations at Mohenjo-daro*(Delhi, 1938) ; *id.*, *Chanhudaro Excavations 1935~1936*(New Haven, 1943) ; M. S. Vats, *Excavations at Harappa*(Delhi, 1940) ; S. Piggott, *Prehistoric India*(Pelican Books, Harmondsworth, 1950) ; J. M. Casal, *La civilisation de l'Indus et ses énigmes*(Paris, 1969 : Maurizio Tosi, *East and West*, 21, 1971, pp. 407 sq.의 고찰을 보라) ; Bridget and Raymond Allchin, *The Birth of Indian Civilization*(Pelican Books, 1968 : 풍부한 비판적 참고 문헌을 포함하고 있다) ; Sir Mortimer Wheeler, *The Indus Civilization*(3ᵉ éd., Cambridge 1968 : 1953년에 출판된 저서의 전면적 개정판이다) ; Walter A. Fairservis, *The Roots of Ancient India. The*

Archaeology of Early Indian Civilization(New York, 1971 ; 이 종합적인 저작에서 저자는 파키스탄 서부, 특히 퀘타 계곡, 조브와 로랄라이 지방, 세이스탄 분지 등에서 이루어진 발굴 결과를 요약하고 있다) 등이 그것이다.

Paul Wheatley는 중요한 저서인 *The Pivot of the Four Quarters. A Preliminary Enquiry into the Origins and Character of the Ancient Chinese City*(Chicago, 1971)에서 하라파의 의례 중심지에 관해 연구하고 있다.(pp. 230 sq.)

"세계의 중심"에 관한 상징은 Eliade, *Le Mythe de l'éternel retour*(nouvelle éd., Paris, 1969), pp. 13 sq. ; *id.*, "Centre du Monde, Temple, Maison", in : *Le Symbolisme cosmique des Monuments religieux*, Rome, 1957, pp. 57~82도 참조하라.

전통 촌락의 우주론적 상징에 대해서는 Werner Müller, *Die heilige Stadt : Roma quadrata, himmlisches Jerusalem und der Mythe vom Weltnabel*(Stuttgart, 1961)을 참조하라.

39. 원역사적 종교 개념과 힌두교의 대응물〔본문 pp. 198~202〕

인더스의 종교에 대해서는 Eliade, *Le Yoga*, pp. 348 sq. ; Sir John Marshall, *op. cit.*, vol. I, pp. 50 sq. ; Piggot, *Prehistoric India*, pp. 200 sq. ; Wheeler, *The Indus Civilization*, pp. 108 sq. ; Allchin, *The Birth of Indian Civilization*, pp. 311 sq. ; Fairservis, pp. 292 sq.를 보라. 이 연구자들은 모두 하라파 종교의 "힌두교적" 특징을 인정한다. 그리고 선사시대부터 현재에 이르기까지의 제구, 상징, 신상 등의 연속성을 강조한다. 이러한 의견의 일치는 앞에 언급한 고고학자들이 인도의 발굴을 지휘하고 있다는 점에서 의미심장하다. 다시 말해 이들의 학문적 능력은 인도에서 직접 알게 된 것에 의해 보완되고 있다는 것이다.

"연속성"은 Mario Cappieri, "Ist die Induskultur und ihre Bevölkerung wirklich verschwunden?"(*Anthropos*, 60, 1965, pp. 719~762)에 의해서도 확인되고 있다. W. Koppers는 인도 중부에서 실행되고 있는 몇몇 풍요 의례와 하랍파의 도상 사이의 분명한 유사성에 주목하고 있다. "Zentralindische Fruchtbarkeitsriten und ihre Beziehungen zur Induskultur"(*Geographica Helvetica*, I, 1946, pp. 165~177)를 참조하

라. 한편 Josef Haekel은 구자라트의 여러 마을에서 "아도니스의 정원"과 관련된 제의를 조사하였다. 이 오스트리아인 연구자는 지중해적 성격을 가진 이 의례가 그곳에 존재하고 있다는 것을, 인더스 문명의 창시자가 이란에서 이주해 온 선아리아계 농경민이었다는 사실로 설명한다. 그 결과 그들은 중동과 지중해의 원역사와 연관을 가지게 되었던 것이다. "Adonisgärtchen im Zeremonialwesen der Rathwa in Gujarat(Zentralindien). Vergleich und Problematik"(*Ethnologische Zeitschrift Zürich*, I, 1972, pp. 167~175)를 참조하라.

연속성을 부정하는 연구로는 특히 H. P. Sullivan, "A reexamination of the religion of the Indus civilization"(*HR*, 4, 1964 pp. 115~125)과 J. Gonda, *Change and Continuity in Indian Religion*(La Haye, 1965), pp. 19~37이 있다.

R. L. Raikes는 모헨조다로의 붕괴에 있어서 지진과 홍수의 결정적인 역할을 강조하고 있다. "The Mohenjodaro Floods"(*Antiquity*, 39, 1965, pp. 196~203); "The End of the Ancient Cities of the Indus Civilization"(*American Anthropologist*, 65, 1963, pp. 655~659; *ibid.*, 66, 1964, pp. 284~299), 그리고 특히 *Water Weather and Archaeology*(London, 1967)를 참조하라. 모헨조다로의 말기 단계에서 경제적, 문화적 쇠락이 보이는 것은 부정할 수 없는 사실이다. 반복되는 홍수로 인해 도덕적 타락이 극심해졌다. 그러나 거기에 최후의 일격을 가한 것은 아마도 동쪽에서 온 침입자인 아리아계 언어를 사용하는 이민자들이었을 것이다. 발굴을 통해 종말을 가져온 대학살의 흔적이 밝혀졌지만, 모헨조다로 문명은 그 이후에 사라졌다. Wheeler, *op. cit.*, pp. 129 sq.와 본권의 문헌 해제 64절에서 인용하는 참고 문헌을 참조하라.

40. 크레타 섬: 신성한 동굴, 미궁, 여신[본문 pp. 202~207]

크레타의 선사 및 원역사에 대한 기본적인 저서로 Sir Arthur Evans, *The Palace of Minos*, I~V, Londres, 1921~1950이 있다. 또한 A. J. Evans et J. L. Myres, *Scripta Minoa*, II, 1952; P. Demargne, *La Crète dédalique*, Paris, 1947; L. Cottrell, *The Bull of Minos*, 1956; L. R. Palmer, *Mycenaeans and Minoans*,

Londres, 1961; R. W. Hutchinson, *Prehistoric Crete*(Penguin Books, Baltimore-Maryland, 1962) 및 pp. 355~368의 풍부한 참고 문헌; J. W. Graham, *The Palaces of Crete*, Princeton, 1962도 보라.

크레타 종교에 대해서는 특히 Charles Picard, *Les Religions préhelléniques: Crète et Mycènes*(Paris, 1948. 훌륭한 참고 문헌)와 M. P. Nilsson, *The Minoan-Mycenaean Religion and its survival in Greek Religion*(2ᵉ édition, Lund, 1950)을 보라. A. W. Persson, *Religion of Greece in Prehistoric times*(Berkeley, 1950); M. Ventris et J. Chadwick, *Documents in Mycenaean Greek*(Cambridge, 1956); L. A. Stella, "La religione greca nei testi micenei"(*Numen*, 5, 1958, pp. 18~57); S. Luria, "Vorgriechische Kulte"(*Minos*, 5, 1957, pp. 41~52); M. Lejeune, "Prêtres et prêtresses dans les documents mycéniens"(*Hommages à Georges Dumézil*, Bruxelles, 1960, pp. 129~139); R. F. Willetts, *Cretan Cults and Festivals*(New York, 1962); H. van Effenterre, "Politique et Religion dans la Crète minoenne"(*Revue historique*, 229, 1963, pp. 1~18) 등도 참조하라.

신성한 무덤에 대해서는 본문의 주석 42와 P. Faure, "Spéléologie crétoise et humanisme"(*Bulletin de l'Association Guillaume Budé*, 1958. pp. 27~50); 입문 의례의 장소로서의 스코티노 동굴에 대해서는 Faure, *Fonction des cavernes crétoises*(Paris, 1964), pp. 162 sq.를 보라.

미궁과 그것의 입문 의례적 기능에 대해서는 W. A. Matthews, *Mazes and Labyrinths: A General Account of their History and Development*(Londres, 1922); W. F. Jackson Knight, *Cumaean Gates: A Reference of the Sixth Aeneid to the Initiation Pattern*(Oxford, 1936); K. Kerényi, *Labyrinth-Studien*(Zürich, 1950); Oswald F. A. Menghin, "Labirinthe, Vulvenbilder und Figurenrapporte in der Alten und Neuen Welt: Beiträge zur Interpretation prähistorisches Felsgraphik"(in: *Beiträge zur Alten Geschichte und deren Nachleben: Festschrift Franz Altheim*, Berlin, 1969, I, pp. 1~13); Philippe Borgeaud, "The Open Entrance to the Closed Palace of the King: The Greek Labyrinth in Context"(*HR*, 14, 1974, pp. 1~27)를 보라.

후대에 고전적인 신전이 될 그러한 신전에 해당하는 건물이 전혀 존재하지 않는 사실에 주목할 필요가 있다. 유일한 공공 성소는 구르니아에 있다. 하지만 Nilsson에 따르면 그 성소는 가정 제의에서 생겨난 것이라고 한다. 농경의 례조차도 궁전의 가운데뜰에서 행해졌다.

41. 미노아 종교의 특징〔본문 pp. 207~212〕

벌거벗은 여신에 대해서는 Picard, *Rel. préhell.*, pp. 48 sq., 111 sq.; Nilsson, *op. cit.*, pp. 397 sq.를 보라.

식물신 숭배에 대해서는 Persson, pp. 25 sq.; Picard, *op. cit.*, pp. 191 sq.를 참조하라.

황소와 신성한 투우의 종교적 역할에 대해서는 Persson, pp. 93 sq. 및 Picard, p. 199의 비판적 참고 문헌, J. W. Graham, *The Palaces of Crete*, pp. 73 sq.를 참조하라.

양날 도끼에 대해서는 Picard, pp. 200~201; Hutchinson, *Prehistoric Crete*, pp. 225 sq.를 참조하라.

크노소스의 신관-왕의 무덤에 대해서는 C. F. Lehman-Haupt, "Das Tempel-Grab des Priesterkönigs zu Knossos"(*Klio*, 25, 1932, pp. 175~176); Picard, *op. cit.*, p. 173을 참조하라.

하기아 트리아다의 석관에 대해서는 R. Paribeni, "Il sarcofagio dipinto di Haghia Triada"(*Monumenti Antichi publicati per cura della reale Accademia dei Lincei*, 19, pp. 5~86, pl. I~III)과 J. Harrisson, *Themis*(Cambridge, 1912, 2ᵉ éd., 1927), pp. 159, 161~177에 수록된 fig. 31~38; F. von Duhn, "Der Sarkophage aus H. Triada" (*ARW*, 12, 1909, pp. 161~185); Nilsson, *Minoan-Mycenian religion*, pp. 426~ 443; Picard, *op. cit.*, pp. 107 sq., 168 sq.를 보라.

42. 그리스 이전의 종교 구조의 연속성〔본문 pp. 212~215〕

그리스 이전 시대의 구조의 연속성에 대해서는 Charles Picard, *op. cit.*, pp.

201 sq., 221 sq. ; Nilsson, *op. cit.*, pp. 447 sq. ; Hutchinson, *op. cit.*, pp. 199 sq. 를 보라.

　"일반적으로 미노스의 신들 및 미케네 시대 이전의 초자연적 존재의 세계가 〔……〕 다소간 보수적으로 계승되고 있는 것이 보인다."(Picard, p. 252) 이 뛰어난 고고학자는 "비의" 신전의 설비가 헬레니즘 이전 시대의 크레타에서 발견되는 건축물에서 발전된 것이라는 사실을 밝혀주었다. "거기에는 장벽, 즉 접근이 금지된 구역인 아바타abata, 아디타adyta가 있었다. 크노소스의 '신전 창고 temples fepositories'의 바닥 속에 묻혀 있는 제구 상자는 엘레우시스의 제구 상자의 선구일 것이다. 제구 상자는 이동 가능한 성궤로 때로 두 여신이 그 위에 걸터앉기도 한다. 말리아에는 봉헌용으로 사용되는 커다란 원형의 케르노스 kernos〔항아리〕가 궁전의 한 방의 바닥에 고정되어 있다. 이러한 것들이 말리아 왕후의 묘지 시설과 유사하다는 지적은 옳다. 거기에는 농경 및 장례 의례에 핵심적인 제구가 수납되어 있다. 그 도구들은 산 자와 죽은 자 모두를 수호하는 대지모신을 찬양하는 것으로서 비의적이라고 여겨진다."(*op. cit.*, p. 142) 본권 97~99절을 참조하라.

　P. Faure는 브리토마르티스Britomartis를 스코티노의 수호 여신일 것이라고 본다. 따라서 성 파라세브 축일과 같은 현대적 사실들을 포함해서, 거기서 확인되는 제의에 관한 사실들을 설명한다."("Spéléologie crétoise et humanisme", p. 40) 브리토마르티스에 대해서는 Willetts, *Cretan Cults and Festivals*, pp. 179 sq.도 보라.

　이집트의 영향(심령술, 사체의 부분적 미라화, 황금 가면의 채택 등)에 대해서는 Picard, pp. 228 sq., 279 sq.를 보라. 황금 가면은 죽은 자가 죽지 않는 초자연적 존재로 변형되는 것을 기원하기 위해 사용되었다. *ibid.*, p. 262.

43. 아나톨리아의 공존과 히타이트의 혼합주의[본문 pp. 216~220]

히타이트의 역사와 문화에 대해서는 A. Goetze, *Kleinasien*(2ᵉ édition, 1957); O. R. Gurney, *The Hittites*(Harmondsworth, 1952; 2ᵉ édition, 1954; dernière impression, 1972)를 참조하라.

후리아인에 대해서는 E. A. Speiser, "The Hurrian participation in the civilization of Mesopotamia, Syria, and Palestine"(*Cahiers d'Histoire Mondiale*, I, 1953, pp. 311~327); Fl. Imparati, *I Hurriti*(Firenze, 1964); R. de Vaux, "Les Hurrites de l'histoire et les Horites de la Bible"(*Revue Biblique*, 74, pp. 481~503)을 참조하라.

1958년까지 출간된 히타이트의 설형문자 텍스트와 그것의 번역본에 대해서는 E. Laroche, "Catalogue des textes hittites", *Revue Hittite et Asianique*, XIV, 1956, pp. 33~38; 69~116; XV, 1957, pp. 30~89; XVI, 1958, pp. 18~64를 참조하라.

가장 중요한 텍스트는 A. Goetze, in *ANET*, pp. 120~128, 201~211, 360~364, 393~404 및 H. Güterbock, E. Laroche, H. Otten, M. Vieyra와 다른 여러 저자들에 의해 번역되어 있다. Gurney, *op. cit.*, p. 224에서 참고 문헌을 볼 수 있다. 최근의 프랑스어판으로는 Maurice Vieyra의 것이 있는데, 그것은 *Les Religions du Proche-Orient*(1970), pp. 525~566에 실려 있다.

히타이트 종교의 일반적인 개론서 중에서 주목할 만한 것은 R. Dussaud, "La religion des Hittites et des Hourites", in E. Dhorme et R. Dussaud, *La religion de Babylonie*, etc., pp. 333~353; H. Güterbock, "Hittite Religion", in *Forgotten Religions*, ed. V. Ferm(New York, 1950), pp. 81~l09; *id.*, "Hittite Mythology", in *Mythologies of the Ancient World*, ed., S. N. Kramer(1961), pp. 141~179; H. Otten "Die Riligionen des Alten Kleinasien", in *Handbuch der Orientalistik* Bd. VIII, 1964, pp. 92~116; Maurice Vieyra, "La religion de l'Anatolie antique", in *Histoire des Religions*, I, pp. 258~306 등이다. Giuseppe Furlani, *La Religione degli Hittiti*(Bologna, 1936)는 여전히 유용하다. Furlani는— Güterbock("Hitt. Rel.", p. 109)의 판단에 따르면—그 당시 극히 소수의 원전 번역만을 이용할 수 있었다고 한다.

E. Laroche, *Recherches sur les noms des dieux hittites*(Paris, 1947); *id.*, "Teššub, Hebat et leur cour", *Journal of Cuneiform Studies*, II, 1948, pp. 113~136; *id.*, "Le panthéon de Yazilikaya", *ibid.*, VI, 1952, pp. 115~123도 보라.

히타이트의 신과 신화에 대한 간략한 서술은 Einar von Schuler, *W.d.M*, I, pp. 172~176(신과 여신들), 196~201(태양신), 208~213(폭풍신)을 참조하라.

왕의 종교적 역할에 대해서는 O. R. Gurney, "Hittite Kingship", in *Myth, Ritual and Kingship*, ed., S. H. Hooke(Oxford, 1958), pp. 105~121을 보라.

의례에 대해서는 B. Schwartz, "The Hittite and Luwian ritual of Zarpiya of Kizzuwatna", *JAOS*, 58, 1938, pp. 334~353; M. Vieyra, "Rites de purification hittites", *RHR*, 119, 1939, pp. 121~153; H. Otten, *Hethitische Totenrituale* (Berlin, 1958). 신년 축제(*purulli*)에 대해서는 Volkert Haas, *Der Kult von Nerik: Ein Beitrag zur hethitischen Religionsgeschichte*(Roma, 1970), pp. 43 sq.를 보라.

패배한 뒤 군대가 실행하는 정화 의례는 원초적인 성격을 보여준다. 그것은 인간, 염소, 개, 그리고 돼지의 희생을 수반한다. 희생물들은 두 동강으로 잘리고, 군대는 이분된 희생물 사이를 통과한다. O. Masson, "A propos d'un rituel hittite pour la lustration d'une armée", *RHR*, 137, 1950, pp. 525; Gurney, *The Hittites*, p. 151을 참조하라. 야훼가 아브라함과 계약을 맺을 때 그에게 명령했던 희생(「창세기」 15:9-18)과의 유사성이 지적되고 있다. 두 동강이 난 제물 사이를 통과하는 의례는 많은 민족에게서 보인다. Frazer, *Folk-lore in the Old Testament*(London, 1919), I, pp. 393~425를 보라. 그 외의 참고 문헌으로는 Th. Gaster, *Myth, Legend and Custom in the Old Testament*(New York, 1969), pp. 363 sq.를 참조하라. J. Henninger, "Was bedeutet die rituelle Teilung eines Tieres in zwei Hälften?", *Biblica*, 34, 1953, pp. 344~353; Ad. E. Jensen, "Beziehungen zwischen dem Alten Testament und der nilotischen Kultur in

Afrika", *Culture in History*, ed., S. Diamond(New York, 1960), pp. 449~466도 참조하라. 기도에 대해서는 O. R. Gurney, *Hittite Prayers*(1940)와 E. Laroche, "La prière hittite: vocabulaire et typologie"(*Annuaire, École Pratique des Hautes Études, Ve Section*, t. LXXII, 1964~1965, pp. 3~29)의 상세한 설명을 보라.

44. "사라지는 신"〔본문 pp. 220~222〕

텔리피누 신화의 다양한 판본은 H. Otten, *Die Ueberlieferungen des Telepinu-Mythus*(*Mitt. d. Vorderasiatischaegyptischen Gesellschaft*, 46, I, Leipzig, 1943)에서 분석되고 있다. 비교 신화학적 주석은 Th. Gaster, *Thespis*(second revised edition, New York, 1961), pp. 295 sq.를 참조하라. Güterbock, "Gedanken über das Werden des Gottes Telipinu", *Festschrift Johannes Friedrich*(Heidelberg, 1959), pp. 207~211; *id.*, "Hittite Mythology", pp. 144~148의 분석도 보라.

폭풍신이 주인공인 판본에 따르면, 위대한 신 태양신은 "1000명의 신들"을 향연에 초대하지만, 신들은 먹고 마셔도 갈증과 허기를 달랠 수가 없었다. 처음에 보낸 사자들이 실패한 후 폭풍신의 아버지는 자기 아버지를 찾아나서고 "종자가 없어지고 만물이 말라버린" 것이 누구의 죄 때문인지를 그에게 묻는다. 할아버지 신은 대답한다. "네가 아니라면, 그 누구의 죄도 아니다!"(Güterbock, "Hittite Mythology", pp. 145~146)

Gaster는 텔리피누와 풍요신의 신화-의례적 시나리오에 공통되는 몇 가지 요소를 보여준다. *Thespis*, pp. 304 sq.를 참조하라.

45. 용을 무찌름〔본문 pp. 222~225〕

일루얀카에 대해서는 최근작인 A. Goetze, *Kleinasien*, pp. 139 sq. 및 E. v. Schuler, *W.d.M*, I, pp. 177~178을 참조하라.

그 신화를 전하는 텍스트 앞에는 다음과 같은 지시문이 붙어 있다. "네리크(시市)의 폭풍신의 성유를 바른 자(=제사장)인 켈라스의 말은 다음과 같다. 아래 이야기는 폭풍신에게 제의를 올리는 푸룰리 축제에서 낭독되는 것이다.

말을 할 때가 되었을 때(즉 축제가 거행되어야 하는 순간에), '나라의 발전과 영광, 안전이 있으라. 나라가 발전하고 번영하여, 사람들이 **푸룰리 축제를** 거행하도록!'"(M. Vieira, "Les religions de l'Anatolie", p. 288의 번역 : Goetze, *ANET*, p. 125를 참조하라)

Gaster, *Thespis*, pp. 256 sq.에는 비교 설명이 있다.

46. 쿠마르비와 주권[본문 pp. 225~228]

쿠마르비에 대해서는 H. G. Güterbock, "The Hittite version of the Hurrian Kumarbi Myths : Oriental Forerunners of Hesiod", *American Journal of Archaeology*, 52, 1948, pp. 123~124 ; *id.*, "Hittite Mythology", pp. 155~172 ; H. Otten, *Mythen vom Gotte Kumarabi*(Berlin, 1950) ; P. Meriggi, "I miti di Kumarbi, il Kronos Hurrico", *Athenaeum*, N. S. 31(Pavia, 1953), pp. 101~115 ; C. Scott Littleton, "The 'Kingship in Heaven' Theme"(Jaan Puhvel, ed., *Myth and Law among the Indo-Europeans*, Univ. of California Press, 1970, pp. 83~121), pp. 93~100을 보라.

울리쿰미에 대해서는 H. G. Güterbock, *The Song of Ullikummi*(New Haven, 1952)를 보라.

H. Baumann은 풍부한 내용을 가지고 있지만 혼란스런 저서 *Das doppelte Geschlecht*(Berlin, 1955)에서 거석문화 전통, 양성구유 사상, 하늘과 땅의 분리에 관한 우주론적 주제 사이의 연관성을 잘 지적하고 있다.

인간이 땅으로부터 태어났다고 하는 신화에 대해서는 Eliade, *Traité d'Histoire des religions*, p. 205의 참고 문헌을 참조하라. 이 주제는 코카서스 지방에서 풍부하게 발견된다. A. von Löwis of Menar, "Nordkaukasische Steingeburtsagen", *ARW*, XIII, 1901, pp. 509~524를 참조하라. 신성한 존재가 생식석(=대지모신Grande Déesse=세계의 자궁matrix mundi)에서 탄생하는 신화는 R. Eisler, *Weltmantel und Himmelszelt*(München, 1910), II, pp. 411, 727 sq. ; M. Eliade, *Forgerons et alchimistes*, pp. 44 sq., 191을 참조하라.

47. 신들의 세대 간 갈등[본문 pp. 229~231]

비블로스의 필론의 『페니키아 역사』의 종교 관련 부분은 Carl Clemen, *Die phönikische Religion nach Philo von Byblos*(Leipzig, 1939)에 번역, 주석되어 있다. W. G. Lambert가 간행하고 번역한 설형문자 텍스트는 다섯 세대에 걸친 신들의 피비린내 나는 계보를 그리고 있다. 자식이 부모를 죽이고, 어머니와 누이와 결혼하고, 왕권을 약탈하는 이야기이다. 헤시오도스의 『신통기』와의 약간의 유사성이 눈에 띈다. W. G. Lambert et P. Walcot, "A new Babylonian Theogony and Hesiod", *Kadmos*, 4, 1965, pp. 64~72를 참조하라. C. Scott Littleton, *op. cit.*, pp. 112~114도 보라.

Stig Wikander는 히타이트와 그리스 신들의 계보에 관한 신화와 유사하거나 대응되는 이란의 신화를 밝히고 있다. 그 자료는 최근의 것이지만(AD 976년경 Firdausi가 기록한 서사시 *Shahnameh*), 주인공인 잠시드, 조하크, 페리둔 세 사람은 어떤 의미에서는 신화적 인물인 이마, 아지 다하카, 트라에타오나의 "역사화된" 형태이다. 따라서 "신의 통치권" 신화는 인도-유럽 전승의 일부라고 생각된다.(Stig Wikander, "Histoire des Ouranides", *Cahiers du Sud*, 36, 1952, pp. 8~17을 참조하라) 그러나 이 신화는 인도-유럽의 다른 신화에서는 보이지 않는다. Scott Littleton은 바빌로니아의 전승(*Enuma-elish* 및 Lambert가 번역한 단편) 안에서 그 신화의 궁극적인 원천을 찾으려고 한다. "The 'Kingship in Heaven' Theme", pp. 109 sq.를 참조하라.

48. 가나안의 신들: 우가리트[본문 pp. 231~236]

초기 청동기시대 이후의 팔레스타인의 역사에 대해서는 P. Garelli, *Le Proche-Orient Asiatique des origines aux invasions des Peuples de la Mer*, Paris, 1969, pp. 45 sq.; B. Mazar, "The Middle Bronze Age in Palestine"(in: *Israel Exploration Journal*[Jerusalem]: 18, 1968, pp. 65~97); R. de Vaux, *Histoire ancienne d'Israël, des origines à l'installation en Canaan*, Paris, 1971, pp. 61~121(훌륭한 참고 문헌)을 보라.

아모리인에 대해서는 S. Moscati, *I predecessori d'Israele. Studi sulle più antiche genti semitiche in Siria e Palestina*(Roma, 1956); I. J. Gelb, "The Early History of the West Semitic Peoples", *Journal of Cuneiform Studies*, 15, 1961, pp. 27～47; K. M. Kenyon, *Amorites and Canaanites*, London, 1966; R. de Vaux, *op. cit.*, pp. 64 sq.를 보라.

고대 말리 왕국의 텔 하리리의 발굴을 통해 아카드어의 "고대 바빌로니아" 방언으로 작성된 수천 개의 점토판이 발견되었다. 거기에는 아나트, 다간, 아두Addu를 비롯한 수많은 신들의 이름이 나와 있다. 그러나 신화의 텍스트가 없기 때문에 그들의 기본적인 종교 개념과 신앙에 대해 알 수가 없다.

아모리인이라는 명칭의 기원이 되는 선조 신 아무루Amurru는 "(경작을 하기 위해) 무릎을 굽힐 줄 모르고, 날고기를 먹으며, 평생 집을 가지지 못했고, 죽은 후에 장례식을 치르지 않았다." R. de Vaux, p. 64에 인용된 텍스트이다. 이와 유사한 상투적 표현은 이후 3세기에 걸쳐 로마로부터 중국에 이르기까지 위대한 도시 문명을 위기에 빠뜨린 "야만인"(게르만인, 아바르인, 훈족, 몽골족, 타타르족)을 지칭하는 데 사용되었다.

여기에서 아모리인은 기독교 성서에서 언급하는 아모리인과는 아무런 관계가 없다는 사실을 확실히 할 필요가 있다. "성서는 이스라엘 이전의 팔레스타인 사람들의 일부에게 아무루라는 명칭을 사용한다."(R. de Vaux, p. 68)

가나안의 종교에 대해서는 J. Gray, *The Canaanites*, London, 1964; *id, The Legacy of Canaan*(2ᵉ éd., Leiden, 1965); Margaret S. Drower, Ugarit(＝*Cambridge Ancient History*, vol. II ch. XXI, b; 1968; 훌륭한 참고 문헌); R. de Vaux, *op. cit.*, pp. 123 sq.; Marvin H. Pope et Wolfgang R lling, "Die Mythologie der Ugariter und Phönizier", in *W.d.M.*, I, pp. 219～312; O. Eissfeldt, "Kanaanäisch-ugaritische Religion", in: *Handbuch der Orientalistik*, 1 Abt., VIII, 1, Leiden, 1964, pp. 76～91; A. Jirku, *Der Mythus der Kanaanäer*, Bonn, 1966; J. C. De Moor, "The Semitic Pantheon of Ugarit"(in: *Ugarit-Forschungen*, II, 1970, pp. 187～228); H. Gese, in: H. Gese, Maria Höfner, K. Rudolph, *Die Religion Allsyriens, Altarabiens und der Mandäer*, Stuttgart, 1970, pp. 1～232; F. M. Cross,

Canaanite Myth and Hebrew Epic(Cambridge, Mass., 1973)을 보라.

1965년까지 출간된 우가리트어 텍스트는 C. H. Gordon, *Ugaritic Text-book*, Rome, 1965로 출간되었다. *Id., Ugaritic Literature: A Comprehensive Translation of the Poems and Prose Texts*, Rome, 1949; *id.*, "Canaanite Mythology", in *Mythologies of the Ancient World*, ed. S. N. Kramer, pp. 183~215를 참조하라. 다른 번역본으로는 H. L. Ginsberg, "Ugaritic Myths, Epics and Legends", *ANET*, pp. 129~155; G. R. Driver, *Canaanite Myths and Legends*, Edinburgh, 1956; A. Jirku, *Kanaanäische Mythen und Epen aus Ras Schamra-Ugarit*, Güttersloh, 1962; A. Caquot et M. Sznycer, "Textes Ougaritiques"(in: *Les Religions du Proche Orient. Textes et traditions sacrés babyloniens, ougaritiques, hittites*, ed. R. Labat, Paris, 1970, pp. 350~458)를 참조하라.

우가리트의 신화와 종교에 관한 문헌은 이미 상당수가 있다. 핵심적인 연구 문헌들은 M. H. Pope et W. Rölling, *op. cit.*; H. H. Rowley, *Worship in Ancient Israel: Its Forms and Meaning*, London, 1967, pp. 11 sq.; Georg Fohrer, *History of Israelite Religion*(1968, trad. anglaise, New York, 1972), pp. 42~43; R. de Vaux, *op. cit.*, pp. 136 sq.에 나온다.

엘과 판테온에서의 그의 역할에 대해서는 O. Eissfeldt, *El im ugaritischen Pantheon*, Leipzig, 1951; M. Pope, *El in the Ugaritic texts*, Leiden, 1955; Ulf Oldenburg, *The Conflict between El and Ba'al in Canaanite Religion*, Leiden, 1969, 특히 pp. 15~45, 101~120, 164~170을 보라. 지금은 F. M. Cross, *Canaanite Myth and Hebrew Epic*, pp. 20 sq.(Oldenburg의 주장에 대한 비판, n. 51)를 보라.

Cl. F. A. Schaeffer, *The Cuneiform Texts of Ras-Shamra-Ugarit*, London, 1939, pp. 60 sq.; *id.*, "Nouveaux témoignages du culte de El et de Baal à Ras Shamra-Ugarit et ailleurs en Syrie-Palestine"(*Syria*, 43, 1966, pp. 1~19)도 참조하라. 엘을 나타내는 황소 상이 발굴되었다. 신의 명칭으로서의 일II(엘리)에 대해서는 J. J. M. Roberts, *The Earliest Semitic Pantheon*(Baltimore et London, 1972), pp. 31 sq.를 보라. "고대 아카드어로 일II이라는 이름이 붙여진 그림은 자식을 부여하는 일

에도 어느 정도 적극적이고, 인간의 행복에 관심을 가지는 자비로운 최고의 신을 표현하고 있다. 그 특징은 셈 어족의 세계에서 엘El이라는 이름으로 알려진 신과 거의 일치한다."(*op. cit.*, p. 34)

다간에 대해서는 Ed. Dhorme, "Les avatars du dieu Dagon", *RHR*, t. 138, 1950, pp. 129~144; Ulf Oldenburg, *The Conflict...*, pp. 47~57을 보라.

49. 바알의 통치권 장악과 용 퇴치[본문 pp. 236~239]

바알에 대해서는 Arvid S. Kapelrud, *Baal in the Ras Shamra Texts*, Copenhagen, 1952; Hassan S. Haddad, *Baal-Hadad: A Study of the Syrian Storm-God*(미출간된 학위 논문, Univ. de Chicago, 1960); U. Cassuto, "Baal and Môt in the Ugaritic Texts", *Israel Exploration Journal*, 12, 1962, pp. 77~86; W. Schmidt, "Baals Tod und Auferstehung", *ZRGG*, 15, 1963, pp. 1~13; Ulf Oldenburg, *The Conflict...*, pp. 57~100, 122~142, 176~177; M. Pope et W. Rölling dans *W.d.M.*, I, pp. 253~269(중요한 번역텍스트들과 그에 대한 해석들에 관한 참고 문헌이 pp. 268~269에 수록되어 있다); J. C. de Moor, *The Seasonal Pattern in the Ugaritic Myth of Ba'lu*(=*Alter Orient und Altes Testament*, 16), Neukirchen-Vluyn, 1971과 특히 F. M. Cross, *Canaanite Myth and Hebrew Epic*, pp. 112 sq.(바알과 아나트), 147 sq.(바알과 야훼의 현현)를 보라.

바알이 아셰라 여신을 빼앗은 결과 최초의 쌍이 분리되었다는 사실은 다음 장면에 나타나고 있다. 바알이 신전을 요구하기 위해 아셰라를 엘에게 보냈을 때, 엘은 "춤출 듯이 좋아하며" 묻는다. "신들의 어머니인 여신이 온 이유는 무엇인가? 엘에 대한 사랑이 그대를 괴롭힌 것인가?" 그러나 아셰라는 대답한다. "나의 왕은 알리얀 바알, 그는 심판자로서 그 위에 군림하는 자는 없다." (*Ugaritic Manual*, #51; trad. Oldenburg, p. 118) 나중에 바알이 아셰라의 77명의 아들을 죽이자(*Ug. Man.*, #75; Oldenburg, p. 119), 여신은 엘에게 접근하여 그에게 복수를 부추긴다.

얇은 뱀 모양의 용(탄닌)인 로탄Lôtan, 『구약성서』의 리바이어던과 동일하다. 『시편』 74:14, "레비아탄의 머리를 부숴버려라"를 참조하라. 『요한계시록』(12:3 이하)은 "일곱 개의 머리를 가진 거대한 붉은 용"에 대해 언급한다. 얌에 대해서는 Gray, *op. cit.*, pp. 26 sq., 86 sq.; Oldenburg, pp. 32~34, 134~137 및 Th. Gaster, *Thespis*, pp. 114 sq.의 비교 연구도 보라.

코샤르와 하시스에 대해서는 Gaster, *op. cit.*, pp. 161 sq.의 주석을 보라.

50. 바알의 궁전〔본문 pp. 239~241〕

아나트 여신에 대해서는 바알에 대한 연구 이외에 Arvid S. Kapelrud, *The Violent Goddess Anat in the Ras Shamra Texts*, Oslo, 1969; M. Pope, *W.d.M.*, I, pp. 235~241; Wolfgang Helck, *Betrachtungen zur grossen Göttin und den ihr verbundenen Gottheiten*(München et Vienne, 1971), pp. 151 sq., 200 sq.를 보라.

아나트와 두르가의 유사성에 대해서는 Walter Dostal, "Ein Beitrag zur Frage des religiösen Weltbildes des frühesten Bodenbauer Vorderasiens"(*Archiv für Völkerkunde*, XII, 1957, pp. 54~109), pp. 74 sq.를 참조하라.

아나트의 "육식cannibalisme"(바알의 시체를 먹어치운다)에 대해서는 Charles Virolleaud, "Un nouvel épisode du mythe ugaritique de Baal"(*Comptes-rendus de l'Académie des Inscriptions et Belles-Lettres*, 1960, pp. 180~186)과 Michael C. Astour, "Un texte d'Ugarit récemment découvert et ses rapports avec l'origine des cultes bacchiques grecs", *RHR*, t. 154, 1963, pp. 1~15; *id, Hellenosemitica*(Leiden, 1964; 주석이 추가된 개정판, 1967), pp. 170 sq.; W. F. Albright, *Yahveh and the Gods of Canaan*(New York, 1968), pp. 131 sq.를 보라.

아나트-아슈타르테의 관계에 대해서는 J. J. M. Roberts, *The Earliest Semitic Pantheon*, pp. 37 sq.; Wolfgang Helck, *Betrachtungen*, pp. 155 sq.를 보라. 아슈타르테 여신은 아나트의 분신처럼 보인다. 하지만 거의 아무런 역할도 하지 못한다. "새로운 신화의 텍스트가 아슈타르테의 중요성을 회복하고, 그의 호전적인 성격과 공정과 권리의 옹호자로서의 성격을 강조한다."(R. de Vaux, *op. cit*, p. 145 에서는 Charles Virolleaud, *Le Palais Royal d'Ugarit*, vol. V에 실린 텍스트와 W. Herrmann,

"Aštart", *Mitt. für Orientforschung*, 15, 1969, pp. 6~55의 주석을 참조하고 있다)

신전-왕궁의 우주론적 상징에 대해서는 M. Eliade, *Le Mythe de l'éternel retour* (nlle édition, 1969), pp. 17 sq.; *id.*, "Centre du Monde, Temple, Maison"(dans: *Le symbolisme cosmique des monuments religieux*, Serie Orientale Roma, XIV, Rome, 1957, pp. 57~82); Ananda Coomaraswamy, "The symbolism of the Dome", *Indian Historical Quarterly*, 14, 1938, pp. 1~56; Loren R. Fisher, "Creation at Ugarit and in the Old Testament", *Vetus Testamentum*, XV, 1965, pp. 313~324를 보라. U. Cassuto, "Il palazzo di Ba'al nella tavola II AB di Ras Shamra", *Orientalia*, N. S. 7, 1938, pp. 265~290; A. S. Kapelrud, "Temple Building, a Task for Gods and Kings", *Orientalia*, 32(1963), pp. 56~62도 참조하라.

51. 바알과 모트의 대결: 죽음과 재생〔본문 pp. 241~245〕

모트에 대해서는 Oldenburg, *op. cit.*, pp. 35~39; M. Pope, in *W.d.M.*, I, pp. 300~302; Cross, *op. cit.*, pp. 116 sq.를 보라. Cassuto, "Baal and Môt in the Ugaritic Texts", *Israel Exploration Journal*, 12, 1962, pp. 77~86도 참조하라.

아타르에 대해서는 Gray, "The Desert God *'Attr* in the Literature and Religion of Canaan", *JNES*, 8, 1949, pp. 72~83; A. Caquot, "Le dieu 'Athtar et les textes de Ras Shamra", *Syria*, 35, 1958, pp. 45~60; Oldenburg, *op. cit.*, pp. 39~45를 보라.

52. 가나안의 종교적 전망〔본문 pp. 245~248〕

우가리트에서의 바알 숭배에 대해서는 Kapelrud, *Baal in the Ras Shamra Texts*, pp. 18 sq., *id.*, *The Ras Shamra Discoveries and the Old Testament*(Norman, 1963)를 보라. J. Gray, "Sacral Kingship in Ugarit", dans *Ugaritica* VI(Paris, 1969), pp. 289~302도 참조하라. 풍요 제의에 특유한 원초적 요소는 여럿이 있다. 예를 들어 돌로 만든 남근상, 벌거벗은 여신상, 황소 모양의 바알 상, 동물의 가면과 뿔을 몸에 붙이고 있는 신관들 등이 그것이다.(Schaeffer, *op. cit.*, p. 64, pl. X, fig. 2를 참조하라)

고백한 죄를 속죄하기 위해 남자와 여자(그리고 왕과 왕비)가 바치는 공적인 희생 제의에 대해서는 A. Caquot, "Un sacrifice expiatoire à Ras Shamra", *RHPR*, 42, 1962, pp. 201~211을 보라.

R. de Vaux, *op. cit.*, p. 146에서 언급하는 것처럼, 가나안의 희생 제의와 이스라엘의 희생 제의에는 "공통된 의례적 요소가 있다. 예를 들어 바알의 신관이 거행하는 번제와 카르멜 산 위에서 엘리아가 거행하는 번제는 동일한 방식으로 준비된다."(「열왕기상」 18장)

가나안의 제의에 대해서는 최근에 참고 문헌이 추가된 Fohrer, *History of Israelite Religion*, pp. 57 sq.를 보라.

야훼와 바알의 갈등에 대해서는 본권의 문헌 해제 60절에서 거론하는 참고 문헌을 참조하라.

케레트Kéret와 아카트-다넬Aqhat-Danel의 서사시, 그리고 그것에 대응되는 그리스의 작품(『일리아드』)에 대해서는 Cyrus A. Gordon, *The common background of Greek and Hebrew Civilizations*(New York, 1965), pp. 128 sq.를 참조하라. (저자는 케레트의 서사시 안에서 "지금까지 알려진 트로이의 헬레네 이야기의 모티프 가운데 가장 오래된 것"을 발견할 수 있다고 한다. 인도-유럽적인 기원을 가지고 있는 그 모티프는 인도와 그리스에서는 발견되지만, 메소포타미아와 이집트에서는 알려져 있지 않았다. pp. 132 sq.) 이 문제에 대해서는 Michael C. Astour, *Hellenosemitica*(2ᵉ édition, 1967)도 보라. 저자는 시리아-팔레스타인 세계와 그리스 세계 사이에 존재했던 상호 차용과 유사성의 현상을 그 지리적 상황과 정치적 특이성을 통해 설명한다. "그 두 세계는 중심축이 없이 지리적으로 분열된 영토로 이루어져 있었다. 그 결과 두 세계는 유사한 국가 구조와 내부 질서를 가지게 되었고 〔……〕 그리스 세계와 서쪽의 셈족 세계는 외부의 제국으로부터 정복되지 않는 한 통일과 중앙집권화를 달성할 수 없는 소국 공동체를 형성하고 있었다."(pp. 358~359)

제7장 "이스라엘이 어렸을 적에……"

53. 「창세기」의 처음 두 장〔본문 pp. 249~254〕

고대 이스라엘의 역사에 대해서는 M. Noth, *Geschichte Israels*(Göttingen, 1950, 2ᵉ édition, révisée, 1954), J. Bright, *A History of Israel*(Philadelphia, 1959)과 R. de Vaux, *Histoire ancienne d'Isrël. Des Origines à l'installation en Canaan*(Paris, 1971)을 이용했다. 마지막 저작은 방대한 비판적 문헌 해제를 싣고 있다. W. F. Albright, *Archaeology and the Religion of Israel*(2ᵉ édition, Baltimore, 1946) ; *id.*, *The Biblical Period from Abraham to Ezra*(New York, 1963) ; R. de Vaux, *Les institutions de l'Ancien Testament*, I~II(2ᵉ édition, Paris, 1961, 1967) ; Otto Eissfeldt, *The Old Testament. An Introduction*(New York, 1965, 이 영어판은 1964년에 출간된 독일어 제3판을 번역한 것으로 보충된 참고 문헌이 붙어 있다. pp. 722~785) ; J. Pedersen, *Israel. Its Life and Culture*, I~IV(Copenhague, 1926, 1940) ; G. von Rad, *Old Testament Theology*, I(New York, 1962 ; 독일어 원전은 1957년에 출간되었다) ; M. Noth, *Die Ursprünge des alten Israel im Lichte neuer Quellen*(Köln-Opladen, 1961) ; *The Bible and the Ancient Near East. Essays in Honor of W. F. Albright*, edited by C. Ernest Wright(New York, 1968), pp. 85~139(팔레스타인의 고고학 부분은 E. Wright가 집필했다), 265~299(연대기 문제) 등도 보라.

이스라엘의 종교사에 대해서는 훨씬 더 많은 연구서가 존재한다. 최근 10~12년간 출간된 저작들 중에서 가장 유용한 것으로는 Y. Kaufmann, *The Religion of Israel*(M. Greenberg가 히브리어판을 축약, 번역한 것이다. Chicago, 1960) ; H. Ringgren, *La religion d'Israël*(Paris, Payot, 1966 ; l'éditon allemande, 1963) ; W. Eichrodt, *Religionsgeschichte Israels*(1969) ; G. Fohrer, *History of Israelite Religion*(Nashville, 1972 ; éd. all. 1968)이 있다.

우주 창조론 텍스트들은 Jean Bottéro, "La naissance du monde selon Israël", *Sources Orientales*, I(=*La naissance du monde*, Paris, 1959), pp. 187~234에 번역, 주석되어 있다. 성서의 우주론에 대해서는 H. Gunkel, *Schöpfung und Chaos in*

Urzeit und Endzeit(2ᵉ édition, Göttingen, 1921), 특히 pp. 29 sq. ; V. Maag, "Jahwäs Begegnung mit der Kanaanäische Kosmologie", *Asiatische Studien/Études Asiatiques*, 18~19, 1965, pp. 252~269를 보라.

「창세기」에 주석을 단 가장 최근의 번역 중에서 비전문가에게 가장 적절한 것은 E. A. Speiser, *Genesis*(New York, 1964)이다.

인간의 창조 신화에 대해서는 본권의 문헌 해제 17절에서 인용한 참고 문헌을 참조하라.

54. 잃어버린 낙원. 카인과 아벨〔본문 pp. 254~258〕

에덴과 낙원 신화에 대해서는 P. Humbert, *Études sur le récit du Paradis et de la chute dans la Genèse*(1940) ; W. Andrae, "Der kultische Garten"(*Die Welt dez Orients*, 6, 1952, pp. 485~494) ; G. Widengren, *The King and the Tree of Life in Ancient Near Eastern Religion*(1951) ; A. Dammron, *La mythologie sumérienne et les premiers chapitres de la Genèse*(1959) ; Theodor H. Gaster, *Myth, Legend and Customs in the Old Testament*(1969), pp. 24~37, 332~334(참고 문헌) ; F. F. Hvidberg, "The Canaanite Background of Genesis I~III", *Vetus Testamentum*, 10, 1960, pp. 285 sq. ; J. Coppens, *La connaissance du bien et du mal et le péché du Paradis*(Analecta Lovanesis Biblica et Orientalia, 1958) 등을 참조하라.

생명의 나무와 지식의 나무에 대해서는 Eliade, *Traité*, pp. 246 sq., Gaster, *op. cit.*, pp. 337~338을 보라.

카인과 아벨에 대해서는 Gaster, pp. 51~55, 341~342(참고 문헌)를 보라. 야금술의 의례와 상징에 대해서는 M. Eliade, *Forgerons et Alchimistes*(Paris, 1956), pp. 57 sq.를 보라. 야금술사의 사회조직과 주술적 힘에 대해서는 *ibid.*, pp. 81 sq.를 참조하라.

"카인의 표지"에 대해서는(「창세기」 4:15) Gaster, *op. cit.*, pp. 55~65, 344~345(참고 문헌)의 Frazer와 Gaster가 인용한 비교 자료를 참조하라.

55. 홍수 이전과 이후〔본문 pp. 258~262〕

"하느님의 아들들"과 "인간의 딸들"의 결합에 대해서는 C. E. Closen, *Die Sünde der 'Söhne Gottes'*(「창세기」 6:1-4), Rome, 1939; Gaster, *op. cit.*, pp. 351~352(참고 문헌); B. S. Childs, *Myth and Reality in the Old Testament*(Naperville, 1960), pp. 49 sq.; G. A. Cooke, "The Sons of (the) God(s)", *Zeitschrift für die Alttestamentliche Wissenschaft*, 76, 1964, pp. 22~47을 참조하라.

홍수에 대해서는 본권 18절의 주석을 참조하라. Gaster, *op. cit.*, p. 352(참고 문헌); A. Parrot, *Déluge et Arche de Noé*(1952); C. Lambert, "Il n'y aura jamais de déluge(「창세기」 9:11)", *Nouvelle Revue Théologique*, 77, 1955, pp. 581~601, 693 ~724를 참조하라.

바벨탑에 대해서는 Gaster, *op. cit.*, pp. 360~361(참고 문헌); A. Parrot, *La Tour de Babel*(1953)을 보라. 지구라트의 상징에 대해서는 Eliade, *Le Mythe de l'éternel retour*(nouvelle édition, 1969), pp. 25 sq.; G. Widengren, "Aspetti simbolici dei templi e luoghi di culto del vicino Oriente antico", *Numen*, VII, 1960, pp. 1~25를 보라. 천계로의 상승 신화에 대해서는 Eliade, *Religions Australiennes*(Payot, 1972), pp. 40 sq.; *id.*, "Notes on the Symbolism of the Arrow", pp. 468 sq.를 참조하라.

A. Borst, *Der Turmbau von Babel: Geschichte der Meinungen über Ursprung und Vielfalt der Sprache und Völker*, I~VI, Stuttgart 1957~1963은 서양사의 계보 전설에 관한 백과전서적인 박식함을 자랑하는 작품이다.

56. 족장들의 종교〔본문 pp. 262~266〕

BC 2000년대의 셈족 유목민에 대해서는 Joseph Henninger, "Zum Früh-semitischen Nomadentum", in *Viehwirtschaft und Hirtenkultur: Ethnographische Studien*(Budapest, 1969, pp. 33~68), 특히 44~50(족장들), 50~53(마리 문서 중에 나타나는 유목민)을 보라.

하비루인 및 그들과 히브리인의 관계에 대해서는 R. de Vaux, *Histoire*

ancienne d'Israël, pp. 202~208에 수록된 요약과 최근의 참고 문헌을 보라(하비루-아피루인은 '아모리인' 혹은 '원-아모리인'으로 구성된 서방 셈족 일파를 지칭하는 명칭이었다. 우리는 족장들과 이들 집단을 연결시켜왔다. p. 208). Albright, *From the Stone Age...*, pp. 238 sq.; *id.*, *Yahweh and the Gods of Canaan*, pp. 75 sq.; Fohrer, *History of Israelite Religion*, p. 30(주석 8~10, 참고 문헌)도 보라.

족장들의 연대에 대해서는 R. de Vaux, pp. 245~253을 보라. "아버지의 하느님"에 대해서는 Albright, *Alt, Der Gatt der Väter*, 1929(=*Kleine Schriften zur Geschichte des Volkes Israel*, I, 1953, pp. 1~78)를 보라. 영어판인 *Essays on Old Testament History and Religion*, trsl. R. A. Wilson, New York, 1968(pp. 1~100)을 보라. 이 주제들에 대한 논의는 Fohrer, *op. cit.*, pp. 36 sq.; R. de Vaux, pp. 256 sq.; Ringgren, pp. 29 sq.에 있다. "아버지의 하느님"과 엘, 그리고 엘과 야훼의 관계는 최근에 F. M. Cross, *Canaanite Myth and Hebrew Epic*(Cambridge, Mass., 1973), pp. 1~76에서 새로운 관점에 의해 분석된 바 있다.

엘 샤다이El Shaddaï라는 명칭의 의미는 여전히 논쟁의 대상이다. 그것은 아카드어의 사두šadū, 즉 "산"과 관련된 단어에서 파생된 것이라는 설이 있다. 그렇다면 그것은 "산의 (엘)"이라는 의미가 될 것이다. Ringgren, pp. 34~35를 참조하라. 그러나 서북부의 셈어에서 어원을 구하는 것이 더욱 적절하다고 생각되기 때문에, 샤다이는 히브리어의 *ṣaday/ṣadèh*에서 유래했다는 설도 제기되고 있다. 그것은 "평원, 들판, 초원의 엘"이라는 의미를 갖는다. (R. de Vaux, p. 264, 참고 문헌)

족장 이야기에 엘은 나타나지만, 바알에 대한 언급은 없다는 사실에도 주목해야 한다. 힉소스 시대 이전에 가나안에 침투한 이스라엘의 조상들은 바알 숭배와 충돌하지 않았을 것이라는 의미가 된다. 바알 숭배는 우가리트에서 BC 2000년대 중반, 혹은 그 이전부터 성행하였다. R. de Vaux, p. 266을 참조하라. 하지만 앞에서 이미 언급했던 것처럼(본권 48절, 주석 26을 참조하라), 지역의 신으로서 폭풍과 농업의 풍요를 관장하는 신이 먼저 존재하고 있었고, 바알이 들어온 이후 그 이름이 잊혀졌을 가능성도 있다.

족장들에게서는 "우상"숭배의 흔적을 발견할 수 없다. 그러나 라헬이 아버지 라반의 집의 떠날 때, 그녀는 아버지가 "내 가정신"(「창세기」 31:30)이라고 부르던 가정의 우상 테라핌 téraphim〔드라빔〕을 훔쳐 간다.(31:19) 테라핌의 의미에 대해서는 A. R. Johnson, *The Cultic Prophet in Ancient Israel*(2ᵉ édition, 1962), pp. 32 sq.; Rowley, *Worship in Ancient Israel*, pp. 19 sq.를 보라. 어쨌든 라헬의 행동은 야곱의 종교로의 귀의를 의미하지 않는다. Ringgren, pp. 38~39도 보라.

할례는 족장 시대부터 실행되고 있었을 가능성이 높다. 하지만 우리는 그 기원을 알지 못한다. R de Vaux, *Les Institutions de l'Ancien Testament*(Paris, 2ᵉ édition, 1961), pp. 78~82; E. Isaac, "Circumcision as a Covenant Rite", *Anthropos*, 59, 1964, pp. 444~456을 참조하라. 할례는 이집트에서 도입된 관습이라고 주장하는 사람도 있지만, 이집트 전역에서 그 관습이 실행되었던 것은 아니다. 한편 그 관습은 BC 3000년대 초반에 시리아 지역에서 시작되었음을 확인할 수 있다. 따라서 이스라엘의 조상들은 그들이 가나안에 들어오기 이전부터 그 관습을 알고 있었을 가능성이 있다. "할례는 「창세기」 34:14-16에서 보이는 것처럼, 원시적인 결혼의 입문 의례 혹은 부족 집단생활의 입문 의례라는 의미를 가졌을 것이다. 그것이 하느님과 그들의 백성 사이의 계약의 징표가 된 것은 훨씬 나중의 일이다. 「창세기」 17장을 쓴 사제계 문서의 저자가 그 관습을 아브라함 시대로 소급시켰던 것이다."(R. de Vaux, *Histoire ancienne d'Israël*, I, 273. 최근의 참고 문헌은 notes 94와 96에 정리되어 있다) 원시사회에서 실행되는 공동체 입문 의례로서의 할례에 대해서는 Eliade, *Naissances mystiques*(Paris, 1959), pp. 54 sq.를 참조하라.

57. 아브라함, "믿음의 아버지"〔본문 pp. 267~270〕

유혈 희생 제의에 대해서는 R. de Vaux, *Les sacrifices de l'Ancien Testament*(Paris, 1964), pp. 7~27; *id.*, *Histoire ancienne d'Israël*, pp. 270 sq.를 보라. 중앙 아라비아의 여러 관습에 대해서는 J. Henninger, "La religion bédouine préislamique"(dans: *L'antica società beduina*, éd. F. Gabrieli, Roma, 1959), pp. 135~136; *id.*, "Les fêtes de printemps chez les Arabes et leurs implications historiques"(*Revista do Museu Paulista,* Saò Paolo, n. s. 4, 1950, pp. 389～432)를 보라.

58. 모세와 이집트 탈출[본문 pp. 270～274]

모세라는 인물에 대해서는 최근에 상당히 독창적인 해석이 제시되었다. E. Auerbach, *Moses*(Amsterdam, 1953); H. Cazelles, *Moïse, l'homme de l'Alliance*(1955); H. H. Rowley, *From Joseph to Joshua*(Oxford, 1950); *id.,* "Moses and the Decalogue", *BJRL*, 34, 1951, pp. 81～118을 보라. R. Smend, *Das Mosebild von Heinrich Ewald bis Martin Noth*(1959)도 참조하라. 모세의 사명에 대해서는 R. de. Vaux, *Histoire ancienne*, pp. 305 sq.를 보라. 이집트 탈출과 유월절의 관계에 대한 여러 전승에 대해서는 Fohrer, *Hist. of Isr. Rel.,* pp. 68 sq; R. de. Vaux, *Institutions*, II, pp. 383～394(그리고 참고 문헌, pp. 467～468); *id., Les sacrifices de l'Ancien Testament*, pp. 7 sq.를 참조하라.

「출애굽기」 1～15장에 기술된 전승에 유월절이 끼친 영향은 J. Pedersen, *Israel. Its Life and Culture*, III～IV(1940), pp. 384～415, 728～737에서 강조되었다. 그 이론은 G. von Rad와 S. Mowinckel에 의해 비판받고 수정되었다. Fohrer, pp. 68 sq.도 참조하라.

앞에서 지적한 대로(본권 58절), 유월절은 본래 유목민의 봄 축제였지만 이집트 탈출을 축하하는 의례로 해석되어왔다. 다시 말해 우주적 종교성의 표현으로서 주기적으로 거행되었던 의례가 마침내 "역사화된" 것이다. 한편 이집트 탈출이라는 설화적 사건, 즉 갈대 바다를 통과하고 이집트 군대를 몰살시킨 그 사건은 시간이 흐르면서 서로 다른 두 가지 해석을 낳았다. 더 오래된 증언에 의하면(「출애굽기」 15:1-10), 파라오의 군대는 야훼의 입김으로 인해 일어난 파도가 삼켜버렸다고 한다. 바다가 갈라졌다고 하는 해석은 『시편』에서 처음으로 나타난다. "그가 바다를 갈라 물을 벽처럼 서게 하여 그들이 지나가게 하셨다." (『시편』 78:13; 『시편』 77:17-20을 참조하라)

이 경우 갈대 바다의 "기적"은 천지창조와 관련된다. 즉 야훼가 바다의 괴물 라합과 리바이어던에게 거둔 승리와 관련이 있다. "당신은 라합을 둘로 가르고 용을 찌르신 분이 아니십니까? 당신은 바닷물을 말리시고, 바다 깊은 곳에 길을 만들어 구출하신 자들을 건너가게 하신 이가 아닙니까?"(「이사야」 51:9-10) 이집트 탈출과 가나안의 정복(그리고 나중에 「제2이사야서」에서 선언되고 있듯이, 바빌론에 잡혀간 이스라엘 백성의 귀환 역시)은 일종의 우주 창조 사업의 반복이다.(Cross, *Canaanite Myth and Hebrew Epic*, pp. 100 sq.를 참조하라) 그러나 결국 그 두 관점―"역사적" 관점과 "우주론적" 관점―은 상호 보완적이다. 가나안의 정복은 "역사적" 사건이지만, 이스라엘의 승리를 보장하는 것은 야훼이므로 신의 업적이기도 하다.

59. "나는 스스로 존재하는 자이다" [본문 pp. 274~280]

G. E. Mendenhall은 *Law and Covenant in Israel and the Ancient Near East*(Pittsburgh, 1955)에서 계약의 법전을 히타이트의 왕들이 그들의 소아시아의 봉신들과 맺은 조약과 비교하고 있다. 그러한 조약은 전문(왕 이름과 호칭, 그 시점까지 있었던 당사자 사이의 관계를 요약한다)과 봉신에게 부과되는 규약, 그 문서를 신전에 보존하고 정기적으로 엄숙하게 낭독할 것에 대한 지시, 증거인 신들의 이름 열거, 마지막으로 저주와 축복의 말로 구성된다. 그 주장을 받아들이는 Albright는 거의 대상을 형성하여 생활하던 원시 히브리인들 사이에서 그러한 계약이나 조약이 필요했다는 사실을 강조한다. *Yahweh and the Gods of Canaan*, pp. 107 sq.를 참조하라. Mendenhall에 대한 비판은 R. de Vaux, *Histoire*, p. 410, n. 141에 수록되어 있다. R. de Vaux는 모세가 이끄는 반半유목적인 집단이 히타이트 왕들의 계약을 어떻게 알게 되었는지를 묻는다. 한편 그 두 문서의 형식적인 차이점도 무시할 수 없다. 예를 들어 계약의 법전에서는 마지막의 저주와 축복의 말이 생략되어 있다. 나아가 조약의 문장은 대개 조건의 문장―"만일…… 한다면"―으로 구성되어 있지만, 계약의 법전은 단정적 문장을 사용한다. R. de Vaux는 히타이트 왕들과 반야만적 백성들 사이의 조약 문서는 봉신들과의 조약 문서와는 달리 고전적 공식을 따르

고 있지 않다는 사실을 지적한다. 따라서 "계약 형식"은 여러 가지가 있었을 것이다.(*ibid.*, p. 413)

야훼 전승이 형성되는 데 있어 카데쉬 바르네아 오아시스의 역할에 대해서는 T. J. Meek, *Hebrew Origins*(New York, 1936; réimpression, 1960), pp. 119 sq.; R. de Vaux, *Les Institutions de l'Ancien Testament*, II, pp. 228 sq.; Ringgren, *op. cit.*, pp. 49 sq.를 보라. 시나이 산에서의 야훼 출현과 화산의 연관성에 대해서는 J. Koenig, "Le Sinaï, montagne de feu", *RHR*, 167, pp. 129~155; *id.*, "Aux origines des théophanies iahvistes", *ibid.*, 169, 1966, pp. 1~36에서 분석되고 있다. 그러나 Cross는 "시나이의 계시"가 "폭풍을 통한 신현"이며, 바알의 출현과 비교될 수 있다는 것을 밝히고 있다. *Canaanite Myth and Hebrew Epic*, pp. 147 sq.를 참조하라. G. E. Mendenhall, *The Tenth Generation: The origins of the Biblical Traditions*(Baltimore, 1973), pp. 56 sq.도 보라. 바알브올에 대해서는 *ibid.*, pp. 105를 보라.

60. 사사 시대의 종교: 혼합주의의 첫 번째 단계[본문 pp. 280~284]

이스라엘 민족의 가나안 정착에 대한 몇 가지 이론(특히 Y. Kaufmann, A. Alt, M. Noth, W. F. Albright 및 G. E. Mendenhall의 이론)은 R. de Vaux, *Histoire ancienne*, pp. 444~454에서 분석되었다. R. Smend, *Jahwekrieg und Stämmebund*(Göttingen, 1963)도 보라.

야훼 신앙과 가나안의 종교 사이의 갈등에 대해서는 R. Hillmann, *Wasser und Berg: Kosmische Verbindungslinien zwischen dem Kanaanäischen Wettergott und Jahve*(Dissertation, Halle, 1965); J. Maier, "Die Gottesvorstellung Altisraels und die Kanaanäische Religion", in *Bibel und Zeitgemässer Glaube*, I, 1965, pp. 135~158; T. Worden, "The Literary Influence of the Ugaritic Fertility Myth on the Old Testament", VT, 3, 1953, pp. 273~297; Fohrer, *op. cit.*, pp. 103 sq.; R. de Vaux, *Histoire*, p. 147(n. 99 참고 문헌)을 보라. 종교적 혼합주의에 대해서는 G. W. Ahlström, *Aspects of Syncretism in Israelite Religion*(Lund, 1963)을 보라.

R. Dussaud, *Les Origines cananéennes du sacrifice israélite*(1921, 2ᵉ édition, 1941) 는 지금도 대단히 유용하다. Rowley, *Worship in ancient Israel*, pp. 61 sq. 및 p. 65, n. 1에 열거된 참고 문헌도 보라. 인간 희생은 이스라엘에서 결코 인정되지 않았다. 7세기경에 보이는 어린이 희생은 외부로부터의 영향이다. Rowley, *op. cit.*, p. 65, n. 1에 요약된 de Vaux et Eissfeld를 보라.

고대 근동과 이스라엘의 예언에 대해서는 A. Haldar, *Association of Cult Prophets among the Ancient Semites*(Uppsala, 1945); J. Lindblom, *Prophecy in Ancient Israel*(Philadelphia, 1965, Oxford, 1962)을 보라. 앞의 두 책에는 풍부한 참고 문헌이 실려 있다. J. Pederson, "The Role played by Inspired Persons among the Israelites and the Arabs"(Studies in *Old Testament Prophecy=Robinson Festschrift*, 1950, pp. 127~142); A. Lods, "Une tablette inédite de Mari, intéressante pour l'histoire ancienne du prophétisme sémitique", *ibid.*, pp. 103~110; A. Malamat, "Prophetie Revelation in New Documents from Mari and the Bible", *Vetus Testamentum*, Suppl., XV, 1966, pp. 207~227; G. Fohrer, *Studien zur alttestamentlichen Prophetie*, 1949~1965(1967) 등도 보라.

제8장 인도-유럽 민족의 종교. 베다의 신들

61. 인도-유럽 민족의 원역사[본문 pp. 285~288]

연구사 및 인도-유럽 민족의 발상지와 그들의 이주에 관한 가설들에 대해서는 P. Bosch-Gimpera, *Les Indo-Européens*(trad. R. Lantier, Paris. 1961), pp. 21~96 과 G. Devoto, *Origini indeuropee*(Firenze 1962), pp. 8~194에서 다루어지고 있다. 이 두 저작은 중요한 문헌 목록을 포함하고 있다. O. Schrader, *Reallexikon der indogermanische Altertumskunde*(2ᵉ éd., A. Nehring, Berlin-Leipzig, 1917~1932)를 대체할 수 있는 연구는 아직 없다. A. Nehring, "Studien zur indogermanischen Kultur u. Urheimat", in W. Koppers *et alia*: *Die Indogermanen- und Germanenfrage*

(Salzburg-Leipzig, 1936), pp. 7〜229도 보라.

가장 최근의 고고학적 발굴에 대한 논술은 Marija Gimbutas, *The Prehistory of Eastern Europe*(1956); *Bronze Age Cultures in Central and Eastern Europe*(La Haye, 1965); "Proto-Indo-European Culture: The Kurgan Culture during the Fifth, Fourth and Third Millenia B. C.", in: George Cordona (Ed.), *Indo-European and Indo-Europeans*(Philadelphia, 1970), pp. 155〜197; "The Beginning of the Bronze Age in Europe and the Indo-Europeans: 3500〜2500 B. C.", *JIES*, I, 1973, pp. 163〜214; "The destruction of Aegean and East Mediterranean urban civilization around 2500 B. C.", in: R. Crossland and A. Birchall (Eds.), *Bronze Age Migrations in the Aegean*(1973), pp. 129〜139 등이 있다. Homer L. Thomas 는 "New Evidencc for dating the Indo-European dispersal in Europe"(*Indo-European and Indo-Europeans*, pp. 199〜251)에서 인도-유럽 민족이 확산된 시기를 보다 이전으로 설정해야 한다고 주장하고 있다. (방사선 탄소 연대 측정법을 통해, 그들이 BC 2470년 혹은 BC 2600년 사이에 네덜란드에 도착했다는 것이 밝혀졌다.) Ward H. Goodenough, "The Evolution of Pastoralism and Indo-European Origins"(*ibid.*, pp. 253〜265)는 인도-유럽 민족의 발상지를 폴란드 동부와 우크라이나 서부에서 찾고 있다. Paul Friedrich, "Proto-Indo-European Trees"(*ibid.*, pp. 11〜34); T. Burrow, "The Proto-Indoaryans", *JRAS*, 1973, pp. 123〜140; M. M. Winn, "Thoughts on the question of Indo-European Movements into Anatolia and Iran", *JIES*, II, 1974. pp. 117〜142(BC 3000년경 아나톨리아와 이란에 거주했던 인도-유럽 민족 집단에 관해)를 보라. 근동 지역에서의 인도-유럽 민족에 관한 비판적 문헌 해제는 M. Mayrhofer, *Die Indo-Arier im Alten Vordrerasien*(Wiesbaden, 1966)이 있다. Mayrhofer in *IIJ*, VII, 1964. pp. 208 sq.; *id.*, *Die Arier im Vorderem Orient — ein Mythos?*(Vienne, 1974)를 참조하라. 투물리(*kurgan*)의 종교적 기능을 통해, 거석문명(본권 35절 참조)에서와 마찬가지로 조상숭배가 널리 실행되고 있었음을 알 수 있다.

62. 최초의 판테온과 공통의 종교 어휘〔본문 pp. 288~292〕

Max Müller의 이론에 대해서는 Richard M. Dorson, "The Eclipse of Solar Mythology"(in *Myth: A Symposium*, edited by Thomas A. Sebeok, Philadelphie, 1955, pp. 15~38)를 보라. Leopold von Schröder, *Arische Religion*(I~II, Leipzig. 1914, 1916)은 여전히 유용하다. 첫째 권에서 Schröder는 인도-유럽 민족의 최고신을, 둘째 권에서는 우주적인 여러 신격(대지, 태양, 불 등)을 다루고 있다. 셋째 권은 영혼의 관념과 조상숭배를 논하려고 했다. 국가-사회주의적 이데올로기의 영향을 직, 간접적으로 받은 연구는 상당수에 이른다. 예를 들면 Friedrich Cornelius, *Indogermanische Religionsgeschichte*(München, 1942)가 있다. J. W. Hauer, *Glaubensgeschichte der Indogermanen*(Stuttgart, 1937)는 독립적인 일련의 연구를 집성한 것이다. 인도-유럽 민족의 정신성에 대한 인종차별론적 해석에 대한 비판이 W. Koppers, *Die Indogermanen-und Germanenfrage*(Wiener Beiträge zur Kulturgeschichte und Linguistik, IV, Salzburg-Leipzig, 1936) 및 Wilhelm Schmidt, *Rassen und Völker in Vorgeschichte u. Geschichte des Abendlandes*(Luzern, 1946)의 셋째 권(특히 pp. 275~318)에 실려 있다.

인도-유럽 민족의 종교 어휘에 대해서는 G. Devoto, *Origini indeuropee*, pp. 295 sq.와 E. Benveniste, *Le vocabulaire des institutions indo-européennes*(Paris, 1969)의 둘째 권을 보라. 테오스theos〔신〕 개념에 대한 철저한 분석으로는 C. Gallavotti, "Morfologia di theos", *SMSR*, 33, 1962, pp. 25~43을 참조하라. 이란의 불의 신에 대해서는 Stig Wikander, *Der arische Männerbund*(Lund, 1938), pp. 76 sq. 및 본권 104절을 참조하라.

Eric Hamp는 (Benveniste, *op. cit.*, II, 223 sq.와는 반대로) 인도-유럽 민족의 "희생 제의"를 나타내는 공통 어휘의 존재를 밝혀주었다. "Religion and Law from Iguvium"(*JIES*, I, 1973, pp. 318~323), p. 322를 참조하라.

신적인 에너지와 사자의 영혼을 연결시키는 것은 나중에 나타난 것이다. 특히 게르만족의 경우, "불러내다"라는 말의 어근 GHAV, GHUTO는 확장되어 신을 표현하는 말이 되었다. 마찬가지로 "공중에 자유로이 왕래하는 자", 즉

"화장"에 의해 자유로워진 존재를 뜻하는 단어로 "영혼"을 가리키는 WELO도 나중에 출현한 것이라고 생각된다. Devoto, *Origini*, pp. 295~316을 참조하라.

인도-유럽 어족과 셈 어족의 특징적인 차이점을 지적하는 것은 중요하다. 그것은 문자에 부여된 가치이다. 헤로도토스(I, 136)는 페르시아인들이 자식에게 세 가지만 가르쳤다고 한다. 말타기, 활쏘기, 그리고 진실을 말하기이다. 아시리아의 왕 아슈르바니팔 5세의 『연대기』의 한 구절에는 셈족의 통치자는 말타기(그리고 전차를 모는 법), 활쏘기, 그리고 "나부-Nabu의 지혜와 스승들의 전통을 따라 글쓰기"를 배웠다고 한다. G. Widengren, *Numen*, I, 1954, p. 63, n. 311 ; *id.*, *Religionsphänomenologie*(Berlin, 1969), pp. 570 sq.를 참조하라. G. Dumézil, "La tradition druidique et l'écriture : le Vivant et le Mort"(*RHR*, 122, 1940, pp. 125~133)를 보라. 구비 전승에 근거한 인도-유럽의 종교 전통과 서기관이 큰 권위를 가지고 있던 "성전의 종교" 사이의 근본적인 차이로 인해 나중에 조로아스터교의 성직자들이 신성한 책 아베스타를 편집하고자 했을 때 큰 어려움을 겪는다. 사산 왕조(AD 3~5세기) 시대에서조차 필기는 악마의 작업이라고 여겨지고 있었기 때문이다. A. Bausani, *Persia religiosa*(Milano, 1959), pp. 20 sq.를 참조하라. G. Widengren, "Holy Book and Holy Tradition in Iran : The Problem of the Sassanid Avesta"(in : F. F. Bruce et E. G. Rupp, Eds., *Holy Book and Holy Tradition*, Manchester, 1968, pp. 36~53)도 보라.

63. 인도-유럽 민족의 3기능 이데올로기[본문 pp. 292~298]

Dumézil의 연구에 관한 가장 손쉬운 입문서는 *L'Idéologie tripartie des Indo-Européens*(Bruxelles, 1958)일 것이다. 1960년까지의 참고 문헌은 *Hommages à Georges Dumézil*(Bruxelles, 1960), pp. XI~XXIII에 실려 있다. Dumézil의 작품을 연대순으로 나열하고 그것을 비판적으로 분석한 연구로는 C. Scott-Littleton, *The New Comparative Mythology : An Anthropological Assessment of the Theories of Georges Dumézil*(Berkeley et Los Angeles, 1966)이 있다. Dumézil이 사용하는 개념에 대한 연구로는 *Myth and Law among the Indo-Europeans*, ed., Jaan Puhvel(Univ.

of California Press, 1970)과 *Myth in Indo-European Antiquity*, ed., G. I. Larson(*ibid.*, 1974)이 있다. *The Journal of Asian Studies*, 34. 1974, pp. 127~168에 실린 J. F. Richards, Alf Hiltebeitel, J. Gonda, C. Scott Littleton, 그리고 David M. Knipe의 논문도 보라. Richard Bodéus, "Société athénienne, sagesse grecque et idéal indo-européen"(*L'Antiquité Classique*, 41, 1972, pp. 453~486)은 그리스의 역사를 근거로 해서 Dumézil의 3기능 개념을 분석한 뛰어난 연구이다.

Jupiter, Mars, Quirinus(Paris, 1941~1945)의 3부작과 *Mitra-Varuna. Essai sur deux représentations indo-européennes de la souveraineté*(1940 ; 2ᵉ édition, 1948)의 개정판을 기다리면서 *Aspects de la fonction guerrière chez les Indo-Européens*(1956)의 개정판인 *Heur et malheur du guerrier*(Paris, 1969), *L'héritage indo-européen à Rome*(Paris, 1949), *Servius et la Fortune*(Paris, 1943)과 *Mythe et Épopée*, I~III(Paris, 1968, 1973) 등을 보라. *Mythe et Épopée*(pp. 31~257)의 첫째 권에서 G. Dumézil 은 Stig Wikander가 『마하바라타』에서 3기능 도식의 존재를 지적한 것에 대해, 그 내용을 발전시키고 있다. Wikander, "La légende des Pandava et le fond mythique du Māhābhārata"(스웨덴어 원문은 *Religion och Bibel*, VI, pp. 27~39에 실려 있다)는 Dumézil에 의해 번역되어 *Jupiter, Mars, Quirinus*, IV(1948). pp. 37~53에 수록되었다. 미타니의 신들에 대해서는 G. Dumézil, "Les 'trois fonctions' dans le Rig Veda et les dieux indiens de Mitani"(Académie royale de Belgique, *Bulletin de la Classe des Lettres*, 5ᵉ Série, T. XLVII, 1961, 265~298)를 보라.

V. M. Apte에 따르면, 『리그베다』의 처음 아홉 장이 편찬된 최초의 시대부터 "사회는 사제 계급, 전사 계급, 목축민 계급으로 구성된 것으로 생각되었다. 가령 이런 집단이 브라만, 크샤트리아, 바이샤라는 명칭으로 불리지 않았다고 해도, 이러한 명칭의 근원이 되는 개념을 표현하는 추상명사는 인간의 세 활동 분야의 원칙을 개별적으로 정의하는 위계 조직은 이미 형성되어 있었다. 브라흐만(중성) 은 '현실의 가시적인 것과 불가시적인 부분들 사이에 존재하는 신비적 연관에 대한 지식과 그것의 이용 능력'을, 크샤트라는 '힘'을, 비슈vid는 '농민성'과 '조직된 거주'를 동시에 의미하고, 그리고 그것의 복수형인 비샤스viśaḥ '사회적, 지역

적인 인간의 집단'을 뜻한다." (V. M. Apte, "Were castes formulated in the age of the Rig Veda?", *Bull. of the Deccan College, Research Institute*, II, pp. 34~46에 요약된 G. Dumézil, *L'idéologie tripartie*, p. 8을 보라) Dumézil은 로마 초기의 왕들의 계보에서 3기능 도식을 발견한다. (1) 로물루스, 두려운 통치자(바루나 유형), (2) 현자 누마, 제의와 법률의 정초자(미트라 유형), (3) 툴루스 호스틸루스Tullus Hostilius, 철저한 전사(인드라, 마르스), (4) 앙쿠스 마르키우스, 로마의 인구와 부를 증가시킨 평화의 왕(퀴리누스). *Heur et Malheur du guerrier*, pp. 15 sq.를 참조하라.

64. 인도의 아리아인[본문 pp. 298~303]

아리아인의 인도 침입에 대해서는 K. Jettmar, "Zur Wanderungsgeschichte der Iranier" (*Die Wiener Schule der Völkerkunde, Festschrift zum 25 jährigen Bestand*, Vienne, 1956, pp. 327~349); P. Bosch-Gimpera, "The Migration Route of the Indo-Aryans", *JIES*, I, 1973, pp. 513~517을 보라. *East and West*, 21, No. 1~2, 1971, pp. 14 sq.도 보라.

인도의 아리아인의 초기 문화는 R. C. Majumdar, *History and Culture of the Indian people*, vol. I: *The vedic Age*(London, 1951; 훌륭한 참고 문헌)에서 검토되고 있다.

인더스 문명이 최종적으로 붕괴되는 데 있어 아리아인이 담당한 역할은 Sir Mortimer Wheeler, *The Indus Civilization*(3ᵉ édition, Cambridge, 1968), pp. 132 sq.; R. Heine-Geldern, "The Coming of the Aryans and the end of the Harappa culture", *Man*, 56, 1956, pp. 136~140; Bridget et Raymond Allchin, *The Birth of Indian Civilization*(Baltimore-Maryland, 1968), pp. 154 sq.; Walter A. Fairservis Jr., *The Roots of Ancient India*(New York, 1971), pp. 345 sq.에서 논의되었다. G. D. Kumar, "The Ethnic Components of the Builders of the Indus Valley Civilization and the Advent of the Aryans", *JIES*, I, 1973, pp. 66~80도 참조하라.

영토의 점령과 관련된 의례에 대해서는 Ananda K. Coomaraswamy, *The Rig Veda as Land-náma-Bók*(London, 1935)를 참조하라.

찬가의 연대, 학파, 그리고 네 종류의 성전―『리그베다』, 『야주르베다』, 『사마베다』, 『아타르다베다』―의 교정 문제 등은 L. Renou, *L'Inde classique*, vol. I(Paris, 1947), pp. 270 sq.에 간략하게 정리되어 있다. 여러 베다 텍스트의 번역은 Nurvin J. Hein dans Charles J. Adams, Ed., *A Reader's Guide to the Great Religions*(New York et London, 1965), pp. 49~50에 실려 있다. 프랑스어 번역은 Jean Varenne, *Le Véda, premier livre sacréde l'Inde*(Paris, 1967), vol. I, pp. 36~38에 언급되어 있다. 가장 중요한 것은 Louis Renou, *Hymnes et prières du Véda*(1938); *La poésie religieuse de l'Inde antique*(1942); *Hymnes spéculatifs du Véda*(1956) 및 Jean Varenne, *Le Véda*, vol. I~II의 번역이다. Victor Henry, *Les livres VII à XII de l'Atharva Véda*(Paris, 1892~1896); P. E. Dumont, *L'agnihotra*(Baltimore, 1939)도 보라.

K. F. Geldner, *Der Rig-Veda*, 3 vols.(Cambridge, Mass. 1951)는 빼놓을 수 없는 훌륭한 번역이다.

베다 종교의 해석의 역사에 대해서는 L. Renou, *Religions of Ancient India*(London, 1953). pp. 7 sq.를 보라. A. Bergaigne, *La religion védique d'après les hymnes du Rgveda*, I~III(Paris, 1878~1897)에 필적할 만한 연구는 아직 없다. Maurice Bloomfield, *The Religion of the Veda*(New York, 1908); A. A. Macdonell, *Vedic Mythology*(Strasbourg, 1897); H. Oldenburg, *La religion du Veda*(trad. fr. 1903); A. Hillebrandt, *Vedische Mythologie*(2ᵉ édition, Breslau 1929); A. B. Keith, *The Religion and Philosophy of the Veda and Upanishads*, 2 vols.(Cambridge, Mass. 1925)의 연구도 참고할 가치가 있다.

Louis Renou는 *Religions of Ancient India*, pp. 1~45에서 베다 종교의 역사를 명확하게 서술하고 있다. 같은 저자의 *L'Inde classique*, pp. 314~372; *Le destin du Veda dans l'Inde*(=*Etudes védiques*, vol. VI, 1960)도 보라.

매우 풍부한 참고 문헌을 제시하는 가장 최근의 연구로는 J. Gonda, *Les Religions de l'Inde. I: Védisme et hindouisme ancien*(trad. fr. Payot, 1962)이 유용하다. J. Gonda, *The vision of the Vedic poets*(La Haye, 1965); *id.*, Loka: *World and heaven in the Veda*(Amsterdam, 1966); P. Horsch, *Die vedische Gāthā- und Sloka-Literatur*(Bern, 1966)도 보라.

65. 바루나, 원초적 신: 데바와 아수라[본문 pp. 303~305]

베다기의 데바와 아수라에 대해서는 T. Segerstedt, "Les Asuras dans la religion védique"(*RHR*, 55, 1908, pp. 157~203, 293~316)를 참고할 수 있을 것이다. 그러나 아수라를 인도의 원주민과 동일시하는 견해에는 의문이 따른다. P. von Bradke, *Dyāus Asura, Ahura Mazda und die Asuras*(Halle, 1885)도 보라. von Bradke에 따르면, 『리그베다』에는 아수라라는 단어가 71회(57회는 단수형, 4회는 쌍수형duel, 10회는 복수형)에 걸쳐 나타나지만, 복수형으로 나타나는 10회 중에서 8회는 데바의 적대자로서의 의미를 가지고 있다. 반면 단수형의 경우에는 적대자로서의 의미는 4회밖에 보이지 않는다.(*op. cit.*, p. 22) Herman Güntert, *Der arische Weltkönig und Heiland*(Halle, 1923), pp. 101 sq.를 보라.

우주의 지배권을 둘러싼 데바와 아수라의 갈등이 처음으로 상세하게 묘사된 것은 『브라흐마나』에서였다. Sylvain Levi, *La doctrine du sacrifice dans les Brāhmanas*(Paris, 1898), pp. 27~61을 참조하라.

데바-아수라의 대립이 우주 창조론적 의미를 가지고 있다는 사실에 대해서는 F. B. J. Kuiper, "Basic Concept of Vedic Religion", *HR*, 15, 1975, pp. 107~120을 참조하라. 바루나-브리트라의 동일성에 대해서는 Bergaigne, *Rel. Védique*, III, pp. 113, 128, 147을 참조하라. 데바-아수라 쌍의 형이상학적 의미에 대해서는 A. K. Coomaraswamy, "Angel and Titan: An essay in Vedic Ontology", *JAOS*, 55, 1935, pp. 373~419를 보라.

66. 바루나: 세계의 왕이자 "주술사", "리타"와 "마야"[본문 pp. 306~310]

바루나에 대해서는 Eliade, *Traité d'Histoire des Religions*(édition 1975), pp. 68 sq., 108에 제시된 참고 문헌; *id., Images et Symboles*(1952), pp. 124~130; G. Dumézil, *Mitra-Varu a*(2ᵉ édition, 1948), 특히 pp. 83 sq., 116 sq.; J. Gonda, *Les*

Religions de l'Inde, I, pp. 93~106; H. Lüders, *Varuṇa*(Göttingen, 1951~1959), vol.
II: *Varuṇa und das Ṛta*를 보라. 리타ṛta에 대해서는 Gonda, *op. cit.*, p. 98, n. 3의
최근의 참고 문헌을 보라. 리타는 윤리적 차원에서는 "무질서", "거짓말"을 가
리키는 안리타anṛta, 그리고 우주적 차원에서는 "분해"를 뜻하는 니르티와 대립
한다. H. de Glasenapp, *La Philosophie indienne*(trad. fr. Payot, 1951). p. 33도 보라.

인드라가 인기를 얻으면서 바루나가 "후퇴"하는 현상에 대해서는 L. Renou,
Religions of Ancient India, pp. 20 sq.를 보라.

베다 시대의 마야에 대해서는 G. Dumézil, "Ordre, fantaisie, changement dans
les pensées archaïques de l'Inde et de Rome"(*Rev. Ét. Latines*, 32, 1954, pp. 139~
162), 특히 pp. 142~150과 풍부한 자료를 참조하라. J. Gonda, *Four Studies in
the Language of the Veda*(La Haye, 1959), pp. 119~194; *id, Change and Continuity
in Indian Religion*(1965), pp. 164~197도 보라. A. Bergaigne, *La religion védique*,
III, pp. 80 sq.는 아그니, 소마, 트바슈트리 등 마야를 가진 다른 신적 존재에 대
해서 연구하고 있다. Eliade, *Images et Symboles*, pp. 130 sq.도 참조하라.

다르마의 신화적 기원에 대해서는 Paul Horsh, "Vom Schöpfungsmythos zum
Weltgesetz", *Asiatische Studien*, 21, 1967, pp. 31~61을 참조하라.

바루나-브리트라의 구조적 연관성, 그리고 보다 일반적인 신과 뱀의 동일성
에 대해서는 *Images et Symboles*, pp. 128 sq.; *Méphistophélès et l'Androgyne*, pp. 111
sq.; A. Coomaraswamy, "Angel and Titan: An Essay in Vedic Ontology"(*JAOS*,
55, 1935, pp. 373~419)를 참조하라. Kuiper는『리그베다』안에서 바루나는 우주
축으로 하늘과 땅을 떠받치는 신이라고 생각되고 있었지만, 그 기능은 나중에
셰샤 뱀Serpent Śeṣa에 의해 대치되었다고 한다. *IIJ*, 8, 1964, pp. 108, 116, 118
을 참조하라.『마하바라타』안에서의 바루나와 뱀의 동일화에 대해서는 Gösta
Johnsen, "Varuṇa and Dhrtarāstra"(*IIJ*, 9, 1966, pp. 245~265), 특히 pp. 260~261
을 참조하라.

67. 뱀과 신. 미트라, 아리야만, 아디티[본문 pp. 310~313]

바루나의 양의성이 예외적인 것은 아니다. L. Renou, "L'ambiguïté du voca-bulaire du Rgveda", *JA*, 231, 1939, pp. 161~235; id., *Religions of ancient India*, pp. 20 sq.를 참조하라. 소마의 양의성에 대해서는 Eliade, *Méphistophélès et l'androgyne*(1962), p. 110을 참조하라. 인드라-브리트라의 "형제성"에 대해서는 본권 68절을 보라.

미트라에 대해서는 H. Güntert, *Der arische Weltkönig und Heiland*(Halle, 1923), pp. 49 sq., 120 sq.; G. Dumézil, *Mitra-Varuṇa*, pp. 79 sq. 및 참고 문헌; J. Gonda, *Les Religions de l'Inde*, I. 103 sq.와 참고 문헌; id., *The Vedic God Mitra*(Leiden, 1972)를 참조하라.

아리야만에 대해서는 P. Thieme, *Der Fremdling im Rg Veda*(1938); id., *Mitra and Aryaman*(Transactions of the Connecticut Academy of Arts and Sciences, 1957, vol. 41, pp. 1 ~96); G. Dumézil, *Le troisième souverain, essai sur le dieu indo-iranien Aryaman*(Paris, 1949); id., *Les dieux des Indo-Européens*(1952), pp. 40~59; id., *L'idéologie tripartie des Indo-Européens*(Bruxelles, 1958), pp. 68, 108~118을 참조하라.

아디티와 아디티야 신들에 대해서는 G. Dumézil, *Déesses latines et mythes védiques*, 1956, pp. 90 sq.; J. Gonda, *Some Observations in the relations between "Gods" and "Powers" in the Veda*(La Haye, 1957), pp. 76 sq.; id., *Les religions de l'Inde*, I, pp. 104 sq. 및 참고 문헌을 참조하라.

68. 인드라, 전사이자 조물주[본문 pp. 313~317]

인드라에 관한 일반적인 논술로는 J Gonda, *Les Religions de l'Inde*, I, pp. 70~81(참고 문헌); H. Lommel, *Der arische Kriegsgott*(Frankfurt a. M., 1939); G. Dumézil, *Heur et Malheur du Guerrier*(1969), 특히 pp. 63 sq., 112 sq.; E. Benveniste-L. Renou, *Vṛtra et Vṛthragna, étude de mythologie indo-iranienne*(1934)을 보라.

인드라의 우주 창조론적 역할에 대해서는 Norman W. Brown, "The Creation

Myth of the Rig Veda"(*JAOS*, 62, 1942, pp. 85~98); M. Eliade, *Le mythe de l'éternel retour*, pp. 40 sq.; Stella Kramrisch, "The Triple Structure of Creation in the Rg Veda"(*HR*, 2, 1960, pp. 140~175, 256~285), 특히 pp. 140~148; F. B. J. Kuiper, "Cosmogony and Conception: A Query"(*HR*, 10, 1970, pp. 91~138), 특히 pp. 98~110을 보라.

전사신과 용과의 전투에 대해서는 Eliade, *Le Mythe de l'éternel retour*, pp. 68 sq.; Theodor H. Gaster, *Thespis*(New York, 1950), pp. 141 sq.; J. Fontenrose, *Python*(Berkeley and Los Angeles, 1959); F. R. Schröder, "Indra, Thor und Herakles", *Zeit. f. deutsche Philologie*, 76(1957), pp. 1~41; V. Ivanov et V. Toporov, "Le mythe indo-européen du dieu de l'orage poursuivant le serpent: reconstruction du schéma"(*Échange et communication. Mélanges C. Lévi-Strauass*, Paris, 1969)를 보라.

인드라-브리트라의 전투의 범례적인 기능에 대해서는 F. B. J. Kuiper, "The ancient aryan verbal contest"(*IIJ*, 4, 1960, pp. 217~281)를 참조하라. 마루트 신들에 대해서는 Stig Wikander, *Der arische Männerbund*(Lund, 1938), pp. 75 sq.를 보라. 인드라의 "풍요를 가져다주는 자"로서의 측면에 대해서는 J. J. Meyer, *Trilogie altindischer Mächte und Feste der Vegetation*(Zürich, 1937), 특히 III, pp. 154 sq.(후대의 발전에 관한 것이다); J. Gonda, "The Indra Festival according to the Atharvavedins"(*JAOS*, 87, 1967, pp. 413~429)를 참조하라.

나는 인드라와 삼두신Tricéphale(트바슈트리의 아들) 또는 나무치Namuci의 전투에 대해서 언급하지 않았지만, G. Dumézil은 동일한 시나리오를 로마, 그리스, 스칸디나비아 신화에서 발견하고 있다. *Heur et malheur du guerrier*, pp. 33 sq., 63 sq.를 참조하라. 인드라와 브리트라 사이의 범례적 전쟁은 나중에 대담한 해석을 낳게 되지만, 그것은 신의 양의성과 양극성에 대한 베다적 관념에 의해 이미 준비되어 있던 것이다. 전사신은 용의 "형제"라고 이야기되는데, 그것은 용이 인드라의 아버지인 트바슈트리에 의해 창조되었기 때문이다. 신화에 따르면 트바슈트리는 소마 제의에 아들을 초대하는 것을 잊어버렸다고 한다. 그러나 인드라는 그 축제에 참가하는 데 성공했고 힘으로 소마를 탈취했다. 화가 난 아버지는 남아 있는 신의 음료를 불 속에 던지면서 다음과 같이 외쳤다. "자라서 인드라의 대적자가 되어라!" 불 속에 던져진 이 소마에서 브리트라가 탄생했다.(*Taitt. Sam.*, II, 4, 12 및 5, 1 sq.; *Kaushitaki-Br.*, XV, 2~3) 그러나 브리트라는 곧바로 아그니와 소마를 삼켜버렸고, 다른 신들은 놀라 도망쳤다. 이에 놀란 트바슈트리는 번개를 인드라에게 던져주었고, 그것을 사용하여 인드라는 최후의 승리를 거둔다. 『샤타파타 브라흐마나』(I, 6, 3)는 대단히 중요한 부분을 전하고 있다. 정복당한 브리트라는 인드라에게 다음과 같이 말했다고 한다. "나를 때리지 말라. 왜냐하면 현재의 너는 과거의 나이기 때문이다."

이러한 신화와 이에 대한 신학적 해석으로부터 "명백하지 않기 때문에 잘 알려지지 않은 신의 이야기의 한 측면이 드러난다. 이것은 입문자에게만, 즉 전통을 알고 교의를 이해하는 자에게만 알려지는 신격에 관한 '비밀스러운 이야기'라고 할 수 있을 것이다. 베다의 '비밀스러운 이야기'는 한편으로는 데바와 아수라의 혈족 관계를, 즉 이 두 초인간적 존재들이 유일하고 동일한 원리로부터 나왔다는 사실을 드러내며, 다른 한편으로는 차례로, 혹은 동시에 나타나는 관대하면서도 무시무시하고, 창조적이면서 파괴적이며, 태양 같으면서도 뱀 같은(즉 명백하면서 잠재적인) 신격의 심오한 구조 속에서 역을 합일을 드러낸다. 우리는 세계를 설명하는 통일적인 단 하나의 원리를 도출해내려는 인도인의 정신의 노력이 반대되는 것을 흡수하고 대립을 폐기시키는 하나의 전망에 이르는 것을 본다.(Eliade, *Méphistophélès et l'androgyne*, p. 115) 이 문제에 관해서는 Conrado Pensa, "Considerazioni sul tema della bipolarità nelle religioni indiane" (*Gururājamañjarikā. Studi in Onore di Giuseppe Tucci*, Napoli, 1974, pp. 379~409)

69. 아그니, 신들의 사제: 희생 제의의 불, 빛, 지성〔본문 pp. 317~321〕

아그니에게 바치는 찬가는 L. Renou, *Études védiques et pāniniennes*, vol. XII~XIV(Paris, 1964~1965)에서 번역되고 주해되었다. 아그니에 대해서는 Bergaigne, Oldenburg, Hillebrandt, A. B. Keith, Macdonell(*Vedic Mythology*) 및 Gonda의 저서를 참조하라.

인도-유럽의 관념에서 가정의 불의 신성성에 대해서는 Schrader-Nehring, *Reallexikon*, I, pp. 495 sq.; II, 239 sq., 475 sq.를 참조하라.

인도-이란인의 신성한 불에 대한 숭배에 대해서는 Stig Wikander, *Feuerpriester in Kleinasien und Iran*(Lund, 1946)을 보라.

특히 베다 시대 후기의 "성적인 불"로서의 아그니에 대해서는 Wendy Doniger O'Flaherty, *Asceticism and Eroticism in the Mythology of Śiva*(Oxford, 1973), pp. 90~110을 보라.

70. 소마 신과 "불사"의 음료[본문 pp. 321~324]

소마 신에게 바치는 찬가의 번역과 주석은 L. Renou, *Études védiques et pāniniennes*, vol. VIII et IX(Paris, 1957~1960)를 보라. S. S. Bhawe, *The Soma-hymns of the Rgveda*, I~II(Baroda, 1957~1960)도 보라. 『리그베다』부터 근래의 연구에 이르기까지 소마 식물에 관한 모든 정보는 Hillebrandt, *Vedische Mythologie*(vol. I, 2ᵉ édition), pp. 193~498을 참조하라. Wendy Doniger O'Flaherty, "The post-Vedic History of the Soma Plant", in R. Gordon Wasson, *Soma, Divine Mushroom of Immortality*(New York, 1968), pp. 95~147도 참조하라. R. G. Wasson은 소마가 본래 아마니타 무스카리아Amanita muscaria라는 버섯의 일종이라고 한다. F. B. J. Kuiper, in *IIJ*, XII, 1970, pp. 279~285의 논평과 Wasson, *ibid.*, pp. 286~298의 답변을 참조하라. John Brough, "Soma and Amanita muscaria"(*BSOAS*, 34, 1971, pp. 331~362)와 Paul Demiéville, *T'oung-Pao*, 56, 1970, pp. 298~302(소마가 불교 전파 이전에 중국에 전해졌다는 주장에 대한 논평)의 비판도 참조하라.

소마 신에 대해서는 Bergaigne, Oldenburg, A. B. Keith 및 Gonda의 저서의 각 장을 참조하라. N. J. Shende, "Soma in the Brāhmanas of the Rgveda", in *JAS* Bombay, 38, 1963, pp. 129 sq.; J. Gonda, "Soma, amṛta and the moon"(in: *Change and Continuity in Indian Religion*, La Haye, 1965, pp. 38~70)도 참조하라.

소마의 도둑질에 대해서는 David M. Knipe, "The Heroic Theft: Myths from

Ṛg Veda IV and the Ancient Near East"(*HR*, 6, 1967, pp. 328~360)를 풍부한 참고 문헌과 함께 참조하라.

인도-이란의 소마/하오마 의례의 공통점에 대해서는 V. Henri, "Esquisse d'une liturgie indo-iranienne"(dans Caland, *Agniṣṭoma*, 1907, pp. 469 sq.); J. Duchesne-Guillemin, *La religion de l'Iran ancien*(1962), pp. 95 sq.; *id., Symbols and Values in Zoroastrianism*(New York, 1966), pp. 84 sq.를 참조하라.

Ad. E. Jensen은 소마가 다른 신들에 의해 의례적으로 살해된 것을 창조적 희생이라는 점에서 데마 유형의 신격이 그의 동료들에 의해 살해된 신화와 비교하고 있다. Ad. E. Jensen, *Mythes et cultes chez les peuples primitifs*(trad. fr. 1954), pp. 197 sq.를 참조하라.

71. 베다 시대의 두 위대한 신: 루드라-시바와 비슈누〔본문 pp. 324~328〕

우샤스에 대해서는 L. Renou, *Études védiques et pāniniennes*, III: *Les hymnes à l'Aurore du Rgveda*(Paris, 1957); A. K. Coomaraswamy, *The Darker Side of Dawn*(Smithsonian Miscellaneous Collections, vol. 94, Nr. I, Washington, 1935), pp. 4 sq.; G. Montesi, "Il valore cosmico dell'Aurora nel pensiero mitologico del Rig-Veda"(*SMSR*, 24~25, 1955, pp. 111~132) 등을 보라.

바유에 대해서는 Stig Wikander, *Vayu*(Uppsala-Leipzig, 1941)를 보라.

수리야와 아슈빈에 대해서는 D. P. Pandey, *Sūrya*(Thèse, Leyde, 1939); Gonda, *Rel. de l'Inde*, I, pp. 116 sq.를 참조하라.

루드라에 대해서는 E. Arbman, *Rudra*(Uppsala, 1922); J. W. Hauer, *Glaubensgeschichte der Indo-Gemanen*, I, pp. 174~298; W. Wüst, *Rudra*(Münich, 1955); Gonda, *Rel. de l'Inde*, I, pp. 106~112; *id., Viṣṇuism and Śivaism: A Comparison*(London, 1920), pp. 1~17을 참조하라.

베다기의 비슈누에 대해서는 J. Gonda, *Aspects of early Viṣṇuism*(Utrecht, 1954); *id., Rel. de l'Inde*, I, pp. 112 sq.; F. B. J. Kuiper, "The Three Strides of Viṣṇu", *Indological Studies in Honor of W. Norman Brown*(New Haven, 1962), pp. 137~151

을 보라. "Viṣṇu et les Maruts à travers la réforme zoroastrienne"(*JA*, vol. 241, 1953, 1~25)이라는 논문 안에서, G. Dumézil은 비슈누와 이란의 신 라슈누Rašnu의 대응 관계, 그리고 마루트 신들과 흐라와시 신들의 대응 관계를 지적하고 있다. 아리야만에 대해서는 G. Dumézil, *Le Troisième Souverain*(Paris, 1949)을 보라.

제9장 고타마 붓다 이전의 인도: 우주적 희생 제의와 아트만-브라흐만의 동일성

72. 베다 의례의 형태학[본문 pp. 329~333]

베다 의례에 관한 간결하고 명쾌한 기술로는 L. Renou et J. Filliozat, *L'Inde Classique*, I(1949), pp. 345~372가 있다. 더욱 자세한 논술은 A. Bergaigne, *La Religion*, I, pp. 121 sq.; A. B. Keith, *Religion and Philosophy of the Veda*, I(1925), pp. 252~379; J. Gonda, *Les Religions de l'Inde*, I(1962), pp. 129~209에 나와 있다. Albert Hillebrandt, *Ritualliteratur*(Strasbourg, 1897)는 필수적인 책이다. K. R. Potdar, *Sacrifice in the Rig-Veda*(Bombay, 1953), 특히 R. N. Dandekar, ed., *Śrautakoṣa: Encyclopedia of Vedic Sacrificial Ritual*(Poona, 1962)도 보라. 소마 제의에 대해서는 W. Caland et V. Henry, *L'Agnistoma*, 2 vols.(Paris, 1906~1907)를 보라. 동물 희생에 대해서는 E. Mayrhofer-Passler, "Haustieropfer bei den Indo-iraniern und den anderen indogermanischen Völkern", *Ar. Or.*, 21, 1953, pp. 182~205도 보라.

프라바르기야에 대해서는 J. A. B. van Buitenen, *Pravargya, an ancient Indian iconic ritual*(Poona, 1968)을 보라.

우파나야나 의례에 대해서는 J. Gonda, *Change and continuity*, pp. 264 sq., 459 sq.(현대 힌두교)를 참조하라.

아그니차야나 의례와 흑적 토기로 특징지어지는 토착 문화(1만 800개의 벽돌로 제단을 만든다. 베다 시대의 아리아인은 벽돌을 사용하지 않았다. 도기

등을 굽는 기술, 아수라와 동일시되는 "동방인"에 대한 언급 등) 사이의 유사성을 검토하면서 H. S. Converse는 이러한 유형의 희생 제의가 비아리아적인 기원을 가지고 있다는 사실을 시사한다. "The *agnicayana* rite: Indigenous origin?"(*HR*, 14, 1974, pp. 81~95)을 보라.

가정 제의(*gṛhya*)는 이미 힌두교적 의례의 구조를 보여준다. "베다적" 성격은 피상적으로만 나타난다.(L. Renou, *Religions of Ancient India*, p. 39)

사제들에게 바치는 공물인 다크시나에 대해서는 J. C. Heesterman, "Reflections on the significance of the *dakṣiṇā*", *IIJ*, III, 1959, pp. 241~258을 보라. 특히 p. 257의 "다크시나는 의례 속에서 표현되는 우주의 순환 과정의 물질적인 현현이다"라는 말을 참조하라. J. Gonda, "Gifts and Giving in the Rgveda", *Vishvesh Varanand Indological Journal*, 2, 1964, pp. 21~30을 보라. 그리고 이란에서의 유사물에 대해서는 A. Lommel, "Zarathustra's Priesterlohn", in: *Festschrift für Willibald Kirfel*(Bonn, 1955), pp. 187~196을 보라.

73. 최고의 희생 제의: "아슈바메다"와 "프루샤메다" [본문 pp. 333~336]

아슈바메다에 대해서는 P. E. Dumont, *L'Aśvamedha. Description du sacrifice solennel du cheval dans le culte védique*(Paris, 1927); J. Gonda, *Les rel. de l'Inde*, I, pp. 203 sq.; *id., Ancient Indian Kingship from the religious point of view*(Leiden, 1966; *Numen*, III~IV, 1956~1957에 먼저 발표되었다), pp. 110 sq.; C. D. d'Onofrio, "Le 'nozze sacre' della regina col cavallo"(*SMSR*, 1953~1954, 24~25, pp. 133~162, 특히 pp. 153 sq.)를 보라.

인도-유럽인의 말 희생 제의에 대해서는 W. Koppers, "Pferdeopfer und Pferdekult der Indo-Germanen"(*Wiener Beiträge zur Kulturgeschichte und Linguistik*, IV, 1936, pp. 279~409); Jaan Puhvel, "Aspects of Equine Functionality"(Myth and Law among the Indo-Europeans, Berkeley, 1970, pp. 159~172)를 보라.

프루샤메다에 대해서는 W. Kirfel, "Der Aśvamedha und der Puruṣamedha"(*Festschrift W. Schumbring*, Hamburg, 1951), pp. 39~50; James L. Sauvé, "The

Divine Victim: Aspects of Human Sacrifice in Viking Scandinavia and Vedic India"(*Myth and Law among the Indo-Europeans*, pp. 173~191)를 보라.

74. 의례의 입문 의례적 구조: 입문 의례(디크샤), 왕의 즉위식(라자수야)[본문 pp. 336~341]

디크샤의 입문 의례적 상징에 대해서는 M. Eliade, *Naissances mystiques*(1959), pp. 113 sq.를 보라.

의례를 기술한 것으로는 A. Hillebrandt, *Ritualliteratur*, pp. 157 sq.; A. B. Keith, *The Religion and the Philosophy of the Veda and Upanishads*, I, pp. 300 sq. 를 참조하라. J. Gonda는 베다기부터 현대 힌두교에 이르기까지의 디크샤를 *Change and continuity in Indian Religion*(La Haye, 1965), pp. 315~462에서 완벽하게 분석하고 있다. .

라자수야에 대해서는 A. Hillebrandt, *op. cit.*, pp. 143 sq.; A. B. Keith, *Rel. and Phil.*, I, pp. 340 sq.; P. V. Kane, *History of Dharmaśāstra*, II(Poona, 1941), pp. 1214 sq.; J. Gonda, *Ancient Indian Kingship from the religious point of view*, pp. 79 sq.와 특히 J. C. Heesterman, *The Ancient Indian Royal Consecration*(La Haye, 1957) 을 보라. 원역사기에 라자수야는 아마도 연례적 의례로서 우주를 갱신하기 위해 실행되었을 것이다. 그 의례의 구조는 인도의 계절 축제인 우트사바utsava와 유사하다. 고대에는 민중이 그 의례에서 중요한 역할을 했을 것이 다.

Ananda Coomaraswamy의 연구 "Atmayajña: Self-Sacrifice"(*HJAS*, 6, 1942, pp. 358~398)는 저자의 용기 있고 심오한 탐색에 의해 이루어진 것으로 참고할 가치가 있다.

75. 우주 창조론과 형이상학[본문 pp. 341~346]

우주 창조를 위한 잠수 신화는 인도에서 상당히 원초적 형태로 보존되어 있다. 신화에서는 위대한 신이 물 속 깊이 잠수하여 대지를 가지고 올라온다. 『브라흐마나』에서는 돼지로 변신한 프라자파티가 물 속으로 잠수한다고 한다. 『라마야나Ramayana』에서 이 역할은 브라흐마가 맡고 있다. 『비슈누 푸라나

Viṣṇu-Purāṇa』에서 그 돼지는 브라흐마-비슈누이다. 그리고『바가바타 푸라나 Bhāgavata Purāṇa』에서 돼지는 비슈누의 화신avatāra이다.(Eliade, *De Zalmoxis à Gengis-Khan*, Paris, 1970, pp. 117~118의 문헌을 참고하라) 그러나 이 우주 창조 신화가 일반에게 널리 알려지게 되는 것은 서사시와 푸라나에서부터이다. 또 이 신화에는 아마도 아리아 시기 이전의, 즉 문다 혹은 원문다적인 요소가 포함되어 있을 것이다. *ibid.*, pp. 119 sq.를 참조하라.

인도의 창조 신화에 대한 방대한 문헌 중에서 특히 최근의 몇몇 중요한 연구에 주목하라. Norman W. Brown, "The Creation Myth of the Rig Veda", *JAOS*, 62, 1942, pp. 85~98 ; Stella Kramrish, "The Triple Structure of Creation in the Rig Veda", *HR*, 2, 1962~1963, pp. 140~175, 256~291 ; F. B. J. Kuiper, "Cosmogony and Conception : A Querry", *HR*, 10, 1970, pp. 91~138 ; Hans Penner, "Cosmogony as Myth in the Vishnu Purāṇa", *HR*, 5, 1966, pp. 283~299. 또한 *La Naissance du monde*(Paris, 1959), pp. 331~365 안에 실려 있는 Anne-Marie Esnoul의 번역과 주석이 붙은 산스크리트 텍스트의 선집을 보라.

우주 창조론적 사유의 차원에서 "목수"를 뜻하는 **탁슈**takṣ-라는 용어에 대해서는 L. Renou, *Études sur le vocabulaire du Rgveda. Première série*(Pondichéry, 1958), pp. 23 sq.를 보라.

「푸루샤수크타」에 대해서는 W. Norman Brown, "The Sources and Nature of *puruṣa* in the *Puruṣasūkta*", *JAOS*, 51, 1931, pp. 108~118 ; Ananda K. Coomaraswamy, "Rgveda 10, 90, 1 : *aty atiṣṭhad daśāngulam*", *JAOS*, 66, 1946, pp. 145~161 ; A. W. Macdonald, "A propos de Prajāpati" (*JA*, 240, 1953, pp. 323~338) ; Paul Mus, "Où finit Puruṣa?" (*Mélanges d'Indianisme à la mémoire de Louis Renou*, Paris, 1968, pp. 539~563) 등을 참조하라.

범례로서의 「푸루샤수크타」에 대해서는 J. Gonda, *Viṣṇuism and Śivaism*(London. 1970). p. 27도 보라.

인도-유럽 민족의 비슷한 다른 예에 대해서는 Güntert, *Der arische Weltkönig und Heiland*(Halle, 1923), pp. 315~343 ; F. R. Schröder, "Germanische

Schöpfungsmythen"(*Germanisch-Romanisch Monatschrift*, 19, 1931, pp. 1~26, 81~
99); Bruce Lincoln, "The Indo-European Myth of Creation", *HR*, 15, 1975,
pp. 121~145를 보라.

베다 신의 탄생과 불사의 획득에 대해서는 A. B. Keith, *Religion and Philosophy*,
pp. 82 sq.를 보라. 비교 연구로는 G. Dumézil, *Le Festin d'immortalité*(Paris, 1924)를 보라.

인간의 기원과 신화적 조상에 대해서는 Arthur Christensen, *Les Types du
premier homme et du premier roi dans l'histoire légendaire des Iraniens*, I~II(1917,
1934); G. Dumézil, *Mythe et Épopée*, II(1971), pp. 234 sq.; O. Höfler,
"Abstammungstraditionen"(*Reallexikon der germanischen Altertumskunde*, I, pp. 18~29)
를 보라.

인도에서는 신들도 인간과 마찬가지로 정신적인 "불사성non-mort"을 얻는
대가로 **육체적인**in corpore 불사성을 상실했다고 한다. 어떤 전승에 따르면, 태
초에는 신들이 육체를 가진 모습으로 지상에 내려와 인간을 상대했다고 한
다.(*Taittiriya Samhitā*, III, 5. 2; *Kāthaka Sam.*, XXXVII, 17; *Pañavinça Br.*, XV, 5, 24를
참조하라) 그것은 상당히 널리 알려진 원초적 관념이다.

76. 『브라흐마나』 속의 희생 제의의 교의〔본문 pp. 347~350〕

다른 전승에 의하면 프라자파티 자신이 타파스의 산물이라고 한다. 태초에
비존재자(*asat*)가 "사유(*manas*)"가 되었다. 사유는 점차 뜨거워져(*atāpyata*) 연
기, 빛, 불, 마지막으로 프라자파티를 낳았다.(*Taitt. Br.*, II, 2, 9, 1~10) 『샤타파
타 브라흐마나』(XI, 1, 6, 1)에서 비존재자는 원초적인 물로 표상되고 있다.

『리그베다』(X, 61, 7)에서는 아버지인 하늘과 그의 딸 오로라Aurore의 근친상
간이 이야기되고 있다. 『브라흐마나』에서는 자기 딸을 욕망하는 것이 프라자
파티이다.(*Sat. Br.*, I, 7, 4) 그는 사슴의 모습으로 딸에게 접근한다.(*Aitt. Br.*, III,
33, 34) 그는 심지어 딸을 자기 것으로 만들려고 하지만 신들이 방해하고, 프라
자파티의 정액은 땅 위에 떨어져 호수가 된다.(*Ait. Br.*, XIII, 1~10) 이 신화적
주제의 중요성에 대해서는 Wendy D. O'Flaherty, "Asceticism and Sexuality in

the Mythology of Siva", Part II, *HR*, 9(1969), pp. 9 sq.를 보라.

창조를 완수한 후에 프라자파티가 "피폐"해지고 "무관절화"되었다고 하는 주제는 우주 창조 이후의 "신"의 "피로함"을 강조하는 동유럽의 민화적 전설과 관계가 있다고 생각된다. M. Eliade, *De Zalmoxis à Gengis-Khan*, pp. 92 sq.를 참조하라.

프라자파티에 대해서는 Sukumari Bhatracharji, *The Indian Theogony*(Cambridge, 1970), pp. 322 sq.의 번역, 주석과 Gonda, *Les Religions de l'Inde*, I, pp. 227 sq.의 고찰을 보라. 신화의 비교 분석에 대해서는 A. W. Macdonald, "A propos de Prajāpati", *JA*, t. 240, 1952, pp. 323∼338을 보라.

『브라흐마나』 시대의 희생 제의에 대해서는 Sylvain Levi, *La doctrine du sacrifice dans les Brāhmanas*(1898)가 필수적인 연구서이다. A. K. Coomaraswamy, *Hinduisme and Buddhism*(New York, 1943), pp. 19 sq.도 보라.

77. 종말론: 희생 제의를 통한 프라자파티와의 동일화 [본문 pp. 350∼354]

브라흐만에 대해서는 L. Renou et L. Silburn, "Sur la notion du brāhman", *JA*, 237, 1949, pp. 7∼46과 Eliade, *Le Yoga*, p. 376에 실린 참고 문헌을 보라. L. Renou, "Le passage des Brāhmana aux Upanisad", *JAOS*, 73, 1953, pp. 138∼144; Lilian Silburn, *Instant et Cause*(Paris, 1955), pp. 50 sq.; J. Gonda, *Notes on Brahman*(Utrecht, 1950); *id.*, *Les Religions de l'Inde*, I, pp. 45 sq., 237 sq.; G. Tucci, *Storia della filosofia indiana*(Bari, 1957), pp. 279 sq.도 보라.

인도 사상사에서의 브라흐만 개념에 대해서는 Surendranath Dasgupta의 *Histoire*와 S. Radhakrishnan, E. Frauenwalder 등의 저서 및 Karl H. Potter, *Bibliography of Indian Philosophies*(Delhi-Patna-Varanasi, 1970)를 보라.

『아라니야카』에 대해서는 A. B. Keith, *Religion and Philosophy*, pp. 490 sq.; J. N. Farquahar, *An outline of the Religious Literature of India*(Oxford, 1920), pp. 30 sq.; J. van Buitenen, "Vedic and Upanishadic bases of Indian Civilization", in J. W. Elder (ed.), *Chapters in Indian Civilization*(Dubuque, Iowa, 1970), I, pp. 6 sq.를 참조하라.

78. "타파스": 고행의 기법과 변증법적 사유〔본문 pp. 354~358〕

타파스에 대해서는 Eliade, *Le Yoga*, pp. 113~118과 p. 377의 참고 문헌을 보라. Chauncey Y. Blair, *Heat in the Rig Veda and Atharva Veda*(New Haven, 1961); D. J. Hoens, *Sānti. A Contribution to ancient Indian religious terminology*(ś-Gravenhage, 1951); M. Eliade, *Le Chamanisme*(2ᵉ édition), pp. 323; J. Gonda, *Les Religions de l'Inde*, I, pp. 223 sq., 309 sq., 338 sq.(참고 문헌과 함께); W. D. O'Flaherty, *Asceticism and Eroticisme in the Mythology of Śiva*(London, 1973), pp. 40 sq.도 보라.

79. 고행자들과 엑스터시 체험자들: "무니", "브라티야" 〔본문 pp. 359~363〕

장발(*keśin*)의 고행자(*muni*)에 대해서는 Eliade, *Le Yoga*, pp. 110 sq.; Gonda, *Religions*, I, pp. 223 sq.; W. Wüst, *múni*(PHMA, *Mitteilungen zur idg., vornehmlich indo-iranischen Wortkunde*, Heft 7, München, 1961, pp. 24~65)를 보라.

브라티야에 대해서는 J. W. Hauer, *Der Vrātya: Untersuchungen über die nichtbrahmanische Religion altindien*(Stuttgart, 1927); Eliade, *Le Yoga*, pp. 112~ 113; W. Wüst, vratá-, *op. cit.*, pp. 66~75를 보라.

Hauer는 브라티야가 비밀 입문 의례를 실행하던, 전위에 위치한 아리아인의 형제단이라고 추측한다. J. C. Heesterman은 브라티야가 슈라우타에 선행하는 형태의 희생 의례를 실행했다고 한다. "Vrātya and Sacrifice"(*IIJ*, 6, 196~263, pp. 1~37)를 참조하라.

고대와 중세 인도의 고행자들에 대해서는 David N. Lorenzen, *The Kāpālikas and Kālāmukhas*(Univ. of California Press, 1972), pp. 187 sq.를 참조하라.

80. 우파니샤드와 리쉬들의 탐구: 자기 행위의 "결과"로부터 어떻게 자유로워 질 것인가?〔본문 pp. 363~367〕

일부 우파니샤드 문서들은 불어로 번역되어 있다. Jean Varenne, *Le Véda*, I, pp. 37~38의 목록을 보라. Émile Senart(*Bṛhadāranyaka*, 1930; *Chāndogya*, 1934), Louis Renou(*Katha, Kena, Iśā, Kaushitaki*), J. Maury(*Muṇḍaka*), E. Lesimple(*Māṇḍukya, Taittiriya*),

L. Silburn(*Aitareya, Śvetāśvatara*), J. Bousquet(*Prasna*), A. M. Esnonl(*Maitri*), B. Tubini(*Brahmabindu, Kaivalya* 등), J. Varenne(*Ganapati, Mahānārāyana, Prānagnihotra*) 등의 번역본을 기억해두자. J. Varenne, *Le Veda*, II, pp. 614~704는 훌륭한 선집이다. Varenne는 *Les Upanishads du Yoga*(산스크리트어를 번역한 것으로 주석이 달려 있다. Paris, 1971)를 출간했다. S. Radhakrishnan은 13종의 우파니샤드를 편집, 번역, 주석을 단 *The Principal Upanisads*(New York, 1953)에서 145페이지에 달하는 긴 서문을 썼다.

비판적 문헌 해제는 M. Eliade, *Le Yoga*, pp. 379~380 및 J. Gonda, *Les Religions de l'Inde*, I, pp. 232, 239에 실려 있다. R. D. Ranade, *A Constructive Survey of Upanishadic Philosophy*(Poonea, 1926); H. Oldenburg, *Die Lehre der Upanishaden und die Anfänge des Buddhismus*(Göttingen, 1915); S. N. Dasgupta, *Indian Idealism*(Cambridge, 1933), pp. 20 sq.; Walter Ruben, *Die Philosophen der Upanishaden*(Bern, 1947); J. Gonda, *Les religions de l'Inde*, I, pp. 239 sq. 등을 보라.

우파니샤드는 네 종류의 베다에 대한 부록이라고 생각된다. 따라서 그것은 "계시(*śruti*)"의 일부를 이룬다. 『리그베다』에서 이미 "인식"은 주술-종교적 가치를 가진다. 『브라흐마나』에서는 희생 제의에 대한 "지식"이 불사를 보증한다. 신들의 세계는 "그것을 아는 자들에게만 허락된다."(*Sat. Br.*, X, 5, 4, 16) 그러나 우파니샤드에서는 희생 제의에 대한 "지식"이 브라흐만에 대한 인식으로 대치되고 있다. "희생 제의는 대양을 항해하는 큰 배와 같아서 언제 가라앉을지 알 수 없기" 때문이다.(*Mundaka Up.*, I, 2, 7)

81. "아트만"-브라흐만의 동일성과 "내면적 빛"의 경험[본문 pp. 367~371]

베다와 『브라흐마나』에 나타나는 사후의 존재에 대한 관념은 복잡하고 혼란스럽다. 소마에 대한 유명한 찬가에서(*RV*, IX, 113)는 "영원한 빛이 비치는 그곳, 태양이 자리 잡는 세계 [……] 야마[*죽음의 지배자]가 있는 세계 [……], 하늘의 낙원이 있는 곳 [……], 영원히 젊은 물[*신선한 물]이 있는 곳, 그곳에서 우리를 죽지 않게 하소서, 소마여!"(Jean Varenne 번역) 하고 기원하는 사람들의 소망을 보여준다. 하늘로의 여행, 땅과 하늘을 잇는 다리, 다리를 지키는 두 마리의 개, 영혼의 심판 등은 고대 인도에서뿐만 아니라 이란에서도 발견되는 모티프들이다. 이러한 관념은 아마도 인도-유럽 민족의 분리 이전까지 거슬러 올라갈 것이다.(본권 111절 참조) 야마가 통치하는 지하 세계—후에 인정받게 되는 다른 전승에 따르면— 는 모든 종류의 죄인들을 위한 장소이다. "아무것도 보이지 않는 암흑으로 둘러싸여 있기 때문에 태양이 없는 곳이라고 불리는 이 세계는 자기의 영혼을 죽인 자들이 가는 곳이다."(*Isā Up.*, I, 3) 『샤타파타 브라흐마나』 이후의 텍스트들은 다양한 형태의 형벌을 기술하고 있으며, 시대가 흐르면서 21개의 지옥에 대한 서술은 점점 더 흥미진진해진다. 죄인들은 야수들이나 뱀들에게 잡아먹히기도 하고, 불에 구워지는 고통을 당하거나, 톱으로 잘리거나, 허기와 갈증에 시달리는 고문을 받거나, 기름 속에 넣어 튀겨지거나, 쇠나 돌로 된 절구 속에 넣어져 절구질을 당한다. 그러나 그러한 고통을 거쳤다고 해서 죄인들의 형벌이 끝나는 것은 아니다. 그들은 이번에는 동물로 다시 태어나는 윤회의 고통을 경험하지 않으면 안 된다.

지옥에 대응하는 것은 천상의 낙원이다. 서사시—『마하바라타』와 『라마야나』—와 푸라나 문서는 위대한 다섯 신이 통치하는 다섯 하늘을 묘사한다. 밑에서부터 올라가면, 먼저 춤추고 노래하는 사람들이 머무는 인드라의 하늘, 시바와 그의 가족이 머무는 시바의 하늘, 모든 것이 황금으로 만들어지고 연꽃으로 뒤덮인 연못이 여기저기에 있는 비슈누의 하늘, 크리슈나를 위한 무용수와 그 신자들이 가득한 크리슈나의 하늘, 마지막으로 영혼이 님프들과 행복한 삶을 누리는 브라흐마의 하늘이 그것이다. 황금과 보석으로 만들어진 궁전, 낙원의 정원, 아름다운 여인들의 춤과 노래와 함께 음악이 울려 퍼지는 천상 세계의 모습이 끝없이 이어진다. 힌두교의 이러한 낙원적 주제들 중 몇몇은 나중에 불교도 저자들에 의해 채용된다.

『브라흐마나』에서는 "새로운 죽음(*punarmṛtyu*)", 즉 일정한 제의를 실행하지 않은 자의 영혼을 기다리는 결정적인 "제2의 죽음"에 대한 사상이 명확하게 나타난다. 하지만 카르만의 사유에 의해, "제2의 죽음"은 결국 새로운 몸을 가지고 지상에 되돌아온 몸과 동일시된다. 우파니샤드에 따르면 죽은 자의 영혼은 "조상의 영혼의 길(*pitryāna*)" 내지 달의 길을 따라간다. 그렇게 해서 달에 도착한 영혼은 입문 의례적 시련에 해당하는 심문을 받는다. 질문에 대답하지 못한 영혼은 다시 태어나기 위해 지상으로 되돌아온다. "질문에 대답한" 영혼은 태양의 길이라고도 불리는 "신들의 길(*devayāna*)"을 따라 신들 곁으로 나아간다. 『카우시타키 우파니샤드』(I, 2~7)는 다음과 같이 지시한다. 신들의 세계에서 영혼은 브라흐만의 세계로 간다. 거기서 그들은 다양한 입문적 시련을 거친다. 브라흐만은 새로 온 영혼에게 묻는다. "그대는 누구인가?" 그는 "나는 당신, 바로 그 사람입니다"라고 대답해야 한다. 브라흐만은 다시 묻는다. "그렇다면 나는 누구인가?" 그 질문에 대해서는 "진리입니다"라고 대답해야 한다.(I, 6) 마지막으로 브라흐만은 그에게 말한다. "지금까지 나에게 속했던 영역은 이제 너의 것이다."(I, 7) 요약하자면 첫 번째 길은 다시 태어남으로 이끄는 길이며, 두 번째 길은 신들의 세계로 이어진다. 그러나 브라흐만의 초월적 세계에 도달하기 위해서는 영혼은 또 다른 입문 의례적 시련을 극복하지 않으면 안 된다. 다시 말해 죽은 후에는 세 가지 가능성이 열린다. (1) 영혼은 지상으로 되돌아가 새로운 탄생을 맞는다. (2) 신들과 함께 낙원에서 산다. (3) 영혼이 브라흐만과 동일화된다. 우파니샤드의 저자에 의하면 천상의 낙원은 일시적인 것으로서, 일정한 시간이 지나면 영혼은 지상으로 되돌아가 다시 태어나지 않으면 안 된다. 따라서 해탈을 위한 유일한 그리고 참된 가능성은 사후에 브라흐만과 동일시되는 것뿐이지만, 그것은 지식gnose과 명상에 의해서만 가능한 길이다.

"내면적인 빛"에 대해서는 M. Eliade, *Méphistophélès et l'androgyne*, pp. 27 sq.; *id.*, "Spirit, Light, and Seed"(*HR*, XI, 1971, pp. 130), 특히 pp. 3~16; J. Gonda, *The Vision of the Vedic Poets*(1963), pp. 268 sq.를 보라.

82. 브라흐만의 두 가지 양태와 물질에 "사로잡힌" "아트만"의 신비[본문 pp. 371~375]

브라흐만의 두 양태에 대해서는 H. de Glasenapp, *La philosophie indienne*

(trad. fr. Payot, 1951), pp. 131 sq.를 보라.

"신체적"("죽는") 브라흐만과 "비신체적"("죽지 않는") 브라흐만의 역설은 베다 신들의 양의성에 관한 사유를 진전시키는 계기가 되었으며, 인도인의 사유에서 역의 합일coïncidence des contraires은 신격을 정의하는 말이 되었다. 본권 68절의 주석을 참조하라.

우주적 "유희"에 대해서는 Ananda K. Coomaraswamy, "Līlā", *JAOS*, 1941, pp. 98~101을 보라.

제10장 제우스와 그리스 종교

83. 신통기와 신들의 세대 간 갈등〔본문 pp. 376~381〕

그리스 종교의 역사적 연구와 해석학적 분석은 유럽 문화사에서 대단히 흥미로운 주제이다. 19세기 중반의 K. O. Müller 혹은 F. G. Welcker에서 시작해서 최근의 Brelich, Burkert 혹은 Vernant 그리고 Detienne에 이르기까지 이 문제에 대한 다양한 해석을 몇 줄로 요약하는 것은 불가능하다. 따라서 여기서는 핵심적인 문헌을 언급하는 것에 만족할 수밖에 없다. 먼저 종합적인 저작으로 Gilbert Murray, *Five stages of Greek religion*(1925); M. P. Nilsson, *A history of Greek religion*(1925, 2ᵉ édition, 1949); L. Gernet et A. Boulanger, *Le génie grec dans la religion*(1932); O. Kern, *Die Religion der Griechen*, I~III(1926~1938); W. K. C. Guthrie, *Les Grecs et leurs dieux*(trad. fr. Payot, 1956＝*The Greeks and their Gods*, 1950); R. Pettazzoni, *La Religion dans la Grèce antique*(trad. fr. Payot, 1953)를 기억해두자. J. E. Harrison, *Prolegomena to the study of Greek religion*(Cambridge, 1903, 2ᵉ édition, 1922); H. J. Rose, *A handbook of Greek mythology*(London, 1928, 4ᵉ édition, 1950)는 항상 유익하게 읽힐 것이다. Walter Otto, *Die Götter Griechenlands*(Frankfurt, 1928)는 그리스 종교와 신화에 관한 대단히 뛰어나고 독창적인 저작이다. U. von Wilamowitz-Moellendorf, *Der Glaube der Hellenen*, I~II(Berlin, 1931

~1932)는 독일의 위대한 문헌학자이자 역사학자의 유작이다. 마지막으로 M. P. Nilsson, *Geschichte der griechischen Religion*, I~II(München, 1940[3ᵉ édition, 1967]; 1950)은 진정한 종합을 이룬 대작인데, 그 문헌 자료의 풍부함으로 인해 필수불가결한 작품이다. 다섯 권으로 된 L. R. Farnell, *The Cults of the Greek states*, I~V(Oxford, 1896~1909)는 잘 수집된 자료와 분석으로 인해 아직도 유용하다. E. R. Dodds, *The Greeks and the Irrational*(Berkeley, 1951)은 대단한 인기를 누렸다. 그의 성공은 현대의 시대정신을 반영한다.

제우스에 대해서는 A. B. Cook, *Zeus*, I~III(Cambridge, 1914~1940)이 대단히 중요하다. 이 작품은 신과 그리스 종교의 다양한 측면에 관한 일련의 전공 논문을 집성한 것이다. 여러 개론서에 실린 제우스에 대한 부분은 굳이 언급할 필요가 없을 것이다. 핵심적인 연구로는 Guthrie, *op. cit.*, pp. 49~81을 보라. 또한 M. P. Nilsson, "Vater Zeus", *ARW*, 35, 1938, pp. 156~171(*Opuscula Selecta*, II, Lund, 1952, pp. 710~731에 재수록되었다)과 특히 Hugh Lloyd-Jones, *The Justice of Zeus*(Berkeley, 1971)를 보라.

『신통기』에 대해서는 M. L. West, *Hesiod's Theogony, edited with Prolegomena and Commentary*(Oxford, 1966)를 이용하였다. 1940년대부터 고대 오리엔트와의 유사점이 자주 지적되고 있다. 그 점에 대해서는 Peter Walcot, *Hesiod and the Near East*(Cardiff, 1966)를 보라.

레아에게 [제우스를] 크레타에서 분만하도록 권한 것은 가이아였다. 이 두 여신은 대지모신이 변화한 것이다. 사실상 레아의 어원은 "광대한 것", 즉 대지이다.

제우스가 크로노스에게 자신의 형제, 자매를 토해내도록 강요했을 때 크로노스는 돌을 먼저 토해냈다. 제우스는 그 돌을 파르나소스 산의 기슭에 있는 델포이에 안치시켰다.(Pausanias, 10, 24, 6) West, p. 303의 498~500행에 대한 주석을 참조하라.

84. 제우스의 승리와 지배권[본문 pp. 381~386]

제우스의 첫 번째 아내로 제우스가 삼켜버린 메티스에 대해서는 J. P. Vernant, "Métis et les mythes de souveraineté", *RHR*, 1971, 3, pp. 29~76을 보라.

제우스 크레타게네스와 그의 크레타에서의 유년 시절, 그리고 크레타의 남성 신과의 관계에 대해서는 Charles Picard, *Les Religions préhelléniques*(Paris, 1948), pp. 115 sq.; H. Jeanmaire, *Couroï et Courètes*(Lille, 1939), pp. 427 sq.; Martin P. Nilsson, *The Mynoan-Mycenaean Religion and its Survival in Greek Religion*(2ᵉ édition, Lund, 1950), pp. 55 sq.를 보라. West, *Hesiod's Theogony*, pp. 297 sq.는 크레타에서의 유년 시절에 관한 전승이 오래되었음을 보여주었다.(*Theog.*, 477)

제우스가 모든 것을 자기 가까이로 끌어당기는 데 사용한 "황금 밧줄"에 대해서는 Pierre Lévêque, *Aurea Catena Homeri*(Paris, 1959)와 M. Eliade, *Méphistophélès et l'Androgyne*(Paris, 1962), pp. 225 sq.를 보라.

올림포스 신들이 승리를 거둔 이후에도 살아남은 태초의 신들에 대해서 언급하도록 하자. 밤의 여신은 홀로 몇몇 반신적 존재를 출산했는데, 그들은 모두 추상적인 관념들, 즉 죽음, 잠, 조소, 비탄, 늙음 등을 인격화한 존재들이라고 생각된다.(Hésiode, *Théogonie*, 211 sq.) 오르페우스교의 문헌에서는 그녀가 모든 것의 어머니, 우주의 지배자라고 묘사한다.(Kern, *Orph. fragm.*, n. 24, 28, 28a, 65 등을 참조하라)

닉스의 신화-종교적 구조 및 그녀의 자손들의 의미에 대해서는 Dario Sabbatucci, *Saggio sul misticismo greco*(Roma, 1965), pp. 95 sq.를 보라.

폰투스(불모의 바다)는 어머니인 가이아와 결합함으로써 많은 자손을 낳았다. L. Séchan et P. Lévêque, *Les grandes divinités de la Grèce*(Paris, 1966), p. 49 (그리고 문헌 주석, p. 64)를 참조하라.

스틱스는 티탄과의 전투에 참가했기 때문에 제우스는 그 여신을 "신들의 위대한 맹세"라고 불렀다.(*Théog.*, 399 sq.). Séchan et Lévêque, *Les grandes divinités de la Grèce*, p. 64, n. 68을 보라.

헤카테는 전형적인 원초적 여신이다. 제우스는 이 여신이 티탄족으로서 가지고 있는 권한과 특권에 전혀 손을 대지 않았다.(*Théog.*, 423 sq.) 헤카테는 나중에 주술을 전문으로 하는 여신이 되었다. Diodore, *Bibliothèque*, 4, 45를 참조하라.

"그의 흐름은 결코 잠들지 않고 광대한 대지 주변을 맴돈다"(Eschyle, *Prométhée enchaîné*, 138 sq.)라고 이야기된 최초의 티탄 오케아노스는 자신의 여동생인 테티스와 결혼했다. 헤시오도스와 호메로스는 간과하였지만, 여기에는 원초적인 우주 창조 신화의 흔적이 있다. 그 흔적에 따르면 오케아노스와 테티스는 원초적인 물 속에 내재해 있는 남성 원리와 여성 원리를 각각 체현하고 있다. 즉 그들은 원초적인 쌍으로서, 모든 신과 모든 존재는 그들로부터 태어났다. Séchan et Lévêque, pp. 50, 51, 65; Sabbatucci, *op. cit.*, pp. 110~116; 특히 J. P. Vernant, "Thétis et le poème cosmogonique d'Alcman"(*Hommage à Marie Delcourt, Latomus*, vol. 114, 1970, pp. 38~69)과 풍부한 참고 문헌(p. 38, n. 2, 39, n. 8 등)을 보라.

85. 최초의 종족에 관한 신화. 프로메테우스. 판도라〔본문 pp. 386~390〕

크로노스에 관한 문헌 자료는 Farnell, *Cults*, V, ch. 3에 수집되어 있다. 몇몇 학자들(Kern, Pohlenz)은 크로노스와 티탄들이 아리아인의 침입에 의해 정복된 토착신이라고 파악한다. 다시 말해 올림포스 신들과 티탄들의 갈등은 역사적 사실을 반영하고 있다는 것이다. 그러나 오리엔트와의 비교를 통해 본다면 이러한 가설은 지지하기 어렵다.

헤시오도스가 전하는 다섯 시대에 관한 신화는 Arthur O. Lovejoy et George Boas, *Primitivism and related Ideas in Antiquity*(Baltimore, 1935), pp. 25 sq.의 자료와 주석을 보라. 이란의 대응되는 판본들(특히 『원초적 창조Bundahishn』)은 N. Söderblom, *ERE*, vol. I, pp. 205~219에서 번역, 논의되고 있다. Ugo Bianchi는 엘리시움에 사는 황금의 종족이 이란의 전통에서 말하는 최초의 왕 이마와 관계가 있다고 주장했다. 이마는 지하에 존재하면서도 신비한 빛을 발하는 바라국 Vara의 왕이 되었다. "Razza aurea, mito delle cinque razze ed Elisio"(*SMSR*, 34,

1963, pp. 143~210), 특히 pp. 187~189를 참조하라. 학자들의 일반적인 견해 (예를 들어 H. C. Baldry, "Who invented the Golden Age?", *Classical Quarterly*, N. S. 2, 1952, pp. 83~92)를 비판하면서 J. Gwyn Griffiths는 "Archaeology and Hesiod's five Ages"(*Journal of the History of Ideas*, 17, 1956, pp. 109~119)에서 그 신화가 금속 의 발견과 사용의 과정을 반영하고 있다고 평가한다. Baldry, *Journal of the History of Ideas*, 17, 1956, pp. 553~554의 반론을 참조하라. 이 문제에 관한 최 상의 서술들 중에서 J. Kerschensteiner, *Platon und der Orient*(Stuttgart, 1945), pp. 161 sq.("Der Metallmyyhos"); J. P. Vernant, "Le mythe hésiodique des races. Essai d'analyse structurale", *RHR*, 1960, pp. 21~54(*Mythe et pensée chez les Grecs*, Paris, 1965, pp. 13~41에 재수록되었다); *id.*, "Le mythe hésiodique des races. Sur un essai de mise au point", *Revue de philologie*, 1966, pp. 247~276(*Mythe et pensée*, pp. 42~79에 재수록되었다)을 보라.

프로메테우스에 대해서는 E. Vandvick, *The Prometheus of Hesiod and Aeschylus* (Oslo, 1943); Louis Séchan, *Le mythe de Prométhée*(Paris, 1951); Karl Kerényi, *Prormetheus: Archetypal Image of Human existence*(New York, 1963; 독일어판은 1946 년에 출간되었다)를 보라.

86. 원초적인 희생 제의의 결과[본문 pp. 391~395]

그리스의 희생 제의에 대해서는 R. K. Yerkes, *Sacrifice in Greek and Roman Religions and early Judaism*(New York, 1952), 특히 pp. 88 sq.를 보라. 무엇보다도 Karl Meuli, "Griechische Opferbräuche"(*Phyllobolia Festschrift Peter von der Mühll*, Basel, 1946, pp. 185~288)와 Walter Burkert, *Homo Necans*(Berlin, 1972), pp. 8~ 97과 기타 부분(p. 9, n. 2, 참고 문헌)을 보라.

Meuli가 서술한 것처럼 "올림포스의 희생 제의는 단순한 의례적 도살에 지 나지 않는다."(*op. cit.*, p. 223) 사람들은 물이 담긴 용기와 밀을 담은 광주리를 들고 온다. 참가자들은 손을 씻고, 희생 동물에게도 물을 끼얹는다. 그후 그들 은 채식을 준비하는 것처럼 곡식을 광주리에서 꺼내고―광주리 바닥에는 칼

이 숨겨져 있다. 이어서 침묵과 기도, 그리고 희생 제의를 집행하는 사제가 희생 동물의 이마에서 털을 몇 가닥 뽑아내어 불에 던지는 등 의례적 행위를 거행한다—희생에 바칠 동물을 죽이는 순간, 여자들은 일제히 함성을 지른다. 피는 그릇에 담은 다음 제단 위에 뿌린다. 그리고 희생 동물의 대퇴골을 동물의 지방과 작은 고기 조각과 함께 불에 굽는다. 내장은 제단 위에서 구워서 그 자리에서 먹어치운다.(Meuli, pp. 265 sq.; Burkert, *op. cit.*, pp. 10 sq.를 참조하라)

아테네에서 거행되던 부포니Bouphonies 축제(문자적 의미는 "황소 살해")에서 유혈 희생 제의의 원초적 특성을 발견할 수 있다. "농사용 황소 한 마리가 주인이 보지 않는 틈을 타서 제우스 폴리에우스Zeus Polieus의 제단으로 다가가 제단에 놓인 공물, 도시 수호신에게 바쳐진 곡물과 과자들을 먹기 시작한다. 이러한 신성모독 행위를 본 제우스의 신관은 화를 내면서 도끼를 잡고 일격을 가해 소를 죽인다. 자신의 행위에 스스로 놀란 '황소 살해자'는 범죄에 사용한 무기를 버리고 황급히 달아난다. 의례의 제2부는 2막으로 나누어져 공연된다. 1막에서는 그 사건이 도시의 프리타네이온[*회당]에서 재판을 받는다. 유혈 범죄를 관할하는 법정의 장면이 나온다. 거기에서 도끼는 유죄 판결을 받고 아티카 영토 바깥으로 추방된다. 2막에서는 도시 전체가 희생물의 고기를 의례적으로 먹는 장면이 나온다. 하지만 소가죽을 짚으로 채우고, 마치 농사일을 하는 것처럼 쟁기를 채워 일으켜 세운다."(Marcel Detienne, *Les Jardins d'Adonis*, Paris, 1972, p. 106; 참고 문헌은 p. 105, n. 2를 참조하라. Burkert, *Homo Necans*, pp. 154~161도 보라. U. Pestalozza의 논문 "Le origini delle Buphonia ateniensi", 1956은 *Nuovi, saggi di religione mediterranea*, Firenze, 1964, pp. 203~223에 재수록되었다)

"무죄의 연극"(*Unschuldskomödie*, Meuli, pp. 224 sq.)은 시베리아의 수렵 민족의 의례에서도 보인다.(특히 Eveline Lot-Falck, *Les rites de chasse*, Paris, 1953, pp. 170 sq.) M. Detienne는 유혈 희생 제의의 신성모독적 성격을 그리스인이 생각했던 그대로 잘 해석하고 있다. "신에게 희생 동물을 바친다는 것은 피를 흘리는 것이며, 그것은 분명 살해를 범하는 것이다. 동물의 희생은 도시의 입장에서 보았을 때는 일종의 오염이지만, 그 오염은 필수 불가결한 것이다. 왜냐하면 소를 죽인다고 하는 행위는 도시와 신성한 힘의 관련성을 확립하는 데 필수적인 행위이기 때문이다."(*op. cit.*, pp. 106~107)

선사시대의 수많은 민족들과 마찬가지로, 하지만 다른 이유에서, 그리스인들 역시 인간 희생을 실행했다. 인간을 동물로 대체하는 것(예를 들어 이피게니아, 이삭)과 유사한 것은 의례적으로 희생 동물과 동일시된 인간 희생 제의에서 찾아볼 수 있다. 아타마스Athamas는 자신의 아들 레아르코스Learchos를 "마치 사슴처럼 죽인다."(Apollodore, *Bibl.*, 3, 4, 3) 루키아노스(*De dea Syr.*, 58)에 따르면 밤비케에서는 어린이들이 희생 제물로 바쳐졌고, 참석자들은 "그들은 송아지다!"라고 외쳤다고 한다.

염소를 바치는 희생 제의와 비극의 기원이 관련되었을 가능성은 W. Burkert. "Greek Tragedy and Sacrificial Ritual"(*Greek, Roman and Byzanztine Studies*, 7, 1966, pp. 87~121)에서 검토되었다.

올림포스의 신들에게 바치는 희생 제의와 지하 세계의 신들 및 영웅들에게 바치는 희생 제의 사이에는 차이점이 많다. 본권 95절을 참조하라.

프로메테우스와 데우칼리온에 대해서는 J. Rudhardt. "Les mythes grecs relatifs à l'instauration du sacrifice : les rôles corrélatifs de Prométhée et de son fils Deucalion", *Museum Helveticum*, 27, 1970, pp. 1~15를 보라.

아이스킬로스의 『프로메테우스 3부작』에 대해서는 Louis Séchan, *Le mythe de Prométhée*, pp. 4 sq. ; H. Lloyd-Jones, *The Justice of Zeus*, pp. 95 sq.를 보라.

인간이 물푸레나무로부터 기원했다고 이야기하는 그리스 신화에 대해서는 G. Bonfante, "Microcosmo e macrocosmo nel mito indoeuropeo"(*Die Sprache*, 5, 1959, pp. 1~9)를 참조하라.

87. 인간과 운명 : "생의 환희"의 의미[본문 pp. 395~401]

모이라와 아이사에 대해서는 W. C. Greene, *Moira : Fate, Good and Evil in Greek thought*(Cambridge, Mass., 1944) ; Ugo Bianchi, *Dios Aisa. Destino, uomini e divinità nell'epos, nelle teogonie e nel culto dei Greci*(Roma, 1953) ; B. C. Dietrich,

Death, Fate and the Gods(London, 1967)를 보라.

실잣기의 상징에 대해서는 Eliade, *Traité d'Histoire des Religions*, § 58을 참조하라. 누군가의 운명을 "실처럼 뽑아내어" 그를 "속박하는 것"의 등가성에 대해서는 Eliade, *Images et Symboles*, ch. III("Le 'Dieu lieur' et le symbolisme des nœuds")을 참조하라.

정의, 즉 디케의 관념의 역사에 대해서는 Hugh Lloyd-Jones, *The Justice of Zeus*(Berkeley, 1971)에 훌륭하게 분석되어 있다. Nilsson 이후, 호메로스의 판테온의 구조와 미케네의 봉건 왕권의 구조가 수차례 비교되었다. "정의(*dike*)"는 아마도 신의 의지와 연관되어 있을 것이다. 미케네의 왕들처럼 신들은 변덕스럽고 잔인할 수 있다. 그러나 그들은 비열한 짓은 하지 않는다. 용서받지 못할 유일한 죄는 왕에 대한 불성실, 즉 모반이다. 호메로스에게 디케는 각 사회 계층에 "특유한 행동"과 그 계층에 속하는 개인에게 주어져 있는 "권리"를 동시에 의미하는 것이라고 생각된다. 미케네 왕권의 구조, 역사, 위기에 대해서는 J. P. Vernant, *Les origines de la pensée grecque*(Paris, 1962), pp. 13~39에서 적절하게 검토되고 있다.

테미스thémis와 테미스테스thémistes[thémis의 복수형]에 대해서는 Lloyd-Jones, pp. 6 sq., 167~168(참고 문헌)을 보라.

고대부터 현대에 이르기까지의 히브리스 개념의 역사에 대해서는 Robert Payne의 독창적인 저작 *Hubyis: A Study of Pride*(London, 1951 ; nouvelle édition, New York, 1960)를 보라.

제11장 올림포스 신들과 영웅들

88. 몰락한 대신과 대장장이 – 주술사 : 포세이돈과 헤파이스토스[본문 pp. 402~407]

포세이돈의 어원(*Posis Das*)에 대해서는 Willamowitz, *Glaube*, I, pp. 212 sq.(P. Kretschmer in *Glotta*, I, 1909, pp. 27 sq.에서 이미 논의되었다. 또한 Cook, *Zeus*, II, pp. 583 sq.도 참조하라)를 보라.

Guthrie, *The Greeks and their Gods*, pp. 94~99; Louis Séchan et Pierre Lévêque, *op. cit.*, pp. 99~116도 보라. F. Schachermeyr는 포세이돈의 역사를 재건하는 데 전력을 다했다. BC 1900년경에 인도-유럽인이 말을 끌고 그리스에 도착했을 때, 그들은 그리스인들이 남신의 수행을 받는 대지모신을 지상신으로 숭배하고 있는 것을 발견했다. 정복자들은 이 남신들을 물과 풍요성과 지하 세계를 지배하는 그들의 말의 신과 동일시했다. 포세이돈—대지모신인 "다Da 신의 남편"—은 이러한 융합의 결과로 만들어졌을 것이다. *Poseidon und die Enstehung des griechischen Götterglaube*(Berne, 1950)를 보라. Leonard Palmer, *Mycenaeans and Minoans*(London, 1961), pp. 127 sq.; C. Scott Littleton, "Poseidon as a reflex of the Indo-European 'Source and Waters' God", *JIES*, I, 1973, pp. 423~440도 참조하라.

Ileana Chirassi는 미케네 시기의 포세이돈과 올림포스 신으로서의 포세이돈의 차이점을 부각시켰다(예를 들어 필로스에는 포시데이아Posideia 여신이 있었는데, 그 여신은 엔키와 닌키Nin-ki, 엘과 엘라트Elat 등의 양성구유적 신격에 대한 원초적 관념을 반영하는 것이라고 생각된다. pp. 956 sq.); "Poseidaon-Enesidaon nel pantheon miceneo", *Atti e Memorie del I Congresso Internazionale di Micenologia*(Roma, 1968), pp. 945~991을 참조하라.

말의 지하계적 성격에 대해서는 J. M. Blasquez, "El caballo en las creencias griegas y en las de otros pueblos circummediterraneos", *Revue Belge de philologie et d'histoire*, 45, 1967, pp. 48~80을 보라.

헤파이스토스에 대해서는 Farnell, *Cults*, V, 374 sq.; Nilsson, *Geschichte*, I, pp. 526 sq.; L. Malten, "Hephaistos", *Jahrbücher des deutschen archaeologischen Instituts*, 27, 1912, pp. 232 sq.; F. Brommer, "Die Rückführung des Hephaistos", *ibid.*, 52, 1937, pp. 198 sq.; Marie Delcourt, *Héphaistos ou la légende du magicien*(Paris, 1957)을 보라. 후대의 전승에서는 헤파이스토스의 출생에 관한 두 신화를 조화시키고자 하는 노력이 보인다. "헤라는 결혼하기 전에 이미 제우스의 씨를 배고 있었다. 헤파이스토스가 태어났을 때, 헤라는 체면을 살리기 위해

아버지 없이 임신했다고 선언했다."(Delcourt, p. 33) 헤파이스토스가 헤라에게 황금 옥좌를 선물했다고 하는 에피소드는 호메로스에게서는 발견되지 않지만, 널리 알려져 있다. 플라톤은 신들에 관해 유포되어 있는 무책임한 전설의 하나로 그 에피소드를 거론한다.(*République*, II, 378) 리바니오스와 히기오스에 의해 전해진 전승은 M. Delcourt, pp. 78~79, 86~96에서 인용, 분석되고 있다.

주술사의 의례적 신체 훼손에 대해서는 M. Delcourt, pp. 110 sq.를 보라.

"불의 주인"으로서의 신성한 야금술사에 대해서는 M. Eliade, *Forgerons et alchimistes*, pp. 80 sq.를 보라.

헤파이스토스와 그와 유사한 다른 신적 존재들 간의 관계에 대해서는 Delcourt, pp. 154 sq.를 보라.

89. 아폴론: 모순들의 화해[본문 pp. 407~412]

아폴론에 대해서는 Farnell, *Cults of the Greek States*, IV, pp. 98 sq.; Rose, *A Handbook of Greek Mythology*, pp. 135 sq.; A. B. Cook, *Zeus*, II, pp. 453~459(이론과 논쟁에 대한 비평); Nilsson, *Geschichte*, I, 529 sq.; Guthrie, *The Greeks and their Gods*, pp. 73 sq., 183 sq.를 참조하라. K. Kerényi, *Apollon*(Vienne, 1937; 2ᵉ éd., 1953)도 참조하라.

그리스 문명 이전의 신들이 아폴론으로 대체된 현상에 대해서는 Farnell, *op. cit.*, IV, 125 sq., 263 sq.를 참조하라. 히아킨토스Hyakinthos—이름 자체만으로도 그가 지중해 지역의 오래된 신이라는 사실을 알 수 있다—의 전설은 Euripide, *Hélène*, 1470 sq.에서 처음 언급된다.(Apollodore, *Bibl.*, III, 10, 3; Rose, *op. cit.*, pp. 142, 160~161을 참조하라) 히아킨토스가 꽃으로 변신한 사실이 갖는 신화-종교적 의미는 Ileana Chirassi, *Elementi di culture precereali nei miti e riti greci*(Rome, 1968), pp. 159 sq.에서 분석되고 있다. 라코니아에서 거행되는 히아킨토스 축제는 아폴론과 뜻하지 않은 그의 희생자[히아킨토스]에게 동시에 바쳐진다. 델포이에서처럼 프토이온과 이스메니온에서도 아폴론은 아테나와 연결된다. 보이오티아 북부의 델리온과 테귀레에서도 그는 레토 및 아르테미스와 함께 등장한다. Delcourt,

L'Oracle de Delphes(1955), pp. 216 sq.를 참조하라. 다시 말해 델포이의 신인 아폴론은 그리스적 종교성의 산물인 것이다.

아폴론의 기원에 대한 두 가지 가설—북방계 혹은 아나톨리아계—은 Guthrie, pp. 75 sq.에서 검토되고 있다.

히페르보레이오스 민족에 관한 전설은 Cook, *Zeus*, II, pp. 459~501(그는 그 여정을 은하수와 동일시한다)을 참조하라. 헤로도토스는 "히페르보레이오스 출신의 두 처녀"가 델로스에 바치는 공물을 직접 가지고 왔으나, 되돌아가지 않았다는 이야기를 전한다. 헤로도토스는 그들의 무덤의 위치를 정확하게 기술했고, 프랑스 발굴대는 그가 지적한 장소에서 그 묘를 발견했다. 그러나 그 묘는 결코 "히페르보레이오스인의 것"이 아니라 청동기시대의 퀴클라데스 양식의 분묘였다. 즉 그것은 고대적인 제의의 참된 의미가 잊혀지고, 무덤의 신성한 성격이 상상의 영웅과 연결된 것이라고 볼 수 있다. Guthrie, p. 77에서 인용하는 C. T. Seltman의 연구를 참조하라. 또한 역사시대 그리스의 미케네 시기의 무덤과 연결된 영웅 숭배의 다른 예에 대해서는 Charles Picard, *Les religions préhelléniques*, p. 271도 보라.

Marie Delcourt, *op. cit.*, p. 163은 그 처녀들이 밀짚으로 싸서 델로스에 가져온 히에라는 구멍을 뚫는 무기를 상징하는 팔루스[남근상]였을 것이라고 추측한다.

90. 신탁과 정화[본문 pp. 412~415]

아이스킬로스는 『자비의 여신들』에서 오레스테스가 모친 살해의 죄를 면책받은 것의 종교적 의미에 대해 설명한다. 오레스테스는 자기의 죄를 인정하고 아레오파고스에서 심판받는 것에 동의한다. 그는 아폴론의 변호를 받고 아테나에 의해 석방되었다. 나아가 에리니에스(대지와 모성의 상징인 그녀들이 가장 참혹한 범죄라고 할 수 있는 모친 살해에 대해 복수하지 않는 것은 있을 수 없는 일이다) 역시 아테나로 인해 "마음을 바꾸었다." 그녀들은 자비로운 여신들이 되었고, 생명을 지속시키고 영양을 공급하는 여신들이 되었다. 범죄로 인한 오염은 돼지 희생으로 씻겨졌다.(*Euménides*, 281 sq.) 이 희생 제물은 아폴론의 명령에 의한 것으로, 그것은 대지와 지하 세계의 힘에게 바쳐진 제물이었다. 그것은 델포이의 신들이 올림포스적 구조를 지녔음에도 불구하고 상보적인 동시에 상반적이기까지 한 종교적 현실을 고려한다는 것을 보여준다.

델포이와 델포이 신탁의 전통에 대해서는 P. Amandry, *La mantique apollonienne à Delphes*(Paris, 1950); J. Defradas, *Les thèmes de la propagande delphique*(1954); Marie Delcourt, *L'oracle de Delphes*(1955)를 보라. 신탁 문서들은 H. Parke et D. Wormell, *The Delphic Oracle*(2 vol., Oxford 1956)에 수집되어 있다. 또한 K. Latte, "The Coming of the Pythia", *Harvard Theol. Review*, 33, 1940, pp. 9 sq.도 보라.

델포이의 디오니소스에 대해서는 H. Jeanmaire, *Dionysos*(Paris, 1951), pp. 187〜198, 492〜493(비판적 문헌 해제)을 보라.

91. "환영"으로부터 지식으로[본문 pp. 415〜418]

그리스의 "샤머니즘"에 대해서는 Eliade, *Le chamanisme*(2ᵉ éd.), pp. 305 sq.; *id.*, *De Zalmoxis à Gengis-Khan*(Paris, 1970), pp. 42 sq.(참고 문헌)를 보라. E. R. Dodds, *The Greeks and the Irrational*(Berkeley, 1951), pp. 141 sq.는 샤먼적 신화와 기법이 헬레스폰투스 해협과 흑해 연안의 그리스 식민지의 이란인(즉 스키타이인)과의 접촉에 의해 전해졌다고 설명한다. 그러나 스키타이인들의 풍습이 샤머니즘적 구조를 가지고 있다는 사실을 밝히고, 그리스 전통 안에서 발견되는 그들의 영향에 대해서 최초로 언급한 Karl Meuli는 동시에 그리스 서사시 안에서 샤머니즘적 요소를 확인하였다. Karl Meuli, "Scythica" (*Hermes*, 70, 1935, pp. 121〜176), pp. 164 sq.를 참조하라. Walter Burkert는 고에스goēs[마법사]가 사자 의례와 연관을 가지고 있기 때문에 진정한 그리스의 샤먼이라고 본다.(Walter Burkert, "Goēs. Zum griechischen 'Schamanismus'", *Rhein. Museum f. Phil.*, N. S., vol. 105, 1962, pp. 35〜55를 참조하라)

오르페우스 신화 및 아리스테아스와 다른 전설적인 인물의 이야기에 보이는 샤머니즘적 특징에 대해서는 본서 제2권을 보라.

92. 헤르메스, "인간의 친구"〔본문 pp. 418~422〕

헤르메스에 대해서는 FarnelI, *Cults*, V, pp. 1 sq.; Nilsson, *Geschichte*, I, 501 sq.; S. Eitrem, *Hermes und die Toten*(Christiania, 1909); P. Raingeard, *Hermès psychagogue*(Paris, 1935); K. Kerényi, *Hermes der Seelenführer*(Zürich, 1944); N. O. Brown, *Hermes the Thief*(Madison, 1947); Walter Otto, *The Homeric Gods*, pp. 104~124; Jeanine J. Orgogozo, "L'Hermès des Achéens", *RHR*, 136, 1949, pp. 10~30, 139~179를 보라.

헤르메스가 사용하는 약초인 **몰리**에 대해서는 Hugo Rahner, *Greek Myths and Christian Mystery*(New York and London, 1963), pp. 181 sq.를 보라. 본서 제2권의 헤르메스주의에 관한 문헌 해제도 보라.

어떤 면에서 본다면 전쟁신 아레스는 수수께끼에 싸여 있다. 호메로스는 그가 다른 신들의 미움을 받는 신이었다고 말한다. "너는 올림포스에 사는 모든 불사자들 중에서 가장 역겨운 존재다 〔……〕. 만일 네가 다른 신에게서 태어나 이렇게 파괴적이었다면, 너는 벌써 우라노스의 자식들이 사는 곳보다 더 깊은 곳에 가 있었을 것이다"라고 그의 아버지 제우스는 소리쳤다.(*Il.*, V, 889 sq.) 그리스인들은 "고대의 다른 민족들만큼, 아니 그 이상으로 전쟁을 많이 치렀음에도 불구하고" 그 신에게 제의를 바쳐 섬기지도 않았고, 문학이나 예술 작품으로 표현하지도 않았다.(Séchan et Lévêque, *Les Grandes divinités de la Grèce*, p. 248) 이탈리아의 전쟁신 마르스 혹은 다른 인도-유럽의 전쟁신과 비교하면, 아레스는 그다지 중요하지 않은 신으로 보인다.

호메로스에 의하면 아레스는 트라키아에서 왔다.(*Il.*, XIII, 301) 그리고 헤파이스토스가 만든 그물에 아프로디테와 함께 갇혀 있다가 풀려나자 아레스는 트라키아로 도망갔다.(*Ody.*, VIII, 361) 한편 헤로도토스는 트라키아에서는 아레스, 디오니소스, 그리고 아르테미스 세 신만을 섬겼다고 주장한다.(V, 7) 이 난폭한 신—"법을 모르는 미치광이"(*Il.*, V, 757)—이 그리스의 전통 종교 안에 통합되지 못한 것은 그의 트라키아 기원 때문인가?

93. 여신들 I: 헤라와 아르테미스[본문 pp. 422~426]

W. H. Roscher에 의하면, 헤라는 원래 달의 여신이었을 것이라고 한다.(*Lexikon*, I, II[1886~1890], 2087 sq.; 이 가설에 대한 비판으로는 Farnell, *Cults*, I, 180 sq.를 참조하라) Rose는 헤라가 여성과 그들의 다산성을 관장하는 신이라고 한다(그러나 식물의 풍요신은 아니다). *Handbook*, p. 103을 참조하라. Welcker(*Die griechische Götterlehre*, I~III, 1857~1863)가 지지한 생각에 의하면, 헤라는 대지모신이었을 것이다. 그 가설은 Farnell과 Rose에 의해 부정되었지만, 훨씬 더 설득력 있는 형태로 Guthrie, *op. cit.*, pp. 68 sq.에서 다시 제기되고 있다.

헤라와 암소의 관계에 대해서는 Farnell, *Cults*, I, 181 sq.; Cook, *Zeus*, I, 444 sq.를 참조하라.

에게 해의 헤라에 대해서는 Ch. Picard, *Les religions préhelléniques*, p. 243; *Nuovi saggi di religione mediterranea*(pp. 225~256)에 재수록된 U. Pestallozza, "Hera Pelasga"(*Studi Etruschi*, vol. 25, serie II, 1957, pp. 115~182); Louis Séchan et Pierre Lévêque, *Les Grandes divinités de la Grèce*, pp. 184~185를 참조하라. Ileana Chirassi는 지중해의 "백합의 여신"과 헤라의 연속성을 잘 보여주고 있다. Ileana Chirassi, "Riflesi di una primitiva cultura precerealicola nel mondo miceneo", *Annali della Facoltà di Lettere e Filosofia dell'Università di Trieste*, III, 1966~1967, pp. 15~26을 참조하라.

헤스티아 여신에 대해서 간략하게 몇 마디만 덧붙이고자 한다. 헤스티아는 거의 신화를 가지고 있지 않다. 그러나 이 여신은 가정이나 공공의 화로를 수호하는 신이기 때문에 의례에서는 중요하다. 호메로스는 이 여신의 이름을 모르지만, 헤시오도스는 헤스티아가 크로노스와 레아 사이에서 태어난 맏딸이라고 주장한다.(*Théog.*, 454) 헤스티아는 무엇보다 처녀신이며, "정주하는" 여신이다. 이 여신은 "신들의 높은 거처"를 벗어나는 일이 없다. 어원적으로 라틴족의 여신 베스타Vesta와 연결되어 있는 이 여신은 불의 신성성을 대표한다. 그 사실은 아마 이 여신의 추상성을 이해하는 데 도움이 될 것이다.(본권 104절을 참조하라)

이 여신의 이름은 "불타오르다"를 의미하는 인도-유럽계 언어의 어근에서 파생된 것이라고 생각된다. 그러나 헤스티아에 대한 제의는 화로에 대한 그리스 이전 시대의 제의를 물려받은 것이라고 볼 수 있다. Ch. Picard, *Les religions préhelléniques*, pp. 242 sq.를 참조하라.

아르테미스에 대해서는 Farnell, *Cults*, II, pp. 425 sq.; Nilsson, *Geschichte*, I, pp. 481~500; K. Hoenn, *Artemis, Gestaltwandel einer Göttin*(Zürich, 1946); 그리고 Guthrie, *The Greeks and their Gods*, pp. 99~109의 명확한 설명을 참조하라. IIeana Chirassi, *Miti e culti arcaici di Artemis nel Peloponese e Crecia centrale*(Trieste, 1964)도 보라.

아르테미스의 이름이 일리리아 계통이라는 사실은 M. S. Ruiperez, *Emerita*, XV, 1947, pp. 1~60에서 제시되었다.

에페소스의 아르테미스에 대해서는 Charles Picard, *Éphèse et Claros*(Paris, 1922). pp. 474 sq.를 보라.

아르테미스를 추종하는 어린 소녀들이 의례적으로 새끼 곰으로 변신하는 것(아마 곰 춤과 관련된 것일 것이다)을 포함하는 브라우로니아Brauronia 축제에 대해서는 H. Jeanmaire, *Couroï et Courètes*(Lille, 1939), pp. 237 sq.를 보라.

BC 7세기 이후 아르테미스는 달의 여신 헤카테, 트라키아의 여신 벤디스 Bendis, 그리고 키벨레와 동일시되었다.

94. 여신들 II: 아테나와 아프로디테[본문 pp. 426~432]

아테나를 그리스 이전 시기의 여신이며 미노아 혹은 미케네 왕의 수호신이라고 해석하는 관점은 Nilsson(*Minoan-Mycenaean Religion*, 2ᵉ éd., pp. 487 sq.)에 의해 제기되었는데, 현재는 일반적으로 받아들여지고 있다. A. B. Cook은 아테나가 그리스 이전 시기의 여신, 특히 아크로폴리스의 암벽에 자리 잡고 있는 산악 모신Mére-Montagne이라고 보았다.(*Zeus*, III, p. 749; *ibid.*, pp. 224 sq.도 참조하라)

아테나와 아테나 숭배에 대한 자세한 서술은 Farnell, *Cults*, I, pp. 184 sq.; Nilsson, *Geschichte d. griech. Rel.*, I, pp. 433 sq.를 보라. Walter Otto, *The Homeric*

Gods(pp. 43~60)에 나오는 아테나에 대한 서술은 그 책에서 가장 훌륭한 부분이다. M. Guarducci, "Atena oraculare", *Parola di Passato*, 6, 1951, pp. 338~355; C. J. Herrington, *Athena Parthenos and Athena Polias. A Study in the Religion of Periclean Athens*(Manchester, 1955)도 보라.

제우스가 메티스를 삼켜버렸다는 에피소드(*Theog.*, 886 sq.)에 대해서는 M. L. West, *Hesiod: Theogony. Edited with Prolegomena and Commentary*(Oxford, 1966), pp. 401 sq.의 주석을 보라. 최근의 두 논문에서 Marcel Detienne는 아테나에 대해 풍부하고 명확한 해석을 내리고 있다. "Le navire d'Athéna", *RHR*, 178, 1970, pp. 133~177; "Athena and the Mastery of the Horse", *HR*, 11, 1971, pp. 161~184를 참조하라. H. Jeanmaire, "La naissance d'Athéna et la royauté magique de Zeus", *Rev. arch.* 48, 1956, pp. 12~39도 보라.

아프로디테에 대해서는 E. Simon, *Die Geburt der Aphrodite*, Berlin, 1959; M. P. Nilsson, *Griechische Feste*(1906), pp. 362~387; *id.*, *Geschichte*, I, pp. 519 sq.; Farnell, *Cults*, II, pp. 618 sq.; R. Flacelière, *L'amour en Grèce*(Paris, 1960)를 보라.

아프로디테 숭배가 오리엔트에서 기원했다는 가설에 대해서는 H. Herter, dans *Éléments orientaux dans la religion grecque ancienne*(Paris. 1960), pp. 61 sq.를 보라. 아프로디테의 인도-유럽적 요소는 K. Tümpel, in Pauly-Wissowa, *Real-encyclopädie, s.v.*에 의해 분명해졌지만, 약간의 억지스러움도 보인다. Stubbs, "Who was Aphrodite", *Orpheus*(1954), pp. 170 sq.도 보라.

95. 영웅들〔본문 pp. 432~441〕

Erwin Rohde는 그의 저서 *Psyche*(Tübingen-Leipzig, 1893, 2ᵉ éd., 1897; 프랑스어판, *Psyché. Le culte de l'âme chez les grecs et leur croyance à l'immortalité*, Paris, 1928, pp. 121~164를 참조하라)의 제4장을 영웅 문제에 할애하고 있다. 3년 후에 Hermann Usener는 *Götternamen. Versuch einer Theorie der religiosen Begriffsbildung*(Bonn, 1896)에서 조상숭배의 선행성에 대한 H. Spencer의 이론을 특히 비판하면서 "특수신Sondergötter"이라는 개념을 발전시킨다.(pp. 253 sq.) Rohde에 대해서는

단 하나의 논쟁적인 주석을 단다.(p. 248) Paul Foucart는 대체로 Rohde의 해석을 따르고 있다. *Le culte des héros chez les Grecs*, 1918(Mémoires de l'Institut Français, 1921)을 참조하라. S. Eitrem, in Pauly-Wissowa, *Real-Encyclopädie*, VIII, 1, 1912, *s.v.* "Heros"와 F. Pfister, *Der Reliquienkult im Altertum*(Giessen, 1910~1912)도 같은 입장이다.

L. R. Farnell, *Greek Hero Cults and Ideas of Immortality*(Oxford, 1921)에서 제시하는 "절충안"은 널리 받아들여지고 있다. 특히 M. P. Nilsson, *The Minoan-Mycenaean Religion*(2ᵉ éd., Lund, 1950), pp. 585 sq.; *id.*, *Geschichte der Griechische Religion* I(2ᵉ éd., München, 1955), p. 188을 참조하라.

C. Robert, *Die Griechische Heldensage*, I~II(Berlin, 1921~1926); L. Rademacher, *Mythos und Sage bei den Griechen*(München, 1938); Marie Delcourt, *Légendes et cultes des héros en Grèce*(Paris, 1942); H. J. Rose, *Gods and Heroes of the Greeks*(London, 1957); K. Kerényi, *Greek Heroes*(London, 1959) 등은 명확한 서술과 유용한 분석을 제공한다.

Angelo Brelich, *Gli eroi greci: Un problema storico-religioso*(Roma, 1958)는 전체적인 종교사의 관점에서 볼 때 중요한 연구이다. Rohde로부터 Nilsson에 이르기까지 먼저 이루어진 해석들을 상기시킨 후 Brelich는 신화와 의례 안에서의 영웅의 역할을 보여주고(영웅과 죽음, 영웅과 경기, 예언, 입문 의례 등), 궁극적으로 그리스 영웅의 특수한 구조를 해명하기 위해 다른 신화적 존재와의 관계를 검토한다.

존재의 세 범주(신, 영웅, 인간)의 구별은 핀다로스에 의해 제시되었다. 플라톤은 네 번째 범주로 악마를 덧붙이고 있다. *Cratyle*, 397c sq.를 참조하라.

고대 그리스의 청소년의 입문 의례에 대해서는 H. Jeanmaire, *Couroï et Courètes* (Lille, 1939); Eliade, *Naissances mystiques. Essai sur quelques types d'initiation*(Paris, 1959; nlle éd. 1975), pp. 227 sq.; Brelich, *op. cit.*, 124 sq.; *id.*, *Paides e Parthenoi*, I(Rome, 1969)을 보라.

올림포스 신들에 대한 희생 제의와 지하의 신들 및 영웅에 대한 희생 제의의 차이점은 Rohde(*Psyché*, trad. fr. pp. 123 sq.)가 강조한 것이지만 Jane Harrison, Meuli, Ch. Picard 및 Guthrie 등도 주목하고 있다. Picard는 의례적 동작의 차이에 대해 지적하고 있다. 올림포스 신의 경우에는 손바닥을 공중을 향해 들어올리고, 대지의 힘을 부르는 경우에는 손바닥이 지면을 향하게 한다.("Le geste de la prière funéraire en Grèce et en Étrurie", *RHR*, 1936, pp. 137 sq.를 참조하라)

그러나 A. D. Nock(*Harvard Theological Review*, 37, 1944, pp. 141 sq.)와 W. Burkert(*Homo Necans*, Berlin, 1972, pp. 16 sq.와 주석 41)는 이러한 차이가 반드시 절대적인 것은 아니라고 말하고 있다. Brelich, *Gli eroi greci*, pp. 16～18도 참조하라.

제12장 엘레우시스의 비의

96. 신화: 명계의 페르세포네〔본문 pp. 442～447〕

특히 복수형으로 사용되는 그리스어 *tá mystéria*는 인도-유럽어의 어근 MU에서 파생된 것으로 보인다. "조용히 하다"라는 그 원뜻은 "조용한 의례"와 관계된 것이다. "비의로 입문하다"를 뜻하는 *myō*와 *myeō*, "입문식"을 뜻하는 *myesis*(비의에 입문할 때에만 사용되는 특수 용어)를 참조하라.

문헌 자료로는 L. R. Farnell, *Cults of the Greek States*, vol. III(Oxford, 1907), pp. 307～367을 보라. 고고학적 발굴에 대해서는 F. Noack, *Eleusis: die baugeschichtliche Entwicklung des Heiligtums*(Berlin-Leipzig, 1927); K. Kuruniotis, "Das eleusinische Heiligtum von den Anfangen bis zur vorperikleische Zeit"(*ARW*, 33, 1935, pp. 52～78); G. E. Mylonas, *The Hymn to Demeter and her Sanctuary at Eleusis*(Washington Studies in Language and Literature, XIII, St.-Louis, 1942); *id., Eleusis and the Eleusinian Mysteries*(Princeton, 1961), pp. 23～186; E. Simon, "Neue Deutung zweier Eleusinischer Denkmäler des 4.Jh.v.Chr."(*Antike Kunst*, 9, 1966, pp. 72～92); H. Metzger, *Les représentations dans la céramique attique du IVᵉ siècle*(Paris,

1951), pp. 231~265; *id., Recherches sur l'imagerie athénienne*(Paris, 1965), pp. 1~ 53을 보라.

호메로스 찬가에 대해서는 N. J. Richardson, *The Homeric Hymn to Demeter*(Oxford, 1973)를 보라. K. Deichgräber, *Eleusinische Frömmigkeit und homerische Vorstellungswelt im Homerischen Demeterhymnus*(Mainz, 1950); Francis R. Walton, "Athens, Eleusis, and the Homeric Hymn to Demeter" (*Harvard Theological Review*, 45, 1952, pp. 105~114); Ugo Bianchi, "Saggezza olimpica e mistica eleusina nell'inno omerico a Demeter" (*SMSR*, 35, 1964, pp. 161~193); Mary L. Lord, "Withdrawal and Return in the Homeric Hymn to Demeter and the Homeric Poems" (*Classical Journal*, 62, 1967, pp. 214~248)도 참조하라.

엘레우시스의 비의에 대한 방대한 문헌 중에서 중요한 것으로는 L. R. Farnell, *Cults*, III, pp. 126~198; Paul Foucart, *Recherches sur l'origine et la nature des Mystères d'Éleusis*(Paris, 1895); *id., Les Mystères d'Éleusis*(Paris, 1914); Martin P. Nilsson, *Minoan-Mycenaean Religion and its Survival in Greek Religion*(Lund, 1927; 2ᵉ édition, corrigée et augmentée, 1950), pp. 468 sq.; 558 sq.; *id.,* "Die eleusinischen Gottheiten" (*ARW*, 32, 1935, pp. 79~141, *Opuscula Selecta*, II, Lund, 1952, pp. 542~ 623에 재수록되었다); *id., Greek Folk Religion*(New York, 1940, nouvelle édition, 1961), pp. 42~64; S. Eitrem, "Eleusis: les mystères et l'agriculture" (*Simbolae Osloenses*, 20, 1940, pp. 133~151); Victor Magnien, *Les Mystères d'Éleusis. Leurs origines. Le rituel de leurs initiations*(Paris, 1938; 인용, 번역된 텍스트들로 유용하다); Walter F. Otto, "Der Sinn der eleusinischen Mysterien" (*Eranos-Jahrbuch*, IX, 1939, pp. 83~112 ="The Meaning of the Eleusinian Mysteries", in: *The Mysteries. Papers from the Eranos Yearbooks*, II, New York, 1955, pp. 14~31); Momolina Marconi, "Sul mistero dei Misteri Eleusini" (*SMSR*, 22, 1949~1950, pp. 151~154); C. Kerényi, *Eleusis: Aychetypal Image of Mother and Daughter*(New York, 1967); Georges Méautis, *Les Dieux de la Grèce et les Mystères d'Éleusis*(Paris, 1959); P. Boyancé, "Sur les Mystères d'Éleusis" (*REG*, 75, 1962, pp. 460~482); Walter Burkert, *Homo*

Necans(Berlin, 1972), pp. 274~327이 눈에 띈다. 또한 뒤에 인용되는 A. Korte, O. Kern, A. Dellatte, Charles Picard 등의 연구도 보라.

Paul Foucart는 헤로도토스의 견해를 따라(II, 49 sq., 146) 엘레우시스의 비의가 이집트에서 기원했다고 강조한다. 그러나 Charles Picard는 "히에론의 어느 곳에서도, BC 2000년대 후반에 속하는 이집트의 물건은 단 하나도 발견되지 않았다"고 주장한다.("Sur la patrie et les pérégrinations de Déméter", *REG*, 40, 1927, pp. 321~330, 특히 p. 325를 참조하라) Axel Persson, "Der Ursprung der eleusinischen Mysterien"(*ARW*, 21, 1922, pp. 287~309)과 Charles Picard(*Les religions préhelléniques*, Paris, 1948, pp. 89, 111, 114 sq.)는 비의의 크레타 기원을 제안한다. 하지만 최근의 발굴 결과는 엘레우시스의 건축물에서 크레타 혹은 미노스의 영향을 인정하는 가설의 오류를 확인시켜주고 있다.(Mylonas, *Eleusis*, pp. 16 sq.를 보라. *ibid.*, pp. 49, 68 등도 참조하라) M. P. Nilsson은 엘레우시스의 신화−의례 복합체가 미케네 문명에서 기원하고 있다는 것을 밝히려고 노력했다.(*Minoan-mycenaean Religion*, pp. 558 sq.를 참조하라. 또한 *Opuscula Selecta*, II. pp. 585 sq.도 보라) Mylonas는 전승들이 오히려 그 비의가 북방—테살리아 혹은 트라키아—에서 기원했다는 것을 알려준다고 생각한다.(*op. cit.*, pp. 19 sq.) 파우사니아스(I, 38, 2~3)에 따르면 에우몰피데스 가문의 시조이자 최초의 사제였던 에우몰포스는 트라키아 출신으로 추정되었다. 그러나 에우몰포스라는 이름은 그리스 이전의 것이다.(Nilsson, *Minoan-mycen. Rel.*, pp. 520 sq.) 그 기원이 어떻든 간에 비의는 그리스 이전의 것이며, 원초적 구조의 제의를 계승하는 것은 분명하다. 두 번째 가문인 케리케스에서, "횃불의 전달자"인 다두코스, "의례의 전령"인 히에로케릭스, 그리고 제단에서 의식을 거행하는 제관 등 여러 계급의 사제가 배출되었다. 396년에 알라리크에 의해 엘레우시스가 파괴될 때까지 최고 사제를 비롯한 사제 계급 전원은 이 두 번째 가문에서 배출되었다.

비의의 "생성"에 대해 거의 모든 연구자들은 그 기원을 농경과 결부된 신화−의례적 시나리오 안에서 찾는다. Nilsson은 데메테르가 곡물의 어머니이며, 코레는 곡물의 딸이라고 보았다. 그 모녀는 오래된 수확과 새로운 수확을 상징했다. 따라서 그 두 여신의 결합은 결국 그 두 수확의 집합을 의미했다.(*Greek Folk Religion*, pp. 51 sq.를 참조하라) Nilsson은 엘레우시스에서는 "교의는 존재하지 않았지만, 생명과 죽음에 대한 몇 가지 기본적인 사상―새로운 곡물이 오래된 곡물로부터 생겨나는 것으로 상징되는 몇 가지 사상만이 존재하고 있었다"고 말한다.(*ibid.*, p. 63) 비슷한 결론이 이미 F. M. Cornford, "The aparchai and the Eleusinian Mysteries"(in: *Essays and Studies presented to William Ridgeway*, Cambridge 1913, pp. 153~166)에서 주장되었다. 나는 다른 곳에서 Nilsson의 *Greek Folk Religion*을 거론하면서, 종교현상을 "생성론적"으로 설명하는 것의 오류에 대해 지적한 바 있다. "Mythologie et Histoire des religions", *Diogène*, Janvier 1955, pp. 108 sq.를 참조하라. 엘레우시스의 비의와 농경의 관계는 R. Pettazzoni, *I Misteri*(Bologna, 1924), pp. 45 sq.; *id.*, *La religion dans la Grèce antique*(Paris, 1953), pp. 73 sq.에서도 분석되고 있다.

지중해 세계에서의 석류에 대한 의례와 신화는 Uberto Pestalozza, "Iside e la Melagrana"(in: *Religione Mediterranea*, Milano, 1951, pp. 1~70); Ileana Chirassi, *Elementi di culture precereali nei miti et riti greci*(Roma, 1968), pp. 73~90을 보라.

불에 의한 성별聖別에 대해서는 J. G. Frazer, Apollodorus, *The Library*, vol. II, pp. 311~317(Appendix I: "Putting children on the fire"), C. M. Edsman, *Ignis Divinis*(Lund, 1949), pp. 224 sq.와 특히 Marie Delcourt, *Pyrrhos et Pyrrha: Recherches sur les valeurs du feu dans les légendes helléniques*(Paris, 1965), pp. 66 sq.를 보라. 데메테르가 데모폰에게 시도하려고 했던 것을 이시스는 아르시노에의 자식에게, 그리고 테티스와 메데아는 자기 자식들에게 시도하려고 했다. 그러나 그 어떤 시도도 공포에 질린 인간의 어리석음으로 인해 성공을 거두지 못한다. "불의 주인"에 대해서는 Eliade, *Le Chamanisme*(2ᵉ édition, pp. 209 sq., 342 sq., 369 sq.); *id.*, *Forgerons et alchimistes*(Paris, 1956), pp. 81 sq.를 참조하라.

바우보의 에피소드에 대해서는 Charles Picard, "L'épisode de Baubô dans les Mystères d'Éleusis"(*RHR*, 95, 1927, pp. 1~37); V. Magnien, *Les Mystères d'Eleusis*, pp. 86 sq.를 보라.

데메테르 신화의 오르페우스교적 해석(Malten, "Altorphische Demetersagen", *ARW*, 1909, pp. 417 sq.를 참조하라)에 의하면 엘레우시스에는 가난한 농부 디사울레스와 그의 아내 바우보가 살았다고 한다. 데메테르가 아직 밀알을 주지 않았기 때문에 그들은 초라한 움막집만 겨우 갖고 있을 뿐이었다. 아티카의 전승에 따르면 트립톨레모스는 디사울레스의 아들이었다.(Pausanias, I, 14, 3) 다른 아들 에우볼레오스는 돼지 사육을 하고 있었는데, 대지가 그의 돼지와 페르세포네를 함께 삼켜버렸다고 한다. 오르페우스의 찬가(41, 6)에 의하면 데메테르는 엘레우시스에서의 단식을 끝낸 다음 에우볼레오스의 증언에 따라 지하 세계로 내려갔다고 한다.(K. Kerényi, *Eleusis*, pp. 43, 171을 참조하라)

고대인들은 엘레우시스를 엘리시움, 즉 지복자의 땅과 연결시켜 생각했다. (A. B. Cook, *Zeus*, II, pp. 36 sq.를 참조하라)

97. 입문 의례: 공적 의식과 비밀 의례[본문 pp. 447~450]

Sterling Dow et Robert F. Healey, *A Sacred Calendar of Eleusis*(Cambridge, 1965)는 AD 330년경에 만들어진 것으로 생각되는 비문에 근거하여 제전이 거행되는 일정을 재구성했다.

소소비의에 대해서는 P. Roussel, "L'initiation préalable et le symbole Éleusien"(*Bulletin de correspondance hellénique*, 54, 1930, pp. 51~74) ; Mylonas, *op. cit.*, pp. 239~243을 보라. 돼지 희생은 그리스 전역을 통해서 데메테르 제의에만 한정되어 있었다. 최근의 W. Burkert, *Homo Necans*, pp. 284 sq.를 참조하라. 한편 그러한 희생은 폴리네시아 군도의 경작민들의 입문 의례에서 풍부하게 관찰된다. Burkert(p. 286)는 그리스어로 "새끼 돼지(*choiros*)"라는 말은 비속어로 여성의 성기를 의미하기도 한다고 지적한다. 새끼 돼지를 죽이는 희생 제의는 상징적으로는 소녀의 죽음을 표현하는 것이었다.

게피리스모이에 대해서는 E. de Martino, "Gephyrismii"(*SMSR*, 10, 1934, pp. 64 ~79)를 참조하라.

키케온에 대해서는 A. Delatte, "Le Cycéon, breuvage rituel des mystères d'Éleusis"(*Bull. Classe des Lettres, Acad. Royale de Belgique*, 5ᵉ série, tome 40, 1954, pp. 690~752)를 보라.

입문 의례에 대해 보고하는, 가치가 서로 다른 수많은 문헌들은 V. Magnien, *op. cit.*, pp. 198 sq.에 인용, 번역되어 있다(주의해서 이용하라). 의례에 대해서는 Mylonas, *op. cit.*, pp. 243~285 ; Dario Sabbatucci, *Saggio sul misticismo greco*(Roma, 1965), pp. 127 sq.를 보라. Charles Picard, "Le prétendu 'baptême d'initiation' éleusien et le formulaire des mystères des Deux-déesses"(*RHR*, 154, 1959, pp. 129~145) ; Ugo Bianchi, ΟΣγΣΜΟΑΣ, ΑΙΩΝ(in : *Ex Orbe Religionum*, I, Leiden, 1972, pp. 277~286) ; H. Ludin Jansen, "Die Eleusinische Weihe"(*ibid.*, pp. 287~298) 등도 참조하라. 입문 의례와 관련된 희생과 제의는 성소 안에서 거행되었다. 올림포스 신들에 대한 희생은 신전이 아니라 제단에서 거행되었다. 제단은 집 안이나 길 옆, 밭 등 어느 곳에나 설치될 수 있었다.

입문자는 제문(아마 Proclus, *ad Timaeus*, 293C에서 전하는 유명한 제문일 것이다)을 낭송하는 한편 두 개의 용기(*plemochoai*)에 가득 담긴 물을 다 쏟아 버리는 의식을 거행한다. 그 의식의 우주적, 의례적 의미에 대해서는 Edward L. Ochsenschlager, "The cosmic significance of the plemochoe"(*HR*, 9, Nov. 1970, pp. 316~337)를 보라.

비밀의 누설(본권 97절의 주석 3을 참조하라)과 관련된 것에 대해서는 고대에도 다른 몇 가지 예가 알려져 있었다. 소파트로스의 이름으로 전해지는 수사학적 문장은 입문하는 꿈을 꾼 젊은이에게만 알려준다. 소파트로스 본인은 의례 dromena를 지켜보았지만, 최고 사제가 선언하는 말을 듣지 못했기 때문에 입문자로 인정받지 못했다. 한편 안드로키데스는 비입문자에게 히에라를 보여주고, 말해서는 안 되는 성구를 말한 죄로 벌을 받았다.(Mylonas, p. 272, nn. 194, 195의 출전을 참조하라) 알키비아데스는 비의를 조롱했기 때문에 망명하지 않을 수 없었다. 그의 공범자 중에는 체포되어 사형에 처해진 사람들도 있었다.(Xénophon, *Helléiniques*, I, 4, 14 등.)

98. 비의를 알 수 있는가? [본문 pp. 450~455]

시네시우스는 비의의 젊은 시절의 아리스토텔레스가 입문 의례에 관해 기록한 단편을 전해주고 있다. "아리스토텔레스의 의견에 따르면 참가자는 무엇인가를 배우지 않은 채로 감정을 경험해야 하고, 어떤 마음가짐을 가져야 한다. 그러나 그것은 분명하게 그것을 받아들일 수 있는 준비가 이루어진 다음의 일이다."(*Dio*, Krabinger, éd. t. I. pp. 271~272 =Aristote, fr. 15 Rose; trad. Jeanne Croissant, *Aristote et les Mystères*, Paris, 1932, p. 137) 프셀로스에 의해 전해지고 J. Bidez(*Catalogue des manuscrits alchimiques grecs*, t. VI, 1928, p. 171)에 의해 편집된 비슷한 텍스트가 J. Croissant, *op. cit.*, pp. 145 sq.에서 충분히 분석되었다.

테미스티오스의 구절에 대해서는 최근의 Mylonas, *op. cit.*, pp. 264 sq.를 보라. Farnell, *Cults*, III, pp. 176 sq.에는 후대의 자료에 대한 훌륭한 분석이 실려 있다.

알렉산드리아의 클레멘트가 전해주는 신테마에 대해서는 U. Pestalozza, *Religione Mediterranea. Vecchi e nuovi studi*(Milano, 1951), pp. 216~234("Ortaggi, frutti e paste nei Misteri Eleusini"); Mylonas, *op. cit.*, pp. 294~303; W. Burkert, *Homo Necans*, pp. 298 sq.를 보라.

상자와 광주리 속에 숨겨진 물건들의 정체를 둘러싼 오랜 논쟁은 오늘날에도 계속되고 있다. A. Körte는 광주리에는 자궁(크테이스kteis)의 모형이 들어 있어서, 비의 참가자는 그것을 만짐으로써 자신이 데메테르의 자식으로 다시 태어난다고 믿었다고 한다.(*ARW*, 1915, pp. 116 sq.) O. Kern은 더 나아간다. 즉 비의 참가자는 그 크테이스를 자신의 성기로 건드림으로써 여신과 하나가 되었다고 한다.(*Die griechische Mysterien der classischen Zeit*, 1927, p. 10) 그러나 A. Dieterich는 반대로, 참가자들이 그 광주리 안에서 발견한 것은 남근상이라고 주장한다. 그들은 그것을 자기 가슴속에 품고서 여신과 일체화되고 그의 자식이 되었다고 한다.(*Eine Mythrasliturgie*, 1903, p. 123; *Mutter Erde*, IIIe éd., 1925, pp. 110 sq.) Charles Picard는 광주리는 남근상을 넣어두는 곳이며, 상자에는 자궁이 들어 있었다고 한다. 그것을 만짐으로써 비의 참가자는 여신과의 일체화를 달성할 수 있었다고 한다.("L'épisode de Baubô", *RHR*, 95, 1927, pp. 237 sq.) S. Eitrem은 뱀, 석류, 그리고 남근 형태의 과자가 그 안에 들어 있었다고 말한다.("Eleusinia", pp. 140 sq.) 이런 설명들은 Maas, Farnell, P. Roussel, L. Deubner, W. Otto, Kerényi 등 여러 학자들에 의해 비판받고 있다.(Mylonas, p. 296, n. 22를 참조하라) 그러나 이러한 역사-종교적 해석을 보여주는 것 자체는 가치가 있는 일이다. 이런 해석들은 20세기의 처음 30년 동안의 서양의 시대정신을 이해하는 데 도움이 되기 때문이다.

교회의 교부들이 전하는 비의 입문 의례에 관한 여러 자료들이 이교를 공격하고 권위를 실추시키고자 하는 명확한 목적을 가지고 있었다는 것은 말할 필요도 없다. 하지만 교부들은 그것을 "날조"하려고는 하지 않았다. 왜냐하면 그것은 오히려 다른 이교도들의 공격을 불러일으킬 위험이 있었기 때문이다. 그러나 그들이 종교적 혼합주의의 전성기에 저술을 했다는 사실, 그리고 그들이 헬레니즘기의 비의에 대해 말하고 있다는 사실을 새겨둘 필요가 있다. 실제로 수많은 신플라톤주의 저술가들과 신피타고라스주의 저술가들이 비의의 통일성을 주장하고 있었던 것처럼, 기독교 저술가들 역시 새로운 형태의 비의들이 모두 엘레우시스의 비의라고 생각했다. 더구나 이러한 호교적 저자들은 유비類比를 통해 사물을 설명하는 헬레니즘기의 유행을 따르고 있었기 때문에 그들의 증언은 그만큼 불확실한 것이 될 수밖에 없다.

불과 엘레우시스에서의 화장 Feu et crémation à Éleusis. BC 1110년에서 BC 700년 사이에 신전이 있었던 언덕에서 비의 참가자들을 화장시켰던 것은 사실인 것 같다.(Kerényi, p. 93을 참조하라) 한편 우리는 자르마로스Zarmaros 또는 자르마노케고스Zarmanochegos라는 이름을 가진 브라만에 대한 이야기를 알고 있다. 그는 BC 20년에 아우구스투스가 다시 엘레우시스를 찾아왔을 때, 입문자가 되기를 요청하여 에포프테이아에 참가한 다음 스스로 불 속으로 들어가 타 죽었다고 한다.(Dio Cassius, LIV, 9, 10 ; Strabo, XV, I, 73 ; Kerényi, p. 100을 참조하라) 이러한 의례적 화장에서 데모폰의 불에 의한 "신화神化"를 떠올릴 수 있지 않을까? 또한 Marie Delcourt, *Pyrrhos et Pyrrha*(Paris, 1965), pp. 68 sq.도 보라.

99. "비밀"과 "비밀 의례" [본문 pp. 455~459]

데메테르 숭배에 대해서는 Farnell, *Cults*, III, pp. 38 sq.; Nilsson, *Geschichte*, I, pp. 461 sq.를 보라.

그리스의 다른 지역에서 거행되었던 데메테르의 비의에 대해서는 Nilsson, *Geschichte*, I, pp. 478 sq.; R. Stiglitz, *Die grossen Göttinnen Arkadiens*(Vienne, 1967), pp. 30 sq.; G. Zuntz, *Persephone*(Cambridge, 1971), pp. 75 sq.를 참조하라.

AD 1세기에 시칠리아의 디오도로스는 다음과 같은 전승을 기록하고 있다. 크레타의 주민들은 비의가 자기들의 섬에서부터 퍼져 나갔다고 확신한다. 그 증거로서 크레타 섬에서는 엘레우시스의 입문 의례, 사모트라케의 비의, 오르페우스가 창시한 제의 등에 전해지는 비의는 그것을 알고자 하는 자라면 누구라도 자유롭게 공유할 수 있었다고 한다. 특히 디오도로스의 정보가 정확한 것이라고 한다면, 그것은 어쩌면 농업 활동(종자가 지하로 사라지고 이어서 새로운 곡물이 나타나는 것)과 페르세포네의 유괴, 페르세포네와 데메테르의 재회 사이의 관계를 보여주는 의례, 특히 신화소에 관련된 것이라고 생각된다.

비의에서의 디오니소스의 역할은 논쟁의 대상이 되고 있다. 4세기에 디오니소스는 이아코스와 동일시되고 있었다. 그것은 엘레우시스로 향해 가는 행렬 도중의 외침 소리(Hérodote, VIII, 65) 또는 찬가(Aristophane, *Grenouilles*, 309)가 인격화된 것이다. Farnell에 따르면, 소포클레스(*Antigone*, 1119~1121, 1146~1152)는 이아코스가 엘레우시스에서의 디오니소스의 가현假現hypostase이라고 알려주었다고 한다.(*Cults*, III, p. 149) 그러나 디오니소스는 비의에서 숭배된 신들 중에 나타나는 것 같지는 않다.(Mylonas, *op. cit.*, p. 238) 엘레우시스에서 디오니소스가 등장한 것은 헬레니즘 시대에 한층 더 강화된 종교적 혼합의 결과이다.

제13장 차라투스트라와 이란의 종교

100. 수수께끼[본문 pp. 460~465]

이란 종교에 대한 연구사는 J. Duchesne-Guillemin, *The Western Response to Zoroaster*(Oxford, 1958)에 잘 요약되어 있다. G. Widengren, "Stand und Aufgaben der iranischen Religionsgeschichte"(*Numen*, I, 1954, pp. 16~83; II, 1955, pp. 47~134)와 Gherardo Gnoli, "Problems and Prospects of the Studies on Persian Religion"(in: *Problems and Methods of the History of Religions*, Edited by U. Bianchi, C. J. Bleeker, A. Bausani, Leiden, 1972, pp. 67~101. 저자들은 특히 1940년 이후에 출간된 저서들에 대해 언급한다)을 보라. J. H. Moulton, *Early Zoroastrianism*(London, 1913); A. V. William Jackson, *Zoroastrian Studies*(New York, 1928), 특히 "The Iranian Religion"(pp. 3~215) 및 L. H. Gray, *The Foundations of Iranian Religions*(Bombay, 1929; 자료가 풍부하다) 등은 풍부한 참고 문헌이 있기 때문에 지금도 유용하다. 이란 종교의 해석에서 보이는 새로운 지향성은 E. Benveniste의 소책자 *The Persian Religion according to the chief Greek Texts*(Paris, 1929); H. Lommel, *Die Religion Zarathustra's nach dem Awesta dargestellt*(Tübingen, 1930); H. S. Nyberg의 대단히 독창적인 연구 *Die Religionen des alten Iran*(Leipzig, 1938); G. Widengren, *Hochgottglaube im alten Iran*(Uppsala, 1938); G. Dumézil, *Naissances d'archanges*(Paris, 1945; 또한 *Tarpeia*, Paris, 1947, pp. 33~113도 보라); J. Duchesne-Guillemin, *Zoroastre*(Paris, 1948); *id, Ormazd et Ahrirnan. L'aventure dualiste dans l'Antiquiité*(Paris, 1953)에서 나타난다. 종합적인 개설서로서는 R. C. Zaehner, *The Dawn and Twilight of Zoroastrianism*(London, 1961; Duchesne-Guillemin, *IIJ*, 7, 1964, pp. 196~207의 서평을 보라); J. Duchesne-Guillemin, *La religion de l'Iran ancien*(Paris, 1962); Marjan Molé, *Culte, mythe et cosmologie dans l'Iran ancien*(Paris, 1963); Geo Widengren, *Die Religionen Irans*(Stuttgart, 1965; trad. fr. *Les religions de l'Iran*, Paris, 1968)이 있다. Duchesne-Guillemin과 Widengren의 저서는 훌륭한 참고 문헌을 싣고 있다. Molé의 대담한 해석은 논쟁을 불러일으켰지만, 그의 저서

는 상당히 많은 원전 번역을 싣고 있어 귀중하다. 개별적인 주제들과 관련해서는 아래에서 추가로 참고 문헌을 제시할 것이다.

원전에 대해 말하자면 현재 아베스타의 4분의 3이 없어졌다고 생각된다. 남아 있는 부분의 요약은 Duchesne-Guillemin, *La religion de l'Iran ancien*, pp. 32~40(아베스타의 구성에 관한 심도 있는 연구인 *ibid.*, pp. 40~50을 참조하라)을 보라. 아베스타 원전의 유일한 완역본으로는 J. Darmsteter, *Le Zend-Avesta*(Paris, 3 vols., 1892~1893 ; réimpression, 1960)가 있다. 그러나 "『가타』에 관한 부분은 이용 불가능하다."(Duchesne-Guillemin) 『가타』에 관한 최근의 번역(Ch. Bartholomae, *Die Gāthā's des Awesta*, Strasbourg, 1905 이후의 번역으로, 이 책 역시 오늘날에도 여전히 필수 불가결하다) 중에서 중요한 것은 Duchesne-Guillemin, *Zoroastre*, pp. 166~296(본서에서는 이 번역을 이용했다) ; H. Humbach, *Die Gāthās des Zarathustra*, 2 vols.(Heidelberg, 1959, 요약과 주석) ; Bernfried Schlerath, "Die Gāthās des Zarathustra"(*Orientalistische Litteratur-Zeitung*, LVII, 1962, col. 565~589 : 최근의 해석에 대한 비판적 검토로서 von B. Schlerath, éd., *Zarathustra*, Darmstadt, 1970, pp. 336~359에 재수록되어 있다) ; Wolfgang Lentz, *Yasna 28. Kommentierte Uebersetzung und Komposition-Analyse*(Mainz, 1955) 등이다. 『야슈트』와 팔레비어 문헌에 대해서는 나중에 살펴보자.

W. B. Henning, *Zoroaster, Politician or Witch-Doctor?*에서는 고고학자인 E. Herzfeld의 *Zoroaster and his World*(Princeton, 1947)와 H. S. Nyberg의 저작을 격렬하게 비판한다(Nyberg는 *Rel. d. alten Iran*의 신판 머리말에서 Henning의 비판에 대답하면서 자신의 입장을 명확하게 밝히고 있다).

차라투스트라의 전통적인 역사 연대는 Molé(*op. cit.*, pp. 530 sq.) 및 Gherardo Gnoli(최근의 논문 "Politica religiosa e concezione della regalità sotto i Sassanidi", in: *La Persia nel Midioevo*, Roma, Accademia dei Lincei, 1971, pp. 1~27, 특히 pp. 9 sq.를 보라)에 의해 부정되었다. 이 문제에 관한 비판적 문헌 해제는 O. Klima의 논문인 "The Date of Zoroaster"(*Ar. Or.*, 27, 1959, pp. 556~564)에서 볼 수 있다.

아리아인의 "남성 결사"에 대해서는 Stig Wikander, *Der arische Männerbund*

(Lund, 1938)와 G. Widengren, *Rel. de l'Iran*, pp. 39 sq.(최근의 참고 문헌이 실려 있다)를 보라. Widengren의 저서는 조로아스터교 성립 이전의 사상과 신앙에 대한 종합적인 연구를 신고 있다. pp. 23~78을 참조하라.

101. 차라투스트라의 생애: 역사와 신화〔본문 pp. 465~468〕

역사적 인물이 원형archétype으로 변형되는 문제에 대해서는 Eliade, *Le Mythe de l'éternel retour*(2ᵉ éd., 1968), pp. 52 sq.에서 인용되고 해설된 여러 사례를 참조하라. 차라투스트라 전설이 발전되어가는 과정은 Duchesne-Guillemin, *La religion*, pp. 337 sq.에 나와 있다.

Marjan Molé는 *Culte, mythe et cosmologie*에서 『가타』 이외의 아베스타 안에서 그려진 차라투스트라의 이미지를 재구성하려고 노력한다. "그가 높은 평가를 받는 이유는 새로운 교의를 도입했기 때문이 아니라 올바른 희생 제의를 실천하고 효과 있는 주문을 외우며 그것을 사람들에게 전했기 때문이고, 그 덕분에 사람들은 가축, 물, 식물을 지키는 방법을 알게 되었다. 이러한 그의 모습은 셈족의 예언자들보다는 오히려 오르페우스나 잘목시스와 닮아 있다."(Molé, "Réponse à M. Duchesne-Guillemin", *Numen*, 1961, p. 53) Molé는 차라투스트라의 역사성에 대해서는 아무것도 말할 수 없다는 사실을 인정하고 있다.(*ibid.*, pp. 53 sq.; *Culte, mythe et cosmologie*, pp. 530 sq.를 참조하라) 마즈다교의 전승에서는 차라투스트라가 예언자의 원형이며, 위슈타스파가 입문자의 원형이다. 그러나 그러한 사실로 인해 차라투스트라라는 이름으로 알려진 인물의 역사성을 부정할 수는 없다.

Gherardo Gnoli 역시 비슷한 입장을 취한다. 즉 『가타』 안에서 차라투스트라의 이름으로 전해지고 있는 교의는 마즈다교 안에서는 비의 전수적 측면, 다시 말해 종교 엘리트에게만 허용되는 사제적, 입문 의례적 전통과 연관되어 있다. 그러나 아케메네스 왕조의 마즈다교는 국가와 지배자를 위해 거행되는 공적 제의를 대표한다. Gnoli, "Politica religiosa", pp. 17 sq.; *id.*, "La Religione persiana"(in: *Storia della Religioni*, sixième édition, Turin, 1971, pp. 235~292), pp. 247 sq.를 참조하라.

차라투스트라의 종교적 사명에 대한 흥미로운 분석으로는 K. Rudolph,

"Zarathustra-Priester und Prophet"(*Numen*, 8, 1961, pp. 81~116)이 있다.

102. 샤먼적 엑스터시?〔본문 pp. 469~471〕

H. S. Nyberg는 차라투스트라의 "샤먼적" 엑스터시에 대해 언급한 최초의 연구자이다. *Die Religionen des alten Irans*, pp. 177 sq.를 참조하라. G. Widengren은 조로아스터교의 샤먼적 요소를 분석했다. *Stand u. Aufgaben*, pp. 90 ; *Les religions de l'Iran*, pp. 88 sq.를 보라. 또한 M. Eliade, *Le Chamanisme*(2ᵉ édition, 1968), pp. 312~315도 보라. 차라투스트라의 엑스터시적 요소에 대한 주의 깊은 해석과 뛰어난 분석이 Alessandro Bausani, *Persia religiosa*(Milano, 1959), pp. 38 sq.에서 제시되었다.

103. 아후라 마즈다의 계시: 인간은 선 또는 악을 자유롭게 선택할 수 있다〔본문 pp. 471~475〕

Georges Dumézil은 아메샤 스펜타들이 인도-유럽의 기능신들의 승화된 대체 신격이라는 것을 밝혀냈다. *Naissances d'Archanges*(Paris, 1945), chapitres II~V ; *Tarpeia*(1947), pp. 33~113 ; *Idéologie tripartie des Indo-Européens*(Bruxelles, 1958), pp. 40 sq.를 참조하라. 또한 Duchesne-Guillemin, *La rel. de l'Iran ancien*, pp. 171 sq., 193 sq. ; G. Widengren, *Les religions de l'Iran*, pp. 28 sq.도 보라. Dumézil의 가설을 부정하는 이란 종교 연구자로는 Zaehner와 Gnoli가 있다.

아후라 마즈다에 대해서는 Duchesne-Guillemin, Widengren, Zaehner, Molé의 저서 중에서 관련 장을 보라. F. B. J. Kuiper, "Avestan Mazda"(*IIJ*, I, 1957, pp. 86~95)는 아후라 마즈다가 이름이 의미하는 바대로 "모든 것을 아는 주"("아는 자")라는 것을 보여주었다. I. Gershevitch, "Zoroaster's own Contribution"(*JNES*, 23, 1964, pp. 12~38)도 보라.

창조에 대해서는 G. Gnoli, "Osservazioni sulla dottrina mazdaica della creazione"(*Annali dell'Istituto Orientale di Napoli*, N. S., 13, 1963, pp. 163~193)를 참조하라.

Antoine Meillet는 조로아스터 개혁의 사회적 성격을 강조했다(농경민과 유목민의 대비, 전사 귀족과 경작민의 대비 등). *Trois conférences sur les Gathas de l'Avesta*(Paris, 1925)를 참조하라.

유명한 「소 영혼의 한탄Plainte de l'Ame du Bœuf」(*Yasna*, 29)에 대해서는 *Bulletin de l'Acadimie royale de Belgique*(Classe des Lettres), 1965, I, pp. 23~51에 실린 G. Dumézil의 논고를 참조하라. Dumézil은 이 "한탄"이 원초적인 소의 희생을 포함하는 우주 창조 신화와 연결되어 있다고 하는 몇몇 학자들(H. Lommel, M. Molé)의 견해를 반박하고 있다.(pp. 33 sq.를 참조하라) 실제로 그 텍스트는 "소들이 그들의 주인인 목축-농경민들과 함께 다른 인간 집단의 잔혹성에 노출되어 있는, 그러한 덜 정착된 사회에서의 소들의 영구적인 위험 상황에 대해" 말하고 있다.(p. 36)

"이마의 범죄(육식)"에 대해서는 Dumézil, *Mythe et Épopée*, II(1971), pp. 312 sq.를 보라.

하오마 제의에 관한 차라투스트라의 공격(*Yasna*, 33:44)은 희생 제의 자체에 관해서라기보다는 오히려 과도한 오르지에 대한 것이라고 생각된다. 가타적인 아베스타 안에서의 하오마와 『가타』 이후의 하오마에 대해서는 Zaehner, *op. cit.*, pp. 85 sq.; Molé, *op. cit.*, pp. 229 sq.; G. Gnoli, "Licht-symbolik in Alt-Iran. Haoma-Ritus und Erlöser-Mythos"(*Antaios*, 8, 1967, pp. 528~549); *id.*, "Problems and Prospects", pp. 74 sq.(최근의 참고 문헌); M. Boyce, "Haoma, priest of the sacrifice"(*W. B. Henning Memorial Volume*, London, 1970, pp. 62~80)를 보라.

평신도의 이익을 위해 실행되는 동물 희생에 대해서는 M. Boyce, "Ataš-zōhr and Ab-zōhr", *JRAS*, 1966, pp. 100~118; Gnoli, "Questioni sull'interpretazione della dottrina gathica"(*Annali dell'Istituto Orientale di Napoli*, 31, 1971, pp. 341~370), pp. 350 sq.를 참조하라.

"소 치는 사람"이라는 수식어에 대해서는 G. C. Cameron, "Zoroaster the Herdsman"(*IIJ*, 10, 1968, pp. 261~281) 및 Gnoli, "Questioni sull'interpretazione", pp. 351 sq.의 고찰을 참조하라.

"친와트 다리"에 대해서는 본권의 문헌 해제 111절을 참조하라.

104. 세상의 "변용" [본문 pp. 475~482]

세계의 "갱신(frašo-kereti)"에 대해서는 Molé, *Culte, myth et cosmologie, s.v.*를 참조하라.

차라투스트라의 가르침에 담긴 "철학적" 의미에 대해서는 A. Pagliaro, "L'idealismo zarathustriano"(*SMSR*, 33, 1962, pp. 323)를 보라.

불의 의례를 묘사하는 텍스트에 대해서는 Duchesne-Guillemin, *La Religion*, pp. 79 sq.를 보라. 또한 Stig Wikander, *Feuerpriester in Kleinasien und Iran*(Lund, 1967)을 참조하라. 성화를 두 종류, 세 종류, 다섯 종류로 구별하는 분류 방법이 알려져 있다. 마지막 분류 방법에 따르면 주 앞에서의 불, 인간과 동물의 육체에 존재하는 불, 식물 속의 불, 구름 속의 불, 노동에 사용하는 불로 분류된다. 『찬도기야 우파니샤드』에서도 세 종류의 의례적 불과 다섯 종류의 자연적 불이 구별되고 있다. Duchesne-Guillemin, "Heraclitus and Iran"(*HR*, 3, 1963, pp. 34~49), pp. 38~39를 참조하라.

Gherardo Gnoli는 여러 논문에서 희생 의례(*yasna*)에 대한 자기 나름의 해석을 제시했다. "Lo stato di 'maga'"(*Annali dell'Istituto Orientale di Napoli*, N. S., 15, 1965, pp. 105~117); "La gnosi iranica. Per una impostazione nuova del problema"(dans: *Le Origine dello Gnosticismo*, ed. Ugo Bianchi, Leiden, 1967, pp. 281~290), 특히 pp. 287 sq.; "Questioni sull'interpretazionc della dottrina gāthica", pp. 358 sq.에 나와 있다.

화르나프에 대해서는 Duchesne-Guillemin, "Le *xvarenah*"(*Annali dell'Istituto Orientali di Napoli*, Sezione Linguistica, 5, 1963, pp. 19~31); G. Gnoli, "Lichtsymbolik in Alt-Iran", pp. 99 sq.; *id*, "Un particolare aspetto del simbolismo della luce nel Mazdeismo e nel Manicheismo"(*Annali... di Napoli*, N. S, 12, 1962, pp. 95~128); M. Eliade, "Spirit, Light and Seed"(*HR*, 11, 1971, pp. 1~30), 특히 pp. 13~16을 보라.

105. 아케메네스 왕조의 종교 [본문 pp. 483~486]

다에와들의 악마화에 대해서는 G. Widengren, *op. cit.*, pp. 36 sq., 97, 137 sq.;

Duchesne-Guillemin, *Religion*, pp. 189 sq.를 보라. E. Benveniste는 다에와들이 악마로 변화하는 것이 조로아스터교에만 특유한 것은 아니라는 것을 보여주었다. *The Persian Religion according to the chief greek texts*(Paris, 1929), pp. 39 sq.를 참조하라. 최근의 Gnoli, "Problems and Prospects of the Studies on Persian Religion", pp. 75 sq.도 보라.

이란 종교의 이원론에 대해서는 Ugo Bianchi, *Zaman i Ohrmazd*(Torino, 1958)를 보라. Bianchi는 "완전한 이원론dualisme total"이 차라투스트라 이후에 발생한 것은 아니라고 생각한다.(*op. cit.*, p. 25)

아케메네스 왕조의 종교와 조로아스터교 사이의 관계에 대해서는 Duchesne-Guillemin, *The Westen Response to Zoroaster*, pp. 52 sq.; *id.*, *La Religion de l'Iran antique*, pp. 165 sq.에서의 논쟁의 역사를 보라. 아케메네스 왕조의 종교가 조로아스터교였다고 하는 입장은 Kaj Barr, G. Cameron, Ilya Gershevitch 등이 취했다. 이 입장에 대한 비판으로는 G. Widengren, *Les Religions de l'Iran*, pp. 166~174를 보라. Marjan Molé는 이란 종교의 여러 형태는 모두 공존했다는 관점에서, 아케메네스 왕조에서의 조로아스터교라는 문제를 비판한다. *Culte, mythe et cosmologie*, 특히 pp. 26~36을 보라. G. Gnoli, "Considerazioni sulla religione degli Achemenidi alla luce di una recente teoria"(*SMSR*, 1964, 35, pp. 239 sq.)를 참조하라. "조로아스터교의 역법"에 대한 비판으로는 E. Bickerman, "The 'zoroastrian' calendar"(*Ar. Or.*, 35, 1967, pp. 197~207)를 보라.

아케메네스 왕조의 비문에 대한 가장 나은 판본으로는 번역문이 포함되어 있는 R. G. Kent, *Old Persian. Grammar, Texts, Lexicon*(2ᵉ édition, New-Haven, 1953)을 꼽을 수 있다.

1967년 페르세폴리스 부근에서 발견된 크세르크세스 1세의 비문은 Manfred Mayrhofer, "Xerxes König der Könige"(*Almanach der Oesterreichischen Akademie der Wissenschaften*, 119, 1969, pp. 158~170)에 번역, 주석되어 있다. 아케메네스 왕조의 조로아스터교에 관한 참고 문헌을 추가하고 있는 *ibid.*, p. 163, n. 14를 보라. 그 외에도 "Une statue de Darius découverte à Suse"(*JA*, 1972, pp. 235~266; 여러

저자들의 공동 연구 논문)를 보라.

이란의 왕권에 대해서는 G. Widengren, "The Sacral Kingship in Iran"(in: *La regalità sacra*, Leiden, 1959, pp. 242~257) ; *id.*, "La légende royale de l'Iran antique"(in: *Hommage à Georges Dumézil*, Bruxelles, 1960, pp. 225~237) ; *id.*, *Les Religions de l'Iran*, pp. 73 sq., 117 sq., 266 sq.를 보라. Widengren과 다른 연구자들이 지적한 이란의 왕권 개념에서 보이는 메소포타미아의 영향은 Gnoli(*Ex Orbi Religionum, Studia Geo Widengren oblata*, Leiden, 1972, II, pp. 94 sq.)에 의해서도 지적되고 있다.

J. Wolski, "Les Achéménides et les Arsacides, contributions à la formation des traditions iraniennes"(*Syria*, 43, 1966, pp. 65~89)도 보라.

키루스 전설에서 보이는 입문 의례적 시나리오에 대해서는 Gerhard Binder, *Die Aussetzung des Königskindes: Kyros und Romulus*(Beiträge zur klassischen Philologie, Heft 10, Meisenheim am Glan, 1964), 특히 pp. 17~39, 58 sq., 116 sq.를 보라.

106. 이란의 왕과 신년 축제[본문 pp. 486~489]

페르세폴리스—**노로즈**를 축하하기 위해 다리우스가 건설한 성스러운 도시—의 의례적 기능에 대해서는 R. Ghirshman, "A propos de Persépolis"(*Artibus Asiae*, 20, 1957, pp. 265~278) ; A. U. Pope, "Persepolis, a Ritual City"(*Archaeology*, 10, 1957, pp. 123~130) ; K. Erdmann, "Persepolis: Daten und Deutungen"(*Mitt. d. deutschen Orient-Gesellschaft zu Berlin*, Nr. 92, 1960, pp. 21~47)을 보라.

"버려진 아이", 용과의 의례적 전투, 도시의 창설, 우주 창조 신화 등에 대한 인도-유럽 민족들의 신화들 사이의 관계에 대해서는 Gerhard Binder, *Die Aussetzung des Königskindes*, pp. 58 sq.를 보라.

노로즈에 대해서는 Eliade, *Le Mythe de l'éternel retour*, pp. 80 sq. ; Widengren, *Rel. de l'Iran*, pp. 58 sq.를 참조하라.

107. 마구스의 문제. 스키타이인들〔본문 pp. 489~491〕

마구스 및 그들과 조로아스터교와의 관계에 대해서는 G. Messina, *Die Ursprung der Magier und die zarathustrische Religion*(Rome, 1930)；Widengren, *op. cit.*, pp. 134 sq., 147 sq., 156 sq., 221 sq.；Zaehner, *Dawn and Twilight*, pp. 160 sq., 189 sq.를 보라. 여러 연구자들의 의견에 따르면, 마구스들은 본래 메디아의 사제 계급에 속했다. 마즈다교로의 "개종" 이후에 그들은 제국의 서부 지역으로 이주했다. Widengren(*op. cit.*, p. 136)에 의하면『비데우다트(＝*Vendidad*)』는 마구스들의 사상, 신앙 및 의례적 관점을 반영하고 있다고 한다. Widengren은 주르반(본서 제2권)이 마구스들에 의해 숭배되던 신이라고 한다.(*ibid.*, pp. 175 sq.)

스키타이인의 원역사에 대한 새로운 연구로는 S. P. Tolstov, "Les Scythes de l'Aral et le Khorezm", *Iranica Antiqua*, I, 1961, pp. 42~92를 보라.

스키타이의 3기능 이데올로기에 대해서는 G. Dumézil, *Mythe et Épopée*, I, pp. 439~575(이전 연구들을 집대성한 것이다)를 보라. 스키타이의 샤머니즘에 대해서는 Karl Meuli, "Scythica"(*Hermes*, 70, 1935, pp. 121~179)와 M. Eliade, *Le Chamanisme*(2ᶜ édition, 1968), pp. 310 sq.를 참조하라.

108. 마즈다교의 새로운 측면: 하오마 제의〔본문 pp. 491~493〕

운문으로 된 차라투스트라의『가타』와 달리『일곱 장의 야스나』는 산문으로 되어 있다. 이 텍스트에 대해서는 O. G. von Wesendonk, *Die religionsgeschichtliche Bedeutung des Yasna haptanhaiti*(Bonn, 1931)；Nyberg, *Die Religionen d. alten Irans*, pp. 275 sq.；Zaehner, *Dawn and Twilight*, pp. 62 sq.；Duchesne-Guillemin, *op. cit.*, pp. 215 sq.를 보라.

『야슈트』는 H. Lommel, *Die Yästs des Awesta*(Göttingen-Leipzig, 1927)로 번역되었다.『홈 야슈트』는 J. M. Unvala, *Neryosangh's sanskrit version of the Hōm Yast(Yasna IX-XI) with the original Avesta and its Pahlavi version*(Vienne, 1924)으로 번역되어 있다. Stig Wikander는『와유Vayu』I(Uppsala, 1941, pp. 1~95)에서『야슈트』XV의 독일어 번역을 역사-종교적 주석과 함께 제시하고 있다.

109. 미트라 신의 지위 상승[본문 pp. 494~496]

『야슈트』X는 I. Gershevitch, *The Avestan Hymn to Mithra*(Cambridge, 1959)에서 번역되고 풍부하게 주해되었다. F. B. J. Kuiper, "Remarks on the Avestan Hymn to Mithra", *IIJ*, 5, 1961, pp. 36~60; Ugo Bianchi, in *SMSR*, 34, 1963, pp. 103~119를 참조하라.

또한 G. Gnoli, "La stella Sirio e l'influenza dell'astrologia caldea nell'Iran antico", *SMSR*, 34, 1963, pp. 237 sq.도 보라.

110. 아후라 마즈다와 종말론적 희생 제의[본문 pp. 497~501]

야자타인 티슈트리야(인격화된 시리우스 별)와 아후라 마즈다가 그에게 바치는 희생에 대해서는 G. Gnoli, "Note sur Yasht VIII, 23~52", *SMSR*, 34, 1963, pp. 91~101을 보라.

111. 사후의 영혼의 여행[본문 pp. 501~504]

본권 111절과 112절에 사용된 자료의 대부분은 팔레비어로 쓰여 있다. 역사 연대가 해결되지 않은 문제들에 대해 주장하는 것은 소용없을 것이다. Duchesne-Guillemin, *La Religion de l'Iran ancien*, pp. 40 sq.에서 명쾌한 설명이 발견된다. 팔레비어 문헌의 거의 대부분은 E. W. West, *Pahlavi Texts*(*Sacred Books of the East, vols. V, XVIII, XXIV, XXXVII, XLVII, Oxford, 1888~1897*)에 번역되어 있다. 번역은 구식이지만 『원초적 창조』와 『종교 사전Dēnkart』의 일부, 다른 팔레비어 문헌들의 최근 번역도 있다. Zaehner, *Dawn and Twilight*, p. 342와 특히 각 문헌을 요약한 각 판본들과 번역된 단편들을 주석하고 있는 Duchesne-Guillemin, *La Religion*, pp. 52~63을 참조하라. 또한 Colpe, "Altiran.-Einleitung", in *W.d.M.*, 12. Lieferung(1974), pp. 197 sq.의 참고 문헌도 보라.

사후의 존재에 관한 신앙은 Nathan Söderblom, *La Vie future d'après le mazdéisme*(Paris, 1901)과 J. D. C. Pavry, *The Zoroastrian Doctrine of a Future Life*(New York, 1926)에서 분석되고 있다. 최근의 연구 동향에 대해서는

Widengren, *Les Religions de l'Iran*, pp. 52 sq., 124 sq., 192 sq.를 보라. W. Bousset, "Die Himmelsreise der Seele"(*ARW*, 4, 1910, pp. 136~169, 229~273 ; réimpression, 1960)는 여전히 중요하다.

『하조흐트 나스크』는 Söderblom(*La vie future*, pp. 82~88) 이래, 여러 차례 번역과 주석이 이루어졌다. 그중에서도 Karl F. Geldner, *Die Zoroastrische Religion* (=*Religionsgeschichtliches Lesebuch*, I, Tübingen, 1926), pp. 42~44 ; Carsten Colpe, *Die religionsgeschichtliche Schule*(Göttingen, 1961), pp. 126~129 ; G. Widengren, *Iranische Geisteswelt*(Baden-Baden, 1961), pp. 171~177을 참조하라. Carsten Colpe(*Die religionsgeschichtliche Schule*, pp. 121 sq.)의 조심스런 태도와는 달리 G. Widengren은 그 텍스트가 고대의 것이며 언어학적으로 『가타』의 언어와 가깝다는 것을 보여주었다. OLZ. col. 533~548 ; *id.*. "Les origines du gnosticisme et l'histoire des religions"(in : *Le Origini dello gnosticismo*, éd. Ugo Bianchi, Leiden, 1964, pp. 28~60), pp. 49 sq. ; *Les Religions de l'Iran*, pp. 124 sq.를 참조하라. 또한 L. H. Gray, "A suggested restoration of the Hadoxt Nask"(*JAOS*, 67, 1947, pp. 14~23)도 보라.

다에나에 대한 해석은 논쟁을 불러일으켰다. Gnoli, "Questioni sull' interpretazione...", pp. 361 sq.를 참조하라. 결국 "종교"를 가리키는 그 말은 아마도 "보다"를 의미하는 *dāy*-라는 어근에서 나온 말일 것이다. 그리고 "환영vision" 을 뜻하는 베다의 *dhih*와 관계있을 것이다. Humbach, *Die Gāthās des Zarathustra*, I, pp. 56~58 ; J. Gonda, *The Vision of the Vedic Poets*(La Haye, 1963), pp. 259~265를 참조하라. 그것의 본래 의미는 인도-이란의 내면적 관조vision intérieure의 관념과 결부되어 있다고 생각된다. Gnoli, "Questioni", p. 363을 참조하라. 개체로서의 다에나는 인간적인 동시에 신적인 능력이라고 생각된다(아후라 마즈다의 보조자로서 인격화되었다). 집합적인 의미로서의 다에나는 개별적인 다에나의 총체, 즉 동일한 교의에 참여하고 동일한 의례를 실천하는 신자들 전체, 정신적 "집합체", 신자들의 공동체로서의 "마즈다 교회, 혹은 마즈다 종교"를 의미한다. Gnoli, p. 365를 참조하라.

친와트 다리의 입문 의례적 상징과 다에나의 의미에 대해서는 H. Corbin, *Terre céleste et Corps de Résurrection*(Paris, 1960), pp. 68 sq.; M. Molé, "Dāenā, le pont Cinvat et l'initiation dans le Mazdéisme"(*RHR*, 158, 1960, pp. 155~185)을 보라.

친와트 다리와 유사한 것으로는 Eliade, *Le Chamanisme*, pp. 375 sq.(Le Pont et le "Passage difficile")를 보라. Duchesne-Guillemin, *Religion*, pp. 333 sq.를 참조하라. 중세 서양의 전승은 Peter Dinzelbacher, *Die Jenseitsbrücke im Mittelalter*(Diss. Univ. Wien, No. 104, Vienne, 1973)에서 검토되고 있다.

112. 몸의 부활[본문 pp. 505~508]

이마의 와라와 종말기의 겨울의 신화는 Söderblom, *La vie future*, pp. 169~182; A. Christensen, *Les types du premier Homme et du premier Roi dans l'histoire légendaire des Iraniens*, I~II(Leiden-Uppsala, 1917~1934), II, pp. 16 sq.와 기타 부분에서 연구되었다. G. Dumézil, *Mythe et Épopée*, II, 246 sq., 282 sq.도 보라.

"세계의 종말"에 관한 비교 연구로는 A. Olrik, *Ragnarök*(trad. allemnde par W. Ranisch, 1922)를 보라.

흐라와시에 대해서는 N. Söderblom, *Les Fravashis. Étude sur les traces dans le mazdéisme d'une ancienne conception sur la survivance des morts*(Paris, 1899, *RHR*, t. XXXIX에서 발췌)를 보라. 그 용어는 『가타』안에서는 보이지 않는다(반대로 다에나에 대해서는 말한다). 흐라와시는 한 해의 마지막 날에 지상에 되돌아온다. *Yasht*, 13:49; al Bîrûnî, *Chronology of Ancient Nations*(London, 1879, trad. H. Sachau), p. 210; Widengren, *Religions*, p. 38을 참조하라. 그러한 신앙은 원초적이며 전 세계적으로 널리 퍼져 있다. Eliade, *Le Mythe de l'éternel retour*, pp. 80 sq.를 참조하라.

흐라와시의 전사로서의 측면에 대해서는 G. Dumézil이 마루트 군신들과의 공통점을 밝히고 있다. "Viṣṇu et les Marut à travers la réforme zoroastrienne"(*JA*, 242, 1953, pp. 1~25), pp. 21 sq.를 참조하라.

그러나 흐라와시는 과거, 현재, 미래의 인간의 천상에서의 "복사판double"이기도 하다.(*Yasna*, 24:5) 일부 자료에 따르면(*Yasht* 13:82-84), 아메샤 스펜타들 역시 자신들의 흐라와시를 가지고 있다고 한다. 『비데우다트』(XIX, 46~48)에 따르면, 차라투스트라는 아후라 마즈다의 흐라와시를 불러내는 법을 배웠다고 한다. 그것은 대담하면서도 수수께끼로 가득 찬 관념이다. 하지만 Bausani가 지적하는 것처럼(*La Persia religiosa*, p. 68), 그 사상은 더 이상 심화되지 못했다.

제14장 왕과 예언자 시대의 이스라엘 종교

113. 왕권 제도: 종교적 융합의 최고점[본문 pp. 509~512]

이스라엘의 왕권에 대해서는 J. Pedersen, *Israel: its Life and Culture*, I~IV(London-Copenhague, 1926, 1940), I~II, pp. 41 sq.; G. von Rad, *Old Testament Theology*, I(New York, 1926), pp. 306 sq.; G. Fohrer, *History of Israelite Religion*(Nashville, 1972), pp. 122 sq.(참고 문헌이 풍부하다. pp. 122~123, 139~140); H. Ringgren, *La religion d'Israël*, pp. 235 sq.("웁살라 학파"에 대한 비평이 실려 있다); J. de Fraine, *L'aspect religieux de la royauté israélite*(Rome, 1954); Geo Widengren, *Sakrales Königtum im Alten Testament u. im Judentum*(Stuttgart, 1955); id., "King and Covenant", *JSS*, 2, 1957, pp. 1~32; M. Noth. "Gott, König u. Volk im Alten Testament"(=*Gesatnmelte Studien*, 1957, pp. 188~229); G. von Rad, "Das judäische Königsritual"(in: *Gesammelte Schriften*, 1958, pp. 205~213); R. de Vaux, "Le roi d'Israël, vassal de Yahvé"(in: *Mélanges E. Tisserant*, I, 1964, pp. 119~133); A. R. Johnson, *Sacral Kingship in Ancient Israel*(2ᶜ éd., 1967)을 보라. 비교 연구로는 Sidney Smith, "The Practice of Kingship in Early Semitic Kingdoms", in: *Myth, Ritual and Kingship*, (Ed.) S. H. Hooke(Oxford, 1958), pp. 22~73; 그리고 특히 K.-H. Bernhardt. *Das Problem der altorientalischen Königsideologie im Allen Testament*(Leiden, 1961)와 I. Seibert, *Hirt-Herde-König*(Berlin, 1969)를 보라.

다윗과 솔로몬에 대해서는 Fohrer, *op. cit.*, pp. 125 sq.; R. A. Carlson, *David the Chosen King*(1965); G. W. Ahlström. "Solomon, the Chosen One", *HR*, 8, 1968, pp. 93～110을 보라.

예루살렘 신전의 상징과 왕실 의례의 중요성에 대해서는 N. Poulssen, *König und Tempel im Glaubenszeugnis des Alten Testament*(Stuttgart, 1967); G. W. Ahlström, *Psalm 89. Eine Liturgie aus dem Ritual des leidenden Königs*(Lund, 1959); Th. A. Busink, *Der Tempel von Jerusalem.* Ⅰ: *Der Tempel Salomos*(Leiden, 1970)를 보라. J. Schreiner, *Sion-Jerusalem. Jahwes Königssitz*(München, 1963); F. Stolz, *Strukturen und Figuren im Kult von Jerusalem*(Berlin, 1970); E. L. Ehrlich, *Die Kultsymbolik im Alten Testament u. im nachbiblischen Judentum*(Stuttgart, 1959); H. J. Hermission, *Sprach u. Ritus im altisraelitischen Kult*(Neukirchen-Vluyn, 1965)도 보라.

114. 야훼와 피조물〔본문 pp. 513～516〕

"야훼의 즉위의 시편"에 대해서는 S. Mowinckel, *Psalmenstudien* Ⅱ: *Das Thronbesteigunsfest Jahwäs u. der Ursprung der Eschatologie*(Christiania, 1922)를 보라. 『시편』의 문화적 기능에 대해서는 S. Mowinckel, *The Psalms in Israel's Worship*, Ⅰ ～Ⅱ(New York-Oxford, 1962); H. Ringgren, *Faith of the Psalmist*(Philadelphia, 1963); H. Zirker, *Die Kultische Vergegenwärtigung der Vergangenheit in den Psalmen*(Bonn, 1964); C. Westermann, *The Praise of God in the Psalms*(Richmond, 1965)를 보라. 또한 O. Keel, *Feinde und Gottesleugner. Studien zum Image des Widersacher in den Individual psalmen*(Stuttgart, 1969)도 참조하라.

"살아 있는 신"으로서의 야훼에 대해서는 G. von Rad, *Old Testament Theology*, Ⅰ, pp. 306 sq.; O. Eissfeldt, *The Old Testament*, pp. 102 sq.; H. Ringgren, *La religion d'Israël*, pp. 99 sq.; G. Fohrer, *op. cit.*, pp. 164 sq.를 보라. 또한 H. Ringgren, *World and Wisdom: Studies in the hypostatization of divine qualities in the ancient Near East*(Lund, 1947)도 참조하라. 생명체, "숨-영혼"에 대한 이스라엘의 관념에 대해서는 Daniel Lys, *Rûach*(Paris, 1962)를 보라.

부활 사상에 대해서는 H. Riesenfeld, *The ressurrection in Ezekiel XXXVII and in the Dura-Europos Painting*(Uppsala, 1948); Widengren, *Sakrales Königtum*, pp. 45 sq.를 보라.

115. 욥, 시험받는 의인[본문 pp. 516~520]

「욥기」의 서장과 종장은 산문으로 기록되어 있고, 욥과 그의 친구들의 대화를 포함하는 중심 부분은 운문으로 쓰여 있다. 산문과 운문 부분 사이에는 차이점이 발견된다.

「욥기」에 대한 문헌은 방대하다. O. Eissfeldt, pp. 454 sq., 764 sq.(참고 문헌); G. Fohrer, *Studien zum Buche Hiob*(1963); S. Terrien, *Job*(Neuchâtel, 1963); J. Pedersen, "Scepticisme israélite" RH Ph R, 10, 1930, pp. 317~370; P. Humbert, "Le modernisme de Job", VT Suppl. 3, 1955, 150~161; H. H. Rowley, "The Book of Job and its meaning"(=*From Moses to Qumran*, 1963, pp. 141~183) 등이 눈에 띈다.

116. 예언자들의 시대[본문 pp. 520~525]

엘리야에 대해서는 G. von Rad, *Old Testament Theology*, II, pp. 14~31; G. Fohrer, *History of Israelite Religion*, pp. 230 sq.(n. 15, 참고 문헌); L. Bronner, *The stories of Elijah and Elisha as polemics against Baal worship*(1968)과 *Études Carmélitaines: Élie le Prophète. I: Selon les Écritures et les traditions chrétiennes*; II: *Au Carmel, dans le Judaïsme et l'Islam*(Paris, 1956) 두 권을 참조하라. 특히 P. Marie-Joseph Stiassny, "Le Prophète Élie dans le Judaïsme", II, pp. 199~255를 참조하라.

제의 예언자들에 대해서는 A. Haldar, *Associations of Cult Prophets among the Ancient Semites*(Uppsala, 1945); H. H. Rowley, *Worship in Ancient Israel*, pp. 144~175; J. Jeremias, *Kultprophetie u. Gerichtsverkündigung in der späteren Königzeit Israels*(Newkirchen-Vluyn, 1970)을 보라.

왕과 제의 예언자들 간의 관계에 대해서는 J. Pedersen, *Israel*, I~II, pp. 124 sq.;
F. M. Cross, *Canaanite Myth and Hebrew Epic*, pp. 217 sq., 237 sq.를 보라.

『구약 성서』의 예언에 대한 최근의 연구로는 H. H. Roweley, "The Nature of
Old Testament Prophecy in the Light of Recent Study"(*Harvard Theological Review*, 38,
1945. pp. 1~38)와 G. Fohrer, "Neuere Literatur zur Alttestamentlichen
Prophetie"(*Theologische Rundschau*, 1951, pp. 277~346; 1952, pp. 192~197; 295~
361); *id.*, "Zehn Jahre Literatur zur alttestamentlichen Prophetie"(*ibid*, 1962. pp. 1~
75; 235~297; 301~374)가 있다. 간결한 해설로는 G. von Rad, *Theology*, II, pp. 50
sq.; Fohrer, *History of Israelite Religion*, pp. 230 sq.를 보라. S. Mowinckel, "The
'Spirit' and the 'Word' in the Pre-Exilie Reforming Prophets"(*Journal of Biblical
Literature*, 53, 1934, pp. 199~227); André Neher, *L'essence du prophétisme*(Paris, 1955),
pp. 85~178(예언의 히브리적 배경), 179~350(예언의 경험); Claude Tresmontant,
La doctrine morale des prophètes d'Israël(Paris, 1958) 등도 참조하라.

예언자가 행한 행위의 상징적 의미에 대해서는 G. Fohrer, *Die symbolischen
Handlungen der Propheten*(2ᵉ éd., 1968)을 보라.

117. 목자 아모스, 사랑받지 못한 자 호세아[본문 pp. 525~529]

아모스와 호세아에 대해서는 G. von Rad, II, pp. 129~146; Ringgren,
Histoire, pp. 278 sq.; Fohrer, *History of Israelite Religion*, pp. 243~261; H. S.
Nyberg, *Studien zum Hoseabuche*(Uppsala, 1935); A. Caquot, "Osée et la
royauté"(*RHPR*, 41, 1961, pp. 123~146); E. Jacob, "L'héritage cananéen dans le
livre du prophète Osée"(*RHPR*, 43, 1963, pp. 250~259)를 보라.

118. 이사야: "이스라엘의 남은 자"가 돌아올 것이다[본문 pp. 529~532]

이사야에 대해서는 O. Eissfeldt, *The Old Testament*, pp. 303~346(pp. 303~
304, 참고 문헌); Von Rad, II, pp. 147~169; Fohrer, *History...*, pp. 251~257을
보라. 또한 S. H. Blank, *Prophetic Faith in Isaiah*(1958)도 참조하라. 이사야보다

약간 어린 동시대인으로 모레시테인인 미가는 BC 725~711년 사이에 활동했을 것이다. 그의 설교 여덟 편이 「미가」의 처음 세 장에 수록되어 있다. 일부 단편(1:16; 2:4-5, 10, 12-14)은 다른 장과 마찬가지로 포로 시대 이후에 가필된 것이다. 미가는 국제 문제에는 거의 관심을 보이고 있지 않으며, 오로지 유대의 사회적 불공평과 윤리적 타락을 공격한다. 머지않아 벌이 내릴 것이다. 국토는 황폐해지고(5:10; 6:16), "너희 때문에 시온이 밭처럼 갈아엎어지고, 예루살렘은 폐허가 되고, 성전은 잡초로 뒤덮일 것이다."(3:12) 포로 시대 이후의 가필 부분에서는 구제론적 단장斷章이 보인다. 베들레헴에서 "이스라엘을 다스릴 사람이 태어날 것이다." 그리고 아수르는 정복되고 왕은 "온 세상 사람들로부터 위대함을 인정받을 것이다. 그는 우리의 평화가 될 것이다." (5:1-5) Fohrer, *History*, p. 257, n. 20(미가에 대한 참고 문헌)을 보라.

BC 7세기 후반의 마지막 30년 동안에는 세 사람의 "소小예언자", 즉 스바냐, 하박국, 그리고 나훔이 직무를 수행했다. 스바냐는 "야훼의 날"이 임박했음을 열심히 전했다는 점에서 주목할 가치가 있다. "야훼의 큰 날이 가까이 왔다. 그 날은 분노의 날이요, 환난과 고통의 날이며, 파멸과 황폐의 날"이다.(1:14 이하)

119. 예레미야에게 준 약속〔본문 pp. 532~535〕

예레미야에 대해서는 G. Von Rad, II, pp. 188~199; Eissfeldt, pp. 346~364, 717~7187(풍부한 참고 문헌이 실려 있다); Fohrer, *History...*, pp. 188~199를 보라.

120. 예루살렘의 함락, 에스겔의 사망〔본문 pp. 535~539〕

에스겔에 대해서는 Von Rad, II, pp. 220~237; Eissfeldt, pp. 365~381(풍부한 참고 문헌이 실려 있다. pp. 365~369, 758); C. Fohrer, *Die Hauptprobleme des Buches Ezechiel*(1952); *id.*, *History...*, pp. 316~321을 보라. 또한 J. Steinrnann, *Le prophète Ézéchiel et les débuts de l'exil*(1953); T. Chary, *Les prophètes et le culte à partir de l'exil*(1955)도 보라.

121. "역사의 공포"에 대한 종교적 가치 부여[본문 pp. 539~542]

"야훼의 날"이라는 개념에 대해서는 G. Von Rad, "The Origin of the concept of the Day of Yahweh"(*JSS*, 4, 1959, pp. 97~108); *id.*, *Old Testament Theology*, II, pp. 119~125를 보라.

앞으로 올 왕, 즉 메시아에 대해서는 S. Mowinckel, *He that cometh*(New York, 1954), pp. 96 sq., 155 sq.를 보라.

예언자들에 의한 역사의 종교적 가치 부여에 대해서는 M. Eliade, *Le Mythe de l'éternel retour*(nouvelle édition), pp. 122 sq.를 참조하라.

제15장 디오니소스 혹은 되찾은 축복

122. "두 번 태어난" 신의 현현과 신비화[본문 pp. 543~548]

디오니소스 해석의 연구사는 아직 출간되지 않은 박사학위 논문의 주제가 되었다. Mark McGinty, *Approaches to Dionysos: A Study of the methodological presuppositions in the various theories of Greek religion as illustrated in the Study of Dionysos.*(711 pages, Université de Chicago, décembre 1972) McGinty는 Fr. Nietzsche(*Die Geburt der Tragödie*, 1871), Erwin Rohde(*Psyche*, 1894; trad. fr. Payot, 1928), Jane Harrison(*Prolegomena*, 1901; *Themis*, 1912), Martin P. Nilsson(특히 *Geschichte d. griechische Religion*, I, pp. 571 sq., *The Mynoan-Mycenian Religion*, 1927; 2ᶜ éd., 1950), Walter Otto(*Dionysos*, 1933; 우리는 영어판인 R. B. Palmer, Bloomington and Londres, 1965를 이용하였다), E. R. Dodds(*The Greeks and the Irrational*, 1951) 및 W. K. Guthrie의 연구를 다루고 있다. 프랑스어로 쓰인 것 중에는 H. Jeanmaire, *Dionysos: Histoire du culte de Bacchus*(Payot, 1951)라는 뛰어난 저작이 있는데, 풍부한 참고 문헌이 포함되어 있다.(pp. 483~504)

세멜레의 어원에 대해서는 P. Kretschmer, *Aus der Anomia*(1890), pp. 17 sq.를 참조하라. Kretschmer는 로마 제정기의 프리기아의 비문에 보이는 대지의 여신이라는 의미를 가진 트라키아-프리기아어의 Semelô를 "대지"를 뜻하는 슬라브어의 *zemljia* 및 리투아니아어의 지하 세계의 여신 제미나Zemyna 등과 연관짓고 있다. 그의 어원 분석은 Nilsson, *Myn.-Mycenian Rel.*, p. 567과 Wilamowitz, *Der Glaube d. Hellenen*, II, p. 60에서 수용되었다. 하지만 Otto, *Dionysos*, pp. 69 sq.는 그 가설을 부정한다.

1세기 이전부터 연구자들은 디오니소스가 받은 "박해"를 디오니소스 제의가 그리스에 침투해 들어간 역사로부터 설명하려고 시도해왔다. 암묵적으로 이 신은 트라키아 출신(Rohde) 혹은 프리기아 출신(Nilsson)의 이방신이라는 관점이 일반화되어 있었지만, 미케네 시대의 비문에서 그의 이름이 발견됨으로써 많은 연구자들이 디오니소스의 크레타 기원설을 주장하게 되었다. Karl Kerényi, "Die Herkunft der Dionysosreligion nach dem heutigen Stand der Forschung"(in: *Arbeitsgemeinschaft für Forschung des Landes Nordrhein Westfalen*, Köln, 1956), pp. 6 sq.; *id.*, *Der Frühe Dionysos*(1960)를 보라. Pestalozza, "Motivi matriarcali in Etolia ed Epiro"(*Rendiconli Ist. Lomb. di Science e Lettere*, Milano, vol. 87, 1957, pp. 583~622는 *Nuovi saggi di religione mediterranea*, Firenze, 1964. pp. 257~295에 수록되었다), pp. 272~273, n. 3을 보라. T. B. L. Webster, "Some Thoughts on the Prehistory of Greek Drama"(*Bull. of the Inst. of Classical Studies*, Univ. of London. 5, 1958, pp. 43~48); G. van Hoorn, "Dionysos et Ariadne"(*Mnemosyne*, 12, 1959, pp. 193~197)와 특히 J. Puhvel, "Eleuther and Oinoâtis", in: *Mycenian Studies*, E. L. Bennett. Jr. ed.(Madison, 1964), pp. 161~170을 보라.

123. 몇몇 공적 축제의 시원성[본문 pp. 548~553]

디오니소스를 섬기는 축제는 Jeanmaire, *op. cit.*, pp. 25 sq., 484 sq.(참고 문헌)에서 분석되고 있다. 또한 (레나이아 축제에 대해서는) M. P. Nilsson, *Giechische Feste*(Leipzig, 1906), pp. 275 sq.; L. Deubner, *Attische Feste*(Berlin, 1932), pp. 125 sq.도 보라. 안테스테리아 축제에 대해서는 Jeanmaire, pp. 48~56과 486(참고 문헌)을 보라.

경기와 의례적 전투의 종교적 기능에 대해서는 Eliade, *La Nostalgie des Origines*, pp. 315 sq.를 참조하라.

사자의 주기적 회귀에 관한 신화-의례적 주제에 대해서는 Eliade, *Méphisto-phélès et l'androgyne*, pp. 155 sq.; V. Lanternari, *La Grande Festa*(Milano, 1959). pp. 411 sq.를 참조하라.

124. 에우리피데스와 디오니소스적 광란[본문 pp. 553~560]

E. R. Dodds는 비교 연구의 관점에서 『바쿠스의 여신도들』에서 묘사되고 있는 디오니소스 축제의 특징적인 측면(올레이바시아oribasie, 즉 "입산入山", 광란적 춤, 여성의 광란ménadisme, 마을 습격)에 대해서 분석하고, 그것이 에우리피데스 전후에 걸쳐 그리스 전역에서 발견되는 의례이자 풍습이었다는 사실을 보여준다. "Maenadism in the *Bacchae*", *Harvard Theological Review*, 33, 1940, pp. 155~176을 참조하라. Jeanmaire는 그리스 본토 외부로 연구 영역을 확장했다. *Dionysos*, pp. 119 sq.(북부 아프리카, 아랍, 아비시니아의 자르zar와 부리buri)를 참조하라. 그리스에서는 디오니소스가 아닌 다른 신들이 야기하는 광기mania의 예도 알려져 있다. Jeanmaire, *op. cit.*, pp. 109 sq.를 참조하라. Farnell은 인간 희생과 의례적 식인 풍습에 대해 자료들을 수집했다. *Cults*, V, pp. 167~171을 참조하라. 키벨레 신자들의 코리반티즘에 대해서는 Jeanmaire, *op. cit.*, pp. 123 sq. 및 Ernesto de Martino, *La Terra del rimorso*(Milano, 1961), pp. 220 sq.의 비교 연구를 보라. 펜테우스의 에피소드에 대한 의례적 해석은 Clara Gallini, "Il travestismo rituale di Penteo", *SMSR*, 34, 1967, pp. 211 sq.를 보라.

몸을 갈기갈기 찢는 것(*sparagmos*) 및 날고기 먹기(*ômophagya*)는 아이사우아(Isâwîya)의 이슬람교 분파에 특유한 의례로 나타난다. 여기에 대해서는 처음으로 René Brunel의 연구 *Essai sur la confréie religieuse des Aissâoua au Maroc*(Paris, 1926)을 활용하여 연구를 진행한 R. Eissler, "Nachleben dionysischen Mysterienritus", *ARW*, 1928, pp. 172~183을 보라. 또한 Eisler, *Man into Wolf*(London, 1951), pp. 112 sq.; Jeanmaire, *op. cit.*, pp. 259 sq.도 참조하라.

트라키아에서 황소를 제물로 바치는 제의가 살아남은 것에 대해서는 C. A. Romaios, *Cultes populaires de la Thrace*(Athènes, 1949), pp. 50 sq.를 보라.

125. 그리스인이 신의 존재를 재발견했을 때……〔본문 pp. 560~567〕

디오니소스 비의에 대해서는 본서 제2권의 헬레니즘 시대의 종교에 관한 장에서 다시 다룰 것이다. 아기 디오니소스-자그레우스의 신체 해체에 관한 신화의 몇 가지 의미는 오르페우스교에 관한 장에서 논의할 것이다.(본서 제2권)

티탄들이 아기 디오니소스-자그레우스를 꾀어내는 데 사용한 장난감들에 대해서는 Jane Harrison, *Themis*, pp. 61 sq.; R. Pettazzoni, *I Misteri*(Bologna, 1924), pp. 19 sq.; Jeanmaire, *Dionysos*, p. 383(이집트의 파윰에서 출토된 파피루스에 대한 부분)을 보라. 이 에피소드의 몇 가지 세부 사항은 원초적인 신앙과 사상을 반영하고 있다는 것을 확인해둘 필요가 있다. 특히 장난감의 하나인 제례용 악기는 원시인들의 성인식 의례에서 사용된다.(Eliade, *Naissances mystiques*, pp. 56 sq.; O. Zerries, *Das Schwirrholz*, Stuttgart, 1942, pp. 84 sq., 188 sq.를 참조하라) 또 얼굴을 석고로 칠하는 풍습(Harrison, *Prolegomena*, pp. 491 sq.; Pettazzoni, *La religion dans la Grèce antique*, pp. 120 sq.) 역시 수많은 원시 비밀 결사에서 발견된다.

Walter Otto(*Dionysos*, pp. 191 sq.)는 비교적 후대에 나온 문헌에 담긴 정보 중에서 상당수가 보다 오래된 자료에서 나온 것임을 보여주고 있다.

아리스토텔레스가 썼다고 여겨지는 "문제"에 대해서는 L. Moulinier, *Orphée et l'orphisme à l'époque classique*(Paris, 1955). pp. 51 sq.를 보라.

디오니소스 비의는 오랜 논쟁을 불러일으켰다. 우리는 이 문제에 대해서 본서 제2권에서 다시 논의할 것이다. 우선 P. Boyancé, "L'antre dans les mystères de Dionysos"(*Rendiconti della Pontificia Accademia di Archeolgia*, 33 1962, pp. 107~127); R. Turcan, "Du nouveau sur l'initiation dionysiaque"(*Latomus*, 24, 1965, pp. 101~119); P. Boyancé, "Dionysiaca: A propos d'une étude récente sur l'initiation dionysiaque"(*Revue des Etudes Anciennes*, 68, 1966, pp. 33~60)를 보라.

Yoga. Essai sur les origines de la mystique indienne, Paris, Librairie orientaliste Paul Geuthner, 1936.

Techniques du Yoga, Paris, Gallimard, coll. <La Montagne Sainte-Geneviève>, 1948. Nouvelle édition revue et augmentée, coll. <Idées>, 1975.

Traité d'histoire des religions, Paris, Payot, 1949. Nouvelle édition, 1966.〔『종교형태론』, 이은봉 옮김, 한길사, 1996 ; 『종교사개론』, 이재실 옮김, 까치글방, 1994〕

Le Mythe de l'éternel retour, Paris, Gallimard, coll. <Les Essais>, 1949. Réimpression coll. "Idées", 1975.〔『영원회귀의 신화』, 심재중 옮김, 이학사, 2003〕

La Nuit bengali, Trad. A. Guillermou, Pairs, Gallimard, coll. <La Méridienne>, 1950. Nouvelle édtion, Lausanne, LA Guide du Livre, 1966.〔『벵갈의 밤』, 이재룡 옮김, 세계사, 1990〕

Le Chamanisme et les techniques archaïques de l'extase, Paris, Payot, 1961. Nouvelle édition corrigée et augmentée, 1974.〔『샤마니즘』, 이윤기 옮김, 까치글방, 1992〕

Images et symboles. Essai sur le symbolisme magico-religieux, Paris, Gallimard, coll. <Les Essais>, 1952.〔『이미지와 상징』, 이재실 옮김, 까치글방, 1998〕

Le Yoga. Immortalité et liberté, Paris, Payot, 1954. Nouvelle édition corrigée et augmentée, 1975.

Forêt interdite, Trad. A Guillermou, Paris, Gallimard, coll. <Du monde entier>, 1955.

Forgerons et alchimistes, Pairs, Flammarion, 1956. Nouvelle édition augmentée, 1977.[『대장장이와 연금술사』, 이재실 옮김, 문학동네, 1999]

Minuit à Serampore, Trad. A.-M. Schmidt, Paris, Stock, 1956.

Le Sacré et le Profane, Pairs, Gallimard, coll. <Idées>, 1956.

Mythes, rêves et mystères, Paris, Gallimard, coll. <Les Essais>, 1957. Réimpression coll. "Idées", 1970.

Naissances mystiques. Essais sur quelques types d'initiation, Paris, Gallimard, coll. <Les Essais>, 1959. Nouvelle édition sous le titre *Initiation, rites, sociétés secrètes*, coll. "Idées", 1976.

Méphistophélès et l'Androgyne, Paris, Gallimard, coll. <Les Essais>, 1962.

Patanjali et le Yoga, Paris, Le Seuil, coll. <Maîtres spirituels>, 1962. Nouvelle édition corrigée, 1976.

Aspects du mythe, Paris, Gallimard, coll. <Idées>, 1963. Nouvelle édition, 1973.[『신화와 현실』, 이은봉 옮김, 성균관대학교출판부, 1994]

De Zalmoxis à Gengis-Khan. Études comparatives sur les religions et le folklore de la Dacie et de l'Europe orientale, Paris, Payot, 1970.

La Nostalgie des origines. Méthodologe et histoire des religions(The Quest), Paris, Gallimard, coll. <Les Essais>, 1971.[『종교의 의미』, 박규태 옮김, 서광사, 1990]

Religions australiennes, Trad. L. Jospin, Paris, Petite Bibliothèque Payot, 1972.

Fragments d'un journal, Trad. L. Badesco, Paris, Gallimard, coll. <Du monde entier>, 1973.

Histoire des croyances et des idées religieuses, tome I. De l'âge de la pierre aux mystères d'Eleusis, Paris, Payot, 1976.[『세계종교사상사』 1, 이용주 옮김, 이학사, 2005]

Le Vieil Homme et l'officier, Trad. A. Guillermou, Paris, Gallimard, 1977.

Histoire des croyances et des idées religieuses, tome II. De Gautama Bouddha au triomphe du christianisme, Paris, Payot, 1978.〔『세계종교사상사』 2, 최종성·김재현 옮김, 이학사, 2005〕

Mademoiselle Christina, Trad. C. B. Levenson, Paris, L'Herne, coll. <Livres noirs>, 1978.

Occultisme, sorcellerie et modes culturelles, Paris, Gallimard, coll. <Les Essais>, 1978.

Andronic et le serpent, Trad. C. B. Levenson, Paris, L'Herne, 1979.

Les Promesses de l'équinoxe(Mémoire I), Trad. C. N. Grigoresco, Paris, Gallimard, 1980.

Fragments d'un journal, II(1970~1978), Trad. C. N. Grigoresco, Paris, Gallimard, 1981.

Noces au Paradis, Trad. M. Ferrand, Paris, L'Herne, 1981.

Le Temps d'un centenaire, suivi de Dayan, Trad. A. Paruit, Paris, Gallimard, 1981.

Uniformes de général, Trad. A. Paruit, Paris, Gallimard, 1981.

Les Dix-neuf roses, Trad. A. Paruit, Paris, Gallimard, 1982.〔『열아홉 송이의 장미』, 김경수 옮김, 천지서관, 1993〕

Histoire des croyances et des idées religieuses, tome III. De Mahomet à l'âge des Réformes, Paris, Payot, 1983.〔『세계종교사상사』 3, 박규태 옮김, 이학사, 2005〕

Les Trois Grâces, Trad. M.-F. Ionesco et A. Paruit, Paris, Gallimard, 1984.

A l'ombre d'une fleur de lys..., Trad. A. Paruit, Paris, Gallimard, 1985.

Les Hooligans, Trad. A Paruit, Paris, L'Herne, 1987.

L'Inde, Trad. A. Paruit, Paris, L'Herne, 1988.

1.

『세계종교사상사』(원제 '신앙과 종교사상의 역사Histoire des croyances et des idées religieuses')는 엘리아데의 필생의 역작이자 위대한 학문적 업적이다. 인류의 종교경험 전체를 한 사람의 힘으로 종합하고 해석하는 것은 불가능에 가까운 작업이다. 그러나 학문이 세분화되고 지식이 파편화되어가는 이러한 시대일수록 새로운 종합이 절실하게 요구된다. 그런 의미에서 엘리아데의 『세계종교사상사』는 현대 세계가 필요로 하는 저술이며, 일관된 관점과 통찰력이 빛나고 있다는 점에서 더욱 가치가 돋보이는 저작이다. 엘리아데는 당초 『세계종교사상사』를 3권 분량으로 정리하려는 계획을 가지고 있었다. 하지만 작업이 진행됨에 따라 자료의 양과 다루어야 할 범위가 확대되었고, 결국 그것을 4권 분량으로 정리하는 것으로 계획을 수정하였다. 한편 대중 독자를 위해 방대한 내용을 한 권 분량으로 축약하여 출판하려는 계획을 세우기도 했는데, 그것은 엘리아데가 제1권의 서문에서 말했던 것처럼 독자가 단시간에 인류의 '종교현상의 통일성'을 전체적으로 이해할 수 있도록 하려는 배려에서 나온 계획이었다. 그러나 제2권이 출판될 즈음부터 지병인 관절염이 악화되어, 제3권이 출판될 시점에서는 더 이상의 원고 집필이 불가능해졌다. 결국 제4권(제3권의 2권)은 제자들과 공동 집필하는 것으로 계획이 다시 변경되었으나, 집필자의 선정이 미처 끝나기도 전인 1986년 4월 22일 오후, 엘리아데는 79세의 생애를 마감하고 말았다. (제4권은 엘리아데 사후에 그의 제자들의 공동 작업으로 결실을 맺어 1991년에 독일의 한 출판사에서 출간되었다.)

엘리아데는 최초의 대표작인 『요가: 인도 신비주의의 기원에 대하여』(1936) 이후, 수많은 중요한 저서를 발표하였다. 『종교형태론』(1949)을 비롯하여, 『영원회귀의 신화』(1949), 『이미지와 상징』(1952), 『요가』(1954), 『성과 속』(1956), 『대장장이와 연금술사』(1956), 『샤마니즘』(1961), 『신화와 현실』(1963), 『종교의 의미: 물음과 답변』(1971) 등은 이미 우리말로 소개되었고, 『신화, 꿈 그리고 신비』(1957), 『신비적 탄생』(1959), 『이니시에이션, 의례, 비밀결사』(1970), 『메피스토펠레스와 안드로진』(1962), 『잘목시스』(1970), 『오스트레일리아 종교』(1972), 『오컬트, 마술 그리고 문화 유행』(1976), 그리고 본 번역서 『세계종교사』1~3(1976, 1978, 1983) 등 중요한 저서가 있다. 방대한 양의 저작을 통해 엘리아데는 종교학의 학문적 지평을 개척하고 확장했다. 그는 종교학이 새로운 종합의 학문, 비판적 재평가의 학문으로 형성되는 데 지대한 공헌을 했기 때문에 그의 저작 대부분은 그가 살아 있는 동안에 이미 종교학의 필독서가 되었다. 그의 『자서전』1~2(1980, 1988)과 『일기』1~3(1973, 1981, 1991)도 전문적인 학술 저작은 아니지만 엘리아데 종교학의 탄생과 발전 과정을 이해하는 데 대단히 중요한 자료이다.

엘리아데의 방대한 저작 가운데서도 특별히 주목해야 할 업적은『종교형태론』과『세계종교사상사』이다. 엘리아데는『종교형태론』의「서론」에서 "성스러움[聖]이란 인간 의식의 역사에 등장하는 하나의 단계에 불과한 것이 아니라 의식의 구조 그 자체를 형성하는 하나의 요소"라고 선언한다. 그리고 같은 책의「결론」에서는 "인간이 보여주는 거의 모든 종교적 태도는 가장 원시적인 시대부터 지녀왔던 것이라고 단적으로 말할 수 있다. 어떤 면에서 본다면 소위 '원시' 종교에서부터 기독교에 이르기까지 어떠한 단절도 찾을 수 없을 만큼 연속적이다"라고 결론을 내리고 있다. 이어서 엘리아데는『종교형태론』과 짝을 이룰 수 있는 저작으로, 인류의 정신세계 전체를 통감할 수 있는 '종교현상의 역사'를 다루는 책을 쓰겠다고 약속하였다. 그 약속은 30여 년이 지난 후에『세계종교사상사』로 실현되었다. 그런 의미에서『세계종교사상사』는 종교를 이해하는 엘리아데의 관점이 구체화된 엘리아데 종교학의 집대성이라고 할 수 있다.

세계의 종교현상의 역사를 서술하면서 엘리아데가 견지했던 기본적 관점은 역사적 상황의 이해를 통한 역사 해석, 성스러운 현상의 근원적 의미를 파악하고자 하는 현상학적 태도, 그리고 그 둘을 종합하는 '종합의 요청'이라는 세 가지로 요약될 수 있다. 엘리아데는 살아 있는 현상으로서의 종교를 서술하기 위해 현상 그 자체에서 눈을 떼지 않는 현상학적 태도를 견지한다. 예를 들어 신화에 접근하는 엘리아데의 태도는 그러한 입장을 잘 드러내고 있다. 신화에 대해 서술할 때에 엘리아데는 신화의 정의definition에서 시작하지 않는다. 그리고 그것은 상징이나 의례, 그 밖의 종교현상에 대해서도 마찬가지이다. 정의는 대상을 명확하게 만들어주지만, 그 명확함은 살아 있는 현상의 일정한 측면을 강조하고 부각시킴으로써 다른 측면을 포기하거나 죽이는 것일 수 있기 때문이다. 그

대신에 엘리아데는 신화가 살아 있는 사회, 신화가 종교적 리얼리티로서 생명력을 지닌 사회와 문화를 중시하고 거기에서 살아지고 있는 신화를 문제 삼는다. 그는 현상학적 '에포케'(판단중지)를 통해 신화의 종교적 체험을 이해하고자 한다. 그리고 구체적으로 살아 있는 신화의 성스러움을 체험하는 사회와 문화를 연구한다는 것은 신화를 역사적 문맥 가운데에 되돌려놓는다는 것을 의미한다. 결국 엘리아데는 추상적으로 의미 부여된 신화가 아니라 살아 있는 리얼리티로서의 신화를 이해하고자 한다.

종교현상(신화, 상징, 의례 등)을 탐구하는 엘리아데의 유연하고 진지한 태도는 자료를 중시하는 그의 방법적 관점에 의해 강화된다. 그리고 그 태도는 궁극적으로 자신을 변화시키는 구원론적 기도企圖와 연결된다. "자료를 향해 나는 나 자신을 투입한다. 그 투입을 통해 나는 자료와 하나가 된다. 〔……〕 내 안에 있는 개인적인 것, 독자적인 것, 살아 있는 것이 모두 사라져버리고, 나는 죽음을 경험한다. 내가 다시 나 자신으로 돌아올 때에, 즉 내가 변화를 경험할 때 나는 이전과는 다른 형태로 사물을 바라볼 수 있다. 나는 이해하고 있는 것이다." 엘리아데는 종교현상의 탐구를 통해 우리가 새로운 인간으로 거듭 태어날 것을 기대하고 있다. 엘리아데에게 있어 종교학은 대상을 단순하게 서술하는 작업이 아니다. 그는 종교현상이라는 성스러움의 진실성realité du sacré을 경험함으로써 그 대상을 기술하는 우리가 변화할 것을 기대한다. 일부 논자들은 엘리아데의 그러한 방법이 비학문적 혹은 신비주의적 태도라고 비판하기도 한다. 하지만 엘리아데는 그러한 방법이야말로 종교현상을 마주 대하는 올바른 태도이며, 그것만이 서양 세계의 자만심, 즉 편협한 지역주의를 극복하는 길이라고 단언한다.

그는 종교학의 목표를 다음과 같이 요약하고 있다. "올바른 방법으로 신화나 신화적 사고, 상징이나 시원적 이미지, 특히 동양 문화 혹은 원시 문화 속에서 발견되는 종교적 창조성을 분석하는 것만이 서양의 정신을 열어주고 새로운 휴머니즘New Humanism을 창조할 수 있는 유일한 길이다. 신화, 상징, 신의 표상, 명상의 기법 등을 포함하는 정신적 자료는 연구의 대상이 되지 않았을 뿐만 아니라, 연구된다고 하더라도 19세기의 자연학자가 곤충을 연구하는 방식을 본떠서 초연한 태도로 무관심하게 연구되는 것이 일반적이었다. 그러나 우리는 이러한 문헌들이 실존적 상황을 드러내고 있고, 따라서 인간 정신사의 중요한 한 부분을 형성하고 있다는 사실을 이해하기 시작했다. 따라서 그러한 현상들의 의미를 파악하기 위해서는 자연학자의 메마른 '객관성'이 아니라 해석학자의 지적인 **공감 능력**이 필요하다는 것을 알 수 있다." 인류의 종교사 속에서 발견되는 다양한 인간의 경험을 만남으로써 우리는 보다 더 깊이 있게 인간성에 대해 이해할 수 있고, 그 이해를 통해 인간 정신의 가능성을 더욱 넓게 열어갈 수 있다. 엘리아데는 서양문명, 특히 **근대 문명의 논리를** 넘어 종교현상 그 자체에 되돌아가 그것에서 배움으로써 자기를 둘러싼 낡은 세계를 돌파하여 새로운 세계를 창조할 수 있다고 믿는다. 엘리아데는 『세계종교사상사』에서 현대인에게 삶의 새로운 비전을 제시하고 현대사를 더욱 풍부하게 이해할 수 있도록 이끌 수 있는 인간 정신의 역사를 그려내고 있다.

2.

『세계종교사상사』는 『종교형태론』 및 그 이전에 출간된 엘리아데의 모든 저서를 보완하고 완성하는 저작이다. 엘리아데는 이 저작을 통해 새로운 휴머니즘의 기대를 구체적으로 충족시키고자 하는 의도를 드러낸다. 엘리아데의 모든 연구는 깊은 내적 연관성과 기본적 시각의 동일성을 유지하고 있다. 그의 중심 이론 중의 하나인 '우주적 종교' 개념, 혹은 종교체험의 우주적 전망에 근거한 비교의 방법이라는 일관성이 유지되고 있는 것이다.

그러나 초기의 연구와 『세계종교사상사』 사이에 존재하는 커다란 차이점을 무시할 수는 없다. 『종교형태론』을 비롯한 초기의 연구들은 넓은 의미의 신화와 상징의 **형태학** 내지 **유형학**이다. 그의 형태학적 연구는 종래의 신화 연구가 '역사학적, 진화론적 가설' 위에서 진행되었던 것을 극복하기 위해 현상의 여러 형태를 **구조적 유사성**에 따라 정리하고 형태들 사이의 관계와 의미를 탐색하는 것을 목표로 삼고 있었다. 한편 『세계종교사상사』는 종교현상, 즉 신화 및 상징의 역사적 전개와 창조적 재생의 순간을 넓은 **의미의 연대기** 형식으로 정리하고 있다. 그러나 그가 추구하는 역사는 현대 서양의 '역사주의적' 역사 개념을 넘어서 있다. 엘리아데에게 있어 '역사'는 단순히 시간의 흐름 속에서 전개되는 무엇이 아니라 의미를 해독하고 발견함으로써 비로소 의미를 가지는 것이었다. 그렇다고 해서 그는 역사를 초월한 초역사적 시점에서 종교사를 서술하고 있는 것은 아니다. 그는 그가 다루는 자료, 다시 말해 인류사에서 등장하는 실존적 상황을 추체험하려는 노력, 종교적 리얼리티와 만나고 그로 인해 자신이 변화하고자 하는 노력, 그 결과 자신이 서 있는 현실의 장을 뛰어넘고자 하는 태도를 가지고 일관된 작업을 진행하고 있다. 그런 점에서 『세계종교사상사』는 종교현상을 이해하는 엘리아데의 독자적인 방법이 일관되게 유지되고 있는 독특한 역사서이다. 인간의 모든 종교경험을 통합적으로 이해하고자 하는 엘리아데의 종교학은 『세계종교사상사』에서 결실을 보고 있다고 말할 수 있다.

전3권으로 이루어진『세계종교사상사』는 모두 39개장으로 구성되어 있다. 그 39개의 장은 다시 몇 개의 절로 나누어져, 원전으로부터의 풍부한 인용과 중요한 학설의 소개, 종교현상에 대한 간명한 서술을 중심으로 논의가 진행되고 있다. 나아가 엘리아데는 다루어지는 자료와 동시대 혹은 시간적으로 전후에 나타나는 유사한 사실들과의 끊임없는 비교를 통해 각 종교현상이 지닌 창조적 의미를 해명하고자 한다. 예를 들어 제1권 4장 28절「파라오의 승천」에서 엘리아데는 사후死後의 삶에 관한 이집트의 가장 오래가된 신앙이 세계에 널리 퍼져 있는 두 가지 유형의 타계관他界觀―타계가 지하에 존재한다는 유형, 천상에 존재한다는 유형―과 유사성이 있음을 지적하고, 그 둘을 그다지 체계화되지 않은 신학을 가진『피라미드 텍스트』의 타계관과 비교한다. 다른 유사한 현상들 사이의 공통성을 파악하고 난 후 주제가 되고 있는 현상의 특징을 드러내면서 의미를 서서히 밝혀가는 것이 엘리아데의 서술 방식 중의 하나이다.

또 다른 예를 들어보자면 제2권 16장 129~130절에서 엘리아데는 중국의 기본적 우주론 도식인 '오행'에 대해 언급한다. 엘리아데는 먼저 매크로 코스모스적 모델(우주, 자연)이 어떻게 마이크로 코스모스적인 실재(인간세계)와 연관되고 있는지를 말한 다음에, 대우주-소우주의 상응 관계에 대한 사고는 세계의 거의 모든 종교 전통에서 중요한 역할을 하고 있었다는 것을 보여준다. 그것은 음양의 관계를 설명하는 경우에도 마찬가지로 적용된다. 대우주-소우주의 상응 관계는, 엘리아데에 따르면 세계의 모든 문화의 고층에서 발견되는 범례적인 체계에 지나지 않는다는 것이다. 그러나 중국 종교사상의 독자성은 그 상응 관계를 더욱 큰 분류 체계인 음양이라는 대립적인 동시에 상보적인 체계, 신성 결혼hiergamos이나 '역의 합일'과 같은 체계 속에 통합하는 동시에 그것을 보다 풍부하고 엄격한 철학적 사변으로까지 승화시킨 데서 찾을 수 있다고 한다. 엘리아데는 그러한 중국적 사유의 체계가 서적의 전통이 나타나기 훨씬 이전인 청동기시대에까지 거슬러 올라가는 풍부한 문화 전통에서 비롯된다고 말한다. 그것은 엘리아데가 누차 강조하는 것처럼, 시원적인 종교를 이해하는 것이 역사시대 이후의 종교를 이해하는 데에 얼마나 중요한지를 강조하는 그의 입장을 단적으로 보여주고 있는 것이다.

엘리아데가 『세계종교사상사』에서 다루고 있는 종교현상의 종류와 자료의 양은 방대하다. 하지만 제1권의 「서문」에서 밝히고 있는 것처럼 그가 서술할 수 있었던 내용은 극히 제한되어 있다. 구체적인 종교현상에 대해 그가 단행본으로 출판한 성과와 비교해보아도 『세계종교사상사』의 서술이 얼마나 응축된 것인지 알 수 있다. 인류의 종교경험을 이해하는 데에 있어 엘리아데가 큰 중요성을 부여했던 '샤머니즘'에 관해서는 특별한 항목을 설정하지 않고 여러 곳에서 산발적으로 언급할 뿐이다. 엘리아데 종교학의 출발점이라고 할 수 있는 요가에 관한 방대한 연구는 겨우 2개의 장에 압축적으로 요약되어 있다. 대립적인 것의 통합이라는 종교적 역설을 가장 잘 보여주는 연금술의 사유 체계 역시 엘리아데 사상을 이해하는 데 빼놓을 수 없는 중요성을 지니고 있지만, 『세계종교사상사』에서는 겨우 두 절에서 요약되고 있다. (물론 전3권에 걸쳐 연금술적 사유의 중요성을 지속적으로 언급하고 있다.) 그러한 서술 방식은 인류의 종교사 전체를 관통하는 통일성을 보여주기 위해 자료를 적절하게 배치하는 그의 대가적 글쓰기 능력을 보여주는 것이라고 할 수 있다.

엘리아데는 인류의 종교사에서 각 전통이 역사적으로 직면했던 심각한 위기와 그 위기를 극복한 결과 얻게 된 새로운 종교적 창조에 주의를 집중하면서 가능한 한 간명하고 응축된 서술을 유지하고 있다. 한편 엘리아데는 지면의 제한을 극복하기 위해, 각 권의 말미에 그가 다루었던 종교현상에 대해 각국의 언어로 출판된 방대한 연구 문헌을 열거하고 비판적 문헌 해제를 덧붙인다. 그 문헌 해제는 자료를 이해하는 그의 독특한 시점을 독자들에게 생생하게 보여주고 있다는 점에서 엘리아데 연구를 위한 기본 자료가 되는 것은 물론, 앞으로의 세계종교사 연구를 위한 필수적인 길잡이가 될 것이다. 지면의 한계로 본문에서 언급하지 못한 내용에 대한 비판적인 해제가 담겨 있는 경우도 있기 때문에 말미의 문헌 해제를 독립적으로 읽는 것도 좋은 독서 방법이 될 수 있다.

1986년 엘리아데의 갑작스런 죽음으로 인해, 예고되었던 제4권은 엘리아데가 직접 저술하지 못했다. 여기서 아쉬운 것은 제4권에서 다루기로 했던 근·현대 인류의 종교적 창조성, 현대 세계의 탈성화désacralisation 문제, 그리고 성스러운 것의 위장camouflage이라는 주제에 관한 그의 해석을 더 이상 접할 길이 없게 되었다는 사실이다. 긍정적인 의미에서건 부정적인 의미에서건 종교학의 발전과 방향 정립에 있어 엘리아데의 영향력은 거의 절대적이라고 말하지 않을 수 없다. 해체 신학의 주창자인 마크 테일러도 말하고 있는 것처럼 "인간의 종교성은 좁은 의미의 종교에뿐만 아니라 문화 전반에 걸쳐 숨어 있으며, 인간의 문화 전체가 구원을 바라는 기호들로 가득 차 있다." 종교를 연구한다는 것은 그처럼 문화 전체를 가득 채우고 있는 종교성의 표상을 읽어내기 위해 노력하는 것이다. 어느 종교가 어떤 교리를 주장하는지를 아는 것, 혹은 어느 종교를 더 잘 믿기 위해 그 종교를 이해하는 것이 종교에 대한 인문학적 관심과 동일시될 수는 없다. 인간의 종교성은 때로는 명시적으로, 때로는 위장된 형태로 문화 전반에 걸쳐, 문화의 전 차원에 걸쳐 숨겨져 있다. 그 숨겨진 기호를 드러내고 발견하고 해석하고 이해하는 것이 종교에 대한 인문학적 탐구의 목표이다. 그 결과 종교학은 심층적 인문학 그 자체가 된다. 엘리아데의 종교사 서술의 묘미 중의 하나는 각 종교현상이 반드시 어떤 선례와 연결되어 있고, 그것이 다른 시대 혹은 지역에서 재평가되면서 다시 생명력을 획득하게 되는 과정을 보여준다는 점이다. 종교성에 관한 한 하늘 아래 새로운 것은 없다. 종교성을 드러내는 문화적 기호들은 세계 종교의 역사를 주의 깊게 들여다보면 반드시 그 단초를 발견할 수 있다. 그런 의미에서 『세계종교사상사』는 현대 세계의 '종교성' 표지를 이해하는 데에 풍부한 시사점을 던져준다. 또 그것은 인간의 문화 속에서 잠재한 '구원의소망'을 읽어내는 눈을 뜨게 해주는 계몽illumination/enlightenment의 저서이기도 하다.

3.

앞에서 우리는 간단하게 엘리아데 종교학에서 『세계종교사상사』의 위치, 그리고 그의 초기의 저서들과 『세계종교사상사』의 연관 관계, 나아가 『세계종교사상사』의 구성과 방법론에 관한 기본적인 사항들을 살펴보았다. 그러나 엘리아데 종교학의 세계는 양적인 방대함과 질적인 깊이로 인해 지식 여행자의 접근을 거부하는 독특한 폐쇄성을 지니고 있다. 따라서 그 세계를 여행하고자 하는 독자들이 그 세계에 조금 더 쉽게 접근할 수 있도록 옮긴이 나름의 노하우를 여행 안내문 형식으로 제출하는 것은 안내자에게 주어진 최소한의 책무라고 생각한다. 물론 그 노하우가 유일한 여행 방안일 수는 없다. 더구나 엘리아데의 방대한 학문 세계를 완전하게 통찰할 수 있는 지식을 갖추지 못한 옮긴이의 짧은 안목은 오히려 진지한 여행자의 유유자적한 즐김을 방해하는 장애물로 작용할 수도 있다. 그럼에도 불구하고 엘리아데 학문이 지닌 폐쇄성을 대표하는 몇 가지 핵심 용어들에 대한 옮긴이의 이해를 제시하는 것이 엘리아데의 세계를 처음 여행하는 독자들이 느낄 수도 있는 당혹감을 해소하는 데 일말의 도움이 될 수 있으리라는 기대감으로 안내문을 덧붙여보았다.

옮긴이에게 엘리아데는 언제나 장자를 떠올리게 하는 저자였다. 옮긴이에게 엘리아데는, 장자가 그런 것처럼, 정신적 완성을 추구하며 세상길을 여행하는 '호모 비아토르Homo Viator'의 상징이었다. 엘리아데를 읽는 일은 단순한 지식 노동이 아니라 그와 더불어 초월을 꿈꾸는 지적 여행이자 명상이었다. 장자의 소요와 꿈은 엘리아데가 전해주는 태초에서부터 현재로 이어지는 초월을 향한 인간의 거부할 수 없는 꿈을 생각나게 했고, 엘리아데의 휴머니즘론은 영혼의 비상을 의미하는 대붕의 비상飛翔을 생각나게 했다. 어둠이 지배하는 혼돈의 바다 속에 갇혀 있던 영혼〔北溟有魚〕이 비상하여 밝은 빛의 세계로 나아가는〔圖南〕해방과 상승(鵬의 비상)의 상상력이 장자의 주제라면, 그 해방과 상승의 주제는, 고향을 상실한 이방인으로서 암울함 근대적 세계가 가져다준 세계의 불행과 성스러움의 파괴를 깊이 아파하는 지식인으로서 엘리아데가 추구한 일생의 과제이기도 했다. 옮긴이는 장자에서 발견하는 영혼의 해방이라는 주제가 곧바로 엘리아데 종교학의 주제이며, 장자와 함께 엘리아데가 계속해서 다시 읽혀야 하는 이유라고 생각한다. 옮긴이는 때때로 장자와 엘리아데가 시대와 지역을 넘어서서 살아 움직이는 서로의 분신이라고 느꼈다. 그런 '시대 착각'이 옮긴이의 종교학 공부를 뒷받침하는 동력이 아니었을까? 심지어 종교학이란 무언가 '착각' 없이는 할 수 없는 학문이 아닐까?

엘리아데의 종교학은 엘리아데의 정신력의 산물이다. 그의 학문은 일반적으로 통용되는 교양적 상식의 표준적인 매뉴얼과는 거리가 멀다. 그런 교양적 매뉴얼의 작성, 그것의 확대 재생산과 반복이 '학문'이라고 한다면 엘리아데의 종교학은 결코 '학문'이 아니다. 그런 관점에서 학문을 규정한다면 엘리아데의 종교학은 학문이라기보다는 오히려 꿈꾸기이며, 소설을 쓰는 작업이며, 신화를 만드는 작업이라고 하는 편이 더욱 솔직하다. 그러나 천박한 상식을 무너뜨리고 매너리즘적 교양을 부정하는 것이 학문으로서의 인문학의 목적이고 존재 이유라면, 그때에야 비로소 엘리아데의 종교학은 진정한 '학문'으로 인정될 수 있을 것이다.

엘리아데는 고독한 사람이었다. 그러나 엘리아데는 조용하지만 강력한 내면적 카리스마를 지닌 인물이었다. 그는 망명지인 프랑스의 지성계 한복판에서, 나중에는 시카고의 호반에서, 그 이전에 누구도 생각하지 못한 독특한, 세계와 인간에 대한 '이야기'를 풀어놓았다. 그의 카리스마는 눈에 띄는 화려함과는 거리가 멀었다. 하지만 그는 5, 60년대 이방인으로서 프랑스는 물론 유럽의 지식인들을 사로잡았다. 조르주 뒤메질, 레비스트로스, 로제 카이유와, 사르트르, 칼 융, 앙리 코르뱅 등 그 시대를 수놓은 사상의 거장들과 교류를 거듭하며 엘리아데는 그들의 정신으로부터 자양분을 흡수하면서 자기만의 독특한 세계를 구축해나갔다. 그리고 나중에는 인종의 전시장인 미국에서, 그것도 지적 자유를 꿈꾸는 이방인들의 천국인 시카고의 자유로운 학문적 환경 속에서 이방인들, 고독한 사람들, 꿈을 좇는 사람들의 '구루'가 되어 새로운 학문인 '엘리아데' 종교학을 탄생시켰다. 그 역정은 아직 번역되지 않은 엘리아데의 자서전과 일기에 잘 나타난다. 그가 남긴 방대한 양의 일기와 자서전은 20세기 중반, 후반의 서구 사상사와 지성사의 역작이기도 하다.

물론 다양한 종교학이 있고, 그것의 다양성과는 비교도 되지 않을 정도로 복잡한 모습을 가진 종교들이 현실적으로 존재한다. 종교학은 종교에서 거리를 유지할 수 있는 지적 객관성이 요구되는 독특한 지적 작업이다. 믿는 것의 힘을 부정하지 않으면서 그 믿음에서 거리를 유지하기 위해서는 독특한 '정신력'이 요구된다. 어떤 진리를 신봉하는 진실한 신앙자가 되거나, 엄격한 지적 객관성을 무기로 회의주의자가 되는 것은 둘 다 결코 쉬운 일이 아니다. 하지만 신앙과 회의의 중간 지점에서, 아니 그 두 입장이 모두 초월을 지향하는 인간의 종교적 충동이라고 이해하며 그 두 입장으로부터 모두 일정한 거리를 유지하는 태도, 그리고 그들의 지식과 신앙의 구조를 인간 경험의 중요한 한 양태로 분석하는 일은 더욱 쉽지 않다. 그것은 남을 흉내 내는 학문으로는 가능하지 않은 일일 것이다. 엘리아데는 남을 흉내 내는 학문을 하지 않았다. 그의 학문이 단순한 학문 편제상의 '종교학'이라는 영역 속에 갇히지 않는 이유가 거기에 있다. 평생 공부를 해도 연구가 아니라 '학습'에서 머무르는 삼류 학자의 입장에서는 꿈도 꾸지 못하는 차원의 학문이 엘리아데의 학문이다.

하지만 엘리아데 역시 '역사'의 아들이었다. 그 사실을 부정할 수는 없다. 엘리아데 본인도 그 사실을 너무도 잘 알고 있었다. 그는 분명 역사의 아들이었지만, 역사의 '수인囚人'으로서 그것에 속박되는 것을 원하지는 않았다. 그는 역사의 속박을 벗어나는 것이 인간의 보편적인 소망이라고 생각했다. 거기서 인간은 희망을 보지만, 또 바로 그런 이유 때문에 인간은 불행하다. 그래서 인간은 종교를 만들고 종교를 꿈꾸는 것이 아닌가. 종교 없는 '종교'의 가능성이 거기서 생긴다.

엘리아데 종교학은 너무도 독특하여 종교학이 아니라 '엘리아데학'이라고 불러야 마땅한 내용을 가지고 있다. 그는 인간을 역사 속에서 바라본다. 그러나 인간의 본질적 구조는 역사 속에 존재한다는 사실만으로는 충분히 해명될 수 없다고 확신한다는 점에서 그의 독특함이 있다. 오히려 역사적 존재인 인간은 역사를 초월하기 위해 사유하고, 상상하고, 창조한다는 사실이 더욱 중요하다. 엘리아데는 역사를 초월하기 위한 인간의 몸짓과 사유와 상징이 곧 종교라고 본다. 그것은 단순한 비전, 이념, 사상으로는 다 해명할 수 없다.

4.

엘리아데의 학문은 거대한 성이다. 그 성은 이방인을 혼란에 빠뜨린다. 그 성에 발을 내딛는 순간부터 이방인은 길을 잃는다. 성에서 길을 잃지 않도록 하기 위한 간단한 조감도를 제공하는 것은 안내인(옮긴이)의 몫이다. 그러나 그 여행이 단순한 패키지 투어 혹은 안내서의 내용을 확인하는 맞춤 여행에 그치지 않기 위해서는 여행자(독자) 자신의 공감 능력과 능동적인 상상력이 필요하다. 엘리아데의 성을 즐기기 위해서는 먼저 남북의 성문을 가로지르는 상상의 주작대로를 중심으로 그 성 전체를 부감하는 것이 편리하다. 그 주작대로는 높은 곳에서 세계를 굽어보는 커다란 독수리의 몸통이다. 그 몸통을 중심으로 독수리가 날개를 펼친 듯이 간선도로, 지선도로, 샛길이 부채꼴처럼 펼쳐진다. 그리고 길을 지나가면서 우리는 아름다운 건축물들, 박물관, 관공서, 도서관, 은행, 우체국, 학교, 공원, 상점 등을 만날 수 있다. 처음부터 그 건물들의 위치를 다 파악하기는 어렵다. 따라서 먼저 그 성 전체를 거시적으로 이해할 수 있는 몇 가지 지표를 확보할 필요가 있다. 먼저 주작대로에서 시작하는 것이 좋다.

먼저 엘리아데의 성을 가로지르는 주작대로는 신성sacre과 범속

profane이라는 사유의 방법론적 원리로 구성되어 있다. 신성과 범속이라는 방법론적 이분법 원리가 곧 엘리아데 사상의 몸통인 것이다. (『성과 속』, 『영원회귀의 신화』 등이 그 문제를 집중적으로 조명하고 있다.) 신성과 범속은 엘리아데 종교학을 이해하는 알파요 오메가이다. 그만큼 그 개념은 많은 비판을 받았다. 적대자로부터 비판을 받은 지점, 그것은 그 체계의 핵심이다. 중국의 고전, 묵자를 펼치자마자 거기서 우리는 유가에 대한 비판을 볼 수 있다. 노자, 장자 역시 마찬가지다. 그들은 유가 사상가들이 강조해 마지않는 인仁에 대한 비판을 던진다. 비판자의 눈은 날카롭다. 안에서 눈먼 자가 보지 못하는 것을 그들은 멀리서 꿰뚫어 본다. 내부자가 당연하게 여기는 것을 그들은 어색하다고 생각한다. 그것이 그 사상의 핵심이다.

엘리아데의 신성과 범속이라는 이분법은 물론 다른 선구자에게서 배운 것이다. 모든 독창적인 사상이 그런 것처럼, 엘리아데는 다른 사람으로부터 배운 것을 변형시키고 자기 체계 속에서 녹여 새로운 이념으로 다듬는다. 엘리아데의 성을 여행하는 우리로서 먼저 이해하고 있어야 할 점은 신성과 범속이라는 이분법이 고정된 범주가 아니라는 사실이다. 그것은 해석학적 범주이다. 그것은 변증법적 범주이고, 심지어 상호 역전이 가능한 범주이다. 대단히 난해하지만 그것은 종교 자체를 이해하려고 할 때에 무엇보다 중요하다. 그러한 논리적 구조를 이해하지 못하면 종교학의 객관성은 물론이고, 학문 자체의 객관성을 확보하는 것조차 어려울 수 있다. 신성과 범속은 사물 내지 현상의 실체적 속성이 아니다. 그런 눈으로 보자면 종교 역시 실체가 아니다. 성스러운 것과 범속한 것이 누구에게나 분명하고 자명하게 존재하는 것이 아니라는 사실을 알고 나면, 종교 역시, 누구에게나 자명한 형태로 저기에 그렇게 분명하게 존재하는 것이 아니라는 사실도 함께 기억해두어야 한다. 종교를 십자가 네온사인이나 불상 등 명시적인 표지와 동일시하는 사람들로서는 엘리아데가 말하는 종교를 이해하는 것이 쉽지 않다.

당연히 그러한 종교적 '표지'들로 인해 종교는 현존하고 있음을 자랑할 수 있다. 하지만 그것만으로 한정한다면 명시적 표지를 가지고 있지 않은 종교의 존재, 문화적 삶 속에 숨겨져 있는 인간의 종교성을 설명하기 어려워진다. 더 이상 제도적 종교이기를 그만둔 종교적 삶의 흔적, 제도와 형식으로 드러나지 않은 종교성을 이해할 수 없다. 또한 명시적 표지에 집착하는 종교 이해는 진정한 종교 이해에 커다란 방해가 될 수도 있다. 눈에 보이지 않는 종교가 종교일 수 있듯이, 눈에 보이는 종교는 더 이상 '종교'가 아닐 수도 있기 때문이다. 종교를 문제 삼는 우리는 (우리에게 이미 익숙한 역사적인 제도적인) 종교(의 표지)가 없는 (새로운 형식을 가진) 종교의 가능성에 대해 문을 열어놓아야 한다.

다음으로 엘리아데의 학문적 성은 동서를 관통하는 다른 커다란 태평로를 다른 하나의 중심축으로 가지고 있다. 그 태평로에는 역사적으로 존재했던 중요한 종교적 형식, 기독교와 불교, 그리스 종교와 이란 종교, 이집트의 종교와 이슬람, 중국 종교 등이 자리 잡고 있다. 그 주작로와 태평로는 성의 한가운데에서 교차한다. 그 교차로에는 커다란 하나의 상징물이 우뚝 서 있다. 그것은 태초의 인간을 모방한 '사람'이다. 그 사람은 등신대의 크기를 가지고 있고, 팔과 다리를 펼친 채로 완전한 원의 안에 위치하고 있다. 레오나르도 다빈치의 인간 모델을 상기하면 좋을 것이다. 그 사람은 우주적 조화를 획득한 완전한 인간이다. 그 사람은 엘리아데 종교학의 목표, '새로운 휴머니즘'의 상징이다. 우주적 유대를 회복한 인간, 자연과 문화와 생명 세계 전체의 중심으로서 공감과 사랑에서 비롯되는 상호 연대성을 회복한 인간이다. 신과 하나된 인간, 도와 하나된 인간, 다르마와 하나된 인간, 덕을 갖춘 인간, 인자 등. 그 사람은 인류의 선구적 지혜자들이 우리에게 가르쳐 준 그런 인간의 이미지와 크게 다르지 않다. (『종교의 의미: 물음과 답변』에서 엘리아데는 새로운 휴머니즘의 비전을 제시한다.)

엘리아데는 인간은 곧 '종교적 인간'이라고 본다. 정치인이든 비정치인이든, 심지어 세상을 버리고 떠난 수행자나 은둔자조차도 어김없이 정치적 삶의 세계, 정치적 우주에 속하고 있는 것처럼, 그리고 누구나 먹어야 하고 생존해야 하고 살기 위해 최소한의 선택을 해야 하는 경제적 인간의 삶에 참여해야 하는 것처럼, 인간은 누구나 종교적 세계를 살고 있다. 모든 사람은 정치적이고 동시에 종교적이고, 또 동시에 경제적인 세계를 살고 있다. 종교에 무관심한 우리는, 아니 기성 종교의 무지와 억지와 폭력과 호사와 반사회성과 무책임과 오만함과 계급적 위계와 독선에 질려 버린 우리는, 대체로 종교에 적대적이거나 비판적인 것이 자각적인 '지식인'의 태도라고 믿는 경향이 없지 않다. (물론 지금도 자기희생을 통해 세상에 등불과 소금이 되어 주시는 훌륭한 분들이 많다는 사실도 잊지 말자.) 그 결과 '반종교'를 사상의 모토로 내세우는 지식인의 드높은 종교 질타의 목소리를 드물지 않게 청취할 수 있다. 그러나 종교에 대한 비판이 곧 종교의 종말을 의미하는 것은 아니라는 사실 역시 잊어서는 안 될 것이다. 역사적으로 존재한 '어떤' 종교 체계, 즉 제도적 종교의 종말은 흔히 볼 수 있는 일이다. 유교처럼 죽음이 현재 '진행 중'에 있는 종교도 있을 수 있다. 물론 죽은 불이 다시 살아나는 가능성도 차단할 수 없다. 하지만 (기존에 우리가 알고 있는 형태의) 종교가 아닌 종교는 있을 수 있을지언정, 종교 없는 인간의 삶은 존재할 수 없다.

인간은 완성될 수 있다는 신념, 인간의 가능성을 포기하지 않는 그런 태도, 유토피아까지는 아니라 해도, 더 나은 삶의 공간, 생명적 공동체를 만들 수 있다는 흐릿한 전제가 종교를 거부하고 저주하고 비판하는 논리 속에 내재되어 있다는 사실을 인식하는 것이 중요하다. 다른 생명의 살고자 하는 의지를 짓밟는 모든 파괴 행위를 꾸짖는 목소리들, 생명 조작을 부추키는 과학적 환상을 폭로하는 목소리들, 생명 세계가 인류의 사유물이 아니라는 것을 지적하는 목소리들, 그런 모든 부르짖음이 다름 아닌 가장 근원적인 종교성의 표현이다. 그러한 부르짖음과 행동들이 존재한다는 것은 아직 인간이 희망을 잃지 않았다는 증거이다. 세상에 대한 완전한 포기와 절망, 그것 역시 새로운 희망 찾기의 한 방식이다. 문제는 아무런 생각이 없는 것이다. 인간 세상에 대한 희망과 절망을 근원적으로 상실한 상태, 단지 멍하니 동공 없는 눈망울을 굴리는 그 상태가 문제이다. 그러나 '모든' 사람이 '동시에' 그런 상태에 도달하는 일은 없다. 인간은 그저 '물질'이 아니기 때문이다. 그저 물질로 전락하지 않는 한, 인간은 성스러움을 소망한다. 성스러움을 소망하는 근원적 생명력, 즉 영성spirituality을 상실하지 않는 한 모든 인간은 종교적이다. 그 영성으로 인해 인간은 인간의 삶이 의미로 가득 차 있다는 희망을 버리지 않는다.

　우리는 자신이 얼마나 정치적인 존재인지 자각하지 못하면서 정치적 세계에 참여하고 있는 것처럼, 우리가 얼마나 종교적인 존재인지 자각하지 못하면서 종교적인 존재로 살고 있다. 그것을 느끼지 못하고 자각하지 못하는 것뿐이다. 그러나 우리가 우리의 무관심을 자각하는 순간 우리는 순간적으로 변한다. 우리가 얼마나 의미로 가득 찬 세계에 살고 있는지, 우리가 무관심하게 방기하는 의무와 세상과 사람에 대한 사랑이 얼마나 중요한 것인지, 우리 정신세계의 깊은 곳에서 샘솟는 고귀함에 대한 열망이 없다면 우리는 얼마나 비참한 존재가 되고 마는지, 인간이 아무 감각도 없이 파괴하고 훼손하고 저주하는 저 자연이 얼마나 위대한 것이고, 얼마나 신성한 생명력으로 가득한 것인지 자각하는 순간 우리는 변한다.

생명의 연대감과 그 생명을 근원에서 지탱하는 초생명적 힘의 존재를 자각하는 순간 우리는 자각적인 '종교적 인간Homo religiosus'으로 태어난다. 그렇다고 무엇이 달라지는가? 엘리아데는 바로 그 순간 인간이 '새로운 인간'으로 다시 태어난다고 말한다. 그 결과 세속적 근대가 방기한 인간의 우주적 책임감을 회복할 수 있다고 한다. 세계와 인간성을 파괴하고 호도하는 '폭력'으로서의 종교가 아니라 인간을 회복하고 성스러움을 회복하는 '길Way'로서의 종교를 사는 인간이 출현하는 것이다. (세계의 많은 위대한 종교 전통은 참된 가르침을 '길'이라는 상징으로 표현한다. 그리고 그 길을 실천함으로써 잃어버린 태초의 신성성, 즉 영성을 회복할 수 있다고 주장한다.) 그것이 엘리아데의 종교학이 목표로 삼는 '새로운 휴머니즘'이다. 엘리아데가 추구하는 새로운 인간 발견은 신성성을 파괴하는 방향으로의 운동이 아니라, 신성과 함께 하는 인간, 곧 호모 렐리기오수스의 복권이자 영성의 회복을 지향한다.

엘리아데의 성을 방문하는 여행자는 교차로를 벗어나서 그 성안의 가장 풍경 좋은 곳에 자리 잡은 도서관과 박물관은 물론, 많은 사람들로 들끓는 광장, 극장, 시장을 방문해야 한다. 여행자는 이방의 역사와 그들이 축적한 지혜 그리고 그들의 일상적 삶의 모습에 관심을 기울여야 한다. 인도의 요가, 중국의 도술과 방술, 시베리아의 샤머니즘을 비롯한 다양한 근원적인 종교적 실천 양식이 그 엘리아데의 성을 형성하는 중요한 구성 요소이다.

엘리아데 학문의 출발점은 바로 요가와 샤머니즘이었다. (『요가』, 『샤머니즘』은 엘리아데의 세계종교사 연구의 출발점이자 그 분야를 대표하는 최고 수준의 연구서이다.) 그리고 그러한 그의 지식과 관점은 세계종교사상사 전반에 걸쳐 반복되는 주제로 등장한다. 그러한 그의 세계를 이해하기 위해서는 종교 상징과 신화 및 의례에 대한 인식을 강화할 필요가 있다.(『종교형태론』, 『이미지와 상징』 등) 인간은 상징을 만드는 존재이다. 신화는 상징의 언어이며, 의례는 상징의 몸짓이다. 신화와 상징과 의례는 인간을 인간답게 만드는 '문화'의 첫걸음이다. 고대 중국의 성악설의 주창자이자 합리주의 사상가라고 알려진 순자荀子는 의례와 제의를 '문文'이라고 말한 바 있다. 중국어의 '문'은 문화를 가리킨다. 그것은 질質의 반대어로서 단순한 복잡함이 아니라 문화적 절차, 절도, 질서, 수식, 형식을 의미한다. 순자가 생각한 문화의 핵심은 제의, 즉 신성한 존재에 대한 봉헌을 통한 신성성의 회복이었다. 형식과 절차와 절도 없는 종교는 없다. 그런 형식 없이는 문화 자체가 없다. 문화적 형식 없이 인간은 존재할 수 없다. 그런 사실을 통찰했던 순자는 종교적 상징과 의례가 응축되어 있는 존재의 한 형식인 제의(신성한 존재에게 희생을 봉헌하는 의례)가 문화의 핵심적 표지라고 보고 있는 것이다. 그런 문화가 결여된 인간의 공동체적 삶, 사회는 존속할 수 없다는 것이 그의 핵심 사상이다. (중국의 다른 고전인 『좌전』은 '전쟁'과 '제의'가 국가의 핵심적인 양대 사업이라고 말하기도 한다.)

흔히 순자는 천(하늘) 신앙의 비판자로서, 종교적 문화에서 인문적 문화(?)로의 전환을 주장한 인물로 알려져 있지만, 그것은 약간의 오해 내지 언어의 오용에 기인한다. (이 문제에 관심이 있는 독자는 본 옮긴이의 논문 「공자는 무신론자인가?」를 참조하기 바란다.) 엘리아데의 세계종교사상사를 읽어보면 누구든지 그러한 이해가 사실은 오해라는 사실을 쉽게 눈치 챌 수 있다.

나아가 엘리아데의 종교학을 이해하는 데 대단히 중요한 지식 영역의 하나가 연금술alchemy과 비의학秘儀學esoterism이다(『대장장이와 연금술사』, 『오컬트, 마술 그리고 문화 유행』 등). 그 분야 역시 앞에서 말한 신화, 상징, 의례와 밀접하게 관련되어 있다. 그리스 신화를 단지 몇몇 번덕스런 신들의 사랑놀이나 남녀사로 읽는 것은 충분하지 않다. 신화는 우주의 창조와 운행, 그리고 파괴와 재생에 관련된 종교적 상상력 및 의례적 실천과 밀접한 연관을 가지고 있다. 그것은 인간의 운명에 대한 진지한 사상과 실천을 보여주며, 문명의 충돌과 새로운 문명의 탄생 그리고 세계의 재생을 다른 방식으로 이야기하는 우주적 드라마이다. 전쟁은 그런 드라마의 중요한 한 형태이다. 그 드라마는 대중 연극의 형식으로, 민담으로 설화로, 로망스의 형식으로, 최근에는 영화 혹은 만화(로망스, 영화, 애니메이션의 중심적인 주제의 하나가 전쟁이라는 사실을 상기하자. 『좌전』이 전쟁과 제의를 국가의 대사라고 보는 관점과도 연결된다)라는 형식으로 이야기되어왔으며, 엘리트의 비의적 실천으로 전승되기도 한다(최근 유행한 소설 『다빈치 코드』가 그런 주제를 다루고 있다). 그리고 그런 실천의 형식은 서구 문명뿐 아니라 인류 문명의 중요한 구성요소로서 존재해왔다. 우리는 엘리아데를 읽음으로써 신화와 상징, 파괴와 재생의 주제가 고대 신화에서부터 연금술과 의례적 행위를 거쳐 현대 과학과 예술의 실천 속에서 여전히 생동하고 있다는 사실을 배울 수 있다(『신화와 현실』, 『신비적 탄생』, 『종교형태론』, 『메피스토펠레스와 안드로진』 등)

5.

엘리아데 종교학이 종교학의 전부는 아니다. 그것은 다양한 종교 이해의 극히 일부의 일부에 불과하다. 하지만 그것은 너무도 강력한 메시지와 비전을 담고 있기에 종교학의 대명사가 된 적이 있고, 지금도 그러하다. 그러나 그의 메시지에 담긴 초월적 비전과 카리스마로 인해, 그 자체가 '종교'이지 객관성을 요구하는 '학문'이 아니라는 비난을 끊임없이 받아왔다. 앞에서 말한 것처럼, 그의 학문은 어떤 관점에서 본다면 학문이 아닐 가능성이 높다. 그 경우, 그 학문은 곧바로 하나의 지식 종교, 비의적 지식을 공유하는 '오컬트'가 될 가능성이 있다. 그렇게 비난하는 사람도 있다. 하지만 여기서 굳이 학문인가 아닌가 하는, 물음이 아닌 물음으로 시간을 낭비할 만큼 우리의 삶은 한가하지 않다. 인간의 역사에서 모든 강력한 정신의 창조물은 그렇지 못한 모방자를 사로잡아왔다는 단순한 사실만으로도 그의 학문이 지닌 힘을 증명하기에 충분하다. 플라톤의 사상이 그러했다. 신플라톤주의가 그것이다. 피타고라스의 위대한 정신, 통찰력도 오컬트로 발전했다. 그리고 그 통찰은 그 이후의 모든 오컬트 사상, 철학, 종교에 강력한 영향을 미쳤다. 예수와 바울의 비전과 이념은 새로운 기독교 교회의 이념적 추종자를 낳았다. 무함마드와 공자와 붓다, 아우구스티누스와 주희와 왕양명도 다르지 않다. 그런 것은 동과 서, 고대와 현대를 막론하고 그 예를 다 들 수 없을 정도로 많다.

옮긴이는 결코 '엘리아디안(엘리아데주의자)'이 아니다. 그리고 엘리아데라는 성 내부를 속속들이 안내할 만한 충분한 지식을 갖고 있지도 못하다. 엘리아데와 같은 일류 학문의 세계를 '충분히' 이해하기 위해서는 편협한 상식의 선악을 넘어서는 깊은 지식이 요구된다. 옮긴이는 엘리아데의 종교학을 다 이해하고 따라갈 만한 지식을 갖고 있지 못할 뿐 아니라, 평생을 공부해도 그가 다루는 세계를 다 이해할 수 없을 것이다. 옮긴이가 할 수 있는 일이란 그가 써놓은 문장을 겨우 표면적으로 읽는 정도일 것이다. 그렇다고 포기하지는 않는다. 그가 남긴 아름다운 학문의 풍경을 즐길 수 있는 것만으로도 그만이다. 먼발치에서 그것을 바라보고 즐기는 안빈낙도의 기쁨을 누리는 정신적 평화, 지금은 잊혀졌지만, 그런 기쁨이야말로 지식 탐구의 중요한 목적 중의 하나가 아닌가. 지식을 즐기는 데에 그 마음 이외의 다른 자격은 필요하지는 않을 것이다.

이 책을 읽는 독자들 역시 약간의 수고만 각오한다면 누구든지 엘리아데의 세계를 자유롭게 거닐 수 있는 자유 통행권을 얻을 수 있을 것이다. 팝 가수를 이해하고자 하는 노력의 10분의 1만으로도 인류 정신사를 구성하는 방대한 지식을 즐기는 것은 가능하다. 우리가 이해할 수 있는 평범한 언어를 사용하기 때문이다. 하지만 적어도 엘리아데를 더욱 '재미있게' 읽기 위해서는 약간의 기초 지식이 요구된다. 그렇다고 해도 대단한 지식을 요구하는 것은 아니지만. 우선, 세계사의 흐름에 관한 중등학교 수준의 대체적인 이해, 세계 지리에 관한 중등학교 수준의 이해, 세계 종교의 산실이라고 할 수 있는 이집트와 인도, 아프리카와 중동 지역(지금 전쟁으로 짓밟히고 있지만), 그리스(올림픽과 신화와 지중해의 나라)와 로마, 프랑스와 영국, 스코틀랜드, 아일랜드, 스칸디나비아 등 켈트 문화권 및 유럽 대륙의 여러 나라들의 대충의 위치, 유라시아 대륙을 관통하는 위대한 정신적 교류의 길인 실크로드의 위치 정도를 확인하고 나면 '누구나' 이 책에 가까이 갈 수 있다. 그리고 한결 내용이 재미있어진다.

실크로드는 단지 비단의 통로뿐만이 아니라 인류의 정신적 교류가 발생한 위대한 인류 문화와 영혼의 대동맥이었다. 엘리아데는 실크로드를 통해 발생한 아시아와 중동, 유럽의 정신적 교류에 대해 그렇게 많은 지면을 할애하고 있지는 않다. 아쉬운 점 중의 하나이다. 그가 힘을 들여 설명하는 인도-유럽 민족의 이동과 북방 유목 민족의 이동 사이에 어떤 연결 관계가 있었을 것이라는 상상을 단지 상상의 차원에서 그치고 싶어하지 않는 독자라면 직접 도전해볼 만한 영역이 될 것이다. 훌륭한 학자는 다음 세대에게 연구 거리를 제공한다. 길면 한 달, 짧으면 2주일 만에 다른 곳에서 평생을 배워도 얻지 못할 풍성한 영혼의 양식을 얻을 수 있을 것이다. 엘리아데의 안내를 받으면서 인류의 영혼의 탐색에 동참할 수 행운을 얻을 수도 있다.

이렇게 말하면서 옮긴이는 큰 두려움을 느낀다. 엘리아데가 전달하고 싶은 것을 제대로 옮겼는지, 단지 읽는 것이 아니라 읽고 즐길 수 있을 책이 되었는지. 그 두려움은 한평생 짊어져야 하는 것이리라. 남이 만든 떡을 보고 비판만 하던 독자의 입장에서 그런 심판을 받아야 하는 옮긴이의 입장으로 처지가 바뀌고보니 등에 식은땀이 흐른다. 번역상의 오류는 물론, 즐기는 데 방해가 되는 어색함이나 생경함, 부적절한 표현 등은 기회가 온다면 보완할 것을 약속드린다.

엘리아데를 진지하게 접할 수 있게 길을 열어주신 정진홍 선생님께 무엇보다 큰 감사의 말씀을 드리고 싶다. 또한 실크로드의 문명사적 의미를 강조하셨고 엘리아데로부터 비판적 거리를 유지하는 것의 중요성을 항상 일깨워주신 윤이흠 선생님께 감사드리고 싶다. 이 작업을 계속할 수 있도록 격려해주신 은사이신 금장태 선생님께도 감사를 드린다. 선생님들께 누를 끼치지 않았는지 송구스러울 뿐이다. 옮긴이의 오류를 바로잡아주고 두려움을 누그러뜨릴 수 있도록 도와준 이학사의 여러분에게 감사의 말씀을 전하고 싶다.

2005년 8월
옮긴이 이용주

세계종교사상사 ²
고타마 붓다에서부터 기독교의 승리까지

서문

세계종교사상사 ³
무함마드에서부터 종교개혁의 시대까지

서문